创新型素质教育“十四五”精品教材

# 创新创业

（微课版）

主　编　傅　曦
副主编　胡和平　阮凯莹　张智慧



哈爾濱工程大學出版社
Harbin Engineering University Press

**内容简介**

本书以学生为中心，建立了理论学习、实践训练和价值观塑造融为一体的课程内容结构，具有知识新颖、内容丰富、结构合理、案例典型等特点。本书共七个项目，主要包括初识创新与创业、开启创新之路、发掘创业机会、创业者与创业团队、创业资源与融资、制订创业计划、新企业的开办与管理。

本书既可作为应用型本科、职业院校大学生创新创业课程的教材，也可作为有志于创业的社会人士拓宽视野、增长知识的自学用书。

**图书在版编目（CIP）数据**

创新创业 ：微课版 / 傅曦主编. —哈尔滨 ：哈尔滨工程大学出版社，2023.8

ISBN 978-7-5661-4111-8

Ⅰ. ①创… Ⅱ. ①傅… Ⅲ. ①大学生—创业 Ⅳ. ①G647.38

中国国家版本馆 CIP 数据核字（2023）第 157628 号

创新创业（微课版）

CHUANGXIN CHUANGYE（WEIKE BAN）

**责任编辑** 吴振雷
**封面设计** 赵俊红

---

出版发行 哈尔滨工程大学出版社
社　　址 哈尔滨市南岗区南通大街 145 号
邮政编码 150001
发行电话 0451-82519328
传　　真 0451-82519699
经　　销 新华书店
印　　刷 唐山唐文印刷有限公司
开　　本 787 mm×1 092 mm 1/16
印　　张 15
字　　数 384 千字
版　　次 2023 年 8 月第 1 版
印　　次 2023 年 8 月第 1 次印刷
定　　价 49.80 元
http://www.hrbeupress.com
E-mail:heupress@hrbeu.edu.cn

# 前　言

党的二十大报告提出："建设现代化产业体系。坚持把发展经济的着力点放在实体经济上，推进新型工业化，加快建设制造强国、质量强国、航天强国、交通强国、网络强国、数字中国。"

创新创业是国家发展之根，是民族振兴之魂。人才是改革之本、创新之源。当代大学生是时代责任的担当者，是实施创新驱动发展战略和推进"大众创业、万众创新"的生力军。随着我国"大众创业、万众创新"热潮的兴起，作为担负培养人才、科学研究、服务社会、传承文化使命的高校，创新创业教育理应走在前列，努力培养大学生的创新精神和创业意识，不断提升大学生创新创业能力。为深入贯彻党的二十大精神，全面落实国家"大众创业、万众创新"的方针政策，各地各高校均已积极行动，从健全就业创业工作机构、建立创新创业教育课程体系、创新人才培养机制、配备指导教师、开辟专用场地、加大经费投入、改进创业指导服务等方面促进大学生创新创业，以"推动大众创业、万众创新"持续蓬勃发展。

本书共七个项目，主要包括初识创新与创业、开启创新之路、发掘创业机会、创业者与创业团队、创业资源与融资、制订创业计划、新企业的开办与管理。本书知识丰富，并有大量的创新创业实例可供读者学习、参考，有利于引导大学生树立正确的创业目标，合理规划创业梦想。本书可作为各职业院校大学生创新创业课程的指导教材，也可作为有志于创业的青年和社会人士拓宽视野、增长知识的自学用书。

本书由傅曦担任主编，由胡和平、阮凯莹、张智慧担任副主编。书中涉及的相关资料和售后服务可扫封底的微信二维码或登录 www.bjzzwh.com 下载获得。

本书在编写过程中参考了一些相关资料，在此对相应作者及网站表示衷心的感谢。由于时间仓促，精力有限，书中难免存在一些不足，敬请广大师生及读者不吝批评和指正，以便对本书做进一步的修改、补充和完善。

编　者

# 目　录

CONTENTS

CONTENTS

# 项目一
# 初识创新与创业

## 项目导读

就业是民生之本，创业乃就业之源，创新是引领发展的第一动力。创业从来不是一件容易的事，创新也并非信手拈来。没有创意的创新是无灵之目，没有创新的创业是无源之水，没有创业的创新是无基之土。时代是思想之母，实践是理论之源。当代中国正经历着我国历史上最为广泛而深刻的社会变革，也正在进行着人类历史上最为宏大而独特的实践创新。当代大学生是时代责任的担当者，是经济建设和社会建设的生力军。如何迎接与融入“大众创业、万众创新”的新时代，是每一位大学生都应该认真思考的问题。

## 学习目标

### 知识目标

1．了解创新创业的内涵，厘清创新与创业的关系。

2．知晓创新的特征，掌握创新的类型。

3．了解创业的要素和功能，掌握创业的类型及创业过程。

4．了解大学生创新创业教育的理念，知晓创业对大学生职业生涯发展的意义与作用。

5．了解大学生创新创业政策。

### 能力目标

1．能够正确认知创业过程中的创新。

2．能够提出有创意的点子，感受创意的快乐，激发自己的创新意识。

3．能够为自己进行简单的创业规划。

## 思政目标

1. 深化爱国主义教育，培养学生自信自强、守正创新的强国意识。

2. 弘扬伟大建党精神，培养学生踔厉奋发、为全面推进中华民族伟大复兴团结奋斗的责任感和使命感。

# 任务一 认知创新

## 一、创新的概念

创新的内涵

### （一）创新的内涵

创新是指以现有的思维模式提出有别于常规或常人思路的见解为导向，利用现有的知识和物质，在特定的环境中，本着理想化需要或为满足社会需求，而改进或创造新的事物、方法、元素、路径、环境，并能获得一定有益效果的行为。

创新一词在我国很早就出现过，如《魏书》有“革弊创新”，《周书》中有“创新改旧”。《礼记·大学》也有相同意思的句子“苟日新，日日新，又日新”，意思是及时反省和不断革新。在西方，创新起源于拉丁语 novus，英语 innovation，原有三层含义，一是更新，对原有的东西进行替换；二是创造新的东西，创造出原来没有的东西；三是改变，对原有的东西进行发展和改造。

创新理论的形成，源自美国经济学与管理学教授熊彼特，他把创新引入了经济学领域，指导人们将创新应用到企业发展中去。他认为创新的关键是对生产要素进行重新组合，并给企业带来超额利润。

人类社会的进步发展，就是不断地进行创新。我国一直高度重视创新发展，重视创新型人才的培养。习近平总书记在多次讲话和论述中反复强调“创新”，内容涵盖了科技、人才、文艺等方面的创新，并指导在理论、制度、实践上如何创新。

### （二）创新的特征

创新是人类特有的活动，创新成果是人类在意识支配下进行的创造性活动所取得的成效。创新具有以下特征。

#### 1. 人人可创新

创新不分年龄大小、常人和非常人，也不分智商高低，更没什么内外行、条件好坏之分。但是人们在实际生活中常常因为自身条件不足而自认为无法创新。

### 2. 时时可创新

创新本身不受时间和空间的限制，或许是一次闲谈，或许是在聊天、逛街的时候……只要保持一份善于联想的思维，创意随时可能到来。产生最佳创意的时间，或许就是让自己暂时休息一下，离开桌子去倒杯水；走到别的部门；放下手头的学习，改做另一件积压已久但很容易完成的工作；翻翻杂志；看看窗外的景致等。福特汽车公司执行中心总裁南茜·贝朵，习惯在上下班开车时放松自己。她说："在开车时，我会有意识地让大脑浮想，漫无边际地想。我不开收音机，不去想那些还没做完的工作。时间飞逝，很难找到时间让自己完全自在，我在开车时就达到那种状态，我发现那是我最有创造力的时刻。"

### 3. 处处可创新

日常生活中，处处可见创新。例如，书报上的字太小，老年人看不方便，于是放大镜诞生了，放大镜的作用，就是把字"扩一扩"。再如，原来的电视屏幕较小，看电视节目费力，所以大屏幕彩电问世。这是把屏幕的面积和电视的体积"扩一扩"。在生活中，我们也经常使用一些袖珍物品，如袖珍小电筒、折叠雨伞、iPad mini 等，它们都是通过"缩一缩"技法研制出来的。缩小后的东西体积小、造价低、便于携带，给人们的生活带来了很大方便。"缩一缩""减一减"，这也是一种可行的发明思路。

**案例分享**

#### 免费打气

武汉市某街道有一家副食店，生意一直不好。店主为了把从门前经过的客人都留住，就想出一个十分简单的办法。他在店门口放了一把自行车打气筒，并在一块小黑板上面写道："免费打气，用完后请放回原处。"于是，每天都有许多骑自行车上下班从这儿经过的人在此给自行车打气。他们下班后，有的打完气不好意思，就顺便在店里买一些日常用品带回家，久而久之养成了习惯，这使得小店的生意越做越好。后来，需要打气的人越来越多，上班高峰时一把打气筒有时还不够用，于是店主又增加了一把。当然，他的生意也越来越好了。年终他一结算，营业额竟然比去年增长了30%。

## 二、创新的类型

创新主要分为产品创新、技术创新、制度创新、职能创新和结构创新。

## （一）产品创新

产品创新是指研发和生产出性能更好，外观更美，使用更便捷、更安全，更符合环境保护要求的产品，以更好地满足人们需求。产品创新可从以下三个层面来实现。

（1）开发具有新功能的产品。例如，3D 打印行业的翘楚——3D Systems 发布的 Cube3D 打印机，具有打印平台自动找平功能，采用了全新的彩色触摸屏，具有直观的用户界面，打印时拥有漂亮的 LED 高亮显示效果，且其打印支撑结构更容易拆除。正因为有了这些创新，这种打印机堪称 3D Systems 的杀手级产品。

（2）优化产品结构。例如，企业通过优化电子产品的结构，使产品变得轻、巧、小、薄，更加节能环保。

（3）改进产品外观。例如，苹果公司曾推出彩壳流线型 PC 机（个人计算机），以提高市场占有率。

## （二）技术创新

技术创新是指采用新的生产方法或新的原料生产产品，以达到提升质量、降低成本、保护环境，或使生产过程更加安全和省力的效果。技术创新可从以下四个层面来实现。

（1）革新工艺路线。例如，用精密铸造、精密锻造、粉末冶金技术代替金属切削技术来生产复杂的机械零件，可大大缩短生产周期，降低成本。

（2）替代和重组材料。例如，从环保角度出发，以农产品为原料生产工业产品，如用玉米生产一次性水杯、餐具和包装盒等。

（3）革新工艺装备。例如，用计算机绣花机代替手工绣花，用数控机床代替手动操作机床等。

（4）革新操作方法。例如，用更省力、更高效的操作方法，代替一些传统的、不适应现代技术进步的操作方法。

### 知识拓展

随着 5G 时代来临，VR 行业也在快速发展，从 PC 端到移动端，从 3DoF（3 自由度）到 6DoF（6 自由度）。但目前市场上的 6DoF PCVR 仍然面临着价格昂贵、使用受固定场地限制、难以安装和应用等问题。

为了突破这一系列掣肘，NOLO VR 基于完全自主研发的 PolarTraq 声光电混合三维空间定位技术，推出了全球首创 6DoF 沉浸式移动虚拟现实交互设备 NOLO CV1，逐一攻破了定位精准度、定位范围、刷新率、功耗、延迟、环境适应性、便携性、易用性、成本等方面难题，以极高的性价比为 3DoF 手机 VR 头显、VR 一体机以及 PC VR 头盔提供高精度、低延迟的 6DoF 定位交互。

传统 PC VR 硬件价格动辄万元，且依赖与 PC 的有线连接，更谈不上便携易用。而 NOLO CV1 只需搭配最新的移动 VR 头显，如 Cardboard 类手机头显或 VR 一体机，即可实现相同的功能。在将 VR 硬件的价格门槛降低到一两千元的同时，实现了无线连接，并且可以随身携带。“即使交互技术在 VR 沉浸感中起了很大作用，但目前在全球范围内仍然面临较大的问题，世界上现存的技术没有办法同时满足高精度、低成本、小体积、低功耗，而这 4 点正是我们公司技术的核心。”创始人张道宁介绍道，“NOLO VR 着眼于整个移动 VR 生态，致力于在桌面级 VR 的优秀沉浸式体验与移动 VR 的便捷性之间架起一座桥梁，引领下一代 VR 硬件形态与交互标准。”

NOLO VR 的商业模式主要是依靠硬件产品的销售。目前，公司销售渠道包括国内的京东、天猫、小米有品以及国外的亚马逊平台等，并在平台上与华为、小米、Pico、爱奇艺、创维、大朋等众多 VR 头显品牌以套装形式进行捆绑销售，为 C 端消费者提供高性价比的 VR 入门选择。特别是在 2020 年 6 月，NOLO VR 推出了独立品牌产品 X1 6DoF VR 一体机，这款包含显示器的完整 VR 终端一经上市，就接连斩获了 2020 年京东和天猫“618”“双 11”VR 品类单品销售冠军！

2019 年，工业和信息化部向中国电信、中国移动、中国联通、中国广电发放了 5G 商用牌照，标志着我国正式进入 5G 商用元年。目前，运营商正在准备把 VR 终端绑定到 5G 套餐里，以办理 5G 套餐的形式把 VR 终端送进千家万户。但运营商需要销售的终端必须控制低成本，而现在世界上能够解决千元级 VR 追踪交互技术的只有 NOLO VR。

目前，NOLO VR 已和中国移动、中国电信、中国联通、华为等行业领头公司深度合作。NOLO VR 与中国移动合作的云 VR 项目已经在福建等地区落地，与中国电信和中国联通合作的云 VR 项目试点也已经在上海、浙江、江西、福建等地区实施。

### （三）制度创新

制度创新是指从社会经济角度对企业的生产方式、经营方式、分配方式、经营观念等进行调整和变革，以推动企业发展和社会进步。制度是组织运行方式的原则性规定。制度的创新通常表现为产权制度、经营制度和管理制度的调整和优化。

一般来说，一定的产权制度决定了相应的经营制度。在产权制度不变的情况下，企业具体的经营方式可以不断进行调整。同样，在经营制度不变的情况下，具体的管理制度也可以不断改进。但是，当管理制度的改进发展到一定程度时，经营制度就必须进行相应的调整，而经营制度的不断调整也必然会引起产权制度的变革。

### （四）职能创新

职能创新是指在计划、组织、控制、协调等管理职能方面采用更有效的新方法和新手段，其常见形式如下。

（1）计划形式的创新。例如，某企业在购电、电网运行和用电方面创造性地采用了目标规划方案，结果每年节约电费 2 000 万元以上。

（2）控制方式的创新。例如，某汽车公司首创准时生产制，显著降低了生产成本。

（3）用人方面的创新。例如，使用测评法选拔和考核干部，采用拓展训练法改善员工培训效果等。

（4）激励方式的创新。例如，某企业实行“自助餐式”奖励制度，即员工可以从企业提供的列有多种福利项目的“菜单”中选择自己所需要的福利，这种创新型激励方式使企业在付出同等成本的情况下获得了更好的激励效果。

（5）协调方式的创新。例如，某市政府试行科技特派员制度，市政府工作人员先通过调查了解村镇农业大户所需要的技术支持，同时将全市 3 500 名农业科学技术人员按专长分类并公布，然后将二者对接起来，让双方实行双向选择。经过这种协调方式的创新，农户和农业科学技术人员的收入都得到了大幅提升。

### （五）结构创新

结构创新是指设计和应用更有效率的新组织结构的一种创新。按影响范围的不同，结构创新可分为技术结构的创新和经济与社会结构的创新。

（1）技术结构的创新。例如，福特汽车公司在 20 世纪 20 年代首创了流水线生产方式，让工人分工完成流水线上的简单工序，大大提高了生产率，从而开创了大规模生产标准产品的工业经济时代。

（2）经济与社会结构的创新，即通过调整人们的责、权、利关系来提高组织效能。例如，通用汽车公司在 20 世纪 20 年代通过采用事业部制，化解了统一领导与分散经营之间的矛盾，使规模经营与市场适应得到了很好的统一，从而极大地增强了公司的市场竞争力。

**课程思政**

#### 加快实施创新驱动发展战略

抓创新就是抓发展，谋创新就是谋未来。北京拓展企业主导的产学研深度融合新范式，支持龙头企业牵头组建创新联合体和共性技术平台；江苏鼓励行业骨干企业牵头组建创新联合体，落实企业投入基础研究税收优惠和企业科技创新税前扣除等创新激励政策；重庆加快推进智能制造，提升“芯屏端核网”全产业链竞争力，力争数字经济核心产业增加值增长 10% 以上……2023 年以来，各地围绕创新为主题，持续促进产业高端化、智能化、绿色化发展。

创新是引领发展的第一动力。全面建设社会主义现代化国家，实现第二个百年奋斗目标，创新是一个决定性因素。在激烈的国际竞争中，要开辟发展新领域新赛道、塑造发展新动能新优势，从根本上说，还是要依靠科技创新。党的二十大报告对“加快实施创新驱动发展战略”作出重要部署。2023年全国两会上，习近平总书记在参加江苏代表团审议时强调，“要坚持‘四个面向’，加快实施创新驱动发展战略”。在强国建设、民族复兴的新征程，加快实施创新驱动发展战略，才能加快实现高水平科技自立自强、不断推动高质量发展，为如期全面建成社会主义现代化强国打牢坚实基础。

抓住创新，就抓住了牵动经济社会发展全局的“牛鼻子”。嫦娥揽月、蛟龙入海、祝融探火，新技术支撑大国重器；人工智能、数字经济蓬勃应用，新产业积蓄发展动能；国际科技创新中心、综合性国家科学中心创新能级持续提升，新优势让我们把牢发展主动权。党的十八大以来，我国科技实力从量的积累迈向质的飞跃、从点的突破迈向系统能力提升，创新为我国打开了广阔的发展天地。如今，新一轮科技革命和产业变革正在重构全球创新版图、重塑全球经济结构，科学技术和经济社会发展加速渗透融合。加快实施创新驱动发展战略，下好科技创新的先手棋，我们就能赢得优势、赢得主动、赢得未来。

以创新之力推动发展前行，关键要锚定航向。量子计算技术就是一个鲜活案例。我国以解决传统计算机性能增长困难为切入点，建成一批国之重器并取得具有国际影响力的重大原创成果，极大增强了关乎未来发展的基础计算能力，为先进材料制造、新能源开发等提供了坚实技术支撑，也培育出一批战略性新兴产业，成为推动产业升级、优化产业结构的强劲力量。这启示我们，科技创新必须坚持面向世界科技前沿、面向经济主战场、面向国家重大需求、面向人民生命健康，方能释放出更澎湃、更持久的发展潜能。

充分激发创新的作用，要抓住提升国家创新体系整体效能这一着力点。企业在国家科技创新体系中占有十分重要的地位。强化企业科技创新主体地位，加强企业主导的产学研深度融合，有利于加快科技成果向现实生产力转化，发挥创新要素集聚效应，构建协同高效创新体系。同时，完善新型举国体制，发挥好政府在关键核心技术攻关中的组织作用，进一步强化国家战略科技力量，推动创新链、产业链、资金链、人才链深度融合，才能更好把科技力量转化为产业竞争优势，加快实现高水平科技自立自强。

当前，我国正推动新型工业化、信息化、城镇化、农业现代化同步发展，为自主创新提供了广阔空间与强劲动力。加快实施创新驱动发展战略，不断提升国家创新体系整体效能，我国高质量发展的步伐必将更加坚定有力。

# 任务二 认知创业

哈佛大学拉克教授讲过这样一段话："创业对大多数人而言是一件极具诱惑的事情，同时也是一件极具挑战的事情。不是人人都能成功，也并非想象中那么困难。但任何一个梦想成功的人，倘若他知道创业需要策划、技术及创意的观念，那么成功已离他不远了。"

## 一、创业的概念

### （一）创业的定义

创业是一种广泛而久远存在的社会活动。创业，古为"开创基业"之意。"创业"一词源远流长，最早出现于《孟子·梁惠王下》："君子创业垂统，为可继也。"故《辞海》将创业解释为"开创基业"。张衡《西京赋》中"高祖创业，继体承基"，所创之业为帝王之业、霸主之业。《孟子·梁惠王下》中"君子创业垂统，为可继也"指的则是君子之业、立本之业。诸葛亮在《出师表》中痛心疾首地写下："先帝创业未半而中道崩殂。"

在中国传统文化中，"创业"一词多指的是广义的创业，即开创未来的事业，无论营利性的还是非营利性的，只要是对社会发展有一定积极影响的开创性活动，均可称为创业。现今，我们把创业理解为不拘泥于当前资源，寻求机会，进行价值创造的行为过程。

西方对创业的关注多是从商业视角出发的。有"创业教育之父"之称的杰弗里·蒂蒙斯（Jeffry A.Timmons）认为"创业是一种思考、推理和行为方式，这种行为方式是机会驱动、注重方法和与领导相平衡"。谢恩（Shane）和文卡塔拉曼（Venkataraman）则将这一概念细化，指出创业是"机会的识别、开发和利用的过程"。

作为一个行为过程，创业可以从以下三方面进行理解。

#### 1. 创业需要面对资源难题，设法突破资源束缚

无数创业案例表明，大多数创业者在创业初期甚至全过程都会经历资源约束。这是因为创业通常是创业者在资源高度约束的情况下所进行的从无到有、"从零到一"的财富创造过程。创业者往往不甘于现状，需要通过技术创新和商业模式创新等方式对资源进行更为有效的整合，实现创业目标。换言之，创业者只有努力创新资源整合手段和资源获取渠道，才能真正摆脱资源约束的困境。正因如此，积极探求创造性整合资源的新方法、新模式和新机制，就成为创业的基本特性。

### 2. 创业需要善于寻求机会

创业通常离不开创业者努力识别机会、把握机会和实现机会的有效活动。创业者从创业起始就需要努力识别商业机会，只有发现了商业机会，才会进一步整合资源和创造价值。因此，一般认为寻求有效机会是产生创业活动的重要一环。

### 3. 创业者能够进行价值创造

创业属于人类的劳动形式之一，劳动需要产生劳动成果，创业也需要创造劳动价值。创业的本质在于创新，因此，与一般劳动相比，创业更强调创造出商业价值和社会价值。当今较为典型的创业大多追求创新带来的新价值，这些新价值通过技术、产品和服务等方式的变革更好地为消费者服务，促进社会的发展和进步。需要注意的是，创业通常需要比一般劳动付出更多的时间和努力，承担更多的风险。当然，创业的渐进和成功也会带来不尽的成就感。

## （二）创业的要素

创业是一项艰苦的事业，也是一个复杂和复合的系统。创业需要很多前提、条件、资源和要素。迄今为止，人们对创业要素的认知和分析中，最为典型和公认的是蒂蒙斯在长期研究的基础上提出的创业要素模型——蒂蒙斯模型，如图1-1所示。

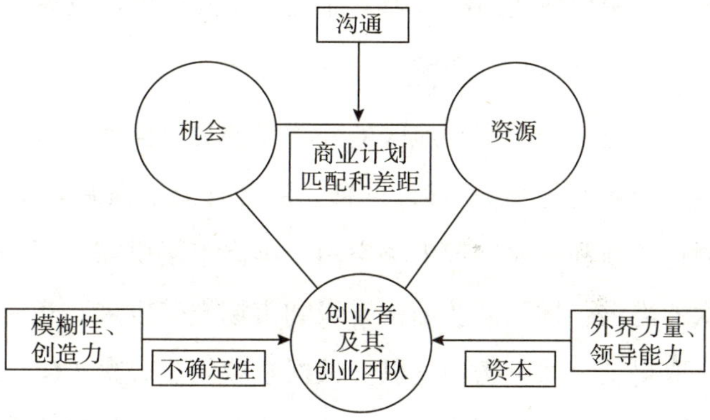

图1-1　蒂蒙斯模型

蒂蒙斯模型在创业领域有着深远的影响。首先，该模型简洁明了，提炼出创业的关键要素：机会、创业者及其创业团队、资源。

机会是有利于创业的一组条件的形成情况，包括持续性需求、满足需求的创意、实施创意的能力和资源，以及开发创意所需的资金和团队。

创业团队就是由两个或者两个以上相互作用、相互依赖的个体，为了特定目标而按照一定规则结合在一起的组织。

资源是企业创立和成长过程中所需要的各种生产要素与支撑条件。对创业者及其创业团队而言，只要是对创业项目和初创企业发展有所帮助的要素，都可以归入创业资源的范畴。

这三个要素在任何创业活动中都不可或缺。没有机会，创业活动就成了盲目的行动，根本谈不上创造价值；机会普遍存在，没有创业者及其创业团队识别和开发机会，创业活动也不可能发生；合适的创业者要想把握住合适的机会，还需要有资源，没有资源，机会就无法被开发和利用。其中，创业者及其创业团队是创业的核心，是使机会识别利用与资源组合得以实现的驱动者。

其次，该模型突出了要素之间匹配的思想，这对创业来说十分重要。蒂蒙斯认为，在创业活动中，无论机会还是团队，抑或是资源，都没有好和差之分，重要的是匹配和平衡。这里说的“匹配”，既包括机会与创业者及其创业团队之间的匹配，也包括机会与资源之间的匹配。机会、创业者及其创业团队、资源之间的平衡和协调，是创业成功的基本保证。蒂蒙斯说的这些道理虽然很简单，但对创业活动而言非常重要，而且要真正做到也不是一件很容易的事情。

最后，该模型具有动态性的特征。创业的三要素很重要，但不是静止不变的。随着创业过程的展开，其重点也会相应地发生变化。创业过程实际上是创业的三个因素相互作用，由不平衡向平衡方向发展的过程。成功的创业活动，不仅要将机会、创业者及其创业团队、资源三者做出最适当的搭配，而且要使其在事业发展过程中始终处于动态的平衡状态。

### （三）创业的功能

创业对一个国家和地区的经济发展具有巨大的推动作用。如今，创业正在世界范围内催生一种新型的经济形态，这种经济形态突出强调创新创业对于社会经济发展的重要作用，即通过创新和创业发现市场空白，丰富市场供需，引领人们消费，更好地满足多样性和深层次的需求，推动消费结构升级和市场繁荣发展。正是借助创业型经济的优势，许多发达国家取得了全球市场的先机。根据全球创业观察（Global Entrepreneurship Monitor，GEM）报告，我国在全球创业活动中处于活跃状态，且我国的创业环境正在不断改善。

创业的功能主要体现为以下几点。

#### 1. 调节社会资源合理配置，促进资源优化分配

创业有利于社会资源的合理配置。初创企业要能够生存并获得持续发展，必须具备比已存在企业更强的竞争力。从行业内的发展来看，初创企业的成功将会影响行业现有的经营格局，加剧行业经营的竞争，形成优胜劣汰的局面，维持市场的活力。竞争的加剧有利于资源向经营良好、效率更高的企业流动，从而促进市场的发展，促使社会资源合理配置，产生更好的社会效益。

#### 2. 促进科技进步和繁荣市场

创业往往伴随着新技术、新产品、新工艺、新方法进入市场，以及大量科研成果转化

型企业的诞生。因此，创业可以促进技术进步，推动经济结构升级。创办科研成果转化型的初创企业，可以较快促进我国整体科技水平的提高和综合国力的提升。

目前，我国技术创新水平总体不高，市场开发还不够充分，在国际分工中优势不大。要改变这种被动状态，就要发展创业型经济，而发展创业型经济的根本取决于拥有创新创业人才的状况。大学生是未来社会的精英，培养更多的大学生创业者，或者使更多的大学生拥有创新和创业的技能，是我国发展创业型经济的最重要途径，将为我国创业型经济发展提供根本性支撑。

### 3. 帮助创业者实现人生价值

创业为每个人创造了发展的机会和增加个人财富的可能性，对许许多多梦想着开创自己事业的人而言，创业不但是一种充分实现自我的机会，更是发挥个人潜能的舞台。

知识经济时代，智力已经成为比土地、资金、劳动更有意义的关键性生产要素，知识、技术和管理已成为重要的生产要素并参与增值和分配。创办企业越来越需要创业者具有较高知识水平和技术能力，因此，创业有利于知识、创新成果的产业化转化，资本借助知识又能发挥更强大的作用，从而推动整个社会生产力水平的提高。拥有专业知识和具有人力资本的大学生更有能力通过创业实现价值创造。大学生借助知识和创意去创建企业的梦想随时都有可能变为现实。

### 4. 缓解就业压力

作为世界人口大国，我国有着庞大的就业人群。在我国推进城镇化和经济结构转型升级的过程中，必然伴随着诸多就业矛盾的产生。近年来，我国的就业人数持续增加，就业总量压力不断增大，相当数量的农业富余劳动力需要转移就业。另外，就业的结构性矛盾更加突出：一方面，传统行业出现大批下岗失业人员，许多人再就业困难；另一方面，新兴产业、行业和技术性职业所需素质较高的人员又供不应求，不同地区、不同行业劳动力供求的不平衡性加剧，劳动力素质与岗位需求不能适应的矛盾变得更加突出。

特别需要关注的是，随着高等教育数量和规模的扩张，大学毕业生的就业问题也日渐突出。据教育部统计，我国应届高校毕业生人数多年持续增长，不断创历史新高，就业形势十分严峻。因此，培育大学生创业精神和创业技能，提倡和鼓励大学生自主创业，通过创业来解决大学生就业问题无疑是一种可行且有效的途径。实际结果表明，一个大学生的创业成功，往往可以带动几个甚至一批大学生或社会待业人员的就业。良好的创业氛围将会有利于缓解大学毕业生的就业压力，因此，加强大学生群体的创业教育和创业学习具有重要的社会功能。

## 二、创业的类型

随着创业活动的日益广泛，创业的类型也呈现出多样化的趋势。了解创业类型，比较不同类型创业活动的特点，有助于我们更好地理解和开展创业活动。创业类型的划分方式有很多，本书从创业动机、创业方式和创业主体的性质三个方面，以全面的视角看待创业，对创业的类型进行划分。

### （一）基于创业动机的分类

根据创业动机对创业进行分类，创业可分为机会型创业和生存型创业。机会型创业是指创业的出发点并非谋生，而是为了抓住、利用市场机遇，获得更多利润、更大的发展空间或实现自身的社会价值而进行的主动性选择。以市场机会为出发点，以创造新的需要或满足潜在需求为目标，因而会带动新产业发展。

生存型创业属于被动型创业，是指为了谋生而自觉或被迫地创业，主要解决创业者个人的就业问题。生存型创业大多偏于跟随和模仿，因而往往加剧市场竞争。

### （二）基于创业方式的分类

根据创业方式对创业进行分类，是一种比较常见的分类形式。这种分类有助于创业者了解不同创业方式的优势、劣势及对创业者的要求，关注创业活动的效果及其可能面临的风险，进而提升创业活动的效益和成功率。在这方面，芬兰经济学家克里斯琴·格罗路斯（Christian Gronroos）教授的分类颇具代表性。格罗路斯等人依照创业对市场和个人的影响程度，将创业分为四种基本类型，即复制型创业、模仿型创业、安定型创业和冒险型创业。

#### 1. 复制型创业

复制型创业是在现有经营模式的基础上进行简单复制的过程。例如，某人原本在一家化工品制造企业担任生产部经理，后来离职创立了一家与原化工品制造企业相似的企业，且生产的产品和销售渠道与离职前的那家企业相似。在现实生活中，复制型初创企业的比例较高，且由于前期经验的累积，这种类型创业的成功率也很高。但是，在这种类型的创业活动中，创新的贡献比较低，对创业精神的要求也比较低，因此，在以往的创业研究中，对这种类型的创业关注得比较少。

#### 2. 模仿型创业

模仿型创业是一种在借鉴现有成功企业经验基础上进行的重复性创业。这种创业虽然很少给顾客带来新创造的价值，创新的成分也很低，但对创业者自身命运的改变还是较大的。与复制型创业的不同之处在于，模仿型创业过程对于创业者而言，具有很大的冒险成分。例如，某软件工程师辞职后，模仿别人开办了一家饮食店。这种形式的创业具有较高的不确定性，学习过程长，犯错误的机会多，试错成本也较高。不过，创业者如果具备较高的素质，那么只要得到专门的系统培训，注意把握市场进入契机，创业成功的可能性也较大。

### 3. 安定型创业

安定型创业是一种在比较熟悉的领域所进行的不确定因素较小的创业。这种创业虽然为市场创造了新的价值，但是对创业者而言，并没有太大的改变，其所从事的仍是比较熟悉的工作。这种创业类型强调的是创业精神的实现，也就是创新的活动，而不是新组织的创造。企业内部创业即属于这一类型。例如，企业内的研发团队在开发完成一项新产品之后，继续在该企业内开发另一款新的产品。这种创业形式强调的是个人创业精神的最大限度地实现，而不是对原有组织结构进行设计和调整。

### 4. 冒险型创业

冒险型创业是一种在不熟悉的领域进行的不确定性较大的创业。这种创业除了对创业者具有较大的挑战，并会给其带来很大的改变外，其个人前途的不确定性也很高。通常情况下，那些以创新的方式为人们提供具有自主知识产权的新产品、新服务的创业活动，便属于这种类型的创业。冒险型创业是一种难度很高的创业类型，有较高的失败率。尽管如此，因为这种创业预期的回报较高，所以对那些充满创业精神的人来说，它仍极具诱惑力。这里需要提醒，创业者只有在具备超强的个人能力、拥有非常有竞争力的产品、恰逢适宜的创业时机，且制定了合理的创业方案，并能进行科学的创业管理的条件下，才有可能获得创业的成功。

## （三）基于创业主体的分类

根据创业主体对创业进行分类，创业可分为自主创业和公司创业。

### 1. 自主创业

自主创业主要是指不依附于某一特定组织而开展的创业活动。自主创业可能缘于各种动机，如希望利用自己的专长创立一个企业；自己有了发明创造成果并发现了它的商业价值；喜欢挑战，独立性强，不喜欢为他人工作；受家庭或朋友的影响等。自主创业是一个能影响人一生的决策，将带来现行生活方式的改变。与就业相比，自主创业给予了创业者实现自己的想法、发挥创造力、独立主动地控制工作环境和进行决策的机会以及获得无限收益的潜力，但也使得创业者面临工作不定时、收益不稳定、责任更加重大、需时刻学习以解决新问题等挑战。如果创业一旦失败，创业者还要承受来自经济、心理、情感、家庭和社会等方面的压力。因此，自主创业对创业者来说，是一个充满挑战和刺激的选择。

### 2. 公司创业

公司创业是指已有组织通过创新、更新及风险投资等活动追逐创新发展机会，实现企业获利能力和竞争地位提升或组织更新的过程。公司创业主要是在已有组织内部发起的创业活动，这种创业活动可以由组织自上而下发动，也可以由员工自下而上推动，但无论推动者是谁，公司内的员工都有机会通过主观努力参与其中，并在这种创业中获得报酬和锻炼。

从创业本质来看，个体创业与公司创业有许多共同点，但是由于创业主体在资源、禀赋、组织形态和战略目标等方面各不相同，因此二者在创业的风险承担、成果收获、创业环境、创业成长等方面存在较大的差异。

## 三、创业精神

### （一）创业精神的重要性

过去，美国高校的创业课程只对商学院学生开放。20 世纪 90 年代，这种情况开始发生变化，人们认识到科学、工程和其他专业的学生要在一个迅速变化的世界中获得成功同样必须具备创业精神。美国大学创业教育历经近 70 年，各大学已形成了自己的创业教育课程体系。自 1947 年哈佛商学院率先为工商管理硕士（MBA）学生开设“初创企业管理”课程以来，美国高校已开设了超过 5 000 门创业课程，在学生中越来越受到欢迎。考夫曼基金会（美国最大的研究美国企业、培育企业精神的基金会）的主席兼首席执行官（CEO）卡尔·施拉姆在《创业的必要性》一书中提出，真正推动美国经济发展的动力是美国企业家的创业精神。

在企业管理领域，著名的创业学家拉里·法拉尔曾经在《创业时代》一书中指出，无数企业的兴衰告诉我们，现行的管理经验并非是企业早年得以增长的要素，而恰恰是导致企业衰败的原因，企业成功的真正基础正是所谓的创业精神。由此可见学习和培育创业精神的重要性。

### （二）创业精神的内涵

“创业精神”这个概念出现于 18 世纪。多年来，其含义在不断变化。综合已有的创业精神的定义，本书界定创业精神为：创业精神（Entrepreneurship）是指创业者在创业过程中具有的开创性的思想、观念、个性、意志、作风和品质等重要行为特征的高度凝练。从理论上说，创业精神有三个层面的内涵。

（1）哲学层次的创业思想和创业观念，是人们对于创业的理性认识。

（2）心理学层次的创业个性和创业意志，是人们创业的心理基础。

（3）行为学层次的创业作风和创业品质，是人们创业的行为模式。

创业精神的本质是创新意识和主动精神。对此，不同的人有不同的诠释。约瑟夫·熊彼特认为创业精神包括建立私人“王国”、对胜利的热情、创造的喜悦和坚强的意志。这种精神是成就优秀企业家的动力源泉，也是实现经济发展中创造性突破的智力基础。熊彼特将创业精神看作一股“创造性的破坏”力量。创业者采用的“新组合”使旧产业遭到淘汰。原有的经营方式被新的、更好的方式摧毁。王健林认为，企业家精神是多方面的，最核心的是三个词——“创造力”“坚持”和“责任”。他说：“如果企业家努力做好这三个词，尤其是你的创造力，也许你就会成功，成为在这条路上千万个奋斗者中成功的一员。”

### （三）创业精神的来源

创业精神并非先天条件决定的，而是在一定的社会、经济、政治、文化、产业等环境中形成的。换句话说，创业精神形成因素主要有文化环境、产业环境、生存环境等。

#### 1. 文化环境

创业者离不开现实文化环境。创业本身是一种学习，作为学习者，创业者所生活区域的文化就是学习的重要内容之一。因此，在一个商业文化氛围浓厚的地方，潜在的创业行动者容易培养创业精神。

#### 2. 产业环境

不同的产业环境会对创业精神产生影响。对于垄断行业而言，企业缺少竞争，就容易抑制创业精神的产生。在一个完全竞争的市场结构中，由于企业间优胜劣汰、竞争激烈，更有可能形成创业精神，如互联网行业。

#### 3. 生存环境

常言道：“穷则思变。”从生存环境来看，资源贫瘠、条件恶劣的区域往往能激发人的斗志。从创业视角分析，在资源贫瘠的地方，人们为了改善生存状况而寻求发展机会，整合外界资源，进而催生创业念头，激发创业精神。

### （四）创业精神的作用

创业是一个国家经济活力的象征，经济越繁荣，创业活动越频繁。发达国家的经济繁荣发展史，伴随着一轮又一轮的创业史。因此，创业被认为是一个国家经济发展和社会发展的推动力，创业精神被誉为人类最宝贵的财富。

创业精神的作用主要体现在以下三个领域。

（1）个人成就的取得。是个人如何做好目前的工作，成功地创建自己的企业。

（2）大企业的成长。是指如何使整个组织重新焕发创业精神，以具有更强的竞争力并创造高成长。

（3）国家的经济发展。国家的经济发展能够帮助人民变得富强。

创业精神的力量能够帮助个人、企业乃至整个地区或国家，在面对21世纪的竞争时走向成功和繁荣。当前，世界产业结构正经历着彻底转变，而创业精神将在我国发挥更大的作用。创业精神有利于加快转变经济发展的方式，促使经济社会又好又快发展。

### （五）创业精神的培育

#### 1. 培育创业人格

个性特征对个体创业来说是极其重要的，尤其是“独立性”“敢为性”“坚持性”等特征。所以，人格的教育与创业精神的培养是相辅相成的。引导大学生树立心理健康意识，强化心理素质，增强心理调节能力和对于社会的适应能力，教师要自觉培养坚韧不拔的意志品质和艰苦奋斗的内在精神，提高承受挫折和解决问题的能力。此外，还可以采用创业案例，剖析创业者的人格特征，进行心理训练等，让学生了解形成良好心理素质与优秀人格特征的途径。

#### 2. 培养创新能力

创新能力是创业精神的核心。大学生要通过保持个性发展和好奇心、求知欲、勇于突破，有针对性地突破前人、突破书本、突破难题。教师要自觉培养学生的科学精神，训练创新思维，提高创新能力。

#### 3. 强化创业实践

“纸上得来终觉浅，绝知此事要躬行。”教师要鼓励学生在课余时间参加一些创业模拟和社会实践活动，增强学生对企业的了解以及对社会的适应能力，通过在校内外开展创业竞赛活动，与外部企业联合开展大学生实习等，让学生在实践中磨炼自己，形成正确的创业认知，孕育创业精神。

## 四、创新与创业的关系

随着全球经济一体化进程的加快与知识时代的到来，尤其是2014年“大众创业、万众创新”的提出，中国借助世界科技浪潮，兴起了创业推动的大潮，使得创新与创业成为当今时代的主旋律，成为一个国家推动经济转型和快速发展的重要途径，并日益得到世界的关注。创新与创业虽是两个不同的概念，但两者之间又内在相关、密不可分，如果说创业的本质是创新，那么创新则是创业的核心。

### （一）创新与创业本质的一致性

创新与创业两个范畴之间有着本质上的契合，内涵上相互包容，实践过程中互动发展。创新活动的本质内涵，体现着与创业活动性质上的一致性和关联性。创新与创业均具有“开创”的性质。创新主要是指理论、思维方面的创造活动，是整个创造活动的初期阶段；创业是实际活动中的创造，是创新思维、理论和技巧方法的应用与现实体现，属于创造活动的后期阶段，也是创新的根本目的。

总体上说，科学技术及思想观念的创新，形成了新的生产和生活方式，创造了新的消费需求，这是创业活动源源不断的根本动因。另外，创业在本质上是一种创新性实践活动，是主体的一种高度的自主行为。在创业实践的过程中，主体的主观能动性得以充分发挥，最终体现了创业的创新特征。

### （二）创新与创业的相互作用

#### 1. 创新是创业的灵魂

创业者只有保持持续不断的创新思维和创新意识，才可能在创业的过程中产生有创意的想法和方案，寻求新的模式、新的思路，最终获得创业的成功。

#### 2. 创新的价值在于创业

创新的价值在于将潜在的知识、技术和市场机会转变为现实生产力，实现社会财富增长，造福人类社会，而实现这种转化的根本途径就是创业。创业者不一定是创新者，但必须具有能发现潜在商机的能力和敢于冒险的精神；创新者也不一定是创业者，但创新的成果一定是经由创业者推向市场的，使其价值市场化，创新成果才能转化为现实生产力。

#### 3. 创业推动并深化创新

创业可以推动新发明、新产品或新服务的不断涌现，创造出新的市场需求，从而进一步推动和深化各方面的创新，因而也就提高了企业或整个社会的创新能力，推动了经济的增长。

创新和创业相互促进又相互制约，是密不可分的辩证统一体。创新是创业的灵魂，而创业是创新的载体。创业者只有通过创新，才能使所开拓的事业生存、发展并保持持久的生命力。

作为大学生创业者，仅仅具备创新精神是远远不够的，更需要有创新意识、创新思维、创新技能、创新品质，创新只是为创业成功提供了可能性和必要准备。如果脱离了创业实践，缺乏一定的创业能力，创新精神也就成了无源之水、无本之木。

# 任务三 大学生创新创业

## 一、大学生创新创业教育的理念

国务院办公厅印发的《关于深化高等学校创新创业教育改革的实施意见》明确强调了“面向全体、分类施教、结合专业、强化实践”的基本原则，确立了“普及创新创业教育”

的总体目标。贯彻这一基本原则就是要将创新创业教育纳入教学主渠道，贯穿高校人才培养全过程，着眼于创新创业教育的广泛性和普及性，使之惠及每一个学生。为实现“普及创新创业教育”的总体目标，树立全新的“大创业教育观”是必由之路。

### （一）树立“以用户为中心精准指导”的教育理念

高校以学生为中心，概括起来，就是把学生作为立校之本，把满足学生需要作为大学的关注重心，把提升学生学习成绩作为大学教育的首要目标，把学生参与大学事务作为学生的基本权利，把与学生建立密切关系作为大学可持续发展的基础。这不仅对中国大学生的发展有重大意义，而且对中国大学自身发展也有重大意义。

高等学校在教育教学过程中应树立以学生为本的教育理念，坚持以学生为中心，以学生成长为目标，努力为学生提供优质的学习条件和生活环境，尽力为学生搭建健康成长和全面发展的宽广平台。学校领导应深入教学第一线，了解学生的学习和生活，知晓学生的困难和需求，在学校顶层的规划设计中把学生的需要和利益放在首位，通过各种机制，始终把满足学生各种需求和提高人才培养质量作为各项工作的出发点和落脚点，克服片面追求学校的眼前利益和近期发展而忽略学生切身利益的倾向，在学校发展规划中全面体现以学生为本的核心理念，引领当代大学生在创业技能与素养上的双重提升。

### （二）探索“面向全体学生”的具体教育方式

创新创业教育并不是单纯地教学生如何创办企业，教育的核心是全面提高学生的创新创业素质。以这一思想为指导，要求教师在实践中探索“面向全体学生”的具体教育方式，彻底改变“精英教育”的运行模式，既不是只针对商学院的学生，也不能只针对想要创办企业或是参与创业计划竞赛的少数学生，而是要面向全体学生。要做到这一点，最为关键的是破除广泛开展创新创业教育的观念性障碍，对“创办企业”“培养老板”等“窄化”的创新创业教育内涵、严重滞后于创新创业教育发展现状的教育教学目标进行观念澄清，探究创业型大学建设在体制机制和队伍建设等方面的具体做法，探索构建与“大众创业、万众创新”相匹配、面向全体学生广泛开展创新创业教育的本土化教育体系。

### （三）确定“结合专业教育”的主要途径

高校创新创业教育在于广泛地“种下创新创业的种子”，为高校毕业生设定“创业遗传代码”。这就客观要求创新创业教育不是面向工程、艺术、科技等少数专业的“精英教育”，而是普遍培养和提高所有专业大学生创新意识和创新能力的“广谱式”教育。以这一思想为指导，要求教师在实践中确定“结合专业教育”的主要途径。创新创业教育必须与专业教育相结合，这一观念已经在学术界达成了共识。关键是如何找到合适的途径，克服结合过程中的障碍。为从根本上破解这一难题，必须将深化高校创新创业教育改革与推进高等教育综合改革紧密联系，从厘清创新创业教育目标要求和人才培养定位入手，挖掘和充实各类专业课程的创新创业教育资源，在专业教育教学中渗透创新创业教育的理念和内容，在传授专业知识过程中加强创新创业教育。

### （四）丰富“融入人才培养全过程”的科学载体

创新创业教育要获得深层次的发展，必须走出“表层教育”的初级阶段，全面推动高校教育教学改革，构建创新创业教育体制机制。以这一思想为指导，要求我们在实践中丰富“融入人才培养全过程”的科学载体。创新创业教育要在纵向上贯穿学生在校学习的全过程，在横向上打通学校教育、家庭教育和社会教育的各个环节。不仅立足于高校自身，更立足于经济发展方式转变的现实需求；不仅基于创新创业教育本身，更要实现“课内课外相衔接，教育实践一体化”，着力促进全体学生创新创业素质的训练和提升。在此过程中要推动高校与政府和企业的沟通、联系，探索建立校校、校企、校地、校所及国际合作的协同育人新机制，建立健全知识资本化、创新商业化的科学路径，积极促进和努力形成大学在新经济中的中心地位，形成大学—企业—政府“三螺旋”关系，积极吸引社会资源和国外优质教育资源投入创新创业人才培养，全面推动高校创新创业教育深入改革。

## 二、创业与大学生职业生涯规划发展

### （一）创业对大学生职业生涯规划发展的意义和作用

创业既是一种理念也是一种精神，不仅是一种不满足于现状、敢于创新并承担风险的精神，更是一种在考虑资源约束的情况下把握机会创造价值的认识。从广义的角度来看，创业可以理解为一个人根据自己的性格、兴趣、所学专业、能力等选择适合自己的事业，并把握机会，为这个事业的成功整合有效资源、付出努力，最终实现自己人生目标的过程。因此，创业能力中所包括的捕捉机会、整合有效资源的意识，以及领导、沟通等能力，具有普遍性与适应性。无论创业者从事什么样的行业或职业，创业能力都将在职业生涯中发挥重要的作用。

创业是职业生涯发展的重要组成，不做职业生涯规划就选择创业是很危险的。没有个人的职业生涯发展的目标，就会让创业者迷失在公司的烦琐事务中，没有时间注意考虑长远规划和培养创业成功所必备的素质。这就会造成企业成长没有后劲。所以，创业者要做职业生涯规划，其中接受创业教育、培养创业者素质是必需的。

创业需要树立正确的创业观。创业者不仅要努力实现个人价值，更要考虑社会价值的实现。要处理好创业与职业生涯发展的关系，把专业知识和职业技能创造性地运用到经济社会发展中去。创业教育要注重培养学生的社会责任感，比如创造价值、服务国家、服务人民等；培养学生自尊、自爱、自强、自信的精神；培养迎难而上、坚持不懈、勇于创新的意志品质，以及遵纪守法、诚实守信、善于合作的职业操守，奠定创业的正确方向。

对于大多数刚毕业的大学生来说，先就业再创业的职业发展路径是比较常见的选择。因为相比较而言，创业对人才的要求要高于就业。资源、人脉、能力等要素需要积累，而大学生毕业后在工作岗位中逐渐成长成熟、积累资源并最终实现自主创业，这种做法往往更容易带来创业成功。人们常说创业是职业生涯发展的飞跃，前期的职业积累是一种沉淀，真正的创业才是完全把握一个完整的过程，它是前期沉淀的一种释放和收获，只有前期量的积累才会带来后期质的飞跃。

### （二）大学生创业规划

大学生创业已成为毕业生流向社会的一种全新的就业方式。对于一个立志创业的大学生来说，职业生涯规划与其创业规划在一定程度上是相同的。要制定一份好的规划，可以参考以下创业四部曲。

#### 1. 了解及认识自己

一个有效的创业规划，必须在充分且正确地认识自身的条件与相关环境的基础上进行。对自我及环境的了解越透彻，越能做好规划。因为创业规划的目的不只是协助创业者达到和实现个人目标，更重要的是帮助其真正了解自己，自我认识评估内容如表 1–1 所示。

表 1–1 自我认识评估表

| 评估指标 | 二级指标 | 内容 |
| --- | --- | --- |
| 我是谁 | 我拥有什么样的特质 | |
| | 我拥有什么样的能力 | |
| | 我的兴趣爱好是什么 | |
| | 我对创业这件事的态度是怎样的 | |
| 我知道什么 | 我的专业情况是怎样的 | |
| | 我具有哪些专业知识和技能 | |
| | 我从事过哪些工作 | |
| | 我具有怎样的工作和生活上的经验 | |
| 我认识谁 | 家人 | |
| | 朋友、同学 | |
| | 领导、同事 | |
| | 用户、合作伙伴 | |
| | 偶然认识的陌生人 | |

### 2. 明确创业目标

创业者要善于观察和发现新的机遇、新的商机，用创新的思维来设计自己的创业思路，站在成功创业者的经验之上，确立自己的目标。

高尔基说："一个人追求的目标越高，他的才能就发挥得越快，对社会就越有益。"如果创业者自己都不知道要到哪儿去，那通常哪儿也去不了。但是一个人在明确自己想做什么、能做什么的同时，还应考虑社会的需求是什么这一重要因素。如果一个人所选择的创业领域既符合自己的兴趣，又与自己的能力相一致，但却不符合社会的需求，那么，这种创业的前景也会变得暗淡。由于分析社会需求及其发展态势并非一件易事，因此，在选择创业目标时，应该进行多方面的探索，以求得出客观而正确的判断。

### 3. 制订行动计划

大学生在确定了创业目标后，围绕创业目标的实现，需要制订具有针对性、明确性与可行性的行动计划，特别是要详尽制订大学期间和毕业后三到五年内的行动计划。

### 4. 开始行动

个人的创业规划不管多么好、多么严密，只要行动没有跟上，就依然是一张废纸。立即行动，是实现目标和梦想的唯一途径。

总之，一份创业规划必须将个人理想与社会实际有机地结合起来，从而设计出既合理又可行的创业发展方向。只有将自身因素和社会条件进行最大限度的契合，才能在现实中发挥优势、避开劣势，使创业规划更具有可操作性。

## 案例分享

### 临川返乡大学生方婷的创业轨迹

2007 年 5 月份，厦门大学旅游管理学院应届毕业生方婷，以优异的成绩同时被 3 家大型旅游公司录取。谁知，方婷出人意料地做出决定：回乡接过父亲的接力棒，将菌菇产业做大做强。

从厦门回到抚州市临川区罗针镇丁湖村老家的方婷，把目光放在现有菌菇品质提纯和生态驯化新品种上。在父亲支持下，方婷筹集 36 万元资金，组建了虎奶菇菌种人工驯化实验室。在 400 多个攻关的日夜里，方婷每天不是忙于实验栽培，就是往返省内外的科研单位及高等院校，向专家学者请教。天道酬勤，经过数百次的实验栽培，2010 年 9 月，"临川虎奶菇"菌种终于人工驯化成功。这一科研项目先后获得抚州市科技进步一等奖、江西省科技进步三等奖。

方婷奔跑的脚步并未停歇。菌种驯化成功后，她又与省内外有关高等院校、科研单位联手，开发出了科技含量高的新产品——“临川虎奶菇”成品、系列保健产品，并被评为国家地理标志保护产品、江西省著名农产品。2019年，“临川虎奶菇”品牌评估价值为10. 81亿元，产品销售额突破7 000万元，并连续获第九届、第十届中国国际农产品交易会金奖，产品畅销全国20多个省份以及日本、泰国等十多个国家。“临川虎奶菇”生产基地被共青团中央评为“青年就业创业见习基地”。

在“临川虎奶菇”形成规模化种植后，方婷采取“公司+基地+农户”的模式，建立集新技术推广，虎奶菇种植、加工、销售于一体的专业合作组织，为种植户提供产、供、销一体化服务，形成完整的虎奶菇产业链条，带动百姓种植“致富菇”。

## 三、“大众创业、万众创新”政策

“大众创业、万众创新”是我国经济转型必然抉择，我国正在以“大众创业、万众创新”带动新经济增长，缩小“创新鸿沟”，这是推动中国从经济大国迈向经济强国的重大历史抉择。这一战略的基本目标是推动中国经济转型，特别是通过初创企业的进入，推动在位企业转型。推动“大众创业、万众创新”是充分激发亿万群众智慧和创造力的重大改革举措，是实现国家强盛、人民富裕的重要途径。让创业创新成为时代潮流，汇聚起经济社会发展的强大新动能。

推进“大众创业、万众创新”，是发展的动力之源，也是富民之道、公平之计、强国之策，对于推动经济结构调整、打造发展新引擎、增强发展新动力、走创新驱动发展道路具有重要意义，是促进社会纵向流动、公平正义的重大举措。为大力推进“大众创业、万众创新”，国家出台了一系列相关扶持政策。

（1）2015年3月，国务院办公厅印发了《国务院办公厅关于发展众创空间推进大众创新创业的指导意见》，部署推进大众创业、万众创新工作，明确推进大众创新创业的基本原则是坚持市场导向、加强政策集成、强化开放共享、创新服务模式，重点任务是加快构建众创空间、降低创新创业门槛、鼓励科技人员和大学生创业、支持创新创业公共服务、加强财政资金引导、完善创业投融资机制、丰富创新创业活动、营造创新创业文化氛围。

（2）2015年6月，国务院印发了《关于大力推进大众创业万众创新若干政策措施的意见》，为改革完善相关体制机制，构建普惠性政策扶持体系，推动资金链引导创业创新链、创业创新链支持产业链、产业链带动就业链，提出具体措施：创新体制机制，实现创业便利化；优化财税政策，强化创业扶持；搞活金融市场，实现便捷融资；扩大创业投资，支持创业起步成长；发展创业服务，构建创业生态；建设创业创新平台，增强支撑作用；激发创造活力，发展创新型创业；拓展城乡创业渠道，实现创业带动就业；加强统筹协调，完善协同机制。

（3）2015年7月，国务院印发了《国务院关于积极推进“互联网+”行动的指导意见》提出要坚持开放共享、融合创新、变革转型、引领跨越、安全有序的基本原则，充分发挥我国互联网的规模优势和应用优势，坚持改革创新和市场需求导向，大力拓展互联网与经济社会各领域融合的广度和深度。这是推动互联网由消费领域向生产领域拓展，加速提升产业发展水平，增强各行业创新能力，构筑经济社会发展新优势和新动能的重要举措。

（4）2016年5月，国务院办公厅印发了《关于建设大众创业万众创新示范基地的实施意见》，指出为在更大范围、更高层次、更深程度上推进“大众创业、万众创新”，加快发展新经济、培育发展新动能、打造发展新引擎，按照政府引导、市场主导、问题导向、创新模式的原则，加快建设一批高水平的双创示范基地，扶持一批双创支撑平台，突破一批阻碍双创发展的政策障碍，形成一批可复制可推广的双创模式和典型经验。

（5）2017年7月，国务院印发了《关于强化实施创新驱动发展战略 进一步推进大众创业万众创新深入发展的意见》，进一步系统性优化创新创业生态环境，强化政策供给，突破发展瓶颈，充分释放全社会创新创业潜能，在更大范围、更高层次、更深程度上推进大众创业、万众创新。

（6）2018年9月，国务院印发了《关于推动创新创业高质量发展打造“双创”升级版的意见》，要求深入实施创新驱动发展战略，通过打造“双创”升级版，进一步优化创新创业环境，大幅降低创新创业成本，提升创业带动就业能力，增强科技创新引领作用，提升支撑平台服务能力，推动形成线上线下结合、产学研用协同、大中小企业融合的创新创业格局，为加快培育发展新动能、实现更充分就业和经济高质量发展提供坚实保障。

（7）2020年7月，国务院办公厅印发了《关于提升大众创业万众创新示范基地带头作用 进一步促改革稳就业强动能的实施意见》，要求深入实施创新驱动发展战略，聚焦系统集成协同高效的改革创新，聚焦更充分更高质量就业，聚焦持续增强经济发展新动能，强化政策协同，增强发展后劲，以新动能支撑保就业保市场主体，尤其是支持高校毕业生、返乡农民工等重点群体创业就业，努力把双创示范基地打造成为创业就业的重要载体、融通创新的引领标杆、精益创业的集聚平台、全球化创业的重要节点、全面创新改革的示范样本，推动我国创新创业高质量发展。

（8）2021年10月，国务院办公厅印发《关于进一步支持大学生创新创业的指导意见》指出大学生是大众创业万众创新的主力军，支持大学生创新创业具有重要意义。要以习近平新时代中国特色社会主义思想为指导，全面贯彻党的教育方针，落实立德树人根本任务，立足新发展阶段、贯彻新发展理念、构建新发展格局，坚持创新引领创业、创业带动就业，提升人力资源素质，实现大学生更加充分更高质量就业。

## 四、大学生自主创业优惠政策

### （一）税收优惠

#### 1. 高校毕业生从事个体经营的优惠政策

2019 年 1 月 1 日至 2021 年 12 月 31 日，持《就业创业证》（注明“自主创业税收政策”或“毕业年度内自主创业税收政策”）或《就业失业登记证》（注明“自主创业税收政策”）的高校毕业生，自办理个体工商户登记当月起，在 3 年（36 个月）内按每户每年 12 000 元为限额依次扣减其当年实际应缴纳的增值税、城市维护建设税、教育费附加、地方教育附加和个人所得税。限额标准最高可上浮 20%，各省、自治区、直辖市人民政府可根据本地区实际情况在此幅度内确定具体限额标准。

#### 2. 从事个体经营的优惠政策享受期限

纳税人在 2021 年 12 月 31 日按照《财政部 税务总局 人力资源社会保障部 国务院扶贫办关于进一步支持和促进重点群体创业就业有关税收政策的通知》（财税〔2019〕22 号）规定，享受税收优惠政策未满 3 年的，可继续享受至 3 年期满为止。

#### 3. 从事个体经营的优惠政策办理方式

高校毕业生从事个体经营享受本项税收优惠的，自主申报，无须备案，由其留存《就业创业证》备查。

#### 4. 高校毕业生创办小微企业的税收优惠政策

对月销售额 10 万元以下（含本数）的增值税小规模纳税人，免征增值税。

#### 5. 小型微利企业企业所得税优惠的计算

对年应纳税所得额不超过 100 万元的部分，减按 25% 计入应纳税所得额，按 20% 的税率缴纳企业所得税；对年应纳税所得额超过 100 万元但不超过 300 万元的部分，减按 50% 计入应纳税所得额，按 20% 的税率缴纳企业所得税。

#### 6. 创办小型微利企业的其他优惠政策

高校毕业生创办的企业，其所属行业符合其他有效税收优惠政策的，可按规定享受其他税收优惠政策。

### （二）创业担保贷款和贴息

对符合条件的大学生自主创业的，可在创业地按规定申请创业担保贷款，贷款额度为 10 万元。鼓励金融机构参照贷款基础利率，结合风险分担情况，合理确定贷款利率水平，对个人发放的创业担保贷款，在贷款基础利率基础上上浮 3 个百分点以内的，由财政给予贴息。

### （三）免收有关行政事业性收费

毕业 2 年以内的普通高校学生从事个体经营（除国家限制的行业外），自其在工商部门首次注册登记之日起 3 年内，免收管理类、登记类和证照类等有关行政事业性收费。

### （四）享受培训补贴

对大学生创办的小微企业新招用毕业年度高校毕业生，签订 1 年以上劳动合同并交纳社会保险费的，给予 1 年社会保险补贴。对大学生在毕业学年（即从毕业前一年 7 月 1 日起的 12 个月）内参加创业培训的，根据其获得的创业培训合格证书或就业、创业情况，按规定给予培训补贴。

### （五）免费创业服务

各地高校举办“互联网 + 就业指导”公益直播课，建立“全国大学生就业创业指导专家库”，打造大学生就业创业指导“ 名师金课”。全国许多城市成立大学生创业园，对园区内的大学生创业企业提供培训和指导服务，落实扶持政策，提高创业成功率，延长存活期。

有创业意愿的大学生，可免费获得公共就业和人才服务机构提供的创业指导服务，包括政策咨询、信息服务、项目开发、风险评估、开业指导、融资服务、跟踪扶持等“一条龙”创业服务。

### （六）取消高校毕业生落户限制

全国很多城市加入“人才争夺战”，出台了多项针对大学生的优惠政策，除极少数城市外，全面放开高校毕业生落户限制，鼓励在创业地办理落户手续。

### （七）高校对自主创业大学生提供多项便利条件

按照《普通高等学校学生管理规定》《教育部关于做好 2021 届全国普通高等学校毕业生就业创业工作的通知》，高校在许多方面对大学生创业提供便利。

（1）学生参加创新创业、社会实践等活动，以及发表论文、获得专利授权等与专业学习、学业要求相关的经历、成果，可以折算为学分，计入学业成绩。具体办法由学校规定。学校应当鼓励、支持和指导学生参加社会实践、创新创业活动，可以建立创新创业档案、设置创新创业学分。

（2）学校可以根据情况建立并实行灵活的学习制度。对有自主创业意愿的大学生，实施弹性学制，放宽学生修业年限，允许调整学业进程、保留学籍休学创业。

（3）休学创业或退役后复学的学生，因自身情况需要转专业的，学校应当优先考虑。

（4）各地各高校建设批大学生创业示范基地，继续推动大学科技园、创业园、创业孵化基地和小微企业创业基地，作为创业教育实践平台，建好一批大学生校外实践教育基地、创业示范基地、科技创业实习基地和职业院校实训基地。高校应开辟专门场地用于学生创新创业实践活动，教育部工程研究中心、各类实验室、教学仪器设备等原则上都要向学生开放。

（5）各高校要优化经费支出结构，多渠道统筹安排资金，支持创新创业教育教学，资助学生创新创业项目。高校要加强专业实验室、虚拟仿真实验室、创业实验室和训练中心建设，促进实验教学平台共享。支持高校学生成立创新创业协会、创业俱乐部等社团，举办创新创业讲座论坛，开展创新创业实践。

（6）持续推进创业带动就业，加大“双创”支持力度，各地高校会同有关部门落实大学生创业优惠政策；继续举办中国国际“互联网+”大学生创新创业大赛；组织开展“高校毕业生创业服务专项活动”，推动各类创新业大赛获奖项目成长发展、落地见效，带动更多毕业生实现就业。

如今很多人都有创业的打算，政府也不断优化创业政策，目的就是鼓励更多的人创新创业。这些好的创业政策无疑给创业者提供了更多的机遇，也让创业风险降到更低。

## 实训任务

### 大学生创新创业现状问卷调查

【实训目标】

1. 学会分析大学生创新创业的现状。
2. 掌握编制问卷的基本方法。
3. 掌握数据整理、筛选、分析的能力。

【实训流程】

流程一：设计大学生创新创业现状及需求调研问卷。

1. 查找资料。在中国知网、百度、搜狗等搜索引擎上查找已有的相关文章和问卷。

2. 明确目的。进一步明确想了解关于大学生创新创业方面的问题，如创业认识、创业动机、创业困惑等。

3. 编写问卷。参考查找到的文章和问卷，设计 5 ～ 7 道问卷调查题目。问卷调查语言要简洁明了、通俗易懂。

流程二：实施调研。

大学生可以通过在线收集和实地发放问卷的方法开展调研。在线收集可以在问卷星、问卷网、微信等平台上实现，结果统计也比较简易。实地发放问卷耗费纸张较多，结果统计也存在难度，不建议采用。

流程三：分析并汇报调研结果。

讨论出大学生创新创业现状和学习需求的调研结果汇报提纲，撰写汇报的演讲稿，安排专人进行汇报，汇报后听取同学建议进行改进。建议大学生从“是什么、怎么样、怎么看、怎么办”四个步骤来设计和汇报。

1. 调研目的是什么？

2. 调研过程和调研结果怎么样？

调研结果的分析可以分两步完成。第一步，从总体上分析调研结果。例如，在大学生创业动机方面，60% 是为了挣钱，20% 是为了实现自己的梦想。第二步，从不同人口学因素分析调研结果。例如，在创业意愿上，男生的创业意愿比女生大，57% 的男生想创业，只有 20% 的女生想创业。

3. 怎么看这个调研过程？

4. 结合此次调研对你的启发，谈谈自己要怎么做。

# 项目二
# 开启创新之路

## 项目导读

创新是人类特有的认识能力和实践能力，是实现自我价值的重要方式，是推动民族进步和社会发展的不竭动力。一个人要想取得成就，一个民族要想走在时代前列，不能没有创新，一刻也不能停止各种创新。大学生要想实现创新，必须培养自身的创新素养。创新素养通常包括创新意识、创新思维和创新能力，以及创新方法等几个方面。作为一名大学生，不仅应加强创新意识，敢于打破常规，发扬创新精神，还应养成科学的思考和学习习惯，努力提高自己的创新能力。同时坚持不懈地发现问题和找寻解决问题的办法，坚定信念，不断进取。只有努力培养创新素养，才能提高自身的核心竞争力，才能保证个人和民族事业的顺利发展。

## 学习目标

### 知识目标

1．了解创新意识的概念，熟悉创新意识的培养方法。

2．了解创新思维的概念，掌握创新思维的方法。

3．了解创新能力的概念和培养创新能力的途径，掌握九种必备创新能力。

4．熟悉创新成果的概念，掌握创新成果转化模式。

### 能力目标

1．能够摆脱各种思维定式的困境，用创新思维解决现实中的问题。

2．结合所学，能够有意识地加以思维训练，扩展自己的思维视角。

3．能通过运用头脑风暴法、奥斯本检核表法、5W2H 分析法、组合创造法和分析列举法提出创新建议。

4．能够在学习和生活中培养自己的创新能力，并知晓如何转化创新成果。

## 思政目标

1．树立创新意识，培育学生自信自强的创新精神。

2．培养学生关心国家发展、参与祖国建设的主人翁意识。

# 任务一　培养创新意识

## 一、创新意识的含义与价值

### （一）创新意识的内涵

创新意识是人们对创新与创新的价值性、重要性的一种认识水平以及由此形成的对待创新的态度，并以这种态度来规范和调整活动方向的精神态势。人们根据对创新的认识和生产生活的需要，引起创造新事物的观念和动机，并在创造活动中表现出意向、兴趣、愿望等。创新意识是一种思想观念和主观欲望，是唤醒和发挥人的创新潜能的前提。不仅科学家等需要创新意识，每个人都需要创新意识，从而更好地解决问题，使自身和社会受益，同时更大程度地实现自我价值。创新是人类意识活动的一种积极的、富有成果性的表现形式，是人们进行创造活动的出发点和内在动力，是创造性思维和创造力的前提。

心理学家马斯洛把创造性分为“特殊才能的创造性”和“自我实现的创造性”。“特殊才能的创造性”是指在某个领域有独特才华的人，如科学家、发明家、艺术家等所表现出来的创造性；而“自我实现的创造性”是指追求创新，实现人的价值，这是人人都具有的创造潜力。因此，我们要增强创新意识，认识到自身有创新的可能，从而进一步提升创新能力，取得创新成果。

### （二）创新意识的价值

#### 1. 创新意识是决定一个国家、民族创新能力最直接的精神力量

创新意识推动社会生产力的发展。科学的本质就是创新，科学技术的每一次进步都是通过创新实现的。科学技术的迅猛发展对人类社会各个方面都产生了深刻而广泛的影响。创新更新了人们的生产工具和生产技术，提高了劳动者的素质，开辟了更广阔的劳动对象，推动了社会生产力的发展。

#### 2. 创新意识促成社会多种因素的变化，推动社会的全面进步

创新意识根源于社会生产方式，它的形成和发展必然进一步推动社会生产方式的进步，从而带动经济的飞速发展，促成上层建筑的进步。创新意识进一步推动人的思想解放，有利于人们形成开拓意识、领先意识等先进观念。创新意识会促进社会政治向更加民主、宽容的方向发展，这是创新发展需要的基本社会条件。这些条件反过来又促进创新意识的扩展，更有利于创新活动的进行。

#### 3. 创新意识促成人才素质结构的变化，提升人的本质力量

创新实质上确定了一种新的人才标准，它代表人才素质变化的性质和方向，它输出一种重要的信息：社会需要充满生机和活力的人、有开拓精神的人、有道德素质和现代科学文化素质的人。创新意识客观上引导人们朝这个目标提高自己的素质，使人的本质力量在更高的层次上得以确证。它激发人的主体性、能动性、创造性得到进一步发挥，从而使人自身的内涵获得极大丰富和扩展。

## 二、创新意识的特征

### （一）创新意识是求新求变的意识

创新意识区别于其他意识的最典型特征是求新求变。创新意识是一种不安于现状的精益求精的意识，是一种面对未知问题敢于尝试的冲动，是不断探索、求新求异的兴趣和欲望。总之，创新意识是与墨守成规相对立的，是创造美好的新生事物的必要条件。

### （二）创新意识是创新的起点

如果说创新是一种从思想到实践的变化过程，那么创新意识就是思想的起点，是人们进行创新活动的出发点。所以，创新意识是开展创造活动的先决条件，也是开发创新思维和创新能力的起点。很难想象，一个没有创新意识的人会持续开展创新活动，取得创造性成果。所以，培养创新能力首先要从培养创新意识着手。

### （三）创新意识是多种心理因素构成的整体

创新意识是个体对创新的认识和态度，以及由此引发的情感和意志。创新意识包含好奇心、怀疑感、兴趣、动机、情感等，是多种心理因素共同组成的一种精神状态，是人类意识活动的一种积极的、富有开创性的表现形式。

### （四）创新意识具有可塑性

创新意识是可以被塑造的。创新意识需要在生活和学习中逐步建立和发展，可以通过学习和实践加以激发，也可以通过培养和锻炼加以巩固。大学生要充满好奇心、求知欲，力求掌握更多知识及其原理，深入探索未知的事物和新方法。同时要有质疑精神，保持思维的独立性和求真性。树立远大抱负和工作责任感，也是塑造创新意识的催化剂。

## 三、创新意识的构成

### （一）创新兴趣

#### 1．创新兴趣的概念

兴趣是人们力求探究某种事物和从事某项活动的意识倾向。它表现为人们对某件事、某项活动积极的态度和情绪反应，并且使人对感兴趣的事物给予优先的注意。创新兴趣则是对挑战陈规、创造新事物、提出新方法等感兴趣，热衷于从事创新活动。创新对象的奥秘对人有巨大的吸引力，创新的结果给人以希望和召唤，创新本身就是一种强烈的引起兴趣的刺激物。拥有创新兴趣的人，更能全神贯注、积极热情地调动一切潜能进行创新实践，更易于发现问题，探索未知领域，并且感到轻松愉快，不知疲倦地钻研。德国物理学家玻恩说过：“我一开始就觉得研究工作是很大的乐趣，在今天，仍旧是一种享受。”

创新兴趣往往与好奇心、求知欲联系在一起，这是人的天性，有的人将这种天性压抑和闲置，而有的人将这种天性保持和发扬。好奇心是对某事感到疑惑，并力图弄明白事物的真相的心理倾向。许多有创新成就的人，不仅对新鲜事物感到新奇，还会对虽为人所共知但自己尚不理解的事物作深入探究。强烈的求知欲也是创新兴趣的直接原因之一。一个拥有强烈好奇心和求知欲的人，更容易产生创新兴趣，积极主动地探求未知世界的奥秘，努力拓宽自己的知识面，在更多领域取得创新进展，爱因斯坦曾说过，他的科学发现来自对研究问题的神圣的好奇心，来自想了解自然奥秘的抑制不住的渴望。

创新兴趣引导着创新目标的确立、创新能力的开发，人们总是优先根据自己的兴趣来选择合适的创新内容和方向。对创新的强烈兴趣，是进行创新活动最重要的心理条件之一。美籍华人诺贝尔奖获得者丁肇中说：“我可以两天两夜，甚至三天三夜待在实验室里，守在仪器旁，我热切地希望发现我所要探索的东西。”创新兴趣是构成创新动机的成分之一。创新兴趣可以激发我们积极的情感，为创新建立良好的心境；可以增强我们克服困难的勇气，形成良好的创新意志品质。不过，创新兴趣只是创新活动的开始，也并非所有的创新兴趣都会引发实质的创新行为。因为创新兴趣有“了解的兴趣”和“理解的兴趣”。“了解的兴趣”只是浅尝辄止的了解阶段，要继续上升到“理解的兴趣”才能真正走上创新之路。所以创新兴趣还存在创新品质的问题，需要培养真正能推动创新的兴趣。

案例分享

### 小时候的创新兴趣

诺贝尔物理学奖得主罗伯特·安德罗·米利肯小时候看到一位伐木工人飞速跳上木筏，把一条跃上水面的鱼轻巧地逮住了。这情景引起了米利肯极大的兴趣。以后，每逢父亲把船停在河岸边时，他就在船头和系船的码头之间跳来跳去。一次，他纵身一跳，由于船后退了，结果摔到河里。父亲把他救起，刚给他擦干身上的水，米利肯就盯着父亲好奇地问：“爸爸，为什么我向前跳，而船却后退了呢？”“那是因为你纵身向前跳时，对船起了一种反推作用，船在水中向后移了，由于惯性作用，你被‘惯性’抛在水里了。”米利肯高兴得两眼眯成了一条线，“多么有趣的‘惯性’，它竟能把人扔到河里去！”这对他来说着实有趣，印象太深刻了。日后回忆这件事的时候，他曾风趣地说：“这是我上的第一堂惯性原理试验课。”

米利肯8岁那年，父母把他带到了费城。费城比他的家乡大很多，对这里的一切，米利肯极感兴趣。其中，最让他感兴趣的是电话。他从父亲那里听说贝尔公司要举办一个展览会时，就打定主意自己也做个“电话装置”。父亲热情地支持他：“希望你成为一个小小的电话专家！”他立即搬了两个纸筒，在上面敷上纸，然后用纱线代替导线串着，在100米的距离内和邻居的小孩通话。当然，他这部再简单不过的“电话装置”没有能够到展览会上去，但他对科学研究的兴趣一点点地萌发。创新兴趣成了米利肯登上科学殿堂的阶梯。

### 2. 创新兴趣的品质

（1）创新兴趣的指向性

由于个体之间成长环境、实践活动领域和个性的差异，创新兴趣指向的对象也不同。创新兴趣的指向性在一定程度上反映了个人的需求、知识水平、理想和世界观。不同的创新兴趣方向都会促进创新，当然，创新兴趣的对象也存在类别、层次的差异，如科学家、艺术家及商人之间的创新兴趣的指向可能就大不相同，但是对于其个人来说都是具有巨大价值的。创新兴趣在个体之间是存在差异的，培养和提高创新兴趣要因人而异、有的放矢。

（2）创新兴趣的广泛性

创新需要有明确、健康的兴趣，也需要有较广泛的兴趣，要对周围多变的环境有更充分、全面的观察和理解，不断努力获得广泛的创新信息和不同领域的知识，扩大信息来源和眼界，丰富人的心理活动内容。如果创新兴趣长时间局限一个狭窄的领域，易造成思想闭塞、眼界狭小、思路呆板。英国科学家贝弗里奇感慨道："成功的科学家往往是兴趣广泛的人。他们的独创精神可能来自他们的博学。多样化会使人观点新鲜，而过于长时间钻研一个狭窄的领域，则易使人愚蠢。"

（3）创新兴趣的中心性

多变复杂的创新环境需要创新主体具有开放心态，培养广泛的创新兴趣的同时，也应该有一个中心兴趣。中心兴趣能促使个体抓住重点，将精力和热情指向某个研究领域，深入探索，有所突破，而游移弥散的兴趣则不利于产生突出的创新成果。

（4）创新兴趣的稳定性

某个领域稳定的创新兴趣有利于创新活动的持续进行。创新过程是一个漫长的探索过程，创新主体需要对创新领域进行持续地学习研究，更多地去尝试获得更多的知识，以增强某一领域的创新能力，进行创新活动。

（5）创新兴趣的效能性

创新兴趣的关键作用是对创新产生积极的影响，带来创新效果。要善于把创新兴趣转化为创新行为的动机，驱使主体把兴趣、愿望变为实际行动。而如果创新仅仅停留在兴趣上，不能以兴趣推动行动，即使没有遇到任何困难，也仅仅是停留在期望和等待状态，那就不会产生实际效果，个体要有意识地重视发挥创新兴趣的效能，发挥创新兴趣的最大价值。

要提高创新兴趣的品质，一般经历有趣、乐趣和志趣这三个阶段。有趣是创新兴趣发展的第一阶段，人们往往自然而然地被新奇的现象或者新颖的事物所吸引，产生认识倾向。不过有趣是带有盲目性、易变性的，是短暂的阶段。乐趣是创新兴趣的第二阶段，是在前一阶段定向发展的基础上形成的，这时人们不满足于仅仅观察事物的外表，想了解它的内在规律。乐趣阶段具有专一性、自发性和坚持性。志趣是创新兴趣发展的第三阶段，当乐趣与稳定、符合道德要求的创新目标相结合时，创新乐趣便发展成创新志趣，使人孜孜不倦地追求创新，立志有所作为。

## （二）创新动机

### 1. 创新动机的概念

动机是激发和维持个体的活动，并使这种活动朝着一定目标努力的内部心理倾向。与其他活动一样，创新活动也是受到动机的直接驱动而产生的。创新动机是指引起和维持个体进行创新行动的内在驱动力，是创新行为的动力基础。恩格斯说过：“就个人来说，他的行动的一切动力，都一定要通过他的头脑，一定要转变为他的愿望的动机，才能使他行动起来。”

（1）创新动机的要求

动机是在需要的基础上产生的，需要是个体对某种客观事物的要求而引起的，这种要求可能来自于自身，也可能来自外界环境。例如，创新动机可能是来自个体挑战困难的内部需要，也可能是来自外界竞争环境的需要。根据心理学家马斯洛的需求层次理论，人的需求可以分为生理需求、安全需求、归属与爱的需求、尊重需求、自我实现需求五个层次。自我实现需求是指人们希望自己的潜在能力得到充分的发挥，成为自己所期望的人物，可以认为是人的需求的最高层次，因为个体对某种创新目标实现的要求，实际上是个体希望自己的创新能力能够在创新过程中得以施展，发挥自身的价值。每个层次的需求都可以产生创新动机，但高层次需求所引起的创新动机更强烈。

（2）创新动机的功能

创新动机在创新活动中主要有三方面的功能：一是激活功能，创新动机激发、推动个体产生创新行为；二是指向功能，创新动机总是使创新活动指向一定的目标或对象；三是维持与调节功能，创新动机一旦引起创新实践，会使人表现出极大的积极性，维持创新过程。个体能否继续坚持或如何做调整和改变，也会受到创新动机的调整和支配。

### 2. 创新动机的类型

创新动机并不是单一的，而是多元的，这既与创新主体的价值取向和个人特质有关，也与社会和企业组织的环境背景相关。总体上，创新动机可以分为内部动机和外部动机。

（1）内部动机

内部动机也称直接动机，是指直接促使人们去创新的内部动力，是由问题本身和个人倾向等内部需要产生的动机。内部动机主要包括创新兴趣、成就感、挑战意识、发明志向等发自内心的动机。内部动机与活动本身有关。由于创新能令人愉快，创新活动本身就是行动者所追求的目的。

创新的内部动机主要包括三种：第一种是对创新本身的兴趣，受创新本身的内在美的吸引；第二种是完成创新获得的心理体验令人向往；第三种是创新任务对人的能力的挑战和锻炼。所以，要培养好奇心、创新兴趣，也要立大志、成大业，勇于挑战自我和提升自我，增强创新的内部动力。创新工作取得成功或解决了难题，从中所得到的乐趣和心理满足，超过了物质上的激励或者是物质激励无法替代的，这又会进一步加强创新的内部动机。

（2）外部动机

外部动机也称间接动机，指创新者在追求目标的过程中，目标本身不一定是创新，但是达到目标必须经过创新，即在实现目标的过程中含有创新。创新的外部动机一般包括想获取的外部的物质利益和精神需求，诸如金钱、名声、地位、服务社会等。在现实的经济社会中，个人及企业的经济收益的确是产生创新的重要的外部动机，也是值得肯定和鼓励的，但是要注意“君子爱财，取之有道”，避免消极、错误的创新动机。创新者在高尚、正确的创新动机引导下，才能既对社会有益，也有助于个人创新成功，从而实现想达到的目标。

当然也有众多仁人志士不是为了追求个人的利益去创新，而是出于对外界的责任感。一是对企业的责任感，这是微观的；二是对社会的责任感，这是宏观的。对工作具备高度责任心的人会去寻找当前工作中的问题和缺陷，希望从中找到改进和提高的方法，进行创新，使自己的工作和企业的发展都更好。具有社会责任感的人以满足和服务社会需求为基础而去创新，如治愈人们的某种疾病，推动社会发展进步等，它是一种高尚的社会动机。所以，大学生既要培养求知欲、挑战精神等，又要培养时代感、责任感，以及正确的创新观和人生观，在为社会做贡献的同时实现个人的人生价值。

案例分享

### 对虾专家韩光祖的故事

我国著名对虾专家韩光祖，从大学生物系毕业后，被分配到山东海洋水产研究所，研究对虾的生长特性和洄游规律。由于韩光祖在校主攻淡水生物，而现在研究海洋生物，用非所学，困难重重，他几次想要跟领导申请调换工作。一次他听说，对虾本是我国的特产，但由于我国对其研究水平很低，有关科研论文都是外国学者发表的，因而连对虾的名字都被冠以“东方对虾”而不叫“中国对虾”，并且由于我国科学技术落后，不能及时大量地捕捞，致使我国这种特有资源洄游到公海，成为其他国家争夺的对象。韩光祖深为我国对虾科研水平的落后而痛苦，他决心奋发图强、迎难而上。从此，他数十年如一日地进行观察、实验、分析，终于揭开了对虾的婚配之谜、繁殖之谜以及洄游之谜。韩光祖还创造性地开展了虾情预报的研究工作，由于他采用了新颖的科学方法，因而预报的准确性逐年提高。

（3）内外部动机的相互作用

创新的内部动机更实在、更根本，外部动机更全面、更丰富。这两种创新动机同时存在，共同推动创新活动。通过外部激励，可以促使人们去追求符合国家需要和社会利益的创新目标，使人们的创新责任感更强烈、更成熟。同时，创新的成果也会使人的创新热情和信心增强，从而外部动机转化为内部动机。当内外部的创新动机共同作用时，更加可以推动人们积极进行创新。

## （三）创新情感

### 1. 创新情感的概念

创新活动的主体是具有知觉、情感、意志的人，人们在认识世界和改造世界的创新实践中，不但认识了周围的事物，并且做出评价，产生一定的态度，引起相应的情感体验。情感，是人对事物的态度的体验，如对创新的态度是认可的，那么相应产生热爱、崇尚的情感体验。我们常把情绪和情感视为同一种心理反应，其实二者是有一定区别的。情绪是人的态度体验中的一种低级形式，有较大的冲动性，不大稳定，并常与一定的情景相伴随；而情感是人的态度体验中的一种高级形式，是人生长到一定年龄阶段才产生的，是一种比较稳定且与人的社会需要以及精神需要相联系的深刻的态度体验，如热爱、自尊心、责任感、爱国情感等。

创新情感是指创新主体对创新的主观情感体验，包括对创新及创新过程涉及的各方面内容，它是主体进行创新活动的情感力量，对创新活动的维持和调节起着很大的作用。英国著名经济学家贝弗里奇指出："情感上的敏感性也许是科学家应具有的一种可贵品质。无论如何，一个伟大的科学家应该被看作是一个有创造性的艺术家，把他看成一个仅仅按照逻辑规则和实验规章办事的人是非常错误的。"

### 2. 创新情感的作用

（1）智力和创新情感相互作用

在任何一种活动中，认知活动与情感活动都是互相交织的，健康积极的情感对认知活动起着促进作用，反之则带来消极影响。同样，人的创新过程不仅仅是激烈的智力活动过程，而且也是强烈的情感活动过程，在智力和创新情感双重因素的积极作用下，人们的创新才可能有持续的力量和思想火花。因此，我们不仅要注重培养创新思维和创新能力，也要培养丰富而有活力的创新情感。

（2）创新情感作用于创新活动的全过程

从创新动机的产生到创新过程的持续，再到创新结果的验证，各个环节无不蕴含着创新者的情感因素。创新过程需要以创新情感为动力，如求实精神、坚强的信念以及道德感等因素。创新情感还可以为个体提供丰富的创新暗示和创新启迪。

### 3. 创新情感的类型

人的情感按其性质和内容可以分为理智感、道德感和美感。这三种形式也是重要的创新情感，因为创新也正是真（理智感）、善（道德感）、美（美感）的统一体。理智感是指与智力活动相联系的体验（人对真理的追求、对科学的探索等）。道德感是指对人的思想意识和行为举止（如创新行为）是否符合社会道德规范而产生的体验。美感是在自然风光、艺术欣赏或科研与创新活动中产生的和谐与美的感受。大学生高涨的创新热情、审慎的理智感、新颖的审美感，是开发大学生创新意识的催化剂。

（1）理智感

理智感是人在智力活动中，由对客观真理的认识、探求和评价而产生的情感体验。例如，人们在探索新的、未曾认识的事物时表现出的惊讶感、好奇心；在创造活动中，对矛盾的或未被证实的事物和现象所产生的怀疑感，敢于质疑，勇于坚持自己见解的热情和自信；热爱创新，为追求创新而有自豪感；对不合理的现状、偏见和谬误的鄙视和排斥等。

理智感是人们创新和学习知识的重要情感力量，可以推动主体进行创造性的思考。具有强烈理智感的人能对好奇和怀疑的事物进行探索和研究，从而实现新的发现、新的创造，如爱因斯坦所说，思维世界的发展在某种程度上来说是对惊奇的不断摆脱。缺乏理智感，就不可能有对创新和科学的执着追求与坚守，也无法全身心地投入到创新活动当中。

（2）道德感

道德感是人对于自己和别人的思想意图、言行举止及各项活动是否符合一定的社会道德标准而产生的情感体验。创新行为符合道德标准便产生满意、肯定的体验，不符合便产生消极、否定的体验。道德感是进行创新活动必须具备的精神条件。创新主体只有具备道德感，创新才是对国家、社会、集体和他人有益的，而且对他人和社会的道德感还会成为创新的激情和动力。

（3）美感

美感是人对自然界事物以及社会生活中的事物做出评价时所产生的情感体验，这种愉悦的情感体验对创新有重要的推动作用和启迪作用。

创新也追求美，创新本身也包含美。居里夫人说过，科学的探讨研究，其本身就含有至美。法国数学家彭加勒把追求美作为他从事科学研究的目标，他说："科学家研究自然，并非因为它有用处。他之所以研究它，是因为他从中得到乐趣；而他之所以能从中得到乐趣，那是因为它美。如果自然界不美，就不值得去了解它，生命也就没有存在的价值了。"

美感还能启迪人们的创新思维。科学美感启发人们去发现自然界存在的简单美、对称美、和谐美。法拉第曾兴奋地写信告诉德·拉·里夫，他的兴趣被吸引到电磁转换的问题上，因为“磁力转换的法则，简单而又美丽”。哥白尼相信宇宙体系是和谐的，这一坚定的信念促使他建立起了日心说体系。开普勒发现行星运动定律之后，也为行星运动的和谐之美激动万分。

## （四）创新意志

### 1. 创新意志的概念

意志是人自觉地确立目标、支配行动、克服困难、实现目标的心理过程。意志是人类独有的心理活动形式，它使人类具有高度的主动性和创造性。创新是一项艰苦的探索活动，人们在创新中常会遇到各种内部心理和外部环境造成的障碍和挫折，只有意志顽强的人，才能冲破重重障碍，完成创新。可以说意志就是力量，是创新的支柱。创新意志是有意识、有目的、有计划地调节和支配创新活动的心理现象。创新意志是在创新情感上产生的，没有情感就不可能产生任何意志。创新意志又使创新情感具有了目的性，使创新情感能够按照人的价值需要进行发展。

意志过程包括决定阶段和执行阶段，创新意志也是如此。决定阶段指选择一个有意义的创新目标作为行动的目的，其中可能存在不同动机、愿望的斗争，需要做出决策，并确定达到该目的的方法。执行阶段即努力克服困难，坚定地把创新计划付诸实施的过程。创新意志的调节作用包括两方面，即发动与预定目的相符的行动和抑制与预定目标矛盾的行动，如对行为的发动、坚持、制止、改变等方面的控制调节作用。

### 2. 创新意志的品质

意志行动是与克服困难相联系的，克服困难的过程也就是意志行动的过程，人的意志坚强与否、坚强程度如何，可以从意志的品质中体现。创新意志品质包括意志的坚定性、独立性、果断性和自制性，具体体现为形成创新的设想、准确的判断、果断的决策、周密的计划、坚定的行为等方面。

（1）创新意志的坚定性

意志坚定是创新者宝贵的意志品质之一，表现为长时间坚持自己决定的合理性，并坚持不懈地努力克服困难完成创新活动。意志的坚定性对于创新活动的展开有着重要意义，它能够保证主体的智力效应不断积累，使主体长期地开展某一特定方向的创新思考和研究，并不断排除障碍，直至实现创新目标。贝弗里奇说：“几乎所有有成就的科学家都具有一种百折不挠的精神，因为但凡取得有价值的成就，在面临反复挫折的时候，都需要毅力和勇气。”

（2）创新意志的独立性

意志的独立性表现为一个人能根据自己的认识与信念，独立做出决定、执行决定、有责任感，愿意对自己的行为所产生的结果负责。意志的独立性有助于创新主体自主地做出科学的思维判断，而不盲目相信和屈服于外界的各种声音、意见等，坚持自己的想法，将注意力集中在特定的目标之上，充分调动智力因素。如果缺乏意志的独立性，易受他人的暗示，随波逐流、人云亦云，则创新很难成功。

（3）创新意志的果断性

果断性表现为既能深思熟虑，又能迅速辨明是非，及时、坚决地做出合理的选择。在创新中，主体要能根据社会发展和科技发展的需求，适时地选择与确定研究目标，在激烈的竞争中获得时间和机遇的优势。在创新过程中也仍有很多情况需要果断决策，需要主体当机立断。如果在关键时刻创新者优柔寡断、徘徊不前，可能就会错过捷足先登的创新时机。

（4）创新意志的自制性

意志的自制性是指主体善于支配和约束自己行动的能力以及对情绪状态、缺点等的调节。创新意志的自制性使人在碰到挫折和失败时，可以调节自己的消极情绪，控制自己的不当言行，不灰心、不气馁、不焦躁，同时可以更好地克服惰性。

## 四、创新意识的培养

创新意识是可以培养的，大学生可以从以下几个方面培养创新意识，为以后的创业之路做好准备。

### （一）打破思维枷锁

束缚大学生思维的枷锁大致有如下五种。

#### 1. 从众型思维枷锁

思维从众倾向比较强烈的人，在认知事物、判断是非时，往往会附和多数人的意见，人云亦云，缺乏自己的独立思考和主见。例如，当你和他人在对某件事情发表看法时，若大家的看法和你的不一样或相反，这时你若怀疑自己的看法，认为自己的看法是错的，最终放弃了自己的观点，便是一种从众型的思维方式。在创新的过程中，这种容易受到外界群体言行影响的思维方式永远是滞后的，是没有新意的。

#### 2. 权威型思维枷锁

权威型思维枷锁是指思维中的权威定势。在思维领域，我们习惯于引证权威的观点，不加思考地以权威的是非为是非，这就是权威定势。例如，人是教育的产物，来自教育的权威定势使人们对“教育权威”的言论不加思考地盲信盲从，缺少“自我思索、冲破权威、勇于创新”的意识。而一味盲从“教育权威”，大学生的思维就失去了积极主动性。

### 3. 经验型思维枷锁

经验是相对稳定的东西，然而，正因为经验具有稳定性，可能导致人们过分依赖甚至崇拜经验，从而形成固定的思维模式，结果就会因循守旧，限制头脑的想象力，造成创新思维能力的下降。此外，经验也具有很大的狭隘性，它会束缚人的思维广度，使人不能正确地完成信息加工的任务，进而形成片面性的结论。而创新思维要求大学生必须拓展思路，大胆展开想象，不被以往的条条框框所束缚。

### 4. 书本型思维枷锁

书本是千百年来人类经验和体悟的结晶，为我们呈现的是系统化、理论化的知识，能够带给我们无穷多的好处。但是，由于客观实际是不停变化的，加之前人受知识条件的局限，因此，书本知识与客观实际存在一定的差距，二者并不完全吻合。倘若我们脱离实际，照搬照抄书本知识，就会使自己局限于书本知识之内，从而束缚创新思维的发挥。

### 5. 自我贬低型思维枷锁

有的人经历过一些挫折和失败，从此做事便没有信心，总认为“我不行，我做不到”，而从来不敢再去尝试，由此形成恶性循环——因没有自信而不去做，因不做而更加没有自信，最终饱受自我批判、自我贬低的折磨。因此，要想创新，任何时候都不要自贬，凡事要持乐观态度，专注自己的长处，勇敢地行动起来。只有积极改变思维和行动方式，从内心深处树立起信心，才能发现自己的潜力，才能更好地实现创新。

对于大学生来说，思维的枷锁就像一座监狱，只有将守旧观念丢掉，勇于冲破思维的藩篱，才能走进创新的世界。

## （二）充分激发创新思维潜能

### 1. 独立思考，敢于质疑

爱因斯坦说过：“提出一个问题往往比解决一个问题更重要。因为解决问题也许仅是一个数学上或实验上的技能而已，而提出新的问题，却需要有创造性的想象力，而且标志着科学的真正进步。”因此，大学生不要盲目地听从他人，而要勇于挑战，敢于质疑；要敢于打破对传统、权威、书本的迷思，走前人没有走过的路，创前人没有开创的新事业。

### 2. 精通所学，兴趣广泛

放眼人类历史，创新绝不是无本之木、无源之水，都是在常规的基础上的综合与提高。因此，唯有打牢基础知识，才有可能实现创新。因此，大学生应精通所学课程，并培养广泛的兴趣爱好，以扎实、系统的专业知识，开阔的视野和丰富的技能，促使自己“灵感乍现”。

### 3. 留心观察，善于发现

在生活中，只要留心观察，就能从一些细小的地方或平常的事情中获得知识。这些知识如同粒粒沙子，经过日积月累，就能够堆成一座座沙丘，从而为创新奠定基础。历史上有不少科学家就是通过留心观察生活中一些极其普遍现象而萌发奇想，并以其大胆的思考而改变了世界。例如，瓦特因留心茶壶盖在烧开后的跳动而发明了蒸汽机；牛顿因留心树上苹果会落地而发现了地球的万有引力等。大学生不应局限于在课堂和书本上学习知识，而应在生活中处处留心，仔细观察，以丰富自己的知识和阅历，从而为实现创新打下基础。

案例分享

**“90 后”女孩剪纸中创出大事业**

王某是杭州某学校的一名学生，在上学期间，她发明了磁性剪纸专利产品。传统的镂空剪纸比较脆，稍不注意就会被撕破，涂上糨糊之后就更加易碎。磁性剪纸解决了传统剪纸容易被撕破、变色及张贴不方便的问题。另外，由于这种产品使用的是环保材料，还可以循环利用。

提起磁性剪纸的发明过程，王某笑着说：“这纯属偶然。”有一次，在帮亲戚装扮婚车时，王某发现剪纸虽然漂亮，用起来却很不方便。于是，她就和父亲商量，想找到一个既不破坏剪纸的艺术效果，又便于张贴的好办法。父女两人很快就投入到了发明中。经过反复试验，王某终于找到了一种特殊的磁性材料来代替传统的剪纸材料。使用这样的材料剪出的艺术剪纸很容易就可以吸附在铁质的物体上，用水或清洁剂喷在其背面，还可以轻易地将剪纸黏贴在玻璃等光滑物体上，并且不易被撕破。

之后，王某借助此项发明创办了一家磁性剪纸文化创意公司。在不到一年的时间里，她的公司已经发展了 10 余家加盟商，仅此一项的经济收入就达到了 30 余万元。

### 4. 刨根问底，坚持不懈

生命的长河是永无止境的，人的学习也一样。大学生要实现创新，就要把刨根问底、坚持不懈的精神运用到学习和生活中，探究各种事物的本源及实质，不断钻研，锲而不舍，一步步地找寻正确的结果。只要拥有坚定的意志，对待事情精益求精，不懈探索，这种执着便会成为创新的推动器，最终帮助创业者实现梦想。

## （三）投身社会实践

古人云“读万卷书，行万里路”，意思是说要努力读书，让自己的才识过人，同时还要学以致用，将理论与生活实际结合起来。纵观现实中的每项发明，无论是成功与失败，都是无数次的创新思维和实践过程的结合。

大学生要培养创新意识，提高创新能力，就必须投身社会实践。不应成为书本的奴隶，而应该活学活用，不仅要精通理论，还要利用理论去改进实践。只有在实践中，才能找出“想”与“做”的差距，才能让我们的创新理念变为现实。

# 任务二 拓展创新思维

## 一、创新思维的认知

创新思维

### （一）创新思维的概念

创新思维是人类思维的高级过程，是指人类在探索未知领域的过程中，能够打破常规，积极向上，寻求获得新成果的具有社会价值的新颖而独特的思维活动。

创新思维不是创意，更不是创造力。创新思维运行的过程就是创意的认知过程、创意输出的过程，就是创造力产生的过程。也就是说，创新思维是创意的组成部分，也是创造力产生的“工具”。因此，创新思维是在抽象思维和形象思维的基础上，在相互作用中发展起来的，抽象思维和形象思维是创造性思维的基本形式。

### （二）创新思维的特征

#### 1. 敏感性

要想打破常规思维的界限，产生新的思维成果，就必须敏感地感知客观世界的变化。

#### 2. 新颖性

创新思维重在创新，体现为在思考的方式上、思路的方向上、思维的角度上具有创造性和开拓性。认识事物时不停留在原有的层面上，而是进行重新的认识和分析，以独特的方法解决问题，用新奇的方式处理事情，产生新产品、新工艺、新方法、新方案等，从而形成和产生新的实用性或新的价值。

#### 3. 联动性

创新思维具有由此及彼的联动性，这是创新思维所具有的重要特征。联动方向有三个：一是纵向，是看到一种现象，就向纵深思考，探究其产生的原因；二是逆向，是发现一种现象，则想到它的反面；三是横向，是能联想到与其相似或相关的事物。创新思维的联动性表现为由浅入深、由小及大、触类旁通、举一反三，从而获得新的认识和新的发现。

#### 4. 开放性

创新思维是开放的，要创新就必须善于学习、勤于思考，实现与外界的物质、能量和信息的交换。

### 5. 跨越性

创新思维属于非常规性、非逻辑性的思维活动。具有创新思维的人常常独具卓识，敢于质疑，善于破除陈规和思想的禁锢，善于从新的角度思考问题，力求另辟蹊径，得到突破性的新发现。

案例分享

### 图书馆“搬家”

英国国家图书馆是世界上著名的图书馆，里面的藏书非常丰富。有一次，图书馆要搬家，即从旧馆搬到新馆，结果一算，光搬运费就要几百万英镑，图书馆根本没有那么多钱。怎么办？有一个馆员向馆长提出了一个建议，结果只花了几千英镑就解决了图书馆搬家的问题。

按照该馆员的建议，图书馆在报纸上登了一则广告：从即日开始，每个市民可以免费从英国国家图书馆借 10 本书，其条件是从旧馆借出，还到新馆去。结果，广告一出，市民蜂拥而至，没几天，就把图书馆的书借光了，而且大家都按期把书还到了新馆。就这样，图书馆借用大家的力量搬了一次家。

## （三）创新思维的过程

很多人对创新思维有一个很大的误解，似乎创新思维都是偶然的、直觉的、瞬间的灵感浮现。其实，很多创新过程都是一个精心设计的复杂而漫长的过程。创新思维需要经历若干阶段的探索，才可能得到预期的想法和创意。大量的实例已经证明，与偶然、直觉、一瞬间的灵光乍现相比，系统的创新思维过程所产生的新想法，无论是数量还是质量都要高很多。大学生尤其需要认真地学习和总结创新思维的过程和规律，有意识地应用创新思维的方法，而不是只凭直觉守株待兔。

英国心理学家格林汉姆·沃勒斯（Graham Wallis）提出了经典的“准备—酝酿—顿悟—验证”四阶段创造思维模式。

### 1. 准备阶段

创新思维是从发现问题、提出问题开始的。“问题意识”是创新思维的关键，提出问题后必须为着手解决问题做充分的准备。这种准备包括必要的事实和资料的收集、必需的知识和经验的储备、技术和设备的筹集以及其他条件的提供等。同时，必须对前人在同一问题上所积累的经验有所了解、对前人尚未解决的问题进行深入的分析。这样既可以避免重复前人的劳动，又可以使自己站在新的起点从事创造工作，还可以帮助自己从旧问题中发现新问题，从前人的经验中获得有益的启示。准备阶段常常要经历相当长的时间。

### 2. 酝酿阶段

酝酿阶段要对前一阶段所获得的各种资料和事实进行消化吸收，从而明确问题的关键所在，并提出解决问题的各种假设和方案。此时，有些问题虽然经过反复思考、酝酿，但仍未获得完美的解决，思维常常出现“中断”、想不下去的现象。这些问题仍会不时地出现在人们的头脑中甚至转化为潜意识，这样就为第三阶段（顿悟阶段）打下了基础。许多人在这一阶段常常表现为狂热和如痴如醉，令常人难以理解。例如，我们非常熟悉的牛顿把手表当鸡蛋，陈景润在马路上与电线杆相撞。这个阶段可能是短暂的，也可能是漫长的，甚至延续好多年。创新者的观念仿佛是在“冬眠”，等待着“复苏”和“醒悟”。

### 3. 顿悟阶段

顿悟阶段也称为豁朗阶段。经过酝酿阶段对问题的长期思考，创新观念可能突然出现，思考者大有豁然开朗的感觉，真是“山重水复疑无路，柳暗花明又一村”。这一心理现象就是灵感或灵感思维。灵感的来临，往往是突然的、不期而至的。例如，德国数学家高斯为证明某个定理，被折磨了两年仍一无所得，可是有一天，正如他自己后来所说的“像闪电一样，谜一下解开了”。

### 4. 验证阶段

思路豁然贯通以后，所得到的解决问题的构想和方案还必须在理论上和实践上进行反复论证和试验，验证其可行性。经验证后，有时方案得到确认，有时方案得到改进，有时方案甚至完全被否定，再回到酝酿阶段。总之，灵感所获得的构想必须经过检验。

## 二、突破创新思维障碍

创新思维是一切创新的前提，若思维成定式，就会严重阻碍创新。所以，创业者要善于克服思维定式，突破创新思维障碍。

### （一）克服思维定式

所谓思维定式，就是根据已有的知识、经验，在头脑中形成的一种固定的思维模式，也就是思维习惯。遇到问题，会自然地沿着固有的思维模式进行思考。

思维定式是一种按常规处理问题的思维方式，也称之为常规思维。一提到思维定式，很多人认为它就是思维障碍，这是片面的。事实上，日常生活中，绝大多数人的行为 90% 以上都是依赖思维定式思考的结果。换句话说，这种思维习惯既可能成为我们良好的“助手”，帮我们形成正确的行为，缩短思考时间，提高效率；也可能成为我们最坏的“敌人”，把我们的思维拖入特定的陷阱。思维定式就如同一把双刃剑，它有利于常规思考，却不利于创新思考和创造。

**案例分享**

### 驴子的思维

一头驴子背盐渡河，在河边滑了一跤，跌在水里，背上的盐都溶化了。驴子站起来时，感到身体轻松了许多。驴子非常高兴，觉得自己获得了经验。后来有一回它背了棉花，以为再跌倒，可以同上次一样，于是走到河边的时候，便故意跌倒在水中。可是棉花吸收了水，驴子非但不能再站起来，而且一直向下沉，直到淹死。

常见的思维定式有以下几个类型。

#### 1. 经验型思维定式

一般来说，丰富的经验是宝贵的，是人们处理问题时的好帮手，但是，如果过分相信与依赖以往的经验，反而不利于问题的解决。在解决实际问题的过程中，并不是像学习中解决一道算术题那么简单，只需要把适合的公式代入即可，还要根据环境、主体、对象以及问题本身的变化来适当地发挥经验型思维的作用。有时，类似的问题解决途径也是不一样的，这就需要在深入考察的基础上确定解决问题的途径。如果缺乏实际考察就盲目运用以往的经验来解决问题，往往会导致错误的结果。

#### 2. 书本型思维定式

书读百遍，其义自见。人们从学习知识的那一天起，似乎就对书本产生了一种崇拜之情，也相应地产生了某些依赖。生活中经常有人这么说：“书上就是这么写的。”这种对书中的内容不假思索与质疑就全盘接受的现象就是书本式思维。相关知识的积淀是发展创造思维，进行创造性活动的基础。在对书本知识进行学习的同时，不仅要接受书本知识理论的指导，更要防止对书本内容的全部无条件接受，要敢于质疑、活学活用。正如古人所言：“尽信书不如无书。”在不断发展变化的现实世界中，虽然人们经常碰到与书本中相同的问题，但是由于问题所处的情境、产生问题的前提以及问题所指向的对象发生了变化，问题本身的解答也就发生了变化。如果不考虑已经变化的因素，依然按照书本式思维去求索问题，可能会走很多弯路，甚至是错路。

**案例分享**

### 灯泡的容积

发明家爱迪生有一位助手叫阿普顿，阿普顿的数学基础相当好。有一次，爱迪生把一只电灯泡的玻璃壳交给阿普顿，要他计算一下灯泡的容积。阿普顿看着梨形的灯泡壳，思索了好久之后，画出了灯泡壳的剖视图、立体图，画出了一条条复杂的曲线，测量了一个个数据，列出了一道道算式。经过几个小时的紧张计算，还未得出结果。

爱迪生看后很不满意。只见爱迪生在灯泡壳里装满水，再把水倒进量杯，不到一分钟，就把灯泡的容积“算”出来了。

### 3. 权威型思维定式

在日常生活、学习与工作中，很多人会把自己的长辈、老师、领导、专家或名人等当作权威人物，并以他们的观点与思想作为自己为人处世、学习与工作的信条。权威人物具有自身优越性。一般情况下他们确实拥有比其他人更多的成功经验与声望，对相关问题也更具发言权，更能够使他人信服。但是，权威人物的观点与思想并不一定完全正确，也并不一定适合每一个人。所以，自己要具有足够的分辨能力，不能将其全部奉为信条。

### 4. 从众型思维定式

从众型思维是一种个体缺乏自身判断、容易受外界环境影响的思维。在这种思维导向下，个体往往会缺乏怀疑精神和自主判断的能力，受外界影响较大，在决策时，即使外界判断错误，也会迫于外界压力同意错误的判断。例如，“股市的从众心理”就可以看作是一种典型的从众型思维现象。概而言之，人们之所以依照从众型思维行事，一方面是由于在认识论层面上缺乏批判的精神和勇气；另一方面往往是由于怀着节约行事、思考成本甚至是逃避责任的心理。在封闭、僵化并缺乏安全感的社会环境中，比较容易滋生从众型思维。从众型思维的滋生和流行容易造成社会人格的平均化、平庸化趋向。在这种思维的主导下，显然不利于创造思维的发展。

## 案例分享

### 苹果的香味

课堂上，哲学家苏格拉底拿出一个苹果，站在讲台前说：“请大家闻闻空气中的味道！”一名学生举手回答：“我闻到了，是苹果的香味！”苏格拉底走下讲台，举着苹果慢慢地从每一个学生的面前走过，并提醒道：“大家再仔细闻一闻，空气中有没有苹果的香味？”

这时已有半数的学生举起了手。苏格拉底回到讲台上，又重复了刚才的问题。这一次，除了一名学生没有举手外，其他人全都举起了手。苏格拉底走到这名学生面前问：“难道你真的什么气味也没闻到吗？”那个学生肯定地说：“我真的什么也没闻到！”这时，苏格拉底对大家宣布：“他是对的，因为这是一只假苹果。”这个学生就是后来大名鼎鼎的哲学家柏拉图。

挑战权威是一种敢于说出真相的态度，是一种敢于提出质疑的勇气，是一种坚持真理的精神。创新就是要挑战权威，不迷信书本和权威。但是，创新并不反对学习前人经验，任何创新都是在前人成就的基础上进行的。

### 5. 模式型思维定式

模式型思维是指固守以往成功经验所总结、固化的一套方式方法。在生产、经营、科研及生活等领域中有很多模式化的东西，如烹饪、生产流水线、操作规程、实验方法、商业模式等。众多大大小小的模式是经验的总结、优化，对实践有很好的指导作用，很多商业上的成功正是模式的成功，然而，“成也萧何，败也萧何”，很多商业上的失败也是由于模式的失败。如柯达、诺基亚等公司原来的成功模式不能适应新的变化，而导致失败。模式型思维定式的缺陷是趋于保守，不能主动求变或顺应外界的变化，如果能够打破某种模式的定式，可能带来重大的突破和收益。

### 6. 直线型思维定式

直线型思维是一种直线的、单向的、单维的、缺乏变化的思维方式。这种思维方式有两个基本特点：一是把多元的问题变成一元的，“一条道走到黑”，排除其他道路的可能；二是非此即彼，非对即错，不考虑其他方案的可能性，简单地进行二选一。用直线型思维处理具有非此即彼答案的问题时，能很快得出正确答案。但是，如果在处理复杂问题时也按部就班地依照直线型思维行事，便无法切中问题要点。直线型思维因过于简单且缺乏可逆性，对复杂问题的前提和可能的结果往往缺乏灵活、全面的考察，用这种直接、草率的方式处理问题，往往会导致没有回旋的余地。

### 7. 局限型思维定式

局限型思维是在忽略问题之间、问题环节或要素之间的关联性和整体性的情况下，偏重或局限于个别方面去思考解决问题的思维方式。由于对问题之间普遍联系特征的忽略，局限型思维往往不能敏锐地把握问题的发展，以致在实际解决问题时造成停滞不前或者耽误时机的后果。在现实层面上，由于每个人的知识经验背景都有一定的特殊性和既定性，在思考问题时难免有相应的局限性，但是，人们应该学会辩证地看待问题，不断锻炼自己从联系和发展的角度去思考问题。在日常生活中，当人们遇到难题时，总会抓住甚至反复纠结于那些羁绊自己的环节不放，试图突破难点，但最后反过来看，当初的很多努力都成了无用功。其实，可以试着换一个角度思考，不只拘泥于这一个部分，或许把它放在整体之中，当其他问题解决时，这一难点也会相应解决或找到解决办法。

### 8. 循规蹈矩型思维定式

循规蹈矩型思维安于现状，不愿意进行深入思考，不积极进行创新，是一种惰性思维。

如果人们长期受这种思维的影响，就会像被驯化的动物一样，不再主动开动脑筋，而只是机械性地操作。创造性活动是积极进行创新、开拓新知识的活动，而循规蹈矩型思维方式会严重阻碍创造性活动的开展。在思维方式上存在这种惰性的人，很难获得创造性成果。

#### 9. 太极型思维定式

太极型思维是指缺乏选择能力、缺乏主见，不知该如何取舍，模棱两可的思维方式。具有这种思维特征的个体往往缺乏决断力，在解决问题时没有自己的主见，犹豫不决。在很多情况下，由于不能确定解决问题的方案，很多解决问题的最佳时机就会被错过。人生中有很多机会是来之不易的，所以要勇于面对抉择，敢于付诸行动，切莫在犹豫不决中错失良机。

### （二）扩展思维视角

人的思维活动不仅有方向、有次序，还有起点。在起点上，就有切入的角度。我们把思维开始时的切入角度，称为思维视角。思维视角就是思考问题的角度、层面、路线或立场。实际上，思维视角对于创新活动来说非常重要，创新应该尽量多地增加头脑中的思维视角，学会从多种角度观察同一个问题。

#### 1. 肯定—否定—存疑

思维中的“肯定视角”，就是当头脑思考一种具体的事物或者观念的时候，首先设定它是正确的、好的、有价值的，然后沿着这种视角，寻找事物或观念的优点和价值。思维中的“否定视角”正相反，否定也可以理解为“反向”，就是从反面和对立面来思考事物，并在这种视角的支配下寻找这个事物或者观念的错误、危害、失败等负面价值。对于某些事物、观念或者问题，或许一时难以判定，那就不应该勉强地“肯定”或者“否定”，不妨放下问题，让头脑冷静一下，过一段时间再进行判定。这就是“存疑视角”。

#### 2. 自我—他人—群体

我们观察和思考外界的事物，总是习惯以自我为中心，用我的目的、我的需要、我的态度、我的价值观念、我的情感偏好、我的审美情趣等，作为标准尺度去衡量外来的事物和观念。

“他人视角”要求我们，在思维过程中尽力摆脱“自我”的狭小天地，走出“围城”，从别人的角度，站在“城外”，对同一事物和观念进行一番思考，发现创意的苗头。

任何群体总是由个人组成的，但是，对于同一个事物，从个人的视角和从群体的视角，往往会得出不同的结论。

#### 3. 无序—有序—可行

“无序视角”是指我们在创意思维的时候，特别是在思维的初期阶段，应该尽可能地打破头脑中的所有条条框框，包括那些法则、规律、定理、守则、常识之类的东西，进行一番“混沌型”的无序思考。

“有序视角”的含义是，我们的头脑在思考某种事物或者观念的时候，按照严格的逻辑来进行，透过现象，看到本质，排除偶然性，认识必然性。

创意的生命在于实施，我们必须实事求是地对观念和方案进行可行性论证，从而保证头脑中的新创意能够在实践中获得成功。这就是“可行视角”。

总之，创新思维是一种习惯。要想拥有这种习惯必须要通过认真的学习，掌握各种创新思维方法。科学有序的方法才是成功的坚实基础。

### （三）超越自我

突破障碍就是突破自我，进一步说就是超越自我，超越自我才是创新。

所谓“超越”，实际上也是一种思维方式。这种思维方式，就是站在时代的制高点，超越时空的限制，根据对客观规律的正确认识，对事物的发展趋势进行正确的判断，从而做出科学的决策。只有超越才有创新，超越既不是拘泥于现实的墨守成规，也不是脱离实际的凭空幻想。只有超越自我才能超越现实。超越自我意味着思维方式的不断创新，也意味着人生目标的不断前移，最终实现人生的价值。

## 三、创新思维的培养

### （一）创新思维的基础

人类思维具有三种形式：逻辑思维、形象思维和创新思维。钱学森指出：思维学是研究思维过程和思维结果，不管在人脑中的过程。这样我从前提出的形象（直感）思维和灵感（顿悟）思维实是一个，即形象思维，灵感、顿悟都是不同大脑状态中的形象思维。另外，人的创造需要把形象思维的结果再加逻辑论证，是两种思维的辩证统一，是更高层次的思维，应取名为创造思维，这是智慧之花！所以，人类思维应归纳为逻辑思维、形象思维和创造思维。

钱学森所说的“创造思维”就是创新思维。由此可见，创新思维是建立在逻辑思维和形象思维基础之上的。

#### 1. 逻辑思维

逻辑思维即抽象思维，它撇开事物的具体形象而抽取其共同的本质，因而具有抽象性的特征。逻辑思维只讲究事物间的共性，而不讲究事物间的差异，是一种求同性思维，是一种用概念、判断、推理来反映现实的思维过程。

逻辑思维帮助我们正确认识客观世界，解决常规问题，表达思想。逻辑思维具有严密性，但容易形成思维定式。

### 2. 形象思维

形象思维又称直觉思维，是一种借助于具体形象来开展思维的过程，它反映事物间的差异性，而忽视了事物间的共性，是一种求异性的思维。形象思维具有以下特点。

（1）非经验性

形象思维建立在感官认识的基础之上，具有经验性。中国有句俗话——“久病成良医”，就是形象思维经验性的体现。

（2）直接性

形象思维可以在需要解决的问题和解决方法之间直接取得联系。例如，鲁班的手被草叶子割破了，他便产生联想，根据草叶子的形状发明了锯子。

（3）发散性

发散性也就是想象力。在黑板上画一个圆圈，问幼儿园的小朋友这画的是什么，小朋友的回答千奇百怪：有的说是圆石头，有的说是太阳，有的说是油饼，有的说是车轮等。这就是形象思维的想象力。对创新来说，想象力具有重要意义，爱因斯坦指出：想象力比知识更重要，因为知识是有限的，而想象力概括着世界上的一切，推动着进步，并且是知识进化的源泉。

（4）灵感

灵感是人们在创造活动中，受到某种启示，内部知识积淀到一定程度突然爆发，得到奇思妙想，使长期思考的问题得到解决的思维过程。灵感具有偶然性，也具有必然性，只有知识丰富、有准备的人，才能抓住瞬间出现的灵感解决问题。牛顿被树上掉下来的苹果砸中而获得灵感，成为经典力学的创始人。但如果一个人没有牛顿那样丰富的学识，即使被苹果砸中 N 次，也不可能得出万有引力定律。

由此可知，逻辑思维和形象思维各有优缺点，只有在思维过程中扬长避短、相互补充才能实现创新思维。

## （二）创新思维方式

创新活动中除了有按常规的逻辑思维活动外，还有一些与人们日常思维有异的特殊思维方式，即所谓的创造性思维。创造性思维使人能突破思维定式去思考问题，从新的思路去寻找解决问题的方法。通常使用的创造性思维方式有逆向思维、侧向思维、求异思维、类比思维、综合（集中）思维、发散（扩散）思维、联想思维等。

### 1. 逆向思维

所谓逆向思维，就是指突破常规考虑问题的固定思维模式，采用与一般习惯相反的方向进行思考、分析的思维方式。通俗地讲，就是倒过来想问题。

例如，水总是由高向低流动，有什么办法能使其由低向高流动呢？由此人们发明出了各种类型的泵。说话声音高低能引起金属片相应的振动，相反金属片的振动也可以引起声音高低的变化。爱迪生在对电话的改进中，发明了世界上第一台留声机。又如，小孩掉进水里，把人从水中救起，是使人脱离水，是正向思维；司马光救人是打破缸，使水脱离人，这就是逆向思维。

案例分享

### 吸水纸的发现

20世纪40年代，德国的一家造纸厂在生产纸的过程中，忘记了放糨糊，结果生产出来的纸，不能用墨水写字，因为只要写字马上就变模糊了。这批纸成了不能写字的废纸。

老板非常恼火，大家都纷纷表示惋惜。这时有一位员工说："我们想一想办法，看看能不能将功补过呀？"于是，他们就动手试验起来，既然写在纸上的墨水很快能被这种纸吸收，那就发明一种新的产品——吸水纸，使废物得以巧利用。

吸水纸的发明就是运用逆向思维法的胜利，从失败的反面进行创新思考，结果使"废纸"找到新用途，创造了一个新的市场。

### 2. 侧向思维

有位心理学家做过这样一个实验，把狗和鸡关在两堵短墙之间，在狗和鸡的前面用铁丝网隔开放了一盆饲料。鸡一看到饲料就马上直冲过去，结果左冲右突就是吃不到食物。狗先是蹲在那儿直勾勾地看着食物和铁丝网，又看看周围的墙，然后转身往后跑，绕过墙来到铁丝网的另一边，结果吃到了食物。人类在考虑某个问题时也有类似的现象，有人总是死抱着正面进攻的方法一味蛮干，丝毫不能解决问题；而有人则采用迂回战术，用意想不到的方法，轻而易举地获得成功。这就是侧向思维。

侧向思维与逆向思维一样，都是相对常规思维活动而言的。它们的区别在于：逆向思维在许多场合表现为与他人的思维方向相反，但轨迹一致；而侧向思维不仅在方向上不同，而且在轨迹上也有所不同，偏重于另辟蹊径。

例如，要剪一个圆纸板，通常先在纸板上画出一个相应直径的圆，再用剪刀仔细剪下，花费时间较长。有人想到用圆规画圆，把圆规的笔尖改装为小刀片，则使圆规成了一个很好的切圆片专用工具，这就用不同的方法解决了同一问题，还节省了时间。

### 3. 求异思维

求异思维的关键在于，人不受任何框架、任何模式的约束，能够突破、跳出传统观念和习惯的禁锢，从新的角度认识问题，以新的思路、新的方法创造人类前所未有的更好、更美的东西。

#### 4. 类比思维

类比思维是一种或然性极大的逻辑思维方式，它的创造性表现在发明创造活动中人们能够通过类比已有事物开启创造未知事物的发明思路，其中隐含着触类旁通的含义。它把已有的事物与一些表面看来与之毫不相干的事物联系起来，寻找创新的目标和解决的方法。例如，飞机与鸟类和蜻蜓，人们由鸟的飞行运动制成了飞机，飞机高速飞行时机翼产生强烈振动，有人根据蜻蜓羽翅的减振结构设计了飞机的减振装置；天津一名学生根据小狗爬楼的运动方式发明了狗爬式上楼车等都是类比的结果。

#### 5. 综合思维（集中思维）

在日常生活中经常会遇到这样的情况：由两个或更多的人拉一辆车或划一条船，尽管各人用力的方向各不相同，但车或船往往能朝着一个正确的方向，即合力的方向前进。在创新活动中，同样可以把几个不同的主意合起来，或者相互补充，取其长处重新组合起来，去解决同一个难题或完成同一件作品，这就是综合思维，又称集中思维。

#### 6. 发散思维（扩散思维）

通常人们考虑问题，由起点（提出问题）到终点（解决问题）总喜欢按一条思路进行，走不通就打住。也许，从多个不同的角度换一个思路去考虑会很容易解决问题。这种围绕一个问题，突破常规思维的束缚，沿不同方向去思考、探索，寻求解决这一问题的各种可能性，由一点到多点的思维形式就称为发散思维，又称扩散思维、多向思维、辐射思维。扩散的范围越广，产生的设想就越多，解决问题的可能性就越大。面对一个新方法、新技术、新规律、新产品、新现象，一个训练有素的发明者会考虑能否有其他更多的用途，制作更多类型的作品，设计新的装置、开创新的技术种类、新的系列化产品、新的应用领域。

#### 7. 联想思维

联想是指从一种事物想到另一种事物的心理活动。联想可以是概念与概念之间的联想，也可以是方法与方法之间的联想，还可以是形象与形象之间的联想。由下雨想到潮湿，由烟雾想到白云，看到狮子想到猫等，都是联想。

联想的本质是发现原来认为没有联系的两个事物（或现象）之间的联系。有一句话说得好：“在一定程度上，人与人之间创造力的差别在于看到同样的事情产生不同的联想。”

### （三）培养创新思维

#### 1. 知识是产生创新思维的必要前提

创新是建立在广博的知识基础之上的。没有扎实的知识积累，即使有了创新点子，也无法将点子转变为解决问题的方法。科幻小说中有许多新颖的创新思想，但限于科技知识水平，许多想法无法实现。牛顿有句名言：“我之所以看得更远，是因为我站在巨人的肩膀上。”巨人的肩膀就是前人知识的积淀，所以培养创新思维的第一步，就是做好知识的积累。

科学的创新来不得半点虚假，没有任何捷径可走。知识基础是对前人智慧成果的集成，是形成创造力的必要条件，离开了扎实宽厚的知识基础，就不可能顺利开展创新活动。现代社会的发展要求我们个人不能只拥有单一的学科知识，而必须拥有跨学科的知识结构。只有如此，才能以多种角度去分析问题、解决问题，也更加容易形成新思维。

### 2. 实践经验是创新思维的根本基础

创新源于实践。思维是在实践基础上综合分析，然后做出判断推理的过程，创新思维也离不开实践活动。从伽利略在比萨斜塔上做的“两个铁球同时落地”的著名重力实验到牛顿的“万有引力”，再到爱因斯坦的“相对论”的力学发展历程，我们可以看到知识是在理论—实践—理论—实践过程中不断创新发展的。我们在工作、学习、生活中，应当注重观察细节，积累实践经验，为创新思维打下坚实的基础。

### 3. 多向思维法是创新思维的基本方式

对一个问题的思考，不能只从一个角度入手，要力争从众多的新角度去观察思考，以求获得更多的新认识，提出更多解决问题的新方法。当遇到不能直接解决的问题时，可以尝试运用逆向思维、侧向思维、求异思维、类比思维、综合（集中）思维、发散（扩散）思维、联想思维的方式，从不同的方向提出解决问题的方法。

### 4. 创新思维过程中应避免的几个误区

在创新思维过程中，应当尽量避免以下几个误区。

（1）思维过度发散，舍近求远

有一个很经典的例子，就是用高度表测量楼房高度的问题。实验者提出了诸如以高度表为单摆，通过单摆在楼顶的摆动率计算楼房高度；将高度表从楼顶自由垂直下落，通过高度表下落所用时间计算楼房高度等十来种方法，就是没有使用高度表直接读出楼房高度的方法。虽然这只是一个体现利用发散思维解决问题的例子，但是创新思维应当尽量避免这种思维方式。我们要牢记：创新的目的就是要以最简单、最直接的方法解决问题。解决问题时舍近求远不利于创新思维。

（2）过度求新，忽视创新成本

在创新过程中，还应当避免过度求新，而忽视了创新的实现代价与实现的价值之间的关系。某些人在创新活动中一味求新，似乎不采用最新技术，不使用最新方法，就不能体现出创新水平。但是，创新毕竟还属于社会活动，与社会条件密切相关，太“超前”的创新技术，如果实现的成本太高，远超它实现的价值，就不会在短时间内得到社会的认可和应用。

20 世纪 90 年代初，某食品厂从国外引进了一套蔬菜水果脱水技术，用来生产脱水蔬菜和水果。这种技术在当时很先进，既保持了蔬菜、水果的营养，又可以使其长期存放，照理应当很有市场竞争力。但厂家忽视了这套技术及设备的高额引进成本。由于引进成本高，产品价格超出当时人们的消费承受力，导致产品卖不出去，引进的设备长期闲置，最后成了一堆废铁。20年后，技术成熟了，脱水蔬菜、水果的生产成本已接近消费者的承受力，但原来最先引进这项技术的食品厂已经从市场上消失了。

# 任务三 掌握创新方法

所谓创新方法，就是根据创新思维发展规律总结出的创新发明的一些原理、技巧和方法。在创新实践中总结出的这些创新技法可以在其他创新过程中加以借鉴和使用，从而提高人们的创造能力和创新成果的实现率。

众所周知，做任何事情，如果方法得当，则事半功倍；方法不当，则事倍功半，甚至得不偿失。人们往往将一个人拥有的物质称为财富，其实真正的财富是获得物质的方法。

创新方法基于思维心理学的基础，指导人们克服常态的思维定式，开发人们的思维能力，提高人们的联想能力和想象能力，激发人们思维的敏感性、独立性、灵活性、流畅性和连续性，是发展创新智力的有效方法。创新方法是创新的重要手段，是进行创新活动的有效智能性工具，可以拓展思路，更好地开发智力、智慧，实现创新。人们在实践过程中运用创新方法能够省时、省力解决问题，可以直接产生创新成果，还可以提高创造力和创新成果的实现率。

至今，国外已有 300 多种创新方法问世，我国也有几十种方法研究成功。其中最常用的有头智力激励法（又称脑风暴法）、奥斯本检核表法、5W2H（5 个以 W 开头和两个以 H 开头的英文单词的设问，Why，What，Who，When，Where，How，How much）分析法、组合型创新法、列举型创新法等。

## 一、智力激励法

智力激励法又叫头脑风暴法、BS（Brain Storming）法、自由思考法，是指一组人员通过召开特殊的专题会议形式，对某一特定问题，与会成员之间互相交流、互相启迪、互相激励、互相修正、互相补充、集思广益，从而达到产生大量新设想的集体性发散技法。这是世界上最早付诸实践的创新技法。该方法由美国创造学家亚历克斯·奥斯本于 1939 年首次提出、1953 年正式发表，深受世界各国欢迎。“三个臭皮匠，顶个诸葛亮”，也即头脑风暴法的“中国式”译义。

## （一）遵循原则

头脑风暴法应遵守如下原则。

（1）庭外判决原则（延迟评判原则）。对各种意见、方案的评判必须放到最后阶段，此前不能对别人的意见提出批评和评价，即不发表“这主意好极了！”“这种想法太离谱了！”之类的“捧杀句”或“扼杀句”。认真对待任何一种设想，而不管其是否适当和可行。

（2）自由畅想原则。欢迎各抒己见，自由鸣放，创造一种自由、活跃的气氛，激发参加者提出不同想法，使与会者思想放松，这是智力激励法的关键。

（3）以量求质原则。追求数量。意见越多，产生好意见的可能性越大，这是获得高质量创造性设想的条件。

（4）综合改善原则。探索取长补短和改进办法。除提出自己的意见外，鼓励参加者对他人已经提出的设想进行补充、改进和综合，强调相互启发、相互补充和相互完善，这是智力激励法能否成功的标准。

（5）突出求异创新，这是智力激励法的宗旨。

（6）限时限人原则。

## （二）基本要求

### 1. 组织形式

小组人数一般为 10 ～ 15 人（课堂教学也可以班为单位），最好由不同专业或不同岗位工作者组成；时间一般为 20 ～ 60 分钟；设主持人一名，主持人只主持会议，对设想不作评论。记录员设 1 ～ 2 人，要求认真将与会者每一个设想完整地记录下来。

### 2. 会议类型

设想开发型：这是为获取大量的设想，为课题寻找多种解题思路而召开的会议。要求参与者要善于想象，语言表达能力要强。

设想论证型：这是为将众多的设想归纳转换成实用型方案召开的会议。要求与会者善于归纳、善于分析判断。

### 3. 会前准备工作

会议要明确主题，会议主题提前通报给与会人员，让与会者有一定准备；选好主持人，主持人要熟悉并掌握该技法的要点和操作要素，摸清主题现状和发展趋势；参与者要有一定的训练基础，懂得该会议提倡的原则和方法；会前可进行柔化训练，即对缺乏创新锻炼者进行打破常规思考，转变思维角度的训练活动，以减少思维惯性，从单调的紧张工作环境中解放出来，以饱满的创造热情投入激励设想活动。

### （三）发展沿革

智力激励法经各国创造学研究者的实践和发展，至今已经形成了一个发明技法群，如三菱式智力激励法、卡片式智力激励法、默写式智力激励法等。

#### 1. 三菱式智力激励法

智力激励法虽然能产生大量的设想，但由于它严禁批评，这样就难于对设想进行评价和集中，日本三菱树脂公司对此进行改革，创造出一种新的智力激励法——MBS 法，全称三菱式智力激励法。活动进行时，首先要求出席者预先将与主题有关的设想分别写在纸上，然后轮流提出自己的设想，接受提问或批评，接着以图解方式进行归纳，再进入最后的讨论阶段。

#### 2. 卡片式智力激励法

卡片式智力激励法也称卡片法，是由日本创造开发研究所所长高桥诚根据奥斯本的智力激励法改良而成的一种创造技法。其特点是对每个人提出的设想可以进行质询和评价。具体做法：会前明确会议主题，每次会议由 3 ～ 8 人参加，每人持 50 张名片大小的卡片，桌上另放 200 张卡片备用。会议约举行 1 个小时。最初 10 分钟为“独奏”阶段，由到会者各自在卡片上填写设想，每张卡片只写 1 条。接下来的 30 分钟，由到会者按座位次序轮流发表自己的设想，每次每人只宣读一张卡片。宣读后，其他人可以提出质询，也可以将受启发得出的新设想填入备用的卡片中。剩余的 20 分钟，让到会者相互交流和探讨，各自提出设想，以期从中再诱发出新的设想来。

#### 3. 默写式智力激励法

无参照扩散法的一种。由联邦德国创造学家荷立创造。其特点是用书面畅述来激励智力。具体做法以下几点每次会议由 6 人参加，每人用书面提出 3 个设想，要在 5 分钟内完成，所以又称 635 法。开会时，会议主持人宣布议题，并对与会者提出的疑问进行解释。接着每人发 3 张卡片。第一个 5 分钟内，每人针对议题在卡片上填写 3 个设想，然后将卡片传给右邻的到会者。第二个 5 分钟内，每人从别人的 3 个设想中得到新的启发，再在卡片上填写 3 个新的设想，然后将设想的卡片再传给右邻的到会者。这样，半小时内可传递 6 次，一共可产生 108 个设想。635 法可避免许多人争相发言而使设想遗漏的弊病。其不足是相互激励的气氛没有公开发言方式强。

## 二、奥斯本检核表法

奥斯本检核表法是利用检核表来完成创意的方法。所谓检核表，是指根据需要研究的对象的特点列出相关问题，形成列表，创意者通过对问题逐个核对讨论，从而发掘出解决问题的大量设想，以求得比较周密的思考。奥斯本检核表法的核心是改进。

### （一）奥斯本检核表内容

奥斯本检核表原有 75 个问题，可归纳为 9 组提问，其核心是改进。9 组问题包括能否他用、能否借用、能否扩大、能否缩小、能否改变、能否代用、能否调整、能否颠倒、能否组合（表 2–1）。

表 2–1　奥斯本检核表

| 序号 | 检核项目 | 含　义 |
| --- | --- | --- |
| 1 | 能否他用 | 现有的东西（如发明、材料、方法等）有无其他用途？保持原状不变能否扩大用途？稍加改变，有无别的用途？ |
| 2 | 能否借用 | 能否从别处得到启发？能否借用别处的经验或发明？外界有无相似的想法，能否借鉴？过去有无类似的东西，有什么东西可供模仿？谁的东西可供模仿？现有的发明能否引入其他的创造性设想之中？ |
| 3 | 能否扩大 | 现有的东西能否扩大使用范围？能不能增加一些东西？能否添加部件、拉长时间、增加长度、提高强度、延长使用寿命、提高价值、加快转速？ |
| 4 | 能否缩小 | 缩小一些怎么样？现在的东西能否缩小体积、减轻质量、降低高度、压缩、变薄？能否省略，能否进一步细分？ |
| 5 | 能否改变 | 现有的东西是否可以做某些改变？改变一下会怎么样？可否改变一下形状、颜色、味道？是否可改变一下意义、型号、模具、运动形式等？改变之后，效果又将如何？ |
| 6 | 能否代用 | 可否由别的东西代替，由别人代替？用别的材料、零件代替？用别的方法、工艺代替？用别的能源代替？可否选取其他地点？ |
| 7 | 能否调整 | 能否更换一下先后顺序？可否调换元件、部件？是否可用其他型号？可否改成另一种安排方式？原因与结果能否对换位置？能否变换一下日程？更换一下，会怎么样？ |
| 8 | 能否颠倒 | 倒过来会怎么样？上下是否可以倒过来？左右、前后是否可以对换位置？里外可否倒换？正反是否可以倒换？可否用否定代替肯定？ |
| 9 | 能否组合 | 组合起来怎么样？能否装配成一个系统？能否把目的进行组合？能否将各种想法进行综合？能否把各种部件进行组合？ |

#### 1. 能否他用

某个材料，“还能有其他什么用途？”“还能用其他什么方法使用它？”……这能使我们的想象活跃起来。当我们拥有某种材料时，为扩大它的用途，打开它的市场，就必须善于进行这种思考。德国有人想出了 300 种利用花生的实用方法，仅仅用于烹调，他就想出了 100 多种方法。橡胶有什么用处？有家公司提出了成千上万种设想，如用它制成床毯、浴盆、人行道边饰、衣夹、鸟笼、门扶手、棺材、墓碑等。炉渣有什么用处？废料有什么用处？边角料有什么用处？……当人们将自己的想象投入这条广阔的“高速公路”上时，就会以丰富的想象力产生出更多的好设想。

### 2. 能否借用

当伦琴发现“X 光”时，并没有预见到这种射线的任何用途。因而当他发现这项发现具有广泛用途时，他感到吃惊。通过联想借鉴，现在人们不仅用“X 光”来治疗疾病，外科医生还用它来观察人体的内部情况。同样，电灯在开始时只用来照明，后来，改进了光线的波长，发明了紫外线灯、红外线加热灯、灭菌灯等。科学技术的重大进步不仅表现在某些科学技术难题的突破上，也表现在科学技术成果的推广应用上。一种新产品、新工艺、新材料，必将随着它越来越多的新应用而显示其生命力。

### 3. 能否扩大

在自我发问的技巧中，研究“再多些”与“再少些”这类有关联的成分，能给想象提供大量的构思设想。使用加法和乘法，便可能使人们扩大探索的领域。

“为什么不用更大的包装呢？”——橡胶工厂大量使用的黏合剂通常装在一加仑①的马口铁桶中出售，使用后便扔掉。有位工人建议黏合剂装在五十加仑的容器内，容器可反复使用，节省了大量马口铁。

“能使之加固吗？”——织袜厂通过加固袜头和袜跟，使袜子的销售量大增。

“能改变一下成分吗？”——牙膏中加入某种配料，便成了具有某种附加功能的牙膏。

### 4. 能否缩小

例如，袖珍式收音机、微型计算机等就是缩小的产物。没有内胎的轮胎，尽可能删去细节的漫画，就是省略的结果。

### 5. 能否改变

如汽车，有时改变一下车身的颜色，就会增加汽车的美感，从而增加销售量。又如面包，给它裹上一层芳香的包装，就能提高嗅觉诱惑力。据说妇女用的游泳衣是婴儿衣服的模仿品，而滚柱轴承改成滚珠轴承就是改变形状的结果。

### 6. 能否代用

通过取代、替换的途径可以为想象提供广阔的探索领域。例如，用充氩的办法来代替电灯泡中的真空，使钨丝灯泡提高亮度。

### 7. 能否调整

重新安排通常会带来很多的创造性设想。飞机诞生的初期，螺旋桨安排在头部，后来，将它装到了顶部，成了直升机，喷气式飞机则把它安放在尾部，这说明通过重新安排可以产生种种创造性设想。商店柜台的重新安排，营业时间的合理调整，电视节目的顺序安排，机器设备的布局调整……都有可能带来更好的结果。

---

① 加仑，容（体）积单位，分英制加仑和美制加仑，1 加仑（美）≈ 0.003 785 4 立方米，1 加仑（英）≈ 0.004 546 1。

### 8. 能否颠倒

这是一种反向思维的方法，它在创造活动中是一种颇为常见和有用的思维方法。第一次世界大战期间，有人就曾运用这种“颠倒”的设想建造舰船，建造速度也有了显著的加快。

### 9. 能否组合

例如，把铅笔和橡皮组合在一起成为带橡皮的铅笔，把几种部件组合在一起变成组合机床，把几种金属组合在一起变成性能不同的合金，把几件材料组合在一起制成复合材料，把几个企业组合在一起构成横向联合。

## （二）奥斯本检核表法的实施步骤

奥斯本检核表法的实施步骤如下。

（1）根据创新对象明确需要解决的问题。

（2）根据需要解决的问题，参照表中列出的问题，运用丰富的想象力，强制性地一个个核对讨论，写出新设想。

（3）对新设想进行筛选，将最有价值和创新性的设想筛选出来。

## 知识拓展

### 手电筒的创新思路

奥斯本检核表法是一种较为实用的创新方法，表 2–2 是该方法在改进手电筒方面的运用，同学们可以参考和学习。

表 2–2 手电筒的创新思路

| 序号 | 检核类别 | 引出的发明 |
|---|---|---|
| 1 | 能否他用 | 其他用途：信号灯、装饰灯 |
| 2 | 能否借用 | 增加功能：加大反光罩，增加灯泡亮度 |
| 3 | 能否扩大 | 延长使用寿命：使用节电、降压开关 |
| 4 | 能否缩小 | 缩小体积：1 号电池→2 号电池→5 号电池→7 号电池→8 号电池→纽扣电池 |
| 5 | 能否改变 | 改一改：改灯罩、改小电珠和使用彩色电珠等 |
| 6 | 能否代用 | 代用：用发光二极管代替小电珠 |
| 7 | 能否调整 | 换型号：两节电池直排、横排、改变式样 |
| 8 | 能否颠倒 | 反过来想：手电筒可以不用干电池，用磁电机 |
| 9 | 能否组合 | 与其他组合：带手电的收音机、带手电的钟表等 |

## 三、5W2H 分析法

### （一）5W2H 分析法的概念

5W2H 分析法又称七何分析法，是指发明者用五个以 W 开头和两个以 H 开头的英语单词进行设问，发现解决问题的线索，寻找发明思路，进行设计构思，从而设计出新的发明项目。目前，5W2H 法已广泛应用于改进工作、改善管理、技术开发、价值分析等方面。5W2H 分析法有助于梳理思路，杜绝盲目性；有助于全面思考问题，从而避免遗漏。

5W2H 分析法的基本内容如表 2-3 所示。

表 2-3　5W2H 分析法的基本内容

| 5W2H | 含义 |
| --- | --- |
| 1. Why | 为什么？为什么要这么做？理由何在？原因是什么 |
| 2. What | 做什么？做什么工作？重点是什么？规范、要求是什么 |
| 3. Who | 何人？谁承担？谁完成？谁负责 |
| 4. When | 何时？什么时间完成？什么时机最适宜？持续多久 |
| 5. Where | 何地？在哪里做？从哪里入手 |
| 6. How | 如何做？如何提高效率？如何实施？用什么方法 |
| 7. How Much | 多少？做到什么程度？数量如何？质量如何？利弊如何？投入产出如何 |

5W2H 法视问题的性质不同，设问检查的内容也不同。

### （二）5W2H 分析法的实施步骤

第一步：对某种现行的方法或现有的产品，从七个角度设问检查。

（1）为什么（Why）。为什么采用这个技术参数？为什么不能有响声？为什么停用？为什么变成红色？为什么要做成这个形状？为什么采用机器代替人力？为什么产品的制造要经过这么多环节？为什么非做不可？

（2）做什么（What）。条件是什么？哪一部分工作要做？目的是什么？重点是什么？与什么有关系？功能是什么？规范是什么？工作对象是什么？

（3）何人（Who）。谁来办最方便？谁会生产？谁可以办？谁是顾客？谁被忽略了？谁是决策人？谁会受益？

（4）何时（When）。何时完成？何时安装？何时销售？何时是最佳营业时间？何时工作人员容易疲劳？何时产量最高？何时完成最为适宜？几天完成才算合理？

（5）何地（Where）。何地最适宜某物生长？何处生产最经济？从何处买？什么方面可作为销售点？安装在什么地方最合适？何地有资源？

（6）如何做（How）。如何做省力？如何做最快？如何做效率最高？如何改进？如何得到？如何避免失败？如何求发展？如何增加销路？如何提高效率？如何才能使产品更加美观、大方？如何使产品用起来方便？

（7）多少（How Much）。功能指标达到多少？销售多少？成本是多少？输出功率是多少？效率多高？尺寸是多少？质量是多少？

第二步：将发现的疑点、难点列出。

第三步：针对每一问题，拟订可行的方案，分别试验鉴定后，找到最佳方案。如果现行的方法或现有的产品经此检查基本满意，则认为该方法或产品可取或合格；若其中某些方面的反馈有问题，则可在这些方面加以改进；若该方法或产品方面有独特的优点，则应扩大其此方面的效用。例如，检查原产品的合理性。

第四步：设计新方法或新产品。克服原方法或原产品的缺点，扩大原方法或原产品独特优点的效用。

第五步：总结。在学习和工作中可采用 5W2H 法来思考和解决问题，如此可使我们避免盲目行事，提高工作效率。

## 四、组合创造法

组合创造法是指从两种或两种以上的实物或产品中，根据原理、材料、工艺、方法、产品、零部件等不同的属性抽取合适的技术要素，进行重新组合，从而获得新的产品、新的材料、新的工艺的方法。组合创新法包括如下几种类型。

### （一）主体附加法

主体附加法是在某种产品上附加新的部件，使主体产品的功能或性能略有拓展，从而让消费者在拥有主体产品的同时获得锦上添花式的附加利益。例如，穿上衣服的玩具娃娃（图 2-1）、带指南针功能的手表（图 2-2）、能测量温度的奶瓶及带照相功能的手机等，都是运用了主体附加法的创新产品。

图 2-1　穿上衣服的娃娃

图 2-2　带指南针的手表

### （二）同类组合法

同类组合法是指将两个或两个以上相同或相似的事物进行简单重叠的方法。在同类组合中，参与组合的对象与组合前相比，其基本性能和基本结构一般不会发生根本性的变化。在生活中，运用同类组合法的创新产品如多头铅笔（图 2–3）和自行婴儿车（图 2–4）等。

图 2–3　多头铅笔

图 2–4　自行婴儿车

### （三）异类组合法

异类组合法是指将来自不同领域的两种或两种以上不同类别的事物进行重叠的方法。在异类组合中，被组合的因子彼此间一般没有明显的主次之分，参与组合的因子可以从意义、原则、构造、成分、功能等任意一方面或多方面互相进行渗透，从而使组合后的整体发生变化。例如，可视电话便是将显示屏和电话进行有机组合而创造出来的。

## 五、列举型创新法

列举型创新方法即依据一定规则，列举研究对象的各种性质，通过对这些性质的逐项分析，寻求改变来诱发创新设想的方法。其主要包括缺点列举法、希望点列举法、特性列举法等。

### （一）缺点列举法

缺点列举法即通过发掘事物的缺陷，把它的具体缺点一一列举出来，然后针对发现的缺点，有的放矢地设想改革方案，从而确定创新目标、获得创新发明成果的一种创新方法。该方法的实质是一种否定思维，对事物抱否定的态度，继而充分地揭露事物的缺点，然后再加以改进。

使用缺点列举法并无十分严格的步骤，一般可按照如下步骤进行：首先，找出选定事物的缺点；其次，将所找出的缺点加以归类整理并分析缺点产生的原因；最后，针对所列缺点逐条分析，要有针对性、系统性，要研究其改进方案能否将其缺点逆用、化弊为利。

例如，对雨伞各种缺点进行改进，每改进一种，就是一种新产品。纯色雨伞颜色单调，许多放在一起不易区别，容易拿错，那就改变雨伞的颜色和图案；雨伞太长，不易收纳和携带，那就改为折叠式，有二折、三折、五折之分，雨伞体积及质量越来越小；为了挡住迎面吹来的雨，伞布遮住了视线，容易撞到别人，那就改伞布为透明塑料；拿东西撑伞不方便，那就做成自动伞；上车收伞时，雨水会滴落到别人或自己脚上且容易弄湿座椅，那就做成反向伞，湿面朝内；打伞抱孩子、用手机不方便，那就将雨伞手柄做成“C”形，便于将雨伞挂在手上；对于狂风暴雨天气，雨伞很容易损坏，那就做双层伞面、加厚加粗伞骨、伞面通风孔等设计可以增强雨伞防风防雨的功能……

## （二）希望点列举法

希望点列举法由美国内布拉斯加大学教授克劳福特（R.P.Crawford）发明。从发明者的意愿提出各种新的设想，它可以不受原有物品的束缚，不断地提出希望、怎么样才会更好等。创造性强且又科学、可行的理想和愿望，进而探求解决方法和改善对策，是一种积极主动型的创造发明方法。希望点列举法通常用于新产品开发上。

以风扇为例（表 2–4），看看原始的风扇是如何一步步发展到现今种类繁多、功能多样的。

表 2–4 希望点列举法在风扇上的运用

| 希望点 | 产生的效果 |
|---|---|
| 希望角度不仅仅限制在一定角度范围 | 摆头风扇 |
| 希望不摆头部就能得到不同的风向 | 转页式台扇 |
| 希望风吹的范围更大 | 吊扇 |
| 随意调节风力的强弱，而不用换挡位 | 无极调整风扇 |
| 希望电扇也像电视一样用遥控器控制 | 遥控风扇 |
| 希望风扇样式能丰富多彩 | 各式各样的卡通风扇，可装点生活 |
| 希望风扇像折扇那样方便随身携带 | 帽檐风扇、手持风扇 |
| 希望风扇的扇叶不会伤到人 | 弯曲叶，采用软性材料，无叶风扇 |
| 希望节约空间 | 挂壁式风扇 |
| 希望只是调节空气流动 | 塔式气流扇 |
| 希望更关注身体健康 | 带负离子功能的电风扇 |
| 希望风速根据温度的高低而大小变化 | 温控电风扇 |
| 希望能驱蚊虫 | 驱蚊风扇 |

续表

| 希望点 | 产生的效果 |
| --- | --- |
| 希望在停电时也能享受风扇 | 带蓄电池电源风扇 |
| 希望在计算机前享受舒服的凉风 | USB 风扇 |
| 希望结合空调和风扇的优点 | 空调扇 |

### （三）特性列举法

特性列举法亦称属性列举法或分部改变法，是一种通过列举事物的各种特性以便引发新思维寻求问题解决途径的创造学方法。由美国学者克劳福德（R.P.Crawford）在他 1954 年发表的《创造性思维方法》一书中提出。他提出该法的理论依据主要出自于他的一个基本观点，他认为世界上一切新事物都出自旧事物，只有对旧事物的某些特征进行继承和改造，才能做出创造。因此，列举特性的过程，就是通过分解分析，把问题分成局部小问题加以解决的过程。

为找到研究对象的特性，区分研究对象特性的三种方式。

（1）名词特性，指事物的整体、部分、材料、制法、要素等。

（2）形容词特性，指事物的性质、形状、颜色、状态等。

（3）动词特性，指事物的功能、变化。

具体实施该创新方法时分为四个步骤：首先，选取改进对象；其次，了解事物现状，熟悉其基本结构、工作原理及使用场合，应用分析、分解及分类的方法对研究对象进行一些必要的结构分解；再次，从需要出发，对列出的属性进行分析、抽象、与其他物品对比，通过提问方式诱发创新思想，采用替代、联想、修改、补充的方法对原属性进行改造；最后，应用综合的方法将原属性与新属性进行综合，寻求功能与属性的替代与更新完善，提出新设想。

在采用特性列举法的过程中，特别注意抓住特性分析这个关键环节，一要做到从各个角度全面进行分析；二要做到具体分析，使各种特性越明确越好。

#### 知识拓展

改进烧水壶，已经成为介绍特性列举法的典型案例，虽然水壶似乎已经不易想到可以改进之处，但运用特性列举法分析它，仍然可以打开思路找到创新点。

1. 名词特性

整体：水壶。

部分：壶嘴、壶把手、壶盖、壶底、蒸汽孔。

材料：铝、铁皮、搪瓷、铜材等。

制作方法：冲压、焊接、烧铸。

根据所列特性，可作如下提问并进行分析：壶嘴的长度是否合适？壶把手可否改成塑料以免烫手？壶体可否一次成型？蒸汽孔可否改变位置以免烫手？制作材料有无更适用的？

2. 形容词特性

性质：轻、重。

状态：美观、清洁、高低、大小等。

颜色：白色、紫色、各种图案。

形状（壶底）：圆形、椭圆形等。

针对形容词特性，可做如下提问：怎样改进更便于清洁？颜色图案还可做哪些变化？壶底用什么形状才更利于吸热传热？

3. 动词特性

功能：烧水、装水、倒水、保温等。

针对动词特性，可做如下提问：能否在壶体外加保温材料，以提高热效率并具有保温性能？

# 任务四　提升创新能力

## 一、创新能力概述

创新能力简称为创造力，特指创造者进行创新活动的能力，也就是产生新的想法和新的事物或新理论的能力。创造者可以是个人，也可以是群体或国家，由此，可区别称为个人创造力、群体创造力或国家创造力。但群体及国家的创造力都是以个人创造力为基础的，故本书着重讲的是个人创造力的提升。尽管书中已经给出了创造力的含义，但大家可能还是不能准确地把握它。那创造力到底是一种什么能力呢？

创造力是一种改造世界的能力。要改造这个世界，首先要认识这个世界，因此，创造力包括智力，智力是创造力的必要条件。现代观点认为，智力是一种中间能力，而创造力才是人的最终能力。正因为如此，创造力成为人类最主要、最宝贵的能力。一般来说，优秀的人、成功的人都是创造力出众的人。换个角度说，我们不仅要知道世界是什么，它是怎么来的，还要知道怎样改造世界。学生在学校里不仅要学习认识社会、适应社会，更要学习如何改造社会。

## 二、培养创新能力的途径

创新其实就是一个发现问题、构思创意、解决问题的过程，培养一个人的创新能力应从以下三个方面入手。

### （一）学会发现问题

我们每一个人都生活在“问题”之中，生活中从来都不缺乏问题，而是缺乏发现问题的眼睛。问题是一切发明与创新的起点。善于发现问题是科学精神的重要表现。人类科技进行的历史表明：科学发现和技术发明都是始于问题的发现，都是出自带着发现的问题进行观察、思考。只有问题才能激发人们的好奇心，从而激发人们科学探索和技术研究的兴趣。

有了问题，思维才有方向，才有动力；有了问题，才有主动探究的愿望。爱因斯坦明确指出：“提出一个问题往往比解决一个问题更重要，因为解决一个问题也许仅是一个数学上或是实验上的技能，而提出新的问题、新的可能性，从新的角度去看旧的问题，却需要有创造性的想象力，而且标志着科学的真正进步。”

### （二）随时构思创意

每一次成功的背后，都有“另辟蹊径”的创意，它是解决问题的“加速器”。如今，创意在社会生活，尤其是市场经济中的地位显得愈加突出，遍布经济领域里的每一个角落，成为一个人取得成功的重要因素。

创意就是具有新颖性和创造性的想法。换句话讲“把任何想法转化成效益”就叫创意。

### （三）善于解决问题

创新始于问题的提出、创意的出现，终于问题的解决，创新要把研究和解决问题作为创新的出发点和落脚点，只有创意得到实施、问题得到解决，才能实现创新的价值。问题的解决有流程、有方法，只有掌握了解决问题的流程与方法，创新的成果才更容易出现。

当问题出现后，要对问题的属性、影响、规模、现状及解决问题所需的时间和资源全面了解，并直接或对照以往经验对问题进行描述，对解决问题的价值和意义进行评估，然后决定是回避这个问题还是要解决它，并预期要达成的目标。

很多时候，看起来复杂无比的问题，只要找到了产生的真正原因，解决起来其实很简单。

在对问题进行分析时，有很多成熟的方法和技巧可供我们学习，如鱼骨图分析法就是一种发现问题、分析问题原因的有效方法，这种分析方法画成图就像鱼的骨架。另外，还有快速比较分析法、YY 提问技巧法、简化法等。

案例分享

小欢是广西南宁市的一名高职生，平时喜欢吃泡菜。他取泡菜时发现，常用的泡菜坛为两头小，中间大的形状，只有一个开口。这种泡菜坛有一个很大的缺点：就是要寻找一件腌制好的泡菜非常困难，往往要从上翻到下，花很长的时间才找得到。怎样才能将寻找腌制好的泡菜的工作变得方便快捷呢？于是，他决定研究一种新型泡菜坛来克服原有泡菜坛的缺点。一天，他看到制“泡泡果”的机器工作情况后，很受启发。这种机器分别有进、出两个口，大米从一个口子进去，热的“泡泡果”就从另一个口子中出来。随即，他将泡菜坛设计成双坛口、“U”字形。一个坛口用于投放要腌制的泡菜，另一个坛口用于取出腌制好的泡菜，十分方便。

## 三、掌握九种必备的创新能力

创新能力是人类突破旧认识、旧事物，探索和创造有价值的新知识、新事物的能力。它涉及一个人的多种能力，如逻辑思考能力、无限想象能力、换位共情能力、自我超越能力、方法运用能力、学习创新能力、管理创新能力、营销创新能力、服务创新能力等，是一个人综合能力的具体体现。因此，人们应重视对自己创新能力的培养和训练。

### （一）逻辑思考能力

逻辑思考能力与一个人的创新能力有着极为密切的关系。因为无论何种形式的创新，都必须建立在逻辑思维的基础之上。

逻辑思考能力可以为创新提供必要的工具，使人们在创新时能独立判断和推理、有效进行分析与决策，以提高工作效率。

提高逻辑思考能力的途径主要有以下三种。

（1）建立辩证的思维观点。用普遍联系的观点看待问题；用辩证思维的发展观来考虑问题；用全面的思维来解决问题。

（2）掌握科学的思维方法。首先采取分析和综合方法，在认识中把整体分解为部分，并把部分重新结合成整体；其次采取归纳与演绎方法，从个别性事实概括出一般性知识，从一般性原理到个别性结论。

（3）培养良好的思维品质。思维品质反映了个体智力或思维水平的差异。良好的思维品质应该是深刻、灵活、独创、批判、敏捷和系统的。

## （二）无限想象能力

无限想象能力是创新必不可少的一种能力，它可以帮助人们超越已有的知识经验，使思维达到新境界。想象不需要逻辑，但它是创新的火种和出发点，是创新思维的核心能力，如表 2-5 所示。

表 2-5　无限想象的常见形式

| 序号 | 常见形式 | 含义 |
| --- | --- | --- |
| 1 | 充填式想象 | 认识了事物的某些组成部分后，依此想象，把不完整的东西补足 |
| 2 | 组合式想象 | 将现有的技术、物品、现象等，进行适当的组合或重排，获得具有统一整体功能的新技术、新产品、新形象 |
| 3 | 纯化式想象 | 抛开关系不大的某些因素或部分，以构成反映本质的简单化、理想化形象 |
| 4 | 取代式想象 | 设身处地，通过揣摩他人的思想感情或事物的具体情景，来寻找顺利解决问题的办法 |
| 5 | 科学幻想 | 通过幻想各项活动的前景，并设想和预见可能遇到的困难及后果，然后再采取相应的有效行动 |

### 知识拓展

**提高想象力的技巧**

（1）看书时，采用跳读方式，并对所跳过的内容进行想象。

（2）多想象，一旦开始，就一直想到极限，中途绝不要打断。

（3）观察周围事物的形状，然后在脑海中描绘出它的形象。

（4）以琐碎的小事和资料为基础，试着创造出一个故事。

（5）和人见面以前，事先预想会面对的状况，并且设想问题。

（6）看到某个广告或某个书名，尝试想象其内容，与实际内容做比较。

（7）边看推理小说或比赛，边推测真凶或比赛的比分。

（8）从设计图、地图、照片，想象实际的建筑或风景。

## （三）换位共情能力

换位共情能力是人们设身处地地认同和理解别人的处境与感情的能力。换位共情能力要求人们站在别人的立场上换位思考，用别人的角度来看待事物，体验他人的感受。

注意共情不是同情，而是善解人意。它打破了推己及人、想当然的思维定式，对于创新的意义重大。

换位共情能力具有以下优点。

（1）换位共情是有想象力的表现。

（2）可以看到不同观点的另一面。

（3）更容易发现问题，真正了解他人需求。

（4）感同身受更容易促进思考、激发创造潜能。

（5）为满足他人需求而激发创意，使创新更具人性化和人情味。

（6）树立人们的自我意识，体验他人的喜怒哀乐而不是妄加评论。

培养换位共情能力方式主要有：利用科学方法测试自己的情商；多学习、多观察、多询问和多尝试；用一句完整的话，以尊重的态度向他人表达自己的不同见解；若有机会做一名志愿者，为那些与自己经历不同的人服务，了解他们的处境，增强自己的换位共情能力。

### （四）自我超越能力

自我超越能力是指突破极限、自我实现的一种能力。自我超越是一个过程，一种终身的修炼，随时随地要求人们自己改进。自我超越的价值在于学习和创造，不断发展、完善自我，向成功的目标迈进，如表 2–6 所示。

表 2–6　自我超越的常见形式

| 序号 | 常见形式 | 含义 |
|---|---|---|
| 1 | 起点超越 | 对于空间的超越 |
| 2 | 时间超越 | 对于过去和未来的超越 |
| 3 | 性质超越 | 对具体事物、具体现象、具体物品等的超越 |
| 4 | 境界超越 | 对“有”与“无”的超越以及对“传统”的超越 |

#### 知识拓展

**自我超越的技巧**

（1）要想实现自我超越，除了拥有远大的目标外，还需要有达成目标的决心、毅力争勇气。

（2）思维定式是实现自我突破的天敌，如果不打破思维定式，人们也许就永远无法超越自我、发挥潜能。

（3）实现自我超越有时候必须做出困难甚至是痛苦的决定，只有敢于抛弃阻碍自己发展的惯性和传统，才能迈出继续前进的步伐。

（4）自我超越需要不断自我激励，只有自己给予自己战胜困难的信心和勇气，才能使身心激发出无穷的能量。

（5）追求永无止境，但需要一步步完成。

## （五）方法运用能力

方法运用能力是指在解决问题时，人们对创造性方法的寻找、筛选以及实践的能力。

创新方法的运用能力是创新能力的一个重要体现。只有不断提高创新方法的运用能力，才能以更加高效的方式解决问题，更快地实现既定目标。

如果要想提高创新方法的运用能力，就要清楚创新方法运用的过程（表2–7和图2–5）。

表 2–7　方法运用的过程

| 序号 | 过程 | 内容 |
| --- | --- | --- |
| 1 | 进行问题分析 | 搜集关于问题的信息；界定问题的范围；分析问题可能导致的后果；分析问题出现的原因 |
| 2 | 找出创新方法 | 头脑风暴：让参与者各抒己见，使各种设想在相互碰撞中激发大脑的创造性；德尔菲法：以书面形式广泛征询专家意见来预测某项专题或某个项目未来发展的方法 |
| 3 | 快速展开行动 | 创新方法能够成功运用的秘诀就在于快速行动；在实践中逐渐完善创新方法 |

创新方法只有经过尝试才能不断完善，而尝试是有风险的，很可能会遭遇失败。因此，在运用创新方法时，必须做到坚持不懈，否则只能前功尽弃、一事无成。

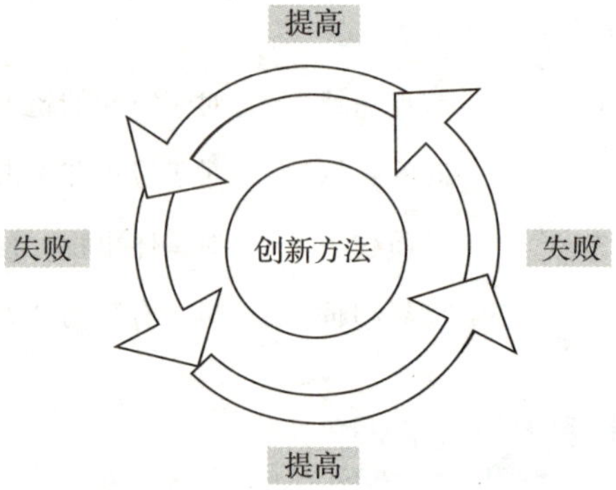

图 2–5　创新方法运用的过程

## （六）学习创新能力

学习创新能力是指人们通过对特定对象进行分析和研究来获得新观点、新创意和新成果的能力（表2–8）。

表 2–8　学习创新的过程

| 序号 | 过程 | 内容 |
| --- | --- | --- |
| 1 | 选择学习对象 | 一般环境中的学习对象；<br>行业环境中的学习对象；<br>以竞争对手为学习对象；<br>以身边人为学习对象；以客户为学习对象 |

续表

| 序号 | 过程 | 内容 |
| --- | --- | --- |
| 2 | 加工和改造学习对象 | 感觉系统：从感觉开始认识学习对象；<br>记忆系统：记忆会留存过去感知的问题和体验；<br>分析处理系统：用分析、抽象、综合等方法对记忆系统中的信息进行分析和处理 |
| 3 | 获得创新成果 | 结果的表现形式是多种多样的，如创新的技术、产品、制度、组织结构、环境等；<br>获得创新成果代表了一个学习创新获得的终结，同时也意味着新的学习创新活动的开始 |

## （七）管理创新能力

管理创新能力是指人们创造性地把新的管理方法、管理手段以及管理模式等管理要素引入组织管理系统，并将其转换为有用的产品、服务或作业方法的能力（表 2–9）。

表 2–9　管理创新包含的内容

| 序号 | 内容 | 含义 |
| --- | --- | --- |
| 1 | 目标创新 | 每一个具体的经营目标，都需要适时地根据市场环境、消费需求特点以及变化趋势加以整合 |
| 2 | 技术创新 | 包括要素创新与要素组合创新、产品创新 |
| 3 | 制度创新 | 分析组织各成员之间关系的调整和变革，并从产权制度、经营制度、管理制度三方面去考虑 |
| 4 | 组织创新 | 在不同时期，对企业组织形式进行调整和变革 |
| 5 | 环境创新 | 通过积极的创新活动去改造环境，引导环境朝着有利于企业经营的方向发展 |

对于创新者来说，问题意识相当重要。要创新，首先要善于发现问题。管理创新也不例外。要做到管理创新，就需要善于经常性地发现管理工作中存在的问题——企业是个永远有问题的组织。

那么怎样运用创新思维发现管理工作中的问题呢？一般有两个要点：一是一定要带上批判的眼光；二是合理应用所学到的思维方式。例如，可以从以下两个问题开始：难道只能这样吗？还能做哪些改变？

### 案例分享

#### 某 IT 公司考勤制度创新

北京某 IT 公司学习了创新的课程后，对照本企业的工作加以应用。他们时刻不忘提这两个问题：难道只能这样吗？还能做哪些改变？很快他们就发现了“问题”：考勤制度存在问题，不完全符合人本管理的思想。

原来，这家公司的考勤制度和其他公司一样，迟到了是要被处罚的，迟到一次罚一次钱，如果一个月迟到几次的话，当月的奖金就会受到严重影响。

北京的交通是最糟糕的，堵车很严重，常常会出现预想不到的堵塞，从而造成员工被动性迟到。

结合北京这一实际状况，公司做出了一个大胆的创新举措，即允许每人每个月合理迟到三次，这三次不受任何处罚，第四次才开始处罚。

没想到，这样人性化的管理制度出台后，受到了许多“80后”员工的热烈赞赏，非但没有出现大量的迟到现象，反而促进了公司凝聚力和员工积极性的提升。可见，一个小创新，可以带来大改变。

### （八）营销创新能力

营销创新能力就是把创新理论和市场营销有机地结合起来，在产品、定价、渠道和促销上开展改善与革新活动的一种能力。

市场营销中，只有不断提升营销创新能力，在营销理念和营销手段上出奇制胜，才能在复杂激烈的市场竞争中脱颖而出。营销创新的方法，如表2-10所示。

表2-10　营销创新的方法

| 序号 | 方法 | 内容 |
| --- | --- | --- |
| 1 | 产品创新 | 产品标准创新；<br>产品品牌创新；<br>产品服务创新； |
| 2 | 定价创新 | 阶段性调整产品的价格；<br>根据对手动态调整自己的定价；<br>根据不同地域的市场特征调整定价 |
| 3 | 渠道创新 | 渠道设计创新；<br>渠道管理创新 |
| 4 | 促销创新 | 事件营销：借助有影响力的事件提高品牌知名度，强化营销；<br>柔性营销：调整营销活动来适应并满足个性化需求；<br>网络营销：在互联网上开展营销活动；<br>无缺陷营销：产品无缺陷，销售无缺陷，服务无缺陷 |

### （九）服务创新能力

服务创新能力是指通过对服务意识、服务方式进行创新从而提高服务效率的能力。

服务创新是针对服务活动进行的创新，是贯彻客户导向的服务理念的一个重要方面。

它通常包括服务意识、服务方式、服务效率等方面（表 2–11）。

服务创新具有以下优点。

（1）为客户提供优质的服务，提高服务品质。

（2）满足客户的新需求或创造客户的新感受。

（3）使服务适应现代社会的要求，推陈出新。

（4）改善企业内部过程和企业与客户的关系。

（5）形成核心竞争力，促进企业发展。

表 2–11 5S 服务创新理念

| 理念 | 含义 | 具体解释 |
| --- | --- | --- |
| smile | 适度微笑 | 发自内心的真诚微笑 |
| speed | 动作迅速 | 尽量快速工作，不让客户久等 |
| sincerity | 态度诚恳 | 心怀诚意，服务于客户 |
| smart | 精明、整洁、利落 | 以干净利落的方式接待客户 |
| study | 研究学习 | 努力研究客户心理，学习客户服务技巧 |

# 任务五 转化创新成果

## 一、创新成果概述

### （一）创新成果的概念

创新成果是指在结构、功能、原理、性质、方法、过程等方面取得的第一次的、显著性的变化的成效、成绩和成就。这里谈论的创新成果，主要是指所取得的商业成效。

**案例分享**

白花木瓜的药用价值很高。据史料记载，明朝之前就有当地民间医生将木瓜泡酒，作为治疗风湿关节炎的药方。到了明清时代，白花木瓜作为药用记载就更为广泛。现代医学研究表明，白花木瓜中含有的齐墩果酸是一种护肝降酶、消瘀抑菌、降血脂的多萜物质，对染色体损失有保护作用，是医药工业的重要原料。

白花木瓜是木瓜中的精品，含有机酸、维生素、胡萝卜素、果胶等多种元素和营养物质，集食用、药用和观赏于一体，经济效益显著。与其他水果一样，白花木瓜同样面临“保质期”难题，对水果进行深加工，延伸价值链，是解决这个难题的重要途径。应用各式各类的方法和技术对白花木瓜进行深加工后，可以推出果汁、果片、果脯、水果醋、水果酒等附加值产品，有效带动了水果走出“巷子”，保证了果农增产增收。

在华南理工大学组织的暑期三下乡活动中，整个团队在云南省云县进行的课题，就是帮助当地果农实现白花木瓜深加工。通过联系食品加工企业，增加科技赋能农产品的能力，他们主要做到了两件事情，一是提升了木瓜的生产效率。之前一天生产 400 吨白花木瓜需要百人规模，现在用上新设备之后，只需 40 个人就可以了，效率显著提升。二是用聚果盆脉冲电场技术来延长保质期，提升了木瓜的附加值。木瓜主要的加工方向是酿制木瓜酒，木瓜酒可祛风活血、消除疲劳，但口感往往酸涩，消费人群限于云南省内。通过聚果盆脉冲电场深加工，可以使木瓜酒口感更饱满，消费人群几乎没有任何限制。这增加了消费者对木瓜产量、产能的新需求，不仅解决了水果滞销问题，还带动了产销、运输、保存等整个产业链条的发展，满足了多重的消费需求，提升了当地的产业竞争力。

云县白花木瓜做出成效后，产生了积极的样板示范作用，与聚果盆进行对接的果品不断增多。在荣获第六届中国国际“互联网 +”大学生创新创业大赛“青年红色筑梦之旅”赛道金奖之后，聚果盆的行业影响力进一步扩大。目前，聚果盆脉冲电场技术的应用已经扩展到 11 种水果品类，覆盖了国内 8 个城市。

### （二）创新成果的特征

创新无论从一般的角度，还是从经济学的角度来看，它的成果与一般劳动相比，具有以下几方面的特征。

#### 1. 新颖性

创新是对现有的不合理事物的摒弃，是为了解决前人没有解决的问题，创新不是简单的模仿和重复，而是在继承中有了新的突破；不是量的变化，而是质的变化。创新的成果必然是新颖的，其中必须有过去所没有的新的因素或成分。这正是创新成果不同于一般劳动成果的根本所在。因此，新颖性是创新成果最鲜明、最根本的特征。

#### 2. 超前性

超前性是创新的一个必然特征。创新以求新为灵魂，具有超前性，所要解决的问题都是前人没有解决的。创新成果是从实际出发，通过实事求是的超前探索所取得的成果。

#### 3. 价值性

从社会效果来看，创新成果都具有社会价值，其中很多成果还有着重大的历史意义。它们或为经济价值，或为学术价值，或为艺术价值，或为实用价值。如蒸汽机、杂交水稻等，都是创新成果具有巨大社会价值的体现。

### 4. 风险性

任何形式的创新都具有一定的风险，而且风险的形式和大小也各不相同。创新一旦成功，其成果将为企业带来可观的经济效益，大大提高企业的市场竞争力；一旦失败，不仅创新过程的所有投入无法回收，还可能会降低企业的市场竞争能力。创新风险可以分为技术风险和市场风险两类。技术风险是指一项创新在技术上存在成功与否的不确定性；市场风险是指一项创新在技术上成功之后，还存在其成果是否受市场欢迎的不确定性。因此，在进行创新活动前，要仔细地进行技术论证和全面的市场调研，尽最大可能地降低这两方面的风险。同时，还要做好承担技术失败和市场风险的准备。这样，一旦有风险发生的迹象，就能尽早、尽快地做好防范，以降低风险发生的可能性。

### 5. 复杂性

多数创新都需要由多个有经验的人共同完成。在每个领域里，从事创新的个人或者团队越接近世界最佳水平的实力，那么创新成功的可能性和增加附加值的潜力就会越高。这就是风险投资者非常看重技术型企业家的技术、目标和综合素质的原因。要想说服客户去冒风险使用创新成果，或者改变他们现在已经使用的方法或产品，就需要有极其明显的优势，而这需要团队中拥有不同背景的人员掌握具体的专业知识，并加以综合利用才能达到。当然，在创新的全过程中很少同时需要所有人的专长。因此，最富有创新性的组织一般都以专题的形式开展工作，也就是将一些不同领域的专家召集在一起进行短期、密集的交流，而这正是大多数创新所需要的。

### 6. 耗时性

创新需要耗费大量时间。任何一项创新活动，都要按照部件、子系统、系统和各自然学科的顺序逐步推进，各步骤需要耗费的时间无法预测，要保证活动的正常推进，每一个步骤都需要通过大量的实验，去核查其对相关步骤的影响。预定的创新时间的分配往往不能准确的实现，强求实现的话，就需要所有实验彻底完成，以及需要保证较高的试验质量。墨菲定理的一个推论是："如果你有预期，那就会有意设计它。所以，经常发生的往往是那些没有预期的事情。"也就是说，因为创新的各个实验步骤都具有不可控性，要想确保创新在预期时间内完成，就需要创新者与客户和不同专长的技术专家之间有一个好的沟通方式，从而能够让他们在顺畅交流的环境中加深沟通深度，使他们能够共同探索多种实施方案，做好预期规划，以控制好各个步骤需要的时间。

## 二、大学生的创新成果

### （一）大学生创新成果的分类

根据大学专业设置情况，可简单地将我国大学生分为文科生和理科生两种，可将其创新成果分为文科成果和理科成果两个类别。其中，文科专业大学生的创新成果较多地体现在营销创新和组织创新方面，包括外观或包装设计的改进、促销方式的改良、新兴市场的发现等。理科专业大学生的创新成果主要集中在工艺创新和产品创新。

### （二）大学生创新成果的特点

有研究表明，当前大学生有创新的兴趣但不持久；有灵感但缺少技能；思维敏捷但缺少系统的创新思维方式；有创新思维潜质但缺少激活与开发等。囿于这些现状，当前我国大学生的创新成果呈现出以下特点。

#### 1. 能给客户提供不同的体验，但不够新颖

企业微创新的效果，往往使每个人的日常生活也在微创新。例如，360公司，它的微创新虽然使不少计算机用户有了不同的体验，但由于市场中存在功能相似的微创新服务，因此，他的这种微创新会显得不够新颖。

#### 2. 技术难度不大，但市场价值却不容小觑

360杀毒软件就是最为典型的代表。360病毒库可以随时更新，且操作非常方便，通过与新的商业模式的结合，获得了良好的市场效果，实现了客户量的爆发式增长。

#### 3. 创新准入门槛较低，人人都可以参与

用户创新遍地都是，微创新的众多案例告诉我们，在微创新中，每个人的创新程度都很小，但是集成之后创新的程度就非常大了。

#### 4. 创新初期不被注意，市场竞争压力小

多数情况下，刚开始时，微创新不会被市场关注，创新者起步时也就不会被围追堵截，等到被关注的时候，微创新的企业已经把客户和市场做起来了。

#### 5. 创新者想象力丰富，但风险意识不强

要进行微创新，创新者的想象力是非常重要的。但是知己知彼，才能百战不殆。然而，很多大学生创业者在创新的过程中往往忽略了创新的风险性，无法做到以最小的代价求得利益的最大化。

## 三、创新成果的转化

### （一）创新成果转化的概念

创新成果转化，指创新成果知识产权人，通过自己使用、许可使用、转让、特许经营

等方式行使创新成果知识产权的财产权利，实现创新成果知识产权的经济价值。创新成果知识产权的转化，既为权利人实现其财产权利提供了渠道，又让社会大众分享创新成果的效用，从而实现了激励创造、鼓励传播、促进社会进步的目的。就创新成果而言，单纯的创新不是目的，单纯的保护也不是目的，在当今世界发展浪潮中，经济竞争正在从有形的竞争转化为无形的竞争，其中的知识含量已经愈发成为决胜的关键。创新成果的取得和保护的最终目的就是让所创造出的智力成果转化为经济价值和市场效益。

## （二）创新成果转化模式

### 1. 自主创业

自主创业即自己使用，自主开发，是指个人、科研院所、大专院校、企业等创新者的创新成果在内部进行的一种成果转化模式。其特点是创新成果的成果源与吸收体融为一体，将市场交易内部化，消除了中间环节，转化交易成本较低，转化效率较高。例如，1984年，中科院原计算所（现为中科院数学与系统研究院）投资20万元成立了中科院联想控股有限公司。当时联想由11名科技人员组成，主要对原中科院计算所的科研成果和技术进行转化。截至2019年6月30日，公司实现收入人民币1 793.11亿元，同比上升15%，成为国内IT行业位居前列的高新技术企业。

对于朝气蓬勃的大学生而言，通过自身的创业，把青年人奇思妙想的创新思维转化为商品和利润，显得更为重要和紧迫。2015年首届中国“互联网+”大学生创新创业大赛总决赛举行时，李克强总理曾批示：“大学生是实施创新驱动发展战略和推进大众创业、万众创新的生力军。”据统计，2019年全国高校毕业生规模达到了834万人，再创历史新高。毕业人数破800万，对于我国这样一个人口大国来说，是一个严峻的就业压力。创业，不再是少数人的专利，而成为多数人的选择。

### 2. 许可使用

创新成果的许可使用，是指产权人授权他人在一定时期和范围内，以一定的方式行使创新成果的使用权并获得相应报酬的行为。“许可是在不转让财产所有权的条件下让渡财产中的权利”，这包含了以下几点含义：创新成果产权中的人身权利不得许可使用；许可使用不导致产权所有权的主体发生变化；许可使用不得超出许可人自身所拥有的权限；被许可人不得超出合同约定范围行使权利。著作权、专利实施和商标都可以进行许可使用。

（1）著作权的许可使用

著作权许可使用，指著作权人授权他人在一定的地域、期限内，以一定方式使用其作品并获得报酬的行为。著作权许可使用是最常见的著作权贸易方式，是著作权人实现其著作财产权的主要方式。

（2）专利实施许可

专利实施许可是指专利权人授权他人在一定地域、期限内，以一定方式，包括使用、制造、销售等方式，实施其专利并获得报酬的行为。专利实施许可是最常见的专利贸易形式，是专利权人获得经济价值的主要途径之一。

案例分享

### 大学生靠申请专利成百万富翁

吴刚，浙江师范大学职业技术教育学院数控专业大三学生，已申请技术专利 40 多项，目前审查通过 18 项。

“实在不好意思，我只想用专利技术入股，不想卖掉。如果你们不接受，我会考虑找其他公司合作。”面对北京某公司的“甜言蜜语”，昨天，吴刚又一次委婉谢绝。

这已经是吴刚第 N 次拒绝对方了，尽管对方提出的 8 万元收购价十分诱人，不过这个在大二就靠专利年收入近百万的“专利哥”，还是把持得很牢。

在老师和同学们眼中，吴刚对科研近乎痴狂。大二时，他就向国家知识产权局递交了 40 多项专利申请，目前已经审查通过 18 项。吴刚说，由于开始不懂“行情”，最贵的专利才卖了 3 万多元，便宜的 8 000 元就卖掉了。

除了自己发明专利，吴刚还在淘宝上开了店，卖的不是商品，而是服务，专门代别人写专利。“这是一个知识产权的时代，国家越来越重视保护知识产权。个人、企业等申请专利的越来越多，我的生意才越来越好。”吴刚说，他不只局限在自己熟悉的数控、机械领域，还和全国其他领域的知识产权代理事务所合作，进行业务共享。

（3）商标的许可使用

商标许可使用是指注册商标所有人授权他人在一定地域、期限内，以一定方式使用其注册商标并获得报酬的行为。商标许可使用是现代商标法的主要内容，是商标注册人实现其商标经济价值的主要形式。

### 3. 产权转让

创新成果的转让，指创新成果产权所有人依法将其享有的创新成果的产权中的财产权利全部或部分转让给他人的行为，包括著作权转让、专利权转让、注册商标转让等。当前，许多创新成果正是以转让获取利益为主要目的。有偿转让创新成果，是实现其经济价值的主要途径之一。

（1）著作权转让

著作权转让是指著作权人依法将其享有的著作财产权的全部或者部分转移给他人的行

为。通过著作权转让，受让人成为该作品全部或者部分财产权的权利人，转让人丧失相应权利。

（2）专利权转让

专利权转让指专利权人依法将其专利权转移给他人的法律行为。转让人有权依照合同收取转让金；受让人有权受让该项专利权，成为新的权利主体。

（3）商标转让

商标转让是指商标权人依法将其注册商标专用权转移给他人的法律行为。商标权人为转让人，接受注册商标专用权的一方为受让人。

## 知识拓展

技术转让是知识产权转让的下位概念。在现代贸易中，技术转让是知识产权转让的重要内容。技术转让，是指专有技术的所有人将技术转移给他人，并收取报酬的行为。技术转让，通常是包括专利、商业秘密、商标、版权在内的综合性的知识产权利用行为。目前专有技术至少由3种技术构成：专利技术、秘密技术、计算机软件技术。商标不属于技术范畴，虽然在知识产权贸易中，技术转让通常附带有商标的转让或是许可使用，商标可以作为技术转让之一，但单纯的商标转让，不是技术转让。

科学技术转让的模式还有：技术开发模式、政产学研金介用模式、面向产业集群模式、科技创业孵化模式、公共技术服务平台模式等。

## 课程思政

### 创新引领发展合作创建未来

#### 为全球科技合作贡献新思路新方案

党的二十大报告提出，必须坚持科技是第一生产力、人才是第一资源、创新是第一动力，深入实施科教兴国战略、人才强国战略、创新驱动发展战略，开辟发展新领域新赛道，不断塑造发展新动能新优势。习近平总书记2023年4月在广东考察时强调，实现高水平科技自立自强，是中国式现代化建设的关键。

过去的十年间，中国持续深入实施创新驱动发展战略，全社会的研发经费保持高速增长。据世界知识产权组织发布的2022年全球创新指数显示，中国排名稳步提升，从2012年的第三十四位上升到2022年的第十一位，正在从科技大国向科技强国迈进。

粤港澳大湾区作为中国开放程度最高、经济活力最强的区域之一，高度重视以创新推动湾区高质量发展。自2019中共中央、国务院印发了《粤港澳大湾区发展规划纲要》以来，大湾区各部门结合实际认真贯彻落实，多项重大基础设施项目持续推进，规则衔接、机制对接走向更广领域、更深层次，大湾区内部互联互通更加紧密。

大湾区科学论坛立足湾区，积极协同港澳，发挥高端平台与沟通枢纽作用，与全球科学家、国际科学组织，以及社会各界互动，探讨全球共性领域热点问题，促进科学成果交流与共享，激发创新思想碰撞，推动规则衔接、机制对接，为粤港澳大湾区构建开放的创新生态、深度参与全球科技合作贡献新思路、新方案。

“一带一路”自2013年提出以来，得到了越来越多国家和国际组织的热烈响应和广泛参与，成为当今世界深受欢迎的国际公共产品和国际合作平台。

当前，人类面临的粮食安全、气候变化等共同挑战更趋复杂严峻，全球科技创新空前活跃，对推动“一带一路”高质量发展和构建人类命运共同体提出新的更高要求。为发挥科技界的力量、推动“一带一路”建设高质量发展，中国科学院设立了“一带一路”创新发展重大咨询项目，以期从科技合作和科技创新方面支撑和服务“一带一路”建设高质量发展。该项目紧密围绕推动“一带一路”高质量发展的主题，结合国家战略科技力量建设需求和创新驱动发展战略，关注“一带一路”科技合作和科技创新中的关键性重大问题，从健康、绿色、数字、创新等多个领域探索新时期推动“一带一路”高质量发展面临的挑战以及解决方案，形成《“一带一路”高质量发展报告——科技创新与科技合作》。

### 以科技成果推动高质量发展

科技创新是“一带一路”建设的核心驱动力。习近平总书记提出“一带一路”倡议10年来，我国与沿线国家积极开展科技合作，在基础科学研究、技术转移转化、合作网络与平台基地建设等方面取得了举世瞩目的成绩，共建“一带一路”已成为深受欢迎的国际公共产品和国际合作平台。

党的二十大进一步提出“推动共建‘一带一路’高质量发展”的要求。目前，全球科技创新空前活跃，学科交叉引领基础科学研究突飞猛进，科研范式变革引领科技创新产生深刻变革，科技创新已经成为推动世界经济复苏和可持续发展的重要途径，也为人类社会高质量发展指引方向。面对世界百年未有之大变局，发挥科技力量、指明未来方向、构建人类命运共同体，是各国政府应对全球性挑战的共同选择。

纳米科技是材料、化学、物理、生物、医学等多学科交叉的新兴前沿领域，其交叉性、综合性、平台性等特征支撑着多学科前沿的快速发展。例如，过去20年，全球全学科共有960个前沿研究热点方向，89%与纳米科技有关，成为推动科学前沿发展的强大引擎。

党的十八大以来，中国在纳米科技领域涌现出一系列高质量成果，基础研究水平已处于全球前列。我国纳米科技领域积极响应国家战略，一方面推动相关科学研究快速发展，另一方面以科研和技术为核心，以高端人才为引擎，打造具有国际影响力的纳米科技产业中心。在纳米材料、纳米催化、纳米生物、纳米能源、纳米医疗、智能纳米技术等核心领域进行布局，深入基础研究，强化科技产业赋能，突破关键核心技术，促进创新资源深度融合，以“小纳米”撬动大产业，带动了“一带一路”沿线国家学界和业界的合作与参与。

未来，我们可以充分发挥中国纳米科技领域的优势力量，进一步与“一带一路”沿线国家进行深度合作，加强适用技术和民生技术研究，以更好的科技成果推动共建“一带一路”高质量发展。

## 实训任务

### 实训 1　训练发散思维

【实训目标】

1. 从多种思维发散点培养发散思维。
2. 培养用发散思维进行创新，解决实际问题。
3. 小组交流思想，了解更多不同角度的发散思维成果。

【实训流程】

流程一：托兰斯创造思维测验。

以下这道题是来自托兰斯创造思维测验（TTCT），考考你的发散思维。

图 2-6　托兰斯创造思维测验

图 2-6 是一幅含义模糊的图画，请针对画面写下你所能够想到的一切问题，从而帮助你更确切地了解正在发生着什么。问题越多越好，越新奇越好，试想出其他人想不到的问题。

______________________________

______________________________

______________________________

______________________________

流程二：从多种思维发散点出发。

请根据以下思维发散点的指向，打开思路，尽量在短时间内提出多而独特的答案。

1. 材料发散。

学校的饭卡有哪些用途？______________________________

______________________________

头发有哪些用途？

2. 功能发散。

用哪些方法可以照明？

3. 方法发散。

运用“敲”可以办成哪些事？

4. 结构发散。

什么物体是圆形的？

## 实训2 分析列举法

【实训目标】

1. 了解分析列举法的种类。
2. 掌握分析列举法的运用步骤和技巧。
3. 学会运用分析列举法，产生创意，改进产品。

【实训流程】

流程一：运用特性列举法，对手机进行改进。

1. 特性方面

名词特性：

形容词特性：

动词特性：

2. 改进设想

流程二：运用缺点列举法，对快递进行改进。

1. 缺点：

2. 改进设想：

流程三：运用希望点列举法对教室提出改进意见。

1. 希望点：

2. 改进设想：______

流程四：运用成对列举法设计多功能家具。

1. 列举出各种家具及室内用具：床、桌子、沙发、椅子、茶几、书架、台灯、衣柜、衣架、镜子、花盆架、电视、音响、眼镜、梳子等。

2. 对所列出的家具和室内用具随意进行两两配对组合：床和沙发、灯和衣架、桌子与书架、床和箱子、床和灯、镜子与柜子、电视与花盆、音响和台灯等。

你的配对组合方案：______

______

______

3. 对所有的组合方案进行分析，阐述方案的可行性。许多方案均可发明出新式家具，有些方案事实上已经成为产品，如床和沙发组合成的沙发床、镜子和柜子组合成的带穿衣镜的柜子、床和箱子组合成的床底可兼做放物柜的组合床等。

你的配对方案的可行性分析：______

______

______

## 实训 3　开发大学生创新创业能力

【实训目的】

1. 掌握开发独立创新创业能力的方法。

2. 学会打破常规思维去解决问题。

【实训流程】

流程一：提升大学生创新创业能力。

创新意识是形成和推动创业行为的内驱力。是产生创业行为的前提和基础。首先要教育和引导大学生增强创新意识和创业精神，凭借知识、智慧和胆识去开创能发挥个人所长的事业。要使广大学生认识到，要适应新时代的发展，就必须强化自身的创新意识和创业精神。为此，要引导和鼓励学生创造性地投身于各种社会实践活动和社会公益活动中。通过开展创业教育讲座，以及各种竞赛、活动等方式，形成以专业为依托，以项目和社团为组织形式的“创业教育”实践群体来激发大学生的创新意识和创业精神。

实践最能锻炼和培养一个人的才能，你参加过哪些课外科技作品竞赛或者创业计划大赛？

流程二：阅读材料，回答问题。

1. 完成“整修花坛”作业

有甲、乙两人整修街道两旁的花坛。由于两旁花坛数目相等，所以两人商定各整修一边。一大早，甲先出工整修路左边的花坛。当他整修完 3 个花坛时，乙也出工了。乙说右边花坛难整修，还是让他整修左边的花坛吧。于是甲又开始整修右边的花坛。当乙整修完路左边的花坛后，又帮助甲整修路右边的花坛。当乙又整修完路右边的 6 个花坛时，正好全部整修完毕。

甲、乙两人谁整修的花坛数量多？多整修了多少？

2. 分析吸水纸的发现

一名德国工人在生产一批纸时因为不小心而弄错了配方，结果，生产出了大量不能书写的废纸。他被扣工资，罚奖金，最后遭到解雇。正当他灰心时，一位朋友让他将问题倒着看，看能否从错误中找出有用的东西来。于是他很快就发现这批废弃纸张吸水性相当好，他就把纸切成小块，取名刀切吸水纸，拿到市场上出售，结果相当抢手，因而也就有了现在的吸水纸。他运用了反向思维从错误中找正确，最后扭转局面。

（1）以上案例对你有什么启发？

（2）打破常规思维的方法有哪些？试举例说明。

【实训思考】

课外科技作品竞赛和创业计划大赛，对于增强创新意识，锻炼和提高观察力、思维力、想象力和动手操作能力都是十分有益的。只有在大学生当中造成浓厚的科技创新氛围，才能使更多的创新人才破土而出。实践最能锻炼和培养一个人的才能，只有在实践中多看、多思、多问、多记、反复检验，反复调查，不断总结，吸取教训，才能从实践中摸索出真知。积极参与实践活动对于提高当代大学生的创新创业能力有何意义？

# 项目三 发掘创业机会

## 项目导读

创业机会是创业的核心要素，创业从创业机会开始。创业的实质是具有创业精神的个体对具有价值的创业机会的认知过程。通过对本项目内容的学习，使学生了解了创业机会的来源，能够通过外部环境的分析认识商业机会，了解创业机会的特征、类型，掌握创业机会的识别方法，了解创业机会评估的方法，能够通过对自身条件及与创业机会的匹配，从而学会筛选创业项目。

此外，创业机会与创业风险总是相伴而行的。创业者应尽可能识别创业机会中可能蕴含的风险，并制定相应的风险防范措施，以实现创业机会的价值最大化，从而实现创业目标。

## 学习目标

### 知识目标

1．了解创业机会的内涵及其特征。

2．熟悉创业机会的来源，掌握创业机会的类型。

3．掌握识别创业机会的方法。

4．理解创业机会评估内容。

5．理解创业风险概念及特征。

6．掌握大学生创业过程中的常见风险及风险的防范对策。

能力目标

1．掌握创业机会识别方法，并能识别创业机会。

2．能够运用一定的方法对创业项目进行评估。

3．能够识别创业中的风险，并找出有效的应对方法。

## 思政目标

1．坚持弘扬社会主义核心价值观，弘扬中国共产党人精神谱系，培养学生成为担当民族复兴大任的时代新人。

2．培养学生全面的创业能力和自信、自强、自主、自立创业精神。

## 任务一　创业机会识别

创业者要想找到切实可行的创业项目，就要知道怎样去发现创业机会。要想发现创业机会，首先，要知道什么是创业机会，把握创业机会的特征；其次，要了解创业机会的类型和来源。

### 一、创业机会概述

#### （一）创业机会的内涵

机会是创业的核心要素，创业也离不开机会。机会是一种隐性的状态或情形，同样的机会，不同的人看到的会不同，让不同的创业者来开发，效果也会有很大的不同。纽约大学科兹纳教授认为，机会就是未明确的市场需求或未充分使用的资源或能力。他从两个角度来界定创业机会，其实开发未充分使用的资源或能力本质上还是用来满足一定的市场需求。创业者的创业行为是需要得到一定回报的，要不然不能称为创业。所以，创业机会就是能够满足消费者的需求，并能使创业者收获回报的有吸引力的商业想法或主张。

识别创业机会是思考和探索互动反复，并将创意进行转变的过程。有的创业者认为自己有很好的创业想法和点子，对创业充满信心。有想法、有点子固然重要，但并不是每个大胆的想法和新奇的点子都能转化为创业机会。许多创业者就因为仅凭想法去创业而失败了。因此，了解创业机会的特征有助于创业者正确识别创业机会。

创业机会具有以下几个特征。

（1）普遍性：凡是有市场、有经营的地方，客观上就存在创业机会。创业机会普遍存在于各种经营活动过程之中。

（2）偶然性：创业机会的发现和捕捉带有很大的不确定性，任何创业机会的产生都有“意外”因素。

（3）消逝性：创业机会存在于一定的时空范围之内，随着产生创业机会的客观条件的变化，创业机会也会相应地流失。

案例分享

### 大学生小马返乡创业带富众乡邻

菏泽电商产业的蓬勃发展，吸引了越来越多的年轻人返乡创业，为电商产业的发展注入青春动力。大学生小马就是其中一位。

小马上大学时主修专业是电子商务，上大二时便开设了自己的网店，主要销售生活用品，从新店慢慢变成钻级C店，年销售额达10万元，不仅不再花家里的钱，还能补贴父母。随后，他成立了自己的小工作室，开始和同学一起创业。

多年的电商从业经验，让小马感觉到电商是实现农民就业增收的好门路。经过一番深思熟虑后，小马辞去在济南的工作，与两个伙伴在东明县成立了公司，主要制作、销售装饰画。好货源加上好平台，让小马在电商领域里“如鱼得水”。公司相继开设了包括山东怡佳居装饰画、易创程家具生活馆、易创程家居生活馆企业店铺在内的12个店铺，店铺销售量直线攀升。怡佳居装饰画被评为“菏泽市网红产品”。“2020年‘双十一’大促活动期间，公司电商销售额达1 200万元，全年公司电商销售额达4 000万元。”小马说。

成为辖区内小有名气的“电商达人”后，小马担任东明集镇电子商务服务中心电商部经理一职，带动更多的村民做电商。为帮助周边村民脱贫致富，小马等人指导村民开设网店，教授日常经营、客服技巧、售前售后服务等一系列电商知识。这两年，单武胜桥镇、东明集镇两个镇就有数百名村民从他们免费办的培训班“出师”，还有一些村民成为公司的分销商。对于没有销售门路的村民，小马的公司以成本价收购，大大降低了他们的经营风险。

## （二）创意、商业概念和创业机会

一个好的创意可能会成为一个好的创业机会，但也可能不会成为创业机会。创意需要开发成商业概念才能成为创业机会。

创意是创业者的初步设想或灵感，是对某个问题提出的初步解决方案，不一定追求市场回报。创业机会比创意更为严肃和正式，有时候，一个非常好的创意不一定就是一个好的创业机会。虽然每个创意都是和一种需求或解决问题的办法紧紧联系在一起的，但是创意要想转化为创业机会，必须具备以下几个特征：一是时机，由机会窗口决定。当机会窗口打开时（时机敏感性），机会所带来的利润就会产生。当达到某个节点，市场成熟了，机会窗口也就关闭了；二是吸引力，一个具有吸引力的创业机会必须满足市场需求而且需求强烈；三是持续期，可以持续一段时间，能够在市场上发展、成长和成熟。四是必须可为消费者提供价值。

创业机会的吸引力和价值性必须通过商业概念来实现。商业概念是在创意的基础上用文字、图像、模型等对已成型的潜在产品构思进行形象的描述，以便在消费者心中形成一种潜在产品的独特印象。商业概念就是产品介绍，用消费者的语言来描述产品；而创意是站在创业者的角度对问题解决手段的构思，消费者一般很难理解。商业概念必须以简单、概括、形象的方式来传递优势信息，突出潜在产品的优势，形成潜在产品的卖点。所以，商业概念必须通过市场检验。商业概念甚至需要在小规模市场上进行试销，以确定利润的回报是否可以实现。如果没有利润回报，创意就不能开发成创业机会。

总之，看到机会、产生创意并发展成清晰的商业概念才意味着创业者识别到机会。一个创意只有在能带来利润回报时才能开发成创业机会。

## 知识拓展

### 机会窗口

机会窗口指特定商机存在于市场之中的一定的时间跨度。一旦新产品市场建立起来，机会窗口就打开了。达到某个节点，市场成熟，机会窗口也就被关闭了。一个产品处于生命周期的成长期——往往是机会窗口的打开时期。当创业者利用机会时，机会窗口必须是敞开的。随着市场成长，企业进入市场并设法占据有利可图的定位。机会窗口关闭后，新建企业要想成功已经非常困难，除非专注细分市场。

通常，市场规模越大，机会窗口越大，创业者才越有可能抓住这个机会。否则，创业者可能无法抓住这个机会。创业者在机会窗口中创业才有望获得相应的投资回报，不然就可能“血本无归”。

## 二、创业机会的来源

创业机会有五大来源：现实问题、创造发明、竞争优势、新知识和新技术的产生、环境变化。但是，归根结底创业机会来自一定的市场需求和变化。变化就是机会环境的变化，会给各行各业带来良机，人们通过这些变化，就会发现新的前景。

### （一）现实问题

创业的根本目的是满足顾客需求。而顾客需求在满足之前就是问题，寻找创业机会的一个重要途径是善于去发现和体会自己和他人在需求方面的问题或生活中的难处。例如，房地产中介行业的产生源于人们置业与换房的需要。

人们生活中总有一些“苦恼的事”和“困扰的事”，总是迫切希望能够解决，如果能提供解决的办法，实际上就是找到了机会。例如，双职工家庭没有时间照顾小孩，于是有了家庭托儿所。没有时间买菜，就产生了送菜公司，这些都是从痛点中寻找机会。

### （二）创造发明

创造发明提供了新产品、新服务，更好地满足顾客需求，同时也带来了创业机会。例如，随着计算机的诞生，计算机维修、软件开发、计算机操作的培训、图文制作、信息服务、网上开店等创业机会随之而来，即使你不发明新的东西，你也能成为销售和推广新产品的人，从而给你带来商机。

### （三）竞争优势

如果你能弥补竞争对手的缺陷和不足，那么这也将成为你的创业机会。看看你周围的公司，你能比它们更快、更可靠、更便宜地提供产品或服务吗？你能做得更好吗？若能，你也许就找到了机会。

### （四）新知识和技术的产生

技术进步使满足人们需求的形式和可能性大幅增加，向人们提供了解决问题的更优质、便捷的方式。技术进步可以开拓更广阔的市场，创造更多的创业机会。另外，新的技术一旦被研究出来就会用于生产新的产品，而新的产品经常又会促进技术的发展。例如，随着健康知识的普及和技术的进步。围绕“水”就带来了许多创业机会，上海就有不少创业者通过加盟“都市清泉”而走上了创业之路。

**案例分享**

#### 火爆的智能健身镜，照见互联网健身“新常态”

2020年新型冠状病毒性肺炎在全球暴发，线下健身行业都在无比艰难地自救求生，健身教练们化身主播，在健身房做直播课，但这仍然难以改变线下业绩惨淡的现实。与此相对的则是家庭健身硬件产品的热销和互联网健身App的火爆，广大人民群众的健身热情找到了可以释放的空间。

Mirror公司成立于2016年11月，其总部在美国纽约，公司愿景是打造一个“既方便又高质量的家庭健身房”。2018 年，公司推出一款同名产品——Mirror 智能健身镜。从外观来看，Mirror 智能健身镜和普通穿衣镜很像，但其实这是一款配备了 LCD 面板、立体扬声器、液晶摄像头以及麦克风的高科技健身硬件产品。这款新式健身镜向用户、教练提供了“双向互动”的沉浸式健身体验。

打开 Mirror 智能健身镜之后，用户可在界面内选择教练和喜欢的健身课程，镜子界面实时显示用户的心率、健身动作。同时，在用户训练过程中，Mirror 系统还可以通过检测用户佩戴的 Apple Watch 等可穿戴设备的运动数据，给予相应的锻炼建议。

Mirror 智能健身镜自问世以来，在美国就获得了诸多赞誉：《时代周刊》评价它是“2018 年度的最佳发明之一”；《华尔街日报》评价它是“让家庭跑步机顿时失去用武之地的健身产品”；Vogue 评价它是“健身行业最具颠覆性的设备”。2020 年，Mirror 被 lululemon 公司斥资 5 亿美元收购。Mirror 用两年的时间，实现了资本市场的“三级跳”，4 轮融资的累积金额达到了 7 480 万美元。2020 财年，Mirror 的整体销售收入为 1.5 亿美元。

用会发现的眼睛寻找机会，用有准备的心迎接机会，用会分析的头脑识别机会，然后用高效的行动力来把握机会。要知道机会往往稍纵即逝，商场如战场，环境的变化会给各行各业带来良机，人们通过这些变化，就会发现新的前景。

### （五）环境变化

创业机会大多产生于社会环境中不断发生的变化，在变化中孕育机会。著名管理大师彼得·德鲁克将创业者定义为那些能“寻找变化，并积极反应，把它当作机会充分利用起来的人”。创业者就是那些能敏感地在变化中发现先机和把握先机的人。影响变化的因素很多，主要从科技发展、产业结构的变动及社会结构的变化等方面。具体分析以下几点。

#### 1. 科学技术进步

科技改变生活。互联网技术的出现，在很大程度上改变了人们的生活方式和思维方式，从而使人们的生活变得更加简单、高效和快捷。互联网已经深入生活的各个方面。支付方式有支付宝和微信，逛街购物只要一部手机。出行方式有各种 App，使出行变得更加快捷。云端服务、移动办公更加方便高效。社交方式有微信、QQ 等社交工具的存在让人生活在同一个地球村，聊天面对面，更加方便和快捷。电子商务改变了人们的购物习惯，网上购物、外卖送餐成为年轻人的新生活方式。

#### 2. 产业结构变化

随着中国经济的快速崛起发展，第三产业服务业正在发生变化，绿色经济正在成为新的经济发展模式。“绿水青山，就是金山银山”生态观念的变化，使全国各地都非常重视环境建设，将运动健身、休闲旅游与自然山水巧妙融合，新兴的康养旅游业已经成为新的发展方向。在国际上，休闲旅游要素呈现国际化的趋势，随着国际化元素的引入和中国休闲者走向世界的两大发展态势，旅游企业正在向全球性旅游集团发展。

### 3. 人口结构变化

社会老龄化，三孩政策的放开等都可以产生新的机会。例如，为老年人提供健康保障用品，三孩促进月嫂市场发展，为年轻女性和上班女性提供的用品，为家庭提供文化娱乐用品。也就是说，集中某些顾客的需要就会有机会。机会不能从全部顾客身上去找，因为共同需要容易认识，基本上已很难再找到突破口。而实际上每个人的需求都是有差异的，如果时常关注某些人的日常生活和工作，就会从中发现某些机会。因此，在寻找机会时，应该习惯把顾客分类（如政府职员、菜农、大学讲师、杂志编辑、小学生、单身女性、退休职工等），认真研究各类人员的需求特点，机会自见。

## 三、创业机会的类型

正确认识创业机会的类型，对于识别机会、评估机会及选择机会具有重要意义。根据不同的标准，可以有不同的方法划分创业机会。

《创业学：21 世纪的创业精神》的作者杰弗里·蒂蒙斯教授提出，好的创业机会有以下四个特征。

（1）它很能吸引客户。

（2）它能在商业环境中行得通。

（3）它必须在“机会之窗”敞开期间被实施（机会之窗是指创意推广到市场上去所花费的时间，若竞争者有了同样的思想，并已把产品推向市场，那么机会之窗也就关闭了）。

（4）有资源（人、财、物、信息、时间）和技能。

创业者发现与把握的机会不同，创业活动也随之不同，创业结果也存在差异。按照市场需求是否被识别、资源和能力是否被确定两个维度，创业机会可以分为梦想型、问题解决型、技术转移型、企业形成型四种，如图 3–1 所示。

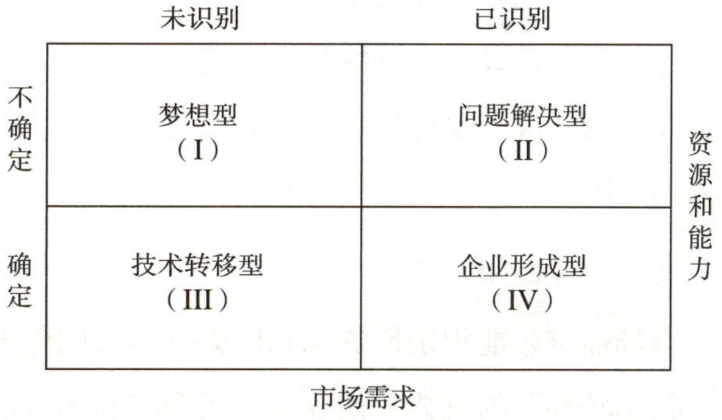


图 3–1　创业机会的类型

市场需求可能是可识别的（已知

的）或未能识别的（未知的）；资源和能力可能是确定的或未确定的。确定的资源和能力包括对一般知识、人力资源、金融资源等情况时了解或对自然资源（如产品/服务的技术条件）情况的了解。在这个矩阵中，市场需求表示存在的问题，资源和能力表示解决问题的方法。

### （一）梦想型

市场需求未能识别且资源和能力不确定（问题及其解决方法都未知）。它表现的是艺术家、梦想家、一些设计师和发明家的创造性。他们感兴趣的是将知识的发展推向一个新方向，使技术突破现有限制。

例如，有梦想者想让车辆在技术上升级为飞行器，解决城市车辆拥堵问题，但市场几乎无此需求，更重要的是目前尚无成熟的技术，并且成本效益转换毫无经济价值，因此只能是一种梦想型机会。但是，有些梦想随着时代的进步会变成现实。嫦娥奔月是古代人类登月的传说，经过几千年的努力，1969年的“阿波罗”工程终于使人类登月的梦想成为现实。当市场与创业者所拥有的资源和具有的能力“握手”时，“梦想”就会变成现实。

### （二）问题解决型

市场需求已识别但资源和能力不确定（问题已知但其解决方法仍未知），它描述了有条理地收集信息并解决问题的情况。在这种情况下，机会开发的目标往往是设计一个具体的产品服务以适应市场需求。创业者清楚地知道市场需要什么，但苦于没有资源和能力，无法生产或提供市场所需的这种产品或服务。

例如，某农民承包了几十亩地种植苹果树，近几年苹果连年丰收，但价格连年下降。他看着堆满了苹果的库房，既不想贱卖，也不想眼睁睁看着苹果烂掉。他想要对苹果进行深加工，例如，酿成苹果酒、制成膨化食品等来增加其附加价值。

但是一想到要投资建厂，并要掌握加工技术，还要有销路，他就犯难了。针对这种创业机会，解决问题的办法是尽快寻找所需的资源，尽快培养所需的能力。此时，机会开发的目标往往是设计一个具体的产品或一种服务以适应市场需求。问题解决型创业机会转化成创业项目的成本要比梦想型创业机会低，所花的时间也要少，关键是看争取资源与掌握技术的速度。

### （三）技术转移型

市场需求未能识别但资源和能力确定（问题未知但可获得解决方法），包括人们常说的“技术转移”的挑战，如寻找应用领域和闲置的生产能力。这里的机会开发更多强调的是寻找应用的领域，而不是产品/服务的开发。

创业者手里已经具备了生产某项产品或服务的能力，也就是说完全能生产某个产品或提供某项服务，但是他所生产的产品或提供的服务没有市场需求，也就是说没有人需要他的产品或服务。

### （四）企业形成型

市场需求已识别且资源和能力已确定（问题及其解决方法都已知）。这里的机会开发就是将市场需求与现有的资源匹配起来，形成可以创造并传递价值的新企业。

从理论上说，企业形成型创业机会的成功概率要比前面三种类型都要高，梦想型创业机会的成功概率比后面三种类型都要低。

按照市场需求是否被识别、资源和能力是否被确定两个维度，创业机会分为梦想型、问题解决型、技术转移型、企业形成型四种类型，从另一个角度看，它们依次排列又可看作创业机会发展的一般过程。要识别创业机会属于哪种类型，是否既没有市场，又没有资源和能力；能否通过确定的资源和能力，开发产品或服务来满足明确的市场需求；如果现有资源和能力不能满足当前市场需求，能否携带现有资源和能力去寻找新的市场；最好的情况是现有资源和能力正好与目前的市场需求相匹配，就可以形成企业创造价值。

**案例分享**

#### 世界首富保罗·格帝

他是一位不被当代人熟悉的世界首富，曾是垄断美国西部石油工业的商业巨人。他的油田跨欧洲、亚洲、非洲、美洲大陆，业务遍及石油、化工运输、贸易、金融。他就是这个油田帝国的国王——保罗·格帝。

格帝毕业后回到美国。当时的美国，由于在俄克拉荷马发现了大油田，举国上下都处于疯狂的采油狂热之中。格帝就在此时来到了这个“冒险家的乐园”。也是出于一种巧合，格帝找到了一块出租的地皮。他去查看了那块地，觉得可以一试。同样由于巧合，格帝得到了一家银行的帮助，筹措到了一笔资金，于是格帝开始了挖掘工作。

开始进展得并不顺利，日子一天天地过去，资金也一点点地减少，而一滴油的影子也没有找到。格帝实在有些泄气，连日的劳累和高度紧张已经快让他发疯了。于是，他回到了离工地最近的一座小城，委派他的一位朋友留在现场监督。

挖井的地方很偏僻，没有电话。朋友答应了他，第二天坐最后一班火车回来，把最新的结果通知他。第二天，格帝在火车站足足等了一个多小时，那一个多小时对他来说犹如度过了一生。终于火车到站了，无数的分秒熬过后，朋友那熟悉的身影从车厢中出现，并且脸上笑眯眯的，格帝知道有好消息了。

“恭喜，保罗！”他叫起来，“今天下午你的井出油了，30桶。”

格帝高兴极了：“一天30桶，一天30桶啊！”

朋友继续说：“每小时30桶啊！”格帝不禁惊呼起来。

这可不一样，完全不一样！这意味着那口井每天可生产720桶的原油！这也意味着他从此进入了石油业王国！格帝真是个幸运儿。挖出第一口油井后，他又挖到了好几口油井。新成立的格帝石油公司业务蒸蒸日上。他被选为公司董事长兼总经理，但这并不意味着他可以脱下工作服，换上西装。他即使有了新的头衔，也仍然夜以继日地在油田上工作。

后来，他又开始建造油轮，从事海洋石油运输，油轮的总吨位超过了100万吨。之后，他在德拉瓦格帝公司建造了一座价值2亿美元的提炼厂。后来，又在旧金山和丹麦各建立一座价值6 000万美元的提炼厂，一天可炼2万桶石油。他的另一个提炼厂在意大利，一天可炼4万桶原油。

格帝的公司在洛杉矶、俄克拉荷马还有纽约市都有崭新的办公大楼，这些花了将近4 000万美元。格帝集团虽然拥有很大的公司和工厂，但仍在不断扩展，他们制订各种规划，发展新的产品，以及为旧的产品寻求新的用途。现在，他们的公司仍在四大洲夜以继日地从事石油开采。

## 四、创业机会识别的方法

对于创业机会的识别来讲，首先要着眼于问题来识别创业机会，要创业就得善于发现问题，积极提出问题，仔细观察生活中的各种细节。有了问题，才能产生创意去解决这些问题。同时，利用变化识别创业机会，我们处于一个不断变化的世界中，变化带来新的创业机会。另外，在提倡科技兴国的今天，跟踪技术创新的脚步也有利于识别创业机会。如果你的社交圈很广，你能比其他创业者接触的信息更多，那么你就可以比其他创业者更早地识别出创业机会或发现更优良的创业机会。

可以使用多种技术和方法帮助识别创业机会，本节主要介绍以下常用的四种识别方法。

### （一）市场数据信息收集与研究法

大数据时代，当我们进行数据搜寻时，往往能从中发现很多隐藏的信息，很多创业机会往往都是从大量数据中探索出来的。比如，去哪儿网收集了大量旅客的订票信息，掌握了其来去的动向，从而开发出了热门的旅游攻略和景点打折优惠。创业信息的收集可以使创意变为现实的创业机会，具体方法有以下几点①根据创意明确研究的目的或目标；②通过已有数据或第二手资料来获得信息；③以第一手资料为依据来收集信息，数据收集的过程就是收集第一手资料内容的过程，如上网、观察、讯问、集中小组试验以及访谈等。

### （二）环境趋势分析法

前面提到创业机会来源于环境变化，因此，对环境的分析有利于快速识别创业机会。人们的需求会随着经济、政治、科技、文化的变化而变化，有了新的需求就有了新的创业机会。当经济增长时，人们收入提高，对生活质量的要求也相应提高，就会产生新的需求，形成新的创业机会。在政治方面，政策变更和制度改革都会带来新的创业机会。创业者关注国家创业政策变化，不仅能避免创业中出现的错误，维护企业权益，还能享受到相应的优惠政策。例如，国家提出保护环境，减少污染，提倡使用新能源，一些汽车企业就开始研发电动汽车，不仅能享受到国家补贴，还能带来新的经济收益。科技变化为创业活动提供持续不断的源泉。技术本身往往不是识别商业机会的关键，认识到如何利用技术来帮助满足人们的基本需求和变化需求才是关键所在。

科技的进步使智能手机的功能更加方便人们的生活起居，而传统手机只能接打电话和收发短信。各国文化的相互渗透也带来了新的创业机会，在中国有了咖啡厅，在美国有了茶馆，这些都是文化交融带来的创业机会。

### （三）问题分析和顾客建议法

在日常生活中，不难发现，只要是问题，无论需求方还是供给方，都总需要想办法找方案去解决问题。无论生活中的问题，还是没有被充分解决的问题，都可以成为创业者的机会。问题分析从一开始就要找出个人或组织的需求及面临的问题。这些需求和问题可能很明确，也可能很含蓄。创业者既可能识别它们，也可能忽略它们。问题分析可以首先问“什么是最好的”。一个有效并有回报的解决方法对创业者来说是识别机会的基础。这个分析需要全面了解顾客的需求，以及可能用来满足这些需求的手段。

一个新的机会可能由顾客识别出来。顾客建议多种多样，他们会提出一些诸如“如果那样的话不是很棒吗”这样的非正式建议。一些组织在将他们的需求“反向推销”给潜在供应商的过程中会非常积极。无论使用什么样的手段，讲求实效的创业者总是希望从顾客那里征求想法。

**知识拓展**

**如何判断一个创业机会？**

第一，从自身的一个痛点去思考，从自身角度出发解决自己的这个痛点。

第二，思考有多少人有相同的痛点，是否痛点太小以至于这样小的痛点太多，对社会的意义是否有限。

第三，“高速公路”是否即将建成或已建成？如果将创业比作在高速路上开车，自己先要认识到，我们不是行业巨头，没有造“高速公路”的能力，所以要在现有的“高速公路”这个跑道上努力奔驰。

第四，你的商业模式是否可行？你要考虑现今市场是否到了可以支持你的盈利模式的阶段。

第五，如果没有可行的商业模式，你是否愿意将其当作公益事业来做？比如，你当年投入很多钱做的事情，虽然不赚钱，但还有其价值，你是否可以将其当作公益事业或是自己喜欢的事业来做？

第六，在你的项目价值有限的情况下，是否可以忘却估值和融资的浮躁虚荣？比如，一块砖的价值不可能成为一个大厦的价值，否则就会变成泡沫，终会被打回原形。

第七，是否可以等到下一个“高速公路”的诞生？把心态放平，时代会给很多人机会，大家的收入在提高，硬件使用水平在提高，创业者要积累，要等待下一个“高速公路”变革的时代。

### （四）创意法

创意法在新技术行业中最常见，它可能始终满足市场的需求。创业机会的识别与个人创意有很大的关系。在创意产生后才会有创业。机会识别类似于一个创造的过程。也许一个新的发明就会产生一个新的创业机会，识别创业机会需要创业者自己敢想敢做，有时候风险越高的创业，回报也越高。如九阳股份有限公司就是由豆浆机的发明而建立的。

# 任务二 创业机会评价

一个好的创业机会在落地实施前需要科学系统评价和市场测试。评价是看创业机会能否成为一个有价值的商业机会。评价是创造过程中特别具有挑战性的阶段，因为它要求创业者从多维度对创意的可行性进行判断。创意需要符合一定的标准，才是真正的创业机会，创业机会只有符合创业者的能力和目标才是有价值的。

## 一、有价值的创业机会的基本特征

有“创业教育之父”之称的富兰克林·欧林创业学教授杰弗里·蒂蒙斯(Timmons)认为，一个有价值的创业机会应该具有以下四项基本特征。

### （一）价值性

好的创业机会是指能够带来商业价值的机会，它为顾客创造价值，能使创业企业产生盈利，这是创业机会区别于其他机会的本质特征，也是创业机会受到创业者与投资者追寻与青睐的根本原因。当然，这里的价值性并不是说创业机会本身一定要具有直接价值，可以在市场进行交换，而是说它是可以带来价值增值的创业活动极好的切入点，在这样的条件下创业，获得价值增值的可能性大，有利因素多。

### （二）可实现性

可实现性是将机会变为现实是创业的关键一步，有价值的创业机会一定是现实可行、具有可操作性的。创业机会的可行性是指创业机会在技术、管理、财务资源以及市场竞争等方面有现实基础，能为创业者带来经济效益和社会效益，并预期有好的发展前景的商业化产品或服务。假如创业者打算创办一个以视频监控产品生产为主的新企业，其技术可行包括以下几个方面：①推出的产品适销对路，能够满足市场需要；②工艺技术过关，具备满足生产需要的设备、技术人员和操作工人；③各种原料、材料、燃料、动力可获得；④不存在环境保护及其他社会问题等。经济可行包括生产的产品预计年销售量、成本费用在可以承受的合理范围内，资金利润率有吸引力，投资回收期短等。

### （三）时效性

时效性是指创业机会产生于市场变化，存在于一定的市场环境之中。虽然从总体上看市场变化是持久的，但是每一次变化以及变化所带来的创业机会却是有时效性的。换言之，创业机会产生于一定条件下，随着环境的变化及消费者需求的转移，创业机会也会改变。因此，创业者必须及时捕捉机会和适时利用机会，否则创业机会窗口就会关闭。

### （四）关键资源性

关键资源性是指创业资源支持商机转变为发展潜力的一切事物。拥有一定的创业资源，是创业活动的基本前提。创业资源是创业的基础，影响创业的类型和路径的选择，也影响企业以后的成长。

## 二、基于创业者的评价

### （一）创业者与创业机会的匹配

即便是具备相似知识存量的创业者仍然会因为一些主观认知因素的差异导致其看到的机会各不相同，在面对机会时往往会产生不同的创业决策，一些人选择行动而另一些人选择放弃。一个具有机会信念的创业者相信这就是机会，一个机会怀疑的创业者拿不准这是不是机会。在现实生活中，为何有的创业者在不被理解的情况下仍然坚持自己的判断？为何有的人说别人都认为是机会的东西，往往就不再是机会了？

信念和怀疑并存是创业机会的本质属性，在信念和怀疑的交错之中，创业机会背后的不确定性往往具有强烈的主观色彩。没有人天生偏好不确定性，只是承受不确定性的高低存在差异，而这一差异可能来自个体的知识水平、信息范围、认知能力等。从这一点出发，创新性机会涌现不仅取决于基础研发等技术性活动，更有赖于能够承受创新背后高度疑惑的个体，创业者才是评价创业机会的关键。

变化往往会诱发大量的第三人称机会，这一定义并不是为了描述这样的机会客观存在，而是为了表述这样的机会并没有被赋予个性化色彩。例如，人口老龄化、婴儿潮，甚至是备受关注的反向春运，都会涌现大量的第三人称机会，这样的机会可能存在于饭桌上的交谈，也可能存在于媒体的数字报道，甚至还可能存在于你的梦里。无论它来自哪里及存在于哪里，第三人称机会的典型特征就是相对独立于个体本身的机会。与之相呼应，第一人称机会就是被赋予个性化色彩的机会，这样的机会在你看来只属于你（尽管在现实生活中这样的你并不唯一），因为在面对这样的机会时，你有强烈的意愿或愿望去容忍甚至承担机会背后的不确定性，产生了强烈的机会信念，这一信念会让你战胜存在于内心中的怀疑，并驱动你展开创业行动去把握这样的机会。例如，也许是出于你自身的独特经历（好利来的故事），也许是出于你拥有的独特技能（腾讯），或许是出于你掌握的独特资源，你更容易将他人眼中的第三人称机会转化为归属于自己的第一人称机会。

创业活动是创业者与创业机会的结合，一方面创业者识别并开发创业机会，另一方面创业机会也在选择创业者，只有当创业者和创业机会之间存在恰当的匹配关系时，创业活动才最有可能发生，也更有可能取得成功。

### （二）创业者对创业机会的初始判断

创业者需要识别眼前的机会是第一人称机会还是第三人称机会，在认定是适合自己的第一人称机会之后，还需要对创业机会做进一步的评价。这个评价来自创业者初始的判断，在假设的基础上加上简单的计算，这种判断看似简单却非常有效。有人觉得这种判断不可信，在真正的创业过程中，商机转瞬即逝，不可能有足够的时间让创业者进行论证与决策。周密的市场调研会浪费更多的时间，从而导致错失商机，另外，在调研过程中可能发现越来越多的困难，让创业者失去创业激情。初始判断虽然简单却可以让创业者快速判断机会的可行性，如果可行，在采取下一步的创业行动时还需要进行调查，对创业机会的价值进一步做出评价。

## 三、创业机会评价的常用方法

从不同的分析角度来看，对创业机会的评价方法非常多，但是系统的、适合大多数创业者的评价方法只有两种：SWOT 分析法和蒂蒙斯创业机会评价体系。

### （一）SWOT 分析法

#### 1. SWOT 分析法的定义

SWOT 分析法是对企业内外环境各种因素的综合分析，进行系统评价，找出创业者自身的优势（strengths）、劣势（weaknesses），以及所面临的外部环境的机会（opportunities）、威胁（threats），分析环境变化对创业项目的影响。SWOT 分析法是创业机会可行性分析的常用方法。

在进行 SWOT 分析时，要全面考虑创业项目所具有的上述四个因素。优势与劣势是分析创业机会的内部因素，是可以通过努力改变的；机会和威胁是分析创业机会的外部因素，是由环境决定的，一般难以改变。SWOT 分析模型如图 3-2 所示。

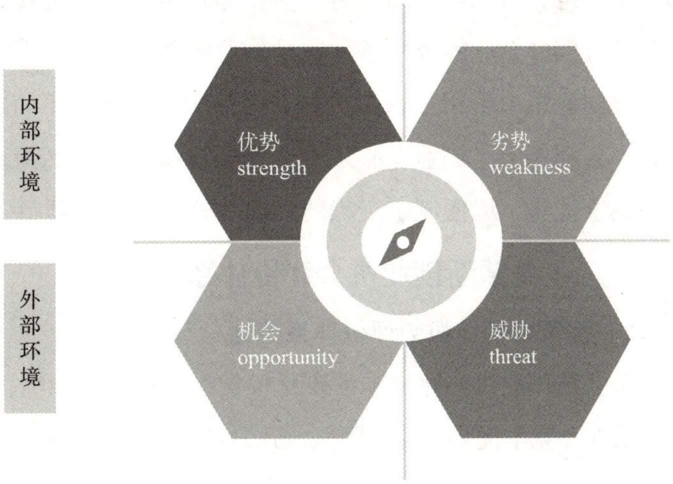


图 3-2　SWOT 分析模型

进行 SWOT 分析有以下几个步骤。

（1）进行企业外部环境分析，列出对企业来说外部环境中存在的机会和威胁。

（2）进行企业内部环境分析，列出企业目前所具有的优势和劣势。

（3）把识别出的企业优势分为两组，原则是：一组与行业中存在的机会有关；另一组与存在的威胁有关。以同样原则将企业的劣势按与机会和威胁分为两组。

（4）创建一个表格，每格占 1/4。把公司的优势、劣势与机会、威胁配对，它们是优势—机会、优势—威胁、劣势—机会、劣势—威胁，分别放在每个格子里。

SWOT 分析法是企业战略管理中经常用到的一种方法。这种方法通俗易懂、易学，对于刚开始创业的创业者来说，是一个不错的选择。

#### 2. SWOT 分析策略

SWOT 分析策略如下。

（1）劣势—威胁（WT）组合。认为毫无意义，完全放弃该创业机会，另起炉灶。

（2）劣势—机会（WO）组合。外部环境为这个创业机会提供了条件，但同时创业者本身又存在着限制利用这些机会的短板。在这种情况下，创业者应遵循的策略是通过外在的资源等弥补自身弱点，以最大限度地利用外部环境中的机会。

（3）优势—威胁（ST）组合。在这种情况下，创业者应巧妙地利用自身的长处来应对外部环境的威胁，其目的是发挥优势而减小威胁。但这并非意味着创业者必须以自身的实力来正面回击外部环境的威胁，最佳的方案是慎重而有限度地利用自身的优势。

（4）优势—机会（SO）组合。这是最理想化的一种组合，任何创业者都希望借助自身的优势和资源，最大限度地利用外部环境创造多种创业机会。

### 3. SWOT 分析的注意事项

使用 SWOT 分析法时，必须清楚地区分内外部因素，不可将内部因素和外部因素混在一起。企业的优势与劣势是企业内部可改变的两种因素。优势与劣势可以相互转化。优势如果不保持，可以转化为劣势；劣势通过努力改善可转化为优势。企业机会和环境威胁是创业者所创办企业的外部条件，是创业者无法施加影响的因素。

对创业机会采用 SWOT 分析看似简单，其实并不简单；看似完美，也并非一定具有竞争力和盈利能力。创业者必须对创业项目做更加全面深入的、客观公正的评价分析，确定核心竞争优势，以便制定正确的发展战略，使创业项目立于不败之地。

## （二）蒂蒙斯创业机会评价体系

### 1. 蒂蒙斯创业机会评价体系概述

蒂蒙斯创业机会评价体系涉及八个方面的55项指标，八个方面是行业和市场、经济因素、收获条件、竞争优势、管理团队、致命缺陷、个人标准、理想与现实的战略差异（表 3–1）。

表 3–1　蒂蒙斯创业机会评价体系

| 方面 | 指标 |
| --- | --- |
| 行业和市场 | 1. 市场容易认可和识别，能带来持续的收入<br>2. 顾客愿意接受产品或服务，并乐意为此付费<br>3. 产品所具有的附加价值高<br>4. 产品对市场的影响力较大<br>5. 将要开发的产品生命长久，拥有竞争力<br>6. 项目所在的行业是新兴行业，竞争不完善，有缺漏<br>7. 市场规模庞大，销售潜力在 1 000 万～ 10 亿元人民币<br>8. 市场成长率为 30% ～ 50%，甚至更高<br>9. 已有厂商的生产力几乎处于完全饱和状态<br>10. 能够在五年内占据市场的主要领导地位，争取达到 20% 以上<br>11. 拥有的供货商成本低，具有成本优势 |

续表

| 方面 | 指标 |
| --- | --- |
| 经济因素 | 1. 达到盈亏平衡点需要用 2 ～ 8 年的时间<br>2. 盈亏平衡点不会逐渐提高<br>3. 投资回报率达到 25% 以上<br>4. 项目对资金的要求不是很高，能够获得融资<br>5. 销售额的年增长率高于 15%<br>6. 现金流能达到销售额的 20% 以上<br>7. 能够获得持久的毛利，要求毛利率在 40% 以上<br>8. 能获得持久的税后利润及不同的创业机会，要求税后利润率超过 10%<br>9. 较低的资产集中程度<br>10. 较少的运营资金，逐渐增加的需求量<br>11. 研究开发工作对资金的要求较低 |
| 收获条件 | 1. 项目带来的附加价值具有较高的战略意义<br>2. 存在现有或可预料的退出方式<br>3. 资本市场环境有利，能够实现资本的流动 |
| 竞争优势 | 1. 固定成本和可变成本较低<br>2. 对成本、价格及销售的控制强<br>3. 可以获得对专利所有权的保护，最好是已经获得<br>4. 竞争对手尚未觉醒，而且竞争能力较弱<br>5. 拥有专利或具有某种市场独占性<br>6. 拥有和发展良好的网络关系，并且容易获取合同<br>7. 拥有杰出的关键人员及优秀的管理团队 |
| 管理团队 | 1. 创业者团队是一支拥有优秀管理者的团队<br>2. 行业和技术经验已经达到或者超越了本行业内的最高水平<br>3. 管理团队拥有正直、廉洁、高贵的品质<br>4. 管理团队明确知道自己缺乏哪方面的知识 |
| 致命缺陷 | 1. 创业者个人目标与创业活动目标紧密结合<br>2. 创业者能够在有限风险下实现成功<br>3. 创业者能够接受薪水减少等损失 |
| 个人标准 | 1. 创业者个人目标与创业活动目标紧密结合<br>2. 创业者能够在有限的风险下实现成功<br>3. 创业者能够接受薪水减少等损失<br>4. 创业者进行创业是因为渴望这种生活方式，而不只是想赚取大量钱财<br>5. 创业者有承受适当风险的能力<br>6. 创业者能在压力下依然保持良好心态 |
| 理想与现实的战略差异 | 1. 理想与现实情况相契合<br>2. 管理团队是最优秀的<br>3. 能为客户服务管理提供好的服务理念<br>4. 所创办的事业能够紧跟时代的潮流<br>5. 所采取的技术应具有突破性，不能存在较多的替代品或竞争对手<br>6. 具备灵活和较强的适应能力，懂得取舍<br>7. 始终在寻找新的机会并且保持警惕意识<br>8. 定价与市场领先者几乎持平，保持稳态<br>9. 能够获得更多的销售渠道，或已经拥有成熟的网络<br>10. 能够允许失败，但是必须吸取教训，总结经验 |

在国内外的创业研究中，涉及创业机会评价时，所参考和引用的主要是蒂蒙斯创业机会评价体系。尽管蒂蒙斯认为，现实中有成千上万适合创业者的特定机会，未必能与这个评价体系相契合。该体系是目前包含评价指标比较完整的一个体系。

创业者评价一个创业项目或初创企业，首先利用定性或者定量的方式，然后通过蒂蒙斯创业机会评价体系对行业和市场、竞争优势、经济因素、管理团队和致命缺陷等做出判断，明确这些要素加起来是否可以形成有足够吸引力的商机，最终评价一个创业项目或初创企业的投资价值和机会。

对蒂蒙斯创业机会评价体系的说明有以下几个方面。

（1）主要用于经验丰富的投资人或资深创业者对初创企业做出整体评价。

（2）必须在运用创业机会评价定性、定量方法的基础上得出创业机会的可行性及不同创业机会之间的优劣排序。

（3）因为该评价体系所涉及项目较多，所以在实际运用过程中为提高使用效能，可作为参考选项库，结合使用对象、创业机会所属行业特征和机会自身属性等进行重新分类及梳理简化。

（4）因为该评价体系所涉及项目内容比较专业，所以要求创业专家在运用时不但要多了解创业行业、企业管理和资源团队等方面的经验信息，而且要掌握这 50 多项指标内容的具体含义及评估技术。

### 2. 蒂蒙斯创业机会评价体系的局限性

（1）对评价主体的要求较高

蒂蒙斯创业机会评价体系主要是基于风险投资商的风险投资标准建立的，所以它是目前较全面的评价体系，但是与创业者的标准还是存在一定差异。另外，该评价体系经常被风险投资者使用，创业者可以通过关注这些问题而受益多多。想要运用该评价体系，就要求使用者具备敏锐的创业嗅觉、清晰的商业认知、丰富的管理经验及系统的行业信息。总体来说，该评价体系对评价主体的要求较高。虽然创业专家自己使用，一般不会存在太大问题，但是如果直接给初次创业者来做创业机会自评，则存在一定的难度，效果不会太好。尽管如此，这也不会影响该评价体系作为创业者项目选择与评价的参考标准。

（2）维度有交叉重叠现象

蒂蒙斯创业机会评价体系因为各维度划分不尽合理，所以存在交叉重叠现象。如维度划分标准不够统一，因为在竞争优势、管理团队、创业者的个人标准和理想与现实的战略性差异这四个维度中，都存在“管理团队”的评价项目。又如，竞争优势维度中的第一项目“固定成本和可变成本较低”，行业和市场维度中的第 11 项“拥有的供货商成本低，具有成本优势”，也存在包含关系与重叠问题。这不但会直接影响使用者的评价难度与考量权重，而且在一定程度上也会影响机会评价指标的有效性。

（3）缺乏主次，定性、定量混合，影响效度

蒂蒙斯创业机会评价体系不但主次不够清晰，而且指标内容既有定性评价项目，又有定量评价项目，并且这些项目中存在交叉现象，这是该评价体系一个较明显的缺点。一方面，评价指标太多导致使用不够便捷；另一方面，在运用体系时实践结果往往不够理想。这是因为对创业机会进行评价时，难以做到对每个方面的指标都进行准确量化并设置科学的权重。

在现实创业活动中，创业者可能不会严格按照蒂蒙斯创业机会评价体系对创业机会进行评价，而只会选择他认为与自身情况比较吻合和容易理解的若干要素进行评价，从而使评价结果较为主观。

# 任务三　创业风险管控

创业风险概述

## 一、创业风险的概念与特征

### （一）创业风险的概念

创业风险是指企业在创业过程中存在的各种风险。由于创业环境的不确定性，创业机会与创业活动的复杂性，创业者、创业团队与创业投资者的能力和实力的有限性而导致的创业活动结果的不确定性，就是创业风险。

创业者不要简单地以为经过千斟万酌而确认的创业机会就不会有风险了，其实再有价值的创业机会也是有风险的，因为多数创业机会都蕴含着诸多确定性。

### （二）创业风险的特征

创业风险种类繁多，贯穿并交织于整个创业过程，但是这些风险具有以下共同的特征。

（1）客观性。创业本身就是一个识别风险和应付风险的过程，风险的出现是不以人的意志为转移的，所以创业风险的存在是客观的。

（2）不确定性。由于创业的影响因素具有不确定性，这些因素是不断变化、发展的，甚至是难以预料的，因此造成了创业风险的不确定性。

（3）双重性。创业有成功或失败两种可能性，创业风险有盈利或亏损双重性。

（4）可变性。随着影响创业因素的变化，创业风险的大小、性质和程度也会发生变化。

（5）可识别性。根据创业风险的特征和性质，创业风险是可以被识别和划分的。

（6）相关性。创业风险与创业者的行为紧密相连。同一风险，采取不同的对策，将会出现不同的结果。

## 二、大学生创业过程中常见的风险

大学生创业过程中面临的风险主要有自身因素的原因及社会环境方面的影响。具体来说，主要包括以下几个因素。

### （一）创业心态

眼高手低、纸上谈兵是大学生最常见的创业风险。大学生长期生活在校园里，对社会缺乏了解，更缺少创业经验，其创业想法往往因一时创业激情而起，大学生易把创业问题简单化、理想化，对创业过于自信，对困难估计不足，认为自己学历高、成绩好、获得过各种奖励，动手创业就能成功。还有些大学生过分夸大创业困难，过高估计创业压力，过低估计自身价值，妄自菲薄，没有信心和勇气面对创业，根本不愿意动手尝试。另外，有的大学生由于没有经受过挫折的考验，心理承受能力和自我调节能力较差，创业受挫后易产生强烈的挫折感，忧心忡忡，胆怯心虚，不能正确认识自己的创业优势，甚至把自身的长处看成短处，在创业竞争中信心不足，自我设限，错失良机，严重影响了创业的成功。

### （二）项目风险

创业项目选择风险是指在创业初期因选择的创业项目不当，导致企业无法盈利而难以生存的风险。

大学生创业激情高，但容易盲目选择项目，多数大学生没有进行前期市场调查和绩效分析，看到别人干什么自己也跟着模仿，缺乏针对自己特长及资源的调查分析，企业形态选择盲目。例如，加盟连锁经营型创业模式虽可以直接享受知名品牌的影响，复制他人的成功经验，并能获得资源支持，降低经营成本，但也存在虚假宣传、缴纳高额加盟费，甚至以合法形式掩盖非法目的等不良现象的风险，大学生创业者一旦被天花乱坠的宣传语所迷惑，没有收集资料，也不进行实地考察和市场分析，就盲目选择加盟连锁创业模式，而不考虑自己的实际情况，那么企业发展的风险就会较大，从而影响创业的成功。

### （三）资金风险

资金风险是指因资金不能适时供应而导致创业失败的可能性。

对于新创企业，资金缺乏是最普遍的问题，如果创业者不能及时解决这个问题，非常容易造成创业夭折。例如，巨人集团因为修建巨人大厦时1 000万元的资金缺口而轰然崩塌；

辉煌一时的新疆德隆集团，短短几年内一下进入十几个产业，总负债高达 570 亿元，酝酿了巨大的资金风险，2004 年年初，德隆集团资金链开始断裂，建造在沙滩上的堡垒顷刻间分崩离析。可见，资金风险对于新创企业来说往往是致命的。因此，快速、高效地筹措到资金是创业成功的重要因素。

大学生长期生活在校园里，没有资金来源，更无资金积累，再加上大学生交往对象多为处境相同的学生，社会关系简单，人际交往单一，很少能够从同学处筹措到创业资金，并且刚出校门的大学生想轻松地从银行贷到资金也十分困难。目前，大学生创业的资金更多的是靠父母、亲戚的帮助，融资渠道单一，资金来源不稳定，资金数额较小，创业之初资金的局限性为后期的企业发展埋下了隐患。企业创办起来后，缺少发展资金会造成企业的现金流中断，不能支持企业的正常运作，使企业发展停滞不前，甚至倒闭，从而造成创业失败。

### （四）法律风险

大学生由于社会经验不丰富、法律观念不强、维权意识淡薄，在创业开始时乃至整个过程中都有可能深陷法律陷阱，这将会对企业造成致命的打击。例如，合伙制企业投资者要承担无限连带责任，如果企业对他人的人身造成损害或对财产造成损失，企业不但要以自身财产赔偿对方损失，在企业财产不足以赔偿对方损失时，投资合伙人还要以个人财产赔偿给对方造成的损失。所以，大学生创业选择合伙制企业模式时一定要慎重考虑。再有，大学生创业者在与客户签订合同时不注意审查对方的主体资格，不调查、了解对方的信用，履行合同的能力，以及还债能力等情况，往往会造成合同无效、对方无力履行合同，甚至钱款或货物被骗等情况发生。

### （五）市场风险

市场风险是指市场主体从事经济活动所面临的盈利或亏损的可能性和不确定性。

（1）市场需求量。如果产品的市场需求量较小或者产品在短期内不能为市场接受，那么产品的市场价值就无法实现，投资就无法收回，从而造成创业夭折。

（2）市场接受需要时间。一个全新的产品，打开市场需要一定的过程与时间。如果初创企业缺乏雄厚的财力进行营销策划，产品为市场所接受的过程就会更长，因而不可避免地出现产品销售不畅，前期投入难以回收，从而给初创企业的资金周转带来极大困难。

（3）市场价格。产品价格超出了市场的承受力，就很难被市场接受，技术产品的商业化、产业化就无法实现，投资也就无法收回。当某种新产品逐渐被市场接受和吸纳时，其高额的利润会吸引来众多的竞争者，可能会造成供大于求的局面，导致价格下跌，从而影响高新技术产品创新的投资回报。

（4）市场战略。一项好的高新技术产品，如果没有好的市场战略规划，反而在价格定位、用户选择、上市时机、市场区域划分等方面出现失误，就会给产品的市场开拓造成困难，甚至功亏一篑。

## （六）管理风险

### 1. 管理者风险

一个优秀的创业者，可以不具备精深的技术知识，但必须具备以下的素质：具有强烈的创新精神与创业意识，不墨守成规、人云亦云；具有追求成功的强烈欲望，富于冒险精神、献身精神，有忍耐力；具有敏锐的机会意识和高超的决策水平，善于发现机会、把握机会和利用机会；具有强烈的责任感和自信心，敢于在困境中奋斗，在低谷中崛起。

一些大学生创业者虽然技术出类拔萃，但是理财、营销、沟通、管理方面的能力普遍不足。发达国家初创企业的成功经验之一，就是技术专家、管理专家、财务专家、营销专家的有机组合，形成团队的整体优势，从而为初创企业奠定坚实的组织基础。一般由技术所有者包揽一切、集众权于一身的家长式管理，往往由于管理水平、管理模式等方面的问题，导致创业夭折。

### 2. 决策风险

无论是政治、军事还是商业，由于决策失误而造成失败的事例实在太多了。对于大学生创业者而言，绝不可以根据自己的喜怒哀乐或不切合实际的个人偏好而做出决策。不进行科学的分析，而仅凭个人经验或运气的决策方式都可能导致惨痛的失败。

管理者决策水平的高低对初创企业的成败影响巨大，据美国兰德公司估计，世界上破产倒闭的大企业中，85% 的企业是因企业家决策失误造成的。

### 3. 组织和人力资源风险

组织和人力资源风险是指由于初创企业的团队分歧、组织结构不合理、用人不当所带来的风险。初创企业的迅速发展如果不伴随着组织结构、用人机制的相应调整，往往会成为初创企业潜在危机的根源。

现代企业越来越重视团队的力量。团队的力量越大，产生的风险也越大。一旦创业团队的核心成员在某些问题上产生分歧不能达成统一时，就极有可能对企业造成强烈的冲击。事实上，做好团队的协作并非易事，特别是在处理与股权、利益相关联的事情时，很多初创时关系很好的伙伴都会闹得不欢而散。

中国企业家调查系统“第十届企业家成长与发展调查”对 3 539 位企业经营者的问卷调查结果表明：“企业经营者最容易出现的问题”中，用人不当仅次于排在第一位的决策失误。用人不当已经成为制约企业发展的重要因素。

## 案例分享

### 盲目合作导致创业失败

小王和小张同在一家公司上班。一天，小王在网上看到一家店铺的衣服很有特色，并且价格不贵。正好小张经过，两人一交流，认为这是个不错的商机，便准备合伙开一家店铺当小老板。

很快两人各投入两万元，选好了店铺，第一批货也到了。开业第一天，店里的人很多，但是没有一个人购买。第二天遇大雨，逛街的人很少，自然也没有生意。第三天人又多起来，但只有小张一人看守店铺，忙乱中收了一张100元假币，同时两件衣服失踪，忙了一天没赚反亏。连续过了一段时间，店里生意起起伏伏，小王仍在公司上班，很少来店里帮忙。小张则独自留在店里工作，当店里生意不好时，小张内心充满了对小王的抱怨。

不到半年，在小王和小张大吵一架后，店铺正式关门。

## （七）技术风险

技术风险是指在企业技术创新过程中，因技术因素导致创业失败的可能性。

### 1. 技术成功的不确定性

创新技术从研究开发到实现产品化、产业化的过程中，任何一个环节的技术障碍，都将使产品创新前功尽弃。很多初创企业，在技术产业化实施过程中屡试屡败，其中的原因是多方面的。当用血汗赚来的资金或以家产抵押来的创业资金将要耗尽，却还没有生产出合格的产品时，企业将面临极大的危机。

### 2. 技术前景、技术寿命的不确定性

如果赖以创业的技术创新不能够实现产业化，或不能在高新技术寿命期内迅速实现产业化，不能收回初始投资并取得利润，则必然造成创业的夭折。

### 3. 技术效果的不确定性

一项高技术产品即使能成功地开发和生产，但若达不到创业前所预期的效果，也会造成巨大的损失，甚至创业夭折。

20世纪70年代，著名的美国杜邦公司曾对一种称“Corfam”的皮革替代品进行产品开发并上市销售。预测和试穿的成功，使杜邦公司决策层非常乐观，他们希望“Corfam”不但能一帆风顺地上市，而且能像公司曾经发明的尼龙一样，成为世界性的畅销商品，引发鞋面用料的革命，再现杜邦公司的辉煌。然而，最终的结果却大大出乎人们的意料。“Corfam”的产品开发亏损了近1亿美元，这成为杜邦公司历史上罕见的一次失败。

## 三、大学生创业风险防范对策

大学生创业虽存在诸多风险，但机遇和挑战并存，唯有冷静地分析风险、勇敢地面对挑战，大学生创业者才能防范风险，克服困难，创业才能成功。针对大学生创业过程中遇到的风险，可以从以下几个方面加以管控。

### （一）调整心态，做好创业准备

对自己充分了解，是大学生进行创业的前提。大学生创业时要对自己的个性特征、特长等有充分的了解，选择适合自己个性特征，符合个人兴趣爱好的项目进行创业，同时创业者要掌握广博的知识，具有一专多能的知识结构，才能进行创造性思维，才能做出正确的创业决策。大学生在创业前还要积累一些有关市场开拓、企业运营方面的经验，通过在企业打工或者实习、参加创业培训、接受专业指导，来积累创业知识，提高创业成功率。

大学生创业者还应当锻炼受挫能力，遇到挫折后应放下心理包袱，仔细寻找失利的原因。属于主观原因的，要适当调整自己的动机、追求和行为，避免下次出现同样的错误；属于客观或社会中自己无能为力的因素的，也不要过于自责、自卑或固执，应坦然面对，灵活处理，争取新的机会。即使失败，也要振作起来，使自己始终保持昂扬的斗志和必胜的信心，直至创业成功。

### （二）审时度势，创业应有选择地量力而行

创业路途充满艰辛，绝不是一蹴而就的。因此，创业者应找到合适的切入点，选择合适的时机、项目和规模。大学生创业者大多手中资金较少，创业经验不足，可以选择起点低、启动资金少的项目进行创业。

另外，大学生创业要选择一种适合自己的企业法律形态。创业者选择个体工商户、合伙制企业的形态模式时，虽然没有最低注册资本的要求，但是创业者或投资人要对企业承担无限连带责任，企业如果经营不善欠下债务，股东要对企业的债务承担继续偿还的责任，创业时应慎重选择；创业时如果设立的是有限责任公司，公司具备法人资格，能够独立承担法律责任，公司如果资不抵债宣告破产，对公司不能清偿的债务，股东仅以其出资额承担法律责任，超出的部分不承担法律责任。

同时，有些人为的因素，可能会导致合伙人之间、股东之间因经营理念、利益分割而产生矛盾，甚至因性格原因发生冲突，因此，创业者在组建团队时，也应注意选择志同道合、善于沟通、以企业利益为重的合作者，这是非常重要的。

### （三）充分利用优惠政策，迈出创业坚实的第一步

支持大学生创业，已经成为各级政府的重要议事内容。近年来，相关部门陆续出台了

许多优惠政策，鼓励和支持大学生创业。虽然有些优惠政策在实施过程中出现了配套措施不到位、具体操作烦琐等情况，但是大学生创业者一定要充分了解这些优惠政策，并把它们运用到自己的创业实践中。具体来说，高校要向大学毕业生详细宣讲政府出台的创业优惠政策，使大学生创业者对自己能享受到的优惠政策熟记在心；相关部门对这些优惠政策要出台具体实施办法及操作指引等，以方便大学生创业者操作实施，使党和政府支持大学生创业的优惠政策，成为帮助大学生创业的阳光、雨露，使大学生迈出创业坚实的第一步。

### （四）多渠道融资，降低创业资金风险

虽然大学生创业融资渠道相对较少，但是社会相关各方仍能为大学生创业提供资金。政府为大学生创业提供贴息贷款。有经营项目，能够提供有稳定收入的行政、事业单位的正式职工作为担保人的，大学生创业者可以申请最高额度为 10 万元、期限为 3 年的政府贴息贷款，还可以得到各类创业基金的资金支持。目前，由中国社会福利教育基金会发起的中国大学生创业基金，由共青团中央发起的中国青年创业就业基金，由社会知名人士发起的中国大学生西部创业基金等，都可以帮助大学生解决部分创业资金的短缺问题。由共青团中央、中国科学技术协会、教育部和中华全国学生联合会等单位主办的“挑战杯大学生创业大赛”为冠军提供 10 万元的创业基金。大学生参加创业大赛，既可以锻炼创业能力，又可能获得高额的创业资金，这是一种很好的融资途径。大学生创业者还可以引入风险投资。虽然风险投资风险高，但回报也高。风险投资者比较关注创业管理团队的构成、管理者的素质、创业者自身持续奋斗的精神等，有优秀的创业团队、独一无二的技术支撑、光明市场前景的创业项目，有可能得到风险投资家的青睐，从而获得创业资金。例如，大学生创业的成功典范——江南春创办的分众传媒，在两年内获得了近 5 000 万美元的风险投资。

### （五）树立团队意识，与他人合作共赢

一个人的能力是有限的，创业一定要抛弃单打独斗、孤军奋战的个人英雄主义思想，牢固树立团队合作共赢的理念。大学生创业应建立一个由各方面专才组成的合作团队，大家既有共同的理想，又能有效地使技术创新与经济管理互补，保证团队形成最大合力，在市场竞争中取胜，推动企业发展，取得创业成功。

### （六）重法治、淡人情，在法律规则中稳步发展

市场经济是法制经济，企业的诞生和发展必须在法律框架下进行，符合法律规定。虽然中国人很重视人情、关系，但要想使企业稳步发展，把企业做大做强，大学生创业者从开始就应该依法办事、淡化人情，让法律成为大学生创业成功的基石。具体说来，创业之

初选择企业形态要慎重，合伙制企业一定要制订合伙章程，明确合伙人之间的权利、义务，以及盈利或亏损的分配方式，最好找专业法律人士审查把关；企业形态最好选择有限责任公司的模式，分清公司责任和个人责任，降低个人风险；企业运营应严格遵守法律规定，安分守己，合法经营，切不可为小利而做违法乱纪之事；依法为企业员工缴纳社会保险，降低企业风险；出现纠纷最好通过法律途径解决，依法维护企业的合法权益。

总之，在社会发展的汹涌大潮中，大学生创业已成为时代的选择。随着社会各方对大学生创业的理解和支持，以及大学生自身身心发展日趋成熟，知识结构更加完善，大学生创业遇到的风险也随之减少，创业者的风险管控能力更强，大学生创业必将发展到一个新阶段。

## 课程思政

### 以“揭榜挂帅”方式引导大学生精准创新创业

结合天津市经济高质量发展新要求和建设天开高教科创园的新举措，市教委联合市发展改革委、市科技局、市财政局、市人社局、市税务局，制定出台了《天津市进一步支持大学生创新创业的若干举措》（以下简称《若干举措》），旨在贯彻落实天津市“十项行动”，特别是科教兴市人才强市行动，提升天津创新策源能力、增强市场经济活力、培养更多企业家后备力量，充分激发全市高校师生创新创业活力。

《若干举措》提出，健全完善学生创新创业培养体系。建设一批天津市创新创业教育示范课程、特色课程；鼓励高校自主设置岗位，引进优秀企业家担任双创导师；遴选一批天津市双创导师培训基地，打造一批天津特色创新创业活动品牌。

整合凝聚多部门创新创业政策合力，共享科技资源；以“揭榜挂帅”的方式引导大学生精准创新创业；面向大学生发放创业租房补贴、求职创业补贴、社保补贴和岗位补贴。

搭建符合学生特点的多层次创业平台，建强“高校众创空间”，帮助学生不出校门即可开展创业孵化；落实财税减免政策；充分发挥中国国际“互联网+”大学生创新创业大赛、“创客马拉松”大赛等专业赛事作用，为学生提供“真刀真枪”的实战演练机会。

与建设天开高教科创园紧密衔接，支持高校与天开高教科创园、大学科技园等联合申报“天津市大学生创新创业专项课题”；鼓励高校教师在天开高教科创园、大学科技园举办讲座，开展创新创业教学培训；支持高校教师到天开高教科创园、大学科技园在岗创业、离岗创业，开展产学研合作研究。

《若干举措》提出，纵深推进大众创业万众创新是深入实施创新驱动发展战略的重要支撑，大学生是大众创业万众创新的生力军，支持大学生创新创业具有重要意义。要将天津市支持大学生创新创业政策送进校园、送到学生身边，以创新带动创业、带动成果转化，从而持续打造全国领先的创新创业生态。

## 实训任务

### 实训 1　识别创业机会

【实训目标】

1. 了解识别创业机会的步骤。

2. 学会搜索创业机会。

3. 掌握正确方法识别创业机会。

【实训流程】

流程一：搜索可能的创意。

通过各种途径对可能的创意和灵感展开搜索。

1. 关注并研究国家宏观经济政策和行业发展态势，国家鼓励什么，限制发展什么，行业未来发展趋势如何，这些都蕴含着很多创业机会。

2. 在你居住的地区或是你想创办企业的地方进行市场调查，收集相关信息，发现可能的创意。

3. 通过自己或别人对某些产品或服务的抱怨和不满，发现完善产品或服务的创意。

4. 留意大众传媒的信息，发现人们的消费痛点和消费趋势，从中寻找可能的创意。

5. 留意国家政策等信息的变化，从中发现可能的创意。

6. 从一个你感兴趣且又擅长的产品出发，利用头脑风暴法联想相关可能的创意。

7. 在个人经验基础上运用灵感，产生创意。

流程二：发现可能的机会。

对搜索到的可能的创意展开分析，从杂志、图书、专门的咨询机构以及互联网中收集关于行业、竞争者、顾客偏好趋向、产品创新等方面的信息，以发现其中的创业机会。

流程三：标准化识别。

创业机会的识别是思考和探索反复互动，并将创意进行转变的过程。标准化识别是指通过对整体的市场环境的分析以及一般的行业分析来判断该机会是否是有利的商业机会。收集市场特征、竞争者等方面的数据和信息，对数据和信息进行评价和分析。

1. 对数据和信息进行总结，得出初步印象。

2. 对数据和信息交叉制表进行分析。

流程四：个性化识别。

进一步考察对于特定的创业者和投资者来说，这一机会是否有价值。结合创业者和投资者的实际情况，包括资金能力、创业者自身素质、资源、团队等方面进行全面分析和匹配，来判定创业机会是否适合。

流程五：深入市场调查。

通过现场观察、问卷、访谈、集中小组试验等形式对产品形式、消费群体、消费群体的购买欲望和购买能力、市场竞争等方面进行深入的调查，收集全面系统的信息资料。

流程六：决定是否创业。

根据市场调查结果，经过反复思考、论证和评价，仔细审查机会并分析是否可行，主要包括技术方案评价、市场潜力评价和成本收益评价。然后根据评价结果来决定是否要抓住创业机会，开始实施创业。

## 实训 2 创业风险评估小调研

【实训目标】

1. 了解创业风险评估的重要性、内容、方法。
2. 了解创业风险评估的中介机构。
3. 树立创业风险评估意识。

【实训流程】

流程一：访谈创业成功的大学生对风险评估的看法。

1. 确定访谈对象。

______________________________

2. 准备访谈提纲。

______________________________

3. 确定访谈方式，如 QQ、微信、电话、邮件、面谈等。

______________________________

4. 做好访谈记录。

______________________________

流程二：上网搜索相关视频，以了解社会各界对大学生创业风险的看法。

视频 1：______________________________

视频 2：______________________________

流程三：查找当地关于创业风险评估的中介机构。

创业风险评估中介机构情况如表 3–2。

表 3–2　创业风险评估中介机构情况表

| 机构名称 | 服务项目 | 收费标准 | 联系电话 | 地点 |
|---|---|---|---|---|
| | | | | |
| | | | | |
| | | | | |
| | | | | |

# 项目四

# 创业者与创业团队

## 项目导读

创业互动的实施主体是创业者以及所带领的创业团队，创业者和创业团队的素质、能力、个性等因素决定了创业过程的发展方向。在决定创业前，创业者必须对自身的整体状况合理评价，对创业团队能否共同奋斗充分了解，基于高效的创业团队，充分发挥人的要素对创业过程的推动力。

## 学习目标

### 知识目标

1. 熟悉创业者的概念，创业者应具备的素质。
2. 了解成功创业者的个人特质。
3. 了解创业团队的内涵及创业团队的构成。
4. 掌握创业团队的生成和创业团队的管理策略。

### 能力目标

1. 根据所学能说出自己具备哪些创业者素质，发现自身素质的不足。
2. 能够有意识地练习和提高自己的创业素质。
3. 能运用所学知识分析团队存在的问题，并学会如何组建并管理自己的团队。

## 思政目标

1．培养大学生创新创业意识、强化大学生创新创业能力。

2．深化爱国主义教育，培养学生全面推进中华民族伟大复兴团结奋斗的责任感和使命感。

# 任务一 创 业 者

创业者并不是“另类”的特殊人群，具备一些独特技能和素质有助于成功创业。一个创业者或有志创业的人首先要明白自己将要承担的社会角色，清晰个人或团队的创业动机。

## 一、创业者的概念

“创业者”这个词最早是由法国经济学家坎迪伦于1755年提出来的。1880年，法国经济学家萨伊首次给出了创业者的定义，他将创业者界定为预见特定产品的需求及生产手段，发现顾客，克服困难，将一切生产要素结合的经济行为者。1934年，著名经济学家熊彼特专门研究了创业者创新和求进步的积极性所导致的动荡和变化，认为创业者应为创新者。

### （一）狭义的创业者

关于狭义的创业者，目前有两个被广泛接受的观点。一是创业者并不等于企业家，因为大多数创业者并不具备企业家的眼界、格局和个人品质。从创业者转变为企业家，需要一个逐渐成长和完善的过程；二是狭义的创业者是指参与创业活动的核心人员，而不仅限于企业的法人代表或领导者、组织者。因为在当今的创业活动中，高新技术企业、合伙制企业所占的比例越来越大，离开了核心技术专家和主要合伙人，很多创业活动根本无法进行，所以核心技术专家与主要合伙人也应被视为创业者。

那么，什么样的人能成为狭义的创业者呢？在对古今中外创业者进行研究的基础上，从创业者所承担的责任、义务的角度，将成为狭义的创业者的基本条件概括为：愿意承担创业过程中的所有不确定性和风险，并有激情和勇气克服创业中的各种困难，持之以恒地为实现自己的创业目标努力奋斗的人。当然，在科学技术飞速发展、产品和技术老化周期日益缩短、社会分工日益细化的今天，创业者还应熟悉自己从事的创业领域，并具有较强的创新意识、创新精神和创新能力。

### （二）广义的创业者

关于广义的创业者，主要有以下两种界定方式。

一种是从人们在工作中所扮演的角色的角度，将创业者界定为参与创业活动的全部人员。在这种界定方式下，创业活动的发起者、领导者与创业活动的跟随者，都被视为创业者。

另一种界定方式是从人们所从事的工作性质的角度，将创业者定义为主动寻求变化，对变化做出反应，并将变化视为机会的人。这种界定方式打破了传统的创业概念，将其外延扩大为所有主动寻求变化并对变化做出反应的活动，在这种界定方式下，企业创办者、企业内创业者、个体劳动者、自由职业者、项目合作者等以各种身份从事具有创新性活动的人，都可以称为创业者，如图 4–1 所示。

图 4–1 创业者

## 二、创业者应具备的个人素质

### （一）心理素质

心理素质是指创业者的心理条件，包括自我意识、性格、气质、情感等心理构成要素。作为创业者，他的自我意识特征应为自信和自主；性格应刚强、坚持、果断和开朗；情感应更富有理性色彩。成功的创业者大多是不以物喜，不以己悲。

### （二）身体素质

身体素质是指身体健康、体力充沛、精力旺盛、思路敏捷。现代小企业的创业与经营是艰苦复杂的，创业者工作繁忙、时间长、压力大，如果身体不好，必然力不从心，难以承受创业重任。

### （三）知识素质

创业者的知识素质对创业起着举足轻重的作用。创业者要进行创造性思维，要做出正确决策，必须掌握广博的知识，具有一专多能的知识结构。具体来说，创业者应该具有以下几个方面的知识素质：用足、用活政策，依法行事，用法律维护自己的合法权益；了解科学的经营管理知识和方法，提高管理水平；掌握与本行业、本企业相关的科学技术知识，依靠科技进步增强竞争能力；具备市场经济方面的知识，如财务会计、市场营销、国际贸易、金融等。

### （四）能力素质

创业者至少应具有以下能力：创新能力、分析决策能力、预见能力、应变能力、用人能力、组织协调能力、社交能力以及激励能力等。当然，这并不是要求创业者必须完全具备这些素质才能去创业，但创业者本人要有不断提高自身素质的自觉性和实际行动。提高素质的途径有：一靠学习；二靠改造。要想成为一个成功的创业者，就要做一个终身学习者和改造自我者。哈佛大学的拉克教授讲过一段话：“创业对大多数人而言是一件极具诱惑的事情，同时也是一件极具挑战的事。不是人人都能成功，也并非想象中那么困难。任何一个梦想成功的人，倘若他知道创业需要策划、技术及创意的观念，那么成功已离他不远了。”

#### 案例分享

**23 岁大学生办公司　开业 9 天宣告倒闭**

开业时的鲜花还在绽放，但仅仅坚持了 9 天，公司就要宣告“破产”。面对媒体镜头，小秦有种说不出的滋味。23 岁的小秦是陕西一家科技发展有限公司的创办人，2007 年从西安工程大学电子信息专业毕业，和许多大学毕业生一样，他跑过招聘会、托过家人找工作。后来虽然有一份不错的工作，但他却选择了辞职，他想在自己的专业上有所发展。

小秦和同学、朋友等 8 人筹资 7.8 万元，开始创办自己的公司，主营域名注册、网站建设开发等项目。公司成立当天，小秦信心十足地说：“把一件平凡的事做好就不平凡，把一件普通的事做好就不普通——这是我和我们公司的宗旨。”

公司先后招聘了 20 多名员工，大多数是在校大学生，他们代理的产品也在不断地拓宽市场。但是经营公司和上学完全是两回事，短短几天时间，小秦就感到了压力，而且当初承诺办理公司注册手续的代理公司在拿了他 1 万元后杳无音信，一时资金短缺成了这家刚刚起步公司的绊脚石。

小秦拖着疲惫的身体跑学校、跑银行，但是却没贷来款，“原因很简单，现在我没有房子、汽车做抵押，也没公司当担保”。

在这个困境中，小秦一直没有跳出来，而是做出一个决定，通知媒体，召开记者招待会，让公司“破产”。其实，由于注册一直没办下来，从严格意义上来讲，小秦的公司还未成立便夭折。

大学生刚刚从学校毕业，一般都过于理想化。从小秦公司的情况来看，他们之前根本没有或没有认真做过市场调研，哪些客户会使用他们的产品，或许他们自己都不清楚。做一个企业，需要毅力，脚踏实地一步一步走下来。

## 三、成功创业者的个人特质

什么样的人适合创业？我们可以从如今已经成功的创业者身上去寻找一些共性。成功创业者应具备以下几个特质。

### （一）具有远大的梦想

“梦想”实际就是一种生活目标，一种人生理想。创业者的梦想与普通人梦想的不同之处在于，他们的梦想往往超出他们的现实，往往需要打破现在的立足点，打破眼前的樊笼才能够实现。创业者的梦想又是不安分的，是高于现实的，需要踮起脚才能够得着。所以，创业者的梦想往往伴随着行动力和牺牲精神。这不是普通人能够做到的。因为想得到，而凭自己现在的身份、地位、财富得不到，所以要去创业，要靠创业改变身份、提高地位、积累财富，这就构成了许多创业者的人生“三部曲”。

### （二）善于把握趋势

势就是趋向。势分大势、中势、小势。创业的人，一定要跟对形势，要研究政策。这是大势。在政策方面，国家鼓励发展什么、限制发展什么，与创业之成败有莫大的关系。选对了方向，顺着国家鼓励的形势努力，可能事半功倍；中势指的就是市场机会。作为一个创业者，要有敏锐的市场嗅觉，把握市场机会才有可能创业成功；小势就是个人的能力、性格、特长。创业者在选择创业项目时，一定要找那些适合自己能力、契合自己兴趣、可以发挥自己特长的项目，这样才有利于创业者的持久性、全身心地投入。

### （三）超乎想象的忍耐力

在创业的路上，所付出的代价和努力，忍受别人不能够忍受的憋闷、痛苦甚至是屈辱，只有创业过的人最清楚。有多少人愿意付出与他们一样的代价？对一般人来说，忍耐是一种美德，对创业者来说，忍耐却是必须具备的品格。古语讲“吃得菜根，百事可做”。对于创业者来说，肉体上的折磨算不得什么，精神上的折磨才是致命的，如果有心自己创业，一定要先在心里问一问自己，面对从肉体到精神上的全面折磨，你有没有宠辱不惊的“定力”与“精神力”。如果没有，那么一定要小心。

### （四）开阔的眼界

对于创业者来说，只有真正见多识广，才能有效地拉近自己与成功的距离，使创业活动少走弯路。创业思路的来源有以下几种。

#### 1. 职业

在创业上讲究“不熟不做”，对行业的运作规律、技术、管理都非常熟悉，人员、市场也熟悉，这样的创业活动成功的概率很大。这是最常见的一种创业思路的来源。

### 2. 阅读

包括阅读书、报纸、杂志等。比亚迪总裁王传福的创业灵感来自一份国际电池行业简报。1993 年的一天，王传福在一份国际电池行业简报上读到，日本宣布本土将不再生产镍镉电池，王传福立刻意识到这将引发镍镉电池生产基地的国际转移，他意识到自己创业的机会来了。很多人将读书与休闲等同，对创业者来说，阅读就是工作，是工作的一部分，一定要有这样的意识。

### 3. 行路

俗话说，“读万卷书，行万里路”。行路，各处走走看看，是开阔眼界的好方法。如果你是一个创业者，开阔的眼界意味着你不但在创业伊始就可以有一个比别人更好的起步，有时候它甚至可以挽救你的企业的命运。眼界的作用，不仅表现在创业者的创业之初，还会一直贯穿于创业者的整个创业历程。“一个创业者的眼界有多宽，他的事业就会有多大。”

### 4. 交友

很多创业者最初的创业主意是在朋友的启发下产生的，或干脆就是由朋友直接提出的。所以，这些人在创业成功后，都会更加积极地保持与从前的朋友的联系，并且广交天下友，不断开拓自己的社交圈子。与朋友们进行“头脑风暴”，使自己不断地有新思路、新点子。

## （五）善于拓展人脉

创业不是引“无源之水”，栽“无本之木”。每个人创业都必然有其凭依的条件，也就是其拥有的资源。一个创业者的素质如何，看一看其建立和拓展资源的能力就可以知道。创业者资源可分为外部资源和内部资源两种。内部资源主要是创业者个人的能力，其所占有的生产资料及知识技能、家族资源等。拥有良好的内部资源，对创业者个人来说无疑是重要的。外部资源同样不可或缺，其中最重要的一项是人脉资源，即创业者构建其人际网络或社会网络的能力。一个创业者如果不能在最短时间内建立自己最广泛的人际网络，他的创业一定会非常艰难，即使其初期能够依靠领先技术或者自身素质，如吃苦耐劳或精打细算，获得某种程度上的成功，但他的事业通常做不大。创业者人际资源，按其重要性来看，一是同学、战友、同乡。二是职业资源，即创业者在创业之前，为他人工作时所建立的各种资源，主要包括项目资源和人脉资源。三是朋友资源。一个创业者，各方面的朋友都要交，谈得来、交得上，朋友犹如资本金，对创业者来说是多多益善。

## （六）商业敏感性和商业谋略

创业者的敏感，是对外界变化的敏感，尤其是对商业机会的快速反应。有些人的商业敏感性是天生的，更多人的商业敏感性则依靠后天培养。如果你有心做一个商人，你就应该训练自己的商业敏感性。良好的商业敏感性，是创业者成功的最好保证。创业者的谋略，将在很大程度上决定其创业的成败。尤其是在目前市场竞争激烈的情况下，创业者不但要能够守正，更要有能力出奇。谋略其实就是一种思维的方式，一种处理问题和解决问题的方法。对于创业者来说，智慧是不分等级的，没有好坏、高低的区别，只有好用不好用、适用不适用的问题。创业者的智慧就是：不拘一格，出奇制胜。

### （七）不同于常人的胆量

创业本身就是一项冒险活动，要有胆量，想赢也敢输，需要强大心理承受能力。创业需要胆量，需要冒险。冒险精神是创业精神的一个重要组成部分，但创业毕竟不是赌博。创业者的冒险，迥异于冒进。冒险是这样一种东西，你经过努力，有可能得到，而且那东西值得你得到；否则，你只是冒进。创业者一定要分清冒险与冒进的关系，要区分清楚什么是勇敢、什么是无知。无知的冒进只会使事情变得更糟，你的行为将毫无意义。

### （八）乐于与他人分享

作为创业者，一定要懂得与他人分享。一个不懂得与他人分享的创业者，不可能将事业做大。只有当老板舍得付出，舍得与员工分享，员工的生存需要、安全需要、尊重需要就得到了满足，就会产生自我实现的需要，通过自我实现，为企业做更大的贡献。这样就构成了一个企业的正向、良性循环。分享不仅仅限于企业或团队内部，对于创业者来说，对外部的分享有时候同样重要。在正泰集团董事长南存辉的发家史上，曾经进行过 4 次大规模的股权分流，从最初持股 100%，到后来只持有正泰股权的 28%，每一次当南存辉将自己的股权稀释，将自己的股权拿出来，分流到别人口袋里去的时候，都伴随着企业的高速成长。但是南存辉觉得自己并没有吃亏，因为蛋糕做大了，自己的相对收益虽然少了，但是绝对收益却大大地提高了。分享不是慷慨，对于创业者来说，分享是明智。

### （九）自我反省的能力

反省其实是一种学习能力。创业既然是一个不断摸索的过程，创业者就难免在此过程中不断地犯错误。反省，正是认识错误、改正错误的前提。对于创业者来说，反省的过程，就是学习的过程。有没有自我反省的能力，具不具备自我反省的精神，决定了创业者能不能认识到自己所犯的错误，能不能改正所犯的错误，是否能够不断地学到新东西。成功创业者有一个共同之处，就是都非常善于学习、非常勇于进行自我反省。作为一个创业者，遭遇挫折、碰上低谷都是常有的事，在这种时候，反省能力和自我反省精神能够产生很好的帮助。曾子说：“吾日三省吾身。”对创业者来说，问题不是一日三省吾身、四省吾身，而是应该时时刻刻警醒、反省自己，唯有如此，才能时刻保持清醒。

创业者需要的是综合素质，每一项素质都很重要，不可偏废。缺少哪一项素质，将来都必然影响事业的发展。有些素质是天生的，但大多数可以通过后天的努力改善。如果读者能够从现在做起，培养自己的素质，创业成功就一定指日可待。

# 任务二　创业团队

创业团队是愿意做出承诺的利益相关者，是被创业项目吸引而生成的。创业团队由哪些人组成，如何分配股份和划分责、权、利，这些对一个初创团队而言非常重要。只有找到合适的搭档，各取所长，优势互补，才能发挥出团队最大的效果。

创业团队

## 一、创业团队的概述

### （一）创业团队的内涵

创业团队有广义和狭义之分。狭义的创业团队是指在创业初期（包括企业成立前和成立早期），由才能互补、责任共担、愿为共同的创业目标而奋斗的人所组成的特殊群体。广义的创业团队不仅包含狭义的创业团队，还包括与创业过程有关的各种利益相关者，如风险投资商、供应商、专家咨询群体等。创业团队强调共同性也强调互补性。共同性主要指共同愿景、目标的共同性，能共担风险，共享回报；互补性主要是指思维、技能、性格和资源的互补。共同性保证团队有共同的信念，团队成员能同甘共苦；互补性能让团队成员互补所短，发挥团队大作用，如图 4–2 所示。

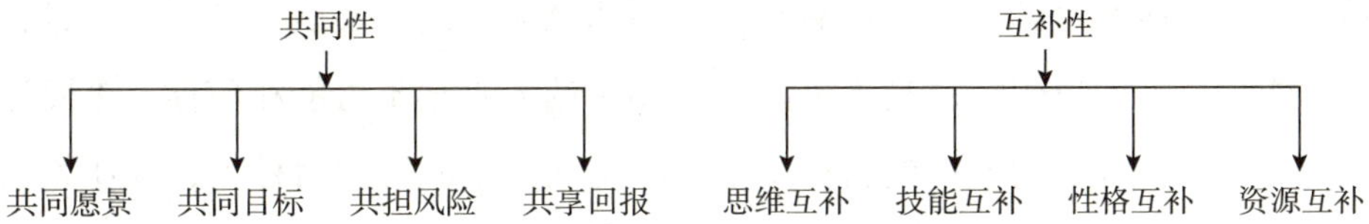


图 4–2　创业团队的共同性与互补性

创业团队的内涵主要表现在以下三个方面。

#### 1. 创业团队是一个特殊群体

从组织中人与人之间的关系看，创业团队与普通工作群体的区别在于，团队中人与人之间的关系是互补的，而群体中人与人之间的关系是互换的。团队中谁也离不开谁，而群体中谁离开了，都不会有太大的影响。创业团队是在创业初期聚集在一起的一群人，团队成员有共同的目标，主动共享信息，积极协作，愿意共担风险，共享收获。普通工作群体更多的是强调个人完成自己的工作任务，少有或没有共同的责任。

### 2. 创业团队的工作绩效远高于成员个人绩效的总和

在普通工作群体中，每个人只需要完成自己分内的工作即可，群体的工作绩效也仅是单个成员个人绩效的总和。创业团队则不同，他们相互配合、互帮互助、坦诚沟通、共享信息，通过所有成员的共同努力、积极协作，使团队产生更高的绩效水平，远大于成员个人绩效的总和。

### 3. 创业团队是高层管理团队的基础和最初组织形式

创业过程具有极强的不确定性，过程往往漫长而艰辛。在创建一个团队的时候，不仅要考虑成员相互之间的关系，最重要的是考虑成员之间的互补性，以此来达到团队的平衡。创业团队是由很多成员组成的，团队成员的性格各异，才能求同存异。当然，只有建立在有共同目标的基础上，互补的性格才能展现出积极的一面。

## （二）创业团队的共同性

创业团队的共同性包括共同愿景、共同目标、共担风险和共享回报。

### 1. 共同愿景

共同愿景建立在共同的价值观基础上，是对组织发展的共同愿望，并且这个愿望不是被命令的，而是全体成员发自内心想要追求的，往往是创业的初衷。它不一定包含具体的行动方案或行动策略，但一定是比较具体的，涉及组织未来的发展目标、任务及使命等，通过团队成员的共同努力是可以实现的。共同愿景能够使全体成员紧紧地联系在一起，淡化人与人之间的个人利益冲突，从而形成一种巨大的凝聚力。

### 2. 共同目标

共同目标是团队前进的方向，没有目标，团队就无法向前发展。马云曾说过：“千万不要相信你能统一人的思想，那是不可能的。30% 的人永远不可能相信你，不要让你的同事为你干活，而要让他们为共同的目标干活。团结在一个共同的目标下，要比团结在一个人周围容易得多。”每个人都是独立的个体，对事物的看法和观点也千差万别，但目标在组织层面却一定是统一和明确的，为共同的奋斗目标而努力，团队才可能获得成功。

### 3. 共担风险

共担风险是指创业团队面向未来、去探索一个不确定的目标，有可能成功，也有可能失败，每个人都要承担风险。是否能够共同承担风险，对于创业团队非常重要。唯有共同承担风险，才能共同走向未来。值得注意的是，创业团队在形成过程中，每个成员的加入都是以自己可承担的风险作为判断依据的，而团队的创业活动也是以团队可承担的风险作为行动依据的。

#### 4. 共享回报

创业团队在共同承担风险的过程中，也一定会共同享受回报。这些回报一般是多元化的，既有物质层面的，也有精神层面的。物质回报包括更高的薪金、期权、股份等，它会改变你的生活方式；精神回报包括更大的成长空间、更高的成就感等。

值得注意的是，物质回报有时也许需要很长时间才能兑现，但是精神回报却有可能随时获得，如学会了坚持、学会了宽容、学会了迭代、学会了积极行动等。

### （三）创业团队的互补性

创业团队的互补性可分为：思维互补、技能互补、性格互补和资源互补等。

#### 1. 思维互补

思维是指人类所具有的高级认识活动。思维方式的不同，往往源于不同的年龄、学习经历、工作经验和成长环境等，不同的思维方式有利于不同思想的交融，有利于创造性解决方案的产生。不同思维方式的组合也有利于系统性地思考问题，而不容易陷入片面和单一的视角。思维方式的差异对于理解用户的多样化需求具有重要意义。

#### 2. 技能互补

所有的想法都要通过行动来实现，而行动往往是由具备的技能或专长推动的。技能代表着一个人在某个领域的专长。创业活动需要各种技能，因此就需要具备不同技能的人组合在一起形成创业团队。如果一个团队仅有具备某一项专长的人，那么这个团队就无法有效地开展创业活动。例如，一个完全由文科学生组成的创业团队，虽然会有很棒的想法，但是可能由于缺乏技术支撑等问题，往往陷入现实的困境中。

#### 3. 性格互补

创业过程具有极强的不确定性，过程往往漫长而艰辛。创业团队中有不同性格的成员，往往可以使团队走得更远。正如一次论坛中，主持人让俞敏洪和马云从西游记团队中任选两人形成团队，马云选了猪八戒和沙僧，俞敏洪选了孙悟空和沙僧。很多人对马云选择猪八戒表示不解，马云认为猪八戒虽然看起来实力不强，又好吃懒做，但是他善于活跃工作气氛，使取经之旅不至于太沉闷。现实中大部分创业团队可能都有这种类似性格的人，他们看似价值不大，但却对创业团队工作氛围的形成起着至关重要的作用。

#### 4. 资源互补

创业者经常面临资源稀缺的情况，这就需要创业团队在有限的条件下，创造性地整合资源，将想法变成现实。资源整合首先从自己所拥有的资源开始，所以团队成员所拥有的资源也是其存在的理由。创业团队的所有成员都应该积极整合自身资源，为团队做出贡献。

## （四）创业团队的构成

按照创业团队的定义，张玉利教授认为广义的创业团队可分为初始合伙人团队、董事会、专业顾问等形式。

### 1. 初始合伙人团队

初始合伙人团队由在创业初期就投资并参与创业行动的多个个体组成。初始合伙人团队的知识、技术和经验，往往是企业所需要的、最有价值的资源。正是由于这个原因，人们经常通过评估初始合伙人团队的素质，从此来预期企业未来发展的前景，这些素质特征包括受教育程度、前期创业经历、相关产业经验和社会网络关系。

### 2. 董事会

如果创业者计划创建一家公司制企业，就需要按规定成立董事会——由公司股东选举产生，以监督企业管理的个人小组。如果处理得当，公司董事就会成为新创企业团队的重要组成部分，它可以通过以下两种方式，帮助新创企业有一个良好的开端，并形成持久的竞争优势。

（1）提供指导。虽然董事会具有正式的治理职责，但是董事会所发挥的最大作用还是为企业管理者提供指导和支持。实现这一点的关键是，企业挑选的董事会成员要有能力、有经验、愿意给予建议并能够提出具有洞察力且更加深入的问题。

（2）增加资信。董事会是由股东大会选举产生的，负责处理公司各种重大经营管理事项。具有较高知名度和地位的董事会成员能为企业带来即时的资信。

### 3. 专业顾问

除了上述介绍的创业团队成员，在许多情况下，创业者还需要依靠一些专家顾问，获取重要的建议和意见。这些专家顾问通常都成为创业团队的重要组成部分，在外围发挥着重要作用，具体成员如下。

（1）顾问委员会。顾问委员会是企业管理者在经营过程中，向其咨询并能得到建议的专家小组，对企业不承担法定责任，只提供不具约束性的建议。

（2）贷款方和投资者。贷款方和投资者会为企业提供有用的指导和资信，并保证发挥基本的财务监管作用。

（3）咨询师。咨询师是提供专业或专门建议的个人。当企业开展可行性分析研究或行业深入分析时，咨询师起着十分关键的作用。

知识拓展

### 优秀创业团队的组成

一个优秀的创业团队应包括以下几种人。

（1）一个很好的“领袖”。此人必须能够高瞻远瞩，能够为企业制订明确的战略、战术；必须有很好的人品，处事公正，能够服众，能够团结整个团队；必须具有很好的协调能力，能够及时化解团队成员的矛盾。

（2）一个很好的“管家”。此人主要负责企业的日常运营及各项规章制度的制订。由于企业日常事务非常琐碎，因此，此人必须心思缜密、工作细致。

（3）一个很好的“财务总管”。资金是企业的生命线，因此，创业团队中最好有一个业务能力较强的财务人员，能合理地安排企业收支，帮助企业融资。

（4）一个很好的“营销总监”。我们经常说，产品是基础，营销是龙头。如果营销不行，产品就不能变成钱，企业只有关门大吉。

此外，如果创业企业是一个技术类企业，就可能还需要一个很好的技术专家。此人能够帮助企业不断更新技术或产品，始终带领企业走在行业的前沿。

## 二、创业团队的生成

好的创业团队往往不是组建的，而是生成的。创业团队的生成关键且不易，一般会经历三个步骤：说服（persuade）、承诺（commitment）与共创（co-create）。

### （一）说服

“众人拾柴火焰高”，对于创业者而言，在创业初期，除了可以获得更多的资源以外，还可以将自己的想法与他人分享。获得他人的认可并愿意做出承诺加入团队，不仅能提升创业者的自信，还能帮助创业者分担创业初期的风险，激发更多的创造性，帮助产品更好地迭代，这对于初创企业而言有着非常重要的意义。

在创业初期，企业规模小，发展前景不明朗，给出的薪酬竞争力也不足，单纯靠招聘是招不到优秀人才的，有时即便招聘到优秀人才，也很容易流失。阿里巴巴集团前副总裁、中欧商学院教授曾鸣说过：“在格局没到、钱也没到时，人才靠钱是吸引不来的，只能靠使命和愿景。”创业者基于手头拥有的资源与可承担的损失，广泛与潜在的利益相关者互动，介绍创业者的梦想，使他们了解、认可创业者的想法，并说服可能的“伙伴”加入团队。

## （二）承诺

在认可创业者的想法后，基于可承担损失原则，新伙伴与创业者之间将进行共赢型的事前承诺，从而正式加入创业团队。吸引承诺的人们参与团队，有以下好处。

### 1. 获得更多的行动资源

每个团队成员都为新创企业带来了新的资源。通过资源组合，每次互动都可能创造出新的、有价值的事物，即使这些新事物对他们正在塑造的世界并非很重要。通过这种方式可以实现创业者和团队成员之间的双向选择。每一个团队成员之间的互动，都可能影响孕育中的新市场的可能形态，也可能改变资源库中的资源本身。

### 2. 分散风险

每个团队成员投入的资源都是他们自己提供的，所承担的风险也都是分散的。在创业初期，没有人知道创业这块蛋糕做多大，更不用说将来每个人会分得多少，而团队成员无法把预期收益作为选择投资的直接标准。他们会暗自揣度自己是否可以承担投资创业可能出现的损失，因此所投入的资源也会有多与少的差别。

### 3. 激发创造性

新市场的建立不是任何一个人事先设计出来的，而是创业过程中每个成员和其他团队成员之间互动的结果。最开始，任何一方都不确定将来这一新事物一定能有回报，也不知道能否如其所料。整个环节都是由双方的不断互动促成的，团队成员们根据自己的承诺和投入，一起协商未来企业的具体模式。同时，创业环境中的任何变化都会给创业者带来新的想法，重新激活循环。

### 4. 增强自信

实际上，大多数人的抱负远大于手中所拥有的资源。吸引自我承诺的团队成员参与，就是在整合其他资源。这些人拥有的知识网络和资源可以成为你的资源。这不是一件简单的事，因为很少有人在一开始就拥有创造新事物所需要的所有资金和能力。

如果自己缺乏承诺，就不要期望获得他人的承诺。万事开头难，一定要让自己的想法付诸实践。如果你没有全身心加入，其他人是可以感知到的。他们会认为，你对创意并没有真正承诺要把它付诸实践。如果缺乏承诺，你面临的困难将会成倍增加。

此外，要注意识别真承诺和假承诺。有些团队成员没有真正地被吸引进来，他的承诺可能是假的。这可以从情境、语言、神态、行为等方面进行识别，从而保证加入的成员的承诺是真实意图的反应，保证他们为承诺去真心地付出。

## （三）共创

承诺的利益相关者加入团队的时间越早，他们就越有机会帮助你改变最初的想法。他们最终可能不再是合作者，而是新创企业的股东。这样，他们就成了名副其实的共创者。初始的愿景开始分享、然后扩散，最终成了“我们的”，而不再是创业者个人的愿景。随着公司规模的扩大，创业者开始和新进的员工进行沟通和交流，逐渐变成“我们想这样做”，而不是“我想这样做”。新伙伴的加入，会带来新的资源，产生新的目标，从而使创业成为一个“共创”的过程，共同创造出新的市场、新的产品、新的业务，甚至新的企业。

## （四）创业团队画布

一个好的创业团队的形成会受到多种因素的影响和制约。中国地质大学博士朱燕空依据团队画布与效果推理理论而提出的创业团队画布，为我们提供了一个生成创业团队的基本工具和方法。其构成要素如下。

（1）初衷。即为什么要做这件正在做的事情？这个要素是画布中最为核心的首要要素。

（2）资源。即拥有哪些资源。包括知识、能力、人脉等。

（3）目标。即团队想要实现什么。我们想要实现的个人目标是什么？没有明确的目标，容易丧失前进的方向。

（4）分工。即每个人在团队中的角色，一般与团队成员的知识、能力有关。

（5）规则。即团队的共同规则，一般与团队开展的活动有关，如我们如何决策、如何沟通等。

创业团队画布的逻辑本身，并不能保证一个创业团队的成功生成。但是它为创业团队的产生与共创提供了有力的共同语言，使团队无论在生成还是成长过程中，都能清楚地意识到每个新加入的成员到底带来了哪些“资源”，他的“目标”与团队发展方向是否一致、他的“分工”如何，以及他加入后开展工作的“规则”等，创业团队画布示意图如图 4-3 所示。

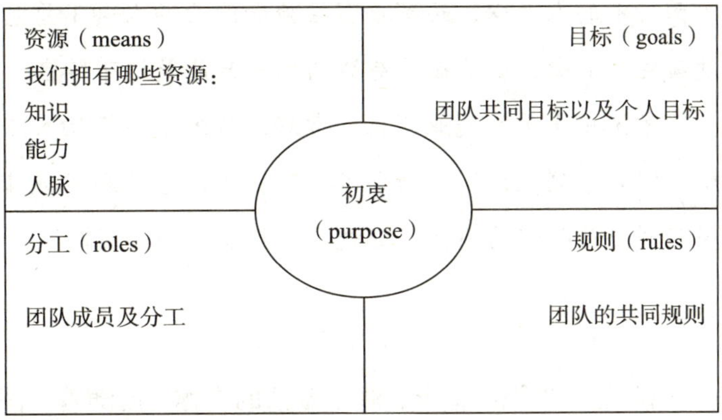


图 4-3　创业团队画布

## 案例分享

### “夭折”的求职网站

大学最后一学期，迎接小黄的是一场接一场的招聘会、一次又一次的失望而归。“我们不停地奔波于各种招聘会，在海量的招聘信息里想找到一个适合自己的企业却很难。”

在与企业的接触中，小黄了解到企业也存在类似的烦恼。因为缺乏对学生的了解，企业仅通过一次招聘会或一次简单的面试签订用人协议，事后却发现招聘来的员工并不适合这份工作，为此浪费了大量的人力、物力。于是，他萌发了一个想法：办一个不同寻常的求职网站。该网站将为企业和大学生搭建起一个长期稳定的接触平台，只要大学生和企业注册登录，双方就可以通过这个平台相互了解，企业甚至可以跟踪大学生在校期间的各方面表现，决定毕业时是否录用。

接下来的几个月，小黄开始了广泛的市场调研。他登门 20 多家企业，与人力资源管理部门负责人沟通这一想法，网站的特色服务内容得到了70%的人的肯定。盈利模式：计划用两到三年的时间向外界推广网站，吸纳大学生和企业登录，并向企业收取一部分会员费。三年后，点击量有了一定提升，广告将成为网站盈利的又一渠道。未来，在继续完善网站服务内容的基础上，推出一系列连带产品。资金方面也得到了父母、兄长的支持。

至于团队方面，小黄刚开始以为这不是问题，懂程序的人多，肯定能吸引到合适的人。到制订创业计划的后期，小黄向身边好友发布信息，结果只找到一个做网站的高中好友。“人太少了，编好这个网站的程序至少要两年。”小黄说，目前，高校内具备这方面技术的人太少，而有丰富经验和能力的人却不愿意放弃工作跟他一起创业。这好比没有左膀右臂，小黄孤军奋战的结果只能是退下阵来。

案例中小黄的创业项目非常好，找到了市场切入点。问题是尽管小黄进行了市场调研，制订了创业计划，确立了盈利模式，也得到了父母、兄长的资金支持，但小黄却忽视了创业最关键的因素，那就是“组建得力的团队”。

## 三、创业团队的管理

创业是对理想的追求，源于激情的支撑，但随着时间的流逝和企业的成长，权力分配、理念分歧、利益冲突等问题就会浮出水面，创业团队必须高度重视并妥善解决这些问题，才能确保团队的稳定。

## （一）做好创业核心团队的角色分工

德鲁克在《管理的实践》中提到，“理想的董事长”应该是善于对外交往、善于思考和善于行动三个角色的综合。公司的团队应该是三人团队模式：一个定格公司文化（精神领袖）、一个引领技术（技术领袖）、一个负责执行（执行领袖）。英特尔公司诺伊斯、摩尔和格鲁夫三人组成的创业团队，堪称合作的典范：诺伊斯负责对外沟通交流，摩尔负责技术，格鲁夫负责执行。现实中许多创业团队都是借鉴这一模式组建形成的。

创业团队没有固定的模式，结合英特尔的三人组合模式，可以总结出一些共同规律。

（1）一般创业团队都包含精神领袖、技术领袖和执行领袖三种角色。因为所有事物的成功都经历过两次创造。首先是设计，设计代表着战略与方向，是精神领袖的任务。其次是行动，行动代表着管理与执行，是执行领袖的任务。最后，在设计和行动之间，需要技术的支持，技术是把精神世界转化成物质世界的载体，是技术领袖的任务。

（2）成员数量不宜过多，成员过多往往会造成管理的内耗，沟通和协调的成本也会大幅增加，在面临不确定性目标时，成员越多决策的难度越大。

（3）有时候一个人可能扮演不同的角色。例如，很多精神领袖也是执行领袖，很多技术领袖也扮演精神领袖的角色，但是一个人终究不能代表一个团队，正是不同成员之间思维方式、技术、性格、资源等方面的差异推动了创业目标的实现。

## （二）设置好团队组织架构

创业团队的互补性和异质性，给新创企业带来了多样化的人力资源基础，但同时也造成了团队成员在个性、特长上的较大差异，这使团队管理承受了巨大压力。此时需要保证团队成员间沟通的通畅，如果缺乏有效沟通与协调，将难以达成一致的目标，甚至造成严重的后果。团队领袖在组织和管理团队时，应当努力掌握和提高有效沟通与协调的能力，善于倾听不同意见，善于概括总结，克服分歧和矛盾。从人力资源管理的角度来看，建立优势互补的创业团队，设置好团队组织架构是保持创业团队稳定的关键。

（1）基于理性逻辑组建的创业团队，创业者可采取明文规定的分工协作和决策程序，落实责任，明确责、权、利，避免相互扯皮、推诿。管理重点在于沟通和协调、培养信任感、整合成员特长，即以利益为中心培养团队凝聚力，以信任为中心增强团队沟通等。

（2）对于非理性逻辑组建的创业团队，分工要适当，因人授权、按权担责，避免过度集权、决策一致性倾向，管理重点在于更多地整合外部资源。创业者应当注意吸纳并培养具有不同专长的核心员工，聘用外部专业顾问，增强团队的互补性等。

### （三）打造团队精神

团队精神，一般是指经过精心培育而逐步形成的，被团队全体成员认同的思想境界、价值取向和主导意识。团队精神是企业的精神支柱，是凝聚团队成员的共同信念和精神力量，是创业成功的基石。团队精神的打造可以从以下三个方面进行。

#### 1. 确立创业团队认可的共同愿景和创业目标

愿景和目标的设立要切实可行，依靠团队成员共同规划和设计，成为团队成员共同的信念和精神力量，使团队成员产生强烈的归属感与荣誉感，自发地把自己的前途与团队的命运联系在一起。这也是日后企业文化建设的核心内容。

#### 2. 建立“以人为本”的管理机制

坚持以人为本，充分尊重人、爱护人、关心人，借助激励机制的构建，让成员参与管理、共同决策，求同存异、荣辱与共，强化团队成员的责任感，激发员工的献身精神和忠诚度。

#### 3. 建设学习型创业团队

学习型创业团队是为完成共同创业目标，共享信息和其他资源，在学习中实践、在实践中不断学习的组织。学习和创新是团队精神培育与企业发展的不懈动力。市场环境瞬息万变，创业过程中要面临太多的变数和风险，危机和忧患意识促使团队成员必须不断学习和思考，并分享新知识、新技术、新思想，以加快知识更新。团队成员更要研究和解决新问题、新情况，积极适应变化，避免潜在的风险，从而达到企业生存和长期发展的目的。

### （四）优化团队运作机制

优化团队运作机制包括决策机制、激励机制、分配机制三个方面。

#### 1. 优化创业团队决策机制

一方面，要坚持控制权与决策权的统一。所有权的分配本质上是对公司控制权的分配，实践表明，股权比例最大的团队成员如果不拥有公司的控制权，则创业初期就非常危险，因为该成员极有可能挑战决策者的决策权威，进而引发团队矛盾和冲突。另一方面，既要保证大股东对公司的控制权，又要发挥团队集体智慧。可采取大股东“一票否决制”，即一项提议，就算所有股东都通过，但只要大股东自己不同意，就可以否决这项提议；而如果一项提议，大股东同意的话，他也只能投一票赞成票，必须 2/3 的股东都同意后，这项提议才能被通过。

#### 2. 优化创业团队激励机制

创业之初，凡涉及责、权、利等问题，都应先说明白、讲清楚，不能感情用事，更不能避而不谈。必须以契约形式明确团队成员的权利与利益分配机制，以及增资、扩股、融资和退出机制等，并写入公司章程，这是创业团队长期稳定的制度保障。在实际操作中，依据出资额确定股权分配比例是常见的做法，但对于没有投入资金却持有关键技术的团队成员，则需要谨慎考虑技术的商业价值，在资金和技术之间做出合理权衡。此外，从企业长远发展考虑，还应给未来进入公司的优秀人才预留一部分股权。

### 3. 优化创业团队分配机制

利益分配要公平、公正，切实体现出贡献越大所获得的报酬越高，但贡献应当以团队成员在整个创业过程中的表现为依据，而不仅是某一阶段的业绩。此外，不同类型的员工对于利益的诉求不尽相同，因此企业的报酬体系不仅包括股权、工资、奖金等物质报酬，还应包括提高个人能力和成长机会等方面的因素。每个团队成员所看重的利益因素并不一致，这取决于个人的价值观、奋斗目标和抱负。有些成员将物质追求放在第一位，而有些则是希望能够获得荣誉、发展机会、能力提高等精神利益。因此，团队的领导者应当加强与成员的沟通交流，针对各成员的利益诉求，选取恰当的方式，并能够根据团队成员的期望进行适时调整，这是有效激励的重要前提。

**课程思政**

## 为创业者补全服务链条

创业孵化基地不仅为创业者提供创业培训、税务代办、创业补贴申领等方面的服务，还增设了创业项目推介的服务项目，受到创业者的欢迎，吸引了不少初创企业入驻。

如今，创业成为高校毕业生等青年群体的首选，政府部门推出多项政策扶持创业者，创业孵化基地等创业孵化机构也提供了细致周到的“管家服务”，为创业者提供全过程全链条的服务，项目、服务一个都不能少。好的创业项目是提升创业成功率的基础，也是吸引青年群体涌入创业大潮的催化剂。对于创业者特别是一些有创业想法但没有创业思路的初创者来说，他们更需要实实在在并有市场前景的创业项目，引领他们闯进创业的“蓝海”。因此，各地应该聚焦创业项目的引进推介，补全创业服务链条，形成创业服务闭环，为创业加柴添薪。

各级政府在细化对创业孵化基地的规划设计、吸引创业者入驻的同时，也吸引了有意于拓展市场、扩展业态的项目入驻，搭建对接平台让项目与创业者深度融合，促进“体质”相近的项目与创业者精准碰撞，激发出更耀眼的创业火花。

## 实训任务

### 实训 1　大学生创业者生涯规划访谈

【实训目标】

1. 了解创业者应具备的素质，创业团队的类型、组建和管理，预见创业中可能会遇到的困惑。

2. 明确创业与学业的关系。

3. 了解访谈流程，掌握访谈技巧并学会访谈，提高沟通能力。

4. 学会制作汇报 PPT，与同学分享访谈结果，提升表达能力。

【实训流程】

流程一：选择访谈对象。

通过浏览校园网站，查阅校史，请教老师和师兄师姐，或通过家人、同学、亲戚朋友的介绍，确定 2 名创业成功者作为访谈对象，通过网络和熟悉他们的人全面了解他们的个人情况。

你的访谈对象（姓名、情况简介）：

（1）________________________________________

________________________________________

（2）________________________________________

________________________________________

流程二：拟订访谈提纲。

围绕主题拟订访谈提纲，主要内容包括：创业者应具备哪些素质；创业者生涯规划的内容、步骤、注意点等方面。与被访谈人联系，告之访谈目的，预约访谈时间、地点、方式等。

你的访谈提纲：

________________________________________

________________________________________

流程三：开展创业者访谈。

1. 成立三人访谈小组，事先分工好，并进行模拟采访。访谈时由一人主问，另一人负责记录，第三人协问又协记；若为在线访谈，则一人独立完成。

2. 事先做好准备工作，准备好相关工具，如纸笔、录音笔等。

3. 按时到达指定地点，围绕主题展开访谈。访谈过程中态度要谦虚、要注意礼貌，注意肢体语言。按时结束访谈，不要拖延时间，一般来说，创业者的时间安排都很紧凑。

注意全程录音，这样既有利于整理内容又有利于发现自身问题，以改进访谈方法。

流程四：制作并汇报访谈结果。

反思访谈过程，整理访谈录，提炼汇报提纲，撰写汇报的演讲稿，在课堂上汇报访谈结果。

1. 你汇报的主要内容包括哪几点？

______________________________

______________________________

2. 你的心得体会是什么？

______________________________

______________________________

【小贴士】

访谈“三要六不要”。

三要：

（1）主导场面，善于引导；

（2）语速控制好；

（3）谁来执笔说清楚。

六不要：

（1）不要过于主动；

（2）不要啰唆；

（3）自己不要帮忙下结论；

（4）不要一开始过于抬高被访谈者的地位，如“您的信息很重要”之类；

（5）介绍自己的意见的时候不要用“可能”等字眼儿；

（6）“随时可以问我”——多余。

## 实训2　创业者如何组建创业团队

【实训目的】

1. 帮助大学生了解什么是创业团队。

2. 掌握组建创业团队的步骤。

【实训流程】

流程一：团队成员信息一览表（表4-1）。

表 4-1 创业团队信息示意表

| 职务 | 姓名 | 联系方式 |
|---|---|---|
| 首席执行官 | | |
| 营销总监 | | |
| 财务总监 | | |
| 采购总监 | | |
| 信息总监 | | |

流程二：各个岗位的具体职责（表 4-2）。

表 4-2 团队成员岗位职责示意表

| | 岗位职责 |
|---|---|
| 首席执行官 | （1）<br>（2）<br>（3）<br>（4）<br>（5）<br>（6）<br>（7） |
| 营销总监 | （1）<br>（2）<br>（3）<br>（4）<br>（5）<br>（6）<br>（7） |
| 财务总监 | （1）<br>（2）<br>（3）<br>（4）<br>（5）<br>（6）<br>（7） |
| 采购总监 | （1）<br>（2）<br>（3）<br>（4）<br>（5）<br>（6）<br>（7） |

续表

| | 岗位职责 |
| --- | --- |
| 信息总监 | （1）<br>（2）<br>（3）<br>（4）<br>（5）<br>（6）<br>（7） |

注：组建创业团队时，一般是每组 5~8 人，根据人数的不同，也可以增加角色。

（1）首席执行官助理：帮助执行官处理各种琐事及客户沟通工作。

（2）财务助理：协助财务总监做好财务工作。

（3）商业信息员：负责调查其他企业的广告投放、企业战略、生产能力以及盈利情况等信息，为本企业决策提供有力的支持。

流程三：团队氛围营造。

确定了团队的主要成员后，成员之间能否建立融洽的关系，也影响到企业的发展与成长。可以参考“六项思考帽子”方法，避免群体思考陷入混乱，并确保从一开始就使误解最小化（表 4–3）。

表 4–3　“六项帽子思考法”示意表

| 帽子颜色 | 用于 | 范例 |
| --- | --- | --- |
| 白色（事实） | 中性信息 | 民以食为天 |
| 红色（情感与感觉） | 包括预感和直觉 | 我感到很生气，因为我们失去了很多客户 |
| 黑色（否定） | 评估思想或情形的不妥之处 | 这个建议不会起任何作用 |
| 黄色（肯定） | 评估思想或情形的有利之处 | 这是个好主意 |
| 绿色（创造力） | 产生思想 | 你可以尝试换个角度 |
| 蓝色（控制） | 正如管弦乐队中的指挥一样——控制帽子的使用 | 现在我们需要戴上黄色帽子思考 |

在使用这一方法的时候，应该允许每个人每次集中思考问题的一个方面，同时也应让团队中的每个人能够在思考中转变角色。通过阅读“六项思考帽子”方法，以小组为单位，思考当团队成员之间发生矛盾或是冲突时，你作为团队的领导者该如何去做？

流程四：分析总结。

1. 通过上述步骤，你认为在组建创业团队时，应考虑到哪些因素？

2. 你认为组建创业团队，最重要的一点是什么？为什么？

【实训思考】

假设你是创业者，该如何利用自身有效的资源去组建创业团队？

# 项目五
# 创业资源与融资

## 项目导读

创业资源是创业企业开办和发展的基础要素，如何正确识别、获取和利用创业所需的资源是创业能否成功的关键。充足、有效的创业资源，不仅能提高创业企业的竞争力、摘掉创业企业“小”“弱”等标签，还能为企业的长期发展提供助力。对于一个胸怀大志且拥有先进技术或很好创意的创业者来说，资金便是其开启创业之旅的“敲门砖”。因此，如何有效获取资金也是每一位创业者都极为关注的问题。

## 学习目标

### 知识目标

1．熟悉创业资源的概念和类型。

2．掌握创业者获取资源的关键因素及获取创业资源的途径。

3．了解创业资源整合的原则，掌握创业资源整合的一般过程。

4．熟悉融资的概念和融资渠道，掌握创业融资的策略。

### 能力目标

1．能够有意识地提高自己获取创业资源的能力。

2．根据所学知识能够开发和整合创业资源。

3．能够根据实际情况估算创业所需的资金，并选择合适的融资渠道。

## 思政目标

1. 培养学生自觉提升获取创业资源的能力，树立诚实、守信的职业道德和正确的价值取向。

2. 弘扬伟大建党精神，踔厉奋发、勇毅前行，为全面建设社会主义现代化国家而团结奋斗。

# 任务一 创业资源的获取

在当前经济全球化时代，竞争日趋激烈，环境复杂多变，资源的争夺也越加激烈。正如“巧妇难为无米之炊”，巧妇虽然有技术、懂方法，但是由于缺乏原材料，依然做不出香甜可口的饭菜。初创企业由于其自身的独特性，很难找到足够的资源来支持自身的发展。现实的观察统计也表明，许多创业者能够识别创业机会，但在创业过程中却很难将创业机会转化为成功的初创企业，这其中很大原因是创业者在创业活动中缺乏充足的创业资源的支持。因此，创业成功的关键不仅要有优秀的创业团队和合适的创业机会，在资源稀缺的情况下，获取资源、创造性地整合资源也是创业成功必要的关键因素之一。

## 一、创业资源的概念

资源作为创业活动顺利开展的关键因素之一，是企业创立以及成长过程中所需要的各种生产要素和支撑条件，是初创企业在价值创造过程中所需要的特定资产。在创业初期，创业者拥有的资源有限，同时受其商业运作能力的限制，创业者可获取或可支配的资源也有限，这就更增加了创业的难度。尽管随着创业的发展，后期资源压力有所缓解，但是资源束缚始终是创业者或创业团队面临的问题，只是不同阶段程度不同而已。

《辞海》定义“资源”为：“生产资料和生活资料的来源。”马克思在《资本论》中说：“劳动和土地是财富两个原始的形成要素。”经济学意义上的“资源”，是指为了创造物质财富而投入生产活动的一切要素。创业资源是指在创业过程中先后投入使用的企业内外部各种有形的和无形的资源总和。哈佛大学霍华德·史蒂文森（Howard ·Stevenson）认为：“企业在各个阶段都会努力争取资源推进企业进展，他们需要的不是拥有，而是控制。”

目前，在创业资源概念上并没有形成统一的认识。对于创业者而言，凡是对其创业有所帮助的要素，都可以归为创业资源的范畴。因此，创业资源的内涵是：创业者在创业过程中可获取与开发利用的有助于实现目标的各种要素及要素的组合。

创业需要资源，但更要正确理解拥有资源的含义。创业者可以获取与开发利用资源，但不等于创业者一定需要拥有资源的所有权。大量创业成功的案例表明，创业成功，所有权并非关键，关键是对资源的控制和利用。

## 二、创业资源的类型

根据资源基础理论，常用的创业资源可以有以下几种分类。

### （一）按性质分类

创业资源可根据资源的性质分为人力与技术资源、资金资源、实物资源、社会资源、信息资源与政策资源。

#### 1. 人力与技术资源

人力资源是创业的重要资源和基础资源，一切资源都是以人力资源为基础的，由人力资源去获取、开发和利用其他资源，所以人力资源是创业中最基本的和最重要的资源。

人力资源不仅包括创业者及创业团队的知识、训练和经验等，也包括团队成员的专业智慧、判断力、视野和愿景，甚至创业者本身的人际关系网络。

人力资源又可分为核心人力资源与一般人力资源。核心人力资源包括创业者、核心创业团队、关键技术与资源掌握者。创业者、核心创业团队是初创企业最重要的人力资源，其价值观念和信念是初创企业的基石和可持续发展的关键因素。一般人力资源是初创企业所需要的但并不掌握关键技术与资源的人员。

技术资源是创业成功所需要的关键技术、专业洞察力、专业技能、专业知识、专业经验及社会关系等。这类资源可以使初创企业成功地研发新产品、有效地进行技术扩散，并且企业可获得技术领先优势和超额利润，才会在激烈的市场竞争中拥有一席之地。技术资源与人力资源是分不开的，初创企业所需要的技术资源往往掌握在核心人力资源成员的手上，所以两者常常紧密结合。

伴随知识经济的兴起、竞争环境的动态化和技术生命周期的不断缩短，新产品开发已成为创业型企业的核心战略，对于初创企业的生存和发展起着举足轻重的作用。获取技术资源的途径有很多，一般包括以下几点。

（1）与高等院校、科研机构合作。

（2）从拥有技术的组织或个体处购买或者获得授权。

（3）自身通过学习、研究积累获得。

（4）招聘拥有相关技术的人才等。

企业要做大做强，占领市场，重要的是在技术上不断创新，已确保技术在市场上的领先地位，还要实行自主研发并拥有自主知识产权。

### 2. 资金资源

资金资源是创业所需的资金，主要是现金的形式。资金资源也是创业中最重要和最基本的资源，但往往不是关键资源。很多创业者白手起家，开创了伟大事业，他们并不是有了丰厚的资金才去创业，而是滚动式发展，哪怕只有很少的资金，甚至没有资金。

创业初始的资金来源主要是创业者个人和家庭以往的资金积累、朋友和亲戚的借款或入股，项目技术含量高或综合实力较强的创业者可能还能获得政策扶持资金、银行贷款和天使基金投资等资金来源。

### 3. 实物资源

实物资源是创业所需要的实际资产，包括生产与经营工具和设施、生产与经营场地、原材料和存货等。实物资源往往是创业的必备条件，但并非关键资源，可以用其他资源来换取。创业需要实物资源，但并非意味着要拥有实物资源的所有权，而更多看重对实物资源的实际控制与利用。

### 4. 社会资源

社会资源是指社会中人与人之间的关系创造价值的资源特性，也称为社会资本。对于初创企业来说，社会资源具有重要的意义，社会资源虽然是外部的，但又可以被初创企业获取、开发和利用，往往起到关键甚至决定性的作用。

社会资源又可分为客户资源、供应商资源和渠道商资源等。客户资源是初创企业所经营的商品与服务的购买者；供应商资源是初创企业经营所需上游商品与服务的提供者；渠道商资源是初创企业经营的商品与服务的下游分销商。

### 5. 信息资源

信息资源是对初创企业有所帮助的一切文件、资料、图表和数据等信息。当然，文件、资料这些都只是信息的表现，最主要的资源还是信息内容本身。在这个“快者为王”的时代，商界普遍认为，得信息者得“天下”。一个信息闭塞的创业者是不可能抢占市场先机的。创业过程的每个阶段，从创业机会识别，到资源渠道获取、创业团队组建、初创企业开办、初创企业管理等，都离不开信息的支持。移动互联网时代，海量的信息数据库中，信息数量爆发式增长，如何在有效的时间内获得真正需要的信息？如何利用有效信息抓住成功创业的机遇？这依然是创业成功路上的考验。

一般而言，初创企业获取信息资源的渠道主要有两个。

（1）创业者或创业团队通过调查问卷、访谈、座谈、观察等方式获取一手信息，这类信息针对性强、有效性高，但获取成本高。

（2）通过公开数据库、图书馆、咨询公司、文献库等渠道获取二手资料，这类数据信息量大，存在真伪，需要创业者具备较强的信息甄别能力，但获取成本低。

### 6. 政策资源

政府支持是全球创业观察项目中“创业环境”的一项重要构成。政策资源是指与初创企业有相关性的一切政策，包括各级政府职能机构制定和发布的政策与法规、各级行业管理机构制定和发布的政策信息等。

初创企业政策资源指的是政府提供的各项优惠扶持政策，包括财政扶持政策、融资政策、税收政策、科技政策、产业政策、中介服务政策、对外经济技术合作与交流政策、政府采购政策等。政策资源对于创业者而言是极其重要的创业助推器。掌握并充分整合创业的政策资源，可以发挥政策叠加的协同力，帮助创业者少走弯路，从而达到事半功倍的效果。例如，大学生创业者可以在当地申请入驻创业基地、获取创业初始资金的支持；农民创办合作社，可以获得农产品销售订单税费减免。获取政策资源的途径主要有以下四种。

（1）在政府公开网站进行查询。

（2）到咨询服务公司进行政策咨询。

（3）与相关部门保持密切的沟通。

（4）派专人负责收集相关的政策信息。

中国正处于全面改革开放的时代，各个行业正从集约式计划经营进入开放式经营，必然会出现一系列的政策变动，这种变动给创业者提供了很多创业机会。例如，新城区建设、区域经济规划、城际高铁、城市地铁的开发带动了投资的发展，普通商品销售价格的放开带动了不少行业发展，基建的扩大使建材行业繁荣，通信革命使通信器材公司在全国遍地开花。

中国是人口大国，是一个购买力、消费力巨大的市场，为创业者孕育了无数的机会。而每一个政策的变动都将在计划和市场之间形成一个巨大的差额利润。面对这样的创业机会，创业者只要能抓住，就能越过原始积累期。

同时，政策资源具有外部性，政策既可以带来机遇，也可以带来风险。关注政策资源带来的商机，充分利用政策获取其他资源，是许多创业者成功的法宝。

## （二）按存在形态分类

创业资源按其存在的形态可以分为有形资源和无形资源。

（1）有形资源是指具有物质形态的、价值可用货币度量的资源，如组织赖以存在的自然资源以及建筑物、机器设备、原材料、产品、资金等。

（2）无形资源是指具有非物质形态的价值难以用货币精确度量的资源，如信息资源、关系资源、权力资源以及企业的信誉、形象等。无形资源往往是撬动有形资源、使有形资源更好地发挥作用的重要手段。

### （三）按参与程度分类

按照资源要素对创业过程的参与程度，创业资源可以分为直接资源和间接资源。

（1）直接资源是指直接参与企业战略规划的资源，如财务资源、管理资源、市场资源、人才资源、科技资源等。

（2）间接资源是指不直接参与创业战略的制定和执行的资源，如政策资源、信息资源等。它们对创业的影响更多的是提供便利和支持，对创业战略的规划起着一种间接的作用。

### （四）按重要性分类

创业资源按照其对企业核心竞争力影响的重要性，可分为核心资源与非核心资源。

（1）核心资源主要包括人力与技术资源。这些资源涉及初创企业有别于其他企业核心竞争力，是创业机会识别、筛选和运用三大阶段的主线。

（2）非核心资源主要包括资金资源、实物资源和环境资源。这些资源是初创企业成功创办和持续经营的基本资源。识别核心资源，立足非核心资源，发挥非核心资源的辐射作用，形成创业资源的最优组合，是创业资源运用机制的基本思路。

### （五）按来源分类

创业资源按其来源可以分为内部资源和外部资源。

（1）内部资源是指创业者或创业团队自身所拥有的可用于创业的资源，如创业者自身拥有的可用于创业的资金、技术、创业机会信息等。

（2）外部资源来自外部机会的发现，是创业者从外部获取的各种资源，包括从朋友、亲戚、商务伙伴或其他投资者处筹集到投资资金、空间、设备或其他原材料等。对创业者来说，运用外部资源是一种非常重要的方法，在企业的创立和早期成长阶段尤其重要。创业者首先致力于扩大和提升内部资源，内部资源的拥有状况（特别是人力与技术资源）会影响外部资源的获得和运用。

## 三、获取创业资源

### （一）创业者获取资源的关键因素

资源获取是在识别资源的基础上，得到所需资源并用于创业过程的行为。对于新创企业而言，是否能够从外界获取所需资源，首先取决于资源所有者对创业者或创业团队的认可，而这一认可在很大程度上取决于创业项目的商业价值。创业项目为资源获取提供了杠杆，一个能被资源所有者认同的、有价值的创业项目，才有助于降低创业者获取资源的难度。除了创业项目的商业价值，影响资源获取的因素还有很多，其中主要因素有社会网络、创业者（创业团队）先前的工作经验、创业者的管理能力和资源整合能力等。

### 1. 创业者（创业团队）工作经验

创业者（创业团队）先前的工作经验分为创业经验和行业经验两大类。其中，创业经验是指可以提供创业者先前创建过新的企业或组织，在此过程中所获得的感性和理性的观念、知识和技能等。诸如机会识别与评估、资源获取和公司组织化等方面的信息。行业经验是指创业者在某行业的工作经历，它能够提供有关行业的规范和规则、供应商和客户网络、雇用惯例等信息。

创业过程本身就是一个知识转移的过程。从先前创业经验中转移来的知识能够提高创业者有效识别和处理创业机会的能力，有助于发现、获取创业资源。拥有创业经验的创业者有一种“创业思维定式”，驱使他们寻求和追求那些最好的机会。在不确定的时空条件下，先前的创业经验提供了有利于对创业机会做出决策的隐性知识，这种隐性知识可以通过创业者转移到新创立的组织里。因此，创业者拥有较多的创业经验就更容易获得可取的特定机会，并能从更多的途径获取创业资源。此外，先前的创业经验还提供了帮助创业者克服新企业面临新困难的知识。这些都能够帮助创业者规避风险，提高他们的资源获取能力。

### 2. 创业者的管理能力

创业资源获取的关键往往取决于企业的软实力。创业者的管理能力是企业软实力的主要表现，管理能力越高，获取资源的可能性越大。创业者的管理能力可以从其沟通能力、激励能力、行政管理能力、学习能力和外部协调能力等多方面予以衡量。

良好的沟通能力可以使创业团队表现出坚强的凝聚力，拥有更强的行动力，从而使创业团队更容易获取必要的外在资源。团队激励与合作有助于企业综合能力的提升，产生团队外溢效果，使创业团队能够获取必要的资产和资源。较强的行政管理能力有利于创业者将各种资源进行完美的匹配与组合，使企业的正常运作更有效率，企业因而会根据成员的要求和组织发展的需要，去吸引更多的人力资源和其他无形资产。学习能力则可以使创业者不断地提升自身的管理能力，使创业者了解外部市场的变化和新创企业内部的需求，对其做出理性判断，并运用一定的方式获取企业所需的资源。外部协调能力是创业者个人才能的对外应用，创业者的外部协调能力越强，与合作者（如供应商、销售商等）达成一致的可能性就越大，创业者就可以利用外部资源为企业服务，为企业创造良好的发展环境。

### 3. 社会网络

社会网络是多维度的，能够提供企业正常运转所需的各种资源，也是新创企业最重要的资源获取来源之一。社会网络是隐性知识传播的重要渠道，它能通过促进信息（包括技能、特定的方法或生产工艺等）的快速传递而协助组织学习，同时还可以大大降低企业的交易成本，帮助获取与企业需求相匹配的资源，因此对于创业资源的获取具有重要意义。

研究表明，社会网络的关系强度、信任关系，以及网络规模对创业资源的获取有正向影响。由于大学生大部分时间在学校内学习，因此他们很少有机会接触社会，这就造成了大学生的社会网络中几乎没有政府网络、商业网络的存在。因此，大学生创业者应注意加强关系网络的维护和利用。关系网络的主体通常以家庭、亲戚、朋友为主，与这些关系的频繁、密切接触，能使大学生创业者更易获取资金、技术、人力等运营资源和有益的创业指导和建议。

不同的社会网络和网络地位，为人们之间的沟通与协作提供了不同的渠道。在社会网络中处于优势地位的创业者，有较好的社会关系网络，能有针对性地对不同对象传递商业创意的不同方面，能有目的地获取不同资源所有者的不同理解和信任，最终能成功地从不同网络成员那里获取所需的不同资源，从而为自己的创新创业提供基础。

### 4. 创业者的资源整合能力

资源整合能力是指创业者在创业过程中，以人为载体，在资源整合过程中表现出对资源的识别、获取、配置和利用的能力。

创业资源在未整合之前大多是零散的、一般性的商业资源，要发挥其最大的效用，使其转化为竞争优势，为企业创造新的价值，就需要新创企业运用科学的方法将不同来源、不同效用的资源进行优化配置，使有价值的资源充分整合起来，发挥“1+1>2”的放大效应。

## （二）创业资源的获取途径

### 1. 通过市场途径获取创业资源

通过市场途径获取创业资源包括购买和联盟两种。

（1）购买

购买是指利用财务资源通过市场购入的方式获取外部资源，主要包括购买厂房、设备等物质资源，购买专利和技术，聘请有经验的员工及通过外部融资获取资金等。需要注意的是，诸如知识，尤其是隐性知识等资源虽然可能会附着在非知识资源之上，通过购买物质资源（如机器设备等）得到，但是很难通过市场直接购买，因此，需要新创企业通过非市场途径去开发或积累。

（2）联盟

联盟是指通过联合其他组织，对一些难以或无法自己开发的资源实行共同开发。但联盟的前提是联盟双方的资源和能力互补且有共同的利益，而且能够对资源的价值及其使用达成共识。

2. 通过非市场途径获取创业资源

通过非市场途径获取创业资源包括资源吸引和资源积累等。

（1）资源吸引

发挥无形资源的杠杆作用，利用新创企业的商业计划和创业团队的声誉，通过对创业前景的描述来获得或吸引物质资源、技术资源、人力资源和资金等。

（2）资源积累

利用现有资源，在企业内部通过培育形成所需的资源。主要包括自建企业的厂房、设备，在企业内部开发新技术，通过培训来增加员工的技能和知识，以及通过企业的自我积累获取资金等。

显然，创业者的自有资源往往是通过非市场途径获取的。由于起步阶段的创业者往往囊中羞涩，很难通过购买的方式获取创业所需的各种外部资源，因而非市场途径——通过社会关系，用最小的代价获取创业资源成为创业者的首选，甚至无偿获取创业资源也并非不可能。

**知识拓展**

创业者的人脉圈往往决定了其事业的高度。血缘、地缘、业缘、同乡、校友、同僚、战友等，都是形成人际交往圈的重要因素。在这些圈子里，校友圈又显得比较特别。有人说，世界上能够产生最好的朋友的地方就是学校和战场。

## （三）创业资源获取的技能

蒂蒙斯认为，成功的创业活动必须对机会、创业团队和资源进行最适当的匹配，并且还要随着事业的发展不断进行动态平衡。创业过程由机会启动，在创业团队建立以后，创业者就应该设法获得创业所必需的资源，这样才能顺利实施创业计划。为了合理获取、利用资源，创业者往往需要制订设计精巧、用资谨慎的创业战略，而创业团队则是实现创业目标的关键组织要素，为此创业者或创业团队必须具有高超的领导力和沟通能力，能够适应市场环境的变化，而沟通能力是其中尤为重要的一种能力。

人际沟通能力是指通过情感、态度、思想、观点的交流，建立良好协作关系的能力。有效性和适当性是评价人际沟通能力的重要指标。有效性，即沟通行为有助于个人目标、关系目标实现的程度；适当性，即沟通行为与情境和关系保持一致的程度。

沟通技巧是指参与沟通的人具有收集和发送信息的能力，能通过书写、口头与肢体语言等媒介，有效与明确地向他人表达自己的想法、感受与态度，亦能较快并正确地解读他人的信息，从而了解他人的想法、感受与态度。沟通技巧涉及许多方面，如简化运用语言、积极倾听、重视反馈、控制情绪等。虽然拥有沟通技巧并不意味着一定会成功获取创业资源，但缺乏沟通技巧一定会使创业者遇到许多麻烦和障碍。

在获取资源过程中，与各方沟通是必不可少的，因此创业者及其团队必须与各方建立顺畅的沟通机制，应派出有一定沟通能力的团队成员负责与各方沟通，这是获取创业资源成功的关键因素。有研究结论很直观地证明了沟通的重要性，即“两个 70%”，同样适用于创业者获取资源这一任务。

第一个“70%”是指企业的管理者，实际上有 70% 的时间用在沟通上。开会、谈判、谈话、做报告是最常见的沟通形式，撰写报告实际上是一种书面沟通的方式，对外的各种拜访、约见也都是沟通的表现形式。

第二个“70%”是指企业中 70% 的问题是由于沟通障碍引起的。例如，企业常见的效率低下的问题，实际上往往是有了问题后，大家没有沟通或不懂得沟通所引起的。另外，企业执行力差、领导力不高的问题，归根到底都与沟通能力欠缺有关。

无论是人与人之间，还是企业与企业之间的良好感情的建立，都是双方持续不断地顺畅沟通的结果。创业者获取资源、整合资源的过程就是与新创企业内、外部资源供给者充分沟通的过程。在企业外部，创业者需要与投资者、银行、媒体、同行从业者、消费者、供应商等通过沟通建立联系，获得信任，消除利益分歧，争取对方的扶持与帮助，取得共赢的结果；在企业内部，创业者需要通过顺畅沟通，鼓舞士气，吸引人才，留住人才，进而提升企业运营绩效。

## 任务二 创业资源的整合

资源是创业的必要条件。在获取创业资源过程中，创业资源的整合更为重要。从创业过程观察，创业前半阶段在于创业者能否判断和获取足够的资源来支持可能的企业活动，后半阶段在于创业者对创业资源系统地进行理性整合。相关统计表明，大部分创业者的失败都与资源的整合和融资环节的不协调有关。由于创业过程中利益关联者较多，资源形式也更丰富，资源的产权体系分类更为细致，因此创业资源整合利用显得更为重要。初创企业的成长过程不断消耗着创业资源，同时也不断生长出新的创业资源，这些资源一方面被创业者用来投入新的创业活动；另一方面又通过外溢互补的方式为外部所用。

管理大师熊彼特说过，创业者的功能就是实现新组合。创业者一开始创业不可能也没有必要拥有所需的全部资源，为克服资源和经验不足等“新创缺陷”，创业者需要在充分利用自身资源的基础上，创造性地将外部资源“为我所用”，进而得到创业所需的一系列资源。当前，共享经济模式多是资源成功整合的结果。资源管理理论认为，资源整合能够对初创企业的资源和能力进行创造性整合、转换、利用，特别是那些能为企业带来持续竞争优势的核心资源，并促使初创企业更好地适应环境的变化，因而能推动初创企业向前发展，提高初创企业绩效。

## 一、创业资源整合的作用

资源整合就是创业者通过协调各种资源之间的关系，获取所需的资源，匹配有用的资源，能够把互补性的资源搭配在一起，将其进行绑定聚合以形成和改变能力的过程，使资源间形成一种独特的联系，充分发挥资源的作用，创造竞争对手无法模仿的价值。即使创业前资源准备足够充分，也不可能预见创业中所有的问题。大部分创业者开始创业时都存在资源贫乏、经验不足的状况，任何一个创业者都不可能在想出了所有问题的答案后再创业。因此，从创业角度看，创业不必等到将所有的资源准备齐全，而是需要在把握机会的前提下通过整合资源来实现。优秀的创业者绝不会仅仅停留在这样的水平上，而是会关注外部资源，通过整合外部资源实现自己的创业理想。资源整合对企业的发展起着至关重要的作用，是创业资源开发的核心，对缺乏资源的初创企业的作用尤为明显。创业者需要做的是发现有价值的外部资源，利用现有资源撬动外部资源，使初创企业得以生存发展，这就是资源整合的作用。

## 二、创业资源的整合原则

### （一）内部资源整合：整体大于个体，个体服从整体

企业整合内部资源应遵循“整体大于个体，个体服从整体”的原则。

“整体大于个体”是指企业要整合内部各种资源，实现“1+1>2”的正效应。创业者通过有效地计划、组织、领导和控制，做到人尽其才、财尽其力、物尽其用，让社会、信息和政策资源都能被企业有效吸收消化，企业才能像一个有机体一样，有序运转、茁壮成长。

“个体服从整体”是指企业的每一个局部，包括资源的配置和利用都要服从整体的利益，要以是否有利于整体为决策判断依据，而不能只考虑局部个体或者小集体的利益。当

局部利益和整体利益发生冲突时，优先服从整体利益。但当企业的一个局部并不能为企业创造价值，甚至产生副作用时，企业整体需要将这样的局部及时甄别出来，加以改造甚至摒弃。

### （二）外部资源整合：合作大于竞争，竞争谋求共赢

企业整合外部资源应遵循“合作大于竞争，竞争谋求共赢”的原则。

“合作大于竞争，竞争谋求共赢”是指企业要整合外部资源就要正确处理合作与竞争的关系，外部环境中各种资源拥有者都可能与企业同时存在合作与竞争这两种关系，而且这种关系还存在隐蔽性。

例如，客户一般来说是企业的合作者，但客户其实也在和企业竞争着利润，客户希望以更低的付出获得更好的产品与服务。竞争者之间不仅有竞争，其实也可以合作，通过打造区域品牌，共同“做大蛋糕”。所以，初创企业应转换思维，既要合作又要竞争，总体上合作大于竞争，不要做恶性竞争、损人不利己的事情。

在企业所面对的外部环境中，各种资源拥有者都是企业的相关利益者，创业者在整合外部资源时，一定要设计好有助于资源整合的互利共赢的利益分配机制，借助互利共赢的利益分配机制把潜在的和非直接的资源供给者整合起来，借力发展。

## 三、创业资源整合的一般过程

创业过程实际上就是创业者建立、整合和拓展资源的过程。在这个过程中，创业者需要平衡、取舍，需要对创立企业所需的资源进行识别、控制、利用和开拓。

### （一）创业资源识别

创业者要明白自己的资源整合能力以及企业所拥有的最初资源。创业资源中也存在假象，即不适合企业发展的方面，这就要求创业者具有辨别真伪的能力，不能对所有资源都兼收并蓄。与此同时，要厘清哪些是战略性资源、哪些是一般性资源。之后，还要对资源的数量、质量、可利用程度进行分析。要做到这些，通常要求创业者具备一定的行业知识和社会关系网络。

资源识别方式分为两种：自下而上和自上而下。自下而上是指创业者拥有详细、具体的创业计划，依据创业计划对资源进行识别，从而把资源整合在一起创造价值；自上而下是指创业者首先勾勒出组织愿景及这一愿景如何实现，而后识别自身所拥有的资源和环境中能提供的所需资源，以此实现组织愿景。

### （二）创业资源控制

实际上，所有成功的创业者在初创企业成长的各个阶段，都会做到用尽可能少的资源推动企业向前发展。同时，对于他们而言，资源的所有权并不是关键，关键的是对其他人的资源的控制和影响程度。资源控制的范围通常包括自有资源和外部资源。自有资源大多存在于创业者和创业团队当中，如教育背景、声誉、行业知识、资金和社会网络等。其中，团队成员中的人脉和技术对企业的成功起着举足轻重的作用。外部资源通常可以通过购买和并购获得。资源购买主要是通过市场购入所需资源；资源并购则是通过股权收购或者资产收购，将企业的外部资源内部化。

为了提高创业绩效，创业者需要尽可能利用手头资源和自身能力去获取并控制那些尚无法得到的资源。例如，可以通过资源联盟的形式，联合其他组织对一些难以或无法自行开发的资源共同开发。

### （三）创业资源利用

在完成了对资源的获取和控制后，创业者需要不断挖掘、利用创业资源，进行资源的配置与整合。由于资源在整合之前大多是零碎的、散乱的，要发挥其价值产生最佳效益，就必须运用科学方法对各种类型的资源进行细化、配置和激活，将有价值的资源有机地融合起来，使之具有较强的系统性和价值性。其次是利用资源优势来赢得市场。创业者需要协调各种资源之间的关系，匹配有用的资源，剥离无用的资源，使资源相互匹配、相互增强、相互补充，使之转化为企业内部的独特优势，从而为企业赢得市场，提高创业绩效。

### （四）创业资源开拓

创业资源的开拓是在协调资源的基础上，进一步开发潜在资源为己所用；是将以前没有建立起联系的资源建立联系，不但整合已有资源，而且还将新获取的资源与已有的资源充分进行整合。因此，对资源的开拓不但是实现财富的创造，而且是在已有资源的基础上拓展企业资源库，进一步识别企业自有资源和外部资源，拓展资源的范围和功能，从而为下一步的资源识别、获取、配置和利用奠定基础。这也是企业持续竞争优势的源泉。

总之，创业资源识别、控制、利用和开拓这四个过程相互依存、相互联系。资源识别是创业资源整合的起始阶段；资源控制是创业者根据原有计划和资源识别结果，尽可能利用手头资源和自身能力去获取并控制那些尚无法得到的资源，从而为资源的配置和利用奠定基础；资源利用要按需分配，将资源放到企业最需要的位置上，使之转化为企业内部的独特优势，同时应避免资源沉淀；资源开拓则为下一轮的循环奠定基础。

## 四、创业资源整合策略

创业资源整合是通过对不同来源、不同层次、不同结构、不同内容的资源进行选择、汲取、配置、激活和有机融合，从而形成新的核心资源体系的过程，是一个复杂的动态过程。

缺乏资源的创业者渴望获取资源，自身的实力弱、没有经营业绩、成长的不确定性等多方面因素又使得创业者难以获得资源。不少创业者不得不把自己的积蓄投入自己创建的事业中，即“自我融资”。此外，创业者会向家人、亲戚、同学、朋友等寻求支持，获得帮助。创业者还可以通过建立社会关系，构建或加入社会网络，强化自身的社会资本。基于对初创企业资源整合实践的分析和总结，学者们提出了创造性整合、步步为营、拼凑、杠杆效应四种被普遍接受的资源整合模式。

### （一）创造性整合

创造性整合是指在资源束缚条件下，创业者为了解决新问题、发现新机会，发现已有资源的新用途，利用新途径创造出新的独特服务和价值。例如，产品颠覆式创新最具代表性的案例就是苹果手机，苹果手机创新的原点在于乔布斯的观念创新，他认为手机不是冰冷的通信工具，而是充满人性温度的娱乐产品。这个观念创新让乔布斯重点突破了苹果手机的音乐、拍照、上网等人性化的娱乐功能。没有乔布斯的这个观念创新，苹果手机的技术创新便成了无源之水、无根之木。事实上，创业者可以通过在已有元素中加入一些新元素从而形成在资源利用方面的创新行为，进而取得令人惊奇的成果。成功的创业者大多是资源整合的高手，创造性地整合资源是他们成功的关键因素之一。

### （二）步步为营

“步步为营”是由美国学者杰弗里·康沃尔在其专著《步步为营：白手起家之道》中提出的，他对创业者选择步步为营的方法总结了以下九条理由。

（1）企业不可能获得来自银行或投资者的资金。

（2）初创企业所需的外部资金来源受到限制。

（3）创业者推迟使用外部资金的要求。

（4）创业者自己掌控企业全部所有权的愿景。

（5）是可承受风险最小化的一种方式。

（6）创造一个更高效的企业。

（7）使自己看起来“强大”，以便争夺顾客。

（8）为创业者在企业中增加收入和财富。

（9）审慎控制和管理的价值理念。

“步步为营”不仅是一种做事最经济的方法，还是在有限资源的约束下获取收益的方法。这不仅适用于小企业，还适用于高成长企业和高潜力企业。具体到创业资源整合实践中，“步步为营”是指创业者在资源约束的前提下，在每个阶段投入最有限的资源，稳扎稳打。尤其适用于初创期。“步步为营”理念体现在资源的节俭。这样，创业者一方面要有能力设法将资源的使用率降到最低，以至将成本降到最低，进而降低管理成本；另一方面要能够自主、自立、自强，以便减少对外部环境的依赖，达到降低经营风险的目的，以加强对所创事业的控制。这实质上体现的是一种能力，一旦具备了这种能力，创业者就会向成功步步靠拢。

创业办公用房支出、管理费用、税金缴纳等也是一笔不小的开支。因为不管使用与否，一旦租用办公场地，开展经营活动，就得定期支付不菲的租金、税金等。近年来，地方政府积极响应国家“双创”号召，设法为企业尤其是小微企业提供租金低廉或免费的创业园区、孵化器或创业服务中心，减免相关税费等。如果创业者能合理利用这些便利，便可有效地降低成本，渡过初创期难关。

### （三）拼凑

“拼凑”一词最早由人类学家列维·施特劳斯提出，以说明早期人类对现实世界的理解是一个递进过程。在已有元素的基础上，不断替换其中一些元素，形成新的认识。从字面上理解，拼凑就是修修补补，凑合着用。拼凑是指在资源束缚下，创业者通过对手头有限资源的创造性整合和利用，创造出独特的服务和价值。拼凑常见的思路是：①通过加入一些资源以实现有效组合从而改变结构；②这些加入的资源往往是手边已有的东西，尽管不是最好的，但可以通过一些小技巧或小窍门组合在一起；③这些创新行为往往带来一些意想不到的结果。例如，购买废弃的二手设备替代昂贵的先进设备，创业者通过身兼数职或者“上阵父子兵”来弥补员工不足。从创业角度看，拼凑主要是指尽量运用手边的资源，凑合着用，以达到创业者的目的。

事实上，潜在创业者并不是真正的“一无所有”，而是因为不敏感或能力不足而对自己手头拥有的东西视而不见。其实，不少成功创业者都是创业资源方面的拼凑“高手”，他们善于用发现的眼光，洞悉身边各种资源的属性，然后将它们创造性地整合起来。这种整合有时是突如其来的情况下摸索前行的结果。

拼凑的重要特点是为达到其他目的重新整合已有的资源，是一种不得已而为之的应急方法。因为市场瞬息万变，经常会遇到一些以前没有遇到的问题，所以这些问题需要快速解决。而解决这些问题一时也没有更多的资源，只能看手边有什么资源可用。长此以往，会使创业者陷入“头疼医头，脚疼医脚”的无序的自我恶循环的惯性状态。这就要求创业者在进行资源整合时，有所为有所不为，即创业者要学会慧眼识“物”，善于识别资源、积累经验、完善制度，从而建立一种有效的应对办法，同时还要有动手的能力，及时运用身边的资源去解决问题，善于拼凑的企业也因此逐步走上正轨。

### （四）杠杆效应

杠杆效应是指用较小的力气通过支点撬动较大的物体，后引申到其他领域，意指用较小的投入获得较大的产出。美国著名的投资者罗伯特·库恩（Robert·Kuhn）说过：“一个企业家要具有发现价值和创造价值的能力，要具有在沙子里找到钻石的功夫。”识别一种没有被完全利用的资源，能看到一种资源怎样被运用于特殊的方面，说服那些拥有资源的人让渡使用权，这意味着创业者并不被他们当前控制的或支配的资源限制，用大量创造性的方式杠杆性地撬动资源。

每个人所拥有的资源是有限的。在日常生活中，由于人们很少开展较大范围的经济活动，因此对缺少资源感觉不明显。一旦从事创业活动，资源不足就会特别突出。杠杆是指当企业内生资源不足或短期内难以获取，而外部资源存在闲置或浪费时，企业通过核心能力构建资源杠杆，以快速撬动外部资源为已所用的方式。这里的“杠杆”可以是资金、资产、时间、能力、关系和品牌。对于创业者而言，教育背景、相关经验、个性品质、专业技能、信誉、资格等个人的能力和素质最容易产生杠杆效应，实现在全社会范围内资源使用的最大效用。对于初创者来说，由于资金缺乏，时间紧迫，因此最合适的杠杆就是创业者个人的素质和能力，善于利用一切可以利用资源的能力。杠杆效应能以最小的付出或投入来获取最多的效益。

杠杆资源效应体现在以下几个方面。

#### 1. 比别人更加延长地使用资源

“资源在自己手里”总是比“资源被掌握在他人手里”要强，这是任何创业者都会认识到的。但是，如何更长久地占用资源，需要企业采取合法合理的手段。一个典型的思路就是对供应商采取先货后款，而对购买方采取先款后货的方式，从而把现金流最大限度地留给自己。为了达到这一目的，需要企业在市场中拥有足够的话语权，只有拥有了技术、市场、营销等优势才能在谈判中有足够的筹码。

#### 2. 更充分地利用别人没有意识到的资源

在日常生活中，有些平时无人关注乃至避之不及的东西在另一个环境下很有可能就会派上大用场，更何况还有更多的资源只是闲置却得不到有效利用。这些资源不见得一定是废弃的材料，例如，旧发动机或者旧主板、发电工厂的余热、裁切的边角料、生产的副产物等。如何从这些无人察觉的资源中挖掘商机，就体现了创业者与普通人的差别。

**3. 利用他人或者其他企业的资源来完成自己创业的目的**

这也是所有创业者都应该了解的创业项目必需的生存方式——利用外部资源。一些外部资源对于创业者几乎是无偿获得的，它们只需要证明自己满足使用的资格，例如政府的支持资金和场地，提供协助的志愿者，或者行业前辈和创业成功者的建议与指导。利用这些资源在很大程度上会使创业事半功倍。

**4. 将一种资源补足另一种资源，从而产生更高的价值**

杠杆效应并非意味着等价交换，而是利用少量的代价获取不等值的资源。在自由竞争的社会，指望用低价获得高质量的资源都是空谈，利用杠杆效应获取资源的更多情况是指利用不可估价的资源来交换，比如，用智力资本作为筹码换取资金投资。正是因为知识、技能、经验等这样的资源无法量化，才可能出现以看似较小的代价换取大量资源的情况。

**5. 利用一种资源弥补其他资源**

这是创业者所面临的无奈的选择之一。这时候不是用少量自身资源换取大量外部资源，而是反过来用自身所拥有的资源弥补欠缺的资源。这种弥补的代价可能会很大，比如，用团队大量的时间与精力却只争取到了很少的投资，但是由于获得的资源是自己所稀缺的，因此二者相加之后所带来的整体收益仍然会是正的，也就是资源复合在一起可产生更大的价值。

对于创业者来说，容易产生杠杆作用的是其社会资源或社会资本。社会资本有别于物质资本、人力资本，它存在于社会结构之中，为社会结构之间的行为者进行交易与协作等特定活动提供便利资源。创业者个人的社会网络提供了开拓不同市场的信息，通过社会网络中的亲朋好友将企业有关的信息传递给创业者，给创业者提供了创业的机会。其实，大公司也不只是一味地积累资源，它们更擅长用资源换取资源，进行资源更新和重整，积累战略性资源。初创业者更应该学习其中的经验和技能。

## 任务三　创业融资的选择

### 一、创业融资的概念

融资主要是指资金的融入，也就是资金来源，具体是指通过一定的渠道，采用一定的方法，以一定的经济利益付出为代价，从资金持有者手中筹集资金，满足资金使用者在经济活动中对资金需要的一种经济行为。广义的融资指资本在持有人之间流动，以余补缺的一种经济行为；狭义的融资主要是指资本的融入，即通常说的资本来源。

创业融资是指创业者为了将创意转化为现实，通过不同的渠道，采用不同的方式筹集资金以建立企业的过程。

任何企业的生产经营都需要资金的支撑，对于新创企业来说，无论是进行产品研发还是产品的生产和销售，都需要投入大量资金，如何有效融集资金是创业者极为关注的问题。创业者通过合理选择融资渠道和融资方式，降低资金成本，将创业企业的财务风险控制在一定范围内。通过对企业不同发展阶段融资需求特点的分析，有利于创业者做出科学的融资决策，使得创业企业实现可持续发展。

**知识拓展**

**大学生创业者融资难的因素**

1. 个人信誉较弱，难以获得资金帮助。
2. 经营企业的思维意识较差，失败风险大。
3. 创业者普遍缺少抵押财产，难以获得银行贷款。
4. 新企业没有经营记录，难以评定信誉等级。
5. 项目处于验证期，风险类投资介入缓慢。
6. 创业者融资信息来源不足，不了解社会各类扶持资金的情况。

## 二、创业所需资金的测算

开办企业要有必要的投资和支付各种必要的费用，这些费用的总和就是启动资金。启动资金需求量的测算是融资的基础，每个创业者在融资前都要明确所需要的启动资金需求量。那么，如何计算启动资金需求量呢？

对于创业者来说，首先要弄清楚创业所需资金的用途。创业启动资金的用途可以分为两类：固定资产投资和流动资金。

### （一）固定资产投资

固定资产投资是指企业购买的价值较高、使用寿命长的资产，如使用期限超过一年的房屋、建筑物、机器、机械、运输工具，以及其他与生产经营有关的设备、器具和工具等。不同的企业所需的固定资产不同，有的企业用很少的投资就能开办，而有的却需要大量的投资才能启动。在创办企业时应尽可能把必要的投资降到最低限度，从而降低企业承担的风险。

## （二）流动资金

流动资金是指项目投产后，为进行正常生产运营，用于购买原材料、燃料、支付工资及其他经营费用等所必不可少的周转资金。

一般而言，创业者必须准备足够的流动资金来维持企业的正常运转。不同类型的企业对流动资金规模要求不同，一些企业需要足够的流动资金来支付6个月的全部费用，还有一些企业只需要支付3个月的费用。创业者必须预测，在获得销售收入之前，新企业能够支撑多久。企业需要支付的具体费用如下所示。

### 1. 购买原材料和成品的费用

制造性企业生产产品需要原材料，服务性企业的经营者也需要一些材料；零售商和批发商需要储存商品来出售。创业者预计的库存越多，需要用于采购的流动资金就越多。既然购买存货需要资金，创业者应该将库存降到最低限度。如果创办的是一个制造性企业，创业者必须预测生产需要多少原材料库存，这样可以计算出在获得销售收入之前需要多少流动资金。如果是一个服务性企业，创业者必须预测在顾客付款之前，提供服务需要多少材料库存。零售商和批发商必须在开始营业之前，预测需要多少商品存货。

### 2. 促销费用

新企业开张后，由于消费者对自己生产的产品或提供的服务还不了解，为了让消费者购买自己的产品或服务，就需要对自己的产品或服务进行促销活动，而促销活动需要一些费用开支。

### 3. 工资

如果新企业雇用员工，在起步阶段就得给员工付工资。计算流动资金时，要计算用于发工资的资金，只要通过用每月工资总额乘以还没达到收支平衡的月数就可以计算出来。

### 4. 租金

正常情况下，新企业一开始运转就要支付企业用地用房的租金。计算流动资金中用于房租的金额，用月租金额乘以还没达到收支平衡的月数就可以得出来。而且，创业者还要考虑到租金可能一付就是3个月或6个月。

**案例分享**

**开办一家小型书店的资金预算**

张同学大学毕业后准备开办一家小型书店，在经过考察以后，他决定租用一间60平方米的门面房，下面是他开办书店进行的资金预算（不同城市及地段各项费用有所差别，仅供参考）。

（1）店铺装修：普通的中小型书店，装修费用为每平方米300元。60平方米的书店需投入装修费18 000元。

（2）书架：中档的报价是每个300元。60平方米的书店放30个书架，共计9 000元。

（3）营业设备：计算机、扫描仪、打印机、电话、传真等，费用大约为10 000元。

（4）首期备货的采购资金：参考其他书店情况初步确定为50 000元。

（5）房租：每月租金5 000元，需预备3个月的，共计15 000元。

（6）人员工资：60平方米的书店需要2个店员，每人每月工资平均为1 600元，预备3个月，共计9 600元。

（7）其他费用预留：水电、通信、公关、物流等费用，每月预算2 000元，预备3个月，共计6 000元。

以上各项费用合计117 600元。

结论：开办这样一家60平方米的小型书店需要启动资金117 600元。

## 三、创业融资的渠道

具体来讲，创业融资的渠道主要有私人资本融资、机构融资、风险投资、天使投资和政府扶持。

创业融资的渠道

### （一）私人资本融资

#### 1. 个人积蓄

总的来说，成功的企业家的创业资金有30%来自自己的积蓄。创业初期团队成员依靠自身的筹资，往往具备了初期项目启动的能力。同时，自筹资金也是一种自我承诺，极大地坚定与鼓舞了团队士气。

一般来说，大学生创业初期所选择的项目及投入都不会太大，所以创业的第一桶金大部分是由几个股东一起凑起来的，单人的资金基本上是自筹的。从萌生创业想法到最终付诸实践，其间总会有机会让你攒下积蓄。“先打工赚钱，再出来创业”也成了许多创业者规划的路径。

**案例分享**

**靠个人积蓄创业的青年学生彭某**

彭某是江苏某职业学校安防技术专业的学生。上学期间，他利用周末或节假日到上海市徐汇区的“百脑汇”打工，为客户组装计算机。在装机过程中，他学会了组装计算机的流程并找到了销售计算机的渠道，同时也掌握了一些营销技巧。他率先在计算机城里打出了“整体装机只挣100元”“元部件价格全透明”的广告，消费者看到后纷纷去他所在的店铺装机。一时间，生意好到一个人忙不过来了。

彭某不甘心于一直给别人打工，想开创自己的事业。于是，他用打工积累的钱租了一个摊位，请了几位工人，开启了自己的计算机维修、装机服务。到毕业那年，他的资产已经超过了20万元人民币。他把这些资金作为启动资金，利用自己在学校所学的安防技术专业知识，注册了上海迅敏安防技术服务有限公司。截至2019年，彭某的企业的注册资本增资到1 000万元人民币。

积累个人的创业资金对于创办企业尤为重要。很多成功的创业者，在创业初期都是通过个人积蓄或向亲友借款以筹得创业资金的。本案例中，彭某通过努力工作，积累了一些积蓄，并将其作为启动资金，创办了自己的公司，并取得了创业成功。

#### 2. 向亲友融资

向亲友融资也是创业融资的重要渠道。以创业者为中心形成的亲缘、地缘、商缘等社会关系网络，对包括创业融资在内的许多创业活动产生着重要影响。

向家人朋友借钱，应该是很多创业者采取的方法。这种方法有优势也有劣势。优势是成功概率高、投资和利息条件更优惠，而且能够更快地拿到钱。劣势是容易出现纠纷，父母可能会插手公司；如果创业失败，可能一辈子会对他们有负罪感。向父母借钱时，不要超出他们的损失承受能力。你当然希望可以借到足够创一番事业的钱，但到如果你创业失败，可能会给家人带来很大的麻烦。

### （二）机构融资

#### 1. 向银行借款

适合创业者的银行借款形式主要有抵押贷款和担保贷款两种。

（1）抵押贷款是指借款人以其所拥有的财产作抵押，来获得银行贷款的一种借款方式。在抵押期间，借款人可以继续使用其用于抵押的财产。

（2）担保贷款是指借款人向银行提供符合法定条件的第三方保证人作为还款保证的借款方式。当借款方不能履约还款时，银行有权按照约定要求保证人承担清偿贷款的连带责任。

担保贷款分为自然人担保贷款和专业公司担保贷款两种。自然人担保贷款是指通过自然人提供担保来取得贷款的方式；专业公司担保贷款是指通过担保公司提供担保来取得贷款的方式。

### 2. 向非银行金融机构借款

非银行金融机构是指以发行股票和债券、接受信用委托、提供保险等形式筹集资金，并将所筹资金用于长期性投资的金融机构。根据《中国银保监会非银行金融机构行政许可事项实施办法》的规定，非银行金融机构包括经银保监会批准设立的金融资产管理公司、企业集团财务公司、金融租赁公司、汽车金融公司、货币经纪公司、消费金融公司、境外非银行金融机构驻华代表处等机构。

### 3. 交易信贷

交易信贷又称为商业信用，是指企业在正常的经营活动和商品交易中，由于延期付款或预收货款所形成的企业间常见的信贷关系。企业在筹办期及生产经营过程中，均可以通过交易信贷筹集部分资金。例如，企业在购置设备或原材料的过程中，可以通过延期付款的方式，在一定时期内免费使用供应商提供的部分资金。

### 4. 融资租赁

融资租赁是指出租人根据承租人对租赁物件的特定要求和对供货人的选择，出资向供货人购买租赁物件并租给承租人使用，承租人则分期向出租人支付租金的融资方式。在租赁期内，租赁物件的所有权属于出租人，承租人拥有租赁物件的使用权。租赁期届满，租金支付完毕并且承租人根据融资租赁合同的规定履行完全部义务后，租赁物件所有权即转归承租人所有。

## （三）风险投资

风险投资又称创业投资，是指专业机构投资于极具增长潜力的创业企业并取得该公司股份的一种融资方式。风险投资的投资对象多为处于创业期的中小型企业，而且多为高新技术企业和服务型企业。风险投资的投资期限通常为 3 ～ 5 年，投资方式为股权投资。投资者一般会占被投资企业 15% ～ 30% 的股权，但其并不要求拥有控股权，也不需要任何担保或抵押，仅可能对被投资企业以后各阶段的管理、融资等提出一定的要求。

风险投资者一般会积极参与被投资企业的经营管理，以使被投资企业增值。由于投资的目的是追求超额回报，所以当被投资企业增值或上市后，风险投资者会通过股权转让方式撤出资本，实现资本的回收。

## （四）天使投资

天使投资是一种非组织化的创业投资形式，是指自由投资者（个人）或非正式风险投资机构（团体）对有发展前景的原创项目构思或初创期小企业进行早期权益性资本投资，以帮助这些企业迅速启动的一种民间投资方式。

天使投资的主要特征如下。

（1）天使投资的金额一般较小，多为一次性投入，是一种个体或者小型的商业行为。它对创业企业的审查并不严格，更多的是基于投资者的主观判断或者个人喜好。

（2）天使投资者本身可以是任何愿意投资公司的人士，既可能是企业家或其他高收入人士，也可能是创业者的邻居、家庭成员、朋友、公司伙伴、供应商等。

（3）天使投资者不但能带来资金，也能带来一定的资源。如果他们是知名人士，还可以提高公司的信誉和影响力。

### （五）政府扶持

创业者可以根据政府的扶持政策，从政府方面获得融资支持。随着我国经济的发展，政府对创业的支持力度越来越大。无论是从政府扶持产业的广度方面，还是从政府对创业者的资金支持力度方面，都有了很大提升。

## 四、创业融资策略

### （一）与融资类型匹配的融资策略

初创企业在创业过程中所表现出的特征有差异，根据风险的大小与预期收益确定程度两个指标可以分为四种类型。

（1）高风险、预期收益不确定。

（2）低风险、预期收益易预测。

（3）高风险、预期收益较高。

（4）低风险、预期收益不确定。由于最后一种类型对初创企业不具有吸引力，故而忽略。

初创企业特征与融资类型见表 5-1。

表 5-1　初创企业特征与融资类型

| 初创企业类型 | 初创企业特征 | 适当的融资类型 |
|---|---|---|
| 高风险、预期收益不确定 | 弱小的现金流，高负债率，低中等成长，未经证明的管理层 | 个人资金、向亲朋好友融资 |
| 低风险、预期收益易预测 | 一般是传统产业，强大的现金流，低负债率，优秀的管理层，良好的资产负债表 | 债务融资 |
| 高风险、预期收益较高 | 独特的商业创意，高成长，利基市场，得到证明的管理层 | 权益融资 |

### （二）与创业阶段匹配的融资策略

初创企业发展大致分为五个阶段，即种子期、启动期、成长期、扩张期和衰退期。初创企业所处的阶段不同，对于融资需求的资金量及所产生的风险也会不同，因此，创业者要考虑初创企业所处的发展阶段，将不同阶段的融资需求与融资渠道相匹配，有助于提高融资效率，使企业获得所需的创业资金。

### 1. 种子期融资策略

种子期是企业孕育阶段，企业正在筹建或刚刚组建，创业雏形尚未构建完成，没有有效的管理队伍，不具备相应的法人结构，产品还只是概念、样品或专利技术，没有经过市场检验，具有很大不确定性。

处于种子期的创业者，通常没有资金积累，缺乏创业需要的资金储备。创业者所需资金主要用于创办企业费用、新产品和技术研发费用，而企业没有任何销售收入和盈利记录，风险承担能力有限。此时，企业的发展前景不够明朗，如果进行股权融资，对于融资者来说风险较大，创业者很难从外部筹集资金。创业者的自有资金、人脉融资、国家创业资金的资助可能是种子期采用较多的融资渠道。除此之外，天使投资者也常为处于起步阶段的企业提供资金，一些富有创意或特殊技术的项目很可能会受到天使投资者的青睐。因此，充分估算创业不同阶段的资金需求量，撰写高质量的创业计划书，争取获得天使投资，为解决企业启动期的资金需求提前做好准备。因为投资者可以通过较少的投资获得较多的股权，但需要注意这可能会造成股权结构的变动。

### 2. 启动期融资策略

启动期是经过创业种子期，创业实体的雏形已经确立，企业处于开拓阶段，其主要任务是进行科技成果的转化，使技术或概念变成商业化产品或服务，因此，资金需求量大而急迫。创业者所需资金主要用于设备投资费用、生产运营费用、销售费用等。此时，由于企业成立时间短、业务记录有限，投资机构评估比较困难，银行对初创企业的贷款额度较低，难以满足创业启动资金的需求，加之银行贷款手续相当烦琐，需要很多机构开证明验证，无疑加大了初创企业资金申请难度。因此，担保机构、风险投资机构就成为初创企业这一阶段的重要选择，初创企业可以进一步修改并不断完善创业计划书，合理规划未来销售收入、收益及自由现金流，从而吸引包括天使投资在内的风险投资进行本轮融资。2010年，在杭州成立的“西湖－星巢天使投资基金”是我国首个大学生创业天使投资基金。其基金总规模达到了1亿元人民币，取得了很好的社会效益和经济效益。但是因对未来现金流不能精确预计，对企业价值双方可能存在诸多分歧，故而采用天使投资，双方对股权比例的争夺较为激烈。

### 3. 成长期融资策略

在成长期，企业已具备一定规模，管理团队已经成型，销售量增长迅速，企业已有一定的商誉和一定的资本积累，风险降低，容易获得外界认可。企业希望进一步扩大产能，拓展销售渠道，并不断增强自身的创新能力，以获得更多的市场份额，仍需要大量资金投入。这一阶段由于企业处于发展及营利阶段，建立了商誉，因此融资渠道较多，根据企业的具体情况既可以选择股权融资，也可以选择债权融资；既可以考虑吸引风险投资，又可以选择银行贷款。此外，这个阶段还可以考虑合伙融资这种直接吸收社会投资者或者某些私营企业的融资模式，有利于对现有资源的充分合理利用和提高企业的知名度。这里需要强调的是，合伙人要注意控制好风险与收益，把握好投资的额度。

### 4. 扩张期融资策略

进入扩张期，初创企业管理与运营已经步入稳步轨道，产品销售进一步扩大，市场占有率迅速提高，企业处于高利润阶段，现金流已基本满足企业大部分需要，资金需求量相对稳定，并且企业具备了一定的还款能力。初创企业有了可抵押资产和信用记录，企业的市场前景也相对明朗。但是，新的机会不断涌现，企业仍需要外部资金来实现扩张发展。此时，企业面临的风险显著降低，各种外界融资渠道都乐于进行融资支持。企业可以考虑银行贷款融资，或通过小额贷款公司进行融资，也可以考虑天使融资以及债券、股票等资本市场，为企业提供丰富的资金来源。其中，股票以普通股股权投资为主，辅之以优先股、可转换债券、认股权证等形式，不要求控股，倾向联合其他创业投资机构共同投资。例如，创业板上市可以使初创企业更加容易募集到新资金。

### 5. 衰退期融资策略

进入衰退期，初创企业对资金的需求已远不如前几个阶段。因此，本阶段创业者可以选择更加灵活的小额融资。小额贷款公司的主要优势在于它能提供银行不愿提供的贷款，这对中小企业有很大的吸引力。小额融资门槛低，担保方式灵活，一旦申请后审批很快，一般 3 ～ 5 天就能发放贷款，有些手续齐全的甚至当天就可以发放贷款。典当融资就是其中一种，其一般有两种方式：一种是抵押；另一种是质押。它具有“随时、随地、随客”的特点，是缓解中小企业融资困境的有效途径，更支持中小企业和个体私营经济的创业与发展。只要有符合条件的当物，就可以使用典当融资，非常方便、快捷、灵活。

**课程思政**

## “青创园”：打造创业青年“筑梦空间”

党建展室、新媒体中心、数字路演室、入驻企业文化展区、多媒体会议室、共享办公空间……走进临沧市临翔青年创业园，15 个功能区“各司其职”，为入驻企业提供一站式全方位服务。

临翔青年创业园成立于2018年5月，由共青团临翔区委具体负责建设和运营，总面积近1万平方米，搭载97个50～70平方米“创住一体”的工作间，吸纳科技创新、电子商务、信息技术、文化创意和综合服务类创新项目和初创企业入驻，免费提供给创业青年使用。

除了为创业者提供帮助，“青创园”也为全市创业青年和有创业意向的普通市民提供一个休闲娱乐、交流思想的平台。来自不同地方的回乡青年、创业青年能够在这里聚集交流，碰撞出新的创业理念。

“青创园”的“众创空间”经常性开展创业培训、创客沙龙等活动，输送青年人才到全国知名企业进行进修培训，提高青年群体创业素质和创业能力。在“青创园”建设管理过程中，共青团临翔区委，按照“党建＋团建＋双创＋青年”的模式，把创业青年按照政治面貌划分到党支部、团支部和志愿服务队，把党建优势转化为发展优势，把党建资源转化为发展资源，把党建成果转化为发展成果，“党建＋”成了青年创业人的能量源。

经过近5年的运行，“青创园”已经成为临沧青年创业人才的孵化基地，目前园区共入驻初创企业74家创业青年380余名，并涌现出一大批优秀创业团队。截至2022年年底，园区实现营业总收入突破1亿元大关，累计为680名创业青年申办创业贷款10 031万元。

临翔青年创业园负责人表示：“我们的目标是要创建集‘创业孵化园＋众创空间＋青年之家’三位一体的服务型创新创业示范基地，高位推动、扶持青年创新发展。”“青创园”将引入更多有效社会资源，建立更科学的人才培养机制，通过人才引进和人员输出培训，帮助企业提升内部竞争力，对接省内外高校、强企业、强双创基地师资和其他资源，为每一个青年创业梦保驾护航。

## 实训任务

### 实训1　模拟预测启动资金

【实训目标】

1. 了解启动资金包含的内容。
2. 掌握启动资金预测的方法。
3. 学会预测启动资金。

【实训流程】

流程一：选择模拟企业。

尽可能从多方面考虑，选择模拟的企业，填写模拟企业情况表（表 5–2），以下是参考的考虑因素。

表 5–2　模拟企业情况表

| 项目 | 计划 |
| --- | --- |
| 组织形式 | |
| 规模 | |
| 主营业务 | |
| 目标客户 | |
| | |
| | |

流程二：启动资金预测。

列出固定资产项目和流动资金项目的清单，填写下表的启动资金预测表，再测算每一类中每个物品的具体价格、每项工作的具体花费，最后求和（表 5–3）。

表 5–3　启动资金预测表

| 类型 | 分类 | 清单 | 费用 |
| --- | --- | --- | --- |
| 固定资产 | 企业用地和建筑 | | |
| | 设备 | 机器 | |
| | | 工具 | |
| | | 办公家具 | |
| | | …… | |
| 流动资金 | 开办费 | | |
| | 原材料 | | |
| | 工资 | | |
| | 促销 | | |
| | …… | | |

## 实训 2　拟订融资计划

【实训目的】

1. 学会拟订融资计划。

2. 掌握创业融资预算能力。

3. 加深学生对融资基础知识的认识。

【实训流程】

流程一：分组讨论。

以小组为单位，结合各小组的创业项目和创业计划书，讨论创业需要用多少资金，可通过哪些渠道获得这些资金，初创企业需要哪些融资方案，融资前还应该做好哪些准备。请各小组成员将主要观点记录下来。

流程二：拟订融资计划。

请各小组拟订融资计划，融资计划中的财务预测、资本结构、投资者退出方式、风险分析等内容可参考以下模板。

1. 财务预测。

该部分主要包括的内容如下。

（1）今后三年公司的发展预测。

（2）投资计划。其主要包括预计的投资数额，公司未来的筹资资本结构，获取投资的抵押、担保条件，投资收益及再投资的安排，投资者投资后双方股权的比例安排，投资者介入公司经营管理的程度。

（3）融资需求。其主要包括创业所需要的资金额、团队出资情况、资金需求计划、为实现公司发展计划所需要的资金额、资金需求的时间、资金用途（列表说明）等。

（4）融资方案。其包括公司所希望的投资者及其所占股份的说明、资金其他来源（如银行贷款等）。

2. 资本结构。

该部分主要包括的内容如下。

（1）目前有多少资金投入本公司？

（2）目前公司打算筹集多少资金？

（3）如果筹资成功，公司可以持续运营多长时间？

（4）以后的融资计划筹集多少资金？

（5）公司可以向投资者提供的权益（如股权、普通债权等）有哪些？

（6）公司现在的资本结构表是什么？

（7）本期筹资成功后的资本结构表，如表 5-4 所示。

表 5-4　资本结构表

| 投资者 | 投入的资金数量 | 股权的比例情况 |
| --- | --- | --- |
| | | |
| | | |
| | | |
| | | |

（8）说明公司希望找怎样的投资者，对投资者的要求是什么。如投资者对资金、管理的支持程度，对行业的了解程度。

3. 投资者退出方式。

该部分主要包括的内容如下。

（1）利润分红：应向投资者说明股权利润分红计划。

（2）股权转让：应向投资者说明股权转让计划。

（3）股权回购：应向投资者说明股权回购计划。

4. 风险分析。

要详细说明创业项目实施过程中可能遇到的风险，如技术风险、市场风险、管理风险、财务风险及其他风险，应提出有效防范风险的手段。

流程三：老师点评。

各小组将拟订的融资计划向老师进行展示，老师一一点评，小组成员进行总结。

| 老师评语： |
| --- |
| 小组总结： |

【实训思考】

融资计划得好，就能获得融资吗？你认为融资成功的关键因素是什么？

# 项目六
# 制订创业计划

## 项目导读

当我们细数那些创业成功者，便不难发现，创业是一场有准备的战争。正所谓“兵马未动，粮草先行”，只有做好充分的创业准备，精心构想，运筹帷幄，才能决胜千里。被誉为“现代管理学之父”的彼得·德鲁克曾说过：“当今企业之间的竞争，是基于商业模式的竞争。”商业模式的好坏在很大程度上决定着一个企业的成败，商业模式的创新更是创新的重要一环。另外，创业计划书是企业融资成功的重要工具之一，可以帮助创业者有计划地开展商业活动，以增加创业成功的概率。因此，能够撰写一份高质量的创业计划书是每一个创业者都必须掌握的技能。

## 学习目标

### 知识目标

1．掌握市场分析的方法。

2．掌握商业模式设计的方法。

3．了解商业模式创新的概念与途径。

4．熟悉创业计划书的基本结构，掌握创业计划书的撰写原则和技巧。

### 能力目标

1．能够结合自己的创业项目进行市场分析和商业模式设计。

2．能够结合自己的创业项目撰写创业计划书。

## 思政目标

1．提高学生学习与创新能力，促进大学生创新创业，以推动大众创业、万众创新持续蓬勃发展。

2．弘扬爱国精神，树立科技强国的信念，培养担当民族复兴大任的时代新人。

# 任务一 市场分析

市场分析是对市场供需变化的各种因素及其动态、趋势的分析。创业计划中的市场分析主要包括以下方面：行业分析，竞争分析，市场细分、目标市场和目标客户分析，市场规模分析。

## 一、行业分析

一个行业的特征和背景对企业制订和采取何种经营战略具有重要的影响，所以它常常是企业在制订企业经营战略时最先要考虑的方面。

### （一）行业基本状况分析

行业基本状况分析需要重点关注国内外该行业发展进展状况。行业基本状况包括这个行业的发展历程、现状以及对未来的预测。此外，也需要重点关注行业容量。有的企业规模做不大，可能不是企业本身的问题，而是行业规模就那么大，即使做到了行业第一也只能如此。但这样的企业可以通过收购来延长产业链，因为通过自身力量很难突破行业“瓶颈”。

### （二）行业特征分析

行业特征是影响企业投资价值的重要因素之一，不同行业的企业之间特征差异比较大。比如说，零售行业，该行业进入门槛不高，但竞争激烈，整个行业呈现出经营品种多、周转速度快以及行业毛利率低的特点。再比如制药企业，企业首先要取得政府颁发的生产许可证，行业进入门槛高，再加上药企资金投入大，对高级专门人才的需求大、工艺复杂等，其利润率要高于一般行业。

### （三）行业周期分析

行业周期可分为经济周期与生命周期两类。创业者需要判断行业处于哪个阶段、行业目前所处阶段是否产能过剩、是否已经达到天花板上限。因此，行业周期分析一定要结合产品周期。比如说，汽车行业，传统燃油汽车发展已经成熟，但是新能源汽车方兴未艾；再比如说，自行车行业已经饱和衰退，但是共享单车的出现给自行车生产商带来了大量订单。所以说，技术变革和商业模式的创新，可能让成熟或衰退期的行业“老树发新枝”，行业周期没有绝对的衰退，我们要结合产品周期来看。

## 二、竞争分析

竞争分析是指对竞争对手的现状和未来动向进行分析。竞争对手包括当前的竞争对手和很有可能进入的潜在的竞争对手。

### （一）定义当前的竞争对手

首先把当前的竞争对手定义出来。例如，如果你打算打开一个体育用品实体商店，目标市场上已经有3家体育用品专卖店了，要明确是哪3家。当然，电商也是你的竞争对手，但除非你决定也要加入电商业务，深入分析电商领域的竞争对手的意义不大。虽然你可能每时每刻地在对比和分析天猫或者京东同行的价格销量，但是电商会从你的目标市场分割掉多少份额，你是很难分析的。在定义当前的竞争对手时，要优先分析目标市场业务模式相近的直接竞争对手。比方说，如果你打算成立一家财务代理公司，你的竞争对手是同一地区的其他财务代理公司。如果你打算开一家服装店，你就将与所在商区的其他服装店竞争。

一旦确定了主要竞争对手，你可以客观地问自己以下问题。

（1）竞争对手有什么优势？在哪些方面你比较弱？

（2）竞争对手有什么缺点？他们的缺点应该是你充分利用的。

（3）判断竞争对手的市场意图，是快速获取市场份额，还是培养优质客户？试着从他们的角度去阅读市场，他们的目标是什么？

（4）竞争对手使用什么样的营销策略？可以分析他们的广告、软文等。

（5）你怎样才能一步步夺取他们的市场份额？

（6）当你进入市场时，他们会有什么反应？

虽然回答这些问题看起来像是有很多的工作量，其实这个过程应该是比较容易的。你应该已经对竞争对手的优势和劣势有感觉了，对你的行业和市场也多少知道一些。

收集竞争对手信息的手段主要有以下几个方面。

（1）分析他们的网站和宣传物料。

（2）实地考察，索取产品资料。

（3）参观他们参加的展会或者招商会、发布会。

（4）通过网络查询他们的信息，如新闻、软文等。

### （二）识别潜在竞争对手

潜在竞争对手是比较难预测的，并且很难知道什么时候忽然冒出来一个竞争对手，潜在的竞争对手可能像大多数“菜鸟”一样会很快消失；也有可能是精心策划过的“硬骨头”，创业者应该定期搜索行业新闻、行业媒体。

潜在竞争对手的出现也不是毫无征兆的，你能看到的机会别人也可能看到。思考以下问题，如果存在这些情况，那么时刻准备好，潜在竞争对手已经在路上了。

（1）行业平均利润率很高。

（2）进入市场花钱不多，没有任何前置许可限制。

（3）市场正在快速增长，一般来说，市场增长越快，潜在竞争对手越多。

（4）供给和需求暂时失衡，供应低，需求高。

（5）很少存在竞争，这种一般是需要前置许可的业务，而且这种许可一般很难获得。但是，潜在竞争对手往往把市场中为数不多的竞争对手看个通透，只要他们获得许可，动起手来可是毫不留情。

一般来讲，如果你的产品或服务并不复杂，你应该假设潜在竞争对手会进入你的市场。一份好的创业计划书中应该对潜在竞争对手有所估计。

## 三、市场细分、目标市场和目标客户分析

直到有人购买你的产品或服务时创业才算成功，这个简单的事实会让你始终牢记经商最重要的原则。经商和产品不是一回事，因为只要产品卖不出去，那就根本没有商业可言，只有市场才是检验成功的终极标准。

### （一）市场细分

市场细分

市场细分是指营销者通过市场调研，依据消费者的需要和欲望、购买行为和购买习惯等方面的差异，把某一产品的市场整体划分为若干个消费者群的市场分类过程。其中，每一个消费者群，就是一个具体的细分市场，每一个细分市场都是具有类似需求倾向和消费者构成的群体。对于初创企业来说，开发现有市场无法提供的创新产品是取得成功的重要条件。有效的细分市场必须具备以下特征。

#### 1. 可衡量性

可衡量性是指各个细分市场的购买力和规模能被衡量的程度。如果细分变数很难衡量的话，就无法界定市场。

### 2. 可营利性

可营利性是指企业新选定的细分市场容量足以使企业获利。

### 3. 可进入性

可进入性是指所选定的细分市场必须与企业自身状况相匹配，企业有优势占领这一市场。可进入性的具体表现为：信息进入、产品进入和竞争进入。考虑市场的可进入性，实际上是研究其营销活动的可行性。

### 4. 差异性

差异性是指细分市场在观念上能被区别并对不同的营销组合因素和方案有不同的反应。

### 5. 相对稳定性

相对稳定性是指细分后的市场有相对应的时间稳定。细分后的市场能否在一定时间内保持相对稳定，直接关系到企业生产营销的稳定性。特别是大中型企业及投资周期长、转产慢的企业，市场缺乏稳定性更容易造成经营困难，严重影响企业的经营效益。

## （二）选择目标市场

选择目标市场是指估计每个细分市场的吸引力程度，并选择进入一个或多个细分市场，即细分一个市场并把它作为目标市场。市场细分是选择目标市场的基础。了解目标市场可以更科学地制订市场销售策略以及开发新产品或服务，还可以预测未来的销售和利润情况。

## （三）定义目标客户

目标客户是指一群拥有共同特征，基于相同的理由愿意购买特定产品或服务的潜在客户。要想使选择的目标市场能够落地，首先要聚焦目标客户，它决定着你能否找到真实有效的客户。

定义目标客户时要明确的问题主要包括以下几个方面。

（1）客户的性别。

（2）客户的年龄范围。

（3）客户的收入状况。

（4）客户的地理分布。

（5）客户的购买动机。

（6）客户有何顾虑。

（7）客户购买产品的原因。

（8）客户的其他信息。

特别提示：定义目标客户，关键的不是定义他是一个什么样的人，如年龄 30 岁、硕士学历、中产阶层等，而是他跟产品发生交集的时候，他是一个什么样的人、扮演什么角色和呈现什么消费形态。就像我们定义红牛的目标消费者和王老吉的目标消费者，如果定义年龄、学历、消费水平，这两者可能是完全重叠的，因为他可以是一个人。只不过他在两种不同的情境下，展现了两种不同的消费角色和消费状态，喝王老吉有可能是在餐饮店吃饭的时候，喝红牛有可能是在开车或运动的时候。

## 四、市场规模分析

市场规模即市场容量，是一个特定产品的购买用户数（或销售量、销售额）。根据史蒂夫·布兰科斯的《创业指导手册》，计算一个创业市场需要估计总潜在市场、可服务市场、可获得服务市场的价值，所以简单来分，市场规模有以下三类。

（1）总潜在市场（total addressable market，TAM），是指一款产品或服务在现有市场上真正的可以达到的市场规模，或者说产品未来覆盖的消费者人群规模。

（2）可服务市场（serviceable available market，SAM），即产品可以覆盖的人群。

（3）可获得服务市场（serviceable obtainable market，SOM），即产品实际可以服务到的市场范围，这要考虑到竞争、地区、分发、销售渠道等其他市场因素。

# 任务二 商业模式的设计

## 一、商业模式的概述

### （一）商业模式的概念

商业模式是企业探求所经营业务的利润来源、生产过程和产出方式的系统方法，也是围绕企业如何盈利这个核心来配置企业资源和组织企业所有内外部活动的一个行为过程。例如，饮料公司通过卖饮料的方式来获得利润；快递公司通过为客户送快递，以收取服务费的方式来获得利润；网络公司通过提高点击率，为第三方打广告的方式获得利润；通信公司通过收话费的方式来获得利润等。客户、价值和利润是商业模式的核心三要素。

**案例分享**

**盲盒——新的商业模式诞生**

小时候可能热衷于收集卡片，常见的有小浣熊干脆面里的卡片。从这种传统的收集爱好中诞生了一个新的“玩法”——盲盒。2020 年 12 月 11 日，靠卖盲盒起家的泡泡玛特在港股挂牌上市，市值一度超过 1 100 亿港元。小小盲盒，居然能有这么大的魔力。

潮流玩具从玩法上可以划分为三类：手办、BJD 娃娃和盲盒。手办为收藏性人物模型，制作精美；BJD 娃娃是采用球关节可以活动肢体的人偶；盲盒为随机抽取模式的玩偶，在三种潮流玩具中价格最低。

盲盒的商业模式的核心基础是（知识产权 IP），一个 IP 系列通常有多个基本款、少量热门款。玩家通常想集齐全系列，热门款出现的概率越低，系列卖得越好。玩家喜欢同一个 IP，在交易过程中就有了社交需求。玩家可以分享抽盒技巧，发布拆盒视频，拆开后还可以“晒娃”分享满足感，更重要的是还可以增加玩家复购。

根据谷雨数据统计，盲盒的女性玩家占比高达 75%，以 18 ～ 29 岁的年轻人为主。学生也是核心购买主体，购买盲盒是为了盲抽刺激感、为颜值埋单、满足收藏需求等。目前，盲盒市场仍处于早期发展阶段，根据上述用户画像，核心潜在用户群体约为 1 700 万人，如果人均每年消费 5 个盲盒，单价按 50 元计算，盲盒全行业潜在市场规模为 42 亿元。

创业是根据市场需求，寻找市场机会，通过经营获利的过程。随着互联网时代年轻人群消费力崛起，“盲盒经济”异军突起，盲盒具有独特的“社交 + 收藏 + 增值”属性，头部公司的竞争优势会随着用户及渠道积累而增强。

### （二）商业模式的构成条件

要想构成一个成功的商业模式，至少要满足以下两个条件。

（1）商业模式必须是一个整体，有一定的结构，而不仅是一个单一的组成要素。

（2）商业模式的组成部分之间必须有内在联系，这个内在联系把各组成部分有机地关联起来，使它们相互支持，共同作用，形成一个独特的良性循环。

一个好的、完整的商业模式，不但能够为企业带来丰厚的利润，而且能保证企业的长久经营。例如，美国苹果公司就是通过一个完整的、能够持续循环的商业模式来获利的。苹果公司通过 iTunes 和 APP store 平台开创了一个全新的商业模式——“酷终端 + 用户体验 + 内容”。该商业模式很好地实现了与客户体验和技术之间的平衡，不但能够持久盈利，而且独特到别人几乎不能复制。与苹果公司相反，诺基亚公司的衰落便与其自身的商业模式有着密不可分的联系。在当前互联网时代下，在苹果公司依靠卖软件和服务卖出了一个“苹果王朝”的背景下，诺基亚却还依旧坚守自己的价值主张——仅仅依靠卖某几款产品和硬件赚钱，最终发展停滞，以手机业务被收购告终。

## 知识拓展

### 成功商业模式的特点

商业模式改变企业命运，改革创新创造企业辉煌。商业模式不仅可以让企业在商战中立于不败之地，更能让企业持久地获取持续稳健的增长率，打造极强的核心竞争力。一般来说，成功的商业模式具备以下三个特点。

1. 成功的商业模式要能提供独特价值

有时候，这个独特的价值可能是新的思想，而更多时候，它往往是产品和服务独特性的组合。这种组合要么可以向客户提供额外的价值，要么使得客户能用更低的价格获得同样的利益，或者用同样的价格获得更多的利益。

2. 商业模式是难以模仿或复制的

企业通过确立自己的与众不同，如对客户的悉心照顾、无与伦比的实施能力等，以此来提高行业的进入门槛，从而保证利润来源不受侵犯。人人都知道直销如何运作，也都知道戴尔公司是直销的标杆，但很难复制戴尔的模式，原因在于其直销的背后，是一套完整的、极难复制的资源和生产流程。

3. 成功的商业模式是脚踏实地的

企业要做到量入为出、收支平衡。这个看似不言而喻的道理，要想年复一年、日复一日地做到，却并不容易。现实当中的很多企业，无论是传统企业还是新型企业，对于自己的钱从何处赚来，为什么客户看中自己企业的产品和服务，乃至有多少客户实际上不能为企业带来利润、反而在侵蚀企业的收入等关键问题却并不清楚。

## 二、商业模式的设计

### （一）商业模式的设计思路

设计商业模式时，首先应考虑企业的战略，然后应结合内外部环境、市场、资源、产品（服务）等因素，整合资源和匹配价值。具体来说，商业模式的设计思路包括价值定位、价值创造和价值实现三部分。

#### 1. 价值定位

一个企业要想在市场中占有一席之地，首先必须明确自身的定位，即企业通过其产品和服务向消费者提供什么样的价值，它决定了企业所要填补的需求是什么、客户是谁、要解决什么样的问题、应该提供什么样的产品和服务。例如，如家连锁酒店的定位是——介于二级和三级酒店之间，目标客户是对价格敏感的商务人士和自助游、休闲游客，给客户提供的是“够用而不多余的住宿条件和卫生条件，且比星级酒店便宜”。

### 2. 价值创造

价值创造即企业如何将价值创造出来。价值创造应考虑企业能否为客户创造最大价值，思考客户为什么选择本企业的产品或服务而不是其他企业的，如何与客户进行沟通，有哪些特殊资源和能力可以增强商业模式的竞争力，如何实现商业模式的可持续盈利等。

商业模式的价值创造应体现出便捷性、新颖性、成本低廉、用户黏性高等特点。例如，京东商城提供给年轻人的价值就是“提供有品质且价格要比实体店便宜的产品，能方便快捷地结算、送货和退货”，其一切商业活动也就围绕这个价值展开——构建呼叫系统和网站、监督供货商产品质量、监督快递服务质量、提供货到付款等。

### 3. 价值实现

价值实现是指企业创造的价值被市场认可并接受，完成从要素投入到要素产出的转化。在价值实现这一活动中，涉及最多的就是盈利模式，即企业自身如何获得利润，如何以合适的成本把价值传递给客户，如何构建利益相关者的价值网络，如何进行产品和服务的定价，如何最大限度地提高收入等。

## （二）商业模式的设计步骤

商业模式的设计可按照以下几个步骤进行。

（1）确定业务范围，以寻求产品在市场中的最佳定位。对企业业务范围进行定义，是成功进行企业价值定位的最重要的一步。

（2）分析和把握顾客需求，以锁定目标客户。锁定目标客户意味着企业必须考虑服务于哪个地区和如何对客户进行细分。细分客户通常可以根据人口、地理、心理和行为等因素进行划分。在客户细分的过程中，分析和把握客户需求是最重要、最关键的。例如，国内著名的电子商务企业阿里巴巴的市场定位是为国内和进出口贸易提供交易平台服务，目标客户是规模较小、需要小批量货物快速付运的中小型企业。

（3）构建企业独特的业务系统，以提高对手模仿的难度。业务系统反映的是企业与其内外部各种利益相关者之间的交易关系。首先，需要确定的是企业与不同利益相关者之间的关系。构建业务系统时，要针对不同的利益相关者，确定关系的类别以及相应的交易内容和方法。最后，再根据企业的资源能力分配利益相关者（客户、供货商和其他合作伙伴）的角色，确定与企业相关的价值链活动。

（4）发掘企业的关键资源能力，以形成核心竞争优势。关键资源能力包括金融资源、人力资源、信息资源、客户关系等。关键资源能力是企业有别于竞争对手并得以持续发展的支撑力量，有助于形成和打造企业的核心竞争力。

（5）构建独特的盈利模式，以最大限度地实现盈利。简单地说，盈利模式就是企业赚钱的渠道或者方法。客户怎样支付、支付多少，所创造的价值应当在企业、客户、供应商、合作伙伴之间如何分配，这些都是企业在构建盈利模式时需要考虑的问题。例如，电视台通常不向观众收费，而是通过收取广告费、出售节目冠名权来实现盈利。

（6）提高企业价值（投资价值），以获得资本市场的青睐。企业价值是商业模式的落脚点，评判商业模式优劣的最终标准就是企业价值的高低。企业的价值由其成长空间、成长能力、成长效率和成长速度决定。好的商业模式可以让投入和产出的效率增高（投资少、运营成本低、收入的持续增长能力强等），从而使企业的价值迅速提高。

## 案例分享

### 唯品会：传统零售业＋信息技术服务业＋物流业

从业态分析的角度来看唯品会的崛起，我们或许更能找出这繁华商业巨鳄背后的故事。业态是指针对特定消费者的特定需要，按照一定的战略目标，有选择地运用商品经营结构、店铺位置、店铺规模、店铺形态、价格政策、销售方式、销售服务等经营手段，提供销售和服务的类型化经营形态。

唯品会是由零售业（奢侈品销售）融合信息技术服务业（电子商务平台）而成。相比奢侈品销售，也许用“outlets”形容会更加恰当。唯品会就相当于一个线上的奥特莱斯。利用网络技术的方便，唯品会成功落实了“名牌折扣＋限时抢购＋正品保险”三大法宝。因为唯品会本身是一个销售平台，略去了很多中间商，直接向品牌商拿货，企业对库存的需求也相当高。据悉，唯品会获得的风险投资资金在未来最大的投入还是在仓储技术和服务人员等方面，包括供应链、物流、后台系统等，此外，华北的物流中心也在规划中。

就这样，利用信息技术将奥特莱斯搬到互联网上，又混合了现代物流业，唯品会自身的业态融合为它在商海中开拓了一片新的领域。通过整合奢侈品零售及最新颖的电子商务，唯品会独家打造的“正品折扣＋限时限购”的商业模式使它在华南地区占据了一定的市场，也成了业内广为流传的成功典型案例。唯品会的商业模式要素如图 6-1 所示。

<table>
<tr><td rowspan="2">合作伙伴<br>强大的供应商网络<br>联合太平洋保险，推出了正品担保服务</td><td>关键业务<br>奢侈品电子交易<br>自建仓库<br>售后服务</td><td rowspan="2">价值主张<br>“消费者满意”是唯品会最大的追求目标，因此唯品会坚持以安全诚信的交易环境和服务平台，为会员提供优质、高效、愉悦的售卖服务，以提升客户满意度为己任，为消费者提供畅快、安全、放心、便捷的消费流程体验和服务</td><td>客户关系<br>购物体验无条件退货<br>CSC 呼叫系统</td><td rowspan="2">客户细分<br>奢侈品消费者<br>高端产品消费者<br>二三线品牌偏好者</td></tr>
<tr><td>核心资源<br>折扣商品<br>服务规划<br>仓库网络</td><td>分销渠道<br>电子交易平台<br>仓储物流</td></tr>
<tr><td colspan="2">成本结构<br>进货费用<br>物流费用<br>库存管理</td><td colspan="3">收益来源<br>通过线上电子交易，直接获取销售与进货之间的毛利润</td></tr>
</table>

图 6-1 唯品会的商业模式要素

## 三、商业模式创新

### （一）商业模式创新的概念

商业模式创新是改变企业价值创造的基本逻辑，以提升顾客价值和企业竞争力的活动。通俗地说，商业模式创新就是指企业以新的有效方式赚钱。商业模式创新实质上是一种高层次的企业创新行为，它与传统意义上的产品创新、技术创新、制度创新和经营创新有很大不同。新引入的商业模式，既可能在构成要素方面不同于已有商业模式，也可能在要素间关系或者动力机制方面不同于已有商业模式。

商业模式创新的途径是对企业可利用资源的组合方式进行优化，表现为企业为改善其价值创造和价值获取能力而进行的价值链的优化和重组。涉及多个要素的同时变化，因此，商业模式更难以被竞争者模仿，常给企业带来战略性的竞争优势，而且优势常可以持续数年。

### （二）商业模式创新的途径

商业模式创新通常有以下五种途径。

#### 1. 基于价值活动的商业模式创新

基于价值活动的商业模式创新把关注的焦点主要放在价值活动的定位、设计与匹配上。具体来说，其主要有以下三种创新策略可供选择。

（1）价值链上的重新定位。通过专注于价值链上的某些活动（通常是高利润活动），而将其他活动外包出去，可以实现商业模式的创新。一般来说，将非核心业务外包给其他企业，不仅有利于降低经营的不确定性风险和生产成本，还有利于发挥各价值模块的核心优势，从而提高产品质量。例如，印度第三大电信公司——巴帝电信公司将企业的主要活动定位在营销和分销上，将 IT 及网络职能外包给专业服务供应商，不仅降低了成本，还提高了业务的专业度，从而有效地提高了自身的核心竞争力。

（2）重组价值链。重组价值链是指企业对产业价值链进行创造性的重组，进而得出新的商业模式。对价值链进行重组的关键思想就是围绕顾客的需求确定价值链中重要的部分，并以此为中心，再对非重要部分进行组合或调整，以适应这个中心。例如，戴尔公司在对自身的价值链进行改造的过程中，不仅按照客户的配置要求定做计算机，还砍掉了中间销售环节，以直销的方式与客户和供应商建立了紧密的联系，从而迅速成长为全球著名的计算机跨国集团。

（3）构造独特的价值活动体系。构造独特的价值体系是指企业通过构建和整合多个价值优势，形成企业所独有的价值活动体系，从而实现商业模式的创新。价值活动体系是对价值链的另一种表述方式，它能够把企业所从事的主要价值活动以一种相互联系的系统图来展示，能够更为直观地展示不同活动的主次及关联关系。

### 2. 基于价值曲线的商业模式创新

基于价值曲线的商业模式创新聚焦于企业为顾客所提供的价值。对提供服务而非实体产品的企业来说，此种创新尤为重要。企业可以通过创造独特的价值曲线实现服务创新，在为顾客提供更大价值感受的同时自身也获得成功。例如，太阳马戏团是加拿大蒙特利尔的一家表演团体，也是全球最大的戏剧制作公司。该马戏团并不是简单地表演传统马戏，而是将戏剧融入马戏表演中，使表演多元化，再配以华丽的舞台设计，重新定义了马戏团的艺术形态，因此成为当今世界发展最快、收益最高、最受欢迎的马戏团之一。

### 3. 基于价值网络的商业模式创新

基于价值网络的商业模式创新的重点在于打造独特的价值网络，设计各种交易机制将企业自身与价值创造伙伴有机联系起来，以形成价值创造的合力。具体来说，采取这种商业模式创新的企业可以选择成为交易的组织者、交易平台的构建者或是交易的中介者。

（1）做交易的组织者。企业创造性地将供应链上各个成员组织起来，可以建立起关键环节的联盟合作关系。例如，美国 Autobytel 汽车销售平台通过专业化的组织能力为顾客提供了便利的一站式购车服务。顾客可以在其网站浏览各种汽车的配置、价格等信息。如果选定某款车，公司可以按照顾客的要求（如是否在家试驾、送货上门或是采取信贷等方式）联系不同的合作伙伴（如生产商、物流公司和金融机构等），由其提供相关服务。在这个过程中，Autobytel 汽车销售平台的作用就是把相关专业服务商组织起来，共同服务于顾客，创造价值并分享收益。

（2）打造交易的平台或桥梁。打造交易的平台或桥梁是现在很多互联网公司的常用策略，其可以把原来不可能实现的交易变成现实。例如，欧美电商平台 eBay 为注册用户提供网上拍卖交易服务，让用户能够很方便地从 eBay 的网络平台购买或销售各种产品。目前国内的阿里巴巴、京东等互联网企业，同样也是搭建了一个电商平台，以此来吸引相关企业和客户在平台上进行交易。

（3）成为交易的中介者。中介的功能在于促成某些交易的实现。企业若作为交易过程中的终结者，一是要采取各种机制和流程保证交易的顺利进行；二是要通过多种手段精心发展和维护其价值网络，以显著提高企业的服务能力。

### 4. 基于资源能力的商业模式创新

基于资源能力的商业模式创新的重点在于新资源的发掘和利用，或充分挖掘现有资源的潜在价值，从而建立起竞争优势。具体来说，其主要有以下两种创新策略可供选择。

（1）围绕新资源构建商业模式。新资源能为企业客户创造新的价值提供潜力。例如，美国最大的钢铁企业之一——纽柯钢铁公司由于引进了新的炼钢技术，能够利用废钢生产出建筑用钢铁产品，由此填补了低端市场的空白。该公司进一步以低端市场为基础，将产品线延伸到高端产品，最终打败了伯利恒等老牌钢铁公司。

（2）创造性地利用现有资源。一些企业可以围绕自身独特的技能、优势，挖掘现有资源的潜能，建立新的商业模式，以实现利润增长。例如，必胜客开发的必胜客宅急送业务就是这方面的典型案例，这一模式整合了消费者的外卖需求，在满足顾客需求的同时，也提高了营业收入。

### 5. 基于收入模式的商业模式创新

收入模式即企业的盈利模式。这种商业模式创新通过设计各种收入机制来获得收益，并利用一切可能来扩大收入来源。具体来说，其主要有以下几种策略。

（1）利用“互补品”。这是一种“此失彼得”的策略，一般有两种方式：一是“产品+产品”的互补，如佳能的“低利润打印机加高利润墨盒”便采用了该种方式；二是“产品+服务”的互补，如通用电气从飞机发动机销售中赚钱不多，其主要利润来源于维修服务。

（2）从“免费”到“收费”。基于互联网提供的便利，消费者对很多信息产品的期待是“免费获取”，因此，一些公司对“免费—收费”模式的细节进行创新，发掘了赚钱的机制。例如，美国计算机软件公司 Adobe 在中国的销售策略是，先允许用户免费试用一段时间的软件，试用期过后，用户若想继续使用，则必须购买正版产品。

（3）由第三方付费。这种策略并不需要消费者付费，而是通过让其他利益相关方付费而赚取收入。例如，Google 公司的商业模式是让普通用户免费使用其搜索引擎，同时通过向企业客户收取定向广告费用来获得收益。又如，百度公司率先在国内推出的“竞价排名”搜索引擎商业模式中，搜索同一个关键词，哪家企业出钱多，哪家企业的广告或产品就可以排在搜索结果的前头。这种方式使百度由搜索引擎技术提供商转变为一家独立的网络搜索服务商，其盈利模式也由技术服务转变为广告收入。

（4）“多收入流”模式。这种策略一般多与价值网络构建密切相关，由此企业可以扩大各种可能的收益来源。例如，上海硅谷知识产权交易中心是一家为中国企业提供信息技术产权交易的平台，其除了向技术需求方收取会费、向技术供应方收取展示费之外，还会按一定比例收取交易中介费。

**案例分享**

### 大众点评的多边平台式商业模式

大众点评的核心价值主张是为消费者提供客观、准确的本地化消费信息指南，包括餐饮、休闲、娱乐等生活服务方面的信息评论和分享。大众点评是消费者在该网站发布、自主管理和交易各类生活服务相关信息的网络平台。大众点评搭建了商家、消费者、广告商、移动运营商等多方参与的交易和信息共享平台。

大众点评不断加强多方合作，陆续推出便捷用户的各种服务方式。依托庞大、翔实且即时更新的消费指南信息，大众点评不仅吸引了如新华网、千龙、21CN 等网站，以及光线传媒等电视媒体与其展开内容合作，还与中国移动、中国联通、中国电信、空中网、诺基亚、掌上通等合作，推出基于短信（SMS）、WAP 等无线技术平台的信息服务，为中国数亿名手机用户提供随时、随地、随身的餐馆等商户信息。在广泛的会员基础上，大众点评推出国内首家餐饮积分体系，并与中国国际航空公司、上海大众汽车俱乐部等展开合作，以贵宾卡的形式为会员提供消费、积分、礼品兑换和积分抵扣消费额等服务。此外，大众点评还在 GPS 领域与新科电子、MIO 开展合作，所有汽车用户利用车载 GPS 导航系统或手机地图就可以精确定位美食目的地。

# 任务三 撰写创业计划书

创业计划（business plan），又称商业计划，创业计划书是创业团队在创业初期集思广益，团队一起探讨、提炼、梳理出来的创业思路。撰写计划书的过程可以帮助团队明确创业项目未来的发展战略和资本部署，指导其细分市场、明确目标顾客、准确市场定位和制订资金规划。创业计划是给投资人看的，更是给自己看的。在头绪纷繁的创业初期，把想法落在纸上，迫使团队自我检查运作构思是否可行，改正不切实际的想法，降低试错的代价，能够让创业者加深对创业核心要素的思考和记忆，如行业竞争、营销策略等，可以大大提高创业者的经营管理能力和专业知识。因此，创业计划书是一份全面说明创业构想、阐述如何实施创业构想的文件，是描述所要创立的企业是什么以及将成为什么的故事。

## 一、创业计划书的目的和用途

没有创业计划的初创企业只是一个“昂贵的爱好”。创业计划书是大多数初创企业融资必备的“敲门砖”，好的创业计划会为企业融资顺利铺路，而编写创业计划书也是企业审视、分析自身及产品的好机会。

对创业者而言，资源就像画家手中的颜料和画笔，只有当他们有了创作灵感的时候，才会在画布上挥毫泼墨。创业者心目中的画布就是创业计划书。虽然有些创业者并没有为他们新创建的企业撰写创业计划书，以及有些管理者认为“创业计划书从打印机输出的那一刻起就过时了”，但是撰写创业计划书对于需要融资的创新型企业来讲，不仅是相当必要的，还是创新型企业获得创业资本和资源的重要工具。

## （一）撰写创业计划书的目的

### 1. 有助于创业者厘清创业思路，明晰企业发展蓝图

众所周知，建筑高楼大厦要先设计工程图纸，然后才能施工。这一原则同样适用于创建创新型企业。单看画布本身是空而无物的，关键是要通过创业计划书的描绘，看能否实现以及怎样实现。创业过程中存在诸多不确定性，所以计划对任何工作制胜都是必不可少的。

创业计划书是一项集劳动性、创造性和重复性于一体的工作。在编写创业计划书的过程中，整个创业团队会针对企业未来发展进行思考，通常需要花上数日或者数个星期进行市场调查研究分析，同时在撰写过程中还能够促使创业团队仔细考虑企业的各个方面，在一些重要的目标和事项上达成共识。一份明确愿景规划的创业计划书对创业团队和员工都是十分必要的，它能将创业团队中的各个成员有序地串联起来，成为创业团队沟通的语言和凝聚团队力量的重要工具。

创建新企业犹如作战，创业计划书如同作战计划书，是管理初创企业的“第一份”纲领性文件和执行方案。创业计划书有助于创业者提炼和梳理，将创业思路、创业团队和资源呈现出一幅清晰的新企业面貌——企业是什么（Who）？发展方向是什么（What）？要怎么做（How）？这有助于创业者厘清创业思路，分析市场和用户，找到好的定位和切入点，明确产品逻辑和业务走向，规划发展路径，搭建团队，定制资金规划，从而明晰企业发展蓝图、发展战略、资源部署以及人员匹配要求。由此可见，没有任何方式比落实到纸上更能帮助创业者有效地检验创意的逻辑性与一致性。

### 2. 有助于创业者审时度势，客观理性地评判创业行为

创业计划书能让创业者的交流和视野聚焦在重点上。创业者在制订创业计划的过程中会发生思维的碰撞，同时由于创业计划书涉及企业的诸多方面，难免有不妥或遗漏之处，有些创意听起来可能很棒、很诱人，但是，当把所有的细节和数据写下来的时候，创业者就会发现创业活动与个人目标和期望并不一致。因此，创业计划书所包含的产业分析、市场分析及财务分析，将使创业者更加全面、更加清醒地检查企业预期成就与现实之间的差距。创业计划书使目标得以量化，为创业者预测与实际结果提供可度量的标准。同时，作为企业的“自我推销”文件，在供外部读者评估审阅时，有机会得到他人的指导，使计划更加切实可行。

此外，创业计划书有助于企业提前预警，及时止损。当创业者发现这条路行不通时，应立马回头，及时撤退，调整方向，通过另一条创意之路走向成功。正如瑞士军事理论家约米尼所说：“一次良好的撤退，应和一次伟大的胜利一样受到奖赏。”那么此时创业者

做出放弃创办新企业的决定，应被看作一种“成功”。古人云：“善败者不亡。”善败者就是能够正确对待失败的人，善于在失败中总结经验的人，这样的人才是最有希望获得成功的人。

#### 3. 有助于初创企业可靠性的塑造，吸引投资者关注

创业计划书的撰写是“创业者对时间和金钱的绝佳投资”。制订创业计划本身是一种综合技能，需要制订者具有管理、销售、人事、财务、法律等多方面的相关知识。创业计划可以使前景尚不明朗的商机逐渐显示出较大的发展潜力。因此，在创业之初，一份含金量高的创业计划书有助于初创公司可靠性的塑造，从而吸引投资者的关注。

众所周知，资金是一个企业运行不可或缺的原动力。投资人会感兴趣的资本市场永远不差钱，而缺的只是有创新、有创意的项目。创业计划书的好坏，往往决定了投资交易的企业是否有兴趣合作。创业计划书包括企业成长经历、产品服务、组织人事、融资方案等。只有内容翔实、数据丰富、体系完整、装订精致的创业计划书才能吸引投资者，让他们看懂创业者的创业计划，清晰地了解企业今后的发展前景，才能让他们做出正确的判断，使融资需求成为现实。

由此可见，要认识创业计划书的价值所在，不在于创业计划书本身，而在于形成完整创业计划书的过程。

### （二）撰写创业计划书的用途

#### 1. 明确目标方向

市场定位（找方向）理应摆在创业的首要位置。正如品牌营销大师杰克·特劳特所说：“商业成功的关键，是在顾客心智中变得与众不同，这就是定位。对于商家来说，真正的战争发生在用户的心智中，要集中全力、聚焦一点，去抢占人们的一个心智模块，以至于让他产生‘条件反射’式的心理链接。”

创业计划书的起草与商业本身一样都是一个复杂的系统工程，对于创业者而言，所选择的创意（项目）即代表了创业方向，在很大程度上决定了未来。如果创业者一开始就把方向搞错了，那么最后到达的地方可能离目的地相差甚远。在方向正确的前提下，时间就是朋友，走反了，时间就是敌人。

#### 2. 运营行动指南

具有战略思考和可操作性的创业计划书是创业全过程的纲领性文件，是创业者决策保障的工具，是创业实践的战略设计和现实指导。有了创业计划书，创业者就能对项目有更加清晰的认识。一份完整的创业计划书包括企业创业的竞争分析、战略规划、发展策略、职能设计、运营时间表等内容。创业计划书提供了企业全部的现状和未来发展的信息，阐明了企业要达到的目标以及如何达成，是创业的行动指南和路线图。同时，创业项目的愿景、使命、目标也会越来越清晰，这会进一步增加创业者的自信，使创业者在创业实践中有章可循，更有效地对企业进行管理，对经营更有把握，也有助于后面的路更

好走。

### 3. 降低错误概率

美国著名风险投资家尤金·克莱纳说过："如果你想踏踏实实地做一份工作的话，写一份创业计划书，它能迫使你进行系统思考，有些创意可能听起来很棒，但是当你把所有的细节和数据都写下来的时候，它自己就崩溃了。"从实际来看，一些创业者在创业前比较仓促，对创业项目的可行性进行调研的深入程度不够就匆忙实施，结局可想而知，市场往往会给他们无情的打击。因此，当创业者在创业初期，本着严谨、务实、科学的精神，有必要编制较为详细的创业计划书，虽然创业计划不能鉴别和消除那些不稳定的因素，但是以使创业者在事件发生时有所准备，为避免致命的错误提供方向。一份合理的创业计划，可以防患于未然，提前统筹安排，使创业者少走弯路、节约时间和精力，更有效地实现预期的目标。

### 4. 提高融资效率

诚如金融投资家所言："寻找资金没有窍门，唯有好的想法、好的技术、好的管理、好的市场，外加一份好的创业计划书。"如果创业计划书能清晰地展示项目的优势、市场空间、成长潜力、盈利回报等，语言流畅，充满激情和睿智，有严谨的调查数据支撑，那么投资者就会很容易地把这些优点与创业者本人的能力勾连起来，更乐意进行投资，这会极大地提高初创企业的融资效率。

### 5. 获取政策支持

政策支持是保障企业成长的重要因素之一。近年来，在国家"双创"政策的推动下，政府从各个方面给予创业活动极大的支持，尤其是科技型中小企业、小微企业。优秀的创业计划书是企业获取政府政策支持和资金支持的"通行证"，也是企业进入创业孵化园区的必要条件。此外，凭借优秀的创业计划书，企业还可以获得国家和地方各级政府的税收减免、无息贷款等政策支持。

### 6. 增加合作机会

高质量的创业计划不仅是创业融资和政策支持的"敲门砖"和"通行证"，还是吸引潜在投资者、供应商、商业合作伙伴以及应聘者的"兴奋剂"。一份精心构思和前景良好的创业计划书成为表达企业和赋予企业人格化的证明，能够极大地激发企业内部员工和外部利益相关者（潜在的投资者、商业伙伴、供应商、服务商、顾问、关键职位应聘者等）的兴趣。创业计划书既能描述企业发展前景和成长潜力，使员工对企业和个人的发展充满信心，并为实现目标而努力工作；也容易吸引社会上的高端人才，获得很多优秀的人力资源。供应商是否愿意以合作的方式向初创企业提供资源，将取决于其对初创企业及其前景的支持和信任程度。创业者要通过创业计划书让客户充分了解相关信息，使之增强对企业和产品的信心，从而购买企业所提供的新产品，并建立长期稳定的合作关系。

由此可见，撰写一份高质量的创业计划书是初创企业实现跨越式发展的重要条件之一。

## 二、创业计划书构成

### （一）创业计划书的基本结构

创业计划书形成了相对固定的格式、规范，也形成了广为采用的基本内容结构。完整的创业计划书一般包括封面、目录、执行概要、正文和附件等，主要结构如图 6–2 所示。

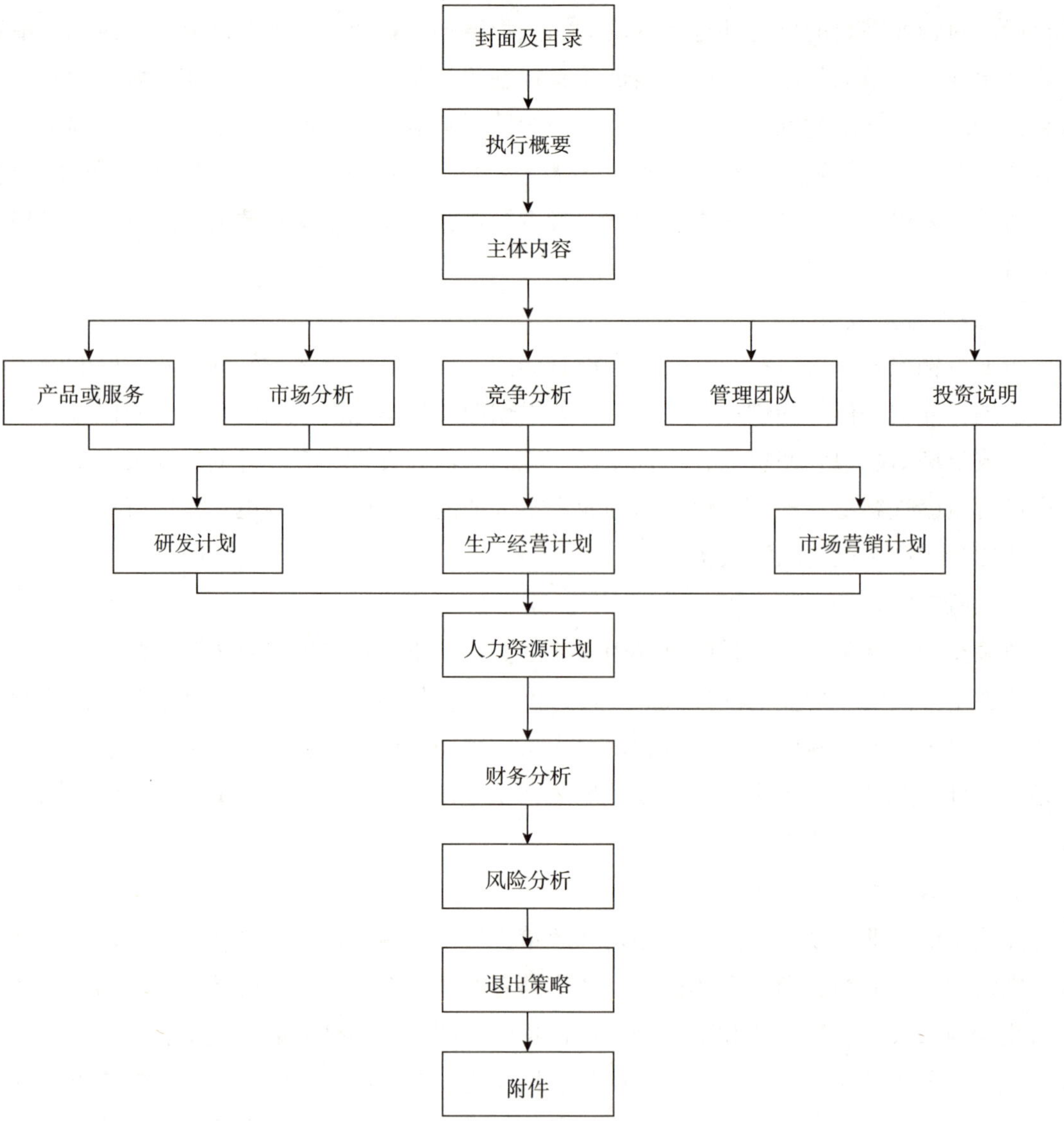


图 6–2　创业计划书的基本结构

（1）封面。封面设计要美观，兼具艺术性，除了项目名称、地址、联系人姓名、联系方式等，还可以有公司的商标。

（2）目录。创业计划书的各主要章节题目。

（3）执行概要。执行概要浓缩了创业计划书的精华，涵盖了创业计划全部要点，简明扼要、精练、有说服力，让投资者能在最短的时间内评审计划并做出判断。

（4）正文。正文内容包括公司产品或服务介绍、市场分析、竞争分析、管理团队、投资说明、研发计划、生产经营计划、市场营销计划、人力资源计划、财务分析、风险分析、退出策略等。

（5）附件。支持上述信息的文件资料，如详细的报表、团队成员简历等，以及其他需要进一步说明或提供佐证的事实材料。

## （二）创业计划书的核心内容

创业计划书与商业模式不同，商业模式探讨价值的传递和价值创造的可能性，而创业计划书则阐述了创业团队对项目的系统认知和将要怎么执行的具体细节。在创业准备阶段，一定要多思考商业模式，想一想，能为顾客创造什么价值，怎么让顾客知道，并把价值传递给顾客，怎么做得更快、更好。创业进入实质性运作阶段，要把项目呈现给他人或组织时，就得准备创业计划书，面对不同的对象，创业计划书的侧重点会不同，形式也不一样，因此无法形成一个通用的内容结构。但是，其核心内容应该包括：产品和服务的新颖性，以及价值、市场发展潜力、核心竞争力。每一份创业计划书都是唯一的，关键在于把“故事”讲明白。

### 1. 执行摘要

执行摘要是创业计划书的精华和浓缩版，能让投资人一目了然地看清创业计划书的要点。摘要应该对以下几个关键问题给予简短回答，即说明创业项目有哪些亮点，解决了哪些未被解决的问题，未来的市场前景如何，采用什么样的商业模式，项目的竞争优势是什么以及项目为什么会成功。篇幅一般不超过两页。

执行摘要要能在短时间内激起别人的兴趣，让投资人想去了解更多的信息。因此，在撰写时要深思熟虑，不仅要传达清晰的信息，也要传递创业者的坚韧与激情，让读者看到项目未来发展的清晰思路。这部分要在计划书完成后撰写。

### 2. 愿景、使命和核心价值观

愿景是指企业长期的发展方向、目标、目的、自我设定的社会责任和义务。使命是指企业在社会经济发展中所应担当的角色和责任。核心价值观是指企业在长期的生产经营活动中逐渐形成的，组织成员或群体成员分享的同一价值观念。

利益相关者会关心具体的创业项目和团队，也会关心创业者的理想和抱负，关心企业能创造多大的经济价值，能做出什么样的社会贡献。愿景和使命是创业者的内在动力，会反映出未来企业的核心价值观，对企业文化的形成也会起到决定性的作用。

### 3. 产品和服务

产品和服务应该解释项目可以提供哪些产品和服务，有什么独特性和创新价值，未来的发展空间有多大，是否具有产生利润的潜力。这就需要讨论项目的背景、所在的行业、目标顾客及新技术、新材料的使用等．因为正是这些条件才能显示出你现在正努力开发的创意或项目的价值。

这部分内容还应该包括产品和服务的更新迭代计划。已经研发的产品或服务能够满足消费者的需求，而更新和迭代计划的目的是让投资人或者相关方看到创业项目的发展空间和团队的创新精神。

### 4. 市场分析

市场分析内容主要包括以下几个方面。

（1）创业项目解决了消费者的痛点问题，或者满足了哪些未被满足的需求。比如，设计一种新款的药瓶，这种药瓶的大小、外观、材质等都没有太大的改变，只对瓶盖表面进行改进——改用放大镜，就可以帮助老年人在没有老花镜的情况下，借用瓶盖上的放大镜，看清说明书。非常简单地改变，但是可以非常准确地定位目标顾客。项目评审方和投资者都更偏好具体化。

（2）说明项目的目标市场。在行业分析的基础上进行市场细分，结合项目特色明确目标市场，并进行市场定位。创业初期，创业者常犯的一个错误就是对市场的判断不准确，往往过于宽泛。就上面药瓶的例子而言，只表述药品的市场规模是不充分的，还应该包括老人对药品的特有需求、社会老龄化情况等方面。

（3）说明现实顾客很可能花钱买这种产品或服务。在目标市场明确的前提下，设定基本的销售预期。多数情况下，应该借助市场调研的数据，说明潜在的销售收入，依据应包括详细的财务预算、统计数据以及潜在顾客的相关信息。

创业计划书的这部分内容应该有调研数据支撑并进行量化分析，说明创业者已经为该项目的产品或服务做过市场调研，并且有证据显示，当这种产品上市时，会有消费者打算购买它。创业者应该尽最大努力说明人们为什么想购买或使用他们的产品，这是建立在科学预测的基础上进行的数据分析。对经验丰富的投资者来说，是可以判断数据的真实性和科学性的。

### 5. 竞争分析

通过借用波特五力模型识别当前竞争者、潜在进入者、替代品的竞争和与上下游相关方之间的议价能力，以此来构建竞争优势；通过解释产品和服务的创新性，与目标市场的动态匹配性，来展示创业团队的知识素养和能力水平；说明创业项目准确识别并捉住了此类机会，结合产品和服务的更新迭代，足以能够创造近期或长期优势的核心特征。

这部分需要说明本企业与现有解决方案存在哪些差异。如果存在竞争者，需要比较产品和技术之间的不同。

### 6. 项目运营计划

项目运营计划要详细描述产品的开发设计、生产计划、营销计划、人力资源计划和商业模式等。

（1）开发设计环节，要明确目前项目中的产品或服务已经进行到什么阶段，是处在产品评估阶段，还是设计阶段，或是已开发、上线，正准备生产。如果正准备生产，那么预期成本以及制造产品或提供服务的时间表是什么。无论处在哪个阶段，都要为后续的量化生产制订一个详细的时间进度列表。

（2）生产计划环节，要为产品和服务量化生产做好规划，包括厂址选择、制造流程优化、生产工艺和方法、品质管控以及物料需求计划和外部协作等。对于这些问题，企业进展得越深入，对潜在投资者的吸引力就越大。这不仅是因为企业的发展已经跨越了最初的开办阶段，还因为这表明企业的运营方式合理、高效。如果每件事都处于合理状态，便可以确保企业快速向前发展。

（3）营销计划环节，主要包括制订销售目标、营销策略，权衡销售目标与利润目标之间的关系。其中销售目标要具体到细分市场；营销策略可以运用“4P”理论，从产品、价格、渠道和促销四个方面制订详细的营销策略；权衡销售目标与利润目标时产品结构要合理，将产品销售目标具体细分到各层次产品，并通过数据列表的形式呈现。

（4）人力资源计划环节，要与组织的发展战略相匹配，分析现阶段的人员结构，制订未来人才引进、人员流动、内部晋升、员工培训等人力资源的预测和规划安排，包括人力资源开发和管理的所有内容。

（5）商业模式的描述，既是对项目的核心价值、价值传递以及盈利模式的系统思考，也是通过模型对项目进行系统形象地展示和项目运营的整体规划。具体内容已在商业模式一章详细介绍。

### 7. 团队管理

团队管理这一部分内容主要对团队成员的学历背景、工作经历以及团队成员分工进行详细描述。具体包括：团队成员个人简历、团队成员职务分工和职责划分、团队成员之间如何能力互补、创业团队的优势和劣势、职责是否划分明确和股权结构等，还要思考除了团队本身，可以分配或者获取的其他资源有哪些？例如，大学生创业项目可以补充一些其他资源，包括专业老师的研究成果、创业导师的指导经验等。

在评估创业项目时，许多投资人非常关注团队管理，会重点阅读这一部分内容。有些天使投资人甚至认为，宁愿投资具有二流创意的一流团队，也不愿投资具有一流创意的二流团队。由此可以看出，团队成员的能力互补、团队竞争、创新意识、创业精神对创业成功是极其重要的。

### 8. 财务规划

首先，要明确项目的资本构成，包括自筹资金、银行贷款、基金、募集资金等的金额和比例。说明先期投入资金的使用情况，并将详细清单列在附录中。需要融资的，要有投资说明。

其次，提供财务报表，包括现金流量表、利润表和资产负债表。还没有注册成立公司的，可以提供预编制的6个月的报表信息；已经注册成立公司且开始运营的，要提供运营期间的财务报表，并预编制未来1～3年的报表。预编资产负债表可以显示权益负债率、营运资金、存货周转率和其他财务指标是否在可接受限度内，还可以证明对企业的初始和未来投资是不是合理。预编利润表记录销售收入、直接成本、综合费用、财务费用、利润或亏损，提供运营结果的合理规划。预编现金流量表显示预期随时间变化现金流入流出的数量，分析下一步的融资需求和时机以及对营运资金的需求。

最后，要进行盈亏平衡分析，通过分析产品成本、销售量和销售利润这三个变量之间的关系，掌握盈亏变化的临界点。另外，还可以从静态和动态两个角度进行投资回收期分析，这种方法计算比较简单，在一定程度上反映了资金周转的速度。

### 9. 关键风险

经营企业会有很多风险，创业计划书除了预测企业良好发展的一面，还要充分考虑投资计划可能附随的风险或企业发展中面临的不利因素。风险分析的目的是让创业者清晰地认清风险的类型以及存在的可能性，并向投资人说明可采取的风险应对策略。通常风险的类型包括客户接受程度风险、管理风险和竞争风险等。大学生创业的风险还包括团队分歧风险、创业认知风险和核心竞争力风险等。

### 10. 退出策略

创业企业发展到一定阶段，都存在投资人的退出及投资回报问题。在这一部分需要描述创业者如何被取代，以及投资者退出战略，即他们如何收获资助创业企业所带来的利益。例如，出售业务、与其他企业的合并、IPO，或者重新募集资金，使所有者和投资人能够通过先前的投资获益。

### 11. 时间表和里程碑

创业计划书正文的最后部分应该说明主要活动的起止时间、已经取得的成果、计划完成目标和关键里程碑何时达到。从投资者观点看，这个部分表明创业者的确仔细关注了企业的运营，并且已经为企业的未来发展制订了清晰的计划。要选择那些无论是从企业资源还是从所在产业的角度看都有意义的里程碑。

### 12. 附录

创业计划书的正文应该相对简短，只要提供所有重要信息即可，许多项目的信息最好包含在单独的附录部分。附录中可以包括大学生创业项目中的比赛获奖证书、专利信息、调查问卷及结果、团队成员完整简历以及财务报表等。

## 知识拓展

### 与创业计划书相关的重要文件

#### 战略规划书

企业战略规划是指依据企业外部环境和内部资源状况及其变化，以此来制订组织的长期发展目标、规划与具体的实施战略。战略规划是一个动态的过程，在特定时期，企业往往会根据之前战略规划的实施情况来调整战略，并制订新的战略规划。战略规划书是反映企业战略规划的文件。

清晰的战略规划决定着企业的发展方向、市场定位以及重大经营策略，是创业计划最终获得成功的重要基石。因此，战略规划书也可以单独列出来，为后期撰写创业计划书提供充分的依据。由于战略规划书的内容与创业计划书的内容有重叠部分，因此，其核心内容通常在创业计划书中突出体现即可。

#### 项目可行性分析报告

项目可行性分析报告通常是指在投资决策之前，对与拟实施项目相关的自然、社会、经济、技术等条件进行调研、分析、比较，预测项目完成后的社会经济效益，并在此基础上科学性地综合论证项目实施的必要性、财务的营利性、经济上的合理性、技术上的先进性以及实施的可能性和可行性，从而为投资决策提供科学依据。编制项目可行性分析报告是确定和实施项目前具有决定性意义的工作。

项目可行性分析也是创业计划书撰写的前提，创业计划书的定义中明确指出，创业计划书是基于项目的科学调研分析形成的。因此，项目可行性分析报告是创业计划书衍生的重要内容之一。

#### 年度经营计划

年度经营计划是指企业为达到战略目标、实现企业长远发展而制订的下一年度的一系列目标、计划及行动方案。

由于年度经营计划是创业计划书初期工作计划落地实施的有力保障，因此，它也是创业计划书的重要补充内容之一。

项目管理规划

项目管理规划是对项目管理的各项工作的综合性的、完整的、全面的总体计划。

我们可以将创业项目理解为一个整体项目，将创业过程中产生的一些项目理解为独立的子项目。这里主要指后期的一些子项目管理规划。项目管理规划是确保创业计划书中各个子项目得以有效实施的重要方案，也是创业计划书的重要补充内容之一。

## 三、创业计划书的撰写

### （一）创业计划书撰写的原则

一份逻辑严密、结构完整、要点突出的创业计划书，可以让创业者系统思考创业的现在和未来，吸引相关方和投资人的关注。尽管创业计划书的用途各有不同，结构也不尽相同，但是在撰写时要遵循一定的原则，具体应该注意以下几个问题。

#### 1. 突出重点、简明扼要

从篇幅和内容上看，一份创业计划书少则二十多页，多则上百页，既要把创业故事讲清楚，又要讲得精彩，吸引观众。怎样才能做到这一点呢？实际上，任何创业项目一定是存在创新点的，常见的有新材料、新技术推动的产品和服务的创新、新市场推动的营销形式的创新、价值创造和价值增值形式的变化推动的商业模式创新等。创新是创业的原动力，因此，创业计划书中的创新部分应该重点突出，并简练而睿智地说明创新带来的价值和市场空间，让投资人或者相关方能在短时间内捕捉到项目的亮点，并被项目的价值所吸引。特别是经验丰富又富有远见的风险投资人，没有那么多时间把创业计划书从头读到尾，因此必须在一开始就吸引住他们，引导他们继续读下去，使其不仅看到项目的价值，还要看到创业者的创新意识和创业精神。

#### 2. 结构完整、脉络清晰

从结构上看，一份完整的创业计划书，正文部分包括执行摘要、产品和服务、市场分析、竞争分析、项目运营、团队管理、财务分析、风险管理和退出机制。无论创业计划书的篇幅如何，其结构都应该是完整的，要件应该齐备，而且各部分之间是有逻辑关系的。很多大学生创业团队是分工完成创业计划书的，每个同学撰写一两部分，这时更应该明确创业计划书各部分之间的逻辑关系，否则很容易出现自相矛盾或者逻辑不清的错误。

通常可以这样理解各部分之间的逻辑。首先，在产品和服务、市场分析和竞争分析部分，说明我们要做一个创业项目，项目的产品或服务是什么样的、可以满足消费者的哪些需求，指出市场空间并进行市场定位，目前市场上有没有类似的产品和同行业的企业，并分析项目在竞争中的优、劣势，如果产品有优势，并且核心竞争力明显，则说明有市场发展潜力。接下来，在项目运营、团队管理和财务分析部分，说明我们有一个分工明确、经验丰富、能力互补的团队，有完善的运营计划和财务计划，可以在一定的时间内实现盈亏平衡，收回投资，实现投资分红等，让投资人和相关方看到创业者的激情和能力。最后是风险管理和退出机制两部分，创业一定有风险，要有防范意识，还要有合理的退出机制。

#### 3. 数据真实、规划合理

创业计划本质上是创业者对创业项目未来发展的一种规划，是建立在预测的基础上的。创业过程是动态的，创业者面对的是不可完全预知、快速变化、充满不确定性的未来。尤其是市场分析、竞争分析、财务分析部分有大量的数据，有时效性，也会受到信息获取的限制。即使创业活动面临很大不确定性，创业者也应该努力确保商业计划信息的相对真实性。规划是建立在数据分析的基础上的，只有数据真实，规划才能更加合理。

数据真实是指市场预测必须建立在对创业环境的现有信息进行分析的基础上。规划合理是指要在数据真实的基础上，使用科学的方法进行数据分析，并合理规划项目的未来发展。具体来说，数据真实性表现在以下几个方面：①调研问卷的真实性；②市场分析数据的真实性；③竞争者分析的真实性；④财务报表的真实性。规划合理则是体现在对以上真实数据分析的科学性和动态调整。

### （二）创业计划书撰写技巧

根据以上撰写原则，为了使创业计划书呈现出项目特色和优势，并最终获得投资人的青睐，创业者在写作创业计划书时还应掌握一些撰写小技巧，具体表现在以下几个方面。

#### 1. 适用合理的结构体例

多年来，各类组织和投资机构对商业计划书的结构没有硬性规定，但是适用于不同用途的商业计划书的体例基本一致。一方面，在结构和体例上，大学生创业项目一般使用符合基本结构要求的创业计划书，做到结构完整、逻辑清晰、数据真实，论述有理有据。让评委和投资人从创业计划书的目录和执行摘要就可以判断创业团队有没有接受过规范化的创业教育和培训。另一方面，从内容上，要体现大学生创业团队的创业热情，并在创业道路上不断完善团队管理、项目运营等，做到形式与内容并重。

创业计划的体例看似简单，但仍要努力做到更好。特别是拿给投资人看的创业计划书，是投资人对项目的第一印象，包装不必太精美，但是要规范，可以采用透明的封面和封底来包装计划书。不要过度使用文字处理工具，否则会使创业计划显得不够专业。而一些体例上的用心却可以显示你的细心。例如，设计精美的 LOGO 或者徽标，把它放在计划书封面页和每一页的眉题上，这会充分显示你的用心，给读者留下深刻的印象。

按照上文提到的创业计划书的一般格式逐项检查，不能有任何遗漏和错误。封面页信息不全、表格的格式混乱、图表不排序、图片不清晰等，这些小疏漏会使投资人认为创业者准备不充分、不认真、不负责任，进而影响其投资决策。

### 2. 内容设计与过程组织

创业计划书的内容应建立在市场调研或其他间接来源的真实数据的基础上。在编写正文过程中，涉及市场分析、竞争分析和财务分析部分，可以先组织撰写市场分析、竞争分析这一部分，再结合总体的发展规划和各项运营目标，编写产品开发以及财务分析等信息。实践中，创业者经常对财务分析部分花费大部分时间，特别是大学生创业项目，团队中如果没有会计学类专业背景的成员，会花费大量时间却不能很好地描述详细的财务计划，反而因此忽略了市场调研，这是不可取的。财务分析应建立在市场预测和竞争分析的基础上，市场分析的内容真实可靠、具有说服力，即使财务分析欠缺一些，投资人和评委也会更青睐有真实数据支撑的项目。

创业计划书的撰写是一个不断完善的过程，随着撰写工作的深入，创业者能够获取的新市场、潜在顾客等相关信息越来越多或是越来越具体，这时，创业计划书也要做出相应的调整。甚至随着掌握的相关信息越来越多，创业者的个人目标和追求也都会随之改变，这些都会影响到企业所有权方式、销售预期、盈利预期以及融资方式等方面的决策。所以，创业计划书的内容设计是动态的过程，随时都需要进行调整。因此，在这一过程中，需要以坦诚的态度、开放的心态不断修改和完善。

相关信息的获取有很多方式，有直接的，也有间接的，如市场调研、行业数据、专家咨询等，其中，市场调研可以获取第一手数据，属于直接信息，要体现真实性；行业数据就属于间接信息，要说明来源和出处。另外，根据技术和市场的新颖性采用的具体方式也有所差异，花费的精力也不同，如针对新材料、新技术，没有现成的行业信息，这时就需要花费较多的精力和时间进行市场调研。

最后，创业计划书的内容要尽量规避不该有的错误。无论创业计划书的其他部分有多好，都必须绝对避免这些使商业计划注定被拒绝的错误，哪怕只犯了其中一个错误。

## 课程思政

### 为大学生创新创业保驾护航

2023 年 3 月 19 日，第十三届“挑战杯”中国大学生创业计划竞赛在北京落下帷幕。本届“挑战杯”共有超过 33 万个项目报名参赛，参赛学生人数 142.4 万，比上一届多出

50 多万，最终评选产生 154 个金奖项目、309 个银奖项目和 1 079 个铜奖项目。比创意、赛想法、拼实力，围绕创新创业激烈角逐，彰显了当代大学生朝气蓬勃、勇于创新、实干创业的良好精神风貌。

青年是常为新的，最具创新热情，最具创新动力。青年大学生是国家创新创业人才的源头活水，是建设科技强国的重要力量。作为一项具有导向性、示范性和群众性的全国竞赛活动，“挑战杯”赛事举办二十多年来，在青年学生中推动形成了激发创新精神、促进创业实践的良好氛围，培育了一批批积极投身创新创业的人才。借助“挑战杯”这场“科创盛宴”，许多青年大学生把自己的人生追求同国家发展进步紧密结合起来，把创新创业的理想追求融入党和国家事业中，在创新创业中展示自身才华、实现用聪明才智服务社会的目标。

从本届“挑战杯”设置的科技创新和未来产业、乡村振兴和农业农村现代化、社会治理和公共服务、生态环保和可持续发展、文化创意和区域合作 5 个组别中不难看出，紧贴现实需求、瞄准科技前沿是青年大学生创新创业的重要特征。从助力“双碳”战略下烟气治理的新型绿色催化技术，到首创盐碱地青蟹养殖、带领农户养殖青蟹累计收入 7 000 万元的宁波大学本科生团队，再到实现从种子周表检测到复杂形态种子内部活性检测技术突破的种子检测仪……近几年，一个个创新创业项目留下了青年大学生学以致用、将论文写在祖国大地上的身影。实践证明，找准国家所需和自身所长的交汇点，青年大学生就可以收获更广阔的发展空间。

创新创业之路注定不会一帆风顺，尤其是在校大学生相关经验不足，初入创新创业领域可能遭遇困难、陷入迷茫，这时传帮带的作用和政策的支持就显得尤为重要。哈尔滨工业大学举办创新创业报告会，邀请优秀校友为新生解疑释惑，帮助提高创业效率；宁波大学成立创新创业学院，面向低中高年级创业学生创建“三级递进 + 分层选拔”的科研项目研究平台；华中科技大学根据学生特点，聘请专业的注会分析创业中遇到的问题、风险……各高校从学生实际需求出发，给予各类创业项目人员招募、办公场地、设备、资金、技术等方面的支持，增强了大学生创新创业的信心和底气。

为大学生创新创业保驾护航，还需凝聚多方合力。《关于进一步支持大学生创新创业的指导意见》明确，要加强大学生创新创业服务平台建设，优化大学生创新创业环境。良好的环境对于创新创业就像阳光雨露一样不可或缺，只有提供更优质的服务和更广阔的平台，各怀所长的有志青年才会大胆去闯、勇敢去创，在不懈创新、矢志奋斗中创造亮眼的实绩。相关部门要关注青年愿望、帮助青年发展、支持青年创业，为广大青年成长成才、创新创造、奔跑追梦做好服务保障工作。这既是推进科技创新、提高自主创新能力的题中之义，也有助于破解高校毕业生就业难的问题。

新时代的伟大实践为青年建功立业提供了无比广阔的舞台。广大青年学子自觉培养创新意识、提升创造能力、投身创业实践，敢想敢为、善作善成，定能让青春在新征程的创业实践中熠熠生辉。

## 实训任务

### 实训 1　研究商业模式设计思路

【实训目的】

1. 认识商业模式的构成要素。
2. 了解商业模式设计思路。

【实训流程】

流程一：搜集资料。

班级成员分成若干小组，每个小组成员对商业模式的基本理论进行整理复习，然后继续搜集有关商业模式设计思路的相关资料，可以通过网络查询、图书阅读等手段获取资料，将重点资料进行提炼总结，记录在方框内。

| |
|---|
| |

流程二：理解并记录。

根据你所在小组搜集的资料，把你对商业模式设计的理解记录下来。

______________________________

______________________________

流程三：访谈创业者。

在以上理论学习的基础上，请各个小组分别寻找一个成功的互联网创业者进行访谈，了解其商业模式的设计思路，每个小组成员记录对此的新理解。

访谈对象：

______________________________

______________________________

访谈时间：

______________________________________________

______________________________________________

访谈地点：

______________________________________________

______________________________________________

访谈提纲：

______________________________________________

______________________________________________

访谈内容记录：

______________________________________________

______________________________________________

你的访谈感悟：

______________________________________________

______________________________________________

流程四：小组交流。

小组间根据访谈结果进行讨论、交流，汇总每个小组的收获，以 PPT 形式向班级其他同学进行分享。

______________________________________________

______________________________________________

流程五：自我总结。

对比你在访谈前后对商业模式设计的理解，总结自己在哪些方面的理解有欠缺、哪些方面有新的看法。在总结收获与不足之后，请制订出未来你对商业模式新的研究方向。

| |
|---|
| 你的收获：<br><br><br>你的不足：<br><br><br>新的研究方向： |

【实训思考】

你所知道的优秀商业模式有哪些？你认为在商业模式设计环节中，有哪些值得注意的地方？其中最重要的是什么？请与你的小组成员进行交流。

## 实训 2　撰写创业计划书

【实训目的】

1. 了解创业计划书的内容要素。
2. 认识创业计划书的撰写要点。

【实训流程】

流程一：了解创业计划书的基本内容。

请阅读教材或相关资料，写出创业计划书应该包括哪几个部分，尝试理解这几部分的内容。

流程二：查找创业计划书模板。

请查找一份创业计划书空白模板，继续了解创业计划书内容撰写框架。当你有一个创业项目要写创业计划书时，你会如何着手？把你的见解和疑问记录下来。

流程三：查找一份创业计划书范本。

请按照以上模板，查找一份有内容的创业计划书范本，看看它的每一部分是怎么写的，请记录你的收获。

流程四：选择创业项目并讨论。

根据班级实际情况，将班级分成若干小组，各组要认真考虑，分别选择一个创业项目，小组各成员讨论创业计划书的内容和重点，并做好小组记录。

项目名称：

小组成员：

计划书的内容：

计划书的重点：

流程五：撰写创业计划书。

针对创业项目，各小组分别撰写一份创业计划书，请将撰写过程中遇到的具体问题记录在方框内。

流程六：小组交流。

各小组针对在撰写创业计划书过程中遇到的问题进行交流，一起分析、解决上一步遇到的问题，做好记录。

【实训思考】

如果创业之前，不写创业计划书会怎样？在撰写创业计划书过程中，你有什么感悟？

# 项目七 新企业的开办与管理

## 项目导读

新企业区别于成熟企业的重要特点之一，就在于成熟企业已经进入常规发展阶段，不再具有高成长性；而新企业则处于超常规发展阶段，极具成长潜力。通常人们把处于创立初期和发展期的企业界定为新企业。在这两个阶段，新企业能否生存和健康成长至关重要，既关系到创业的成败，又关系到企业今后能否持续发展。

## 学习目标

### 知识目标

1．掌握企业的组织形式及新企业的注册流程。

2．了解新企业的选址原则和策略。

3．了解新企业管理的特殊性。

4．明晰新企业成长的驱动因素。

5．了解企业成长创新的内容和特征，掌握企业成长创新的方法。

### 能力目标

1．能够根据实际情况为新企业选择合适的组织形式。

2．结合所学知识，能够模拟新企业的注册。

3．能够根据实际情况制订企业成长的管理策略。

## 思政目标

1．树立正确的创业观，培养学生严谨细致，追求卓越，弘扬精益求精的工匠精神。

2．提高学生的经营管理能力和专业知识，强化大学生创新创业品质。

# 任务一 成立新企业

## 一、企业的组织形式

在市场经济条件下，企业是法律上和经济上独立的经济实体。任何一个企业都要依法建立。投资人在创建一个企业时，都面临企业的法律形式选择问题。企业的法律形式分为三种：个人独资企业、合伙企业、公司制企业。新创企业一般都是小型企业，常见的企业法律形式有个体工商户、个人独资企业、合伙企业和有限责任公司。

### （一）个体工商户

#### 1. 含义

公民在法律允许的范围内，依法经核准登记，从事工商业活动的为个体工商户。个体工商户是新创企业的原始形态。

#### 2. 法律特征

个体工商户是个体工商业经济在法律上的表现，其具有以下几个特征。

（1）个体工商户是从事工商业经营的自然人或家庭。自然人或以个人为单位，或以家庭为单位从事工商业经营，均为个体工商户。根据法律有关政策，可以申请个体工商户经营的主要是城镇待业青年、社会闲散人员和农村村民。此外，国家机关干部、企事业单位职工，不能申请从事个体工商业经营。

（2）自然人从事个体工商业经营必须依法核准登记。个体工商户的登记机关是县以上工商行政管理机关。个体工商户经核准登记，取得营业执照后，才可以开始经营。个体工商户转业、合并、变更登记事项或歇业，也应办理登记手续。

（3）个体工商户只能经营法律、政策允许个体经营的行业。

### （二）个人独资企业

#### 1. 含义

个人独资企业，是指依法在中国境内设立，由一个自然人投资，财产为投资人个人所有，投资人以其个人财产对企业债务承担无限责任的经营实体。个人独资企业性质上属于非法人组织，具有团体人格的组织体属性。

### 2. 法律特征

（1）从组织结构形式上，个人独资企业的出资人是一个自然人。该自然人应当具有完全民事行为能力，并且不能是法律、行政法规禁止从事营利性活动的人。国家机关、国家授权投资机构或国家授权部门、企业、事业单位等都不能作为个人独资企业的设立人。

（2）在责任形态上，投资人以其个人财产对企业债务承担无限责任。投资人以家庭的共有财产作为个人投资的，以家庭共有财产对企业债务承担无限责任。这是个人独资企业区别于有限责任公司和股份有限公司等企业形式的基本特征。

（3）从性质上看，个人独资企业不具有法人资格。个人独资企业没有独立的财产，企业的财产归投资人个人所有。这里的企业财产不仅包括企业成立时投资人投入的初始财产，还包括企业存续期间积累的财产。投资人是个人独资企业财产的唯一合法所有者。企业的责任就是投资人的责任。因此，个人独资人无独立承担民事责任的能力。个人独资企业虽然不具备法人资质，但是却是独立民事的主体，能够以自己的名义从事民事活动。

（4）从限制上看，法官、检察官、警察、公务员、现役军人不能作为个人独资企业投资人。

### 3. 经营方式

经营方式是指经营机关核准登记的个人独资企业经营活动采用的方式和方法。这类企业一般规模较小，常见的经营方式有自产自销、代购代销、来料加工、来样加工、来件装配、零售、批发、批零兼营、客运服务、货运服务、代客储运、装卸、修理服务、咨询服务等。代理销售、连锁经营是新产生的经营方式。国家允许个体工商户和私营企业采取的经营方式，个人独资企业均可以采用。

### 4. 个人独资企业与个体工商户的区别

（1）出资人不同

个人独资企业的出资人只能是一个自然人；个体工商户既可以由一个自然人出资设立，也可以由家庭共同出资设立。

（2）承担责任的财产范围不同

个人独资企业的出资人在一般情况下仅以其个人财产对企业债务承担无限责任，只是在企业设立登记时明确以家庭共有财产作为个人出资的才依法以家庭共有财产对企业债务承担无限责任；而根据《民法通则》第二十九条的规定，个体工商户的债务，个人经营的，以个人财产承担；家庭经营的，以家庭财产承担。

（3）适用的法律不同

个人独资企业依照《个人独资企业法》设立，个体工商户依照《中华人民共和国民法典》《城乡个体工商户管理暂行条例》的规定设立。

（3）法律地位不同

个人独资企业是经营实体，是一种企业组织形态；个体工商户则不采用企业形式。区分二者的关键在于是否进行了独资企业登记，并领取独资企业营业执照。

## （三）合伙经营企业

### 1. 含义

合伙企业，又称为合伙制企业，是指自然人、法人和其他组织依照《中华人民共和国合伙企业法》在中国境内设立的，由两个或两个以上的自然人通过订立合伙协议，共同出资经营，共负盈亏，共担风险，并对合伙企业债务承担无限连带责任的营利性企业组织形式。

### 2. 法律特征

（1）合伙协议是合伙得以成立的法律基础

如果说公司是以公司章程为成立基础，那么合伙就是以合伙协议为成立基础。但公司章程与合伙协议在性质上有很大的不同。公司章程是公司组织和行为的基本准则，是公司的“宪法”，具有公开的对外效力，其功能主要是约束作为法人组织的公司本身。而合伙协议是处理合伙人相互之间的权利义务关系的内部法律文件，仅具有对内的效力，即只约束合伙人，合伙人之外的人如欲入伙，须经全体合伙人同意，并在合伙协议上签字。所以，合伙协议是调整合伙关系、规范合伙人相互间的权利义务、处理合伙纠纷的基本法律依据，也是合伙得以成立的法律基础，此即合伙的契约性。当然，合伙协议的订立方式既可以是书面，也可以是口头，但根据《合伙企业法》的规定，合伙企业的合伙协议应当采用书面形式。如果合伙人之间未订立书面形式的合伙协议，但事实上存在合伙人之间的权利义务关系，进行了事实上的合伙营业，仍然视为合伙。

修订后的《合伙企业法》充分体现了合伙企业的自治性，突出了合伙协议的作用，大部分的规则都只是在合伙协议没有约定时才适用，如果合伙协议有不同或相反约定，均优先适用合伙协议的约定。

（2）合伙须由全体合伙人共同出资，共同经营

① 出资是合伙人的基本义务，也是其取得合伙人资格的前提。与公司不同的是，合伙出资的形式丰富多样，比公司灵活，公司股东一般只能以现金、实物、土地使用权和知识产权四种方式出资，而合伙人除了可以上述四种方式出资外，还可以其他财产权利出资，

如债权、技术等，也可以劳务的方式出资，只要其他合伙人同意即可。

② 合伙人共同经营是合伙不同于公司的又一特征，公司的股东不一定都参与公司的经营管理，甚至不从事公司的任何营业行为，而普通合伙人必须共同从事经营活动，以合伙为职业和谋生之本。若相互之间无共同经营之目的与行为，则纵使有某种利益上的关联，也非合伙，如约定一方为另一方设定担保或基于约定由一方独立处理经营事务而另一方坐分利润，不参与经营，则均非合伙，而是其他法律关系。所以可以说，合伙人之间是风雨同舟、荣辱与共的关系，合伙的一些具体制度如竞业禁止等即是基于此而产生的。当然有限合伙企业的情形有所不同，有限合伙人可以不参加合伙企业的营业，不执行合伙事务。

③ 合伙从事的行为一般是具有经济利益的营业行为。无论是民事合伙还是商事合伙，合伙人的目的都是营利。特别是依据《合伙企业法》成立的合伙企业，属于商事合伙的性质，从事营利性行为，是一种营利性组织。

### 3. 合伙人共负盈亏，共担风险，对外承担无限连带责任

这也是合伙与公司的主要区别之一。公司股东按其出资比例和所持股份分享公司利润，当公司资不抵债时，股东只以其出资额为限或所持股份为限对公司债务承担责任。合伙人则既可按对合伙的出资比例分享合伙盈利，也可按合伙人约定的其他办法来分配合伙盈利。当普通合伙企业的合伙财产不足以清偿合伙债务时，合伙人还需以其他个人财产来清偿债务，即承担无限责任。而且任何一个合伙人都有义务清偿全部合伙债务（不管其出资比例如何），即承担连带责任。在有限合伙企业中，普通合伙人对合伙企业债务承担无限连带责任，有限合伙人则仅以其出资额为限承担有限责任。

### 4. 类型

合伙企业分为普通合伙企业和有限合伙企业。其中，普通合伙企业又包含特殊的普通合伙企业。

（1）普通合伙企业

由 2 人以上普通合伙人（没有上限规定）组成。在普通合伙企业中，合伙人对合伙企业债务承担无限连带责任。作为特殊普通合伙企业的合伙人，在通常情况下，仍按照普通合伙企业的规定，承担无限连带责任。但一个合伙人或者数个合伙人在执业活动中因故意或者重大过失造成合伙企业债务的，有责任的合伙人应承担无限责任或者无限连带责任，而其他合伙人以其在合伙企业中的财产份额为限承担责任。

（2）有限合伙企业

由 2 人以上 50 人以下的普通合伙人和有限合伙人组成，其中普通合伙人和有限合伙

人都至少有 1 人。当有限合伙企业只剩下普通合伙人时，应当转为普通合伙企业；如果只剩下有限合伙人，应当解散。普通合伙人对合伙企业债务承担无限连带责任，有限合伙人以其认缴的出资额为限对合伙企业债务承担责任。

### （四）公司制企业

#### 1. 含义

公司制企业又叫股份制企业，是指由 1 个以上投资人（自然人或法人）依法出资组建，有独立法人财产，自主经营，自负盈亏的法人企业。

#### 2. 法律特征

（1）公司是一个由股东出资入股组成的法人团体，具有法人地位，按照一定规章制度成立，拥有独立财产，在其法人财产基础上独立从事经营活动，并能以自己的名义行使权利和承担责任与义务。

（2）所有出资人都只以自己的出资为限，对公司的债务负有限的清偿责任。即当公司入不敷出、资不抵债时，可以强制企业破产，但无论公司欠债多少，所有出资人都只以其投入企业的资本清偿债务，不再负有超过这一限额的债务清偿责任。因此，公司所有者完全不必担心企业破产会导致自身倾家荡产。而且当个别股东发生股权转移或其他变动时，不会导致公司的解体，也不会影响公司的运营。因此，公司制企业有很好的存续性。

（3）公司是由一个法人治理机构来统治和管理，即由企业所有者、董事会、总经理三者组成的机构来管理，三者形成一种合力，同时也形成一定的制衡关系。通过这一形式，所有者将自己的资产交由公司董事会托管，公司董事会是公司的常设决策机构，拥有对高级经理人员的聘用、奖惩以及解雇权力。高级经理人员受雇于董事会，组成董事会领导下总经理执行机构，在董事会的授权范围内经营企业。

#### 3. 类型

（1）有限责任公司

有限责任公司简称有限公司，是指根据《中华人民共和国公司登记管理条例》规定登记注册，由 50 个以下的股东出资设立，每个股东以其所认缴的出资额对公司承担有限责任，公司以其全部资产对其债务承担责任的经济组织。有限责任公司包括国有独资公司以及其他有限责任公司。

有限责任公司（有限公司）是我国企业实行公司制最重要的一种组织形式。其优点是设立程序比较简单，不必发布公告，也不必公布账目，尤其是公司的资产负债表一般不予公开，公司内部机构设置灵活。其缺点是由于不能公开发行股票，筹集资金范围和规模一般都比较小，难以适应大规模生产经营活动的需要。因此，有限责任公司这种形式一般适合于中小企业。

（2）股份有限公司

股份公司是指公司资本为股份所组成的公司，股东以其认购的股份为限对公司承担责任的企业法人。设立股份有限公司，应当有 2 人以上 200 以下为发起人，注册资本的最低限额为人民币 500 万元。由于所有股份公司均须是负担有限责任的有限公司（但并非所有有限公司都是股份公司），所以一般合称股份有限公司。股份公司产生于 18 世纪的欧洲，19 世纪后半叶广泛流行于世界资本主义各国。到目前，股份公司在资本主义国家的经济中占据统治地位。

（3）有限责任公司与股份有限公司的区别

① 是人合还是资合。有限责任公司是在对无限公司和股份有限公司两者的优点兼收并蓄的基础上产生的。它将人合性和资合性统一起来：一方面，它的股东以出资为限，享受权利，承担责任，具有资合的性质，与无限公司不同；另一方面，因其不公开招股，股东之间关系较密切，具有一定的人合性质，因而与股份有限公司又有区别。

股份有限公司是彻底的合资公司。其本身的组成和信用基础是公司的资本，与股东的个人人身性（信誉、地位、声望）没有联系，股东个人也不得以个人信用和劳务投资，这种完全的资合性与无限公司和有限责任公司均不同。

② 股份是否为等额。有限责任公司的全部资产不必分为等额股份，股东只需按协议确定的出资比例出资，并以此比例享受权利，承担义务。一般来说，股份有限公司必须将股份化作等额股份，这不同于有限责任公司。这一特性也保证了股份有限公司的广泛性、公开性和平等性。

③ 股东数额。有限责任公司因其具有一定的人合性，以股东之间一定的信任为基础，所以其股东数额不宜过多。我国的《中华人民共和国公司法》（以下简称《公司法》）规定为 1 ～ 50 人。有限责任公司股东数额上下限均有规定，股份有限公司则只有下限规定，即只规定最低限额发起人，实际只规定股东最低法定人数，而对股东的上限则不作规定。这就使得股份有限公司的股东具有最大的广泛性和相当的不确定性。

④ 募股集资。是公开还是封闭。有限责任公司只能在出资者范围内募股集资，公司不得向社会公开招股集资，公司为出资人所发的出资证明亦不同于股票，不得在市场上流通转让。募股集资的封闭性决定了有限责任公司的财务经营状况无须向社会公开。与有限责任公司的封闭性不同，股份有限公司募股集资的方式是开放的，无论是发起设立或是募

集设立，都须向社会公开或在一定范围内公开募集资本，招股公开，财务经营状况亦公开。

⑤ 股份转让的自由度。有限责任公司的出资证明不能转让流通。股东的出资可以在股东之间相互转让，也可向股东以外的人转让。但由于人合性质，决定了其转让要受到严格限制。按照《公司法》的规定，转让必须经全体股东过半数同意；在同等条件下，其他股东有优先购买权。股份有限公司的股份的表现形式为股票。股票是在经济上代表一定价值，在法律上体现一定资格和权利义务的有价证券，一般来说，与持有者人身并无特定联系，法律允许其自由转让，这就必然加强股份有限公司的活跃性和竞争性，同时也必然招致其盲目性和投机性。

⑥ 设立的宽严不同。股份有限公司因其经济地位和组织、活动的特性，使国家必须以法律手段对之进行管理和监督，对其设立规定了一系列必须具备的法定条件，履行严格的法定程序。在我国，股份有限公司的设立必须经有关部门批准。有限责任公司多为中小型企业，还因其封闭性、人合性，所以法律要求不如股份有限公司严格，有的可以简化，并有一定的任意性选择。

## 二、新企业注册流程

2016 年 6 月 30 日，国务院办公厅颁发《关于加快推进“五证合一、一照一码”登记制度改革的通知》（国办发〔2016〕53 号），在“三证合一”登记制度改革的基础上，再整合社会保险登记证和统计登记证，实现“五证合一、一照一码”如图 7–1 所示。

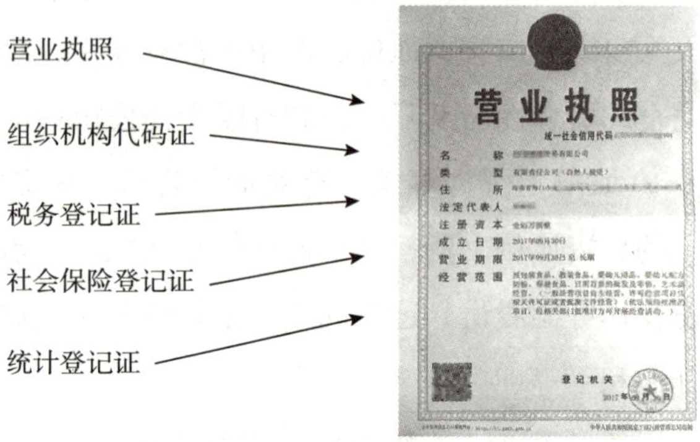


图 7–1　“五证合一”的营业执照

2018 年 6 月 15 日，全国各省（自治区、直辖市）级及计划单列市国税局、地税局合并，且统一挂牌。此次省级新税务局挂牌后，截至 2018 年 7 月底，市、县级税务局逐级分步完成集中办公、新机构挂牌等改革事项。2018 年 8 月起，税务局整合办税流程，全面实现了“一厅通办”“一网办理”。

企业设立登记的管理机关为各省市的市场监督管理局，具体的注册登记工作可以完全通过网络平台进行。一般情况下，企业的设立登记需要经过以下五个步骤。

### （一）预先核准企业名称

创业者设立企业时，首先，需要核准企业名称。创业者可登录市场监督管理局官方网站，进入“网上办事大厅”或“在线办事”栏目，注册账号并登录；其次，选择“名称登记”选项，按要求填写事先准备好的企业名称并提交。在企业设立之前通过预先核准程序将企业名称确定下来，对统一申请材料中的企业名称、规范登记文件等均有重要的作用。企业名称经审核通过后，创业者即可获得《企业名称预先核准通知书》。

### （二）准备申请材料并在线提交申请

企业名称经审核通过后，创业者即可选择“企业登记”选项，按要求填写企业登记的相关信息，如企业住所地、企业类型、注册资本、经营范围、投资人名单及其出资比例等。

同时，创业者应准备企业登记的相关申请材料，并按照系统提示上传申请材料的 PDF 文件。对于有限责任公司的设立而言，创业者通常应准备法定代表人、全体股东、财务负责人的身份证明材料，代理人的资料，备案登记资料，公司章程，住所证明等。具体的申请材料包括以下几个内容。

（1）企业设立登记申请书。该申请书包括《企业设立登记申请表》《单位投资人（单位股东、发起人）名录》《自然人股东（发起人）、个人独资企业投资人、合伙企业合伙人名录》《投资人注册资本（注册资金、出资额）缴付情况》《董事会成员、经理、监事任职证明》《企业住所证明》等材料，均由法定代表人亲笔签署。

（2）公司章程。由全体股东签字；有法人股东的，还应加盖该法人单位公章。

（3）股东资格证明。自然人股东应提交身份证复印件，企业法人股东应提交加盖公章的营业执照复印件。

（4）《指定（委托）书》。即创业者委托代表或代理人办理企业登记注册手续的授权委托书。

（5）经营范围涉及前置许可项目（如危险品经营、快递业务经营等）时，创业者应提交有关审批部门的批准文件。

企业登记的相关申请材料提交完成后，市场监督管理局会在 5 个工作日内进行审核。如果申请材料存在问题，市场监督管理局会另行通知申请人修正后继续提交。网上审查通过后，申请人将收到《准予设立登记通知书》。

### （三）领取营业执照并刻制印章

创业者与市场监管局预约领证时间，然后携带《准予设立登记通知书》、申请人的身份证原件，到市场监督管理局领取营业执照正、副本。创业者领取营业执照之后，凭营业执照到公安局指定刻章点刻制公司公章、财务专用章、合同专用章、法人章和发票专用章。新企业印章完成刻制后，创业者还须到公安机关及相应的主管部门进行印鉴备案。

### （四）银行开户

银行账户是企业为办理结算和申请贷款在银行开立的户头，也是企业委托银行办理信贷与转账结算及现金支付业务的工具。它具有监督和反映国民经济各部门、各单位活动的作用。根据《人民币银行结算账户管理办法》规定，单位银行结算账户分为基本存款账户、一般存款账户、专用存款账户和临时存款账户。各类账户均有不同的设置和开户条件。按照规定，企业只能在银行开立一个基本存款账户。

**知识拓展**

**单位银行结算账户**

基本存款账户是存款人因办理日常转账结算和现金收付需要开立的银行结算账户。一般存款账户是存款人因借款或其他结算需要，在基本存款账户开户银行以外的银行营业机构开立的银行结算账户。专用存款账户是存款人按照法律、行政法规和规章，对其特定用途资金进行专项管理和使用而开立的银行结算账户。临时存款账户是存款人因临时需要并在规定期限内使用而开立的银行结算账户，如设立临时机构、开展异地临时经营活动、注册验证时开立的账户。

企业开立银行基本存款账户和临时存款账户的基本程序如下。

（1）企业选定开户银行，向该银行领取开户申请书并如实填写，交由主管部门审核盖章后，附上营业执照正本，交给开户银行审核。

（2）银行同意开户后，企业送交预留印鉴，包括财务专用章和法人章。

开立银行账户之后，企业可根据业务需要向开户银行购领有关结算凭证，如现金缴款单、支票等。

### （五）税务报到

在市场监督管理局办理完“五证合一、一照一码”登记后，创业者应携带营业执照正、副本原件，法人身份证原件及公章，法人章到税务局报到，登录税务局官网并办理税务登记业务。

## 三、新企业的选址

创业选址是创业前期准备工作中的一项非常重要的工作。无论创立何种企业，地点的选择都是决定成败的一大关键性要素。可以说“地段决定前途”，好的选址等于成功的一半。尤其是以门市为主的零售、餐饮等服务业，店面的选择更是成败的关键。同时，企业的选址直接体现了企业的战略目标。一个企业的战略目标，是在全面综合考虑地理因素、人文因素和交通状况等方面的基础上，根据企业自身实际情况制定出来的企业指导战略，对于地址的选择也不例外，也是企业战略目标的一个组成部分。

### （一）新企业选址的原则

#### 1. 匹配行业定位

企业经营场所的选择和行业密切相关，各行各业都有不同的特点和消费对象，黄金地段不一定是最好的选择。如果经营的是日化、副食等快速消费品，就要选择在居民区或社区附近；如果经营的是家具、电器等耐用消费品，就要选择在交通便利的商业区。因此，企业选址关键要根据行业来确定。

#### 2. 依据经营内容

店铺销售的商品种类不同，其对店址的要求也不同。有的店铺要求开在人流量大的地方，如服装店、小超市，但并不是所有的店铺都适合开在人山人海的地方，如保健用品商店和老人服务中心，就适宜开在偏僻、安静一些的地方。

#### 3. 靠近消费群体

新企业的选址还要考虑自己的目标消费群体，是主要面向普通大众消费群体，还是主要面向中高阶层消费群体，简单来讲就是要选择能够接触较多目标消费群体的地方。通常情况下，大多数店铺适合选择在人流量比较大的街区，特别是当地商业活动比较频繁、商业设施比较密集的成熟商圈。但有的店面开在闹市区还不如开在相对偏僻一些的区域，如卖油盐酱醋的小店，开在居民区内，生意肯定比开在闹市区好；文具用品店，开在黄金地段不如开在学校附近。

#### 4. 遵循价值链环节

同一产业的企业如所处价值链环节不同，企业选址考核的侧重点也随之而异。总部基地、研发中心的选址，更关注政府因素的影响，包括政府服务水平、政策导向、营造的投资环境，如人才及教育资源是否富足，风险投资的供给情况，布局上偏好聚集在大城市或新兴城市；制造型企业的选址，更关注成本因素的影响，如土地、能源、劳动力等资源是否能够容易以较低的成本获取，加之城市规划的影响，因而其在区位分布上有逐渐迁出市中心、在城市周边布局的趋势；营销及售后服务企业，则更多考虑市场的因素，如区域内消费者的消费水平、市场潜力、同业竞争状况，在区位的选择上也会更贴近市场，以提升服务效率，更快地响应市场需求的变化。

#### 5. 关注政府政策

企业选址不仅需要重点考虑企业投资所需的运营成本，还需要关注政府因素的影响。

如政府是否鼓励该产业的发展，是否已通过产业规划、财税政策、人才培养等多种途径保障该产业的发展，能否提供高效优质的服务，乃至是否有一定的政府采购市场。

## （二）新企业选址的要点

创业大学生在选择经营场所时要慎重，由于所创企业经营类型的不同，对经营场所的要求也不同。但是不管从事何种经营，一般来说，都要注意从以下几个方面综合考量，做出最优选择。

### 1. 方便性

众所周知，人都有一定的惰性，买东西或者是享受服务都希望方便，一下车、一抬眼就能看见，而不希望费时、费力地寻找。因此，要想使你的生意兴隆，最好的办法就是让你的顾客能随时随地享受你的服务。

### 2. 安全性

任何人在购物或享受服务的时候都希望在一个安全环境中。因此，在选择经营场所的时候，创业大学生要注意不要选在治安差的地方，也不要选择在管理较为混乱的集贸市场或娱乐场所附近，因为这些区域是治安和火灾事故的易发地区，容易威胁到顾客的人身安全。

### 3. 竞争性

现在行行有竞争，处处有竞争，创业大学生不要妄想找到一个没有竞争的经营场所。当然，竞争太强、太弱都不行，竞争性太强，不利于刚创办企业的发展；如果一个地方没有任何竞争，那就说明这地方不适合做这个行业。在有竞争对手的地方创业，有利于获得同行的经营状况和整个行业的发展状态，适时调整自己的经营方向与运作策略。

### 4. 愉悦舒适度

创业大学生在选择经营场所的时候要注意你所选择的场所及其周围设施的愉悦舒适度如何。经营场所附近的配套设施要齐全一些，如有路灯和绿化设施，空气比较清新。店内的装修要美观大方、冬暖夏凉，让人进去就有一种清新愉悦的感觉。

### 5. 人流量

在正常情况下，在繁华的商业区和人口密度较高的大中型社区选址创业，人流量大，市场需求旺盛，相对来说客源较为稳定，因此可以在一定程度上保证创业的稳定性和较高的盈利；反之，在偏僻的地区或小型的、不成熟的社区，人流量小，客源不稳定，无法保证经营的可持续发展。

### 6. 租赁价格

经营场所地点不同，租赁价格相差甚远。在一些老牌的商业集中区域，租赁价格高；相反，在一些相对偏僻的老区或是新开发地段，租赁价格较低。到底选择哪里，这要根据创办企业的性质、经营定位和自身的经济实力来综合考虑。

现在很多地方为鼓励和吸引投资，都在本区域范围内设立了各式各样的开发区、软件园、高科技园区等名目繁多的特别经济区域，在这些区域内设立企业可以享受很多优惠政策，因此，大学生在创业时非常有必要了解一下相关政策，尽量把创业场所选择在特别经济区域内，既可以简化手续又能节省费用。

## （三）不同类型企业选址

### 1. 销售类

销售类企业创业成功的关键是经营地址的选择。因此，在选择时要重点确定商圈范围，通过具体了解销售企业的消费者构成及其特点，确定企业选址策略。一般来说，经营场所一般应选择在人口密集的地区，既方便消费者，也有利于企业的经营。

（1）便利性

销售类企业进行选址首先要考虑其业态特征，单体规模小、以经营选择性较低的日常生活用品为主的零售业要满足顾客便利的要求；单体规模大、商品品种齐全、以经营选择性较强的商品为主的零售业，应该选在人流大、交通便利的地方。

（2）聚合性强

有些销售企业由于经营业务单一、规模小，对顾客的吸引力比较弱，自身难以拥有较大的客流量。这类销售企业在选址上可采取聚合策略，即依附大商场或专业街，借助大商场的客源或专业街聚集的人气来扩大影响。比如，麦当劳、肯德基快餐厅几乎都是建在大商场旁边。

（3）人气足

客流量大小是销售类企业选址时必须考虑的重要问题。同样一条街道，交通条件不同，基础文化设施不同，通向的地区或位置不同都可能使销售业绩存在很大差异。因此，创办销售类企业在选址时要对客流量进行调查和分析，研究客流路过的目的和客流量的大小等问题。

### 2. 餐饮类

餐饮业比其他行业选址要求更高，创业者要结合当地居民的消费习惯、消费水平确定经营方式和服务档次，进而选择经营地址。一般来说，餐饮类企业地址选择要注意以下四个方面。

（1）符合市场需求

餐饮企业的地址选择要与市场需求，也就是客户需要相符合。例如，快餐企业的理想地点是流动人口较多的商业购物区、大中专院校附近、主要交通干道附近等；而主营高品质菜肴、用餐环境优雅、服务上乘的餐饮企业最好开在高档住宅区、金融机构等所在地区，便于客源市场的商务宴请等。

（2）靠近消费群体

根据不同的消费群体来选择企业地址，如果主要消费群体为上班职工，可以在公司集中区选址；如果主要消费群体为学生，可以在学校附近选址；如果主要消费群体为休闲人士，可以在商业闹市区或者特色风景区选址。

（3）注重周围环境

餐饮企业应选择地势干燥、有排水条件和电力供应的地区，不要设在容易受污染的区域，要远离粪坑、污水池、暴露垃圾场等地，还要在粉尘、有害气体、放射性物质和其他扩散性污染源的影响范围之外。

### 3. 制造类

制造类企业选址需要综合考虑多方面的因素，既包括定量的成本因素，又包括定性的区位条件因素。

（1）关注成本因素

成本是制造企业选址所要考虑的重要因素。制造类企业需要大量的原材料等生产要素。不同的地区，其价格会有所不同，所以制造企业应选在离原料基地较近的地方，可以节约成本。另外，劳动力和厂房等也是选址时要考虑的问题，选址在劳动力丰富并且价格低廉的地区，有利于降低生产经营成本，而且企业厂房等固定成本会有地区性的差异。

（2）考虑区位条件因素

制造企业选址考虑所在地区的区位条件，也就是要考虑运输便利程度、地方政策及生活条件等诸多因素。

对于制造企业来说，产品和原料的运输成本在总成本中均占有较大的比重，在靠近原材料地区选址可以使运输成本最低。

有些地区采取鼓励在当地投资建厂的政策，在当地规划出制造工业区，低价出租或出售土地、产房、仓库，并在税收、资本等方面提供优惠政策，同时专门的制造工业区有利于制造企业之间信息迅速传播，相互刺激发展。

制造企业选址的结果会影响职工的生活，为稳定职工队伍，应该选择职工生活比较方便的地区。厂址一般应靠近劳动密集的地方或技术较为密集的市区附近，这样可以减少职工的住宿、交通费用开支。

（3）注意环境污染、噪声问题

加工类企业一般会产生一定的环境和噪声污染，因此地址应选择在离居民区、饮水基地远一点的地方。

# 任务二　新企业生存管理

人们通常把处于创立初期和发展期的企业界定为新企业。在这两个阶段，新企业能否生存和健康成长至关重要，既关系到创业的成败，又关系到企业今后能否持续发展。创业者必须清晰地了解：新企业管理有怎样的特殊性？哪些因素在驱动新企业的成长？新企业的成长又面临哪些挑战？创业者该为新企业成长做哪些准备？如何进行新企业的成长管理？

## 一、新企业管理的特殊性

### （一）新企业具有高成长性和高风险性

新企业区别于成熟企业的重要特点之一，就在于成熟企业已经进入常规发展阶段，不再具有高成长性；而新企业则处于超常规发展阶段，极具成长潜力。新企业通常经营机制灵活，同时在产品、技术或业务的某些方面具有一定的独特性和领先性，对区域市场和细分行业的竞争能够保持良好的适应和应对状态，因而成长性较好。但与高成长性相对应的是：新企业的成长具有很大的不确定性和高风险性。由于技术环境的变化、商业模式的变革、竞争对手的打压、内部管理的“瓶颈”等，新企业的业绩波动也高于成熟企业，呈现出“易变”“不稳定”“高死亡率”“充满风险”等特点。也就是说，新企业的成长呈现出非线性的特征，可能爆发式增长，也可能突然衰退，甚至是彻底失败。

### （二）新企业管理是以生存为首要目标的“生存管理”

新企业在创立初期的首要任务是在市场竞争中生存下来，让消费者认识和接受自己的产品或服务。在这个阶段，生存是第一位的，一切围绕生存而运作，应避免一切危及生存的做法。要尽快找到客户，把自己的产品或服务卖出去，掘到第一桶金，只有这样新企业才能在市场找到立足点，才具有了生存的基础。“别再跟我谈对新产品的构想，告诉我你能推销出去多少现有的产品”是这一时期的典型独白。重要的不是在于想什么，而是在于做什么，一切以结果为导向。企业里的大多数人，包括创业者在内，要出去销售产品，这就是所谓的“行动起来”。在这一阶段，企业是机会导向的，有机会就做出反应，而不是有计划、有组织、定位明确地开发利用自己所创造的机会。

### （三）新企业管理具有较强的灵活性和创新性

活力是创新之源，是企业快速发展的核心动力。与大企业相比，新企业的突出优势就在于高层管理者更贴近客户，更容易感受到市场发生的变化，能够比大企业更迅速地做出反应，能够用小企业的反应速度来抗击大企业的规模经济。如果新企业机制灵活，那么就会以目标为导向，淡化分工，强化协作，老板与员工形成一体，这时企业的反应速度很快，非常灵活，充满活力。与此同时，新企业管理通常也需要有较强的创新性。因为新企业会面临许多新问题，这些问题很多是管理者之前没有遇到过的，在书本和前人的经验中也找不到答案，只有敢于创新、善于创新，才能有效地解决这些问题。新企业和成熟企业管理特点的比较如表 7-1 所示。

表 7-1　新企业和成熟企业管理特点的比较

| 内容 | 新企业 | 成熟企业 |
| --- | --- | --- |
| 成长性 | 高增长、非线性成长 | 低增长、常规发展 |
| 风险程度 | 不确定性、高风险 | 经营稳健、低风险 |
| 主导策略 | 基于生存和发展的机会导向 | 基于强化内部控制的经营导向 |
| 驱动因素 | 商机驱动 | 资源驱动 |
| 关注焦点 | 销售收入和现金流 | 顾客维持与内部效率 |
| 管理团队 | 创业者个人或小规模的团队 | 职业化的管理团队替代企业家团队 |
| 管理模式 | 基于信任与合作的松散管理 | 建立完善的管理机制与控制系统 |
| 创新来源 | 依赖个人创新 | 系统的组织创新 |
| 风险承担 | 最大限度地规避风险 | 能够适度承担风险 |
| 外部环境 | 高度不确定，至少创业者感觉如此 | 不确定性基本在可控制的范围内 |

## 二、新企业成长的驱动因素

当企业度过了以生存为主要特征的创立初期后，就进入了以快速成长为主要特征的发展期，也称为长期。对于进入发展期的企业，其成长性并不相同，有些企业成长较快，有的企业成长较慢，甚至不少企业遇挫夭折。但一般而言，随着产品和服务逐步被市场认可，销售收入不断增加，企业规模不断扩张，成功穿越创立初期“死亡陷阱”的新企业会表现出强烈的成长冲动。归纳起来，新企业成长的主要驱动力量可以概括为企业家的成长欲望、市场扩张或开发新的商机、组织资源的增加、创新与变革四个方面。

### （一）企业家的成长欲望

具有企业家精神的创业者，具有强烈的成长欲望，工作充满热情，拥有勇于向环境挑战、识别并开发商业机会的能力，正是这些能力使他们能够把经济资源从生产率较低的领域转移到生产率较高的领域。企业家的成长欲望是新企业实现快速成长的最关键的因素。具有企业家精神的创业者，往往目光远大，在产品投入市场并赢得一定利润后，不会以达到个人满意的生活水平和享受利润所带来的好处为目标，而是利用利润进行再投资，期望将自己的企业塑造为一个可以向行业内的标杆看齐的高速成长企业，期望在市场上创造一个为消费者所认同的著名品牌。创业者的企业家精神和成长欲望，会给新企业的成长注入最根本的驱动力。工作激情使创业者在实现企业目标时更加坚决、乐观并持之以恒，这不仅极大地激发了员工的工作热情，还使其他企业认为不可能实现的事情在其企业里得以实现。

### （二）市场扩张或开发新的商机

如果新企业的产品和服务具有较好的市场竞争力，良好的市场反馈会使创业者确信自己所干的事业是有生命力的，会极大地强化创业者的企业家精神。在区域市场取得初步成功后，创业者会有很大的动力去加快市场扩张，从而推动新企业的快速成长。这里指的市场扩张包括两个方面。一方面，是指在现有的区域市场，由于更多的消费者接受新企业的产品和服务，导致本地市场的扩张；另一方面，是指创业者采取批发、代理、特许经营、建立直营分支机构、直销、电子商务等，将新产品和服务分销到更广阔的市场区域，进行异地扩张。

### （三）组织资源的增加

在一定程度上，企业成长欲望的实现取决于其所控制和能够利用的组织资源。这里，组织资源被广义地定义为人力资源、财务资源、无形资产、厂房设备、技术能力、销售网络、组织结构、管理能力等。度过创立初期后，新企业拥有的组织资源无论在数量上还是质量上都会有明显的增加，而且创业者对资源的获取、整合和利用能力也有明显的提升。这就为新企业下一步的成长奠定了必要的基础。例如，在财务资源方面，企业累计的利润和现金流，能够在一定程度上支持成长所需的资金；银行可能看好企业的发展前景，愿意提供一定额度的商业贷款；具有高成长欲望的创业者可能愿意通过出售部分股权的方式筹集更多的发展资金。又如，随着创业团队对企业的经营活动越来越熟悉，管理能力不断提高，其可以在不降低现有工作质量的前提下，节约出管理资源以支持企业成长。

### （四）创新与变革

新企业的成长具有明显的创业特征，需要持之以恒的创新精神，创业者擅长识别和追求机会的能力使新企业具有创新的优势，创新使企业能够赢得快速成长的机会。与此同时，新企业在成长的过程中会面临各种挫折和挑战，具有企业家精神的创业者会不惧挑战、审时度势、大胆变革，并以此为契机将企业推向一个新的发展阶段。哈佛大学教授拉里·格雷纳认为，企业成长的每个阶段都由前期演进和后期的危机与变革两部分组成，这些危机与变革加速了企业向下一个阶段迈进。企业成长的每一个阶段都有其独特的管理方式，往往推动现阶段成长的动力会成为下一阶段进一步成长的障碍，因此，能否通过变革与创新突破这种障碍是企业能否进入下一个成长阶段的关键。

## 三、新企业成长面临的挑战

新创企业的数量很多，但能够实现成长的企业却并不多，其中实现快速成长的企业则更少，其原因在于新企业的成长会遇到各种限制和障碍，会面临各种发展陷阱和挑战。

### （一）内部管理复杂性的增强

新企业的快速成长体现为市场的快速扩张、顾客数量的规模化增加、职工人数的大幅增长等，其会吸引各种组织（包括竞争对手、潜在投资者、管制机构、新闻媒体等）的注意力，同时也需要获取更多的资源以支撑成长，这就使得企业内部的管理工作会在短时期内快速增加。尽管创业者开始在组织内部设立职能部门和管理组织，制订各种必要的规章制度和流程，试图强化职责分工和协调配合，逐步进行管理授权和分权，然而由于企业规模的急剧扩张、创业团队管理技能的不足、缺少有管理经验的员工、部门分工不够科学合理等原因，企业内部管理往往显得杂乱无序，问题常常容易演变为危机，创业者需要花费大量的时间用于“救火”。部门间的协调配合和“救火式”的管理方式融合在一起，增加了企业整体管理的复杂性。表 7–2 为艾迪斯模型所归纳的组织内部特征视角下的新企业在成长过程中容易遇到的各种问题，无论是其所归纳“正常问题”还是“不正常问题”，都值得借鉴。

表 7–2　组织内部特征视角下的新企业成长过程中遇到的问题

| 正常现象 | 不正常现象 |
|---|---|
| 创业者承担了现实的义务 | 创业者只有不切实际的幻想 |
| 产品导向 | 利润导向，只考虑投资回报 |
| 创业者掌握了控制权 | 创业者的控制地位不稳固 |

续表

| 正常现象 | 不正常现象 |
| --- | --- |
| 现金支出大于收入 | 现金支出长期大于收入 |
| 缺乏管理深度 | 过早授权 |
| 缺乏制度 | 过早制定规章制度 |
| 缺乏授权 | 创业者丧失控制权 |
| 愿意听取不同意见 | 刚愎自用 |
| 一切都视作机会 | 摊子铺得太大，远远超出能力 |
| 因人设事，责任交叉重叠 | 创业者过早分权，失去控制权 |
| 经营权和所有权开始分离 | 创业者遥控式管理 |
| 暂时丧失远见 | 开拓型人才离去，行政型人才掌权 |
| 董事会加强对管理人员的控制 | 董事会解雇了创业型人才 |

### （二）外部环境不确定性的增加

企业的快速成长吸引了众多竞争对手的进入，改变了行业的竞争状况，让新企业市场环境变得更加不确定。行业内的大企业开始注意新企业所在的细分市场，凭借资金、技术、品牌和成熟的销售网络等种种优势，向成长中的中小企业发起挑战或进行打压。行业内众多“跟风”创业的小企业则“搭便车”，对产品既不进行创新，也不进行广告投入，只是一味地模仿，利用低成本、低价格和地域性优势抢占市场。众多竞争对手的加入，使消费者有了更多的选择，竞争变得越来越激烈，“蓝海”逐渐变为“红海”，产品价格可能迅速下降。这就迫使新企业不得不加大产品创新力度，调整市场战略，进行地域市场扩张，进入新的细分市场，或开始尝试多元化等，但这些情况无一例外增加了企业活动所面临的不确定性，使其经营环境变得更加复杂。

### （三）创业团队管理能力的不足

创业者和管理者的素质和能力是有差异的，而且思维方式也不同（表 7–3）。创业者是机会导向的，对资源约束考虑较少，而管理者更多是资源驱动的，会基于所掌控的资源约束去追求机会；创业者的责任是创建企业，而管理者的责任是维持和壮大企业；创业者要引进新产品和服务，管理者要协调生产产品和服务。随着新企业的成长，创业者要从事的管理工作越来越多，其面临的管理压力也越来越大，这就要求其具备越来越高的管理技能，逐步从“创业者”向“创业管理者”转变，但并不是所有的创业者都能顺利地实现这种角色的转变。从企业成长和企业家成长之间的互动关系看，企业家管理是企业持续成长的必要条件，管理能力不足则是企业成长的最大障碍，这也称为“彭罗斯效应”。对于新企业而言，企业家管理一部分要用于现有业务的运作和优化，另一部分要用于扩张性活动，如开发新产品、新市场等。如果管理能力的增长跟不上企业规模扩张的步伐，就会出现管理危机。

表 7-3　创业者和管理者思维的差异

| 创业者思维方式 | 管理者思维方式 |
|---|---|
| 市场机会在哪里 | 现有资源条件下，什么机会是合适的 |
| 如何获取资源 | 有哪些可用的资源 |
| 如何组织资源开发商业机会 | 如何经营才能使企业风险最小化 |
| 具备哪些条件就可以采取行动 | 具备哪些条件才能确保投资不失误 |
| 什么组织结构最有利于机会的开发 | 什么组织结构是最有效率的 |
| 问题的出现往往意味着变革和机会 | 问题的出现往往意味着威胁，必须消除 |
| 对趋势的把握要依赖自身的洞察力 | 对趋势的把握主要依赖过去的经营历史 |

### （四）市场容量的限制

市场是企业得以生存和发展的土壤。一旦企业实现了初期的快速成长，很快就会有其他的企业跟进，竞争就会变得越来越激烈。先进入的企业成长速度越快，跟进的企业就越多，新企业就会在更短的时间内面临更激烈的竞争，信息发达和市场开放使这种规律更加明显。在市场容量有限的前提下，众多竞争对手的加入，会阻碍新企业的成长。此外，新企业是在行业内的细分市场开始创业和经营，随着企业规模的成长，创立初期的区域市场容量将无法支撑企业快速发展的需要，创业者必须寻求扩张。扩张的路径主要有两条：地域扩张或产业延伸。但地域扩张往往受到各地文化、法律和市场环境的影响；产业延伸则会面临资源不足、管理分散等多元化经营的相关障碍。如果创业者不能很好地解决这些问题，市场容量的局限性就会变得明显，最终就像一堵墙一样阻碍企业继续扩张和成长。

### （五）人力资源和资金的约束

新企业的成长还面临极大的资源约束，尤其是人力资源和财务资源的缺口较大。伴随着业务快速发展，新企业迫切需要吸引大批人才的加入，虽然新企业良好的创业氛围和广阔的发展前景也能打动一部分人，企业也有充分的用人自主权，但总体而言，由于新企业发展的不确定和高风险性、能够提供的薪酬难有竞争力、管理不够规范、办公环境较差、企业的社会声望不高等，多数新企业对优秀人才的吸引力不足，导致较大的人力资源缺口。同样，为了支撑企业的快速成长，新企业需要不断增加固定资产投资，招聘更多员工，加大（科学研究与试验发展 R&D）投入，

人力资源的定义

建立销售网络和强化营销推广等，需要的资金投入成本增长，同时日常管理运营费用也大幅增加，但在创立初期和成长期，多数新企业的自由现金流入不足，而且不够稳定，无法满足企业快速成长的需要，导致较大的资金缺口。

知识拓展

### 新企业现金流需求的预测

新企业预测现金流需求，可以按照以下三个步骤进行。

1. 预测收入

预测收入的逻辑很简单，只需要根据产品或服务的定价，对销售进行预测即可。由于新企业大多规模小，初期资金紧张，必须精打细算，对销售要按照月度来做预测。预测最好做两份，一份“保守的”，一份“乐观的”。

以一家运动耳机公司为例，如果采用分销方式销售，可以向分销商了解每月大概可以卖出多少个运动耳机。如果采用直销方式销售，则需要考虑广告的投放。例如，该公司在某杂志上做广告，杂志发行量 10 万份，一般的广告有效率是 2‰～3‰（一些广告测评机构可以提供类似数据），所以一期杂志最多可以带来300（100 000×3‰）个消费者。

一般来说，投资人会要求创业者做 3～5 年的收入预测。

2. 计算成本

成本一般包括以下几种：①固定成本，具体包括人员工资、房租、保险费、职工福利费、办公费等。②可变成本，具体包括原材料成本、包装费、运输费等。③销售成本，具体包括广告费、销售费用、客户服务费用等。④设备投入，具体包括装修费，以及办公家具、计算机、服务器、生产设备等采购费。

3. 分析和调整

把每月的收入预测和成本预测对应着放入同一个时间框架中，就会得出新企业的现金流量表。此时应首先找到收支平衡点，把收支平衡点之前的所有亏损加在一起，就可以得出需要为企业准备的资金数目。

当然，企业的现金流需求预测不是一成不变的，每个月都应该根据企业的实际运营情况进行相应的调整，使之更符合现实、更加优化。如果实际情况和预测总是相差甚远，要及时找出原因并调整，否则应立即停下来，重新考虑企业未来的发展策略。

### （六）持续创新和战略规划能力的不足

创新是推动企业成长的主要动力。企业创立之后，创业者关注的核心问题是销售和生存，将大量的精力和资源都投入市场拓展和外部融资上，新企业初期创新的推动力会随着创业者投入资源的减弱而减弱。与此同时，知识产权保护不力，竞争对手模仿行为的增多，也可能让新企业创新激励减弱。因此，在缺乏资金、技术、人力资源和组织保证的情况下，如何保持新企业持续创新的动力、能力和活力至关重要。同样，由于创业的机会导向性和新企业的生存压力，多数创业者更加注重策略行动，而非战略思考，甚至许多人认为新企业和中小企业没有战略也不需要战略。但事实上，缺乏战略是制约企业成长的关键因素。战略的缺乏往往导致新企业随波逐流，小富即安，对未来的发展方向茫然不知所措，核心竞争力无法有效塑造，甚至被大企业或同行挤在角落里苦苦挣扎，发展遇到了“瓶颈”却无法有效突破。因此，创业管理团队是否拥有出色的战略规划能力，直接决定了新企业能否快速成长、能否持续成长。

## 四、新企业成长管理策略

企业成长是一个动态的过程，是通过创新、变革和强化管理等手段整合资源，并促使资源增值进而追求持续发展的过程。创业管理者除了需要为成长做好准备外，还需要结合新企业的管理特性，遵循企业成长规律，抓住成长管理的重点。

### （一）确立企业的愿景、使命和核心价值观

企业的愿景、使命和核心价值观是引领企业发展的灵魂，虽然无形，但却渗透在企业发展的方方面面。企业愿景，又称企业宗旨，是指企业长期发展的方向、目标、目的和自我设定的社会责任与义务等，其描述了企业在未来社会里是什么样子。企业使命是指企业在社会经济发展中所应担当的角色和责任，是指企业的根本性质和存在的理由。企业核心价值观是指在企业生产经营活动过程中逐渐形成的，由组织成员共同遵守和分享的同一价值观念、价值判断和行为准则。

对于新企业而言，其企业价值观一般是创业团队，尤其是创业领导人自身价值取向的体现，这种价值取向直接而又深远地影响着企业成长和发展。有共同愿景、明确使命和核心价值观的企业，在成长过程中如果遇到挫折，创业团队能够团结一致，患难与共，求新求变；相反，没有愿景、使命和核心价值观的企业，遭受挫折打击就会涣散、消沉，直至分崩离析。因此，在新企业成长过程中，创业者必须适时提出一套能够凝聚人心的愿景、使命和核心价值观，从而在成长中凝心聚力，形成强大的组织力量。

### （二）管理好支撑企业持续成长的人力资源

人才是支持企业成长的关键要素，是企业的核心资产。从根本上说，企业的成长是基

于人力资源的成长，企业的发展是基于人力资源的发展，快速成长企业的一个共同特点就是有强有力的人力资源管理。在某种意义上，技术可以模仿，商业模式可以模仿，唯有人才队伍无法模仿。因此，企业持续竞争力的根源，是其良好的人力资源管理机制。快速成长的新企业必须通过建立包括“招聘、培育、使用、挽留”在内的人力资源管理体系，来打造一支优秀的人才队伍。其具体措施如下。

（1）提供有竞争力的薪酬待遇。成长企业要吸引优秀人才的加盟，所提供的薪酬待遇在人力资源市场上一定要有竞争力，同时在企业内部要有相对的公平性。包括提供较好的工资收入和与绩效挂钩的奖金，以及医疗保险、养老保险、工伤保险、失业保险、生育保险、住房公积金等“五险一金”，为员工解除后顾之忧。

（2）提供广阔的成长空间。员工的成长机会和成长空间包括：①晋升空间；②学习与培训机会；③持续的工作指导和工作支持；④工作内容丰富化；⑤管理技能的发展和提升等。对于不同的员工，其关注和需要的成长机会是有差异的，要因人而异。

（3）实施经营成果分享计划。新企业的薪酬水平，很难比得上大企业。更为不利的是新企业有失败、被兼并和被收购的危险，稳定性和安定感较差。事实上，新企业的员工总是承担着公司的一部分经营风险，一旦企业倒闭，他们的生活也就没有了保障，所以只有让员工分享企业的成功才是公平的办法。因此，一些优秀的新企业实施利润分享计划，通过员工持股、股票期权、虚拟股份制等方式让员工参与经营成果分享。

（4）营造良好的工作环境。良好的工作环境不仅包括提供开展工作所需的各种必备资源，如办公空间、办公设备等，更重要的是指营造良好的人文环境，如和谐的同事关系、顺畅的沟通渠道与沟通氛围、积极向上的企业文化等。

### （三）注重资源整合和资源管理

由于新企业的人力、财力、物力资源相对匮乏，仅仅通过自身的滚动发展往往速度缓慢，所以借助外因（包括合作伙伴、金融机构、政府部门、社会团体，甚至竞争对手）的力量来发展壮大自己，便显得更加重要，这也是快速成长企业特别擅长的策略。快速成长企业常采用的外部成长策略包括建立战略联盟、成立合资公司、兼并和收购、引入创业投资、（首次公开发行 IPO）上市融资等。

新企业的成长是靠资源积累实现的，但是，如果企业积累的资源没有被企业有效利用，而是被企业中的个人（是创业者、高层管理人员，还是一般员工）占有，则必将威胁企业的成长。这些未被有效利用的资源不仅包括一般的财务资源、人力资源、客户资源、固定资产和办公设备资源，还包括占用人自身的人力资源。例如，常见的衍生型创业，有很大一部分是在母体公司不情愿也不支持的情况下出现的，给母体公司发展带来很大的伤害。对于母体公司来说，离职创业的员工大多在企业中担任重要的研发、市场或管理工作，掌握关键的技术诀窍，拥有较高的人力资本，因此更容易发现和识别创业机会，他们的离开不仅会造成企业技术资源、客户资源的外流，往往还会带走一个人力资源团队，危害极大。

在企业成长的过程中，创造和整合的资源越来越多时，创业管理团队的关注重点需要从创造、整合资源，转向管理好已经创造出来的资源，从注重“资源的开创”到注重“资源的有效开发利用”，并通过现有的资源创造出最大的价值增值。例如，IPO虽然可以为企业募集大量的资金，迅速壮大企业的规模，可以提高企业的知名度，增强市场影响力，可以获得持续的融资能力和扩张资本，但是，如果企业不能很好地利用所获得的资源，不能为投资者创造价值，最终还是会走向失败。

### （四）注重用成长和创新解决成长过程中的问题

每个企业在成长过程中都会遇到各种各样的问题和障碍。有的企业在障碍面前止步不前，甚至一蹶不振；有的企业则将障碍变成动力，适时变革，积极应对，实现了新的成长。优秀企业和平庸企业的重要区别之一，就在于其对待障碍所采取的对策存在巨大差异。平庸的企业通常采取的是被动应对，用“救火式”的方法来应对发生的各种问题，结果是问题的暂时解决；优秀的企业则积极主动地推动变革和创新，用成长的方式解决成长过程中所遇到的问题。

用成长的方式解决成长过程中出现的问题，其本质是推动并领导变革。从快速成长企业的经验看，往往在以下几个方面表现突出。

（1）注重在成长阶段主动变革。主动变革意味着创业管理团队掌握变革的主动性和主导权，所承受的变革成本也较低，所面临的变革阻力也较小。

（2）善于把握变革的切入点。企业变革不能一下全面推开，需要科学地把握切入点，由点到面，层层深入，这不仅可以在短期内取得较好的效果，也能增强对变革的可控性。

（3）善于通过系统的建设和制度的完善，来巩固变革的成果。

持续的创新与变革是新企业成长的强大驱动力，也是快速成长企业的基本生存方式。但如果不注意管理，创业精神会随着时间的推移而慢慢减弱，乃至消亡。许多新企业之所以无法快速成长，甚至无法生存发展，其根本原因就在于创业者创业精神的退化，不思进取，小富即安，从而让自己的企业变为“老小树企业”——10年、20年过去，企业的业务和规模原地踏步，就像是贫瘠荒坡上的一棵陈年小树，任随时间推移，怎么也长不大，最后慢慢变老，直至枯朽。因此，对于追求成长的新企业而言，创业管理团队务必要通过创业精神的保持和发扬，源源不断地给新企业的成长注入创新与变革的基因，使其不因企业的成长而减弱，而是帮助企业不断地迎接挑战，进行二次创业、三次创业等。

# 任务三　企业成长创新管理

为了保持企业的竞争力和创业的活力，创业者需要进行创新管理，积极拓展新的发展渠道。企业创新是指企业主动适应环境，把握机会，不断开发新产品和新技术，突破束缚，变革障碍，实现组织发展的过程。企业创新是企业创造力和顽强生命力的体现，是一种有组织的、系统的整体创新行为，是通过构建适当的机制，营造适当的环境，经过卓有成效的人力资源管理活动来实现的。

## 一、企业成长创新的内容

作为一个整体的创新行为，企业创新应该在不同维度上开展，并结合成为一个有机系统。总体上说，企业创新包含八个维度。

### （一）文化创新

企业文化是企业的灵魂和个性，包括企业理念、企业精神、价值观念、行为准则、道德规范和企业形象等。作为一种被群体所共有的精神系统，企业文化是提高企业创新能力的重要手段。企业文化以企业精神为核心，把企业成员的思想行为引导到企业确定的发展目标上来，它又通过企业所形成的价值观念、行为准则和道德规范等，以文字或社会心理方式对企业成员的思想、行为施加影响控制，进而激发员工责任心和创造性，培养企业团队学习精神，提高企业整体效率。企业的各项创新靠企业文化来支撑，靠企业文化来维系。

### （二）制度创新

制度创新是指在企业中建立适应社会主义市场经济的资源配置机制，使其面向市场，成为自主经营、自负盈亏、自我发展的微观经济主体。企业可以通过不断调整和完善用以指导员工行动的规则、规章和制度，如产权制度、经营制度、人事制度、营销制度等，优化企业内部各利益相关者的关系，在政策上鼓励创新，在制度上支持创新，合理配置相关要素，满足企业内部一系列的创新要求。

## 案例分享

### 亲情 1+1

海底捞是餐饮业的典范，将客户服务做到了极致，其员工福利是重要保障之一，海底捞领班以上员工的父母，每个月能领取海底捞给他们特发的工资。按照不同干部的等级，每月几百元人民币。子女做得越好，父母拿的工资会越多。

## （三）管理创新

管理创新是统筹经营过程的综合性创新。管理创新包括企业的组织形式、管理机制、机构设置、规章制度等广泛的内容，它是企业实施创新战略的基础和保证。企业应该从组织结构及机制上创造环境，使创新战略能够顺利实施。企业应通过组织管理创新，促进科技与知识资源的优化配置，建立企业创新机制，提高创新能力。学习型组织和自我团队都是现在管理创新的一些典范。

## 案例分享

### “源动力”工程

浙江吉利汽车有限公司是中国自主品牌汽车制造基地的典型代表，也是吉利控股集团最核心的集整车、发动机、变速器研发、制造为一体的战略发展基地。公司潜心研究挖掘吉利人潜在创造性的企业文化，独创了一个具有吉利特色的管理方法——“源动力”工程开始实施。所谓“源动力”工程就是赋予员工充分的话语权、考评权和监督权，通过领导干部为员工服务、职能部门为一线服务，达到解决实际问题、实施好的建议的目的，从而增强员工的主人翁意识，全面激发广大员工的智慧和力量，推动企业持续发展。吉利的“源动力”工程为企业发展输送着源源不断的动力，企业内部“点子大王”越来越多，已成功调动起了全体员工创新的积极性和参与性。

激励是最常用的管理创新手段。企业通过各种激励，激发员工个体创新，使员工具有创新主动性和前瞻性，进而将创新愿望变成现实。企业在创新过程中的作用是通过构建适当的机制，营造适当的环境，将创新的动力转移到企业员工的身上，由企业员工实现企业所期望的创新。

## （四）市场创新

市场创新是指从企业与市场的关系入手进行创新。有了新技术、新产品，如果市场开发不好，企业照样没有效益。市场是复杂多变的，企业必须不断适应市场需求，经常做市场调查，研究市场，捕捉市场机会，发现市场新的需求和变化，寻找企业最佳的市场定位，进一步开发产品。市场创新是将消费者的需求尤其是潜在需求视为新的市场空间。企业要到市场去寻找不满意与不满足，凡是消费者不满意、不满足的地方就存在需求。这种创新随着社会的发展越来越重要，发展前景广阔，但难度大，有条件的企业应力求这种创新。

### （五）技术创新

技术创新是指新工艺设想的提出和实施以及其他领域的技术在企业经营管理上的应用。一方面，企业要加强技术开发机构建设，增强企业的研究开发能力；另一方面，企业要加强与科研单位的合作，积极推进产、学、研结合，坚持企业自主研究开发和引进先进技术相结合，努力使企业成为技术开发的主体。技术创新也包括生产流程环节的创新，一般发生在产品创新之后。流程创新既可以体现工艺的先进性，又可以体现投入与产出的合理性。

### （六）产品创新

产品创新是指第一次上市的产品，从未出现过的产品，或对现有产品进行了主要结构、功能等方面较大改进。技术创新最终要落实到产品创新上，这种创新是指开发适应消费者需要的新产品。不断开发新产品，是企业立足于市场的根本。从性能和制造技术来分析，企业的新产品实际上可以分为五大类，即仿制新产品、改进型新产品、换代型新产品、变型新产品和全新产品。

**案例分享**

#### 特仑苏的颠覆式创新

蒙牛运用产品创新策略推出特仑苏非常成功。特仑苏有哪些创新的地方呢？除了典雅、高贵的包装外观，整箱不拆零的终端销售方式，其奶蛋白含量超过 3.3%，超出国家标准 13.8%。在营养成分上优于普通产品。蒙牛在特仑苏纯牛奶包装盒上将“3.3”做了放大处理，此举对普通纯牛奶产生了极大的杀伤力，吸引了大批关注营养和健康的消费者。随后，蒙牛又推出 OMP“造骨蛋白”概念，以高科技突出品牌的技术优势，从而烘托出品牌价值。产地优势，位于乳都核心区和林格尔。北纬 40° 左右优质奶源带、1 100 米海拔、年日照近 3 000 小时、昼夜温差大等层层地缘优势，滋养 12 国精挑牧草。如此优越的地理位置和环境，加上蒙牛作为乳业领头羊的优势加工技术，使特仑苏产品天生就含有丰富的天然优质乳蛋白，其整体营养含量更是高于普通牛奶，而且口味更香、更浓、更滑。在寻求新的品牌驱动上，蒙牛突破了以往以企业整体品牌驱动子品牌，建立子品牌关联知名度的打法，另辟蹊径，让特仑苏独立出蒙牛的品牌系列，在弱化蒙牛鲜明的企业品牌的同时，强化子品牌。凸显了它的气质完全不同、包装完全不同、终端陈列不同。

### （七）营销创新

营销创新是指企业为了能提供给顾客与社会新的经济满足，实现企业的经营目标，使其营销行为在理念、体系、策略、方式等诸方面实现新的创意。与产品创新相比较，营销创新的非固定投入相对要低一些。从由产品、价格、地点和促销四个主要因素组成的实际上代表了销售者观点的4P，到罗伯特·劳特伯恩对应消费者提出的4C，即顾客需要与欲望、费用、便利、传播，都属于营销创新的范畴。

### （八）战略创新

战略创新是指对企业过去传统的发展战略进行改造和更新使之更加符合企业适应未来竞争的需要，并确保企业能够长久快速发展，永葆青春活力。战略创新包括制定战略评价标准、分析实际成长效果和纠正战略偏差三个方面的内容，由于企业外部环境不断变化，因此战略创新更为繁荣，在企业创新中的地位也更为突出。

综上所述，企业创新应具有三个特点：一是务实性，即企业创新始终坚持以市场为导向，使产业发展与科技活动紧密结合并较好地解决科技与经济脱节的难题。企业创新始终以科技成果商品化、产业化为目标，追求经济效益最大化，他们在创新方式、创新成果方面体现出务实性，更注重时效性；二是先导性，即企业创新以高新技术及其产品的研制、开发、生产、销售和服务为核心，率先涉足新的领域，率先采用新的理念以及组织管理的方式，为其他企业树立榜样；三是灵活性，灵活性不仅强调企业创新要能随市场的需求及时反应，同时要求企业的组织结构要灵活和具有应变能力。

## 二、企业成长创新的方法

### （一）自主创新

自主创新方法是指企业主要依靠自身的人力资源和技术资源进行研究与开发，实现创新科技成果的商品化，并最终获得技术创新得到收益。由于自主创新将目标定位于技术的率先性和市场的领先地位，所以这种创新在竞争中会显示出比较明显的优点。首先，自主创新有利于创新企业为自己构筑起较强的技术壁垒。特别是当自主创新的企业在一定时期内掌握了某项核心技术时，就可借助专利的保护，通过控制关键性核心技术的转让，在一定程度上控制某种产品甚至整个行业技术发展的进程，在竞争中处于十分有利的地位。其次，自主创新的企业将技术的自主攻关和领先开发定位为追求的目标，在一个全新的技术领域寻求突破，其创新空间是比较大的。当某项核心技术开发成功之后，很可能会带动一大批新产品的诞生，形成创新的集群现象。最后，自主创新有利于创新企业培养独立的技术能力，提高技术积累的整体水平，并在此基础上培育核心能力。

### （二）模仿创新

模仿创新顾名思义是指在率先创新者的示范影响和利益机制驱动下，企业通过合法手段（如通过购买专有技术或专利许可等方式）引进技术，并在率先创新者技术的基础上进行改进创新，或者在一项技术出现以后，企业模仿新技术创新的方法。实施模仿创新方法的优势在于模仿新产品的低成本和低风险，能够超越领先创新者的产品，更好地满足市场需求。纵观国内外市场，不难发现许多产品领域，市场占有率高的产品很多并非原来的领先创新者，而恰恰是后来的模仿创新者。

对于新创企业而言，模仿创新可以使其在激烈的竞争中处于有利地位，主要体现在以下三个方面：一是投入较少。模仿创新机制在创新链的中游环节投入较多的人力和物力，使创新链上的资源分布向中部积累，可以缓解中小企业资金不足的劣势。二是风险小。模仿创新最大限度地吸取领先创新者成功的经验与失败的教训，吸取与继承领先创新者的成果，有效地降低了风险。三是成功率高。模仿创新所做的主要是学习和渐进性改进的工作，模仿创新产品由于进入市场晚，可有效回避先期市场沉默带来的损失，而且因进入市场的适当滞后还可以避免市场开发初期各种不确定性的风险。

### （三）合作创新

创新时间的缩短对创新成功起着决定性的作用。合作创新可以加速资源的整合，实现优势互补，缩短创新时间。这一模式有助于新创企业降低创新成本和风险，因为合作的双方或多方可以分摊创新成本，并分散技术创新所带来的风险。

合作创新方法还有助于新创企业打破技术和市场壁垒，最常见的合作创新方式有两种：一是产学研合作创新。产学研合作创新是指新创企业与高等院校、科研机构合作创新的方法。高等院校、科研机构一般具有较强的研究开发能力，但通常缺乏生产和销售能力，如果新创企业能够与高等院校和科研机构联合起来，合作创新，就会形成优势互补、共同发展的局面，也会带来双赢。二是企业之间的合作创新。企业之间的合作创新方法，是指新创企业与其他企业联合起来共同创新的模式。全球经济一体化速度加快，产品更新寿命周期缩短，技术创新伴随着高投入和高风险等多种因素，都推动了企业之间的合作创新，甚至原来是竞争对手的企业也在进行合作。

## （四）引进创新

引进创新，就是指新创企业引进国内外有市场前景的先进的和实用的技术，在此基础上进一步创新，以实现既定目标和创新方法。从国外引进技术可采取多种方式，采取中外合资或合作的形式，在国际市场上购买专利技术，寻求国外的技术咨询和技术服务，合作研究与开发和引进关键技术或关键设备等。

引进创新对于新创企业来说具有以下优势：一是由于直接引进国外先进技术往往有较大难度，因此，新创企业可以通过引进或购买国外刚刚上市的新产品或非专利产品，在此基础上进行二次创新，这种做法可以为新创企业节省大量的研发经费。二是有条件的新创企业可以通过许可证贸易等有偿技术转让方式引进实用的专有技术知识和专利。这种方式所需要的费用可能较高，但却可以使技术应用合法化，既可节省自行探索的时间，降低风险，有时还会取得许可方的帮助，可以更快、更有效地制造较高质量的新产品。三是可以通过人才引进方式获得许可方的技术帮助。由于引进创新的方法不需要投入大量的研究开发力量，且成本低、风险小、收益快，因而常常被新创企业所采用。

### 课程思政

#### 杭州发布全国首个大学生创业园服务规范标准

根据杭州市市场监管局发布《浙江省杭州市地方标准批准发布公告》（2022 年第 9 号），《大学生创业园服务规范》（DB 3301/T 0385—2022）杭州市地方标准正式发布。该标准是杭州首个大学生创业园方面的地方标准，也是全国首个大学生创业园服务规范的标准。

大学生是创新创业的生力军，大学生创业园则是大学生创业发展的孵化器和加速器。但当前，仍有不少园区存在办公设施不完善、管理服务不规范等痛点和难点。对此，《规范》聚焦现实问题，利用标准化手段，着力打造与杭州市经济社会发展相适应、定位准确、功能齐全、服务优质、管理规范的示范性大学生创业园，完善了杭州大学生创业园管理服务体系顶层设计，进一步促进大学生创业创新高质量发展。

标准明确了大学生创业园服务的基本原则、服务管理、服务提供、服务质量控制等相关要求。其中，服务管理包括组织机构、人员配置、场所场地、设施设备等方面的具体要求；服务提供明确了入驻服务、运行管理、退出与跟踪等服务流程和内容；服务质量控制从投诉处理、评价、持续改进等方面提出了大学生创业园服务的质量控制要求。

自 2008 年 6 月首个市级大创园成立以来，杭州依托产业园区、科技园区、高校、企业等资源，建立了覆盖全市、功能完善的大创园。截至 2022 年年底，杭州共建立 26 家市级大学生创业园，提供大学生免费经营场地33万余平方米，为园内大创企业提供工商注册、法律法务、创业培训、财务金融、政策补贴等低成本、便利化的综合服务平台和发展空间。在这些温馨的“港湾”内，大学生创业企业可获得向下扎根、蓬勃生长的土壤和养分。

## 实训任务

### 实训1　创业公司的组织形式

【实训目的】

熟悉企业组织形式的种类，能够区别不同企业组织形式的成立条件、特征。

【实训流程】

流程一：熟悉企业组织形式的种类。

企业组织形式，根据不同的标准具有不同的分类。查找资料，找出你周边公司组织形式的种类，并分析出每种组织形式的成立条件、特征、与其他形式的区别（表7–4）。

表7–4　企业组织形式划分示意表

| 企业组织形式 | 成立条件 | 特征（优缺点） | 区别 |
|---|---|---|---|
| 个体工商户 | | | |
| 个人独资企业 | | | |
| 合作企业 | | | |
| 有限责任公司 | | | |
| 股份有限公司 | | | |

流程二：分析影响因素。

要选择创业公司的组织形式，创业者会分析哪些重要因素，请在理解上述内容的基础上结合你们团队的创业项目进行分析。

| |
|---|
| |

流程三：确定企业组织形式。

请将以上分析要素进行总结，制作成PPT形式，并向其他小组展示。

【实训思考】

1. 创业者在塑造企业组织形式时应考虑哪些要素？

______________________________

______________________________

2. 企业在发展中，如果刚开始确定的企业组织形式不再适合企业的发展，该怎么做？

______________________________

______________________________

## 实训2　分析运营管理能力

【实训目的】

1. 了解企业需要哪几个方面的运营管理能力。
2. 了解自己的实际运营管理能力。

【实训流程】

流程一：初识运营管理。

根据你的理解，谈谈什么是运营管理。一个企业在运营管理中会遇到哪些方面的挑战？这些挑战都需要管理者具备什么运营管理能力？

| |
|---|
| 什么是运营管理 |
| 企业成长中可能会遇到的挑战 |
| 需要具备什么运营管理能力 |

流程二：测试运营管理能力。

在认识以上基本能力的前提下，请测试你的运营管理能力。下面这些能力的大小可以用强、一般、弱来表示，请根据自己的实际情况进行判断。

1. 测试营销管理能力

（1）你的市场调研能力。

（2）你的营销计划能力。

（3）你的产品定价能力。

（4）你的销售管理能力。

（5）你的电话销售能力。

（6）你的顾客服务能力。

（7）你的分销管理能力。

（8）你的产品管理能力。

（9）你的新产品规划能力。

2. 测试运营或生产能力

（1）你的制造管理能力。

（2）你的库存控制能力。

（3）你的成本分析控制能力。

（4）你的质量控制能力。

（5）你的生产流程与进度安排能力。

（6）你的采购能力。

（7）你的岗位评估能力。

3. 测试财务管理能力

（1）你的会计能力。

（2）你的资本运算能力。

（3）你的现金流管理能力。

（4）你的贷款和收款管理能力。

（5）你的短期融资能力。

（6）你的公开招股与私募能力。

4. 测试人力资源管理能力

（1）你的人事管理能力。

（2）你的反馈能力。

（3）你的冲突管理能力。

（4）你的团队合作与人员管理能力。

（5）你的人员指导和帮助能力。

5. 测试管理法律问题能力

（1）你对《公司法》的了解程度。

（2）你对《合同法》的了解程度。

（3）你对《税法》的了解程度。

（4）你对《证券法》的了解程度。

（5）你对《专利法》和《知识产权法》的了解程度。

（6）你对《物权法》的了解程度。

（7）你对《破产法》的了解程度。

6. 测试一般管理能力

（1）你的解决问题能力。

（2）你的沟通能力。

（3）你的规划能力。

（4）你的项目管理能力。

（5）你的谈判能力。

（6）你的信息管理能力。

（7）你的时间管理能力。

流程三：分析运营管理能力。

根据以上测试情况，请你对自己的运营管理能力做一个总体评价，分析自己在哪些方面存在差距。

______________________________________________

______________________________________________

流程四：提高运营管理能力。

根据你的分析，请你每天为自己制定一个具体任务来提高自己的运营管理能力。例如，阅读哪方面的管理书籍，你可以学习哪些企业运营课程？

| 我的任务清单 |
| --- |
| |

【实训思考】

运营管理能力会怎样影响一个新企业的成长？你周围有哪些创业者？其中谁的运营管理能力最好？请你向其请教至少三个关于企业运营管理的问题。

______________________________

______________________________

______________________________

# 参考文献


[1] 郑懿，熊晓曦．大学生创新创业基础 [M]．北京：人民邮电出版社，2020.

[2] 王强，陈姚．创新创业基础：案例教学与情境模拟 [M]．北京：中国人民大学出版社，2021.

[3] 丁斌．创新创业实战教程 [M]．北京：机械工业出版社，2021.

[4] 黄恒荣，马宁，李宪平．大学生创新创业基础与实践 [M]．上海：交通大学出版社，2021.

[5] 栗继祖．创业基础 [M]．北京：机械工业出版社，2021.

[6] 汤锐华．大学生创新创业基础 [M]．北京：高等教育出版社，2020.

[7] 刘凤，王云．创新与创业实务 [M]．北京：中国人民大学出版社，2021.

[8] 刘延，高万里．大学生创新创业基础 [M]．武汉：华中科技大学出版社，2020.

[9] 延廷丽．“互联网 +”背景下大学生创新创业能力培养研究 [M]．北京：北京理工大学出版社，2020.

[10] 秦勇，陈爽．创业管理：理论、方法与实践 [M]．北京：人民邮电出版社，2019.

[11] 李俊琦．创新创业基础训练 [M]．北京：中国商务出版社，2020.

[12] 李国强，刘君．大学生创新创业基础 [M]．北京：机械工业出版社，2019.

[13] 兰小毅，苏兵．创新创业学 [M]．北京：清华大学出版社，2019.

[14] 魏发辰．创新创业与就业导论 [M]．北京：北京交通大学出版社，2019.

全国普通高校“十二五”规划教材

# 普通话与口语交际

主编　刘　明　赵会莉　樊雪君

东北大学出版社
·沈　阳·

图书在版编目（CIP）数据

普通话与口语交际／刘明，赵会莉，樊雪君主编 —沈阳：东北大学出版社，2014.7（2025.4重印）
ISBN 978-7-5517-0637-7

Ⅰ.①普… Ⅱ.①刘… ②赵… ③樊… Ⅲ.①普通话—口语—高等学校—教材 Ⅳ.①H193.2

中国版本图书馆 CIP 数据核字（2014）第 142114 号

---

出 版 者：东北大学出版社
地址：沈阳市和平区文化路 3 号巷 11 号
邮编：110004
电话：024-83687331（市场部） 83680267（社务室）
传真：024-83680180（市场部） 83680265（社务室）
E-mail：neuph@neupress.com http：//www.neupress.com
印 刷 者：三河市天润建兴印务有限公司
发 行 者：东北大学出版社
幅面尺寸：185mm×260mm
印 张：22
字 数：549 千字
出版时间：2014 年 7 月第 1 版
印刷时间：2025年4月第3次印刷
策划编辑：王兆元
责任编辑：刘乃义 金丹艳
责任校对：铁 力
封面设计：刘江旸
责任出版：唐敏志

---

ISBN 978-7-5517-0637-7
定 价：63.00 元

# ◎前 言

普通话是我国的通用语言和世界上使用人口最多的语言，也是全世界影响最大的六种语言之一。

2000 年 10 月 31 日第九届全国人民代表大会常务委员会第十八次会议通过的《中华人民共和国国家通用语言文字法》中规定：推广与普及普通话是我国当前语言文字工作的三大任务之一。推广与普及普通话有着重大的意义：是现代化经济建设与社会发展的需要；是普及教育和提高教育质量的需要；能够积极推动国家的统一、民族的团结及社会的广泛交往；可以很好地促进对外交往，提高汉语的国际地位。

为了全面推进素质教育，让普通话尽快成为校园语言，我们编写了这本《普通话与口语交际》。本书内容难易适度，理论联系实际，应用性、实用性和针对性强，不仅可以作为高等院校普通话课程教学用书，也可作为教师以及其他从业人员普通话考级的辅导用书。

本书以提高学生普通话口语表达能力为目标，深入浅出地介绍了普通话的语音基础知识。帮助学生了解普通话声母、韵母、声调和音变的基本特点，掌握普通话声母、韵母、声调和音变的正确发音；了解方言与普通话声母、韵母、声调和音变的主要区别，结合方言进行声母、韵母、声调和音变的辨正练习；了解普通话水平测试的有关要求，熟悉应试技巧，针对声母、韵母、声调和音变的读音错误和缺陷进行训练，并了解朗读和说话时应注意的问题。做到正确发音，能用规范标准或比较规范标准的普通话进行朗读、说话、演讲及其他口语交际。

本书由教学经验丰富的普通话教师和普通话测试员编写。编写人员具体分工如下：第一章、第二章、第八章由刘明撰写；第三章、第五章、第六章由赵会莉整理撰写；第四章、第七章由樊雪君整理撰写。

作　者

2014 年 5 月

# ◎目 录

## 第一篇 基础知识篇

## 第二篇　测试指导篇

# 第三篇 口语表达篇

# □ 第一篇　基础知识篇

## 第一章　普通话及普通话水平测试

### 第一节　概　述

#### 一、普通话与汉语方言

##### （一）语言的结构和构成

语言是一种特殊的社会现象，这是语言的本质特征。语言是人类最重要的交际工具，是思维的工具，这是语言的功能特征。语言的功能特征除了是最重要的交际工具之外，还是人类必不可少的思维工具。语言是音义结合的符号系统，这是语言的结构特征。

语言的构成要素有三个：语音，词汇，语法。语音是语言的物质外壳，也是词汇、语法的表现形式；词汇是语言的材料；语法是语言的结构规律，是语言材料的组织方式。

##### （二）普通话与汉语方言

1. 普通话的概念

普通话是以北京语音为标准音，以北方话为基础方言，以典范的现代白话文著作为语法规范的现代汉民族共同语。普通话的“普通”不是“平常的，一般的”意思，而是普遍通行的意思。普通话是我国的通用语言，也是联合国的六种工作语言之一。

普通话的概念明确了普通话在语音、基本词汇和语法三个方面的规范标准。

以“北京语音为标准音”中的“北京语音”指北京语音的音位系统，并不包括北京人说话时发出的所有音。北京话的一些方音成分要舍弃，如“太难”读 tuīnán；一些有分歧的读音要经过审定决定其取舍，例如“教室”念 jiàoshì 或 jiàoshǐ，“比较”念 bǐjiào 或 bǐjiǎo；北京话的轻声、儿化比较复杂，需要加以规范。

以“北方话为基础方言”，指以北方方言词汇为基础，确立了普通话基本词汇系统的构成。但是，并不是北方话的所有词都是普通话词。北方话中的方言词汇不能全部进入普通话，某些过于土俗的词语要舍弃。同时，普通话也从其他方言里吸收富有表现力的词语，如“搞”“垃圾”“尴尬”“冰淇淋”等。普通话还从古代汉语里吸收有生命力的词语，如“诞辰”“夫人”等，也从其他民族语言里借用需要的外来词，如“逻辑”“基因”“克隆”等。

“以典范的现代白话文著作为语法规范”中的“典范的著作”，是指具有广泛代表性的著作，如鲁迅、郭沫若、老舍、毛泽东等人的作品，但并不是他们的所有作品里的所有用语的语法都是“典范”的，都可以作为普通话的标准。能作为语法规范的必须是典范的现代白话文著作的“一般用例”，而不是其中的特殊用例。所谓“现代白话文著作”，是指这些著作既是白话的又是现代的，早期的白话著作如《红楼梦》《水浒传》等，无论它的语言多么好，总有些地方与现代语法不符合。

普通话语法根据自身内部的发展规律吸收方言语法，如“说说看”的“看”字，表示“试试”的意思，具有特殊的表达功能，从吴方言中吸收到普通话中来；吸收古代语法，如“以经济建设为中心”的“以……为……”格式；吸收外国语法格式中有用的东西，如“雷锋过去是、现在是、将来仍是我们学习的榜样”的“过去是、现在是、将来仍是”等格式。

2. 现代汉民族共同语（普通话）的形成

现代汉民族共同语（普通话）是经过漫长的历史发展过程形成的。

普通话以北京语音为标准音，是符合人们使用汉语的客观情况的。任何一个民族的共同语都需要有一个地点方言的语音作为标准音，而不能把不同地方的语音拼凑成一种标准音，汉民族共同语也是这样。普通话以北京语音为标准音，是我国历史发展的必然结果。辽、金、元、明、清以来的八百多年，大多以北京作为都城，北京成为我国的政治、经济和文化中心，因此，北京话的影响逐渐显著，地位日益重要，北京话作为官府的通用语言即“官话”传播到了全国各地。五四运动以后的“国语”“国音”也都以北京语音作为标准音，以北京语音为现代汉民族共同语的标准音，是大势所趋。需要注意的是，“以北京语音为标准音”，是指以北京语音系统作为普通话的语音标准，并不包括北京人口语中的土音以及过多的轻声、儿化现象等。

普通话以北方话为基础方言，是在北方话的基础上形成的。北方话分布区域最广，使用人数最多，影响最大。宋代话本，元朝的戏曲杂剧，明清小说如《水浒传》《西游记》《三国演义》《红楼梦》等，都用北方话写成。这些作品长期以来在人民群众中产生了深远的影响，北方话也通过这些作品得以广泛传播。五四以后众多的白话作品也多由北方话写成，这些作品的流传更扩大了北方话的影响，北方话成为普通话的基础方言是历史的必然。普通话“以北方话为基础方言”，同时也意味着普通话的词汇标准是以北方话词汇为基础。普通话词汇来源于北方话，但并不是北方话中所有的词都可以进入普通话，那些不具普遍意义、地方性很强的土俗的词语就不宜吸收到普通话中。另一方面，为了使用的需要，普通话也可适当吸收非基础方言中的有用成分，如方言词、古语词、外来词等，来丰富普通话词汇。

普通话以典范的现代白话文著作为语法规范。由于经过作者加工的书面语语法比口语语法更具抽象性、概括性和稳定性等特点，因而宜以书面语著作作为语法标准的依据。但并不是现代白话文著作的所有用例都可作为规范，作品中的特殊用例、方言语法成分及语法方面的错误用例等均要排除在外。因而这一条理解为“以典范的现代白话文著作的一般用例为语法规范”更为准确。

2001 年 1 月 1 日开始正式实施的《中华人民共和国国家通用语言文字法》以法律形

式确立了普通话作为民族共同语的地位，为普及推广民族共同语提供了法律保障。

3. 现代汉语方言

汉语方言为汉民族语言的地域性变体。汉语方言的内部发展规律服从于全民族共同语，同时又具有不同于其他方言的特征，在语音、词汇、语法方面都有自己的特点。作为汉语的不同方言，必须具备两个条件：分布在不同地域；是古代汉语的发展结果。汉语方言与汉语的关系是个别同一般的关系。

我国幅员辽阔，各地方言有很大差别，其中语音差别最大，其次才是词汇和语法，因此划分方言区主要依据的是语音标准。

目前较有影响的看法是把汉语方言分为七大方言区，即北方方言、吴方言、湘方言、赣方言、客家方言、闽方言、粤方言。简介如下

（1）北方方言　又叫官话方言或北方话，代表话是北京话。北方方言是现代汉民族共同语的基础方言，内部一致性较强。分布区域最广，使用人口最多。主要分布于长江以北地区，西南，湖北，湖南及江西部分地区，使用人口约占汉族总人口的73%。

（2）吴方言　以苏州话为代表。使用人口约占汉族总人口的7.2%，分布地域包括上海，江苏省长江以南，镇江以东地区南通的小部分，浙江大部分。吴方言内部也存在一些分歧现象，如杭州曾是南宋的都城，杭州地区的吴语就带有浓厚的“官话”色彩。

（3）湘方言　以长沙话为代表。使用人口占汉族总人口的3.2%，分布在湖南省大部分地区（西北角除外）。湘方言内部有新湘语和老湘语的差别。新湘语通行在长沙等较大城市，受北方方言的影响较大。

（4）赣方言　以南昌话为代表。使用人口约占汉族总人口的3.3%，分布在江西省大部分地区，湖北省东南一带也使用这一方言。

（5）客家方言　以广东梅县话为代表。使用人口占汉族总人口的3.6%，分布在广东、福建、台湾、江西、广西、湖南、四川等省，其中以广东东部和北部、福建西部、江西南部和广西东南部为主。客家人从中原迁徙到南方，虽然居住分散，但客家方言仍自成系统，内部差别不太大。四川客家人与广东客家人相隔千山万水，彼此仍可交谈。

（6）闽方言　现代闽方言主要分布区域跨越六省，包括福建和海南的大部分地区，广东东部潮汕地区，雷州半岛部分地区，浙江南部温州地区的一部分，广西的少数地区，台湾省的大多数汉族人居住区。使用人口约占汉族总人口的5.7%。闽方言内部分歧较大，现在一般将其分为五个次方言：闽东，闽南，闽北，闽中，莆仙方言。闽东方言以福州话为代表；闽南方言以厦门话为代表；闽北方言以建瓯话为代表；闽中方言以永安话为代表；莆仙方言以莆田话为代表。

（7）粤方言　以广州话为代表。使用人口约占汉族总人口的4%。它也被作为香港、澳门的主要交际工具。

## 二、推广普通话的意义

### （一）为什么要推广普通话

推广普通话是关系到国家的统一、民族的团结、社会的进步和国际间交往的大事，也是普及文化教育、发展科学技术、提高工作效率的一项基本工程。

首先，推广普通话有利于不同方言区人们的交际交流，有利于增进团结，提高工作效率。语言作为人们进行交际、交流思想的最重要的工具，是大家在日常生活、学习、工作、劳动中时时刻刻都离不了的。但我国幅员辽阔，人口众多，方言分歧较大。目前我国有七大方言，这些方言在语音、词汇、语法方面都存在一定差异，其中语音方面的差异最为明显。这些差异影响了不同地区人们之间的交际与交流，给人们带来了诸多不便。而且社会越发展，交际越频繁，这种不便就显得越突出。香港著名企业家陈和景在香港掀起的推广普通话热潮，就缘于他自己的亲身经历。由于粤语与普通话语音的差异，司机误把“皇后大道中”听为“皇后大道东”，结果差一点误了陈先生的工作。即使同一方言区的人，由于不同地域语音的缘故，也常常会给交际带来障碍。如我国泰安属于北方方言中的华北方言区，内部也有不同程度的差别，有的地方平翘舌音不分，“十”说成“四”，“四”说成“十”，在交流中令人分辨不清的事也并不罕见。如果大家在一起都能用普通话交际交流，那么这些语言障碍就会迎刃而解，就会给人们的生活、工作带来极大的便利。

其次，推广普通话是现代化建设的需要，是改革、开放和经济建设的需要。

我国正处在现代化建设飞速发展的重要时期，要求为社会发展服务的语言也要实现现代化。语言现代化包括现代化的信息处理、通讯设备、计算机语言输入、人机对话、机器翻译等，这些都离不开标准语和标准音。例如人机对话是语言现代化的一个重要课题，要使计算机能“理解”人类的自然语言，人们就要用规范的普通话与它“交谈”，若用方言或带有较浓方言色彩的普通话，计算机就无法“听懂”，人机对话就无法实现。随着计算机在各行各业以及家庭中的逐步普及，掌握标准的普通话已成为现代化社会对人们的一项基本要求。推广普通话也是改革、开放和发展经济的需要。随着改革开放的深入和经济的迅速发展，能源、通信、交通等基础设施不断完善，商贸、旅游、服务等窗口行业空前活跃，各地区、各民族之间的交往空前广泛、频繁，对推广普通话也提出了更为迫切的要求。许多经济较发达的市县普通话普及率高，不仅为在当地接待四海宾朋克服了语言障碍，而且到全国各地洽谈业务也是畅行无阻，充分显示了普通话在经济建设中的重要作用。不仅如此，随着对外开放的扩大和我国加入世贸组织，我国与世界各国的交往也更加频繁，普通话作为中华民族语言的代表，不论是在政治交往、旅游观光还是商贸洽谈中都发挥着越来越重要的作用。

此外，推广普通话也是教师提高教学质量和全民提高文化素质的重要手段。

语言是教师在教学过程中使用的最重要的工具。教师只有使用规范的语言，才能确保知识传递的准确性和教学质量的提高。同时，老师的一言一行会对学生产生直接而深远的影响，因此，会说普通话应是合格教师的必备条件之一，不仅各级各类学校的语文教师在正音、正字、朗读、口语训练、拼读、拼写、讲解课文等方面必须掌握普通话的基本知识和技能，其他学科的教师也都能用普通话进行教育和教学工作，这是提高全民文化素质的重要保障，是关系到千秋万代的大事。

**（二）新时期推广普通话工作的新形势**

20 世纪 50 年代后期，全国就开始了推广普通话的工作。1956 年 2 月国务院发出《关于推广普通话的指示》，对普通话的规范标准做了明确界定，并确定了“大力提倡，重点推行，逐步普及”的推广普通话的方针。

党的十一届三中全会以来，我国进入了社会主义现代化建设的新时期，新的时期对推广普通话的工作提出了新的要求。1982 年我国在修改宪法时在第 19 条增加了一款：“国家推广全国通用的普通话”，确立了普通话的法律地位，这是新时期推广、普及普通话的最有力的保证。1986 年 1 月，国家教育委员会和国家语言文字工作委员会联合召开全国语言文字工作会议，制定了新时期语言文字工作的方针和任务，把推广普通话列为首要任务。会议的主题报告对 50 年代的推广普通话方针作了调整性解释，强调“重点应放在推行和普及方面，在普及方面应当更加积极一些”。20 世纪 90 年代初，国家语委正式确定新时期推广普通话工作的方针是“大力推行，积极普及，逐步提高”，明确提出要加快在全国推广、普及普通话的步伐。党和国家对学校推广普通话的工作十分重视，《中华人民共和国义务教育法》第六条规定：“学校应当推广使用全国通用的普通话。”1986 年的全国语言文字工作会议上提出：“普通话是教师的职业语言，要把会讲普通话列为合格教师的必备条件，把使用普通话进行教育、教学作为对教师工作的基本要求。”因此，学校是推广普通话的重要阵地，普通话应成为校园语言。

配合着一系列方针政策的施行，1994 年 10 月 30 日，国家语委、国家教委、广播电影电视部联合发布了《关于开展普通话水平测试工作的决定》，1995 年起，全国各地相继开展了普通话测试工作，并逐步实行持普通话等级证书上岗制度。普通话水平测试的诞生和推行，标志着我国推广、普及普通话工作开始向纵深发展，逐步走上制度化、规范化、科学化的新阶段。

**（三）怎样学好普通话**

目前，由于国家的大力提倡和社会进步的需要，我国各地推广普通话的热潮正一浪高过一浪。学校已作为推广普通话的重要阵地，许多高中等学校都设立了普通话课或语言基础课等，普通话正逐步走入校园，成为校园语言。社会上各部门、行业或个人学习普通话的热情也十分高涨，许多行业已把会讲普通话看作个人职业素质的一部分，并由此推动了文明礼貌用语活动的开展，推动了社会主义精神文明建设。尽管如此，由于有些人受传统思想的束缚，存在着学不学无所谓的想法或怕别人议论讥笑等心理障碍，或因缺乏普通话基本知识，学习起来颇觉费力，也有的人学习热情高，但学习方法不当，事倍功半。为此，以下分几方面简单介绍一下学习的基本要求和方法。

第一，要学好普通话，首先应学习和了解国家有关推广普通话的政策和措施，并从根本上认识推广普通话的重要意义，这样才能使自己的学习有强大的动力，才能使学习普通话变成一种自觉的积极的行为。

第二，要学好普通话，应认真掌握普通话的有关基础知识，以理论来指导实践，才能收到良好的效果。

语言的三要素是语音、词汇、语法，学习普通话也需要同时注意这三方面的内容。语音准了，但使用了方言词语或方言句式，听起来别扭，也不合乎规范。但是，鉴于方言与普通话的差异主要还是体现在语音上，因此，应把学习普通话的重点放在普通话语音的学习上，掌握基本知识也应着重掌握普通话语音的基本知识。

要熟悉普通话语音特点、语音体系，要掌握和学会运用《汉语拼音方案》，要掌握国家关于正音方面的有关条文的内容。如 1985 年 12 月，国家语委、国家教委、广播电影电视部联合颁布的《普通话异读词审音表》，就是异读词正音的一个标准。可以借助新版《现代汉语词典》《新华字典》等具有权威性的工具书作为正音标准。

掌握普通话的语音基本知识，还应包括了解方音辨正的有关知识，学会自觉、有效地对照普通话语音方面存在的差异，发现某些规律，并按照规律事半功倍地纠正方音。当然，对于一些规律之外的方音特点，就需要下大力气专门记忆。

第三，要学好普通话，只单纯掌握有关知识和理论是远远不够的，必须把它们与实践结合起来。语音是口耳之学，学习普通话必须多练。如果做不到反复、持久地练习，那么提高普通话水平只能是一句空话。为此，应做到以下几点。

多听，即勤动耳。最简单的办法就是随身携带收音机，经常收听广播、影视作品等，在听的过程中既有重点地记忆一些字词，又总体感受普通话的语音特点，久而久之，耳熟能详，对自己的发音会大有裨益。此外，在看电视时也应注意播音员、主持人的标准读音，还可跟着他们的口型练习发音，也可专门买些有关普通话学习方面的磁带、光盘或自己录制部分有关材料经常播放、学习。多听也应包括日常生活中注意听周围普通话标准的同学、朋友、亲戚等说话，多观察他们的发音，多与他们交流。

多读，即勤动口。“读”是有文字材料依据的动口活动，这是学说普通话的基础和初级阶段。“读”，既可以读单个的字、多音节的词语，也可以读整段整篇的文章。在读的过程中通过自身的发音，感受普通话的语音特点，从而逐步减少方音，提高普通话水平。在挑选文章时，应选思想性、艺术性俱佳的作品，这样的美文，不仅有助于普通话语音的学习，也有助于掌握规范的词汇和语法，还可以使人得到美的享受。除此之外，也应多参加朗诵、演讲等一些与普通话有关的活动，注意掌握普通话语调和句中语音的变化规律，在反复训练、强化中逐步缩小与普通话的距离。

多记，即勤动脑。除了在听、读训练的同时注意记一些重点字、词外，还应专门记忆一些规律之外的难点字音。如普通话与各地方言中声调对应规律之外的“声调例外字”，就需要花费力气逐个记忆。有人在学普通话时总有一种畏难心理，认为需要纠正的字音太多，什么时候才能记清，从而在学习时要么裹足不前，要么急于求成，欲速不达。语言的学习是最见工夫的，必须扎扎实实地去做，积少成多、滴水穿石是最好的办法，没有什么捷径可走。况且此类字数量并不多，只要肯下工夫，逐个攻破是完全可能的。平时做有心人，学习起来恐怕并不像想象的那么艰难。

多说，即多说话。“说”是没有文字材料依据的动口活动，说一口流利的普通话是学习普通话的最终目的，因此学习普通话最重要的一点是多说。平时常见到这种现象：有的人碍于面子，学习普通话时只肯拿着文字材料默读，不好意思开口对别人说，这是学习普通话的很大的障碍。读和说不同，读是一种依据文字材料进行的被动的语言活动，而说则是内心思想和情感的外在流露，是一种主动的语言活动。会读绝不意味着会说。要想使普通话真正成为自己传情达意的得力工具，必须多进行“说”的练习。一开始说不好没关系，任何一个以方言为母语的人学习普通话都有一个由说不好到说得好的过程，关键看个人是否认识到了这一点，是否有勇气度过这一阶段。只要有信心，有勇气，方法得当，勤学苦练，一定能说一口标准流利的普通话，使语言更好地发挥它的交际作用。

## 第二节　测试流程、试卷构成和评分方法

进行普通话水平测试是规范我国通用语言文字的必然要求。普通话是全国通用的法定语言，在全国范围内通用；推广普通话、规范汉字使用是我国法律明文规定的；普通话水平测试是推广普通话的重要措施之一。

进行普通话水平测试是语言文字发挥自身作用的必然要求。语言文字的应用水平对社会发展起着促进作用，推广普通话，促进汉语汉字的规范化和标准化，将扩大中国对世界和平发展的影响力；推广普通话，规范汉字使用，将进一步推进社会主义精神文明建设。

### 一、测试的名称、性质、方式

本测试定名为“普通话水平测试”（PUTONGHUA SHUIPING CESHI，缩写为 PSC）。

普通话水平测试测查应试人的普通话规范程度、熟练程度，认定其普通话水平等级，属于标准参照性考试。本大纲规定测试的内容、范围、题型及评分系统。

普通话水平测试以口试方式进行。

### 二、测试内容和范围

普通话水平测试的内容包括普通话语音、词汇和语法。

普通话水平测试的范围是国家测试机构编制的《普通话水平测试用普通话词语表》《普通话水平测试用普通话与方言词语对照表》《普通话水平测试用普通话与方言常见语法差异对照表》《普通话水平测试用朗读作品》《普通话水平测试用话题》。

### 三、普通话水平测试对象和达标要求

1994 年 10 月，国家语言文字工作委员会、国家教育委员会（现教育部）、广播电影电视部（现新闻出版广电总局）发布《关于开展普通话水平测试的决定》。以此为标志，普通话水平测试成为推广普通话工作逐步走向科学化、规范化、制度化的里程碑。其中：

第十八条　下列人员的普通话水平应当分别按照国家规定达到相应的等级标准：

（三）大中专学生毕业时的普通话应当达到三级甲等以上水平，其中师范类中文专业学生毕业时的普通话应当达到二级甲等以上水平。

1. 影视表演（包括广播剧、话剧表演）和播音、主持专业的学生，其普通话水平应达到一级乙等（92 分）以上。

2. 师范类非中文专业学生和非师范类与口语表达有关专业的学生（如英语、音乐、新闻、文秘、法律、管理、导游、商业、信息、通信、外贸、财经、医学、餐饮服务等专业），毕业时其普通话水平应达到二级乙等（80 分）以上。

3. 非师范类其他专业和学科的学生，其普通话水平应达三级甲等（70 分）以上。

### 四、测试基本流程

1. 应试者在规定的日期，凭本人的准考证和身份证，到指定的考场候测。

2. 听到工作人员点名后，到指定的测试室门口等候。

3. 可以带工具书进抽签室，但不能在试卷上书写、做记号。

4. 在抽签室准备的时间约为10分钟，然后由工作人员领入考场。

5. 进入考场将面对2~3位测试员和一台录音机。

6. 测试员打开录音机示意后，测试正式开始，按顺序宣读姓名、考号、单位、试卷编号。

7. 按照各项内容先后进行测试，可只读题号不读题目。

8. 测试员示意后考试结束，离开考场。

9. 测试全程进行录音，测试完成后即可离开测试室。

10. 考试成绩最后要由省语委办公室审核，通过后才能发给相应的证书，这一过程需要一定的时间。

11. 普通话水平测试是国家考试，不能迟到，不按时报到考试的视为自动弃权。

## 五、试卷构成和评分方法

试卷包括5个组成部分，满分为100分。

**（一）读单音节字词（100个音节，不含轻声、儿化音节），限时3.5分钟，共10分。**

1. 目的：测查应试人声母、韵母、声调读音的标准程度。

2. 要求：

（1）100个音节中，70%选自《普通话水平测试用普通话词语表》“表一”，30%选自《普通话水平测试用普通话词语表》“表二”。

（2）100个音节中，每个声母出现次数一般不少于3次，每个韵母出现次数一般不少于2次，4个声调出现次数大致均衡。

（3）音节的排列要避免同一测试要素连续出现。

3. 评分：

（1）语音错误，每个音节扣0.1分。

（2）语音缺陷，每个音节扣0.05分。

（3）超时1分钟以内，扣0.5分；超时1分钟以上（含1分钟），扣1分。

**（二）读多音节词语（100个音节），限时2.5分钟，共20分。**

1. 目的：测查应试人声母、韵母、声调和变调、轻声、儿化读音的标准程度。

2. 要求：

（1）词语的70%选自《普通话水平测试用普通话词语表》“表一”，30%选自“表二”。

（2）声母、韵母、声调出现的次数与读单音节字词的要求相同。

（3）上声与上声相连的词语不少于3个，上声与非上声相连的词语不少于4个，轻声不少于3个，儿化不少于4个（应为不同的儿化韵母）。

（4）词语的排列要避免同一测试要素连续出现。

3. 评分：

（1）语音错误，每个音节扣0.2分。

（2）语音缺陷，每个音节扣0.1分。

（3）超时1分钟以内，扣0.5分；超时1分钟以上（含1分钟），扣1分。

**（三）选择判断[注]，限时3分钟，共10分。**

1. 词语判断（10组）

（1）目的：测查应试人掌握普通话词语的规范程度。

（2）要求：根据《普通话水平测试用普通话与方言词语对照表》，列举10组普通话与方言意义相对应但说法不同的词语，由应试人判断并读出普通话的词语。

（3）评分：判断错误，每组扣0.25分。

2. 量词、名词搭配（10组）

（1）目的：测查应试人掌握普通话量词和名词搭配的规范程度。

（2）要求：根据《普通话水平测试用普通话与方言常见语法差异对照表》，列举10个名词和若干量词，由应试人搭配并读出符合普通话规范的10组名量短语。

（3）评分：搭配错误，每组扣0.5分。

3. 语序或表达形式判断（5组）

（1）目的：测查应试人掌握普通话语法的规范程度。

（2）要求：根据《普通话水平测试用普通话与方言常见语法差异对照表》，列举5组普通话和方言意义相对应，但语序或表达习惯不同的短语或短句，由应试人判断并读出符合普通话语法规范的表达形式。

（3）评分：判断错误，每组扣0.5分。

选择判断合计超时1分钟以内，扣0.5分；超时1分钟以上（含1分钟），扣1分。答题时语音错误，每个音节扣0.1分，如判断错误已经扣分，不重复扣分。

**（四）朗读短文（1篇，400个音节），限时4分钟，共30分。**

1. 目的：测查应试人使用普通话朗读书面作品的水平。在测查声母、韵母、声调读音标准程度的同时，重点测查连读音变、停连、语调以及流畅程度。

2. 要求：

（1）短文从《普通话水平测试用朗读作品》中选取。

（2）评分以朗读作品的前400个音节（不含标点符号和括注的音节）为限。

3. 评分：

（1）每错1个音节，扣0.1分；漏读或增读1个音节，扣0.1分。

（2）声母或韵母的系统性语音缺陷，视程度扣0.5分、1分。

（3）语调偏误，视程度扣0.5分、1分、2分。

（4）停连不当，视程度扣0.5分、1分、2分。

（5）朗读不流畅（包括回读），视程度扣0.5分、1分、2分。

（6）超时扣1分。

**（五）命题说话，限时3分钟，共30分。**

1. 目的：测查应试人在无文字凭借的情况下说普通话的水平，重点测查语音标准程度、词汇语法规范程度和自然流畅程度。

2. 要求：

（1）说话话题从《普通话水平测试用话题》中选取，由应试人从给定的两个话题中选定一个话题，连续说一段话。

（2）应试人单向说话。如发现应试人有明显背稿、离题、说话难以继续等表现时，主试人应及时提示或引导。

3. 评分：

（1）语音标准程度，共20分。分六档：

一档：语音标准，或极少有失误。扣0分、0.5分、1分。

二档：语音错误在10次以下，有方音但不明显。扣1.5分、2分。

三档：语音错误在10次以下，但方音比较明显；或语音错误在10~15次之间，有方音但不明显。扣3分、4分。

四档：语音错误在10~15次之间，方音比较明显。扣5分、6分。

五档：语音错误超过15次，方音明显。扣7分、8分、9分。

六档：语音错误多，方音重。扣10分、11分、12分。

（2）词汇、语法规范程度，共5分。分三档：

一档：词汇、语法规范。扣0分。

二档：词汇、语法偶有不规范的情况。扣0.5分、1分。

三档：词汇、语法屡有不规范的情况。扣2分、3分。

（3）自然流畅程度，共5分。分三档：

一档：语言自然流畅。扣0分。

二档：语言基本流畅，口语化较差，有背稿子的表现。扣0.5分、1分。

三档：语言不连贯，语调生硬。扣2分、3分。

说话不足3分钟，酌情扣分：缺时1分钟以内（含1分钟），扣1分、2分、3分；缺时1分钟以上，扣4分、5分、6分；说话不满30秒（含30秒），本项成绩为0分。

## 六、应试人普通话水平等级的确定

国家语言文字工作部门发布的《普通话水平测试等级标准》是确定应试人普通话水平等级的依据。测试机构根据应试人的测试成绩确定其普通话水平等级，由省、自治区、直辖市以上语言文字工作部门颁发相应的普通话水平测试等级证书。

普通话水平划分为三个级别，每个级别内划分两个等次。其中：

97分及其以上，为一级甲等；

92分及其以上但不足97分，为一级乙等；

87分及其以上但不足92分，为二级甲等；

80分及其以上但不足87分，为二级乙等；

70分及其以上但不足80分，为三级甲等；

60分及其以上但不足70分，为三级乙等。

具体等级标准如下：

一级

甲等　朗读和自由交谈时，语音标准，词汇、语法正确无误，语调自然，表达流畅。测试总失分率在3%以内。

乙等　朗读和自由交谈时，语音标准，词汇、语法正确无误，语调自然，表达流畅。偶有字音、字调失误。测试总失分率在8%以内。

二级

甲等　朗读和自由交谈时，声韵调发音基本标准，语调自然，表达流畅。少数难点音（平翘舌音、前后鼻尾音、边鼻音等）有时出现失误。词汇、语法极少有误。测试总失分率在13%以内。

乙等　朗读和自由交谈时，个别调值不准，声韵母发音有不到位现象。难点音较多（平翘舌音、前后鼻尾音、边鼻音、fu - hu 、z - zh -j 、送气不送气、i- ü 不分、保留浊塞音、浊塞擦音、丢介音、复韵母单音化等），失误较多。方言语调不明显，有使用方言词、方言语法的情况。测试总失分率在20%以内。

三级

甲等　朗读和自由交谈时，声韵母发音失误较多，难点音超出常见范围，声调调值多不准。方言语调明显。词汇、语法有失误。测试总失分率在30%以内。

乙等　朗读和自由交谈时，声韵调发音失误多，方音特征突出。方言语调明显。语汇、语法失误较多。外地人听其谈话有听不懂的情况。测试总失分率在40%以内。

[注]：

各省、自治区、直辖市语言文字工作部门可以根据测试对象或本地区的实际情况，决定是否免测“选择判断”测试项。如免测此项，“命题说话”测试项的分值由30分调整为40分。评分档次不变，具体分值调整如下：

（1）语音标准程度的分值，由20分调整为25分。

一档：扣0分、1分、2分。

二档：扣3分、4分。

三档：扣5分、6分。

四档：扣7分、8分。

五档：扣9分、10分、11分。

六档：扣12分、13分、14分。

（2）词汇、语法规范程度的分值，由5分调整为10分。

一档：扣0分。

二档：扣1分、2分。

三档：扣3分、4分。

（3）自然流畅程度，仍为5分，各档分值不变。

附：普通话水平测试等级证书

普通话水平测试等级证书

国家语言文字工作委员会制

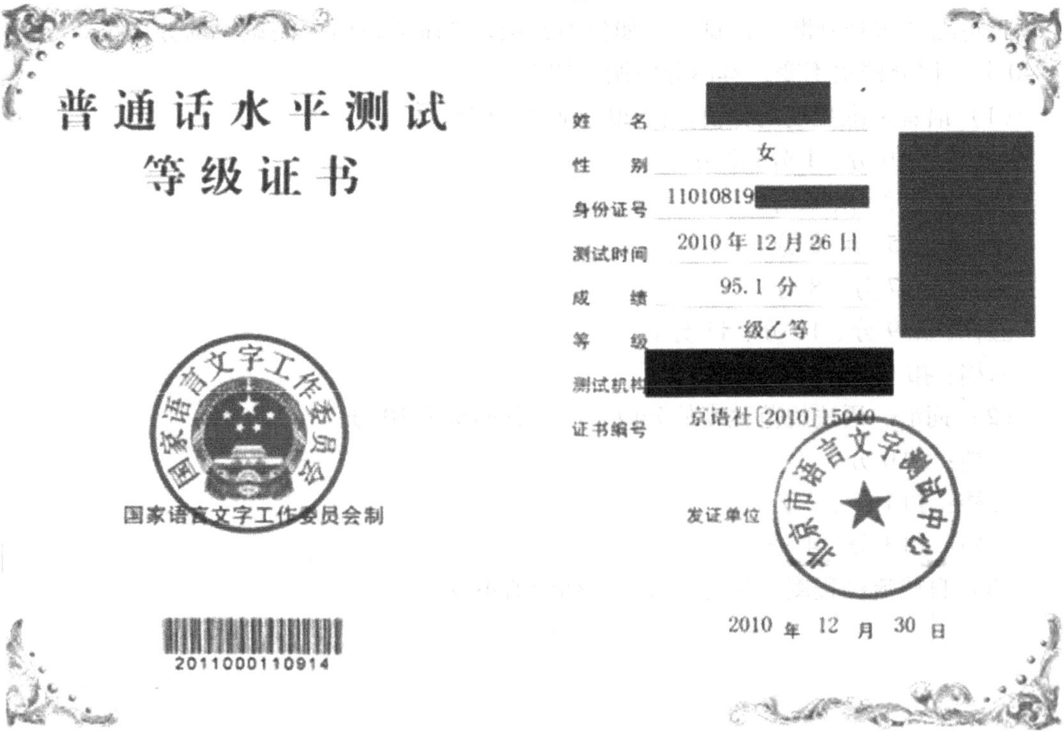

普通话水平测试
等级证书

国家语言文字工作委员会

国家语言文字工作委员会制

2011000110914

| | |
|---|---|
| 姓名 | [redacted] |
| 性别 | 女 |
| 身份证号 | 11010819[redacted] |
| 测试时间 | 2010年12月26日 |
| 成绩 | 95.1分 |
| 等级 | 一级乙等 |
| 测试机构 | [redacted] |
| 证书编号 | 京语社[2010]15040 |

[redacted]

发证单位 北京市语言文字测试中心

2010年12月30日

# 第三节　普通话水平测试试卷（模拟卷）

## 模拟卷一

### 一、读单音节字词（100 个音节，共 10 分，限时 3.5 分钟）

| | | | | | | | | | |
|---|---|---|---|---|---|---|---|---|---|
| 怒 | 脸 | 却 | 我 | 惯 | 蕨 | 座 | 惹 | 串 | 勒 |
| 墓 | 江 | 漏 | 描 | 呼 | 肾 | 机 | 害 | 她 | 卫 |
| 妃 | 牌 | 踩 | 曹 | 河 | 屉 | 碎 | 孀 | 伦 | 没 |
| 九 | 棚 | 案 | 坡 | 吹 | 熬 | 遇 | 脓 | 贴 | 眯 |
| 啃 | 癌 | 八 | 运 | 扁 | 罚 | 献 | 挺 | 优 | 上 |
| 口 | 挡 | 飘 | 菜 | 疯 | 雄 | 稍 | 闸 | 三 | 克 |
| 岭 | 茁 | 碧 | 相 | 淳 | 禹 | 杖 | 山 | 谎 | 钉 |
| 斜 | 拼 | 椰 | 成 | 蕊 | 音 | 化 | 治 | 吞 | 真 |
| 蛮 | 掐 | 鬓 | 环 | 狗 | 妞 | 总 | 镣 | 瑕 | 刺 |
| 凋 | 臊 | 青 | 愁 | 拐 | 容 | 族 | 师 | 弯 | 卷 |

### 二、读双音节词语（100 个音节，共 20 分，限时 2.5 分钟）

| | | | | |
|---|---|---|---|---|
| 被告 | 采购 | 寨子 | 胎毛 | 调整 |
| 骄傲 | 月份 | 腊味 | 品行 | 晃荡 |
| 转念 | 打嗝儿 | 反抗 | 最后 | 千瓦 |
| 萌芽 | 必修 | 软弱 | 回生 | 公有制 |
| 代替 | 手巾 | 扩充 | 取暖 | 农村 |
| 海产 | 森林 | 状况 | 另外 | 失业 |
| 发明 | 一顺儿 | 僧徒 | 辩解 | 草原 |
| 晓得 | 伯父 | 配合 | 儿孙 | 家具 |
| 垂直 | 馅儿饼 | 侵略 | 机械化 | |
| 漂染 | 录像 | 说头儿 | 与日俱增 | |

### 三、朗读（400 个音节，共 30 分，限时 4 分钟）

两个同龄的年轻人同时受雇于一家店铺，并且拿同样的薪水。

可是一段时间后，叫阿诺德的那个小伙子青云直上，而那个叫布鲁诺的小伙子却仍在原地踏步。布鲁诺很不满意老板的不公正待遇。终于有一天他到老板那儿发牢骚了。老板一边耐心地听着他的抱怨，一边在心里盘算着怎样向他解释清楚他和阿诺德之间的差别。

“布鲁诺先生，”老板开口说话了，“您现在到集市上去一下，看看今天早上有什么卖的。”

布鲁诺从集市上回来向老板汇报说，今早集市上只有一个农民拉了一车土豆在卖。

“有多少？”老板问。

布鲁诺赶快戴上帽子又跑到集上，然后回来告诉老板一共四十袋土豆。

“价格是多少？”

布鲁诺又第三次跑到集上问来了价格。

“好吧，”老板对他说，“现在请您坐到这把椅子上一句话也不要说，看看阿诺德怎么说。”

阿诺德很快就从集市上回来了。向老板汇报说到现在为止只有一个农民在卖土豆，一共四十口袋，价格是多少多少；土豆质量很不错，他带回来一个让老板看看。这个农民一个钟头以后还会弄来几箱西红柿，据他看价格非常公道。昨天他们铺子的西红柿卖得很快，库存已经不//多了。……

**四、命题说话（请在下列话题中任选一个，共 40 分，限时 3 分钟）**

1. 谈谈服饰
2. 我喜欢的节日

## 模拟卷二

**一、读单音节字词（100 个音节，共 10 分，限时 3.5 分钟）**

| | | | | | | | | | |
|---|---|---|---|---|---|---|---|---|---|
| 锥 | 靠 | 拟 | 断 | 扯 | 您 | 露 | 佘 | 祭 | 戈 |
| 穗 | 纲 | 汾 | 顿 | 趁 | 庄 | 沈 | 日 | 艇 | 降 |
| 扣 | 花 | 醋 | 怪 | 灵 | 帆 | 略 | 欠 | 熔 | 嘶 |
| 阔 | 缓 | 玄 | 蠢 | 芸 | 袄 | 憎 | 圣 | 美 | 洞 |
| 吏 | 嘴 | 安 | 购 | 窗 | 完 | 桶 | 坐 | 如 | 外 |
| 甲 | 编 | 硼 | 柄 | 暇 | 矮 | 又 | 窄 | 痱 | 瞥 |
| 我 | 拨 | 满 | 忠 | 窜 | 晌 | 徐 | 矢 | 豪 | 岳 |
| 浸 | 猎 | 浊 | 补 | 穹 | 像 | 批 | 敲 | 侃 | 害 |
| 茎 | 苗 | 才 | 蜕 | 航 | 信 | 瓢 | 求 | 堰 | 茶 |
| 念 | 述 | 潮 | 纳 | 叠 | 能 | 志 | 娶 | 搜 | 肋 |

**二、读双音节词语（100 个音节，共 20 分，限时 2.5 分钟）**

| | | | | |
|---|---|---|---|---|
| 病号儿 | 火烧 | 约会 | 孙女 | 叫骂 |
| 硫酸 | 取暖 | 确实 | 恍惚 | 愣神儿 |
| 地道 | 空间 | 答辩 | 海军 | 内容 |
| 泯灭 | 青蛙 | 广播 | 欺骗 | 被窝儿 |
| 乳房 | 富余 | 详细 | 听说 | 尽量 |
| 头发 | 科研 | 纯粹 | 假条 | 小姨子 |
| 菜豆 | 告别 | 作者 | 懒散 | 工程师 |
| 产品 | 恰恰 | 耳穴 | 凶恶 | 船位 |
| 恩人 | 选用 | 欢迎 | 国务院 | |
| 吃亏 | 邮局 | 没准儿 | 畅所欲言 | |

**三、朗读（400 个音节，共 30 分，限时 4 分钟）**

我在加拿大学习期间遇到过两次募捐，那情景至今使我难以忘怀。

一天，我在渥太华的街上被两个男孩子拦住去路，他们十来岁，穿得整整齐齐，每人头上戴着个做工精巧、色彩鲜艳的纸帽，上面写着“为帮助患小儿麻痹的伙伴募捐”。其中的一个，不由分说就坐在小凳上给我擦起皮鞋来，另一个则彬彬有礼地发问：“小姐，您是哪国人？喜欢渥太华吗？”“小姐，在你们国家有没有小孩儿患小儿麻痹？谁给他们医疗费？”一连串的问题，使我这个有生以来头一次在众目睽睽之下让别人擦鞋的异乡人，从近乎狼狈的窘态中解脱出来。我们像朋友一样聊起天来……

几个月之后，也是在街上。一些十字路口处或车站坐着几位老人。他们满头银发，身穿各种老式军装，上面布满了大大小小形形色色的徽章、奖章，每人手捧一大束鲜花。有水仙、石竹、玫瑰及叫不出名字的，一色雪白。匆匆过往的行人纷纷止步，把钱投进这些老人身旁的白色木箱内，然后向他们微微鞠躬，从他们手中接过一朵花。我看了一会儿，有人投一两元，有人投几百元，还有人掏出支票填好后投进木箱。那些老军人毫不注意人们捐多少钱，一直不//停地向人们低声道谢。……

**四、命题说话（请在下列话题中任选一个，共 40 分，限时 3 分钟）**

1. 我的成长之路
2. 谈谈科技发展与社会生活

## 第四节　计算机辅助普通话水平测试

国家普通话水平智能测试系统是参加普通话测试的考生的考试应用软件，在考试过程中，考生可以按照测试程序的提示，逐步完成考试内容及相关操作。

**测试流程：候测室**

参加普通话水平测试的考生应在规定测试时间之前 30 分钟到候测室报到。

测试时间前 15 分钟，考务人员通知考生准备测试，考生交验准考证和身份证（或学生证）后，领取测试试卷。

**测试流程：备测室**

领取试卷后，考生随考务人员进入备测室准备测试。

考生在备测室准备试题内容，不得在备测室内大声喧哗。

得到考务人员上机测试的通知后，进入测试室进行测试。

**测试流程：测试室**

考生进入测试室后即可按照考试机页面提示开始测试。

测试过程中除必要的操作外，考生不得随意设置和操作计算机。

测试过程中出现死机等异常现象，考生应报告管理人员进行处理，不要擅自处理。

测试结束后考生应摘下耳机，轻声离开测试室。

完整的操作流程为：考生登录——核对考生信息——试音——考试——提交试卷。

### 一、佩带耳机（如图示）

1. 应试人就座后考试机屏幕上会提示佩带好耳机（麦克风戴在左耳），并将话筒置于口腔前方。

2. 佩带好耳机后，点击“下一步”按钮。

## 二、应试人登录（如图示）

1. 屏幕出现登陆界面后，正确输入准考证编号（准考证的前几位系统会自动显示，考生只需填写最后四位）。填写完成后，单击“进入”按钮继续。

2. 如果输入有误，单击“修改”按钮重新输入。

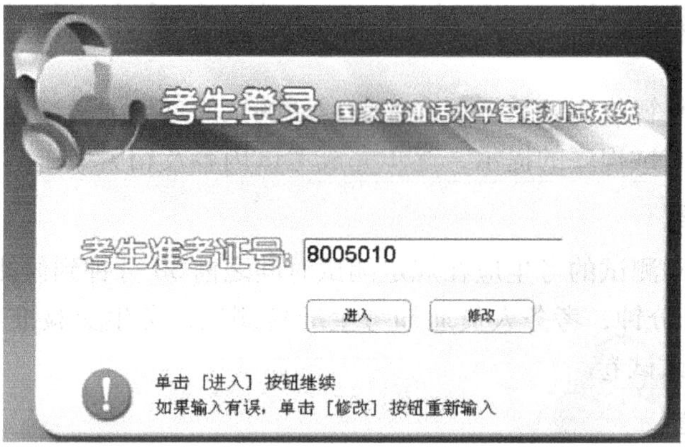


## 三、核对信息（如图示）

1. 应试人请仔细核对个人信息。

2. 如信息正确，请单击“确认”按钮继续。

3. 如信息有误，请单击“返回”按钮重新登录。

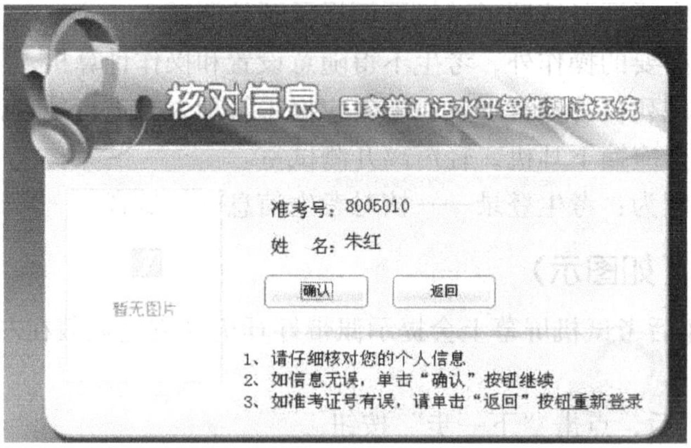

## 四、确认试卷（如图示）

1. 如果出现如下页面，请点击“确认”按钮继续。

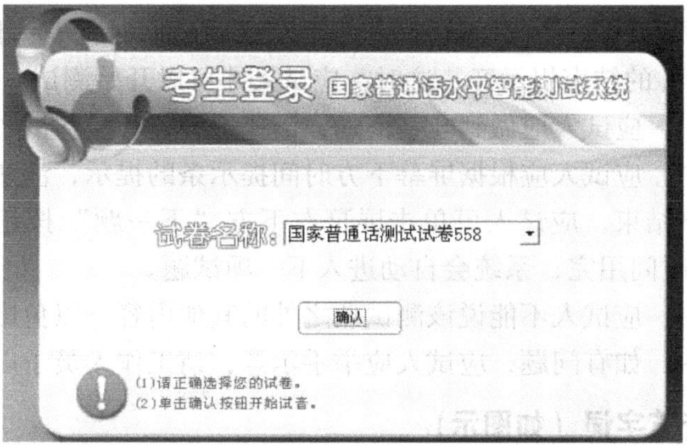


## 五、应试人试音（如图示）

1. 应试人请根据系统提示要求进行试音。

2. 应试人请用适当的音量将页面呈现的句子朗读一遍。

3. 如试音顺利，系统会出现“试音结束”的对话框。请点击“确认”按钮，进入下一程序。

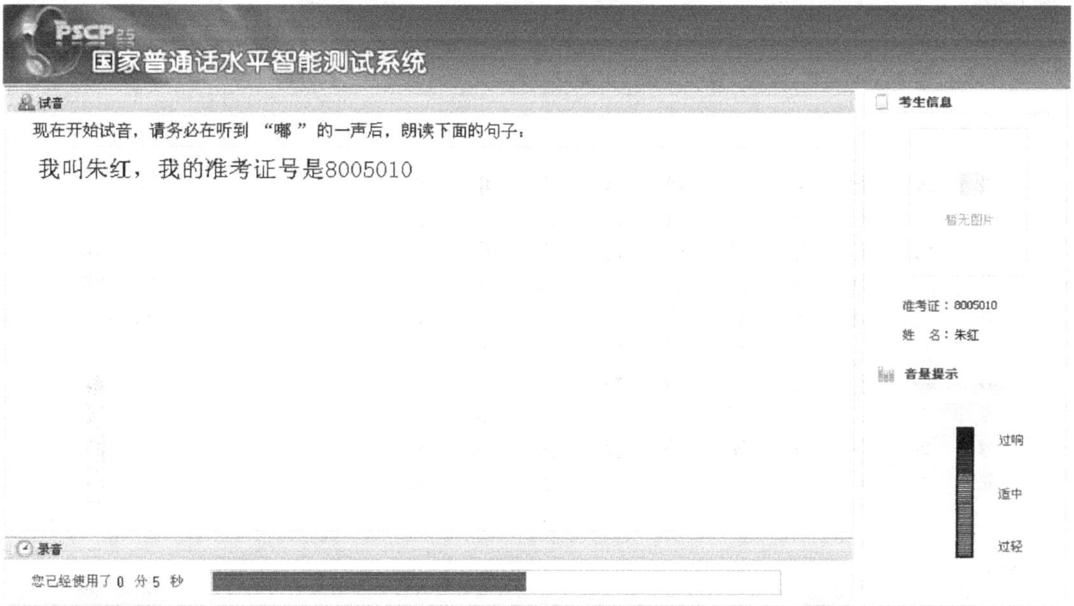

## 六、开始测试

**特别提示：**

1. 普通话水平测试共有 4 个测试项，每个测试项开始时都有一段语音提示，语音提示结束会发出“嘟”的结束提示音，这时，应试人才可以开始测试。

2. 测试过程中，应试人应做到吐字清晰，语速适中，音量与试音时保持一致。

3. 测试过程中，应试人应根据屏幕下方时间提示条的提示，注意掌握时间。

4. 如某项测试结束，应试人可单击屏幕右下方“下一题”按钮，进入下一项测试。如某项测试规定的时间用完，系统会自动进入下一项试题。

5. 测试过程中，应试人不能说该测试项之外的其他内容，以免影响评分。

6. 测试过程中，如有问题，应试人应举手示意，请工作人员予以解决。

### 第一项　读单音节字词（如图示）

1. 请应试人横向依次朗读单字。

2. 100 个单字以黑色字体和蓝色字体隔行显示，以便于应试人识别，应试人应逐行朗读，避免漏字、漏行。

3. 该项测试结束，应试人可单击屏幕右下方“下一题”按钮，进入下一项测试。

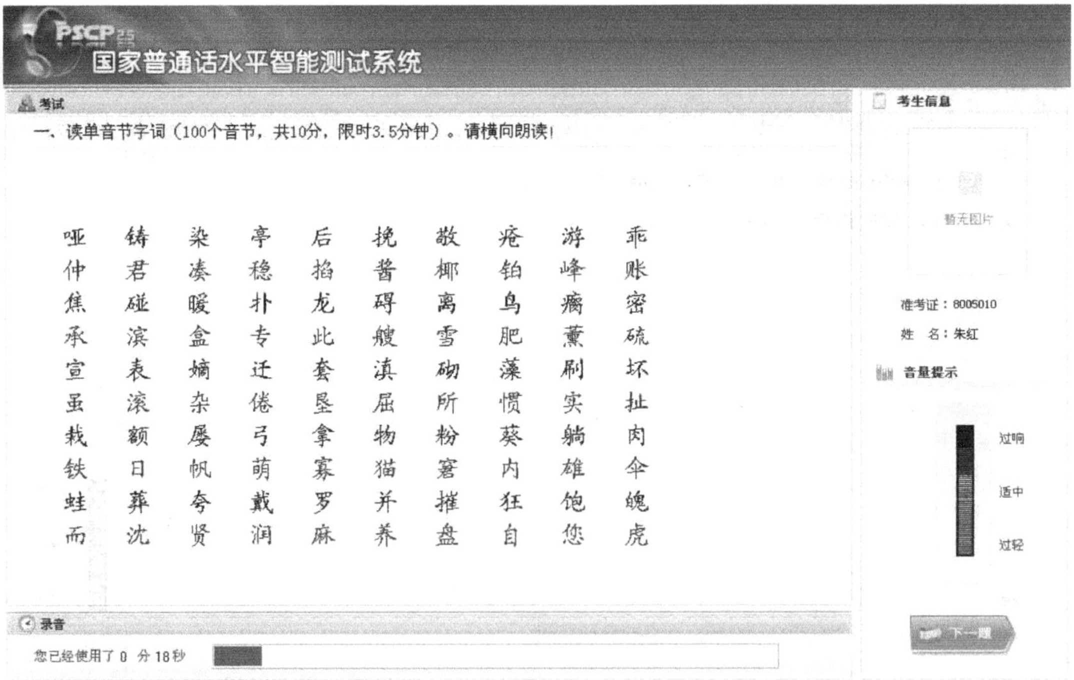


### 第二项　读多音节词语（如图示）

1. 请应试人横向依次朗读词语，避免漏读。

2. 该项测试结束，应试人可单击屏幕右下方“下一题”按钮，进入下一项测试。

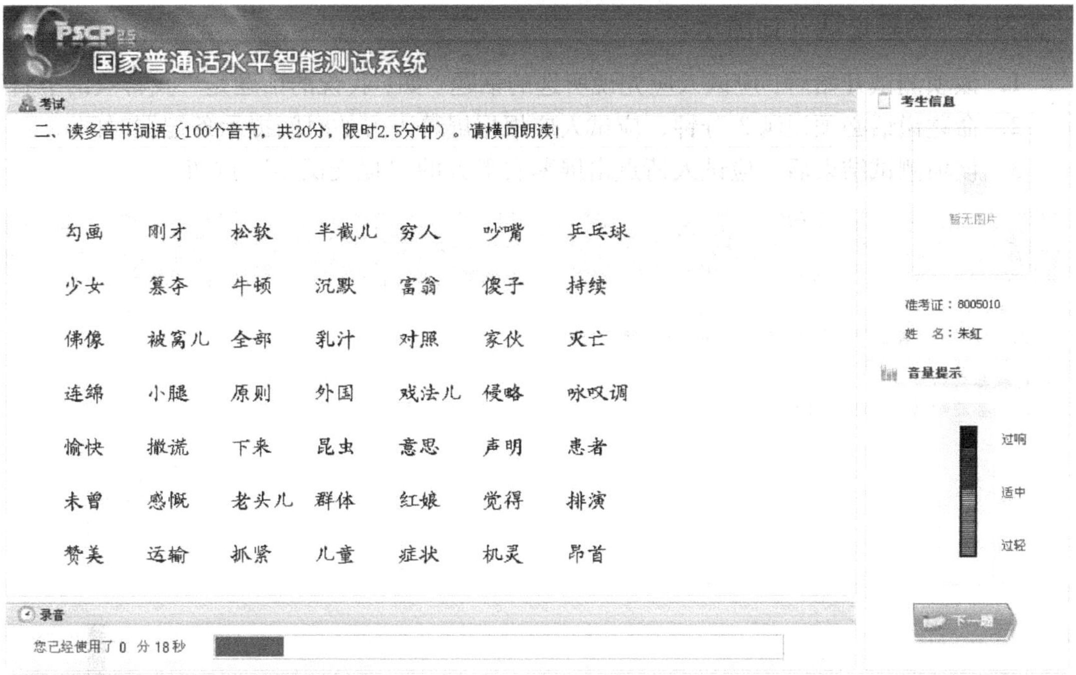


## 第三项　朗读短文（如图示）

1. 请应试人注意语音清晰、语义连贯，防止添字、漏字、改字。
2. 该项测试结束，应试人可单击屏幕右下方“下一题”按钮，进入下一项测试。

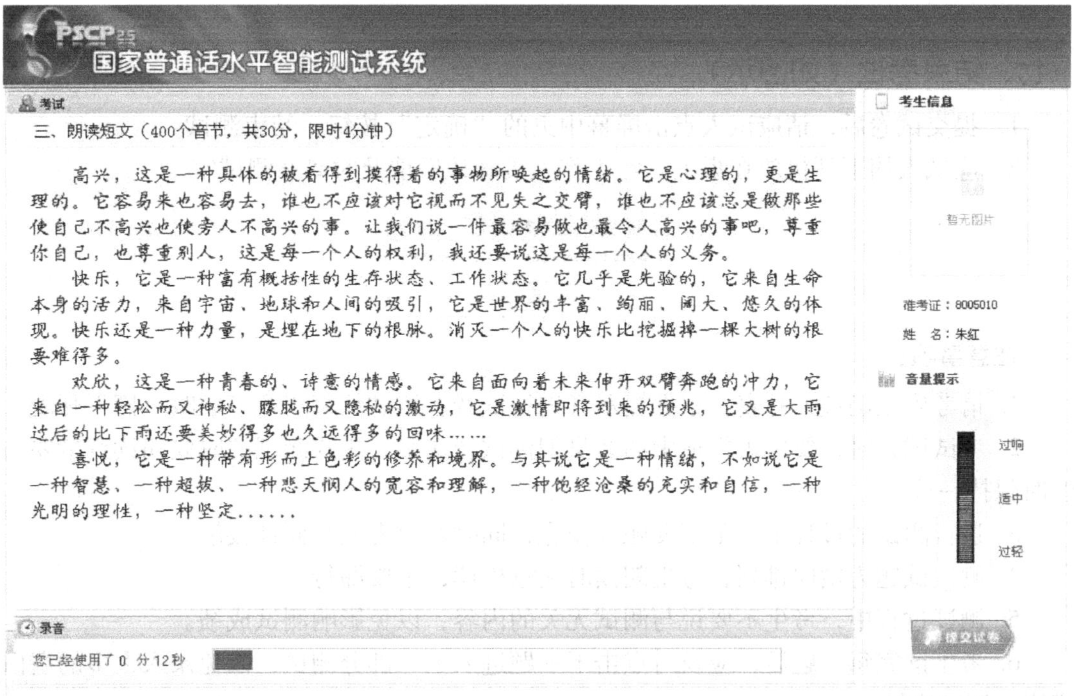

### 第四项　命题说话（如图示）

1. 该项测试开始后，应试人应先说所选的话题。如：我说的话题是“我喜欢的节日”。
2. 命题说话必须说满 3 分钟，应试人应根据屏幕下方的时间提示条把握时间。
3. 该项测试结束后，应试人请点击屏幕右下方的“提交试卷”按钮。

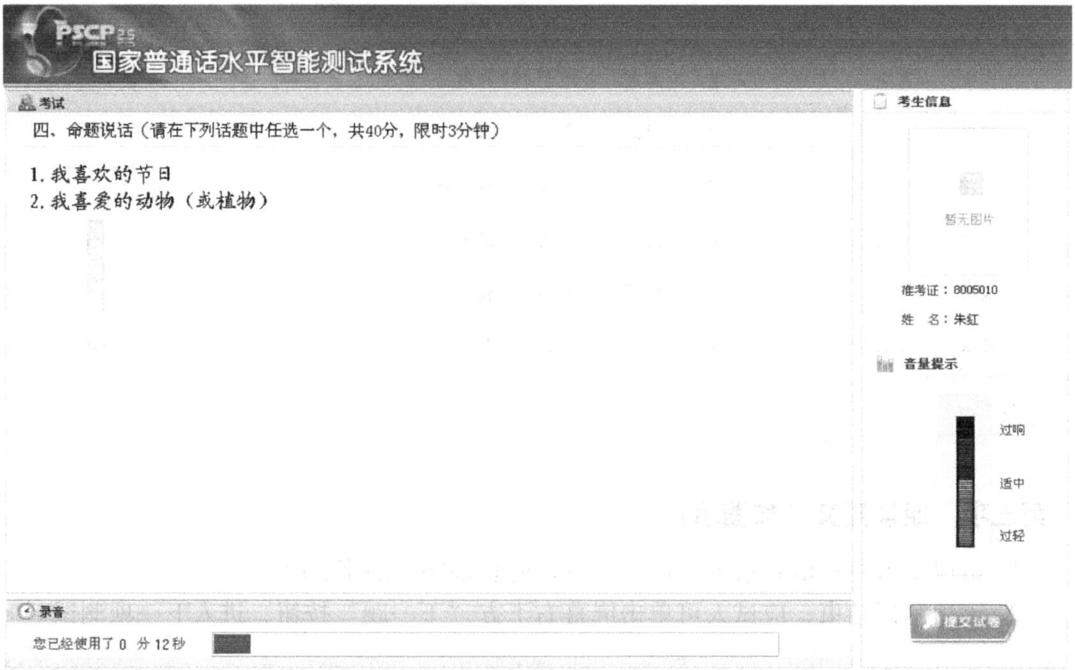


## 七、结束考试（如图示）

1. 提交试卷后，请应试人点击屏幕中央的“确定”按钮，结束测试。
2. 应试人摘下耳机放在桌上，经工作人员确认后请及时离开测试室。

**注意事项：**

1. 请考生正确戴上耳麦，根据提示音进行试音；测试结束离开座位时，摘下耳麦。

2. 考试试音时，要以正常适中的音量朗读试音文字，正式测试的时候朗读音量要与试音时保持一致。

3. 进行测试的过程中，手不要触摸麦克，同时避免麦克与面部接触。

4. 测试试题为横向排列，考生朗读时注意横读，不要漏行。

5. 测试过程中，考生不要说与测试无关的内容，以免影响测试成绩。

6. 考生读完每一题后，应及时点击下一题进入下一部分测试，以免录入太多的空白杂音影响测试成绩。

7. 第四题说话部分满 3 分钟后，即可停止答题，提交试卷，结束测试。

# 第二章　普通话语音知识

## 第一节　语音概述

### 一、语音的性质

语音是由人的发音器官发出的代表一定意义的声音。语音是语言的物质外壳，语言的交际作用主要是通过语音来实现的。

语音是由人的发音器官发出的，语音自然具有生理的属性。

语音是一种声音，和自然界的其他声音如风声、雨声、动物的鸣叫声、物体的撞击声一样，也是产生于物体的振动，所以具有物理的属性。

更为重要的是，语音代表一定的意义，而这种意义是社会赋予的，语音的形式和语义之间的对应关系是使用该语言的社会成员约定俗成的，所以它又具有社会的属性。语音的社会属性是其本质属性。

#### （一）语音的生理性质

语音是由人的发音器官发出的，具有生理性质。

人的发音器官发出语音是一种生理现象。学习和掌握语音的生理属性其实就是要学习和掌握人的发音器官，以便发音正音更准确到位。人的发音器官分为三大部分：呼吸器官、发声器官、共鸣器官。

人的发音器官分为三大部分。

1. 动力部分——肺和气管

肺是呼吸系统的主要器官。它通过收缩和扩张直接交换气流，气流进入气管经过喉头、声带到达口腔、鼻腔成为发音的动力。可见气管是用来输送发音气流的。整个呼吸器官相当于发音的动力系统。

2. 发声部分——喉头和声带

喉头好比一间发音房，声带好比主要的发音设备。喉头下连气管，上接咽头，由四块软骨组成。声带由两片富有弹性的薄膜构成，固定在喉头的甲状软骨和勺状软骨上。两片声带之间的缝隙叫作声门，随勺状软骨的活动而打开或者关闭，呼出的气流引起声带振动而发出声音。

3. 共鸣部分——口腔和鼻腔

共鸣器官好比小提琴的共鸣箱，声带发出的音波传入口腔鼻腔后在这两个箱里发生共鸣效应，使得音量扩大而传出。气流只从鼻腔出来的音叫鼻音，气流同时从鼻腔口腔出来的音叫鼻化音。

在共鸣器官中有一个关键的部位叫咬字部位，就是把声带发出的声音变成能表达意义的“字音”的部位，它包括口腔中的唇、齿、齿龈、齿背、舌、腭等。这些部位对语音的发出有关键作用，所以在语音学上称为“发音部位”。如下图所示。

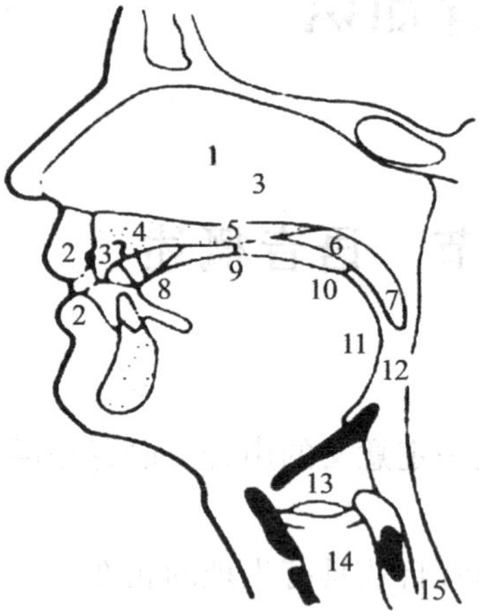


**（二）语音的物理性质**

语音是物体振动产生声波作用于人的听觉器官而听到的各种不同的声音。声音是一种物理现象，具有物理属性。一切的声音都是由音高、音长、音色、音强四个要素组成，语音也不例外。

1. 音高

音高指声音的高低，它取决于发音体振动的频率。振动的次数多，频率大，声音就高，反之，声音就低。

2. 音强

音强指声音的强弱，它取决于发音体的振动幅度。振幅大，声音就强；振幅小，声音就弱。语音的强弱与说话时用力的大小有关。用力大，气流强，声音就强；反之声音就弱。

3. 音长

音长指声音的长短，它取决于发音体振动持续时间的长短。振动持续的时间长，声音就长，反之就短。

4. 音色

音色指声音的性质、特色，也叫音质，它是一个音区别于另一个音的基本特征。

第一，发音体的质地不同。不同人不同质地的声带发出的声音各有自己的特色。

第二，发音方法不同。比如普通话语音中 z ［ts］ 是舌尖抵住齿背，气流冲破舌尖与上齿背的阻碍，并从窄缝中挤出，摩擦成声。s ［s］ 是舌尖接近上齿背，形成窄缝，气流从窄缝中擦出成声。二者发音方法不同，音色也就不一样。

第三，共鸣器的形状不同。人的共鸣器因唇、舌、软腭的活动而能灵活自如地改变其形状，从而发出多种不同音色的音来。比如普通话语音的元音 ü ［y］ 发音时舌头前伸，元音 u ［u］ 发音时舌头后缩，二者发音时口腔共鸣器形状不一样，因而音色也就有所不同。

### （三）语音的社会性质

语言是人类最重要的交际工具，是一套符号系统。语音是语言的物质外壳，是语言的意义的载体。声音和意义本来没有必然的联系，用什么样的声音形式表达什么样的意义内容，是一个民族的社会成员在漫长的社会发展过程中约定俗成的。一种语言所用词的音与义的结合，是由社会决定的。所以，社会属性是语音的本质特点，也是语音区别于自然界其他声音的本质属性。

语音的社会属性主要从“地方特征”和“民族特征”两个方面反映出来。由于地域不同，各地发音习惯也不尽相同。普通话中有些辅音声母有不送气和送气的区别。bo（拨）、po（坡）不同，就在于 b 是不送气音，p 是送气音，因此使“拨”和“坡”的意义不同。但英语的辅音，就没有送气与不送气的对立。因此两种民族语言的语音系统是不同的。

有的方言区平翘舌音不分，有的方言区前后鼻音不分，学说普通话时，听不出它们的区别，也不容易发好这些音。又如西方人对汉语的四声，汉族人对西方语言的颤音，都是不容易分辨和难以准确发音的。但经过系统的训练，一个人是可以掌握各种语音系统的。这说明语音系统与生理和地理等因素无关，而只是社会习惯的产物。

语音与其他声音的区别在于它能表达一定的意义。从功能来看，语音是一种社会现象。表现在两方面：首先，声音与意义之间的关系是社会成员约定俗成的。其次，相同的音素，在不同的语言或方言里有不同的作用。如送气音与不送气音在汉语里能区别意义，如：

dùzi（肚子）—— tùzi（兔子）

bǎole（饱了）—— pǎole（跑了）

## 二、语音单位

### （一）音节和音素

音节是语言结构的基本单位，是听觉上最容易分辨的单位。也是自然感到的最小的语音片段。一个音节可以是一个音素，也可以由几个音素合成。汉语音节和汉字基本上是一对一的，一个汉字也就是一个音节。只有少数例外。如“花儿”“盆儿”都写成两个汉字，可是读成一个音节 huar，penr。

音节是由音素构成的。普通话里一个音节可以只有一个音素，例如：啊 a，腭 e。也可以有两个或三个音素，例如：大 da，地 di，人 ren，民 min。最多可以有四个音素，例如：交 jiao，先 xian。汉语有非常丰富的词汇，但用来表达的语音音节却只有 400 个左右，学习普通话语言最简易的方法就是读准这 400 多个音节。

### （二）声母、韵母和声调

汉语音韵学的传统分析方法把一个音节分为声母、韵母和声调三个部分。

1. 声母

声母，是音节开头的辅音。普通话有 21 个声母（与辅音相比缺 ng）。如“买 mai，明 ming，美 mei”开头 m 就是声母。“二 er，爱 ai”这样的音节没有辅音声母，叫作“零声母”音节。

2. 韵母

韵母，是音节中声母后面的部分。它主要是由元音构成的（鼻辅音有 n 和 ng）。如“发达 fada，电线 dianxian”中的“a，ian”就是韵母。韵母是每个音节不可缺少的构成成分，没有韵母，就不能构成音节。韵母分为韵头、韵母和韵尾。例如“ian”中 i 是韵头，a 是韵腹，n 是韵尾。普通话有 39 个韵母。

元音、辅音与声母、韵母的关系：元音、辅音和声母、韵母是从不同的角度分析语音得出来的概念。元音、辅音是音素的分类；声母、韵母是对汉语的音节进行分析得出的概念。普通话中，声母都是由辅音充当的，韵母主要是由元音来充当。有的韵母中也有辅音，但只限于 n 和 ng。换一个角度说，元音只用在韵母中，辅音主要用在声母中（只有 ng 不做声母）。辅音 n 既用在声母中，也用在韵母中。例如：音节“nian 年”里的前一个 n 是声母，后一个 n 是韵母。辅音 ng 不用在声母中，只用在韵母中，例如“dang 当”里的 ng。

3. 声调

声调，是音节的高低升降形式，它是由音高决定的。例如“辉，回，毁，惠”。四个音节的声母都是 h，韵母都是 ui，但它们声调都不同，就成了不同的音节，代表不同的意义。声调，是构成音节非常重要的成分。

普通话声调含“阴平、阳平、上声、去声”四个声调。

普通话声母和韵母相拼构成的基本音节（包括零声母音节）有 400 多个。加上声调的区别有 1200 多个音节。这 1200 多个音节的能量非常大，它们构成了汉语里成千上万的词。

## 三、《汉语拼音方案》

《汉语拼音方案》是拼写普通话的一套拼音字母和拼写方式，于 1958 年 2 月 11 日第一届全国人民代表大会第五次会议批准向全国公布推行。给汉字注音，拼写普通话是《汉语拼音方案》最基本的用途。

### （一）《汉语拼音方案》的构成

语音的记录工具就是记音的符号，是为了把语音用书面形式记录下来而制定的符号系统。当前我国汉语语音的记录工具是《汉语拼音方案》。

《汉语拼音方案》由五个部分组成：字母表（26 个拉丁字母及其名称），声母表（21 个辅音声母及其名称），韵母表（共 39 个韵母），声调符号表（4 个声调符号及其标注规则），隔音符号表（用于音节界限混淆时的分割）。

### （二）《汉语拼音方案》的作用

1. 给汉字注音。有助于识读汉字，在扫除文盲工作中起到了重要作用。
2. 推广普通话。专门为普通话设计的注音方案，在推广普通话工作中起到了重要作用。
3. 拼音字母是科学技术中用途最广的符号。
4. 少数民族创制拼音文字，设计盲文、手语和旗语的重要工具。
5. 在信息技术中是中文输入的主要输入法。

6. 是拼写中国人名、地名及其他专有名词的国际标准。

## 四、汉语音节的拼写

《汉语拼音方案》对普通话音节的拼写有如下规定。

### （一）y，w 的使用

为了使音节界限清楚，《汉语拼音方案》规定零声母开头的音节，要分别使用隔音字母 y 和 w。

1. i 行韵母要写成 yi（衣），ya（呀），ye（耶），yao（腰），you（忧），yan（烟），yin（因），yang（央），ying（英），yong（雍）。

2. u 行韵母要写成 wu（乌），wa（蛙），wo（窝），wai（歪），wei（威），wan（弯），wen（温），wang（汪），weng（翁）。

3. ü 行韵母要写成 yu（迂），yue（约），yuan（冤），yun（晕）。

4.《汉语拼音方案》韵母表中撮口呼的韵母 ü，üe，üan，ün 在自成音节时，前面加 y，并省去 ü 上两点，写成 yu，yue，yuan，yun。

上述三呼的韵母自成音节时，在原韵母前加 y，w 或改 y，w，主要是让 y，w 起分隔音节界限的作用。如果不分别加改 y，w，在拼读汉语拼音词语时就可能产生一些误会。例如：

línyǔ（淋雨），若不加 y，可能误为 línǚ（离女）；

shēngwù（生物），若不加 w，可能误为 shēngù（深故）；

xiānyàn（鲜艳），若不改 i 为 y，可能误为 xiāniàn（睫念）。

### （二）隔音符号（'）的使用

1. 零声母音节中以 a，o，e 开头的音节，连接在其他音节后面，如果音节的界限发生混淆，要用隔音符号隔开。例如：

yán'ān（延安）　jiāng'ōu（江鸥）　dìng'é（定额）

2. 有些 a，o，e 开头的音节，即使不与前一音节的界限混淆，但为了使音节一目了然，也需加隔音符号。例如：

kě'ài（可爱）　mù'ǒu（木偶）　shù'é（数额）

### （三）省写

1. ü 上两点的省略

ü 行的韵母同声母 j，q，x 相拼的时候，ü 上两点省略，如：jū（鞠），què（雀），xùn（迅）。

ü 行的韵母 ü，üe 同声母 n，l 相拼的时候，ü 上两点不能省略。因为 n，l 也同 u 相拼。例如：

nǚ（女）—nǔ（努）　lǚ（旅）—lǔ（鲁）

2. iou，uei，uen 的省写

iou，uei，uen 与声母相拼时，它们分别省写为 iu，ui，un。例如：

m—ioù→miù（谬）　t—ueǐ→tuǐ（腿）　s—ūen→sūn（孙）

### （四）标调的方法

1. 声调符号标在音节的主要元音（韵腹）上。例如：

wù（务）　è（恶）　móu（谋）　chǎn（铲）

lí（梨）　qù（去）　piāo（漂）　guāng（光）

2. 声调符号标在 i 上时，i 上的点儿省写。例如：

yī（一）　pǐn（品）　dìng（定）　xíng（行）

3. iou，uei 省写成 iu，ui 之后，声调符号标在后一个元音上。例如：

xiù（绣）　cuī（催）　qiú（球）　shuǐ（水）

4. 轻声不标调号。例如：

zhuōzi（桌子）　wǒmen（我们）　dòufu（豆腐）

### （五）汉语拼音的拼写

汉语拼音的拼写规范主要包括：分词连写法，成语拼写法，人名、地名拼写法，标调法，标点符号使用法，移行规则等。

1. 分词连写法

以词为书写单位，这是汉语拼音拼写普通话的基本规则。词与词之间分写，词本身连写。例如：

fēngjǐng hěn měi（风景很美）　niánqīng de péngyou（年轻的朋友）

niánnián（年年）　shuōshuo（说说）

2. 成语拼写法

四言成语分为两个双音节来念的，中间加短横。例如：

fēngpíng-làngjìng（风平浪静）　àizēng-fēnmíng（爱憎分明）

不能按两段来念的四言成语、熟语等，全部连写。例如：

bùyìlèhū（不亦乐乎）　zǒng'éryánzhī（总而言之）　hēibuliūqiū（黑不溜秋）

3. 人名、地名拼写法

汉语姓名的姓氏和名字分写。姓和名的第一个字母大写。例如：

Láng Píng（郎平）　Fú Míngxiá（伏明霞）　Shàngguān Yínzhū（上官银珠）

地名的专名和通名分写。分写的每段第一个字母大写。例如：

Sōnghuā Jiāng（松花江）　Tài Hú（太湖）

Wútóng Xiàng（梧桐巷）　Zhāngzhīdòng Lù（张之洞路）

4. 大写字母的用法

句子开头的第一个字母大写。这里所说的句子，是指散文里以句号为单位的一句话，也指诗歌中的每一行。例如：

Kūshù zài lěngfēng li yáo，　枯树在冷风里摇，

Jiào wǒ rúhé bù xiǎng tā？　教我如何不想她？

国家、团体、组织等专有名词的第一个字母大写。例如：

Zhōnghuá Rénmín Gònghéguó　中华人民共和国

Tiānjīn Shèhuì Kēxuéyuàn　天津社会科学院

报刊名称、商标和商店名称、书名和文章题目、宣传专栏标题，可以全部用大写字母，不标声调。例如：

GUANGMING RIBAO　光明日报

XINHUA SHUDIAN　新华书店

5. 短横的使用

短横“-”作为连接号，表示词语之间的连接关系。例如：

lù-hǎi-kōngjūn　陆海空军（并列关系）

zhèng-xié　政协（缩略语）

shíwǔ-liù tiān　十五六天（概数）

短横还可以用于拼写的移行。拼音句子的双音节或多音节词语在书写或排印时，因行末的位置不够，一个词语没能连在一起，移行时可将短横放在上行末，表示该词语上下行音节的连接。如果要移行的音节处原本就有一个短横，就在下一行开头再加一个短横。

6. 标点符号的使用

在用汉语拼音书写完整的句子时使用的标点符号，与汉字书写时使用标点符号基本相同，只有句号使用上的区别。汉语拼音书写时的句号用实心圆点“.”，以免使用“。”同汉语拼音字母“o”发生混淆。

**【附录】**

## 汉语拼音方案

1. 字母表

| 字母 | 名称 | 字母 | 名称 |
|---|---|---|---|
| Aa | ㄚ | Nn | ㄋㄝ |
| Bb | ㄅㄝ | Oo | ㄛ |
| Cc | ㄘㄝ | Pp | ㄆㄝ |
| Dd | ㄉㄝ | Qq | ㄑㄧㄡ |
| Ee | ㄜ | Rr | ㄚㄦ |
| Ff | ㄝㄈ | Ss | ㄝㄙ |
| Gg | ㄍㄝ | Tt | ㄊㄝ |
| Hh | ㄏㄚ | Uu | ㄨ |
| Ii | ㄧ | Vv | ㄪㄝ |
| Jj | ㄐㄧㄝ | Ww | ㄨㄚ |
| Kk | ㄎㄝ | Xx | ㄒㄧ |
| Ll | ㄝㄌ | Yy | ㄧㄚ |
| Mm | ㄝㄇ | Zz | ㄗㄝ |

注：V 只用来拼写外来语、少数民族语言和方言。字母的手写体依照拉丁字母的一般书写习惯。

2. 声母表

| b | p | m | f | d | t | n | l |
|---|---|---|---|---|---|---|---|
| ㄅ 玻 | ㄆ 坡 | ㄇ 摸 | ㄈ 佛 | ㄉ 得 | ㄊ 特 | ㄋ 讷 | ㄌ 勒 |

| g | k | h | j | q | x |
|---|---|---|---|---|---|
| ㄍ 哥 | ㄎ 科 | ㄏ 喝 | ㄐ 基 | ㄑ 欺 | ㄒ 希 |

| zh | ch | sh | r | z | c | s |
|---|---|---|---|---|---|---|
| ㄓ 知 | ㄔ 蚩 | ㄕ 诗 | ㄖ 日 | ㄗ 资 | ㄘ 雌 | ㄙ 思 |

在给汉字注音的时候，为了使拼式简短，zh，ch，sh 可以省作 ẑ，ĉ，ŝ。

3. 韵母表

| | i<br>丨衣 | u<br>ㄨ 乌 | ü<br>ㄩ 迂 |
|---|---|---|---|
| a<br>ㄚ 啊 | ia<br>丨ㄚ 呀 | ua<br>ㄨㄚ 蛙 | |
| o<br>ㄛ 喔 | | uo<br>ㄨㄛ 窝 | |
| e<br>ㄜ 鹅 | ie<br>丨ㄝ 耶 | | üe<br>ㄩㄝ 约 |
| ai<br>ㄞ 哀 | | uai<br>ㄨㄞ 歪 | |
| ei<br>ㄟ 欸 | | uei<br>ㄨㄟ 威 | |
| ao<br>ㄠ 熬 | iao<br>丨ㄠ 腰 | | |
| ou<br>ㄡ 欧 | iou<br>丨ㄡ 忧 | | |
| an<br>ㄢ 安 | ian<br>丨ㄢ 烟 | uan<br>ㄨㄢ 弯 | üan<br>ㄩㄢ 冤 |
| en<br>ㄣ 恩 | in<br>丨ㄣ 因 | uen<br>ㄨㄣ 温 | ün<br>ㄩㄣ 晕 |
| ang<br>ㄤ 昂 | iang<br>丨ㄤ 央 | uang<br>ㄨㄤ 汪 | |
| eng<br>ㄥ 亨的韵母 | ing<br>丨ㄥ 英 | ueng<br>ㄨㄥ 翁 | |
| ong<br>（ㄨㄥ）轰的韵母 | iong<br>ㄩㄥ 雍 | | |

（1）“知，蚩，诗，日，资，雌，思”等七个音节的韵母用 i，即：知，蚩，诗，日，资，雌，思等字拼作 zhi，chi，shi，ri，zi，ci，si。

（2）韵母儿写成 er，用作韵尾的时候写成 r。例如：“儿童”拼作 ertong，“花儿”拼作 huar。

（3）韵母 ㄝ 单用的时候写成 ê。

（4）i 行的韵母，前面没有声母的时候，写成 yi（衣），ya（呀），ye（耶），yao（腰），you（忧），yan（烟），yin（因），yang（央），ying（英），yong（雍）。

u 行的韵母，前面没有声母的时候，写成 wu（乌），wa（蛙），wo（窝），wai（歪），wei（威），wan（弯），wen（温），wang（汪），weng（翁）。

ü 行的韵母，前面没有声母的时候，写成 yu（迂），yue（约），yuan（冤），yun（晕）；ü 上两点省略。

ü 行的韵母跟声母 j，q，x 拼的时候，写成 ju（居），qu（区），xu（虚），ü 上两点也省略；但是跟声母 n，l 拼的时候，仍然写成 nü（女），lü（吕）。

（5）iou，uei，uen 前面加声母的时候，写成 iu，ui，un，例如 niu（牛），gui（归），lun（论）。

（6）在给汉字注音的时候，为了使拼式简短，ng 可以省作 ŋ。

4. 声调符号

| 阴平 | 阳平 | 上声 | 去声 |
|---|---|---|---|
| ˉ | ˊ | ˇ | ˋ |

声调符号标在音节的主要母音上。轻声不标。例如：

| 妈 mā | 麻 má | 马 mǎ | 骂 mà | 吗 ma |
|---|---|---|---|---|
| （阴平） | （阳平） | （上声） | （去声） | （轻声） |

5. 隔音符号

a，o，e 开头的音节连接在其他音节后面的时候，如果音节的界限发生混淆，用隔音符号（'）隔开，例如：pi'ao（皮袄）。

# 第二节　声　母

## 一、声母的定义及分类

声母指音节开头的辅音。

普通话有 21 个辅音声母，即 b，p，m，f，d，t，n，l，g，k，h，j，q，x，zh，ch，sh，r，z，c，s。有的音节开头没有辅音，如“en”，称为零声母。加上零声母，普通话声母共有 22 个。

不同类别的声母是由不同的发音部位和发音方法决定的。

### （一）声母的发音部位

发音时，气流受到阻碍的位置叫发音部位。根据发音部位的不同，声母可以分为七类。

双唇音　上下唇阻碍气流而形成的音。有 b，p，m 3 个。

唇齿音　上齿和下唇接近，阻碍气流而形成的音。只有 f。

舌尖前音　舌尖抵住或接近上齿背，阻碍气流而形成的音。有 z，c，s 3 个。

舌尖中音　舌尖抵住上齿龈，阻碍气流而形成的音。有 d，t，n，l 4 个。

舌尖后音　舌尖上翘，抵住或接近硬腭前部，阻碍气流而形成的音。有 zh，ch，sh，r 4 个。

舌面音　舌面前部抵住或接近硬腭前部，阻碍气流而形成的音。有 j，q，x 3 个。

舌根音　舌根抵住或接近软腭，阻碍气流而形成的音。有 g，k，h 3 个。

## （二）声母的发音方法

声母的发音方法是指发音时喉头、口腔和鼻腔节制气流的方式和状态，包括发音时构成阻碍和消除阻碍的方法、气流的强弱和声带是否颤动三个方面。

1. 根据构成阻碍和消除阻碍的方式的不同，普通话声母可以分为五类。

塞音　发音时，软腭上升堵住鼻腔通道，口腔中构成阻碍的两个部位完全闭合，使肺部出来的气流受阻，然后气流冲破阻碍，爆发成音。有 b，p，d，t，g，k 6 个。

擦音　发音时，软腭上升堵住鼻腔通道，口腔中构成阻碍的两个部位接近，留下一条缝隙，气流从缝隙中挤出来，摩擦成音。有 f，h，x，sh，r，s 6 个。

塞擦音　发音时，软腭上升堵住鼻腔通道，口腔中构成阻碍的两个部位开始时完全闭合，然后气流把闭合部位冲开一条缝隙，从缝隙中挤出，摩擦成音。塞擦音的前部分是塞音，后部分是擦音。有 j，q，zh，ch，z，c 6 个。

鼻音　发音时，软腭下垂，打开鼻腔通道，口腔中构成阻碍的两个部位完全闭合，气流从鼻腔通过。有 m，n 2 个。

边音　发音时，软腭上升堵住鼻腔通道，口腔中舌尖和上齿龈接触构成阻碍，但舌头两边留有空隙，气流从舌头两边通过。只有 l 1 个。

2. 根据发音时呼出气流的强弱，可以把塞音、塞擦音分为两类。

送气音　发音时口腔呼出的气流较强，有 p，t，k，q，c，ch 6 个。

不送气音　发音时口腔呼出的气流较弱，有 b，d，g，j，z，zh 6 个。

3. 根据声带是否颤动，可以把声母分为清音和浊音两类。

浊音　发音时声带颤动，有 m，n，l，r 4 个。

清音　发音时声带不颤动，有 b，p，f，d，t，g，k，h，j，q，x，zh，ch，sh，z，c，s 17 个。

综合上述分类，可以列出普通话声母发音部位发音方法总表。

**普通话声母发音部位、发音方法一览表**

| 发音方法／发音部位 | 塞音（清音） | | 塞擦音（清音） | | 擦音 | | 鼻音 | 边音 |
|---|---|---|---|---|---|---|---|---|
| | 不送气 | 送气 | 不送气 | 送气 | 清音 | 浊音 | 浊音 | 浊音 |
| 双唇音 | b | p | | | | | m | |
| 唇齿音 | | | | | f | | | |
| 舌尖前音 | | | z | c | s | | | |
| 舌尖中音 | d | t | | | | | n | l |
| 舌尖后音 | | | zh | ch | sh | r | | |
| 舌面音 | | | j | q | x | | | |
| 舌根音 | g | k | | | h | | （ng） | |

ng 是鼻辅音不作声母，只与元音组合共同充当韵母。

## 二、声母的发音

### （一）双唇音（b，p，m）

b　双唇，不送气，清、塞音

发 b 时，双唇闭住，软腭和小舌翘起，堵住鼻腔通道，肺部呼出的气流通过喉头，但不振动声带，到达口腔，然后双唇突然打开，气流爆出而发音。例如：

百般　奔波　壁报　把柄　不必　臂膀　版本　弊病

p　双唇，送气，清、塞音

发 p 时，双唇的活动与 b 大致相同，差别只在双唇打开时有一股较强的气流冲出。例如：

批判　澎湃　批评　拼盘　瓢泼　偏旁　胚盘　匹配

m　双唇，浊、鼻音

发 m 时，双唇闭住，软腭和小舌下垂，打开鼻腔通道，肺部呼出的气流通过喉头，振动声带，然后从鼻腔缓缓流出。例如：

买卖　骂名　牧民　名目　盲目　茂密　眉毛　冒昧

### （二）唇齿音（f）

f　唇齿，清、擦音

发 f 时，上齿靠近下唇，中间留一条缝隙，软腭和小舌翘起，堵住鼻腔通道，肺部呼出的气流通过喉头，但不振动声带，气流经过口腔，从唇齿的缝隙间摩擦而出。例如：

丰富　仿佛　风范　肺腑　芳菲　非凡　发奋　繁复

### （三）舌尖中音（d，t，n，l）

d　舌尖中，不送气，清、塞音

发 d 时，舌尖顶住上齿龈，软腭和小舌翘起，堵住鼻腔通道，肺部呼出的气流通过喉头，但不振动声带，到达口腔，然后舌尖突然离开上齿龈，气流爆出而发音。例如：

大胆　单打　得到　兜底　敌对　低等　颠倒　跌宕

t　舌尖中，送气，清、塞音

发 t 时，舌尖活动与 d 大致相同，差别只在舌尖离开上齿龈时有一股较强的气流冲出。例如：

弹跳　天体　颓唐　倜傥　头痛　谈吐　体态　厅堂

n　舌尖中，浊、鼻音

发 n 时，舌尖顶住上齿龈，软腭和小舌下垂，打开鼻腔通道，肺部呼出的气流通过喉头，振动声带，然后从鼻腔缓缓流出。例如：

恼怒　泥泞　呢喃　袅袅　牛奶　忸怩　农奴　男女

l　舌尖中，浊、边音

发 l 时，舌尖顶住上齿龈，软腭和小舌翘起，堵住鼻腔通道，肺部呼出的气流通过喉头，振动声带，到达口腔，从舌头的两边流出。例如：

伶俐　琳琅　劳力　历练　力量　流利　褴褛　零落

（四）舌根音（g，k，h）

g　舌根，不送气，清、塞音

发 g 时，舌根翘起，顶住软腭，形成阻塞；软腭和小舌翘起，堵住鼻腔通道，肺部呼出的气流通过喉头，但不振动声带；到达口腔，然后舌根与软腭突然离开，气流爆出而发音。例如：

孤高　故国　干戈　公共　亘古　骨干　改过　观光

k　舌根，送气，清、塞音

发 k 时，舌根活动与 g 大致相同，差别只在舌根离开软腭时有一股较强的气流冲出。例如：

侃侃　慷慨　宽阔　苛刻　亏空　刻苦　旷课　口渴

h　舌根，清、擦音

发 h 时，舌根翘起，与软腭之间留一条缝隙；软腭和小舌翘起，堵住鼻腔通道，肺部呼出的气流通过喉头，但不振动声带，到达口腔，从缝隙间摩擦而出。例如：

黄海　淮河　回合　缓和　合伙　红火　黄昏　呼唤

（五）舌面音（j，q，x）

j　舌面，不送气，清、塞擦音

发 j 时，舌面前部上抬，抵住硬腭前端，阻塞气流，软腭上升，关闭鼻腔通路，气流将成阻部位冲出一条缝隙，并从间隙摩擦而成声。例如：

机警　焦急　就近　降级　窘境　家教　讲究　经久

q　舌面，送气，清、塞擦音

发 q 时，舌面活动与 j 大致相同，差别只在舌面前部离开硬腭前端时，有一股较强的气流冲出。例如：

凄清　乔迁　牵强　气枪　乞求　求情　千秋　恰巧

x　舌面，清、擦音

发 x 时，舌面前部抬起，靠近硬腭前部，中间留一条缝隙，软腭和小舌翘起，堵住鼻腔通道，肺部呼出的气流通过喉头，但不振动声带，到达口腔，从缝隙间摩擦而出。例如：

细小　鲜血　形象　凶险　相信　信息　歇息　下限

（六）舌尖后音（zh，ch，sh，r）

zh　舌尖后，不送气，清、塞擦音

发 zh 时，舌尖翘起接触硬腭前端，阻塞气流，软腭上升，关闭鼻腔通路，气流将成阻部位冲出一条缝隙，并从间隙摩擦而成声。例如：

长者　政治　周正　种植　忠贞　站长　招致　纸张

ch　舌尖后，送气，清、塞擦音

发 ch 时，舌尖活动与 zh 大致相同，差别只在舌尖离开硬腭前端时有一较强的气流冲出来。例如：

潺潺　充斥　城池　敞车　驰骋　超长　长城　戳穿

sh　舌尖后，清、擦音

发 sh 时，舌尖翘起和硬腭前端轻轻接触，软腭上升，气流从舌尖和硬腭前端之间摩擦而出，声带不颤动。例如：

实施 省事 上升 双数 水上 说书 绅士 神圣

r 舌尖后，浊、擦音

发 r 时，舌尖活动与 sh 大致相同，差别只在于发 sh 时声带不颤动，发 r 时声带颤动。例如：

忍让 仍然 茸茸 荣辱 软弱 容忍 蠕蠕 如若

**（七）舌尖前音（z，c，s）**

z 舌尖前，不送气，清、塞擦音

发 z 时，舌尖抵住上齿背，阻塞气流，软腭上升，关闭鼻腔通路，然后气流将成阻部位冲出一条窄缝，从间隙摩擦而成声。例如：

自责 造作 罪责 栽赃 总则 脏字 曾祖 粽子

c 舌尖前，送气，清、塞擦音

发 c 时，舌尖活动与 z 大致相同，差别只在舌尖离开上齿背时有一股较强的气流冲出来。例如：

草草 措辞 层次 草丛 仓促 从此 摧残 猜测

s 舌尖前，清、擦音

发 s 时，舌尖接近上齿背，形成间隙，软腭上升，关闭鼻腔通路，气流从间隙摩擦而成声。例如：

洒扫 思索 诉讼 三思 送死 搜索 琐碎 色素

除了上面 21 个声母外，普通话里还有一个零声母。实际上是指一个音节的开头没有辅音，即这个音节的声母是“零”，通常称为“零声母”。开头没有辅音声母的音节，叫零声母音节。有时候 y，w 占据了零声母的位置，它们实际上起隔音符号的作用。例如：

熬夜 恩怨 昂扬 遗忘 夜晚 巍峨 雾霭 寓意

## 三、声母发音辨正及训练

各方言的声母系统跟普通话不尽相同，了解自己所使用的方言与普通话的声母系统的对应规律，可以帮助我们纠正方音，尽快掌握好普通话。

**（一）平舌音（舌尖前音）z，c，s 与翘舌音（舌尖后音）zh，ch，sh**

1. 声母 zh，ch，sh，r 与 z，c，s 的发音要领

声母 zh，ch，sh，r 的发音：将舌尖向上翘起，抵住前硬腭（即上齿龈后隆起处），口腔要自然展开。应注意：舌尖与前硬腭接触面不能过宽。练习的方法是：首先发 r 的呼读音 ri，拖长其尾音，这个尾音就是 zh，ch，sh 的韵母，再加上声母 zh，ch，sh，拼得的音就是翘舌音 zh，ch，sh 的呼读音 zhi，chi，shi。

声母 z，c，s 的发音：舌尖轻轻顶住上齿背，逐渐放开，形成一条窄缝，气流从中挤出。

2. 声母 zh，ch，sh，r 与 z，c，s 字音的错读现象

（1）无翘舌声母 zh，ch，sh，r。有些方言里没有翘舌声母 zh，ch，sh，r，将普通话翘舌声母 zh，ch，sh 的字音一律念成用 z，c，s 作声母的字音，将声母 r 念成［z］（［z］

的发音状况：舌尖前，浊、擦音)。

（2）发音时，舌位不正确，zh，ch，sh，r 发音不准。某些方言有一定的翘舌音，但 zh，ch，sh 作声母的字音范围比普通话略小。即便是有平翘之分的方言里的翘舌声母 zh，ch，sh，r 与普通话的翘舌声母 zh，ch，sh，r 也存在着差异，主要表现为：zh，ch，sh，r 的发音部位略靠前（舌尖顶住牙龈）或略靠后（舌头卷起来顶住硬腭后部)。

（3）发音时，口腔舒展度不够，声母平翘舌音模糊不清。方言里发翘舌声母 zh，ch，sh，r 和平舌声母 z，c，s 时，不注意口形，口腔常常收得很小，发出的声母 zh，ch，sh，r 不是翘舌音，给人的感觉倒像是抬舌音，即不是舌头舒展开舌尖翘起来，而是舌面平抬伸着。

（4）声母 zh，ch，sh 或声母 z，c，s 之间混念。把 zh 念成 ch，ch 念成 sh，sh 念成 zh，或者把 z 念成 c，把 c 念成 s 等在一些方言中也存在。例如："造"（zào）念成 cào，"泽"（zé）念成 cé，"伸"（shēn）念成 chēn 等。

3. 区分平舌音及翘舌音声母字的方法

（1）利用声旁进行类推

zh 代表字：丈、专、支、止、中、长、主、正、占、只、召、执、至、贞、朱、争、志、折、者、直、知、真、章。

ch 代表字：叉、斥、出、产、成、辰、呈、昌、垂、春、朝、厨。

sh 代表字：山、少、市、申、生、式、师、叔、尚、受、舍、善、率。

z 代表字：子、宗、卒、责、匝、尊、兹、曾、赞、则、祖、澡。

c 代表字：才、寸、仓、从、此、采、曹、崔、次、窜。

s 代表字：四、司、思、叟、孙、散、遂、素、斯、桑、松、锁。

（2）利用普通话声韵拼合规律进行类推

韵母 ua，uai，uang 绝不与平舌音 z，c，s 拼合，与之对应的字都应是翘舌音。例如：抓、率、要、踹、庄、床、双、爽。

sh 绝不与 ong 拼合，与之对应的字都应念平舌音。例如：松、宋、送、颂、讼、耸。

（3）记少不记多：方言中某一类音，在普通话里分为两类，这两类音经常出现一边字较少，一边字较多的情况。利用这条规律，能帮助我们区别平翘音。

c 和 a 相拼，常用的只有：擦。

s 和 e 相拼，常用的只有：塞、瑟、涩、色、啬。

z 和 ou 相拼，常用的只有：走、邹、奏。

c 和 ou 相拼，常用的只有：凑。

**【练习】**

1. 音节对比训练

| | | |
|---|---|---|
| zāi 灾 —— zhāi 摘 | zǎo 早 —— zhǎo 找 | zàn 赞 —— zhàn 战 |
| zé 则 —— zhé 哲 | zěn 怎 —— zhěn 枕 | zēng 增 —— zhēng 争 |
| zōng 宗 —— zhōng 中 | zū 租 —— zhū 朱 | zǒu 走 —— zhǒu 帚 |
| cā 擦 —— chā 插 | cāi 猜 —— chāi 拆 | cāo 操 —— chāo 抄 |

cǎn 惨 —— chǎn 产　cáng 藏 —— cháng 长　cè 测 —— chè 撤
céng 层 —— chéng 成　cuī 催 —— chuī 吹　cūn 村 —— chūn 春

2. 词汇练习

| | | |
|---|---|---|
| 政治 zhèngzhì | 衬衫 chènshān | 商场 shāngchǎng |
| 郑重 zhèngzhòng | 参差 cēncī | 松散 sōngsǎn |
| 侦察 zhēnchá | 催促 cuīcù | 诉讼 sùsòng |
| 转折 zhuǎnzhé | 差错 chācuò | 思索 sīsuǒ |
| 自尊 zìzūn | 储存 chǔcún | 琐碎 suǒsuì |
| 总则 zǒngzé | 船舱 chuáncāng | 哨所 shàosuǒ |
| 早操 zǎocāo | 操持 cāochí | 伸缩 shēnsuō |
| 紫菜 zǐcài | 磁场 cíchǎng | 绳索 shéngsuǒ |
| 制造 zhìzào | 财产 cáichǎn | 神色 shénsè |
| 职责 zhízé | 餐车 cānchē | 松鼠 sōngshǔ |
| 杂志 zázhì | 始终 shǐzhōng | 算术 suànshù |
| 载重 zàizhòng | 神州 shénzhōu | 损伤 sǔnshāng |
| 长城 chángchéng | 使者 shǐzhě | 宿舍 sùshè |

3. 对比训练

| | |
|---|---|
| 造就 zàojiù —— 照旧 zhàojiù | 午睡 wǔshuì —— 五岁 wǔsuì |
| 早稻 zǎodào —— 找到 zhǎodào | 木材 mùcái —— 木柴 mùchái |
| 杂技 zájì —— 札记 zhájì | 蚕丝 cánsī —— 尝试 chángshì |
| 新春 xīnchūn —— 新村 xīncūn | 推辞 tuīcí —— 推迟 tuīchí |
| 主力 zhǔlì —— 阻力 zǔlì | 诗人 shīrén —— 私人 sīrén |
| 支援 zhīyuán —— 资源 zīyuán | 肃立 sùlì —— 树立 shùlì |
| 初步 chūbù —— 粗布 cūbù | 桑叶 sāngyè —— 商业 shāngyè |

4. 阅读训练

xún yǐn zhě bù yù
寻 隐 者 不 遇
Jiǎ Dǎo
贾 岛

Sōng xià wèn tóng zǐ，松 下 问 童 子，
Yán shī cǎi yào qù．言 师 采 药 去。
Zhǐ zài cǐ shān zhōng，只 在 此 山 中，
Yún shēn bù zhī chù．云 深 不 知 处。

5. 绕口令练习

笋子笋子

sǔnzi sǔnzi，shìge shòu xiǎozi，笋子笋子，是个瘦小子，
tuōdiào céngcéng yìng kézi，脱掉层层硬壳子，
zhǎngchéng yīge gāo gèzi，长成一个高个子，
gǎige míngzi jiào zhúzi．改个名字叫竹子。

四和十

四是四，十是十。sì shì sì，shí shì shí.

十四是十四，shísì shì shísì，

四十是四十。sìshí shì sìshí.

不能把四说成十，bùnéng bǎ sì shuōchéng shí，

也不能把十说成四。yě bùnéng bǎ shí shuōchéng sì.

谁能不说错一次，shuí néng bù shuōcuò yīcì ，

咱们奖他 zánmen jiǎng tā

四十四加一十四。sìshísì jiā yīshísì.

**（二）鼻音声母 n 与边音声母 l**

1. 声母 n 与 l 的发音要领

要读准辅音声母 n 与 l，关键在于控制软腭的升降。n 和 l 发音的共同点都是把舌尖抵住上齿龈，口腔展开。区别在于发 n 时，软腭下垂，让气流完全从鼻腔出来，形成鼻音；发 l 时，软腭上升，封住鼻腔通道，让气流从舌头两边出来，绝不带一点鼻音，形成纯粹的边音。练习发边鼻音的基本词可为：旅客（lǚkè）——女客（nǚkè），荷兰（hélán）——河南（hénán）等。

2. 声母 n 与 l 字音的错读现象

（1）没有鼻音声母 n（或鼻音微弱），鼻音声母 n 被边音声母 l 代替。某些方言没有鼻音声母 n，普通话里的这类字音，方言区的人念成了声母为边音的 l。如“男女”（nánnǚ）与“褴褛”（lánlǚ）读音相同，“河南”（hénán）与“荷兰”（hélán）读音相同，没有边鼻音的区分。

（2）边鼻不分，自由变读。某些方言中，鼻音声母 n 与边音声母 l 混为一谈，分不清楚。或者将 n 声母与 l 声母的字音都念成 n 作声母，但鼻音通常较弱；或者念成 l 的鼻化音声母，造成了既不是 n 音，也不是 l 音。同一地区，同一个人，甚至几种念法都存在，一时念这，一时念那，结果是 n、l 不分，自由变读。

3. 区分鼻音 n 和边音 l 声母字的方法

（1）利用声旁进行类推

n 代表字：乃、奈、内、宁、尼、奴、农、那、南、聂、鸟、男、难、忸、闹、念、牛、弄、女、脑、你、年。

l 代表字：力、里、历、立、厉、利、离、仑、兰、览、龙、隆、卢、录、路、令、乐、劳、列、吕、良、两、连、林、罗、娄、留、雷。

（2）利用声韵拼合规律

n 不与 ia 拼合，如：俩（l）

l 不与 en 拼合，如：嫩（ n ）

n 不与 ou 拼合，如：楼、搂（l）

n 不与 un 拼合，如：轮、论（l）

（3）记少不记多

普通话里，韵母 e，üe，iang，in，iang，uan 与鼻音相拼的字较少，而与边音相拼的字较多。

**【练习】**

1. 音节对比训练

| | |
|---|---|
| là 辣 —— nà 捺 | lài 赖 —— nài 奈 |
| láo 牢 —— náo 挠 | lán 兰 —— nán 男 |
| lěi 垒 —— něi 馁 | lǐ 理 —— nǐ 你 |
| liè 劣 —— niè 孽 | lián 连 —— nián 年 |
| liàng 谅 —— niàng 酿 | liǔ 柳 —— niǔ 扭 |
| lín 林 —— nín 您 | líng 灵 —— níng 凝 |
| lù 路 —— nù 怒 | luó 锣 —— nuó 挪 |
| lǚ 旅 —— nǚ 女 | lüè 掠 —— nüè 虐 |

2. 词汇训练

| | | |
|---|---|---|
| 垃圾 lājī | 懒汉 lǎnhàn | 花篮 huālán |
| 阅览 yuèlǎn | 牢记 láojì | 烙印 làoyìn |
| 狼狈 lángbèi | 擂台 lèitái | 累赘 léi·zhui |
| 冰冷 bīnglěng | 理论 lǐlùn | 力量 lìliàng |
| 历史 lìshǐ | 优劣 yōuliè | 柳树 liǔshù |
| 心灵 xīnlíng | 掠夺 lüèduó | 流利 liúlì |
| 联络 liánluò | 记录 jìlù | 嘹亮 liáoliàng |
| 内行 nèiháng | 能耐 néng·nai | 拟定 nǐdìng |
| 念书 niànshū | 酝酿 yùnniàng | 纽带 niǔdài |
| 牛奶 niúnǎi | 扭转 niǔzhuǎn | 凝固 nínggù |
| 浓度 nóngdù | 农民 nóngmín | 奴仆 núpú |
| 诺言 nuòyán | 纳凉 nàliáng | 嫩绿 nènlǜ |
| 能量 néngliàng | 原谅 yuánliàng | 气馁 qìněi |
| 凝练 níngliàn | 年龄 niánlíng | 尼龙 nílóng |

3. 对比练习

| | |
|---|---|
| 女客 nǚkè —— 旅客 lǚkè | 年年 niánnián —— 连年 liánnián |
| 南北 nánběi —— 蓝白 lánbái | 男裤 nánkù —— 蓝裤 lánkù |
| 留念 liúniàn —— 留恋 liúliàn | 浓重 nóngzhòng —— 隆重 lóngzhòng |
| 恼怒 nǎonù —— 老路 lǎolù | |

### （三）唇齿清擦音 f 与舌根清擦音 h

1. 声母 f 和 h 的发音要领

f 是唇齿音，上齿靠在下唇上面构成阻碍，并留有缝隙，气流从中挤出，摩擦成音；h 是舌根音，舌面后部与软腭构成阻碍，气流从缝隙间挤出成音。在练习过程中，要注意它们的发音区别。没有 f 声母地区的人首先要学会唇齿音 f 的发音。

2. 声母 f 和 h 字音的错读现象

① 声母 f，h 不分，绝大部分字音反念。有些地区方言里，把 f 声母的字音念成了 h 作声母，把 h 声母的字音念成了 f 作声母。有这样一个例子：“飞机在天上打翻翻”（fēijī zài tiān·shàng dǎ fān fān），方言念成：huījī zài tiān·shàng dǎ huān huān。

② 声母 h 与韵母 u 相拼时，念成了 f 作声母。一些地区的方言里，声母 f 和 h 的绝大部分字音能分清，但把声母 h 与韵母 u 构成的音节却念成 f 作声母。如：“互相”（hùxiāng）念成 fùxiāng，“爱护”（àihù）念成 àifù 等。针对把“hu”念成“fu”的情况，记住“hu”音节字音，就可以分清 f 声母和 h 声母。

3. 区分唇齿音 f 和舌根音 h 声母字的方法

（1）利用声旁进行类推

f 代表字：凡、夫、复。

h 代表字：户、华、虎、乎、忽、胡、弧。

（2）利用声韵拼合规律

f 不和合口呼相拼（除 u 外）：黄、灰、怀。

**【练习】**

1. 音节对比练习

| | | |
|---|---|---|
| fū 夫 —— hū 呼 | fú 扶 —— hú 壶 | fǔ 抚 —— hǔ 虎 |
| fù 父——hù 户 | fá 伐——huá 滑 | fěi 匪—huǐ 悔 |
| fáng 防 —— huáng 黄 | fēn 分 —— hūn 昏 | fēng 风 —— hōng 轰 |

2. 词汇练习

| | | |
|---|---|---|
| 发放 fāfàng | 发慌 fāhuāng | 伐木 fámù |
| 发挥 fāhuī | 反复 fǎnfù | 方法 fāngfǎ |
| 仿佛 fǎngfú | 防范 fángfàn | 房屋 fángwū |
| 诽谤 fěibàng | 芬芳 fēnfāng | 丰富 fēngfù |
| 风化 fēnghuà | 夫妇 fūfù | 皮肤 pífū |
| 花卉 huāhuì | 划分 huàfēn | 恢复 huīfù |
| 荒废 huāngfèi | 辅导 fǔdǎo | 政府 zhèngfǔ |
| 括弧 kuòhú | 舒缓 shūhuǎn | 恍惚 huǎnghū |
| 毁灭 huǐmiè | 束缚 shùfù | 婚姻 hūnyīn |
| 忽视 hūshì | 搀扶 chānfú | 水壶 shuǐhú |
| 抚摩 fǔmó | 户口 hùkǒu | 滑冰 huábīng |

3. 阅读练习

zài bié kāng qiáo
再 别 康 桥

qīng qīng de wǒ zǒu le
轻 轻 的 我 走 了 ，

zhèng rú wǒ qīng qīng de lái
正 如 我 轻 轻 的 来 ；

wǒ qīng qīng de zhāo shǒu
我轻轻的招手，
zuò bié xī tiān de yún cai
作别西天的云彩。
nà hé pàn de jīn liǔ
那河畔的金柳，
shì xī yáng zhōng de xīn niáng
是夕阳中的新娘；
bō guāng li de yàn yǐng
波光里的艳影，
zài wǒ de xīn tóu dàng yàng
在我的心头荡漾。
ruǎn ní shàng de qīng xìng
软泥上的青荇，
yóu yóu de zài shuǐ dǐ zhāo yáo
油油的在水底招摇；
zài kāng hé de róu bō li
在康河的柔波里，
wǒ gān xīn zuò yī tiáo shuǐ cǎo
我甘心做一条水草！
nà yú yīn xià de yī tán
那榆阴下的一潭，
bù shì qīng quán shì tiān shàng hóng
不是清泉，是天上虹；
róu suì zài fú zǎo jiān
揉碎在浮藻间，
chén diàn zhe cǎi hóng shì de mèng
沉淀着彩虹似的梦。
xún mèng chēng yī zhī cháng gāo
寻梦？撑一支长篙，
xiàng qīng cǎo gèng qīng chù màn sù
向青草更青处漫溯；
mǎn zài yī chuán xīng huī
满载一船星辉，
zài xīng huī bān lán li fàng gē
在星辉斑斓里放歌。
dàn wǒ bù néng fàng gē
但我不能放歌，
qiāo qiāo shì bié lí de shēng xiāo
悄悄是别离的笙箫；
xià chóng yě wèi wǒ chén mò
夏虫也为我沉默，
chén mò shì jīn wǎn de kāng qiáo
沉默是今晚的康桥！
qiāo qiāo de wǒ zǒu le
悄悄的我走了，

zhèng rú wǒ qiāo qiāo de lái
正 如 我 悄 悄 的 来 ；

wǒ huī yi huī yī xiù
我 挥 一 挥 衣 袖 ，

bù dài zǒu yī piàn yún cai
不 带 走 一 片 云 彩 。

**（四）尖音介绍，舌面音 j，q，x 与翘舌音 zh，ch，sh**

粤方言、闽方言、湘方言及吴方言区会出现声母 zh，ch，sh 与 j，q，x 混用的情况，如把“知道”读成“机道”，“少数”读成“小数”等。

北方方言、吴方言及湘方言区中的一些人，常常把 j，q，x 发成 z，c，s，把团音（即声母 j，q，x 跟 i，ü 或以 i，ü 起头的韵母相拼）发成尖音（即声母 z，c，s 跟 i，ü 或以 i，ü 起头的韵母相拼）。如把“九 jiǔ”读成“ziǔ”，其实普通话不分尖团。声母 z，c，s 是不能和 i，ü 或 i，ü 起头的韵母相拼的，而 j，q，x 则可以。产生这种错误的主要原因是舌面前音 j，q，x 是由舌面前部与硬腭形成阻碍而发声的，有些人在发音时，成阻、除阻的部位太靠近舌尖，发出的音带有“刺刺”的舌尖音的味道属于语音缺陷。

1. 声母 j，q，x 的发音要领

声母 j，q，x 的发音部位是舌面和硬腭前部，同时舌尖是下垂的，发音是舌尖不形成阻碍；而尖音则把舌尖视为形成阻碍的发音部位。

2. 舌面音 j，q，x 与翘舌音 zh，ch，sh 区分方法

第一，将舌面音 j，q，x 与舌尖前音 z，c，s，舌尖中音 d，t，n，l，舌尖后音 zh，ch，sh，r 相比较。在普通话发音中，以“舌尖”为阻的声母是有的，而且还不少，但 j，q，x 不是。通过对舌尖前音、舌尖中音、舌尖后音这三组声母的发音，体会普通话中正确的舌尖音是哪些，体会舌尖音和舌面音的不同。

第二，按发音部位的分类，将普通话中的有关声母连贯起来发音并体味其发音部位的逐步内移。如：b p m（双唇）—f（唇齿）—z c s（舌尖前）—d t n l（舌尖中）—zh ch sh r（舌尖后）—j q x（舌面）—g k h（舌根）。在“比较”“联系”的发音学习中，就会更准确地把握 j，q，x 的读音。

**【练习】**

1. 音节对比练习

| | |
|---|---|
| 墨迹 jì —— 墨汁 zhī | 交际 jì —— 交织 zhī |
| 密集 jí —— 密植 zhí | 边际 jì —— 编制 zhì |
| 就 jiù 业 —— 昼 zhòu 夜 | 浅 qiǎn 明 —— 阐 chǎn 明 |
| 砖墙 qiáng —— 专长 cháng | 洗 xǐ 礼 —— 失 shī 礼 |
| 详细 xì —— 翔实 shí | 缺席 xí —— 确实 shí |
| 获悉 xī —— 获释 shì | 逍 xiāo 遥 —— 烧 shāo 窑 |
| 修 xiū 饰 —— 收 shōu 拾 | 电线 xiàn —— 电扇 shàn |
| 艰辛 xīn —— 艰深 shēn | 姓 xìng 名 —— 盛 shèng 名 |

2. 词汇练习

| | | | |
|---|---|---|---|
| 缉私 jīsī | 集资 jízī | 其次 qícì | 袖子 xiù·zi |
| 下策 xiàcè | 习字 xízì | 戏词 xìcí | 资金 zījīn |
| 字迹 zìjì | 字据 zìjù | 自己 zìjǐ | 自觉 zìjué |
| 瓷器 cíqì | 刺激 cìjī | 思绪 sīxù | 私交 sījiāo |
| 私情 sīqíng | 私心 sīxīn | 司机 sījī | 丝线 sīxiàn |
| 四季 sìjì | 剪除 jiǎnchú | 精致 jīngzhì | 趋势 qūshì |
| 消失 xiāoshī | 秩序 zhìxù | 沉寂 chénjì | 深浅 shēnqiǎn |
| 审讯 shěnxùn | 少将 shàojiàng | 机器 jīqì | 急切 jíqiè |
| 军区 jūnqū | 求救 qiújiù | 迁就 qiānjiù | 劝酒 quànjiǔ |

**（五）其他**

1. 分清不送气音和送气音

普通话声母的塞音和塞擦音中有 6 对不送气音和送气音的对立。它们是不送气声母 b，d，g，j，z ，zh，送气声母 p，t，k，q，c，ch。不送气与送气有区别意义的作用，发音时应注意气流的强弱，气流弱的为不送气音，气流强的为送气音。在这类错误中，将不送气音读作送气音比较多见，如客家话。应熟记普通话的这些字，按普通话读音去读。

2. 分清 r 和 l 及零声母

有的方言将 r 念为 l，如把“软”念成“luǎn”；有的将 r 念为零声母，如把“容”念成“yóng”。

r 是翘舌音，发音部位和发音方法跟 sh 相似，不同的是发 sh 时声带不颤动，发 r 时声带颤动。普通话 r 声母字不多，可以利用汉字声旁类推等办法帮助记忆。

# 第三节 普通话韵母

## 一、韵母的定义及分类

韵母是指音节中声母后面的部分。

普通话共有 39 个韵母。按照结构特点韵母可以分为单韵母、复韵母和鼻韵母三类。由一个元音构成的韵母叫单韵母，共 10 个；由两个或三个元音构成的韵母叫复韵母，共 13 个；由元音加鼻辅音韵尾构成的韵母叫鼻韵母，共 16 个。

根据开头元音的发音口形的不同，韵母可以分为四类——开口呼、齐齿呼、合口呼、撮口呼——称为“四呼”。开口呼指不是 i，u，ü 也不以 i，u，ü 起头的韵母；齐齿呼指是 i 或以 i 起头的韵母；合口呼指是 u 或以 u 起头的韵母；撮口呼指是 ü 或以 ü 起头的韵母。

根据上述分类，从《普通话韵母总表》中可以清楚地看出单韵母、复韵母、鼻韵母各有哪些韵母，开口呼、齐齿呼、合口呼、撮口呼各有哪些韵母。

**普通话韵母总表**

<table>
<tr><th rowspan="2">按结构分</th><th colspan="6">按口形分</th></tr>
<tr><th colspan="2">开口呼</th><th colspan="2">齐齿呼</th><th>合口呼</th><th>撮口呼</th></tr>
<tr><td rowspan="6">单韵母</td><td colspan="2">-i（前）<br>-i（后）</td><td colspan="2">i</td><td>u</td><td>ü</td></tr>
<tr><td colspan="2">ɑ</td><td rowspan="5">后响复韵母</td><td>iɑ</td><td>uɑ</td><td></td></tr>
<tr><td colspan="2">o</td><td></td><td>uo</td><td></td></tr>
<tr><td colspan="2">e</td><td></td><td></td><td></td></tr>
<tr><td colspan="2">ê</td><td>ie</td><td></td><td>üe</td></tr>
<tr><td colspan="2">er</td><td></td><td></td><td></td></tr>
<tr><td rowspan="4">复韵母</td><td rowspan="4">前响复韵母</td><td>ɑi</td><td rowspan="4">中响复韵母</td><td></td><td>uɑi</td><td></td></tr>
<tr><td>ei</td><td></td><td>uei</td><td></td></tr>
<tr><td>ɑo</td><td>iɑo</td><td></td><td></td></tr>
<tr><td>ou</td><td>iou</td><td></td><td></td></tr>
<tr><td rowspan="5">鼻韵母</td><td rowspan="2">前鼻</td><td>ɑn</td><td colspan="2">iɑn</td><td>uɑn</td><td>üɑn</td></tr>
<tr><td>en</td><td colspan="2">in</td><td>uen</td><td>ün</td></tr>
<tr><td rowspan="3">后鼻</td><td>ɑng</td><td colspan="2">iɑng</td><td>uɑng</td><td></td></tr>
<tr><td>eng</td><td colspan="2">ing</td><td>ueng</td><td></td></tr>
<tr><td></td><td colspan="2"></td><td>ong</td><td>iong</td></tr>
</table>

## 二、韵母的发音

### （一）单韵母的发音

普通话单韵母有ɑ，o，e，ê，i，u，ü，-i（前），-i（后），er。其中ɑ，o，e，ê，i，u，ü为舌面单韵母，-i（前），-i（后）为舌尖韵母，er为卷舌韵母。

单元音的发音由舌位的高低、舌位的前后和唇形的圆展决定。舌面隆起接近上颚最高的部位叫舌位，口腔开合的程度叫开口度。发音时，舌位在前的叫前元音，舌位在中央的叫央元音，舌位在后的叫后元音。

舌位的降低和抬高与口腔的开闭有关，舌位越高开口度越小，舌位越低开口度越大。舌位的高低一般描写为高、半高、半低、低。唇的形状分为圆唇和不圆唇。单元音发音的特点是发音时舌位和唇形始终不变。

1. 舌面单韵母（ɑ，o，e，ê，i，u，ü）

ɑ　舌面、央、低、不圆唇

发音时，口大张，舌位低，舌头居中央，舌面中部微微隆起，和硬腭后部相对。唇形不圆。声带振动，软腭上升，鼻腔通道关闭。例如：

邋遢　发达　麻辣　哈达　拉萨　沙哑　刹那

o　舌面、后、半高、圆唇

发音时，口半闭，上下唇自然拢圆，舌位半高，舌身后缩，舌面后部隆起和软腭相对。声带振动，软腭上升，鼻腔通道关闭。例如：

伯伯　婆婆　薄膜　默默　泼墨　磨破　脉脉

e　舌面、后、半高、不圆唇

发音时，口半闭，展唇，舌面后部稍微隆起与软腭相对，比元音 o 略高偏前。声带振动，软腭上升，关闭鼻腔通道。例如：

折射　合格　可乐　色泽　特色　隔热　客车

ê　舌面、前、半低、不圆唇

发音时，口自然打开，舌尖抵下齿背，舌面前部隆起和硬腭相对。声带振动，软腭上升，关闭鼻腔通道（ê 除语气词“欸”之外，单用的机会不多，只出现在复韵母 ie，üe 中）。

i　舌面、前、高、不圆唇

发音时，口微开，舌面呈扁平形，上下齿相对（齐齿），舌尖抵下齿背，舌面前部隆起和硬腭前部相对。声带振动，软腭上升，关闭鼻腔通道。例如：

谜底　积极　洗涤　利益　体力　脾气　比例

u　舌面、后、高、圆唇

发音时，双唇收缩成圆形，舌后缩，舌面后部高度隆起和硬腭相对。声带振动，软腭上升，关闭鼻腔通道。例如：

目录　突兀　住宿　铺路　酷暑　乳母　出租

ü　舌面、前、高、圆唇

发音时，双唇拢圆，舌尖抵下齿背，舌面前部隆起和硬腭前部相对。声带振动，软腭上升，关闭鼻腔通道。例如：

雨具　曲率　区域　曲剧　絮语　女婿　旅居

2. 舌尖韵母（-i 前、-i 后）

-i（前）　舌尖前、高、不圆唇

发音时，口略开，展唇，舌尖与上齿背相对，保持适当距离。声带振动，软腭上升，关闭鼻腔通道（此韵母只出现在声母 z，c，s 之后）。例如：

自私　自此　刺丝　次子　私自　孜孜　恣肆

-i（后）　舌尖后、高、不圆唇

发音时，口略开，展唇，舌前部抬起和硬腭前部相对。声带振动，软腭上升，关闭鼻腔通道（此韵母只出现在声母 zh，ch，sh，r 之后）。例如：

迟滞　试制　时世　指示　失职　支持　市尺

3. 卷舌韵母（er）

er　卷舌、央、中、不圆唇

发音时，口自然打开，舌位不前不后，不高不低，舌尖后卷和硬腭前端相对。声带振动，软腭上升，关闭鼻腔通道。例如：

耳朵　尔后　耳机　儿歌　耳郭　而且　然而

### （二）复韵母的发音

普通话复韵母有 ai，ei，ao，ou，ia，ie，ua，uo，üe，iao，iou，uai，uei。

复韵母发音时舌位都有从一个音素向另一个音素滑动的过程，即动程。根据复韵母中主要音所处位置的不同，复韵母分为前响复韵母、后响复韵母和中响复韵母三类。前响复韵母的主要元音在前，发音特点是元音舌位由低向高滑动，开头的元音音素响亮清晰，收尾的元音音素短促模糊，共 4 个：ai，ei，ao，ou。后响复韵母的主要元音在后，发音的特点是舌位由高向低滑动，收尾的元音音素响亮清晰，共 5 个：ia，ie，ua，uo，üe。中响复韵母的主要元音在中间，发音的特点是舌位由高向低滑动，再由低向高滑动，开头的元音音素不响亮，较短促，中间的元音音素响亮清晰，末尾的元音音素轻短模糊。共 4 个：iao，iou，uai，uei。

1. 前响复韵母（ai，ei，ao，ou）

ai　发音时，由 a（位置靠前的）滑向 i，a 清晰响亮，i 轻短模糊。例如：

白菜　开赛　海带　外派　买卖　晒台　开斋

ei　发音时，由 e（舌位前半高的）滑向 i，e 清晰响亮，i 轻短模糊。例如：

妹妹　委培　黑煤　违背　蓓蕾　北非　菲菲

ao　发音时，由 a（位置靠后的）滑向 o（比 o 的舌位稍高，接近 u），a 清晰响亮，o 轻短模糊。例如：

报告　牢靠　跑道　糟糕　高超　讨饶　老道

ou　发音时，由 o（实际由“央 e”开始，舌位后移，上升，唇形逐步收敛，拢圆）滑向 u，o 清晰响亮，u 轻短模糊。例如：

走漏　兜售　露头　收购　守候　丑陋　叩首

2. 后响复韵母（ia，ie，ua，uo，üe）

ia　发音时，由 i 滑向 a（位置居中的），i 轻短，a 清晰响亮。例如：

恰恰　掐下　下家　加价　押下　家家

ie　发音时，由 i 滑向 ê，轻短，ê 清晰响亮。例如：

节烈　喋喋　趔趄　结业　贴切　姐姐　铁屑

ua　发音时，由 u 滑向 a（位置居中的），u 轻短，a 清晰响亮。例如：

娃娃　画画　耍滑　花袜　哇哇　挂花　呱呱

uo　发音时，由 u 滑向 o，u 轻短，o 清晰响亮。例如：

夺过　脱落　国货　硕果　没落　过错　罗锅

üe　发音时，由 ü 滑向 ê，ü 轻短，ê 清晰响亮。例如：

雪月　雀跃　决绝　约略　绝学

3. 中响复韵母（iao，iou，uai，uei）

iao　由 i 和 ao 复合而成，i 发音轻短。例如：

逍遥　娇小　巧妙　教条　萧条　窈窕　悄悄

iou　由 i 和 ou 复合而成，i 发音轻短。例如：

球友　旧游　久留　优秀　绣球　悠久　久久

uai　由 u 和 ai 复合而成，u 发音轻短。例如：

怀揣　乖乖　外踝

uei　由 u 和 ei 复合而成，u 发音轻短。例如：

回归　追尾　垂危　吹灰　归队　摧毁　卫队

### （三）鼻韵母的发音

鼻韵母是由元音加鼻辅音韵尾构成，普通话有 16 个鼻韵母，根据鼻辅音的不同，可分为前鼻韵母和后鼻韵母两类。

前鼻韵母由元音音素加前鼻音-n 构成，共 8 个：an，en，in，ün，ian，uan，üan，uen。发音时，先发元音，接着软腭下垂，鼻音色彩逐渐加浓，舌尖向上齿龈移动，抵住上齿龈发 n 的本音，整个韵母发音结束后阻碍才解除。

后鼻韵母由元音音素加后鼻音-ng 构成，共 8 个：ang，eng，ing，ong，iang，uang，iong，ueng。发音时，先发元音，接着舌根上升，软腭下降，堵住气流到口腔的通路发 ng 的本音，整个韵母发音结束后阻碍才解除。

1. 前鼻韵母（an，en，in，ün，ian，uan，üan，uen）

an　先发 a（位置靠前的），然后舌尖向上齿龈移动，最后抵住上齿龈，发鼻音 n。例如：

赧然　反叛　单产　参半　阑珊　勘探　寒蝉

en　先发 e（舌位居中的），然后舌尖向上齿龈移动，最后抵住上齿龈，发鼻音 n。例如：

愤懑　本分　文本　人参　珍本　深沉　振奋

in　先发 i，然后舌尖向上齿龈移动，最后抵住上齿龈，发鼻音 n。例如：

拼音　近邻　殷勤　近因　尽心　濒临　贫民

ün　先发 ü，然后舌尖向上齿龈移动，最后抵住上齿龈，发鼻音 n。例如：

均匀　逡巡　军训　纭纭

ian　由 i 向 an 滑动，i 发音轻短，a 实际是 ê 的发音。例如：

艰险　绵延　天线　偏见　先前　盐田　眼前

uan　由 u 向 an 滑动，u 发音轻短。例如：

乱窜　婉转　软缎　贯穿　专断　转弯　传唤

üan　由 ü 向 a 滑动，ü 发音轻短，a 比“中 a”略高。例如：

源泉　渊源　涓涓　全权　圆圈　拳拳　源源

uen　由 u 向 en 滑动，u 发音轻短。例如：

伦敦　困顿　驯顺　馄饨　温存　论文　谆谆

ang　先发 a（舌位靠后的），然后舌根抵住软腭，软腭下垂，发鼻音 ng。例如：

徜徉　丧葬　党纲　苍茫　盲肠　行当　蟑螂

eng　先发 e（央 e），然后舌根抵住软腭，软腭下垂，发鼻音 ng。例如：

风筝　升腾　省城　圣僧　登程　风灯　生冷

ing　先发 i，然后舌根抵住软腭，软腭下垂，发鼻音 ng。例如：

叮咛　听凭　兵营　情景　经营　明星　命令

ong 先发 o（比 o 舌位略高），然后舌根抵住软腭，软腭下垂，发鼻音 ng。例如：
公共 松动 哄弄 空洞 共同 洪钟 葱茏
iang 由 i 向 ang 滑动，i 发音轻短。例如：
粮饷 洋枪 强项 响亮 将相 湘江 踉跄
iong 由 i 向 ong 滑动，i 发音轻短。例如：
汹涌 炯炯 英勇 穷凶 熊熊 汹汹
uang 由 u 向 ang 滑动，u 发音轻短。例如：
装潢 惶惶 双簧 状况 狂妄 网状 往往
ueng 由 u 向 eng 滑动，u 发音轻短。例如：
嗡嗡 渔翁 蓊郁 水瓮 蕹菜 瓮城

## 三、韵母辨正及发音训练

各地方言中，韵母较声母的情况复杂得多，单韵母之间、单韵母与复韵母之间、复韵母之间、鼻韵母之间，以及开口呼与合口呼之间、合口呼与撮口呼之间都存在着方音辨正问题。

### （一）前鼻韵母 in，en 与后鼻韵母 ing，eng

普通话鼻韵母分前鼻韵母（带-n）和后鼻韵母（带-ng），有的方言将前鼻韵母读成后鼻韵母，有的方言又将后鼻韵母读成前鼻韵母。这种混同现象，以 in 和 ing 最为突出，其次是 en 和 eng，再次是 an 和 ang，ian 和 iang，uan 和 uang。这里主要探讨前两种。

要分辨前鼻韵母和后鼻韵母，首先要发准-n 和-ng 两个鼻音韵尾。发-n 时，舌尖轻轻抵住上齿龈，口形较闭；发-ng 时，舌头后缩，舌根轻轻抵住软腭，口形较开。发 in / en 时，先发 i / e，声音可稍延长一些，然后舌身保持不动，舌尖迅速点触上齿龈，然后发鼻音。发 ing / eng 时，先发 i / e，然后舌头隆起部位迅速由前向后移动，舌根上抬抵住软腭，再发鼻音。

其次，要分辨前鼻韵母字和后鼻韵母字。可以借助以下方法区分：

第一，利用普通话声韵配合规律。普通话韵母 ing，eng 可以与声母 d，t，n 相拼，而 in，en 不与它们相拼（“您”“嫩”除外），那么，方言中 in，en 与 d，t，n 相拼的字，就要改念为 ing，eng 韵母。

第二，利用形声字声旁类推。例如：

in 斤 近 靳 芹 欣 新 薪 忻 昕
ing 宁 柠 狞 拧 咛 泞
en 分 盆 芬 吩 纷 氛 汾 棼 粉 份 忿
eng 争 睁 挣 狰 峥 铮 筝 诤

**【练习】**

1. 韵母对比练习

in —— ing —— in　　ing —— in —— ing
en —— eng —— en　　eng —— en —— eng

2. 音节对比练习

| | | |
|---|---|---|
| 拼 pīn —— 评 píng | 音 yīn ——英 yīng | 心 xīn —— 星 xīng |
| 今 jīn —— 经 jīng | 民 mín —— 明 míng | 紧 jǐn——警 jǐng |
| 分 fēn —— 风 fēng | 盆 pén —— 蓬 péng | 门 mén —— 盟 méng |
| 笨 bèn —— 蹦 bèng | 针 zhēn —— 睁 zhēng | 痕 hén —— 横 héng |

3. 词汇练习

| | | |
|---|---|---|
| 殷勤 yīnqín | 姓名 xìngmíng | 聪明 cōng·míng |
| 新兴 xīnxīng | 聘请 pìnqǐng | 心灵 xīnlíng |
| 平等 píngděng | 真正 zhēnzhèng | 人称 rénchēng |
| 本能 běnnéng | 奔腾 bēnténg | 诚恳 chéngkěn |
| 承认 chéngrèn | 风筝 fēng·zheng | 丰盛 fēngshèng |
| 朋友 péng·you | 萌芽 méngyá | 丰硕 fēngshuò |

4. 辨音练习

| | |
|---|---|
| 信服 xìnfú —— 幸福 xìngfú | 红心 hóngxīn —— 红星 hóngxīng |
| 人民 rénmín —— 人名 rénmíng | 申明 shēnmíng —— 声明 shēngmíng |
| 亲近 qīnjìn —— 清净 qīngjìng | 频繁 pínfán —— 平凡 píngfán |
| 金鱼 jīnyú —— 鲸鱼 jīngyú | 审视 shěnshì —— 省市 shěngshì |
| 深思 shēnsī —— 生丝 shēngsī | 市镇 shìzhèn —— 市政 shìzhèng |
| 陈旧 chénjiù —— 成就 chéngjiù | 亲身 qīnshēn —— 轻声 qīngshēng |

5. 朗读练习

沁园春·雪

北国风光，千里冰封，万里雪飘。
望长城内外，惟余莽莽；
大河上下，顿失滔滔。
山舞银蛇，原驰蜡象，欲与天公试比高。
须晴日，看红妆素裹，分外妖娆。
江山如此多娇，
引无数英雄竞折腰。
惜秦皇汉武，略输文采；
唐宗宋祖，稍逊风骚。
一代天骄，成吉思汗，只识弯弓射大雕。
俱往矣，数风流人物，还看今朝。

6. 绕口令

冰和钉

河里漂着一块冰，冰上插着一根钉，钉钉冰，冰冻钉，水流冰冻钉也动，水停冰静钉也停。钉钉住了冰，冰冻住了钉。

墙上一根钉

墙上一根钉，钉上挂条绳，绳下吊个瓶，瓶下放盏灯，灯下有个盆。掉下墙上钉，脱掉钉上绳，滑落绳下瓶，打碎瓶下灯，砸破灯下盆。瓶打灯，灯打盆，盆骂灯，灯骂瓶，瓶骂绳，绳骂钉，钉怪绳，绳怪瓶，瓶怪灯，灯怪盆。丁丁当当当当丁，乒乒砰砰砰砰乒。

盆碰棚

老彭拿着一个盆，路过老陈住的棚，盆碰棚，棚碰盆，棚倒盆碎棚压盆，老陈要赔老彭的盆，老彭不要老陈来赔盆，老陈陪着老彭去补盆，老彭帮着老陈来修棚。

**（二）o 与 e，uo**

一些方言中 o 读作 e，主要是北方地区，还有一些方言中 e 读作 o，主要在西南地区。普通话里，o 和 e 发音的主要差异在是否圆唇：o 发音时要圆唇，e 发音时要展唇。从声韵配合关系看，韵母 o 只与唇音声母相拼，而韵母 e 却不与唇音声母相拼。

普通话中，e 和 uo 韵母字是分得很清楚的，但有些方言将一部分 uo 韵母字读作 e，从而造成 e，uo 不分。还有一些方言里，例如重庆、四川方言，就没有 e，uo 这两个韵母。普通话的 e，uo 韵母都能与 d，t，n，l，g，k，h，zh，ch，sh，r，z，c，s 相拼，哪些字读 e，哪些字读 uo，需要用心记忆。

**【练习】**

1. 韵母对比练习

o—e—o　　e—o—e

o—uo—o　　uo—o—uo

2. 音节练习

| | | | | |
|---|---|---|---|---|
| 玻 bō | 泼 pō | 摩 mó | 佛 fó | 得 dé |
| 特 tè | 乐 lè | 哥 gē | 科 kē | 河 hé |
| 这 zhè | 撤 chè | 社 shè | 热 rè | 责 zé |
| 厕 cè | 涩 sè | 多 duō | 脱 tuō | 诺 nuò |
| 落 luò | 果 guǒ | 阔 kuò | 获 huò | 捉 zhuō |
| 说 shuō | 若 ruò | 左 zuǒ | 错 cuò | 索 suǒ |

3. 词汇练习

| | | | |
|---|---|---|---|
| 波折 bōzhé | 婆娑 pósuō | 道德 dàodé | 快乐 kuàilè |
| 特色 tèsè | 革命 gémìng | 苛求 kēqiú | 包括 bāokuò |
| 彻底 chèdǐ | 或者 huòzhě | 懦弱 nuòruò | 骆驼 luò·tuo |
| 刻薄 kèbó | 百货 bǎihuò | 捕捉 bǔzhuō | 说明 shuōmíng |
| 火锅 huǒguō | 过错 guòcuò | 迷惑 míhuò | 左右 zuǒyòu |
| 渊博 yuānbó | 国歌 guógē | 客车 kèchē | 绳索 shéngsuǒ |
| 卧室 wòshì | 挫折 cuòzhé | 蹉跎 cuōtuó | 摄影 shèyǐng |
| 折射 zhéshè | 合格 hégé | | |

4. 绕口令

娃娃

一个弱娃娃，捉了三个大花活蛤蟆，三个火娃娃，捉了一个小花活蛤蟆，捉一个小花活蛤蟆的三个火娃娃，不如捉了三个大花活蛤蟆的一个弱娃娃。

5. 诗歌

假如你真的爱我

假如你真的爱我，Jiărú nĭ zhēnde ài wŏ，
请你先爱这条小河，Qĭng nĭ xiān ài zhè tiáo xiăohé，
它没有长江的宏伟，Tā méiyŏu Cháng Jiāng de hóngwĕi，
也没有大海的壮阔。Yĕ méiyŏu dàhăi de zhuàngkuò.
浅浅的流水，Qiănqiăn de liúshuĭ，
跳荡着清波，Tiàodàng zhe qīngbō，
却从不干涸，Què cóngbù gānhé，
从不浑浊。Cóngbù húnzhuó.

假如你真的爱我，Jiărú nĭ zhēnde ài wŏ，
请你先爱这支烛火。Qĭng nĭ xiān ài zhè zhī zhúhuŏ.
它没有熊熊的烈焰，Tā méiyŏu xióngxióng de lièyàn，
也没有呼啸的声色。Yĕ méiyŏu hūxiào de shēngsè.
以点燃自己为终身事业 ，Yĭ diănrán zìjĭ wéi zhōngshēn shìyè，
却从不反悔，Què cóngbù fănhuĭ，
助人为乐。Zhùrénwéilè.

假如你真的爱我，Jiărú nĭ zhēnde ài wŏ，
请你先爱这条小河，Qĭng nĭ xiān ài zhè tiáo xiăohé，
假如你真的爱我，Jiărú nĭ zhēnde ài wŏ，
请你先爱这支烛火。Qĭng nĭ xiān ài zhè zhī zhúhuŏ.

### （三）i 与 ü

普通话的 i 和 ü 分得很清楚，而赣方言区内不少地方会出现 i 和 ü 都念成 i 的情况，其他地区如闽方言、客家方音、西南及江淮有些方言也有 i，ü 不分的发音现象，如“鱼”（yú）念成“夷”（yí），“区”（qū）念成“妻”（qī），“全”（quán）念成“前”（qián）等。把撮口呼读成了齐齿呼，即把以 ü 为韵头或韵腹的韵母读成了以 i 为韵头或韵腹。

i 和 ü 都是舌面、前、高元音，它们的主要区别在是否圆唇：i 不圆唇，ü 圆唇。分清了 i 和 ü 的发音之后，还要同时分清以 i 和 ü 起头的齐齿呼和撮口呼。

普通话中，撮口呼韵母字不多，根据记少不记多原则，可以记住撮口呼韵母字。根据声韵配合规律，撮口呼韵母只跟 n，l，j，q，x 和零声母相拼，别的声母的字不存在 i，ü 相混的情况。

**【练习】**

1. i，ü 对比辨音练习

| | | |
|---|---|---|
| 生育 yù —— 生意 yì | 居 jū 住 —— 记 jì 住 | 聚 jù 会 —— 忌 jì 讳 |
| 取 qŭ 名 —— 起 qĭ 名 | 于 yú 是 —— 仪 yí 式 | 名誉 yù —— 名义 yì |

遇 yù 见 —— 意 yì 见　　舆 yú 论 —— 议 yì 论　　美育 yù —— 美意 yì
姓吕 lǚ —— 姓李 lǐ　　雨 yǔ 具 —— 以 yǐ 及　　区 qū 域 —— 歧 qí 义

2. 词汇练习

| | | | |
|---|---|---|---|
| 继续 jìxù | 纪律 jìlǜ | 谜语 míyǔ | 体育 tǐyù |
| 例句 lìjù | 履历 lǚlì | 语气 yǔqì | 距离 jùlí |
| 曲艺 qǔyì | 具体 jùtǐ | 比喻 bǐyù | 与其 yǔqí |
| 寄语 jìyǔ | 一律 yīlǜ | 预计 yùjì | 羽翼 yǔyì |
| 抑郁 yìyù | 雨季 yǔjì | 聚集 jùjí | 急剧 jíjù |

3. 绕口令

雨渠鱼

春雨密密，山野迷迷，山上飞下一条渠，渠中条条金鲤鱼，雨密密，跳进渠，惊动鱼，雨戏渠，鱼戏渠，雨渠鱼，渠雨鱼，鱼雨渠，合唱一支“闹春曲”。

4. 诗歌

咏　柳

碧玉妆成一树高，万条垂下绿丝绦。
不知细叶谁裁出，二月春风似剪刀。

### （四）防止丢失或添加韵头 u

普通话 u 开头的韵母与声母相拼时，有的方言如使用北方方言、吴方言、湘方言的某些地区丢掉了韵头 u，如把“堆”（duī）读成了“deī”，把“团”（tuán）读成了“tán”。纠正这种错误，可以利用声韵配合规律记忆。

例如，普通话的唇音声母和 n，l 能与 ei 拼合，不能与 uei 拼合，其他声母（j，q，x 除外）能与 uei 拼合，却不能与 ei 拼合（个别字例外）。普通话 d，t，n，l，z，c，s 与 uan 拼的字不多，可以记住这些 uan 韵母字。普通话 d，t，n，l，z，c，s 不与 en 拼（“嫩”“怎”“参”“岑”“涔”“森”除外），因此，d，t，n，l，z，c，s 后的字应是 uen 韵母，而不是 en 韵母。

### 【练习】

1. 注意下列字的读音

吨　轮　尊　存　孙　内　雷　磊　泪　垒

2. 朗读词语

| | | | | | | | |
|---|---|---|---|---|---|---|---|
| 泪水 | 累赘 | 类推 | 对垒 | 端正 | 锻炼 | 长短 | 团长 |
| 湍急 | 暖和 | 山峦 | 杂乱 | 钻研 | 钻塔 | 逃窜 | 酸枣 |
| 论文 | 损人 | 存折 | 春笋 | 吞并 | 囤积 | 沦陷 | 轮船 |

3. 绕口令

文春和孙纯

文春住在孙家村，孙纯住在昆仑屯，文春进城卖春笋，孙纯进城卖馄饨，文春闻到孙纯的馄饨香喷喷，孙纯看到文春的春笋肉墩墩，文春买了孙纯香喷喷的馄饨，孙纯买了文春肉墩墩的春笋。

# 第四节 普通话声调

## 一、声调的定义

声调就是一个音节发音时的高低升降的变化形式，有区别意义的作用。汉语中一个汉字基本代表着一个音节，所以，声调又可以叫作字调。汉语的最大特点是有声调，即使声母、韵母完全一样，而由于高低升降不同，表达的意思也就完全不同，例如："通知、统治、同志"，"山西、陕西"。所以说，声调具有区别意义的作用。

## 二、调类、调值与调号

### （一）调类

调类就是声调的种类。它是根据声调的基本调值归纳出来的。把调值相同的字归在一起所建立的类就是调类。一种语言或方言有几种调值，就有几种调类。普通话有四种基本调值，就有四个调类。凡调值为高平的分为一类，叫阴平；凡调值为中升的归为一类，叫阳平；调值为降升的叫上声；调值为全降的叫去声。

例如普通话的"去、替、废、动、恨"调值相同，都是由5度到1度，就属于同一个调类。古代汉语的声调有四个调类，古人称其为平声、上声、去声、入声，合起来叫作四声。现代汉语普通话和各方言的调类都是从古代的四声演变来的。在演变的过程中有分有合，形成非常复杂的局面。按照调值归纳出来，普通话里有四种基本的调类，即阴平、阳平、上声、去声。它是根据古汉语"平、上、去、入"的名称沿用下来的。

### （二）调值

声调的实际读法叫调值，又称调形，指声调高低、升降、曲直的变化形式，也就是声调的实际读法。调值的记录通常采用"五度标记法"。

用一条竖线表示音高，分作四格五度，用1，2，3，4，5分别表示低音、半低音、中音、半高音和高音，并在竖线的左侧画一条线，表示音高升降变化的形式，有时也可以用两位或三位数字表示。一个音如果又高又平，就是由5度到5度，简称为55，是个高平调；如果从最低升到最高，就是由1度到5度，简称为15，是个低升调；如果由最高降到最低，就是由5度降到1度，简称为51，是个全降调。见右图。

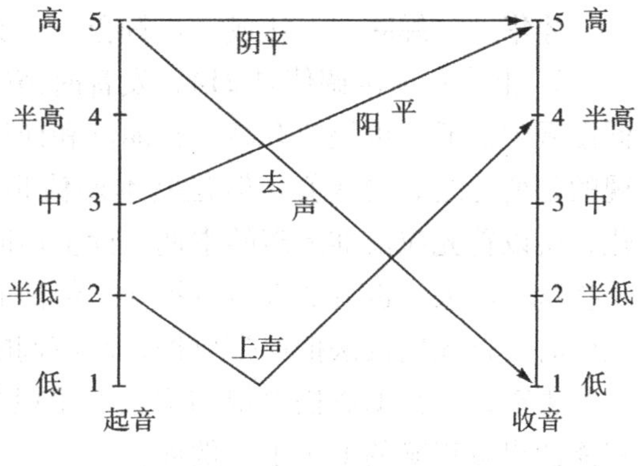


### （三）调号及标调位置

调号就是标调的符号。有时一个音节的韵母由几个字母构成，在这种情况下，声调符号一般应标在主要元音上。汉语六个主要元音中，发音最响亮的是ɑ，依次下去是o，e，i，u，ü，碰到iu，ui组成的音节就标在最后一个元音上。在上面标调时，要去掉i上的点；ü 和 n，l 相拼时，把调号标在两点的上面。如“褴褛”—“lǚ”，“男女”—“nǚ”。

普通话声调标调口诀：

ɑ 母出现莫放过，没有 ɑ 母找 o，e；
i，u 都有标在后，i 上两点要去掉；
单个韵母头上画，轻声音节不标调。

## 三、声调发音辨正及训练

### （一）声调的发音

普通话有四个调类，即阴平、阳平、上声、去声，它们的调值分别是 55，35，214，51。

1. 阴平：阴平调值是55，发音时声带始终拉紧，声音又高又平。阴平有为其他三个声调定高低的作用，如果阴平调值掌握不好，会影响其他声调的发音。有些人阴平读得过低或过高，会造成去声降不下来，阳平高不上去的毛病。练习阴平，可先用单韵母读出高、中、低三种不同的平调，体会发高音时声带拉紧，发低音时声带放松的不同感觉。这种练习不但可以比较出阴平的高平调值，而且可以训练控制声带松紧的技能，为掌握好复杂的升、降、曲三种声调打下基础。例如：

东方　青春　中央　播音　飞机　丰收　高升
江山多娇　居安思危　声东击西　挖空心思

2. 阳平：阳平调值是35，发音时声带由不松不紧，逐渐拉紧，声音由不高不低升到最高。多数人读不好这个调值是高音升不上去，主要原因是起点太高，声带已相当紧了，无法再紧，音高也就不能再升。纠正的方法是设法把声带放松，然后再拉紧。可以先读一个去声，把声带放松，紧接着读一个升调，这样可以读出接近阳平的调值。多读去声和阳平相连的词语，有助于练好阳平。例如：

儿童　文学　人民　黄河　芙蓉　长城　诚实
才华　蝉联　达成　符合　文如其人　名存实亡

3. 上声：上声调值是214，发音时声带由较松慢慢到最松，再很快地拉紧。声音由较低慢慢到最低，再快速升高。在朗读和谈话中，上声的基本调值出现的机会很少，经常出现的是变化之后的调值。但是基本调值是变化的基础，掌握了基本调值才能掌握它的变化，所以首先应读准上声的本调。读上声时主要的问题是起点高，降不下来，给人的感觉是拐弯不够大，也有的人虽有拐弯，但前面下降的部分太短，后面上升的部分太长。练习上声时，首先应设法把声带放松，使声调的起点降低，并尽量把低音部分拖长。可以先读一个去声，以帮助放松声带和增加前半段的长度，气流不中断，紧接着念个短促的升调，就能读出较正确的上声了。例如：

版本　矮小　笔法　彼此　砝码　厂长　讲演
管理　粉笔　岂有此理　永远友好　产品展览

4. 去声：调值是51，发音时声带先拉紧，后放松，声音从最高降到最低。多数人读去声时不感到困难，少数人降不下去。可用阴平带去声的方法来练习，即先发一个阴平，使声带拉紧，再在阴平的高度上尽量把声带放松，就能读出全降调的去声了。多读阴平和去声相连的词语，有助于读好去声。例如：

暗淡　　傲慢　　霸道　　动荡　　泛滥　　愤怒　　撤换

背信弃义　　意气用事　　见利忘义　　跃跃欲试

普通话四声的特点鲜明，即一平、二升、三曲、四降。四声中上声的音长最长，阳平次之，阴平再次之，去声最短。

### （二）声调辨正及训练

全国各地同调类内调值分歧较大，我们在学习声调时要注意找准本方言区的声调与普通话四声的差异及其对应关系。

一般来说，方言和普通话在声调上的差别主要有三点：调类不同；调值不同；入声保留或归并的情况不同。

1. 调类辨正

普通话有阴平、阳平、上声、去声四个调类，七大方言区的调类数差别明显，主要原因是古入声字的分派。北方方言区的绝大部分地区与普通话的调类一致，如汉口话、济南话、沈阳话、成都话等都是四个调类，入声分别归到阴阳上去；比较特殊的是，河北滦县话只有三个调类：平声、上声与去声，调类数最少。吴、湘、赣、闽、粤、客家方言区由于保留着入声字，调类数从五到十不等：湘、赣、客家方言区虽都是六个调类数，但调类不同，湘、赣方言区里的去声分阳去、阴去，而客家方言里的入声分阴入、阳入；吴方言区的调类数比较复杂：上海话有五个调类，苏州话有七个，绍兴话有八个；粤方言区的玉林调类数最多，有十个。因此，以上方言区的人们在学习普通话过程中，必须去掉入声字，改读为阴、阳、上、去四声。

2. 调值辨正

① 阴平的辨正

（1）调值不够高。阴平调值是55，但有方言区念成44（沈阳、成都）、33（长沙），甚至11（滦县），如：“现在开始播音”中的“播音”两个字念成最低音11就带有较明显的方言色彩。例如：

诗篇 shīpiān　　出家 chūjiā　　张贴 zhāngtiē　　纷争 fēnzhēng　　初春 chūchūn

② 阴平读成降调。如普通话“生生不息”中的“生生 shēngshēng”本是高平，天津、南京、兰州、南昌、绍兴等地却读成下降的调子，听起来像是“胜胜 shèngshèng”。例如：

失落 shīluò　　推断 tuīduàn　　伺机 sìjī　　希冀 xījì　　公告 gōnggào

③ 阴平读成降升调。有方言区的人，高平调拐弯，如山东济南、泰安等地，把“茶杯 chábēi”的“杯”发成类似普通话“北 běi”的音，而“纸张 zhǐzhāng”中的“张”类似“掌 zhǎng”。例如：

农耕 nónggēng　　财经 cáijīng　　竞相 jìngxiāng　　客车 kèchē　　信托 xìntuō

（2）阳平的辨正

① 阳平读成平调。内蒙及河北滦县等地的人，将普通话中的阳平字读为平调，如“方糖 fāngtáng”中的“糖”听起来像“汤 tāng”，“去年 qùnián”中的“年”又像是“拈 niān”。例如：

权限 quánxiàn　　提纲 tígāng　　动情 dòngqíng　　文教 wénjiào　　漫游 mànyóu

② 阳平读为降调。济南、成都、福州等地易把阳平读成高降调42，41或52，如“学生 xué·sheng”中“学”类似“谑 xuè”，“权力 quánlì”中的“权”听似“劝 quàn”。而南京、长沙、厦门和吴方言区的苏州、绍兴、上海等地，容易把阳平读成低升调13或24，而不是中升调35。例如：

告辞 gàocí　别墅 biéshù　杂费 záfèi　轮回 lúnhuí　人权 rénquán

（3）上声的辨正

① 上声调值不完全。上声调值是214。发音时，要前短后长，但有些地区的人由于习惯，往往读得前长后短，致使声调不完全。沈阳、南昌地区则发成213的调值。例如：

反响 fǎnxiǎng　结尾 jiéwěi　平整 píngzhěng　俗语 súyǔ　糖果 tángguǒ

祈祷 qídǎo　着想 zhuóxiǎng　神采 shéncǎi　竹笋 zhúsǔn

② 上声读成降调。闽方言区的人，尤其是厦门人，易把上声字念成全降调51，与普通话里的去声调值一样，如“是你 shìnǐ”中的“你”发成“腻 nì”，“网上 wǎngshàng”中的“网”好似“旺 wàng”。例如：

处所 chùsuǒ　复古 fùgǔ　隶属 lìshǔ　地毯 dìtǎn　宁肯 nìngkěn

字典 zìdiǎn　电解 diànjiě　号角 hàojiǎo　落伍 luòwǔ

③ 上声读为平调。山东方言区除了烟台外的绝大部分地区，像济南、青岛、泰安、临沂、菏泽等地，在发上声时，听起来就像是高平调55，而滨州、潍坊、东营等地又读成低平调44。如“饭碗 fànwǎn”中的“碗”听起来像是“弯 wān”，“营养 yíngyǎng”中的“养”又类似“秧 yāng”。上海话里的上声也易读作平调33。例如：

操场 cāochǎng　搜索 sōusuǒ　机敏 jīmǐn　多寡 duōguǎ　花鸟 huāniǎo

鲜美 xiānměi　黑板 hēibǎn　喧嚷 xuānrǎng　屋脊 wūjǐ

（4）去声的辨正

① 去声读成升调或平调。如兰州、四川地区的人把去声读成低升调13，在发“四川 Sìchuān”中的“四”好像是“sí”，“报告”类似“báogáo”。而汉口地区易读为阳平调35，南京、滦县则发成平调44或55。例如：

黑洞 hēidòng　欣慰 xīnwèi　音量 yīnliàng　支架 zhījià　疏散 shūsàn

头目 tóumù　残暴 cánbào　嫉妒 jídù　劳作 láozuò

② 去声读为降升调。南方地区的苏州、福建等地有把“看一看”读成类似“砍一砍”，“急躁 jízào”中的“躁”与“早 zǎo”相似的现象。例如：

世面 shìmiàn　供奉 gòngfèng　俯瞰 fǔkàn　现任 xiànrèn　在望 zàiwàng

可贵 kěguì　锦绣 jǐnxiù　假若 jiǎruò　火力 huǒlì

3. 念准古入声字的普通话读音

我国古代汉语有平、上、去、入四种声调，发展到现代汉语，其中的入声在普通话和有些方言里，如北方方言天津话、昆明话等，已经消失了，有些方言还保留着，如吴方言松江话、粤方言广州话、闽南方言厦门话、闽北方言福州话等（以“白”“八”“六”“读”等字为例）。上述方言区的人学习普通话，就得弄清这些入声字在普通话里属哪类声调，读什么音。（注：入声是古四声的一类，它的发音特点是韵母后边带一个塞音韵尾，由于气流受到塞音的阻塞，因此入声字读音短促，不能延长。如“学”“绝”“白”等是古代的入声字。在今天的某些方言中仍存在入声字。其发音特点可以通过“入声短促急收藏”这句话体现出来。）

试读准下列词语：

阴—阴

| | | | | |
|---|---|---|---|---|
| 剥削 bōxuē | 突出 tūchū | 揭发 jiēfā | 漆黑 qīhēi | 屈膝 qūxī |
| 花生 huāshēng | 切割 qiēgē | 压缩 yāsuō | 捉摸 zhuōmō | |

阴—阳

| | | | | |
|---|---|---|---|---|
| 八十 bāshí | 积极 jījí | 凄凉 qīliáng | 曲折 qūzhé | 缺乏 quēfá |
| 失足 shīzú | 屋檐 wūyán | 挖掘 wājué | 发达 fādá | |

阴—上

| | | | | |
|---|---|---|---|---|
| 插曲 chāqǔ | 七百 qībǎi | 金属 jīnshǔ | 夹角 jiājiǎo | 吞吐 tūntǔ |
| 嘉奖 jiājiǎng | 空手 kōngshǒu | 摸底 mōdǐ | 申请 shēnqǐng | |

阴—去

| | | | | |
|---|---|---|---|---|
| 拍摄 pāishè | 霹雳 pīlì | 扑灭 pūmiè | 督促 dūcù | 割裂 gēliè |
| 忽略 hūlüè | 激烈 jīliè | 淅沥 xīlì | 丰盛 fēngshèng | |

阳—阴

| | | | | |
|---|---|---|---|---|
| 伏击 fújī | 节约 jiéyuē | 熟思 shúsī | 服帖 fútiē | 学说 xuéshuō |
| 袭击 xíjī | 杰出 jiéchū | 直接 zhíjiē | 节拍 jiépāi | |

阳—阳

| | | | | |
|---|---|---|---|---|
| 隔膜 gémó | 国籍 guójí | 结核 jiéhé | 觉察 juéchá | 及格 jígé |
| 习俗 xísú | 哲学 zhéxué | 竹笛 zhúdí | 折叠 zhédié | |

阳—上

| | | | | |
|---|---|---|---|---|
| 拔脚 bájiǎo | 滑雪 huáxuě | 狭窄 xiázhǎi | 蹩脚 biéjiǎo | 门诊 ménzhěn |
| 峡谷 xiágǔ | 直属 zhíshǔ | 肥美 féiměi | 逃跑 táopǎo | |

阳—去

| | | | | |
|---|---|---|---|---|
| 跋涉 báshè | 答复 dáfù | 德育 déyù | 的确 díquè | 格式 géshì |
| 活页 huóyè | 决策 juécè | 局促 júcù | 协作 xiézuò | |

上—阴

| | | | | |
|---|---|---|---|---|
| 抹杀 mǒshā | 贬低 biǎndī | 可惜 kěxī | 火锅 huǒguō | 卷烟 juǎnyān |
| 首都 shǒudū | 紧张 jǐnzhāng | 解剖 jiěpōu | 导师 dǎoshī | |

上—阳

| | | | | |
|---|---|---|---|---|
| 北伐 běifá | 笔直 bǐzhí | 匹敌 pǐdí | 朴实 pǔshí | 假牙 jiǎyá |
| 雪白 xuěbái | 角膜 jiǎomó | 耍滑 shuǎhuá | 解决 jiějué | |

上—上

| | | | | |
|---|---|---|---|---|
| 瘪谷 biěgǔ | 铁塔 tiětǎ | 胛骨 jiǎgǔ | 采写 cǎixiě | 勇敢 yǒnggǎn |
| 处理 chǔlǐ | 简短 jiǎnduǎn | 母语 mǔyǔ | 保守 bǎoshǒu | |

上—去

| | | | | |
|---|---|---|---|---|
| 笔墨 bǐmò | 法律 fǎlǜ | 角落 jiǎoluò | 铁屑 tiěxiè | 远见 yuǎnjiàn |

演示 yǎnshì　体育 tǐyù　雨季 yǔjì　曲艺 qǔyì

去—阴

划一 huàyī　塞擦 sècā　蓄积 xùjī　述说 shùshuō　扼杀 èshā

窒息 zhìxī　益发 yìfā　进军 jìnjūn

去—阳

密集 mìjí　木筏 mùfá　确实 quèshí　列席 lièxí　掠夺 lüèduó

斥责 chìzé　克服 kèfú　墨菊 mòjú　祝福 zhùfú

去—上

肋骨 lèigǔ　勒索 lèsuǒ　烈属 lièshǔ　彻骨 chègǔ　译笔 yìbǐ

乐曲 yuèqǔ

去—去

寂寞 jìmò　默契 mòqì　陆续 lùxù　束缚 shùfù　物质 wùzhì

策略 cèlüè　脉络 màiluò　悦目 yuèmù　血液 xuèyè

【练习】

1. 读准下列词语

阴—阳

奔流 bēnliú　今年 jīnnián　蹉跎 cuōtuó　端详 duānxiáng　观察 guānchá

诙谐 huīxié　精华 jīnghuá　生活 shēnghuó　参谋 cānmóu

阴—上

倾吐 qīngtǔ　花圃 huāpǔ　松果 sōngguǒ　冬笋 dōngsǔn　飘洒 piāosǎ

清早 qīngzǎo　歌咏 gēyǒng　篝火 gōuhuǒ　光彩 guāngcǎi

阴—去

鞭策 biāncè　激励 jīlì　波浪 bōlàng　称赞 chēngzàn　充沛 chōngpèi

刚毅 gāngyì　尖锐 jiānruì　机智 jīzhì　清脆 qīngcuì

阳—阴

长期 chángqī　崇高 chónggāo　集中 jízhōng　兰花 lánhuā　良师 liángshī

情操 qíngcāo　阳光 yángguāng　研究 yánjiū　迎接 yíngjiē

阳—上

成果 chéngguǒ　持久 chíjiǔ　传统 chuántǒng　拂晓 fúxiǎo　晴朗 qínglǎng

联想 liánxiǎng　完整 wánzhěng　围剿 wéijiǎo　文采 wéncǎi

阳—去

牢固 láogù　辽阔 liáokuò　明净 míngjìng　农谚 nóngyàn　评价 píngjià

前哨 qiánshào　融洽 róngqià　肥沃 féiwò　旋律 xuánlǜ

上—阴

老师 lǎoshī　启发 qǐfā　理亏 lǐkuī　美观 měiguān　感激 gǎnjī

友邦 yǒubāng　体贴 tǐtiē　冷清 lěngqīng　惋惜 wǎnxī

上—阳

版图 bǎntú　保持 bǎochí　彩虹 cǎihóng　胆识 dǎnshí　皎洁 jiǎojié
品德 pǐndé　锦旗 jǐnqí　启蒙 qǐméng　晚霞 wǎnxiá
上—去
宝贵 bǎoguì　哺育 bǔyù　点缀 diǎnzhuì　访问 fǎngwèn　紧凑 jǐncòu
翡翠 fěicuì　考验 kǎoyàn　渴望 kěwàng　阐述 chǎnshù
去—阴
簇新 cùxīn　诞生 dànshēng　复苏 fùsū　构思 gòusī　乐章 yuèzhāng
气氛 qìfēn　浪花 lànghuā　刺激 cìjī　辣椒 làjiāo
去—阳
腊梅 làméi　浪潮 làngcháo　沸腾 fèiténg　热情 rèqíng　练习 liànxí
序言 xùyán　笑容 xiàoróng　现实 xiànshí　富饶 fùráo
去—上
碧海 bìhǎi　创举 chuàngjǔ　洞晓 dòngxiǎo　鉴赏 jiànshǎng　驾驶 jiàshǐ
进取 jìnqǔ　记者 jìzhě　剧本 jùběn

2. 朗读下列成语

光明磊落 guāngmíng-lěiluò
千锤百炼 qiānchuí-bǎiliàn
山明水秀 shānmíng-shuǐxiù
风调雨顺 fēngtiáo-yǔshùn
兵强马壮 bīngqiáng-mǎzhuàng
深谋远虑 shēnmóu-yuǎnlǜ
翻云覆雨 fānyún-fùyǔ
班门弄斧 bānmén-nòngfǔ
心领神会 xīnlǐng-shénhuì
双管齐下 shuāngguǎn-qíxià
身体力行 shēntǐ-lìxíng
挥洒自如 huīsǎ-zìrú
挥汗如雨 huīhàn-rúyǔ
箪食瓢饮 dānshí-piáoyǐn
集思广益 jísī-guǎngyì
南征北战 nánzhēng-běizhàn
眉飞色舞 méifēi-sèwǔ
和风细雨 héfēng-xìyǔ
别有天地 biéyǒu-tiāndì
桴鼓相应 fúgǔ-xiāngyìng
言简意赅 yánjiǎn-yìgāi
昂首望天 ángshǒu-wàngtiān
梁上君子 liángshàng-jūnzǐ

明目张胆 míngmù-zhāngdǎn
革故鼎新 gégù-dǐngxīn
排难解纷 páinàn-jiěfēn
普天同庆 pǔtiān-tóngqìng
眼花缭乱 yǎnhuā-liáoluàn
耳聪目明 ěrcōng-mùmíng
感激涕零 gǎnjī-tìlíng
举足轻重 jǔzú-qīngzhòng
感同身受 gǎntóngshēnshòu
等闲视之 děngxián-shìzhī
粉白黛黑 fěnbái-dàihēi
语重心长 yǔzhòng-xīncháng
苦尽甘来 kǔjìn-gānlái
虎背熊腰 hǔbèi-xióngyāo
老气横秋 lǎoqì-héngqiū
落花流水 luòhuā-liúshuǐ
卧薪尝胆 wòxīn-chángdǎn
不拘小节 bùjū-xiǎojié
困知勉行 kùnzhīmiǎnxíng
画龙点睛 huàlóng-diǎnjīng
抱残守缺 bàocán-shǒuquē
浩如烟海 hàorúyānhǎi
豁然开朗 huòrán-kāilǎng

万紫千红 wànzǐ-qiānhóng
逆水行舟 nìshuǐ-xíngzhōu
瑞雪丰年 ruìxuě-fēngnián
墨守成规 mòshǒu-chéngguī
刻骨铭心 kègǔ-míngxīn
弄巧成拙 nòngqiǎo-chéngzhuō
妙手回春 miàoshǒu-huíchūn
调虎离山 diàohǔ-líshān

3. 朗读下面片段

（1）年少的时候，我们差不多都在为别人而活，为苦口婆心的父母活，为循循善诱的师长活，为许多观念、许多传统的约束力而活。年岁逐增，渐渐挣脱外在的限制与束缚，开始懂得为自己活，照自己的方式做一些自己喜欢的事，不在乎别人的批评意见，不在乎别人的诋毁流言，只在乎那一份随心所欲的舒坦自然。偶尔，也能够纵容自己放浪一下，并且有一种恶作剧的窃喜。

（2）月光如流水一般，静静地泻在这一片片叶子和花上。薄薄的轻雾浮起在荷塘里。叶子和花仿佛在牛乳中洗过一样，又像笼着轻纱的梦。虽然是满月，天上却有一层淡淡的云，所以不能朗照；但我以为这恰是到了好处——酣眠固不可少，小睡也别有风味的。月光是隔了树照过来的，高处丛生的灌木，落下参差的斑驳的黑影，峭楞楞如鬼一般；弯弯的杨柳的稀疏的倩影，却又像是画在荷叶上。塘中的月色并不均匀，但光与影有着和谐的旋律，如梵婀玲上奏着的名曲。

4. 绕口令训练

施氏食狮史：石室诗士施氏，嗜狮，誓食十狮。氏时时适市视狮。十时，适十狮适市。是时，适施氏适市，氏视是十狮，恃矢势，使十狮逝世。氏拾是十狮尸，适石室。石室湿，氏使侍拭石室。石室拭，氏始试食十狮尸。食时，始识是十狮尸，实十石狮尸，试释是事。

梁木匠和梁瓦匠：梁木匠，梁瓦匠，两梁有事齐商量，梁木匠天亮晾衣裳，梁瓦匠天亮量高粱。梁木匠晾衣裳受了凉，梁瓦匠量高粱少了粮。梁瓦匠思量梁木匠受了凉，梁木匠谅想梁瓦匠少了粮。

# 第五节　普通话语流音变

人们在说话时，不是孤立地发出一个个音节（字），而是要把音节组成词、句连续发出，组成一连串自然的“语流”。在连续的语流中，由于相邻音节的相互影响或表情达意的需要，有些音节在发音上会产生一些变化，这种现象就叫“语流音变”。语流音变是语句流动的结果。

汉语语音系统里常见的语流音变现象的表现形式有：变调、轻声、儿化、语气词“啊”的音变等。

## 一、变调

变调是指在语流中，由于相邻音节的相互影响，使某个音节本来的声调发生变化。

普通话的变调主要包括上声的变调、“一”和“不”的变调。

### （一）上声的变调

上声在四个声调前都会产生变调，读原调的几率很小，只有在单音节字或处在词语末尾或句末时才有可能读原调。

上声的变调分为两种：

1. 上声与非上声的连读变调

上声在非上声（阴平、阳平、去声、轻声）前变成半上，即由214变为211。

（1）上声在阴平前：主［214］—— 主张［211］

北方 běifāng　小心 xiǎoxīn　火光 huǒguāng　普通 pǔtōng
垦荒 kěnhuāng　表彰 biǎozhāng

（2）上声在阳平前：起［214］—— 起航［211］

指责 zhǐzé　羽毛 yǔmáo　旅游 lǚyóu　口才 kǒucái
草原 cǎoyuán　祖国 zǔguó

（3）上声在去声前：感［214］—— 感谢［211］

笔画 bǐhuà　丑恶 chǒu'è　暖室 nuǎnshì　满意 mǎnyì
柳树 liǔshù　好像 hǎoxiàng

（4）上声在轻声音节前：尾［214］+巴［0］—— 尾巴［211+4］

奶奶 nǎinai　姐姐 jiějie　姥姥 lǎolao　椅子 yǐzi
小子 xiǎozi　马虎 mǎhu　耳朵 ěrduo　老实 lǎoshi

2. 上声与上声的连读变调

（1）两个上声连读，前一个上声变成阳平，即由214变成35。

感慨 gǎnkǎi —— gánkǎi　保守 bǎoshǒu —— báoshǒu
也许 yěxǔ —— yéxǔ　美好 měihǎo —— méihǎo
管理 guǎnlǐ —— guánlǐ　可以 kěyǐ —— kéyǐ
手表 shǒubiǎo —— shóubiǎo　了解 liǎojiě —— liáojiě

（2）三个上声连读时，主要有两种形式：

A. 第一种的结构是“2+1”（展览+馆），那么前两个音节都变调为［35］，变成“35+35+214”。

展览馆 zhǎnlǎnguǎn —— zhánlánguǎn　手写体 shǒuxiětǐ —— shóuxiétǐ
洗脸水 xǐliǎnshuǐ —— xíliánshuǐ　管理法 guǎnlǐfǎ —— guánlífǎ

B. 第二种的结构是“1+2”（很+美满），第一个音节变为半上［211］，第二个音节变为［35］，读成“211+35+214”。

很美满 hěnměimǎn —— hěnméimǎn　小老虎 xiǎolǎohǔ —— xiǎoláohǔ
好领导 hǎolǐngdǎo —— hǎolíngdǎo　买保险 mǎibǎoxiǎn —— mǎibáoxiǎn

### （二）“一”“不”的变调

1. “一”的变调

（1）单用或在词语末尾读原调阴平

一、二、三 yī、èr、sān　十月一日 shíyuèyīrì　一楼 yīlóu　初一 chūyī
第一 dìyī　统一 tǒngyī　始终如一 shǐzhōngrúyī　一一过问 yīyīguòwèn

（2）在去声前读阳平

一路 yīlù —— yílù　一律 yīlǜ —— yílǜ　一定 yīdìng —— yídìng

一概 yīgài —— yígài　　一旦 yīdàn —— yídàn　　一贯 yīguàn —— yíguàn

(3) 在非去声（阴平、阳平、上声）前读去声

阴平前

一生 yīshēng —— yìshēng　　一只 yīzhī —— yìzhī　　一身 yīshēn —— yìshēn

阳平前

一齐 yīqí —— yìqí　　一层 yīcéng —— yìcéng　　一同 yītóng —— yìtóng

上声前

一举 yījǔ —— yìjǔ　　一早 yīzǎo —— yìzǎo　　一手 yīshǒu —— yìshǒu

(4) 在重叠动词中间读轻声

听一听 tīngyitīng　　说一说 shuōyishuō　　读一读 dúyidú

谈一谈 tányitán　　走一走 zǒuyizǒu　　跑一跑 pǎoyipǎo

试一试 shìyishì　　笑一笑 xiàoyixiào

2. “不”的变调

(1) 单用、在词语末尾读原调去声

不，不！bù，bù！　　我就不 wǒjiùbù　　绝不 juébù　　偏不 piānbù

(2) 在非去声前读原调去声

阴平前

不安 bù’ān　　不禁 bùjīn　　不惜 bùxī

阳平前

不平 bùpíng　　不良 bùliáng　　不祥 bùxiáng

上声前

不等 bùděng　　不法 bùfǎ　　不久 bùjiǔ

(3) 在去声前读阳平

不料 bùliào —— búliào　　不会 bùhuì —— búhuì　　不断 bùduàn —— búduàn

不错 bùcuò —— búcuò　　不幸 bùxìng —— búxìng　　不愧 bùkuì —— búkuì

(4) 夹在词语中间读轻声

多不多 duōbuduō　　忙不忙 mángbumáng　　圆不圆 yuánbuyuán

冷不冷 lěngbulěng　　快不快 kuàibukuài　　听不懂 tīngbudǒng

来不及 láibují　　起不来 qǐbulái　　看不见 kànbujiàn

**【练习】**

1. 上声练习

喜欢　展出　组织　导师　等车　口腔　敏捷　典型

考查　果茶　语流　铁锤　努力　脚步　晚会　体育

考试　等待　所以　选举　冷饮　所有　勉强　减少

引起　雨伞　水井　品种　永远　允许

跑马场　考古所　苦水井　草稿纸　耍笔杆　打草稿

党小组　短粉笔　蒙古语　选举法　小拇指　老保守

2. 读准下列词语，注意变调

一清早　一身胆　一条龙　一口气　一场空　一点通
一丝不苟　一朝一夕　一刀两断　一筹莫展　一马平川
不相干　不规则　不得已　不起眼　不倒翁　不成文
不劳而获　不言而喻　不即不离　不遗余力　不可一世
一辈子　一系列　一席话　一而再　一笔账　一品红
一技之长　一诺千金　一面之词　一泻千里　一箭双雕
剪一剪　理一理　画一画　念一念
问不问　说不清　走不走　去不了

3. 语段练习

①可是一段时间后，叫阿诺德的那个小伙子青云直上，而那个叫布鲁诺的小伙子却仍在原地踏步。布鲁诺很不满意老板的不公正待遇。

②它不像汉白玉那样的细腻，可以刻字雕花，也不像大青石那样的光滑，可以供来浣纱捶布。

③一锅小米稀饭，一碟大头菜，一盘自家酿制的泡菜，一只巷口买回的烤鸭，简简单单，不像请客，倒像家人团聚。

④没有一片绿叶，没有一缕炊烟，没有一粒泥土，没有一丝花香，只有水的世界，云的海洋。

4. 诗歌练习

一帆一桨一渔舟，一个渔翁一钓钩。
一俯一仰一场笑，一江明月一江秋。

## 二、轻声

普通话的每一个音节都有它的声调，可是在词或句子里许多音节常常失去原有的声调而重新构成自身特有的音高形式，听感上显得短促模糊，这就是轻声，轻声是一种特殊的音变现象。例如“木头”“豆腐”中的“头”和“腐”原来的声调分别为阳平和上声，在这些词中失去了原来的声调，成为一个轻声音节。轻声不是一种独立的调类，它是连读时产生的一种音变现象。

绝大多数轻声词读轻声和不读轻声在意义上没有区别，只是在习惯上要求读轻声，如“大夫”。有少数轻声词或词组靠轻声音节与非轻声音节区别词性和意义。有的既区分词义，又区分词性，例如：兄弟（xiōng·di），指弟弟；兄弟（xiōngdì），指“哥俩”。利害（lì·hai），指“厉害”“程度很深”，是形容词或副词，如“疼得很利害”；利害（lìhài），指益处或害处，是名词，如“你应该明白这件事的利害所在”。

### （一）轻声的音高

1. 阴平、阳平音节之后的轻声音节读中调，用五度标记法表示为“3 度”

说过　吃的　胭脂　巴掌　帮手
白净　红火　牌楼　能耐　衙门

2. 上声音节之后的轻声音节读半高调，用五度标记法表示为“4 度”

里头　手上　紫的　比方　点心

火候　马虎　爽快　小气　主意

3. 去声音节之后的轻声音节读低调，用五度标记法表示为“1 度”

地上　告诉　木头　绿的　爱人　棒槌

大方　厚道　见识　利落　相声　自在

### （二）轻声引起的音色变化

1. 轻声音节对声母的影响

轻声音节中不送气的清塞音声母 b ［p］，d ［t］，g ［k］ 受到前一个音节的影响，常常会变成浊塞音 ［b］，［d］，［g］，例如“嘴巴、萝卜、绿的、四个”中的“巴、卜、的、个”的声母。

2. 轻声音节对韵母的影响

轻声对韵母的影响较为普遍和明显，大体可以分为两种情形：

（1）轻声音节的元音比较含混，向央元音靠近，有的变成了央元音

桌子　妈妈　溜达　回来　出去

爽快　打扮　买卖　快活　跳蚤

（2）轻声音节失去韵母，只剩下声母

豆腐　意思　我们　什么

### （三）变读轻声的规律

古语词、新词语、科学术语中一般没有轻声，轻声多出现在人们口头常用且已长久使用的词语中，并且大都同词汇上和语法上的虚义成分有关系。另外，还有一些口语中常用的双音节词，习惯上将后一音节读成轻声。

1. 语气词：吗、吧、呀、啊、啦、嘛等

去吗　谁呢　走吧　对呀　说啊　行啦　好嘛

2. 结构助词：的、地、得，时态助词：着、了、过等

吃的　狠狠地　拿得起　说着　走了　信得过

3. 与名词有关的成分

（1）名词后缀：子、儿、头、们、巴、家等

狮子　风儿　馒头　我们　嘴巴　姑娘家

（2）名词后表示方位的词语或语素：上、下、里、边、头、面等

身上　乡下　家里　里边　上头

注意：“国内”“省外”“校内”“门外”等词中的“内”“外”习惯上不读轻声。

（3）重叠名词的末一个音节

叔叔　婶婶　伯伯　姑姑　舅舅　姥姥

哥哥　姐姐　娃娃　星星　蝈蝈　蛐蛐

（4）某些量词

三个　那个　见个面儿　说个话儿

喝个痛快　　差个两三岁

4. 与动词有关的成分

（1）重叠动词的末一个音节

| | | | | | |
|---|---|---|---|---|---|
| 听听 | 说说 | 读读 | 写写 | 看看 | 跑跑 |
| 试试 | 转转 | 笑笑 | 瞧瞧 | 想想 | 问问 |

（2）动词、形容词后边的趋向动词：上、下、来、去、过、开、出去、下来、进去、起来、出来、下去等

| | | | | | |
|---|---|---|---|---|---|
| 捎上 | 放下 | 过来 | 拿去 | 说过 | 走开 |
| 跑出去 | 拿出来 | 暗下来 | 放进去 | 想起来 | |

（3）表强调的动词补语

站住　　抓住　　记住　　问住　　停住　　抱住

5. 与形容词有关的成分：口语化的 AABB 式重叠形容词的第二个音节

稳稳当当　　痛痛快快　　冒冒失失　　团团圆圆　　老老实实　　干干净净

6. 数词“一”夹在重叠动词之间，否定词“不”夹在动词或形容词中间，或在可能补语结构中，常读轻声

| | | | |
|---|---|---|---|
| 摸一摸 | 尝一尝 | 想一想 | 做一做 |
| 去不去 | 看不清 | 听不懂 | 看不见 |

7. 口语中常用的一批双音节词的第二个音节读轻声，这没有什么规律，是习惯上的要求

故事 gùshi　　商量 shāngliang　　队伍 duìwu　　相声 xiàngsheng

## 【练习】

1. 词语练习

| | | | | | | | |
|---|---|---|---|---|---|---|---|
| 说着 | 七个 | 刀子 | 苍蝇 | 机灵 | 玻璃 | 高粱 | 膏药 |
| 交情 | 窟窿 | 铺盖 | 烧饼 | 来过 | 茄子 | 船上 | 云彩 |
| 萝卜 | 狐狸 | 实在 | 媳妇 | 学问 | 凉快 | 糊涂 | 打扮 |
| 椅子 | 脑子 | 枕头 | 打量 | 点心 | 本事 | 养活 | 扁担 |
| 耳朵 | 火候 | 尾巴 | 稳当 | 碰着 | 记住 | 这么 | 上司 |
| 岁数 | 亲家 | 秀才 | 钥匙 | 在乎 | 热闹 | 念叨 | 快活 |

2. 语段练习

① 天上风筝渐渐多了，地上孩子也多了。城里乡下，家家户户，老老小小，也赶趟儿似的，一个个都出来了。

② 晚饭过后，火烧云上来了。霞光照得小孩子的脸红红的。大白狗变成了红的了，红公鸡变成金的了，黑母鸡变成紫檀色的了。

③ 年岁逐增，渐渐挣脱外在的限制与束缚，开始懂得为自己活，照自己的方式做一些自己喜欢的事，不在乎别人的批评意见，不在乎别人的诋毁流言，只在乎那一份随心所欲的舒坦自然。

④ 我们继续拍掌，很快地这个树林就变得很热闹了。到处都是鸟声，到处都是鸟影。

大的，小的，花的，黑的，有的站在枝上叫，有的飞起来，在扑翅膀。

⑤ 这个农民一个钟头以后还会弄来几箱西红柿，据他看价格非常公道。

⑥ 在星的怀抱中我微笑着，我沉睡着。我觉得自己是一个小孩子，现在睡在母亲的怀里了。

## 三、儿化

儿化是汉语的一种构词方式。所谓儿化，指的是卷舌元音 er 与它前一音节的韵母结合成一个音节，并使这个韵母因卷舌而发生音变。这种音变现象就叫作儿化。因儿化音变而成的卷舌韵母叫“儿化韵母”，包含儿化韵母的音节叫儿化音节。由于地域上的原因，“儿”的读音千变万化，导致出现的儿化的表征亦有所不同。汉语方言里，北京话以多儿化而闻名。

读儿化音，就是在前面一个音节的韵母末尾加个卷舌动作就行了，而不能把“儿”当成一个独立的音节来读。

读法要领：在念“儿”前面一个音节的同时，把舌尖轻轻向上一卷。增加这样一个卷舌动作，可以使我们的语言更丰富，更准确，同时，也使我们的语言更富有美感。

### （一）儿化的作用及特点

普通话里的儿化词，大都具有区别词义、区分词性或表示一定感情色彩的作用。

1. 语法上，区分词性，使词性发生转化。例如：

画（动词）—— 画儿（名词）

破烂（形容词）—— 破烂儿（名词）

2. 词汇上，区别词义，使词义发生变化。例如：

信（信件）—— 信儿（消息、信息）

头（脑袋）—— 头儿（上司）

3. 修辞上，表示细小或者带有喜爱、亲切等感情色彩。例如：

鲜花儿　小孩儿　米粒儿　有趣儿

4. 北京话口语习惯沿袭下来的：

A. 说哪儿去了，没边儿没沿儿的。

B. 一大早儿就遛弯儿去了。

C. 这天儿真好，明儿见。

朗读作品时，除人物对话中的和已经定型化了的儿化词外，为协调音节，有时儿化词中的“儿”也可单独念成一个音节，如：诗歌中的一些“儿”，“花儿为什么这样红”“绝不学痴情的鸟儿”。非儿化词中的“儿”更读成一个音节，如：“好男儿志在四方”“混血儿”等。

### （二）儿化的音变规律

儿化韵是以北京话为代表的大部分北方方言的特点之一，既具有一定的语法功能，又体现了浓郁的口语色彩。

方言区人不容易发好儿化韵，主要障碍在于有些韵母（尾）不便于卷舌，需要注意它们的读音变化规律：

1. 音节末尾最后一个元音是 ɑ，o，e，ê，u，在发这个元音的同时韵母直接卷舌。如：

鲜花儿 xiānhuār　　台阶儿 táijiēr　　山坡儿 shānpōr

干活儿 gànhuór　　水珠儿 shuǐzhūr　　小狗儿 xiǎogǒur

2. 韵尾是 i，n 的韵母，丢掉韵尾，在发韵腹的同时加卷舌动作。如：

小孩儿 háir→hár　　香味儿 wèir→wèr　　拐弯儿 wānr→wār　　唱本儿 běnr→běr

3. 韵母是 i，ü 要在 i，ü 后面加上一个 er（发音比 e 的舌位略前，略低，舌面要放松，同时加卷舌动作。如：

小鸡儿 jīr→jiēr　　金鱼儿 yúr→yuér。

4. 韵母是-i（前），-i（后）的，丢掉这个韵母，改成 er。如：

树枝儿 zhīr→zhēr　　没事儿 shìr→shèr　　鱼刺儿 cìr→cèr　　细丝儿 sīr→sēr

5. 后鼻音韵母，丢掉韵尾 ng，发韵腹元音时，口、鼻同时出气，形成鼻化元音并卷舌。如：

药方儿 yàofār　　门洞儿 méndòr　　油灯儿 yóudēr　　电影儿 diànyǐer　　胡同儿 hútòr

**【练习】**

1. 词语练习

| | | | | | | |
|---|---|---|---|---|---|---|
| 爆肚儿 | 被窝儿 | 板擦儿 | 小褂儿 | 岔道儿 | 奔头儿 | 挨个儿 |
| 旦角儿 | 纽扣儿 | 模特儿 | 半截儿 | 价码儿 | 一溜儿 | 面条儿 |
| 脚丫儿 | 跑腿儿 | 墨水儿 | 小菜儿 | 一会儿 | 一块儿 | 拔尖儿 |
| 白班儿 | 茶馆儿 | 烟卷儿 | 开刃儿 | 冰棍儿 | 鼻梁儿 | 打鸣儿 |
| 赶趟儿 | 挑刺儿 | 枪子儿 | 玩意儿 | 蛐蛐儿 | 巧劲儿 | 合群儿 |

2. 语段练习

①落光了叶子的柳树上挂满了毛茸茸亮晶晶的银条儿；而那些冬夏常青的松树和柏树上，则挂满了蓬松松沉甸甸的雪球儿。一阵风吹来，树枝轻轻地摇晃，美丽的银条儿和雪球儿簌簌地落下来，玉屑似的雪末儿随风飘扬，映着清晨的阳光，显出一道道五光十色的彩虹。

②树叶儿却绿得发亮，小草儿也青得逼你的眼。

③城里乡下，家家户户，老老小小，也赶趟儿似的，一个个都出来了。舒活舒活筋骨，抖擞抖擞精神，各做各的一份儿事去了。“一年之计在于春”，刚起头儿，有的是工夫，有的是希望。

④小山整把济南围了个圈儿，只有北边缺着点口儿。

⑤小姑娘做饭：小姑娘红脸蛋儿，红头绳儿扎小辫儿，系上围裙儿来做饭；淘小米儿，小半盆儿，小白菜儿，剁儿根儿，还有一盘儿萝卜丝儿，再来个粉皮儿熬小鱼儿。

## 四、语气词“啊”的音变

### （一）语气词“啊”的特点

“啊”是一个虚词，可作叹词单独成句，也可以附着在句子末尾作语气词，和语调相结合，表示陈述、祈使、疑问、感叹等语气类型。例如：

你大声点儿，我听不清啊！ ……陈述语气

你快点儿吃啊！ ……祈使语气

谁啊？ ……疑问语气

哈尔滨的冬天可真冷啊！ ……感叹语气

当语气助词“啊”处在语句末尾时，由于跟前一个音节连读而受其末尾音素的合音影响，常常发生音变现象。“啊”的音变是一种增音现象（包括同化增音和异化增音）。我们称之为语气词“啊”的音变。在不同的语音环境中，“啊”的读音有不同的变化形式。

### （二）语气词“啊”的变调规律

1. 前一音节的韵腹或韵尾是 a，o，e，ê，i，ü（ao，iao 除外）时，“啊”读作 ya，也可以写作“呀”。

jī ya　yú ya　guō ya　é ya　xiě ya　huà ya

鸡 啊　鱼 啊　锅 啊　鹅 啊　写 啊　画 啊

2. 前面音节末尾是［u］的（即韵母为 u，ao，iao），“啊”读作 wa，也可以写作“哇”。

hǎo wa　jiā yóu wa　zhēn kǔ wa

好 啊！　加 油 啊！　真 苦 啊！

3. 前面音节末尾是 n 的，“啊”的语音形式变成 na，有时文字形式也写作“哪”或“呐”。

duō měi de yún na　zhēn nán na　xiǎo xīn na

多 美 的 云 啊！　真 难 啊！　小 心 啊！

4. 前面音节末尾是 ng 的，“啊”读 nga，仍写作“啊”。

hǎo lěng nga　kuài tīng nga　zhēn xiāng nga

好 冷 啊！　快 听 啊！　真 香 啊！

5. 前面音节韵母是-i［前］时，“啊”读［za］，仍写作“啊”。

shì zhēn sī［za］　duō měi de táo cí［za］

是 真 丝 啊！　多 美 的 陶 瓷 啊！

6. 前面音节韵母是-i［后］和末尾是 er 时，“啊”读 ra，仍写作“啊”。

shéi shuō bù shì ra　shì lǎo èr ra

谁 说 不 是 啊！　是 老 二 啊！

### 【练习】

1. 读准下面“啊”的音变

（1）ya—（在 a，o，e，i，ü，ê 音素后面时，不包括 ao，iao）：

快打啊！　就等你回家啊！　大家快来吃菠萝啊！

都是记者啊！　好新潮的大衣啊！　日子过得真快啊！

快帮我解围啊！　你怎么不吃鱼啊？　这孩子多活跃啊！

（2）wa—（在 u 音素后面时，包括 ao，iao）：

您在哪儿住啊？　他普通话说得真好啊！　还这么小啊！

屋顶还漏不漏啊？　看你一身油啊！

（3）na—（在-n 音素后面时）

这件事儿可不简单啊！　笑得真欢啊！　买这么些冷饮啊！　发音真准啊！

（4）nga—（在-ng 音素的后面时）

小心水烫啊！ 小点儿声啊！ 行不行啊？ 不管用啊！

（5）ra—（在舌尖后元音-i、卷舌元音 er 的后面时，在儿化韵后面时）

没法治啊！ 随便吃啊！ 什么了不起的事啊！

他是王小二啊！ 这儿多好玩儿啊！

（6）［za］—（在舌尖前元音-i 的后面时）

烧茄子啊！ 这是第几次啊？ 他就是老四啊！

2. 朗读下列句子，注意“啊”的音变

ia 你怎么还不回家呀（jiā ya）！

o 他是你大伯呀（bó ya）！

üe 好大的雪呀（xuě ya）！

ai 你发什么呆呀（dāi ya）！

uei 你看对不对呀（duì ya）！

ü 漓江的水真绿呀（lǜ ya）！

ou 这么多够不够哇（gòu wa）！

iou 这是什么酒哇（jiǔ wa）！

ao 实习老师对我们多好哇（hǎo wa）！

ian 这孩子真可怜哪（lián na）！

üan 你快点选哪（xuǎn na）！

eng 这几天真冷啊（lěng nga）！

ong 电话打不通啊（tōng nga）！

-i 办学要舍得投资啊（zī［za］）！

-i 要实事求是啊（shì ra）！

明天是三月二十二啊（èr ra）！

3. 根据语气词“啊”的音变规律，读出下列各句

（1）咱们这是去哪儿啊？

（2）没事儿在这儿压马路啊！

（3）今天的公交车真挤啊！

（4）真热啊！你没开空调啊！

（5）你快点儿去啊！完了可买不到啊！

（6）今天菜不多，大家赶紧吃啊！

（7）哪位是播音专业的老师啊？

（8）今天这任务得完成啊！

（9）真难啊！怎么学啊！

**【附录】**

## 普通话水平测试中的轻声词语和儿化词语

### 1. 普通话水平测试用必读轻声词语表

（1）本表根据《普通话水平测试用词语表》编制。

（2）本表供普通话水平测试第二项 —— 读多音节词语（100 个音节）测试使用。

（3）本表共收词 545 条（其中“子”尾词 206 条），按汉语拼音字母顺序排列。

（4）条目中的非轻声音节只标本调，不标变调；条目中的轻声音节，注音不标调号，如：“明白 míngbai”；本表不再一一标注轻声符号“·”。

| | | | |
|---|---|---|---|
| 1 爱人 àiren | 5 把子 bàzi | 9 板子 bǎnzi | 13 棒槌 bàngchui |
| 2 案子 ànzi | 6 爸爸 bàba | 10 帮手 bāngshou | 14 棒子 bàngzi |
| 3 巴掌 bāzhang | 7 白净 báijing | 11 梆子 bāngzi | 15 包袱 bāofu |
| 4 靶子 bǎzi | 8 班子 bānzi | 12 膀子 bǎngzi | 16 包涵 bāohan |

17 包子 bāozi
18 豹子 bàozi
19 杯子 bēizi
20 被子 bèizi
21 本事 běnshi
22 本子 běnzi
23 鼻子 bízi
24 比方 bǐfang
25 鞭子 biānzi
26 扁担 biǎndan
27 辫子 biànzi
28 别扭 bièniu
29 饼子 bǐngzi
30 拨弄 bōnong
31 脖子 bózi
32 簸箕 bòji
33 补丁 bǔding
34 不由得 bùyóude
35 不在乎 bùzàihu
36 步子 bùzi
37 部分 bùfen
38 裁缝 cáifeng
39 财主 cáizhu
40 苍蝇 cāngying
41 差事 chāishi
42 柴火 cháihuo
43 肠子 chángzi
44 厂子 chǎngzi
45 场子 chǎngzi
46 车子 chēzi
47 称呼 chēnghu
48 池子 chízi
49 尺子 chǐzi
50 虫子 chóngzi
51 绸子 chóuzi
52 除了 chúle
53 锄头 chútou
54 畜生 chùsheng
55 窗户 chuānghu
56 窗子 chuāngzi
57 锤子 chuízi
58 刺猬 cìwei
59 凑合 còuhe
60 村子 cūnzi
61 耷拉 dāla
62 答应 dāying
63 打扮 dǎban
64 打点 dǎdian
65 打发 dǎfa
66 打量 dǎliang
67 打算 dǎsuan
68 打听 dǎting
69 大方 dàfang
70 大爷 dàye
71 大夫 dàifu
72 带子 dàizi
73 袋子 dàizi
74 耽搁 dānge
75 耽误 dānwu
76 单子 dānzi
77 胆子 dǎnzi
78 担子 dànzi
79 刀子 dāozi
80 道士 dàoshi
81 稻子 dàozi
82 灯笼 dēnglong
83 提防 dīfang
84 笛子 dízi
85 底子 dǐzi
86 地道 dìdao
87 地方 dìfang
88 弟弟 dìdi
89 弟兄 dìxiong
90 点心 diǎnxin
91 调子 diàozi
92 钉子 dīngzi
93 东家 dōngjia
94 东西 dōngxi
95 动静 dòngjing
96 动弹 dòngtan
97 豆腐 dòufu
98 豆子 dòuzi
99 嘟囔 dūnang
100 肚子 dǔzi
101 肚子 dùzi
102 缎子 duànzi
103 对付 duìfu
104 对头 duìtou
105 队伍 duìwu
106 多么 duōme
107 蛾子 ézi
108 儿子 érzi
109 耳朵 ěrduo
110 贩子 fànzi
111 房子 fángzi
112 份子 fènzi
113 风筝 fēngzheng
114 疯子 fēngzi
115 福气 fúqi
116 斧子 fǔzi
117 盖子 gàizi
118 甘蔗 gānzhe
119 杆子 gānzi
120 杆子 gǎnzi
121 干事 gànshi
122 杠子 gàngzi
123 高粱 gāoliang
124 膏药 gāoyao
125 稿子 gǎozi
126 告诉 gàosu
127 疙瘩 gēda
128 哥哥 gēge
129 胳膊 gēbo
130 鸽子 gēzi
131 格子 gézi
132 个子 gèzi
133 根子 gēnzi
134 跟头 gēntou
135 工夫 gōngfu
136 弓子 gōngzi
137 公公 gōnggong
138 功夫 gōngfu
139 钩子 gōuzi
140 姑姑 gūgu
141 姑娘 gūniang
142 谷子 gǔzi
143 骨头 gǔtou
144 故事 gùshi
145 寡妇 guǎfu
146 褂子 guàzi
147 怪物 guàiwu
148 关系 guānxi
149 官司 guānsi
150 罐头 guàntou
151 罐子 guànzi
152 规矩 guīju
153 闺女 guīnü
154 鬼子 guǐzi
155 柜子 guìzi
156 棍子 gùnzi
157 锅子 guōzi
158 果子 guǒzi
159 蛤蟆 háma
160 孩子 háizi
161 含糊 hánhu
162 汉子 hànzi
163 行当 hángdang
164 合同 hétong
165 和尚 héshang
166 核桃 hétao
167 盒子 hézi
168 红火 hónghuo
169 猴子 hóuzi
170 后头 hòutou
171 厚道 hòudao
172 狐狸 húli

173 胡琴 húqin
174 糊涂 hútu
175 皇上 huángshang
176 幌子 huǎngzi
177 胡萝卜 húluóbo
178 活泼 huópo
179 火候 huǒhou
180 伙计 huǒji
181 护士 hùshi
182 机灵 jīling
183 脊梁 jǐliang
184 记号 jìhao
185 记性 jìxing
186 夹子 jiāzi
187 家伙 jiāhuo
188 架势 jiàshi
189 架子 jiàzi
190 嫁妆 jiàzhuang
191 尖子 jiānzi
192 茧子 jiǎnzi
193 剪子 jiǎnzi
194 见识 jiànshi
195 毽子 jiànzi
196 将就 jiāngjiu
197 交情 jiāoqing
198 饺子 jiǎozi
199 叫唤 jiàohuan
200 轿子 jiàozi
201 结实 jiēshi
202 街坊 jiēfang
203 姐夫 jiěfu
204 姐姐 jiějie
205 戒指 jièzhi
206 金子 jīnzi
207 精神 jīngshen
208 镜子 jìngzi
209 舅舅 jiùjiu
210 橘子 júzi
211 句子 jùzi
212 卷子 juànzi
213 咳嗽 késou
214 客气 kèqi
215 空子 kòngzi
216 口袋 kǒudai
217 口子 kǒuzi
218 扣子 kòuzi
219 窟窿 kūlong
220 裤子 kùzi
221 快活 kuàihuo
222 筷子 kuàizi
223 框子 kuàngzi
224 困难 kùnnan
225 阔气 kuòqi
226 喇叭 lǎba
227 喇嘛 lǎma
228 篮子 lánzi
229 懒得 lǎnde
230 浪头 làngtou
231 老婆 lǎopo
232 老实 lǎoshi
233 老太太 lǎotàitai
234 老头子 lǎotóuzi
235 老爷 lǎoye
236 老子 lǎozi
237 姥姥 lǎolao
238 累赘 léizhui
239 篱笆 líba
240 里头 lǐtou
241 力气 lìqi
242 厉害 lìhai
243 利落 lìluo
244 利索 lìsuo
245 例子 lìzi
246 栗子 lìzi
247 痢疾 lìji
248 连累 liánlei
249 帘子 liánzi
250 凉快 liángkuai
251 粮食 liángshi
252 两口子 liǎngkǒuzi
253 料子 liàozi
254 林子 línzi
255 翎子 língzi
256 领子 lǐngzi
257 溜达 liūda
258 聋子 lóngzi
259 笼子 lóngzi
260 炉子 lúzi
261 路子 lùzi
262 轮子 lúnzi
263 萝卜 luóbo
264 骡子 luózi
265 骆驼 luòtuo
266 妈妈 māma
267 麻烦 máfan
268 麻利 máli
269 麻子 mázi
270 马虎 mǎhu
271 码头 mǎtou
272 买卖 mǎimai
273 麦子 màizi
274 馒头 mántou
275 忙活 mánghuo
276 冒失 màoshi
277 帽子 màozi
278 眉毛 méimao
279 媒人 méiren
280 妹妹 mèimei
281 门道 méndao
282 眯缝 mīfeng
283 迷糊 míhu
284 面子 miànzi
285 苗条 miáotiao
286 苗头 miáotou
287 名堂 míngtang
288 名字 míngzi
289 明白 míngbai
290 蘑菇 mógu
291 模糊 móhu
292 木匠 mùjiang
293 木头 mùtou
294 那么 nàme
295 奶奶 nǎinai
296 难为 nánwei
297 脑袋 nǎodai
298 脑子 nǎozi
299 能耐 néngnai
300 你们 nǐmen
301 念叨 niàndao
302 念头 niàntou
303 娘家 niángjia
304 镊子 nièzi
305 奴才 núcai
306 女婿 nǚxu
307 暖和 nuǎnhuo
308 疟疾 nüèji
309 拍子 pāizi
310 牌楼 páilou
311 牌子 páizi
312 盘算 pánsuan
313 盘子 pánzi
314 胖子 pàngzi
315 狍子 páozi
316 盆子 pénzi
317 朋友 péngyou
318 棚子 péngzi
319 脾气 píqi
320 皮子 pízi
321 痞子 pǐzi
322 屁股 pìgu
323 片子 piānzi
324 便宜 piányi
325 骗子 piànzi
326 票子 piàozi
327 漂亮 piàoliang
328 瓶子 píngzi

329 婆家 pójia
330 婆婆 pópo
331 铺盖 pūgai
332 欺负 qīfu
333 旗子 qízi
334 前头 qiántou
335 钳子 qiánzi
336 茄子 qiézi
337 亲戚 qīnqi
338 勤快 qínkuai
339 清楚 qīngchu
340 亲家 qìngjia
341 曲子 qǔzi
342 圈子 quānzi
343 拳头 quántou
344 裙子 qúnzi
345 热闹 rènao
346 人家 rénjia
347 人们 rénmen
348 认识 rènshi
349 日子 rìzi
350 褥子 rùzi
351 塞子 sāizi
352 嗓子 sǎngzi
353 嫂子 sǎozi
354 扫帚 sàozhou
355 沙子 shāzi
356 傻子 shǎzi
357 扇子 shànzi
358 商量 shāngliang
359 上司 shàngsi
360 上头 shàngtou
361 烧饼 shāobing
362 勺子 sháozi
363 少爷 shàoye
364 哨子 shàozi
365 舌头 shétou
366 身子 shēnzi
367 什么 shénme
368 婶子 shěnzi
369 生意 shēngyi
370 牲口 shēngkou
371 绳子 shéngzi
372 师父 shīfu
373 师傅 shīfu
374 虱子 shīzi
375 狮子 shīzi
376 石匠 shíjiang
377 石榴 shíliu
378 石头 shítou
379 时候 shíhou
380 实在 shízai
381 拾掇 shíduo
382 使唤 shǐhuan
383 世故 shìgu
384 似的 shìde
385 事情 shìqing
386 柿子 shìzi
387 收成 shōucheng
388 收拾 shōushi
389 首饰 shǒushi
390 叔叔 shūshu
391 梳子 shūzi
392 舒服 shūfu
393 舒坦 shūtan
394 疏忽 shūhu
395 爽快 shuǎngkuai
396 思量 sīliang
397 算计 suànji
398 岁数 suìshu
399 孙子 sūnzi
400 他们 tāmen
401 它们 tāmen
402 她们 tāmen
403 台子 táizi
404 太太 tàitai
405 摊子 tānzi
406 坛子 tánzi
407 毯子 tǎnzi
408 桃子 táozi
409 特务 tèwu
410 梯子 tīzi
411 蹄子 tízi
412 挑剔 tiāoti
413 挑子 tiāozi
414 条子 tiáozi
415 跳蚤 tiàozao
416 铁匠 tiějiang
417 亭子 tíngzi
418 头发 tóufa
419 头子 tóuzi
420 兔子 tùzi
421 妥当 tuǒdang
422 唾沫 tuòmo
423 挖苦 wāku
424 娃娃 wáwa
425 袜子 wàzi
426 晚上 wǎnshang
427 尾巴 wěiba
428 委屈 wěiqu
429 为了 wèile
430 位置 wèizhi
431 位子 wèizi
432 蚊子 wénzi
433 稳当 wěndang
434 我们 wǒmen
435 屋子 wūzi
436 稀罕 xīhan
437 席子 xízi
438 媳妇 xífu
439 喜欢 xǐhuan
440 瞎子 xiāzi
441 匣子 xiázi
442 下巴 xiàba
443 吓唬 xiàhu
444 先生 xiānsheng
445 乡下 xiāngxia
446 箱子 xiāngzi
447 相声 xiàngsheng
448 消息 xiāoxi
449 小伙子 xiǎohuǒzi
450 小气 xiǎoqi
451 小子 xiǎozi
452 笑话 xiàohua
453 谢谢 xièxie
454 心思 xīnsi
455 星星 xīngxing
456 猩猩 xīngxing
457 行李 xíngli
458 性子 xìngzi
459 兄弟 xiōngdi
460 休息 xiūxi
461 秀才 xiùcai
462 秀气 xiùqi
463 袖子 xiùzi
464 靴子 xuēzi
465 学生 xuésheng
466 学问 xuéwen
467 丫头 yātou
468 鸭子 yāzi
469 衙门 yámen
470 哑巴 yǎba
471 胭脂 yānzhi
472 烟筒 yāntong
473 眼睛 yǎnjing
474 燕子 yànzi
475 秧歌 yāngge
476 养活 yǎnghuo
477 样子 yàngzi
478 吆喝 yāohe
479 妖精 yāojing
480 钥匙 yàoshi
481 椰子 yēzi
482 爷爷 yéye
483 叶子 yèzi
484 一辈子 yībèizi

485 衣服 yīfu
486 衣裳 yīshang
487 椅子 yǐzi
488 意思 yìsi
489 银子 yínzi
490 影子 yǐngzi
491 应酬 yìngchou
492 柚子 yòuzi
493 冤枉 yuānwang
494 院子 yuànzi
495 月饼 yuèbing
496 月亮 yuèliang
497 云彩 yúncai
498 运气 yùnqi
499 在乎 zàihu
500 咱们 zánmen
501 早上 zǎoshang
502 怎么 zěnme
503 扎实 zhāshi
504 眨巴 zhǎba
505 栅栏 zhàlan
506 宅子 zháizi
507 寨子 zhàizi
508 张罗 zhāngluo
509 丈夫 zhàngfu
510 帐篷 zhàngpeng
511 丈人 zhàngren
512 帐子 zhàngzi
513 招呼 zhāohu
514 招牌 zhāopai
515 折腾 zhēteng
516 这个 zhège
517 这么 zhème
518 枕头 zhěntou
519 镇子 zhènzi
520 芝麻 zhīma
521 知识 zhīshi
522 侄子 zhízi
523 指甲 zhǐjia（zhījia）
524 指头 zhǐtou（zhítou）
525 种子 zhǒngzi
526 珠子 zhūzi
527 竹子 zhúzi
528 主意 zhǔyi（zhúyi）
529 主子 zhǔzi
530 柱子 zhùzi
531 爪子 zhuǎzi
532 转悠 zhuànyou
533 庄稼 zhuāngjia
534 庄子 zhuāngzi
535 壮实 zhuàngshi
536 状元 zhuàngyuan
537 锥子 zhuīzi
538 桌子 zhuōzi
539 字号 zìhao
540 自在 zìzai
541 粽子 zòngzi
542 祖宗 zǔzong
543 嘴巴 zuǐba
544 作坊 zuōfang
545 琢磨 zhuómo

## 2. 普通话水平测试用儿化词语表

（1）本表参照《普通话水平测试用词语表》及《现代汉语词典》编制。

（2）本表仅供普通话水平测试第二项——读多音节词语（100个音节）测试使用。本表儿化音节，在书面上一律加“儿”，但并不表明所列词语在任何语用场合都必须儿化。

（3）本表共收词189条，按儿化韵母的汉语拼音顺序排列。

（4）本表列出原形韵母和所对应的儿化韵，用 > 表示条目中儿化音节的注音，只在基本形式后面加 r，如“一会儿 yīhuìr”，不标语音上的实际变化。

一

| | | |
|---|---|---|
| a > ar | 刀把儿 dāobàr | 号码儿 hàomǎr |
| | 戏法儿 xìfǎr | 在哪儿 zàinǎr |
| | 找茬儿 zhǎochár | 打杂儿 dǎzár |
| | 板擦儿 bǎncār | |
| ai > ar | 名牌儿 míngpáir | 鞋带儿 xiédàir |
| | 壶盖儿 húgàir | 小孩儿 xiǎoháir |
| | 加塞儿 jiāsāir | |
| an > ar | 快板儿 kuàibǎnr | 老伴儿 lǎobànr |
| | 蒜瓣儿 suànbànr | 脸盘儿 liǎnpánr |
| | 脸蛋儿 liǎndànr | 收摊儿 shōutānr |
| | 栅栏儿 zhàlánr | 包干儿 bāogānr |
| | 笔杆儿 bǐgǎnr | 门槛儿 ménkǎnr |

二

| | | |
|---|---|---|
| ang > ar（鼻化） | 药方儿 yàofāngr | 赶趟儿 gǎntàngr |
| | 香肠儿 xiāngchángr | 瓜瓤儿 guārángr |

三

| | | |
|---|---|---|
| ia > iar | 掉价儿 diàojiàr | 一下儿 yīxiàr |
| | 豆芽儿 dòuyár | |
| ian > iar | 小辫儿 xiǎobiànr | 照片儿 zhàopiānr |
| | 扇面儿 shànmiànr | 差点儿 chàdiǎnr |
| | 一点儿 yīdiǎnr | 雨点儿 yǔdiǎnr |
| | 聊天儿 liáotiānr | 拉链儿 lāliànr |
| | 冒尖儿 màojiānr | 坎肩儿 kǎnjiānr |
| | 牙签儿 yáqiānr | 露馅儿 lòuxiànr |
| | 心眼儿 xīnyǎnr | |

四

| | | |
|---|---|---|
| iang > iar（鼻化） | 鼻梁儿 bíliángr | 透亮儿 tòuliàngr |
| | 花样儿 huāyàngr | |

五

| | | |
|---|---|---|
| ua > uar | 脑瓜儿 nǎoguār | 大褂儿 dàguàr |
| | 麻花儿 máhuār | 笑话儿 xiàohuar |
| | 牙刷儿 yáshuār | |
| uai > uar | 一块儿 yīkuàir | |
| uan > uar | 茶馆儿 cháguǎnr | 饭馆儿 fànguǎnr |
| | 火罐儿 huǒguànr | 落款儿 luòkuǎnr |
| | 打转儿 dǎzhuànr | 拐弯儿 guǎiwānr |
| | 好玩儿 hǎowánr | 大腕儿 dàwànr |

六

| | | |
|---|---|---|
| uang > uar（鼻化） | 蛋黄儿 dànhuángr | 打晃儿 dǎhuàngr |
| | 天窗儿 tiānchuāngr | |

七

| | | |
|---|---|---|
| üan > üar | 烟卷儿 yānjuǎnr | 手绢儿 shǒujuànr |
| | 出圈儿 chūquānr | 包圆儿 bāoyuánr |
| | 人缘儿 rényuánr | 绕远儿 ràoyuǎnr |
| | 杂院儿 záyuànr | |

八

| | | |
|---|---|---|
| ei > er<br>en > er | 刀背儿 dāobèir<br>老本儿 lǎoběnr<br>嗓门儿 sǎngménr<br>哥们儿 gēmenr<br>后跟儿 hòugēnr<br>别针儿 biézhēnr<br>走神儿 zǒushénr<br>小人儿书 xiǎorénrshū<br>刀刃儿 dāorènr | 摸黑儿 mōhēir<br>花盆儿 huāpénr<br>把门儿 bǎménr<br>纳闷儿 nàmènr<br>高跟儿鞋 gāogēnrxié<br>一阵儿 yīzhènr<br>大婶儿 dàshěnr<br>杏仁儿 xìngrénr |

九

| | | |
|---|---|---|
| eng > er（鼻化） | 钢镚儿 gāngbèngr<br>脖颈儿 bógěngr | 夹缝儿 jiāfèngr<br>提成儿 tíchéngr |

十

| | | |
|---|---|---|
| ie > ier<br>üe > üer | 半截儿 bànjiér<br>旦角儿 dànjuér | 小鞋儿 xiǎoxiér<br>主角儿 zhǔjuér |

十一

| | | |
|---|---|---|
| uei > uer | 跑腿儿 pǎotuǐr<br>耳垂儿 ěrchuír<br>围嘴儿 wéizuǐr | 一会儿 yīhuìr<br>墨水儿 mòshuǐr<br>走味儿 zǒuwèir |
| uen > uer | 打盹儿 dǎdǔnr<br>砂轮儿 shālúnr<br>没准儿 méizhǔnr | 胖墩儿 pàngdūnr<br>冰棍儿 bīnggùnr<br>开春儿 kāichūnr |
| ueng > uer（鼻化） | 小瓮儿 xiǎowèngr | |

十二

| | | |
|---|---|---|
| -i（前） > er | 瓜子儿 guāzǐr<br>没词儿 méicír | 石子儿 shízǐr<br>挑刺儿 tiāocìr |
| -i（后） > er | 墨汁儿 mòzhīr<br>记事儿 jìshìr | 锯齿儿 jùchǐr |

十三

| | | |
|---|---|---|
| i > i：er | 针鼻儿 zhēnbír<br>肚脐儿 dùqír | 垫底儿 diàndǐr<br>玩意儿 wányìr |
| in > i：er | 有劲儿 yǒujìnr<br>脚印儿 jiǎoyìnr | 送信儿 sòngxìnr |

十四

| | | |
|---|---|---|
| ing > i：er（鼻化） | 花瓶儿 huāpíngr<br>图钉儿 túdīngr<br>眼镜儿 yǎnjìngr<br>火星儿 huǒxīngr | 打鸣儿 dǎmíngr<br>门铃儿 ménlíngr<br>蛋清儿 dànqīngr<br>人影儿 rényǐngr |

十五

| | | |
|---|---|---|
| ü > ü：er<br><br>üe > ü：er | 毛驴儿 máolǘr<br>痰盂儿 tányúr<br>合群儿 héqúnr | 小曲儿 xiǎoqǔr |

十六

| | | |
|---|---|---|
| e > er | 模特儿 mótèr<br>唱歌儿 chànggēr<br>打嗝儿 dǎgér<br>在这儿 zàizhèr | 逗乐儿 dòulèr<br>挨个儿 āigèr<br>饭盒儿 fànhér |

十七

| | | |
|---|---|---|
| u > ur | 碎步儿 suìbùr<br>儿媳妇儿 érxífur<br>泪珠儿 lèizhūr | 没谱儿 méipǔr<br>梨核儿 líhúr<br>有数儿 yǒushùr |

十八

| | | |
|---|---|---|
| ong > or（鼻化）<br><br><br>iong > ior（鼻化） | 果冻儿 guǒdòngr<br>胡同儿 hútòngr<br>酒盅儿 jiǔzhōngr<br>小熊儿 xiǎoxióngr | 门洞儿 méndòngr<br>抽空儿 chōukòngr<br>小葱儿 xiǎocōngr |

十九

| | | |
|---|---|---|
| ao > aor | 红包儿 hóngbāor<br>半道儿 bàndàor<br>跳高儿 tiàogāor<br>口罩儿 kǒuzhàor<br>口哨儿 kǒushàor | 灯泡儿 dēngpàor<br>手套儿 shǒutàor<br>叫好儿 jiàohǎor<br>绝招儿 juézhāor<br>蜜枣儿 mìzǎor |

二十

| | | |
|---|---|---|
| iao > iaor | 鱼漂儿 yúpiāor<br>跑调儿 pǎodiàor<br>豆角儿 dòujiǎor | 火苗儿 huǒmiáor<br>面条儿 miàntiáor<br>开窍儿 kāiqiàor |

二十一

| | | |
|---|---|---|
| ou > > our | 衣兜儿 yīdōur<br>年头儿 niántóur<br>门口儿 ménkǒur<br>线轴儿 xiànzhóur<br>加油儿 jiāyóur | 老头儿 lǎotóur<br>小偷儿 xiǎotōur<br>纽扣儿 niǔkòur<br>小丑儿 xiǎochǒur |

二十二

| | | |
|---|---|---|
| iou > iour | 顶牛儿 dǐngniúr<br>棉球儿 miánqiúr | 抓阄儿 zhuājiūr |

二十三

| | | |
|---|---|---|
| uo > uor | 火锅儿 huǒguōr<br>大伙儿 dàhuǒr<br>小说儿 xiǎoshuōr | 做活儿 zuòhuór<br>邮戳儿 yóuchuōr<br>被窝儿 bèiwōr |
| （o） > or | 耳膜儿 ěrmór | 粉末儿 fěnmòr |

注：现行语文教科书和文章对儿化音的处理大致有以下四种情况：

1. 音节后面带有“儿”字，一般要儿化韵来读，如“今儿”“明儿”“一块儿”；

2. 有些音节后面带有“儿”字，但不是儿化韵，而是独立音节，要按阳平或轻声音节来读，如“女儿”“花儿朵朵”；

3. 有些音节后面没有“儿”字，但是按照语音习惯也要读出儿化韵，如“手套”“老两口”“男孩”等；

4. 还有一些音节，后面没有“儿”字，既可以读出儿化韵，也可以不读，如“巴掌大的一块”“头顶”等。

# □ 第二篇 测试指导篇

# 第三章 单音节字词测试指导

## 第一节 单音节字词测试项说明

### 一、模拟试题

读单音节字词（100 个音节，不含轻声、儿化音节），限时 3.5 分钟，共 10 分。

| | | | | | | | | | |
|---|---|---|---|---|---|---|---|---|---|
| 怒 | 脸 | 却 | 我 | 惯 | 蕨 | 座 | 惹 | 串 | 勒 |
| 墓 | 江 | 漏 | 描 | 呼 | 肾 | 机 | 害 | 她 | 卫 |
| 妃 | 牌 | 跺 | 曹 | 河 | 屉 | 碎 | 孀 | 伦 | 没 |
| 九 | 棚 | 案 | 坡 | 吹 | 熬 | 遇 | 脓 | 贴 | 眯 |
| 啃 | 癌 | 八 | 运 | 扁 | 罚 | 献 | 挺 | 优 | 上 |
| 口 | 挡 | 飘 | 菜 | 疯 | 雄 | 稍 | 闸 | 三 | 克 |
| 岭 | 茧 | 碧 | 相 | 淳 | 禹 | 杖 | 山 | 谎 | 钉 |
| 斜 | 拼 | 椰 | 成 | 蕊 | 音 | 化 | 治 | 吞 | 真 |
| 蛮 | 掐 | 鬓 | 环 | 狗 | 妞 | 总 | 镣 | 瑕 | 刺 |
| 凋 | 臊 | 青 | 愁 | 拐 | 容 | 族 | 师 | 弯 | 卷 |

### 二、测试目的

《普通话水平测试大纲》规定："单音节字词测试的目的是测查应试人声母、韵母、声调读音的标准程度。"

### 三、试卷构成与要求

（1）100 个音节中，70% 选自《普通话水平测试用普通话词语表》"表一"；另外 30% 选自"表二"。

（2）100 个音节中，每个声母出现次数一般不少于 3 次，不超过 6 次；每个韵母出现次数一般不少于 2 次（个别韵母另有提示），不超过 4 次。4 个声调出现次数大致均衡。

（3）音节的排列要避免同一测试要素连续出现。

## 四、评分标准

读单音节字词项，不含轻声、儿化音节，限时3.5分钟，共10分。要求每个音节的声韵调必须饱满。

（1）语音错误，每个音节扣0.1分。

（2）语音缺陷（发音介于正误之间），每个音节扣0.05分。

（3）超时1分钟以内，扣0.5分；超时1分钟以上（含1分钟），扣1分。

说明：

1. 语音错误是指：把一个字的声母、韵母、声调都读错，即把一类声母、韵母、声调读成另一类声母、韵母、声调。如：挠读成饶、老师读成老丝（声母错误），白读成bei（韵母错）。如瞟读成“piāo”（声调错），涮读成刷，则是韵母、声调都错。

2. 语音缺陷是指一个字的声母、韵母、声调都发音不够准确，不到位，但没有读成另一类声母、韵母、声调。例如：姐姐读成“jiɑi”。

（1）声母发音部位问题。比如“zh，ch，sh”是卷舌声母，舌位为舌尖靠近到上颚，舌位过于靠前、靠后都为缺陷。如“老师sh”并没有读成“老丝s”，而是读得靠前靠后了就算缺陷。或者把普通话里的某一类声母的正确发音部位用较接近的部位代替，比如把舌面前音读得接近舌叶音；或者读翘舌音声母时舌尖接触或接近上腭的位置过于靠后或靠前等。

（2）韵母的动程、圆唇、舌位问题。韵母读音的缺陷多表现为合口呼、撮口呼的韵母圆唇度明显不够，语感差；或者开口呼的韵母开口度明显不够，听感性质明显不符；或者复韵母舌位动程不够等。鼻音不到位（如开门、苍茫）等都算缺陷。

（3）声调不到位，没读全调。声调缺陷按四声分别量化，每个调型不到10次则按实际量化，超过10次则按一个调型一次性扣0.5分。

或声调调形、调势基本正确，但调值明显偏低或偏高，特别是四声的相对高点或低点明显不一致。这类缺陷往往是成系统的，有缺陷的声调按5个单音错误扣分。如“铡、白、杀、仙鹤、运动”、上声“把、酗酒”。如“成功、敞开，荒凉、非常，酗酒、影响（影变调，响不变），运算、光亮”。

# 第二节 单音节字词测试指导

## 一、重视声母、韵母、声调的发音

### （一）找准声母的发音部位

声母的发音取决于它的发音部位和发音方法，因此在发声母时，发音部位要准确，发音方法要正确，而发音部位是关键。测试中出现问题较多的声母是：z，c，s与zh，ch，sh；z，c，s与j，q，x；n与l；f与h；r与[z]，l，y；零声母与ng。有此方言现象的人需要特别注意。

如“杂、邹、藏、沧、嗓”这些声母是z，c，s的字词，发音时，只有做到舌尖轻轻抵住或接近上齿背，才能将字词读准，如果舌头前部抵住下齿、舌尖上翘到硬腭前部或者舌尖露出齿外，都是错误或有缺陷的发音。建议大家在发每一个音前，快速找好准确的发音部位，准备好了再发。例如：资源 —— 支援，姿势 —— 知识，私人 —— 诗人，等。

### （二）韵母的舌位动程要充分，开口度要适中

除去单韵母，复韵母、鼻韵母都是由两个或三个音素组合而成的，因此，在发音过程中，舌位的前后、高低和唇形的圆展都要发生连续的移动、变化，否则，整个音节的发音就会因为缺少动程而变得扁平、不响亮甚至发音错误。

如“外、否、垮、略、凹”等，这些音节的韵母都是复韵母，发音时，韵母的韵腹要立起来，舌位的变化要到位，否则，就可能把复韵母读成单韵母。

再如“翁、佟、琼、蒜、剜”等，这些音节的韵母是鼻韵母，发音时，一方面要注意主要元音的到位、完整，另一方面要特别注意韵尾的归音，避免韵尾丢失，读成鼻化音。“ng”发音时，要注意舌根隆起，抵住软腭，让气流从鼻腔通过。

### （三）声调的发音要到位

普通话有四种声调：阴平、阳平、上声、去声，用五度标记法描写：55，35，214，51。

对于一个个独立的音节而言，不存在任何的语流音变问题，尤其是声调，一般是不受任何影响的。因此，每个字词都必须读全调，声调的调值要充足，升降要明显，保证声调发音的时值和滑动过程。

测试时常见的问题是阴平调值不够高，阳平升不上去，上声调值不完整，只读一半。

阴平字可适当拖长音节，起音要读得高。阳平字要尽量避免高扬不上去，中途拐弯的现象，做到从中起音，努力上扬，用气为开头弱起逐渐加强。上声字的调子较长，读时要用力均匀，尽量避免降升拐弯过于僵硬不够平滑，尾音上扬不够高的现象，做到先降后扬，尤其是上扬时要保持气势平稳。去声字要避免全降降不下去的缺点，做到高起直降，结束时，斩钉截铁，勿拖小尾巴。

声调发音要领：

阴平 —— 起音高高一路平，阳平 —— 由低到高往上升，

上声 —— 先降后升曲折起，去声 —— 高起猛降到底层。

## 二、声母、韵母、声调的评判

### （一）声母的评判

1. 声母错误：主要指将普通话的一类声母读成另一类声母，造成音节的别义错误。常见的声母错误有：

（1）将 n 读成 l，或将 l 读成 n ，或将 n 读成 ng ；

（2）将 z，c，s 读成 zh，ch，sh 或将 zh，ch，sh 读成 z，c，s；

（3）将送气音读成同部位的非送气音，将非送气音读成同部位的送气音；

（4）将普通话音系中不同部位的声母换位，如将 h-（花），f-（发）换位，将 zh-（朱），j-（居）换位；

（5）将普通话的 r 声母读成 z-，l-，n-或零声母，或将零声母字读成 m-（如“舞”），ng-（如“眼”）声母字；

2. 声母缺陷：主要指声母的发音部位不准确、不到位，但还不是将普通话的一类声母读成另一类声母，以至产生辨义错误。常见的声母缺陷有：

（1）将舌面前声母 j，q，x 读得太接近舌尖前声母 z，c，s，但还不是 z，c，s；

（2）将舌面前声母 j，q，x 读成舌叶音；

（3）将舌尖后音声母 zh，ch，sh，r 读得偏前，舌尖趋近于上齿或上牙床的位置；

（4）将舌尖前塞擦音声母读成齿间的塞擦音声母；

（5）将舌跟擦音 x 读成深喉的［h］；

（6）将清塞音或清塞擦音声母读成浊塞音或擦音声母。

**（二）韵母的评判**

1. 韵母错误：韵母错误主要指韵母类型的发音错误而造成音节辨义的错误，或按方音模式对普通话韵母结构进行明显的改造。主要表现有：

（1）将前鼻音韵母读成后鼻音韵母，或将后鼻音韵母读成前鼻音韵母；

（2）韵母四呼发生错误：将撮口呼韵母读成齐齿呼韵母或合口呼韵母，或将合口呼韵母读成撮口呼韵母；

（3）将后位的半高不圆唇单元音韵母 e（如“车”、“河”）读成前位的单元音韵母 ê，或将一类单元音韵母换成另一类单元音韵母；

（4）er 无卷舌音色彩；

（5）将复元音韵母单元音化（如将 uo 改作 e，将 ɑi 改作［ê］，将三合元音韵母改作二合元音韵母（如将 uɑi 改作［uê］）；

（6）将普通话的宽窄复韵母（ɑi—ei，uɑi—uei，ɑn—en，uɑn—uen 等）换位；

（7）将鼻尾韵母改作鼻化韵母；

（8）遗留明显的方言入声韵尾。

2. 韵母缺陷：韵母缺陷主要指韵母发音不到位、不准确，但还不至于发生韵类与辨义错误。常见的韵母缺陷有：

（1）单元音 i，u，y 或舌尖元音带有明显摩擦成分；

（2）单元音 u 舌位偏前；

（3）卷舌韵母 er 发音不自然，主元音偏高、偏低或偏前，或将一个音素发成两个音素；

（4）合口呼与撮口呼的圆唇度明显不够，听感上有明显差异；

（5）复元音韵母动程明显不够，主元音发音不到位，或韵尾咬得太死；

（6）ou，iou 韵腹、韵尾整体舌位偏前；

（7）鼻音韵尾发音过长或咬得太死。

**（三）声调的评判**

1. 声调错误：声调错误主要指普通话四个声调调类的错读和各调类调形（升降曲折）行进方向和调值高低的明显错误。常见的声调错误有：

（1）将普通话的一类调值读成另一类调值。如将“室”（去声）读成上声，将“微”（阴平）读成阳平，将“穴”（阳平）读成去声；

（2）按方言调形将普通话的平调读成升调或降调，或将普通话的升、降、曲折调读作平调；

（3）将普通话的阴平调读作中平、半低平或低平；

（4）将普通话的升、降调形倒置；

（5）将阳平 35 读作低升 13，或将去声 51 读作低降 31 ；

（6）上声调无低降的趋势。

2. 声调缺陷：声调缺陷指在调形、调势基本正确的前提下调值偏低或偏高，尤其是普通话四个声调起点和落点的相对高低的明显不一致。主要表现有：

（1）阴平保持平调，但（尤其在重读音节中）调值略低（44 ，尚高于中平 33 ）；

（2）阳平略带曲折（中间曲折作 325，或调尾又作降势拖音）；

（3）上声开头略高，或上升不到 4 ；

（4）去声为降调，但起点不足 5 或落点不到 1。

## 三、应试技巧

### （一）保持适当的语速，字与字之间要停顿

读单音节字时，发音要到位、清晰，整体速度不要偏快，快则调值不足，韵母动程不明显；也不要偏慢，慢则过犹不及，发音容易变形。语速过快或过慢都会导致扣分。每个字都要读得字正腔圆，确保发音准确规范。每个音节之间的停顿速度要相等，切忌两三个一组。

### （二）正确处理多音字的发音

遇到多音字时，可以任选一个读音，但最好是最常用的、人们比较熟悉的读音。一定不要读出该字的所有读音。

### （三）不认识的字或读错的字

不认识的字也要读，读错可以纠正一次并以第二次的读音为准。

在测试过程中，遇到不认识的字，或拿不准的字，可以选读一个字音，如果空过去不读，则要按错误扣分。

如果偶然口误或读后发觉读错了，如把 eng 读成 ong，把 z 读成 zh，可再读一遍，按第二次读音记分。

### （四）尽量避免读错别字

在测试过程中，应试者还应避免因粗心或习惯思维而造成的失分。很多应试者，因为紧张或粗心等原因而读错字，如“涮 shuàn”读成了“刷 shuā”，把“炕 kàng”读成“坑 kēng”，还有人习惯形声字读半边，如“讧 hòng”读成“共 gòng”，等等，像这样的错误失分应尽量避免。

### （五）按横排从左至右依次朗读，不允许读出轻声和儿化音

在测试过程中，有的测试者把第一题竖着读，甚至按蛇形读，这都是不对的；同时，

第一题的100个音节都要读原调，不允许读出轻声和儿化音。

总之，测试者既要放松心态，又要仔细认真，这样才有助于成绩的提高。

## 【拓展阅读】

### 普通话异读词审音表

一、本表所审，主要是普通话有异读的词和有异读的作为“语素”的字。不列出多音多义字的全部读音和全部义项，与字典、词典形式不同，例如：“和”字有多种义项和读音，而本表仅列出原有异读的八条词语，分列于hè和huo两种读音之下（有多种读音，较常见的在前。下同）；其余无异读的音、义均不涉及。

二、在字后注明“统读”的，表示此字不论用于任何词语中只读一音（轻声变读不受此限），本表不再举出词例。例如：“阀”字注明“fá（统读）”，原表“军阀”、“学阀”、“财阀”条和原表所无的“阀门”等词均不再举。

三、在字后不注“统读”的，表示此字有几种读音，本表只审订其中有异读的词语的读音。例如“艾”字本有ài和yì两音，本表只举“自怨自艾”一词，注明此处读yì音；至于ài音及其义项，并无异读，不再赘列。

四、有些字有文白二读，本表以“文”和“语”作注。前者一般用于书面语言，用于复音词和文言成语中；后者多用于口语中的单音词及少数日常生活事物的复音词中。这种情况在必要时各举词语为例。例如：“杉”字下注“（一）shān（文）：紫～、红～、水～；（二）shā（语）：～篙、～木”。

五、有些字除附举词例之外，酌加简单说明，以便读者分辨。说明或按具体字义，或按“动作义”“名物义”等区分，例如：“畜”字下注“（一）chù（名物义）：～力、家～、牲～、幼～；（二）xù（动作义）：～产、～牧、～养”。

六、有些字的几种读音中某音用处较窄，另音用处甚宽，则注“除××（较少的词）念乙音外，其他都念甲音”，以避免列举词条繁而未尽、挂一漏万的缺点。例如：“结”字下注“除‘～了个果子’‘开花～果’‘～巴’‘～实’念jiē之外，其他都念jié”。

七、由于轻声问题比较复杂，除《初稿》涉及的部分轻声词之外，本表一般不予审订，并删去部分原审的轻声词，例如“麻刀（dao）”“容易（yi）”等。

八、本表酌增少量有异读的字或词，作了审订。

九、除因第二、六、七各条说明中所举原因而删略的词条之外，本表又删汰了部分词条。主要原因是：1. 现已无异读（如“队伍”“理会”）；2. 罕用词语（如“俵分”“仔密”）；3. 方言土音（如“归里包堆〔zuī〕”“告送〔song〕”）；4. 不常用的文言词语（如“刍荛”“氍毹”）；5. 音变现象（如“胡里八涂〔tū〕”“毛毛腾腾〔tēngtēng〕”）；6. 重复累赘（如原表“色”字的有关词语分列达23条之多）。删汰条目不再编入。

十、人名、地名的异读审订，除原表已涉及的少量词条外，留待以后再审。

## A

阿(一)ā

~訇 ~罗汉 ~木林

~姨

(二)ē

~谀 ~附 ~胶 ~弥陀佛

挨(一)āi

~个 ~近

(二)ái

~打 ~说

癌 ái(统读)

霭 ǎi(统读)

蔼 ǎi(统读)

隘 ài(统读)

谙 ān(统读)

埯 ǎn(统读)

昂 áng(统读)

凹 āo(统读)

拗(一)ào

~口

(二)niù

执~ 脾气很~

坳 ào(统读)

## B

拔 bá(统读)

把 bà

印~子

白 bái(统读)

膀 bǎng

翅~

蚌(一)bàng

蛤~

(二)bèng

~埠

傍 bàng(统读)

磅 bàng

过~

龅 bāo(统读)

胞 bāo(统读)

薄(一)báo(语)

常单用,如"纸很~"。

(二)bó(文)

多用于复音词。

~弱 稀~ 淡~ 尖嘴薄舌 单~ 厚~

堡(一)bǎo

碉~ ~垒

(二)bǔ

~子 ~吴~ 瓦窑~ 柴沟~

(三)pù

十里~

暴(一)bào

~露

(二)pù

一~(曝)十寒

爆 bào(统读)

焙 bèi(统读)

惫 bèi(统读)

背 bèi

~脊 ~静

鄙 bǐ(统读)

俾 bǐ(统读)

笔 bǐ(统读)

比 bǐ(统读)

臂(一)bì

手~ ~膀

(二)bei

胳~

庇 bì(统读)

髀 bì(统读)

避 bì(统读)

辟 bì

复~

裨 bì

~补 ~益

婢 bì(统读)

痹 bì(统读)

壁 bì(统读)

蝙 biān(统读)

遍 biàn(统读)

骠(一)biāo

黄~马

(二)piào

~骑 ~勇

傧 bīn(统读)

缤 bīn(统读)

濒 bīn(统读)

髌 bìn(统读)

屏(一)bǐng

~除 ~弃 ~气 ~息

(二)píng

~藩 ~风

柄 bǐng(统读)

波 bō(统读)

播 bō(统读)

菠 bō(统读)

剥(一)bō(文)

~削

(二)bāo(语)

泊(一)bó

淡~ 飘~ 停~

(二)pō

湖~ 血~

帛 bó(统读)

勃 bó(统读)

钹 bó(统读)

伯(一)bó

~~(bo) 老~

(二)bǎi

大~子(丈夫的哥哥)

箔 bó(统读)

簸(一)bǒ

颠~

(二)bò

~箕
膊 bo
胳~
卜 bo
萝~
醭 bú（统读）
哺 bǔ（统读）
捕 bǔ（统读）
鵏 bǔ（统读）
埠 bù（统读）

**C**

残 cán（统读）
惭 cán（统读）
灿 càn（统读）
藏（一）cáng
矿~
（二）zàng
宝~
糙 cāo（统读）
嘈 cáo（统读）
螬 cáo（统读）
厕 cè（统读）
岑 cén（统读）
差（一）chā（文）
不~累黍 不~什么
偏~ 色~ ~别
视~ 误~ 电势~
一念之~ ~池 ~错
言~语错 一~二错
阴错阳~ ~等 ~额
~价 ~强人意 ~数
~异
（二）chà（语）
~不多 ~不离 ~点儿
（三）cī
参~
猹 chá（统读）
搽 chá（统读）
阐 chǎn（统读）
羼 chàn（统读）
颤（一）chàn
~动 发~
（二）zhàn
~栗（战栗）打~（打战）
韂 chàn（统读）
伥 chāng（统读）
场（一）chǎng
~合 ~所 冷~ 捧~
（二）cháng
外~ 圩~ ~院 一~雨
（三）chang
排~
钞 chāo（统读）
巢 cháo（统读）
嘲 cháo
~讽 ~骂 ~笑
耖 chào（统读）
车（一）chē
安步当~ 杯水~薪
闭门造~ 螳臂当~
（二）jū
（象棋棋子名称）
晨 chén（统读）
称 chèn
~心 ~意 ~职 对~ 相~
撑 chēng（统读）
乘（动作义，念 chéng）
包~制 ~便 ~风破浪 ~客 ~势 ~兴
橙 chéng（统读）
惩 chéng（统读）
澄（一）chéng（文）
~清（如"~清混乱""~清问题"）
（二）dèng（语）
单用，如"把水~清了"。
痴 chī（统读）
吃 chī（统读）
弛 chí（统读）
褫 chǐ（统读）
尺 chǐ
~寸 ~头
豉 chǐ（统读）
侈 chǐ（统读）
炽 chì（统读）
舂 chōng（统读）
冲 chòng
~床 ~模
臭（一）chòu
遗~万年
（二）xiù
乳~ 铜~
储 chǔ（统读）
处 chǔ（动作义）
~罚 ~分 ~决 ~理 ~女 ~置
畜（一）chù（名物义）
~力 家~ 牲~ 幼~
（二）xù（动作义）
~产 ~牧 ~养
触 chù（统读）
搐 chù（统读）
绌 chù（统读）
黜 chù（统读）
闯 chuǎng（统读）
创（一）chuàng
草~ ~举 首~ ~造 ~作
（二）chuāng
~伤 重~
绰（一）chuò
~~有余
（二）chuo
宽~
疵 cī（统读）
雌 cí（统读）

赐 cì（统读）
伺 cì
～候
枞(一)cōng
～树
(二)zōng
～阳〔地名〕
从 cóng（统读）
丛 cóng（统读）
攒 cuán
万头～动 万箭～心
脆 cuì（统读）
撮(一)cuō
～儿 一～儿盐 一～儿匪帮
(二)zuǒ
一～儿毛
措 cuò（统读）

D

搭 dā（统读）
答(一)dá
报～ ～复
(二)dā
～理 ～应
打 dá
苏～ 一～(十二个)
大(一)dà
～夫(古官名) ～王(如爆破～王、钢铁～王)
(二)dài
～夫(医生) ～黄 ～王(如山～王) ～城〔地名〕
呆 dāi(统读)
傣 dǎi(统读)
逮(一)dài(文)如"～捕"。
(二)dǎi(语)单用，如"～蚊子""～特务"。
当(一)dāng
～地 ～间儿 ～年(指过去) ～日(指过去) ～天(指过去) ～时(指过去) 螳臂～车
(二)dàng
一个～俩 安步～车 适～
～年(同一年)
～日(同一时候)
～天(同一天)
档 dàng(统读)
蹈 dǎo（统读）
导 dǎo（统读）
倒(一)dǎo
颠～ 颠～是非
颠～黑白 颠三～四
倾箱～箧 排山～海
～板 ～嚼 ～仓 ～嗓 ～戈 潦～
(二)dào
～粪(把粪弄碎)
悼 dào（统读）
纛 dào（统读）
凳 dèng(统读)
羝 dī（统读）
氐 dī〔古民族名〕
堤 dī(统读)
提 dī
～防
的 dí
～当 ～确
抵 dǐ（统读）
蒂 dì（统读）
缔 dì（统读）
谛 dì（统读）
点 dian
打～(收拾、贿赂)
跌 diē（统读）
蝶 dié（统读）
订 dìng(统读)
都(一)dōu
～来了
(二)dū
～市 首～ 大～(大多)
堆 duī（统读）
吨 dūn（统读）
盾 dùn（统读）
多 duō（统读）
咄 duō（统读）
掇(一)duō("拾取、采取"义)
(二)duo
撺～ 掂～
裰 duō（统读）
踱 duó（统读）
度 duó
忖～ ～德量力

E

婀 ē(统读)

F

伐 fá(统读)
阀 fá(统读)
砝 fǎ(统读)
法 fǎ(统读)
发 fà
理～ 脱～ 结～
帆 fān(统读)
藩 fān(统读)
梵 fàn(统读)
坊(一)fāng
牌～ ～巷
(二)fáng
粉～ 磨～ 碾～ 染～ 油～ 谷～
妨 fáng(统读)
防 fáng(统读)
肪 fáng(统读)

沸 fèi（统读）
汾 fén（统读）
讽 fěng（统读）
肤 fū（统读）
敷 fū（统读）
俘 fú（统读）
浮 fú（统读）
服 fú
～毒 ～药
拂 fú（统读）
辐 fú（统读）
幅 fú（统读）
甫 fǔ（统读）
复 fù（统读）
缚 fù（统读）

**G**

噶 gá（统读）
冈 gāng（统读）
刚 gāng（统读）
岗 gǎng
～楼 ～哨 ～子 门～ 站～
山～子
港 gǎng（统读）
葛（一）gé
　～藤 ～布 瓜～
　（二）gě〔姓〕（包括单、复姓）
隔 gé（统读）
革 gé
～命 ～新 改～
合 gě（一升的十分之一）
给（一）gěi（语）单用。
　（二）jǐ（文）
　补～ 供～ 供～制 ～予
　配～ 自～自足
亘 gèn（统读）
更 gēng
五～ ～生
颈 gěng
脖～子
供（一）gōng
　～给 提～ ～销
　（二）gòng
　口～ 翻～ 上～
佝 gōu（统读）
枸 gǒu
～杞
勾 gòu
～当
估（除"～衣"读 gù 外，都读 gū）
骨（除"～碌""～朵"读 gū 外，都读 gǔ）
谷 gǔ
～雨
锢 gù（统读）
冠（一）guān（名物义）
　～心病
　（二）guàn（动作义）
　沐猴而～ ～军
犷 guǎng（统读）
庋 guǐ（统读）
桧
　（一）guì［树名］
　（二）huì［人名］"秦～"。
刽 guì（统读）
聒 guō（统读）
蝈 guō（统读）
过（除姓氏读 guō 外，都读 guò）

**H**

虾 há
～蟆
哈（一）hǎ
　～达
　（二）hà
　～什蚂
汗 hán
可～
巷 hàng
～道
号 háo
寒～虫
和（一）hè
　唱～ 附～ 曲高～寡
　（二）huo
　搀～ 搅～ 暖～ 热～
　软～
貉（一）hé（文）
　一丘之～
　（二）háo（语）
　～绒 ～子
壑 hè（统读）
褐 hè（统读）
喝 hè
～采 ～道 ～令 ～止 呼幺～六
鹤 hè（统读）
黑 hēi（统读）
亨 hēng（统读）
横（一）héng
　～肉 ～行霸道
　（二）hèng
　蛮～ ～财
訇 hōng（统读）
虹（一）hóng（文）
　～彩 ～吸
　（二）jiàng（语）
　单说。
讧 hòng（统读）
囫 hú（统读）
瑚 hú（统读）
蝴 hú（统读）
桦 huà（统读）
徊 huái（统读）
踝 huái（统读）
浣 huàn（统读）

黄 huáng(统读)
荒 huang
饥～(指经济困难)
诲 huì(统读)
贿 huì(统读)
会 huì
一～儿 多～儿 ～厌(生理名词)
混 hùn
～合 ～乱 ～凝土 ～淆 ～血儿 ～杂
蠖 huò(统读)
霍 huò(统读)
豁 huò
～亮
获 huò(统读)

**J**

羁 jī(统读)
击 jī(统读)
奇 jī
～数
芨 jī(统读)
缉(一)jī
通～ 侦～
(二)qī
～鞋口
几 jī
茶～ 条～
圾 jī(统读)
戢 jí(统读)
疾 jí(统读)
汲 jí(统续)
棘 jí(统读)
藉 jí
狼～(籍)
嫉 jí(统读)
脊 jǐ(统读)
纪(一)jǐ〔姓〕
(二)jì
～念 ～律 纲～ ～元
偈 jì
～语
绩 jì(统读)
迹 jì(统读)
寂 jì(统读)
箕 ji
簸～
辑 ji
逻～
茄 jiā
雪～
夹 jiā
～带藏掖 ～道儿 ～攻 ～棍 ～生 ～杂 ～竹桃 ～注
浃 jiā(统读)
甲 jiǎ(统读)
歼 jiān(统读)
鞯 jiān(统读)
间(一)jiān
～不容发 中～
(二)jiàn
中～儿 ～道 ～谍 ～断 ～或 ～接 ～距 ～隙 ～续 ～阻 ～作 挑拨离～
趼 jiǎn(统读)
俭 jiǎn(统读)
缰 jiāng(统读)
膙 jiǎng(统读)
嚼(一)jiáo(语)
味同～蜡
咬文～字
(二)jué(文)
咀～ 过屠门而大～
(三)jiào
倒～(倒嚼)
侥 jiǎo
～幸
角(一)jiǎo
八～(大茴香) ～落 独～戏 ～膜 ～度 ～儿(犄～) ～楼 勾心斗～ 号～ 口～(嘴～) 鹿～菜 头～
(二)jué
～斗 ～儿(脚色) 口～(吵嘴) 主～儿 配～儿 ～力 捧～儿
脚(一)jiǎo
根～
(二)jué
～儿(也作“角儿”,脚色)
剿(一)jiǎo
围～
(二)chāo
～说 ～袭
校 jiào
～勘 ～样 ～正
较 jiào(统读)
酵 jiào(统读)
嗟 jiē(统读)
疖 jiē(统读)
结(除“～了个果子”“开花～果”“～巴”“～实”念 jiē 之外,其他都念 jié)睫 jié(统读)
芥(一)jiè
～菜(一般的芥菜)
～末
(二)gài
～菜(也作“盖菜”)
～蓝菜
矜 jīn
～持 自～ ～怜
仅 jǐn
～～ 绝无～有

馑 jǐn(统读)
觐 jìn(统读)
浸 jìn(统读)
斤 jin
千～(起重的工具)
茎 jīng(统读)
粳 jīng(统读)
鲸 jīng(统读)
境 jìng(统读)
痉 jìng(统读)
劲 jìng
刚～
窘 jiǒng(统读)
究 jiū (统读)
纠 jiū (统读)
鞠 jū (统读)
鞫 jū (统读)
掬 jū (统读)
苴 jū (统读)
咀 jǔ
～嚼
矩(一)jǔ
～形
(二)ju
规～
俱 jù(统读)
龟 jūn
～裂(也作"皲裂")
菌 (一)jūn
细～ 病～ 杆～ 霉～
(二)jùn
香～ ～子
俊 jùn(统读)

## K

卡 (一)kǎ
～宾枪 ～车 ～介苗 ～片 ～通
(二)qiǎ
～子 关～
揩 kāi (统读)
慨 kǎi (统读)
忾 kài (统读)
勘 kān(统读)
看 kān
～管 ～护 ～守
慷 kāng(统读)
拷 kǎo (统读)
坷 kē
～拉(垃)
疴 kē(统读)
壳 (一)ké(语)
～儿 贝～儿 脑～ 驳～枪
(二)qiào(文)
地～ 甲～ 躯～
可 (一)kě
～～儿的
(二)kè
～汗
恪 kè(统读)
刻 kè(统读)
克 kè
～扣
空 (一)kōng
～心砖 ～城计
(二)kòng
～心吃药
眍 kōu (统读)
矻 kū (统读)
酷 kù (统读)
框 kuàng(统读)
矿 kuàng(统读)
傀 kuǐ (统读)
溃 (一)kuì
～烂
(二)huì
～脓
篑 kuì (统读)
括 kuò (统读)

## L

垃 lā (统读)
邋 lā (统读)
罱 lǎn (统读)
缆 lǎn (统读)
蓝 lan
苤～
琅 láng(统读)
捞 lāo (统读)
劳 láo (统读)
醪 láo (统读)
烙 (一)lào
～印 ～铁 ～饼
(二)luò
炮～(古酷刑)
勒 (一)lè(文)
～逼 ～令 ～派 ～索 悬崖～马
(二)lēi(语) 多单用。
擂(除"～台""打～"读 lèi 外,都读 léi)
礌 léi(统读)
羸 léi(统读)
蕾 lěi(统读)
累(一)lèi
(辛劳义,如"受～"〔受劳～〕)
(二)léi
(如"～赘")
(三)lěi
(牵连义,如"带～""～及""连～""赔～""牵～""受～"〔受牵～〕)
蠡(一)lí
管窥～测
(二)lǐ
～县 范～
喱 lí (统读)

连 lián(统读)
敛 liǎn(统读)
恋 liàn(统读)
量(一)liàng
~入为出 忖~
(二)liang
打~ 掂~
踉 liàng
~跄
潦 liáo
~草 ~倒
劣 liè(统读)
捩 liè(统读)
趔 liè(统读)
拎 līn(统读)
遴 lín(统读)
淋 (一)lín
~浴 ~漓 ~巴
(二)lìn
~硝 ~盐 ~病
蛉 líng(统读)
榴 liú (统读)
馏(一)liú(文)如"干~""蒸~"。
(二)liù(语)如"~馒头"。
镏 liú
~金
碌 liù
~碡
笼(一)lóng(名物义)
~子 牢~
(二)lǒng(动作义)
~络 ~括 ~统 ~罩
偻(一)lóu
佝~
(二)lǚ
伛~
瞜 lou
眍~
虏 lǔ(统读)
掳 lǔ(统读)
露(一)lù(文)
赤身~体 ~天 ~骨 ~头角 藏头~尾 抛头~面 ~头(矿)
(二)lòu(语)
~富 ~苗 ~光 ~相 ~马脚 ~头
榈 lǘ(统读)
捋 (一)lǚ
~胡子
(二)luō
~袖子
绿(一)lǜ(语)
(二)lù(文)
~林 鸭~江
孪 luán(统读)
挛 luán(统读)
掠 lüè (统读)
囵 lún (统读)
络 luò
~腮胡子
落 (一)luò(文)
~膘 ~花生 ~魄 涨~ ~槽 着~
(二)lào(语)
~架 ~色 ~炕 ~枕 ~儿 ~子(一种曲艺)
(三)là(语),遗落义。
丢三~四 ~在后面

## M

脉 (除"~~"念 mòmò 外,一律念 mài)
漫 màn(统读)
蔓(一)màn(文)
~延 不~不支
(二)wàn(语)
瓜~ 压~
牤 māng(统读)
氓 máng
流~
芒 máng(统读)
铆 mǎo (统读)
瑁 mào (统读)
虻 méng(统读)
盟 méng(统读)
祢 mí (统读)
眯 (一)mí
~了眼(灰尘等入目,也作"迷")
(二)mī
~了一会儿(小睡) ~缝着眼(微微合目)
靡(一)mí
~费
(二)mǐ
风~ 委~ 披~
秘 (除"~鲁"读 bì 外,都读 mì)
泌 (一)mì(语)
分~
(二)bì(文)
~阳〔地名〕
娩 miǎn (统读)
缈 miǎo (统读)
皿 mǐn (统读)
闽 mǐn (统读)
茗 míng(统读)
酩 mǐng(统读)
谬 miù (统读)
摸 mō (统读)
模 (一)mó
~范 ~式 ~型 ~糊 ~特儿 ~棱两可
(二)mú
~子 ~具 ~样

膜 mó(统读)
摩 mó
按～ 抚～
嬷 mó(统读)
墨 mò(统读)
耱 mò(统读)
沫 mò(统读)
缪 móu
绸～

**N**

难 (一)nán
困～(或变轻声) ～兄～弟(难得的兄弟,现多用作贬义)
(二)nàn
排～解纷 发～ 刁～ 责～ ～兄～弟(共患难或同受苦难的人)
蝻 nǎn (统读)
蛲 náo (统读)
讷 nè (统读)
馁 něi (统读)
嫩 nèn (统读)
恁 nèn (统读)
妮 nī (统读)
拈 niān (统读)
鲇 nián (统读)
酿 niàng(统读)
尿(一)niào
糖～症
(二)suī(只用于口语名词)
尿(niào)～
～脬
嗫 niè(统读)
宁 (一)níng
安～
(二)nìng
～可 无～〔姓〕
忸 niǔ (统读)
脓 nóng(统读)
弄 (一)nòng
玩～
(二)lòng
～堂
暖 nuǎn(统读)
衄 nǜ (统读)
疟(一)nüè(文)
～疾
(二)yào(语)
发～子
娜(一)nuó
婀～ 袅～
(二)nà
(人名)

**O**

殴 ōu(统读)
呕 ǒu(统读)

**P**

杷 pá (统读)
琶 pá (统读)
牌 pái(统读)
排 pǎi
～子车
迫 pǎi
～击炮
湃 pài (统读)
爿 pán(统读)
胖 pàn
心广体～(～为安舒貌)
蹒 pán (统读)
畔 pàn (统读)
乓 pāng(统读)
滂 pāng(统读)
脬 pāo (统读)
胚 pēi (统读)
喷 (一)pēn
～嚏
(二)pèn
～香
(三)pen
嚏～
澎 péng(统读)
坯 pī (统读)
披 pī (统读)
匹 pǐ (统读)
僻 pì (统读)
譬 pì (统读)
片(一)piàn
～子 唱～ 画～ 相～ 影～ ～儿会
(二)piān(口语一部分词)
～子 ～儿 唱～儿 画～儿 相～儿 影～儿
剽 piāo(统读)
缥 piāo
～缈(飘渺)
撇 piē
～弃
聘 pìn (统读)
乒 pīng(统读)
颇 pō (统读)
剖 pōu(统读)
仆 (一)pū
前～后继
(二)pú
～从
扑 pū (统读)
朴(一)pǔ
俭～ ～素 ～质
(二)pō
～刀
(三)pò
～硝 厚～
蹼 pǔ (统读)

瀑 pù
～布
曝（一）pù
一～十寒
（二）bào
～光（摄影术语）

## Q

栖 qī
两～
戚 qī（统读）
漆 qī（统读）
期 qī（统读）
蹊 qī
～跷
蛴 qí（统读）
畦 qí（统读）
萁 qí（统读）
骑 qí（统读）
企 qǐ（统读）
绮 qǐ（统读）
杞 qǐ（统读）
槭 qì（统读）
洽 qià（统读）
签 qiān（统读）
潜 qián（统读）
荨（一）qián（文）
～麻
（二）xún（语）
～麻疹
嵌 qiàn（统读）
欠 qian
打哈～
戕 qiāng（统读）
镪 qiāng
～水
强（一）qiáng
～渡 ～取豪夺 ～制 博闻～识
（二）qiǎng
勉～ 牵～ ～词夺理 ～迫 ～颜为笑
（三）jiàng
倔～
襁 qiǎng（统读）
跄 qiàng（统读）
悄（一）qiāo
～～儿的
（二）qiǎo
～默声儿的
橇 qiāo（统读）
翘（一）qiào（语）
～尾巴
（二）qiáo（文）
～首 ～楚 连～
怯 qiè（统读）
挈 qiè（统读）
趄 qie
趔～
侵 qīn（统读）
衾 qīn（统读）
噙 qín（统读）
倾 qīng（统读）
亲 qìng
～家
穹 qióng（统读）
黢 qū（统读）
曲（麯）qū
大～ 红～ 神～
渠 qú（统读）
瞿 qú（统读）
蠼 qú（统读）
苣 qǔ
～荬菜
龋 qǔ（统读）
趣 qù（统读）
雀 què
～斑 ～盲症

## R

髯 rán（统读）
攘 rǎng（统读）
桡 ráo（统读）
绕 rào（统读）
任 rén〔姓，地名〕
妊 rèn（统读）
扔 rēng（统读）
容 róng（统读）
糅 róu（统读）
茹 rú（统读）
孺 rú（统读）
蠕 rú（统读）
辱 rǔ（统读）
挼 ruó（统读）

## S

靸 sǎ（统读）
噻 sāi（统读）
散（一）sǎn
懒～ 零零～～ ～漫
（二）san
零～
丧 sang
哭～着脸
扫（一）sǎo
～兴
（二）sào
～帚
埽 sào（统读）
色（一）sè（文）
（二）shǎi（语）
塞（一）sè（文）动作义。
（二）sāi（语）名物义，如：“活～”“瓶～”；动作义，如：“把洞～住”。
森 sēn（统读）
煞（一）shā
～尾 收～
（二）shà
～白
啥 shá（统读）
厦（一）shà（语）

（二）xià（文）
～门 嚄～
杉（一）shān（文）
紫～ 红～ 水～
（二）shā（语）
～篙 ～木
衫 shān（统读）
姗 shān（统读）
苫（一）shàn（动作义，如“～布”）
（二）shān（名物义，如“草～子”）
墒 shāng（统读）
猞 shē（统读）
舍 shè
宿～
慑 shè（统读）
摄 shè（统读）
射 shè（统读）
谁 shéi，又音 shuí
娠 shēn（统读）
什（甚）shén
～么
蜃 shèn（统读）
葚（一）shèn（文）
桑～
（二）rèn（语）
桑～儿
胜 shèng（统读）
识 shí
常～ ～货 ～字
似 shì
～的
室 shì（统读）
螫（一）shì（文）
（二）zhē（语）
匙 shi
钥～
殊 shū（统读）
蔬 shū（统读）
疏 shū（统读）
叔 shū（统读）
淑 shū（统读）
菽 shū（统读）
熟（一）shú（文）
（二）shóu（语）
署 shǔ（统读）
曙 shǔ（统读）
漱 shù（统读）
戍 shù（统读）
蟀 shuài（统读）
孀 shuāng（统读）
说 shuì
游～
数 shuò
～见不鲜
硕 shuò（统读）
蒴 shuò（统读）
艘 sōu（统读）
嗾 sǒu（统读）
速 sù（统读）
塑 sù（统读）
虽 suī（统读）
绥 suí（统读）
髓 suǐ（统读）
遂（一）suì
不～ 毛～自荐
（二）suí
半身不～
隧 suì（统读）
隼 sǔn（统读）
莎 suō
～草
缩（一）suō
收～
（二）sù
～砂密（一种植物）
嗍 suō（统读）
索 suǒ（统读）

## T

趿 tā（统读）
鳎 tǎ（统读）
獭 tǎ（统读）
沓（一）tà
重～
（二）ta
疲～
（三）dá
一～纸
苔（一）tái（文）
（二）tāi（语）
探 tàn（统读）
涛 tāo（统读）
悌 tì（统读）
佻 tiāo（统读）
调 tiáo
～皮
帖（一）tiē
妥～ 伏伏～～ 俯首～耳
（二）tiě
请～ 字～儿
（三）tiè
字～ 碑～
听 tīng（统读）
庭 tíng（统读）
骰 tóu（统读）
凸 tū（统读）
突 tū（统读）
颓 tuí（统读）
蜕 tuì（统读）
臀 tún（统读）
唾 tuò（统读）

## W

娲 wā（统读）
挖 wā（统读）

瓦 wà

~刀

㖞 wāi（统读）

蜿 wān（统读）

玩 wán（统读）

惋 wǎn（统读）

脘 wǎn（统读）

往 wǎng（统读）

忘 wàng（统读）

微 wēi（统读）

巍 wēi（统读）

薇 wēi（统读）

危 wēi（统读）

韦 wéi（统读）

违 wéi（统读）

唯 wéi（统读）

圩（一）wéi

~子

（二）xū

~（墟）场

纬 wěi（统读）

委 wěi

~靡

伪 wěi（统读）

萎 wěi（统读）

尾（一）wěi

~巴

（二）yǐ

马~儿

尉 wèi

~官

文 wén（统读）

闻 wén（统读）

紊 wěn（统读）

喔 wō（统读）

蜗 wō（统读）

硪 wò（统读）

诬 wū（统读）

梧 wú（统读）

牾 wǔ（统读）

乌 wù

~拉（也作“靰鞡”）~拉草

杌 wù（统读）

鹜 wù（统读）

## X

夕 xī（统读）

汐 xī（统读）

晰 xī（统读）

析 xī（统读）

皙 xī（统读）

昔 xī（统读）

溪 xī（统读）

悉 xī（统读）

熄 xī（统读）

蜥 xī（统读）

螅 xī（统读）

惜 xī（统读）

锡 xī（统读）

樨 xī（统读）

袭 xí（统读）

檄 xí（统读）

峡 xiá（统读）

暇 xiá（统读）

吓 xià

杀鸡~猴

鲜 xiān

屡见不~ 数见不~

锨 xiān（统读）

纤 xiān

~维

涎 xián（统读）

弦 xián（统读）

陷 xiàn（统读）

霰 xiàn（统读）

向 xiàng（统读）

相 xiàng

~机行事

淆 xiáo（统读）

哮 xiào（统读）

些 xiē（统读）

颉 xié

~颃

携 xié（统读）

偕 xié（统读）

挟 xié（统读）

械 xiè（统读）

馨 xīn（统读）

囟 xìn（统读）

行 xíng

操~ 德~ 发~ 品~

省 xǐng

内~ 反~ ~亲 不~人事

芎 xiōng（统读）

朽 xiǔ（统读）

宿 xiù

星~ 二十八~

煦 xù（统读）

蓿 xu

苜~

癣 xuǎn（统读）

削（一）xuē（文）

剥~ ~减 瘦~

（二）xiāo（语）

切~ ~铅笔 ~球

穴 xué（统读）

学 xué（统读）

雪 xuě（统读）

血（一）xuè（文）用于复音词及成语，如“贫~”“心~”“呕心沥~”“~泪史”“狗~喷头”等。

（二）xiě（语）口语多单用，如“流了点儿~”及几个口语常用词，如：“鸡~”“~晕”“~块子”等。

谑 xuè(统读)
寻 xún(统读)
驯 xùn(统读)
逊 xùn(统读)
熏 xùn
煤气～着了
徇 xùn(统读)
殉 xùn(统读)
蕈 xùn(统读)

## Y

押 yā(统读)
崖 yá(统读)
哑 yǎ
～然失笑
亚 yà(统读)
殷 yān
～红
芫 yán
～荽
筵 yán(统读)
沿 yán(统读)
焰 yàn(统读)
夭 yāo(统读)
肴 yáo(统读)
杳 yǎo(统读)
舀 yǎo(统读)
钥(一) yào(语)
～匙
(二) yuè(文)
锁～
曜 yào(统读)
耀 yào(统读)
椰 yē (统读)
噎 yē (统读)
叶 yè
～公好龙
曳 yè
弃甲～兵　摇～　～光弹
屹 yì(统读)
轶 yì(统读)
谊 yì(统读)
懿 yì(统读)
诣 yì(统读)
艾 yì
自怨自～
荫 yìn(统读)
("树～""林～道"应作"树阴""林阴道")
应(一) yīng
～届　～名儿　～许　提出的条件他都～了　是我～下来的任务
(二) yìng
～承　～付　～声　～时　～验　～邀　～用　～运　～征　里～外合
萦 yíng(统读)
映 yìng(统读)
佣 yōng
～工
庸 yōng(统读)
臃 yōng(统读)
壅 yōng(统读)
拥 yōng(统读)
踊 yǒng(统读)
咏 yǒng(统读)
泳 yǒng(统读)
莠 yǒu (统读)
愚 yú (统读)
娱 yú (统读)
愉 yú (统读)
伛 yǔ (统读)
屿 yǔ (统读)
吁 yù
呼～
跃 yuè(统读)
晕(一) yūn
～倒　头～
(二) yùn
月～　血～　～车
酝 yùn(统读)

## Z

匝 zā(统读)
杂 zá(统读)
载(一) zǎi
登～　记～
(二) zài
搭～　怨声～道　重～　装～　～歌～舞
簪 zān(统读)
咱 zán(统读)
暂 zàn(统读)
凿 záo(统读)
择(一) zé
选～
(二) zhái
～不开　～菜　～席
贼 zéi (统读)
憎 zēng(统读)
甑 zèng(统读)
喳 zhā
唧唧～～
轧(除"～钢""～辊"念 zhá 外,其他都念 yà)(gá 为方言,不审)
摘 zhāi(统读)
粘 zhān
～贴
涨 zhǎng
～落　高～
着(一) zháo
～慌　～急　～家　～凉　～忙　～迷　～水　～雨
(二) zhuó
～落　～手　～眼　～意　～重　不～边际
(三) zhāo

失～
沼 zhǎo(统读)
召 zhào(统读)
遮 zhē(统读)
蛰 zhé(统读)
辙 zhé(统读)
贞 zhēn(统读)
侦 zhēn(统读)
帧 zhēn(统读)
胗 zhēn(统读)
枕 zhěn(统读)
诊 zhěn(统读)
振 zhèn(统读)
知 zhī(统读)
织 zhī(统读)
脂 zhī(统读)
植 zhí(统读)
殖(一)zhí
繁～ 生～ ～民
(二)shi
骨～
指 zhǐ(统读)
掷 zhì(统读)
质 zhì(统读)
蛭 zhì(统读)
秩 zhì(统读)
栉 zhì(统读)
炙 zhì(统读)
中 zhōng
人～(人口上唇当中处)
种 zhòng
点～(义同"点播"。动宾结构念 diǎnzhǒng,义为点播种子)
诌 zhōu(统读)
骤 zhòu(统读)
轴 zhòu
大～子戏 压～子
碡 zhou
碌～
烛 zhú(统读)
逐 zhú(统读)
属 zhǔ
～望
筑 zhù(统读)
著 zhù
土～
转 zhuǎn
运～
撞 zhuàng(统读)
幢(一)zhuàng
一～楼房
(二)chuáng
经～(佛教所设刻有经咒的石柱)
拙 zhuō(统读)
茁 zhuó(统读)
灼 zhuó(统读)
卓 zhuó(统读)
综 zōng
～合
纵 zòng(统读)
粽 zòng(统读)
镞 zú(统读)
组 zǔ(统读)
钻(一)zuān
～探 ～孔
(二)zuàn
～床 ～杆 ～具
佐 zuǒ(统读)
唑 zuò(统读)
柞(一)zuò
～蚕 ～绸
(二)zhà
～水(在陕西)
做 zuò(统读)
作(除"～坊"读 zuō 外,其余都读 zuò)

# 第四章　多音节词语测试指导

## 第一节　多音节词语测试项说明

### 一、模拟试题

读多音节词语（100 个音节，限时 2.5 分钟，共 20 分）

| | | | | | | | |
|---|---|---|---|---|---|---|---|
| 抓紧 | 率领 | 荒唐 | 宣传 | 贵宾 | 凯歌 | 内幕 | 一会儿 |
| 灭亡 | 草地 | 名家 | 漂亮 | 庄严 | 脆弱 | 帮助 | 画画儿 |
| 宗教 | 穷苦 | 沙漠 | 快乐 | 歉疚 | 文雅 | 掠取 | 打盹儿 |
| 决心 | 迅速 | 迥然 | 时候 | 下海 | 女性 | 烦闷 | 老伴儿 |
| 蛙泳 | 摄影 | 恩典 | 锻炼 | 只有 | 跑车 | 恳请 | 棍子 |
| 暖和 | 飞翔 | 发送 | 碰杯 | 闰年 | 全体 | 别扭 | 存在 |
| 铁窗 | 搜查 | | | | | | |

### 二、测试目的

《普通话水平测试大纲》规定：“多音节词语测试的目的是测查应试人声母、韵母、声调和变调、轻声、儿化读音的标准程度。”

### 三、试卷的构成与要求

（1）词语的 70% 选自《普通话水平测试用普通话词语表》“表一”,30% 选自“表二”。

（2）声母、韵母、声调出现的次数与读单音节字词的要求相同。

（3）上声与上声相连的词语不少于 3 个，上声与非上声相连的词语不少于 4 个，轻声不少于 3 个，儿化不少于 4 个（应为不同的儿化韵母）。

（4）词语的排列要避免同一测试要素连续出现。

### 四、评分标准

（1）语音错误，每个音节扣 0.2 分。

（2）语音缺陷，每个音节扣 0.1 分。

（3）超时 1 分钟以内，扣 0.5 分；超时 1 分钟以上（含 1 分钟），扣 1 分。

说明：

该项测试是前一项测试的继续与提升，要求应试者在 2.5 分钟内正确地读出规定的 45 ~47 个双音节词语、2 个三音节词语、1 ~0 个四音节词语（共 100 个音节），这些多音节词语中包括普通话音系的所有声母、韵母、声调及轻声、儿化与连读变调。

1. 关于“多音节词语错误”的判定

(1) 基本声韵调的发音评判标准与前项测试相同；

(2) 两个上声音节相连时没有按应有的规律变调；

(3) “一”“不”在连读时发生变调错误；

(4) 轻声音节没有读轻声；

(5) 轻声音节违背轻声连读的音高模式；

(6) 儿化音节没有读儿化韵；

(7) 儿化音节读成两个音节；

(8) 语气助词“啊”在连读中未按规律音变。

2. 关于“双音节词语缺陷”的判定

(1) 基本声韵调发音的评判标准与前项测试相同；

(2) 儿化卷舌色彩不明显或发音生硬；

(3) “中·重”格式的双音节词语读为“重·次轻”格式，第二个音节判为缺陷，例如：国家、汽车、出版等。

本项“读多音节词语”与第一项“读单音节字词”两项测试内容若有一项失分超过该项总分的10%（即前一项失1分或后一项失2分），即被判定应试人的普通话水平不能进入一级。应试者若有较为明显的语音缺陷，即使测试总分达到一级甲等也要降级，只能评定为一级乙等。

## 第二节　多音节词语测试指导

### 一、读准多音节词语

与“读单音节字词”相比，“读多音节词语50个”尽管音节数量没有增加，但所占分值却增加了1倍，为20分。如果扣分达到2分，将很难进入一级；如扣分超过3分，则很难进入二级。而且，考查的内容也有所增加，除了考查应试者声、韵、调的发音外，还要考查轻声、儿化、变调等音变现象。在多音节词语测试中，除要注意单音节字词所有的辨正项目外，还应注意以下几点。

#### （一）正确读双音节词语

双音节词语并不是简单的两个单音节相加，而是气息相连，有连贯性，形成一个小语流，在读的过程中不能字化，应是自然过渡、完整流畅的一个整体。

测试中常见的问题即把两个音节分离、割断，形不成一个整体；另一种极端现象则是因语速过快而使词与词之间也连成一片。测试时要注意，既要将词语的完整性体现出来，又要使词与词之间有明显的间隔。

#### （二）努力分辨轻声词

轻声是普通话里一种特殊的音变现象，简单说就是语流中一种音节弱化的现象，轻、短、模糊是其发音特点。在本测试项中，轻声出现的次数不少于4次，而轻声又没有提示符号，所以判断轻声就显得十分重要。

1. 了解轻声的规律。一般来说，结构助词，语气助词，动态助词，名词性后缀“子”“儿”“头”等表示复数的“们”和用在名词、代词后面表示方位的语素或词，都要轻读。如“值得”“懂得”“外边”“屋里”“念头”“我们”等。

2. 有重点地记忆些习惯性轻声词。普通话里，有许多口语中常用的双音节词，其第二音节习惯上读轻声。对这一部分轻声词可以有重点地进行练习。如，“地道”“痛快”“女婿”“暖和”“在乎”“工夫”“灯笼”等。

普通话的轻声不是人为的读音，它有变义的功能，因此，普通话的规范轻声词语必须要读轻声。又因为南方方言基本没有词汇轻声现象，所以这对南方方言区的应试者是一个语音难点。轻声音节在听感上的体现是音量减小，但它的本质特征是音长（时值）的相对缩短。方言区的人要掌握轻声词语的正确发音，可有意适当地延长第一音节的音长，缩短第二音节的音长，使一、二音节在发音的时值上形成比较明显的对比，这样，轻声轻而短的音感特点自然就会显现出来，这是一种较有效的训练方法。

### （三）注意变调音节的正确发音

普通话中，变调主要包括上声变调，“一”“不”的变调等几种类型。测试中常见的问题是：变调音节调值不到位。如上声变调“理想”，读“理”时没有变调为阳平，读得仍像上声；“一”“不”也有类似情况。读变调词语时，一方面要把调值读准，另一方面要注意音节与音节之间的连续性。

### （四）读准儿化词

儿化，就是发音时音节的韵母增加卷舌动作的一种语流音变现象。一般的儿化词都带有“儿”字，只要正确读出即可。如“老头儿”“有点儿”“拈阄儿”等。需要注意的是，有些无儿化方言区的应试者或没有学过普通话知识的人容易把“儿”作为一个汉字读出来，这样就使得本应读成两个音节的词变成了三个音节，要按错误扣分。

读准儿化词要注意两个方面的问题。

首先，要对儿化词进行分辨。普通话中，有一些词是必读儿化词，如“一会儿”；有一些词则不是儿化词，如“健儿”，“儿”是一个独立的音节，并且表达一定实在的意义。而儿化词中“儿”则没有任何实在意义。

其次，从音节数量上也可以对儿化词进行分辨。一般测试题中儿化词往往以三个汉字的形式出现，如“手绢儿”“聊天儿”“面条儿”等，如为两个字（一个词），如“女儿”“娇儿”等，则不是儿化词，不能读作儿化。

第三，掌握好发音要领，把普通话中的必读儿化词读准。

普通话的儿化也不是一种人为的语音现象，它有辨别词义、表达某种语义色彩的作用，所以，我们也必须要掌握。儿化的 r 在儿化韵中并不代表一个音素，它只是一个卷舌动作的标记。r 放在儿化韵的末尾并不表示它的发音也在被儿化的音节的最后，它应该在发儿化韵主元音的同时，附加上卷舌动作，使儿化韵母具有卷舌色彩。要想发好儿化韵，还要先练好“儿”的发音，掌握了这些要领，发儿化音也就不再是一件难事。

### （五）重视双音节词语中第二个音节的声调的发音

在连续的语流中，由于音节与音节的接触，从理论上说每一个音节都有可能发生音变的现象，尤其是声调的变化，则更为普遍。不过，在双音节词语的朗读中，一般只有第一个音节可能出现音变现象，第二个音节不出现此类现象。也就是说，读双音节词语时，除去轻声、儿化等音变现象外，第二个音节必须读原调，并且声调的发音要充足，尤其是阳平和上声，否则，发音就不准确。

测试中常见的问题是：词语末尾为上声时，只读一半，如“赡养”“枢纽”“着火”“脑髓”“宏伟”“渲染”等；词语末尾为阳平时，扬不上去，如“收留”“首席”“亲缘”“偏旁”“狡猾”等。这样累积起来，扣分就会大大增多，也将影响应试者的成绩。

### （六）注重双音节词语的轻重格式

在普通话里，双音节词语中的每个音节由于音量上的不均衡都会出现轻重强弱的差别，这就是词语的轻重格式。读双音节词语时，为了确保发音准确、规范，符合普通话的要求，一方面要准确掌握声母、韵母、声调、变调等的正确发音，另一方面也要适当注意词语的轻重格式。

除轻声外，绝大多数的双音节词语都习惯读成“中·重”格式，如“油然”“阅读”“恳切”“走访”“牛奶”“熊猫”等。读成“中·重”格式的要点是：把第二个音节读得调值相对足一些，完整一些，整个音节的音长长一些，音强重一些。

## 二、应试技巧

1. 按横排依次读，不要把词语分开读。

2. 每个词读一遍，如果确实需要改，可以读第二遍，但不允许读第三遍、第四遍。有第二遍读音的，一律以第二遍读音为准进行判定。

3. 准备时，可先挑出“儿化音”和“轻声词”（各3~6个）进行练习。

4. 不要省略某个词的读音，否则以错误对待，扣除该词的全部分数。

5. 本题限时2.5分钟，超时扣分。超时1分钟以内，扣0.5分；超时1分钟以上（含1分钟），扣1分。

6. 其他要求（发音到位、语速适中等）与第一题的要求一致。

【附录】

### 常见的易误读的字词

由于方言影响、影视误导、一字多音多义、工具书注音混乱及字词自身区别意义不明显等原因，说不准普通话的人很多。除了比较生僻的字词以外，常见的易误读的字词有：

（一）

| | | | |
|---|---|---|---|
| 狭隘（xiá'ài） | 蝙蝠（biānfú） | 编纂（biānzuǎn） | 蚌埠（bèngbù） |
| 哺育（bǔyù） | 匕首（bǐshǒu） | 萝卜（luó·bo） | 胳膊（gēbo） |
| 巡捕（xúnbǔ） | 粗糙（cūcāo） | 差错（chācuò） | 炽热（chìrè） |
| 唱片（chàngpiàn） | 创伤（chuāngshāng） | 对称（duìchèn） | 绰号（chuòhào） |
| 忏悔（chànhuǐ） | 参差（cēncī） | 提防（dī·fang） | 档次（dàngcì） |
| 癫痫（diānxián） | 追悼（zhuīdào） | 订正（dìngzhèng） | 呆板（dāibǎn） |
| 而且（érqiě） | 阿谀（ēyú） | 复杂（fùzá） | 腹腔（fùqiāng） |

| | | | |
|---|---|---|---|
| 气氛（qìfēn） | 仿佛（fǎngfú） | 讣告（fùgào） | 果脯（guǒfǔ） |
| 供给（gōngjǐ） | 山冈（shān'gāng） | 供认（gòngrèn） | 疙瘩（gē·da） |
| 楼阁（lóugé） | 混乱（hùnluàn） | 几乎（jīhū） | 教诲（jiàohuì） |
| 罕见（hǎnjiàn） | 奇数（jīshù） | 雪茄（xuějiā） | 间断（jiànduàn） |
| 俊俏（jùnqiào） | 颈椎（jǐngzhuī） | 根茎（gēnjīng） | 校对（jiàoduì） |
| 比较（bǐjiào） | 疾病（jíbìng） | 细菌（xìjūn） | 解数（xièshù） |
| 阶段（jiēduàn） | 畸形（jīxíng） | 内疚（nèijiù） | 发酵（fājiào） |
| 汲取（jíqǔ） | 脊梁（jǐ·liang） | 针灸（zhēnjiǔ） | 矩形（jǔxíng） |
| 夹层（jiācéng） | 一刻钟（yīkèzhōng） | 俘虏（fúlǔ） | 质量（zhìliàng） |
| 露天（lùtiān） | 两栖（liǎngqī） | 蓓蕾（bèilěi） | 伪劣（wěiliè） |
| 度量衡（dùliànghéng） | 例外（lìwài） | 风靡（fēngmǐ） | 模具（mújù） |
| 勉强（miǎnqiǎng） | 联袂（liánmèi） | 模糊（mó·hu） | 呕吐（ǒutù） |
| 糟粕（zāopò） | 活泼（huópō） | 包庇（bāobì） | 关卡（guānqiǎ） |
| 翘首（qiáoshǒu） | 怯懦（qiènuò） | 侵略（qīnlüè） | 强劲（qiángjìng） |
| 悄然（qiǎorán） | 恰当（qiàdàng） | 围绕（wéirào） | 妊娠（rènshēn） |
| 塞车（sāichē） | 漱口（shùkǒu） | 游说（yóushuì） | 塑料（sùliào） |
| 虽然（suīrán） | 骨髓（gǔsuǐ） | 收缩（shōusuō） | 结束（jiéshù） |
| 常识（chángshí） | 栓塞（shuānsè） | 熟悉（shú·xi） | 丧钟（sāngzhōng） |
| 赡养（shànyǎng） | 扫帚（sào·zhou） | 狩猎（shòuliè） | 矢口（shǐkǒu） |
| 标识（biāozhì） | 调皮（tiáopí） | 蜕变（tuìbiàn） | 可恶（kěwù） |
| 纤维（xiānwéi） | 违章（wéizhāng） | 肖像（xiàoxiàng） | 眩晕（xuànyùn） |
| 侮辱（wǔrǔ） | 向往（xiàngwǎng） | 兴奋（xīngfèn） | 琴弦（qínxián） |
| 混淆（hùnxiáo） | 挟持（xiéchí） | 穴位（xuéwèi） | 徇私（xùnsī） |
| 削弱（xuēruò） | 乳臭（rǔxiù） | 膝盖（xīgài） | 木屑（mùxiè） |
| 咆哮（páoxiào） | 分析（fēnxī） | 亚洲（Yàzhōu） | 河沿（héyán） |
| 造诣（zàoyì） | 酝酿（yùnniàng） | 友谊（yǒuyì） | 参与（cānyù） |
| 殷红（yānhóng） | 应用（yìngyòng） | 打颤（dǎzhàn） | 暂时（zànshí） |
| 脂肪（zhīfáng） | 运转（yùnzhuǎn） | 碰撞（pèngzhuàng） | 钻探（zuāntàn） |
| 笨拙（bènzhuō） | 作坊（zuō·fang） | 着重（zhuózhòng） | 证券（zhèngquàn） |
| 挣脱（zhèngtuō） | 高涨（gāozhǎng） | 沼泽（zhǎozé） | 琢磨（zhuómó）（zuó·mo） |
| 浙江（zhèjiāng） | 挣扎（zhēngzhá） | 确凿（quèzáo） | |

## （二）

| 序号 | 字 | 词语举例 | 规范读音 | 误读 | 备注 |
|---|---|---|---|---|---|
| 1 | 挨 | 挨骂 挨打 挨批 挨揍 | ái | āi | |
| 2 | 凹 | 凹陷 凹凸 凹面 凹版 | āo | wā | |
| 3 | 薄 | 薄田 薄地 薄饼 薄板 | báo | bó | |
| 4 | 曝 | 曝光 曝丑 | bào | pù | |

续表

| 序号 | 字 | 词语举例 | 规范读音 | 误读 | 备注 |
|---|---|---|---|---|---|
| 5 | 乘 | 乘客　乘车　乘机　乘便 | chéng | chèng | |
| 6 | 惩 | 惩办　惩处　惩罚　惩治 | chéng | chěng | 统读 |
| 7 | 骋 | 驰骋　骋怀　骋目　骋望 | chěng | chéng | 统读 |
| 8 | 处 | 处理　处分　处方　处境 | chǔ | chù | |
| 9 | 挫 | 挫折　挫败　挫伤　挫损 | cuò | cuō | 统读 |
| 10 | 答 | 答应　答腔　答理　搭讪 | dā | dá | |
| 11 | 答 | 答谢　答案　答话　答礼 | dá | dā | |
| 12 | 逮 | 逮捕　逮及　逮至　不逮 | dài | dǎi | |
| 13 | 法 | 法国　法理　法制　法网 | fǎ | fà | 统读 |
| 14 | 发 | 头发　发屋　发型　发指 | fà | fā | |
| 15 | 符 | 符合　相符 | fú | fǔ | 统读 |
| 16 | 复 | 复杂　复习　复合　复活 | fù | fǔ | 统读 |
| 17 | 勾 | 勾当 | gòu | gōu | |
| 18 | 冠 | 桂冠　王冠 | guān | guàn | |
| 19 | 好 | 君子好逑 | hǎo | hào | |
| 20 | 吓 | 恐吓　恫吓 | hè | xià | |
| 21 | 还 | 还看今朝　还来就菊花 | hái | huán | |
| 22 | 给 | 给以 | gěi | jǐ | |
| 23 | 会 | 一会儿　坐会　等会　玩会 | huì | huǐ | |
| 24 | 即 | 即使　即便　即可　立即 | jí | jì | 统读 |
| 25 | 嫉 | 嫉妒　嫉恨　嫉贤妒能 | jí | jì | 统读 |
| 26 | 济 | 济济一堂　人才济济 | jǐ | jì | |
| 27 | 给 | 给予　给付　给养　给水 | jǐ | gěi | |
| 28 | 假 | 假日　假期　请假　放假 | jià | jiǎ | |
| 29 | 结 | 结实　开花结果 | jiē | jié | |
| 30 | 结 | 结婚　结冰　结果　结尾 | jié | jiē | |
| 31 | 较 | 较好　较差　比较 | jiào | jiǎo | 统读 |
| 32 | 尽 | 尽管　尽快　尽量　尽早 | jǐn | jìn | |

续表

| 序号 | 字 | 词语举例 | 规范读音 | 误读 | 备注 |
|---|---|---|---|---|---|
| 33 | 角 | 角色　名角　角斗　角力 | jué | jiǎo | |
| 34 | 看 | 看管　看护　看家　看门 | kān | kàn | |
| 35 | 累 | 累赘 | léi | lèi | |
| 36 | 累 | 连累　牵累　带累　累及 | lěi | lèi | |
| 37 | 骑 | 坐骑　轻骑　铁骑 | qí | jì | 统读 |
| 38 | 潜 | 潜伏　潜藏　潜能　潜力 | qián | qiǎn | 统读 |
| 39 | 侵 | 侵入　侵略　侵害　侵犯 | qīn | qǐn | 统读 |
| 40 | 倾 | 倾向　倾诉　倾谈　倾注 | qīng | qǐng | 统读 |
| 41 | 仍 | 仍然　仍旧 | réng | rēng | 统读 |
| 42 | 儒 | 儒家　儒将　儒教　儒学 | rú | rǔ | 统读 |
| 43 | 孺 | 孺子 | rú | rǔ | 统读 |
| 44 | 胜 | 不可胜数　不胜枚举 | shèng | shēng | 统读 |
| 45 | 室 | 教室　卧室　室内　室外 | shì | shǐ | 统读 |
| 46 | 听 | 听从　听候　听写　听取 | tīng | tìng | 统读 |
| 47 | 渲 | 渲染 | xuàn | xuān | 统读 |
| 48 | 血 | 血糊糊　鸡血　吐血 | xiě | xiè xuè | |
| 49 | 血 | 血案　血本　血崩　血红 | xuè | xiě xiè | |
| 50 | 衣 | 衣锦还乡 | yī | yì | |
| 51 | 为 | 为此　为之动容 | wèi | wéi | |
| 52 | 为 | 因为 | wèi | wéi | |
| 53 | 载 | 车载斗量　载歌载舞　装载 | zài | zǎi | |
| 54 | 咱 | 咱们　咱家 | zán | zá | 统读 |
| 55 | 暂 | 暂时　暂定　暂且　暂行 | zàn | zǎn | 统读 |
| 56 | 着 | 着急　着火　着凉　着边 | zháo | zhāo | |
| 57 | 召 | 召唤　召开　召见　召集 | zhào | zhāo | 统读 |
| 58 | 憎 | 憎恨　憎恶　面目可憎 | zēng | zèng | 统读 |
| 59 | 质 | 质量　质朴　质地 | zhì | zhǐ | 统读 |
| 60 | 卓 | 卓越　卓著　卓识　卓见 | zhuó | zhuō | 统读 |

## 【拓展阅读】

# 普通话水平测试用词语表

### 表一

**A**

阿姨 āyí
挨 āi
挨 ái
爱国 àiguó
爱好 àihào
爱护 àihù
爱情 àiqíng
安定 āndìng
安静 ānjìng
安排 ānpái
安培 ānpéi
安全 ānquán
安慰 ānwèi
安心 ānxīn
安置 ānzhì
安装 ānzhuāng
氨基酸 ānjīsuān
岸 àn
按照 ànzhào
案件 ànjiàn
暗示 ànshì
暗中 ànzhōng
凹 āo
熬 áo
敖 áo
奥秘 àomì
奥运会 àoyùnhuì

**B**

巴 bā
扒 bā
拔 bá
把握 bǎwò
爸 bà
罢工 bàgōng
白色 báisè
白天 bái·tiān
百年 bǎinián
百姓 bǎixìng
摆动 bǎidòng
摆脱 bǎituō
般 bān
颁布 bānbù
搬家 bānjiā
搬运 bānyùn
板凳 bǎndèng
版块 bǎnkuài
办法 bànfǎ
办公室 bàngōngshì
办理 bànlǐ
办事 bànshì
半导体 bàndǎotǐ
半岛 bàndǎo
半径 bànjìng
半天 bàntiān
半夜 bànyè
扮演 bànyǎn
伴随 bànsuí
伴奏 bànzòu
瓣 bàn
帮忙 bāngmáng
帮助 bāngzhù
榜样 bǎngyàng
傍晚 bàngwǎn
包含 bāohán
包括 bāokuò
包围 bāowéi
包装 bāozhuāng
孢子 bāozǐ
炮 bāo
薄 báo
饱和 bǎohé
宝贝 bǎobèi
宝贵 bǎoguì
宝石 bǎoshí
保持 bǎochí
保存 bǎocún
保管 bǎoguǎn
保护 bǎohù
保留 bǎoliú
保守 bǎoshǒu
保卫 bǎowèi
保险 bǎoxiǎn
保障 bǎozhàng
保证 bǎozhèng
报酬 bào·chou
报道 bàodào
报复 bào·fù
报告 bàogào
报刊 bàokān
报名 bàomíng
报纸 bàozhǐ
抱 bào
暴动 bàodòng
暴力 bàolì
暴露 bàolù
暴雨 bàoyǔ
爆发 bàofā
爆炸 bàozhà
杯 bēi
背 bēi
悲哀 bēi'āi
悲惨 bēicǎn
悲剧 bēijù
北方 běifāng
贝 bèi
备 bèi
背后 bèihòu
背景 bèijǐng
倍 bèi
被动 bèidòng
被告 bèigào
辈 bèi
奔跑 bēnpǎo
本地 běndì
本来 běnlái
本领 běnlǐng
本能 běnnéng
本人 běnrén
本身 běnshēn
本事 běnshì
本事 běn·shi
本体 běntǐ
本性 běnxìng
本质 běnzhì
苯 běn
奔 bèn
笨 bèn
崩溃 bēngkuì
蹦 bèng
逼 bī

鼻孔 bíkǒng
比价 bǐjià
比较 bǐjiào
比例 bǐlì
比如 bǐrú
比赛 bǐsài
比喻 bǐyù
比重 bǐzhòng
彼此 bǐcǐ
笔记 bǐjì
笔者 bǐzhě
必定 bìdìng
必然 bìrán
必然性 bìránxìng
必须 bìxū
必需 bìxū
必要 bìyào
毕竟 bìjìng
毕业 bìyè
闭合 bìhé
壁画 bìhuà
避免 bìmiǎn
臂 bì
边疆 biānjiāng
边界 biānjiè
边境 biānjìng
边区 biānqū
边缘 biānyuán
编辑 biānjí
编写 biānxiě
编制 biānzhì
鞭 biān
扁 biǎn
变动 biàndòng
变法 biànfǎ
变革 biàngé
变更 biàngēng
变化 biànhuà
变换 biànhuàn
变量 biànliàng
变迁 biànqiān
变态 biàntài
变形 biànxíng
变异 biànyì
便利 biànlì
便于 biànyú
遍 biàn
辨别 biànbié
辨认 biànrèn
辩护 biànhù
辩证 biànzhèng
辩证法 biànzhèngfǎ
标本 biāoběn
标题 biāotí
标语 biāoyǔ
标志 biāozhì
标准 biāozhǔn
标准化 biāozhǔnhuà
表层 biǎocéng
表达 biǎodá
表面 biǎomiàn
表明 biǎomíng
表皮 biǎopí
表情 biǎoqíng
表示 biǎoshì
表述 biǎoshù
表现 biǎoxiàn
表象 biǎoxiàng
表演 biǎoyǎn
表扬 biǎoyáng
表彰 biǎozhāng
别人 bié·rén
别 biè
宾 bīn
冰川 bīngchuān
兵力 bīnglì
丙 bǐng
柄 bǐng
饼 bǐng
屏 bǐng
并且 bìngqiě
并用 bìngyòng
病变 bìngbiàn
病毒 bìngdú
病理 bìnglǐ
病情 bìngqíng
病人 bìngrén
拨 bō
波长 bōcháng
波动 bōdòng
波浪 bōlàng
玻璃 bō·li
剥夺 bōduó
剥削 bōxuē
播种 bōzhǒng
播种 bōzhòng
伯 bó
博士 bóshì
搏斗 bódòu
薄弱 bóruò
薄 bò
补偿 bǔcháng
补充 bǔchōng
补贴 bǔtiē
捕捞 bǔlāo
捕食 bǔshí
捕捉 bǔzhuō
不安 bù'ān
不必 bùbì
不便 bùbiàn
不曾 bùcéng
不错 bùcuò
不但 bùdàn
不当 bùdàng
不等 bùděng
不定 bùdìng
不断 bùduàn
不对 bùduì
不妨 bùfáng
不服 bùfú
不够 bùgòu
不顾 bùgù
不管 bùguǎn
不光 bùguāng
不过 bùguò
不合 bùhé
不及 bùjí
不禁 bùjīn
不仅 bùjǐn
不久 bùjiǔ
不堪 bùkān
不可 bùkě
不快 bùkuài
不利 bùlì
不良 bùliáng
不料 bùliào
不论 bùlùn
不满 bùmǎn
不免 bùmiǎn
不怕 bùpà
不平 bùpíng
不然 bùrán
不容 bùróng
不如 bùrú
不时 bùshí
不惜 bùxī
不想 bùxiǎng
不行 bùxíng
不幸 bùxìng
不许 bùxǔ
不要 bùyào
不宜 bùyí
不已 bùyǐ
不用 bùyòng
不止 bùzhǐ
不足 bùzú

布局 bùjú
布置 bùzhì
步伐 bùfá
步骤 bùzhòu
部队 bùduì
部分 bù·fen
部落 bùluò
部门 bùmén
部署 bùshǔ
部位 bùwèi

### C

擦 cā
猜 cāi
才能 cáinéng
材料 cáiliào
财产 cáichǎn
财富 cáifù
财力 cáilì
财务 cáiwù
财政 cáizhèng
采访 cǎifǎng
采购 cǎigòu
采集 cǎijí
采取 cǎiqǔ
采用 cǎiyòng
彩色 cǎisè
踩 cǎi
菜 cài
蔡 cài
参观 cānguān
参加 cānjiā
参考 cānkǎo
参谋 cānmóu
参数 cānshù
参与 cānyù
参照 cānzhào
残酷 cánkù
残余 cányú
蚕 cán
灿烂 cànlàn
仓库 cāngkù
苍白 cāngbái
舱 cāng
藏 cáng
操纵 cāozòng
操作 cāozuò
曹 cáo
槽 cáo
草案 cǎo'àn
草地 cǎodì
草原 cǎoyuán
册 cè
侧面 cèmiàn
侧重 cèzhòng
测定 cèdìng
测量 cèliáng
测验 cèyàn
策略 cèlüè
层次 céngcì
曾经 céngjīng
叉 chā
差别 chābié
差价 chājià
差距 chājù
差异 chāyì
插 chā
茶叶 cháyè
查 chá
察 chá
叉 chǎ
差不多 chà·buduō
拆 chāi
差 chāi
柴 chái
缠 chán
产地 chǎndì
产量 chǎnliàng
产品 chǎnpǐn
产生 chǎnshēng
产物 chǎnwù
产业 chǎnyè
产值 chǎnzhí
阐明 chǎnmíng
阐述 chǎnshù
颤抖 chàndǒu
长城 chángchéng
长处 chángchù
长度 chángdù
长短 chángduǎn
长久 chángjiǔ
长期 chángqī
长远 chángyuǎn
长征 chángzhēng
场 cháng
肠 cháng
尝试 chángshì
常规 chángguī
常年 chángnián
常识 chángshí
常数 chángshù
厂房 chǎngfáng
场地 chǎngdì
场合 chǎnghé
场面 chǎngmiàn
场所 chǎngsuǒ
唱 chàng
抄 chāo
超出 chāochū
超额 chāo'é
超过 chāoguò
超越 chāoyuè
巢 cháo
朝廷 cháotíng
潮流 cháoliú
潮湿 cháoshī
吵 chǎo
炒 chǎo
车间 chējiān
车辆 chēliàng
车厢 chēxiāng
车站 chēzhàn
扯 chě
彻底 chèdǐ
撤销 chèxiāo
臣 chén
尘 chén
沉淀 chéndiàn
沉积 chénjī
沉默 chénmò
沉思 chénsī
沉重 chénzhòng
沉着 chénzhuó
陈旧 chénjiù
陈述 chénshù
称 chèn
趁 chèn
称号 chēnghào
称呼 chēng·hu
称赞 chēngzàn
撑 chēng
成本 chéngběn
成虫 chéngchóng
成分 chéngfèn
成功 chénggōng
成果 chéngguǒ
成绩 chéngjì
成就 chéngjiù
成立 chénglì
成年 chéngnián
成人 chéngrén
成熟 chéngshú
成为 chéngwéi
成效 chéngxiào
成语 chéngyǔ
成员 chéngyuán
成长 chéngzhǎng

呈现 chéngxiàn
诚恳 chéngkěn
诚实 chéng·shí
承包 chéngbāo
承担 chéngdān
承认 chéngrèn
承受 chéngshòu
城市 chéngshì
城镇 chéngzhèn
乘机 chéngjī
乘客 chéngkè
盛 chéng
程度 chéngdù
程式 chéngshì
程序 chéngxù
惩罚 chéngfá
秤 chèng
吃饭 chīfàn
吃惊 chījīng
吃力 chīlì
池塘 chítáng
迟 chí
持久 chíjiǔ
持续 chíxù
尺度 chǐdù
齿 chǐ
赤道 chìdào
翅膀 chìbǎng
冲动 chōngdòng
冲击 chōngjī
冲破 chōngpò
冲突 chōngtū
充当 chōngdāng
充分 chōngfèn
充满 chōngmǎn
充实 chōngshí
充足 chōngzú
虫 chóng
重复 chóngfù

重合 chónghé
重新 chóngxīn
崇拜 chóngbài
崇高 chónggāo
冲 chòng
抽象 chōuxiàng
仇恨 chóuhèn
愁 chóu
丑 chǒu
臭 chòu
出版 chūbǎn
出产 chūchǎn
出发 chūfā
出发点 chūfādiǎn
出国 chūguó
出口 chūkǒu
出来 chū·lái
出路 chūlù
出卖 chūmài
出门 chūmén
出去 chū·qù
出色 chūsè
出身 chūshēn
出生 chūshēng
出售 chūshòu
出土 chūtǔ
出席 chūxí
出现 chūxiàn
出血 chūxiě
初步 chūbù
初级 chūjí
初期 chūqī
初中 chūzhōng
除非 chúfēi
厨房 chúfáng
处罚 chǔfá
处分 chǔfèn
处境 chǔjìng
处理 chǔlǐ

处于 chǔyú
储备 chǔbèi
储存 chǔcún
储量 chǔliàng
储蓄 chǔxù
楚 chǔ
处 chù
畜 chù
触 chù
川 chuān
穿着 chuānzhuó
传播 chuánbō
传达 chuándá
传导 chuándǎo
传递 chuándì
传教士 chuánjiàoshì
传染病 chuánrǎnbìng
传授 chuánshòu
传说 chuánshuō
传统 chuántǒng
船舶 chuánbó
船长 chuánzhǎng
船只 chuánzhī
喘 chuǎn
串联 chuànlián
创伤 chuāngshāng
窗口 chuāngkǒu
床 chuáng
幢 chuáng
闯 chuǎng
创办 chuàngbàn
创立 chuànglì
创新 chuàngxīn
创造 chuàngzào
创造性 chuàngzàoxìng
创作 chuàngzuò
吹 chuī
垂直 chuízhí
锤 chuí

春季 chūnjì
春节 chūnjié
春秋 chūnqiū
春天 chūntiān
纯粹 chúncuì
纯洁 chúnjié
唇 chún
词典 cídiǎn
词汇 cíhuì
词义 cíyì
词语 cíyǔ
词组 cízǔ
辞职 cízhí
磁场 cíchǎng
磁力 cílì
磁铁 cítiě
雌 cí
此地 cǐdì
此后 cǐhòu
此刻 cǐkè
此外 cǐwài
次数 cìshù
次序 cìxù
次要 cìyào
刺激 cìjī
赐 cì
聪明 cōng·míng
从此 cóngcǐ
从而 cóng'ér
从来 cónglái
从前 cóngqián
从事 cóngshì
从小 cóngxiǎo
从中 cóngzhōng
丛 cóng
凑 còu
粗糙 cūcāo
促成 cùchéng
促进 cùjìn

促使 cùshǐ
簇 cù
窜 cuàn
催 cuī
摧残 cuīcán
摧毁 cuīhuǐ
村庄 cūnzhuāng
存款 cúnkuǎn
存在 cúnzài
寸 cùn
挫折 cuòzhé
措施 cuòshī
错误 cuòwù

**D**

搭 dā
打 dá
达到 dádào
答案 dá'àn
答复 dá·fù
打败 dǎbài
打扮 dǎ·ban
打倒 dǎdǎo
打击 dǎjī
打架 dǎjià
打开 dǎkāi
打量 dǎ·liang
打破 dǎpò
打算 dǎ·suàn
打听 dǎ·ting
打下 dǎxià
打仗 dǎzhàng
大伯 dàbó
大臣 dàchén
大胆 dàdǎn
大地 dàdì
大豆 dàdòu
大队 dàduì
大多 dàduō
大多数 dàduōshù
大风 dàfēng
大概 dàgài
大纲 dàgāng
大哥 dàgē
大会 dàhuì
大伙儿 dàhuǒr
大家 dàjiā
大街 dàjiē
大姐 dàjiě
大量 dàliàng
大陆 dàlù
大妈 dàmā
大门 dàmén
大脑 dànǎo
大娘 dàniáng
大炮 dàpào
大气 dàqì
大庆 dàqìng
大人 dàrén
大嫂 dàsǎo
大厦 dàshà
大婶儿 dàshěnr
大师 dàshī
大事 dàshì
大叔 dàshū
大体 dàtǐ
大厅 dàtīng
大王 dàwáng
大小 dàxiǎo
大型 dàxíng
大学 dàxué
大学生 dàxuéshēng
大洋 dàyáng
大爷 dàyé
大爷 dàye
大衣 dàyī
大雨 dàyǔ
大约 dàyuē
大战 dàzhàn
大致 dàzhì
大众 dàzhòng
自然 dàzìrán
呆 dāi
待 dāi
代表 dàibiǎo
代价 dàijià
代理 dàilǐ
代理人 dàilǐrén
代替 dàitì
代谢 dàixiè
带动 dàidòng
带领 dàilǐng
带头 dàitóu
贷款 dàikuǎn
待遇 dàiyù
袋 dài
逮捕 dàibǔ
戴 dài
担负 dānfù
担任 dānrèn
担心 dānxīn
单纯 dānchún
单调 dāndiào
单独 dāndú
单位 dānwèi
单一 dānyī
耽误 dān·wu
胆 dǎn
石 dàn
但是 dànshì
担 dàn
诞生 dànshēng
淡水 dànshuǐ
弹 dàn
蛋白质 dànbáizhì
氮 dàn
当场 dāngchǎng
当初 dāngchū
当代 dāngdài
当地 dāngdì
当即 dāngjí
当今 dāngjīn
当局 dāngjú
当年 dāngnián
当前 dāngqián
当然 dāngrán
当时 dāngshí
当事人 dāngshìrén
当选 dāngxuǎn
当中 dāngzhōng
挡 dǎng
党委 dǎngwěi
党性 dǎngxìng
党员 dǎngyuán
当成 dàngchéng
当年 dàngnián
当时 dàngshí
当天 dàngtiān
当作 dàngzuò
档案 dàng'àn
刀 dāo
导弹 dǎodàn
导管 dǎoguǎn
导体 dǎotǐ
导线 dǎoxiàn
导演 dǎoyǎn
导致 dǎozhì
岛屿 dǎoyǔ
倒霉 dǎoméi
到处 dàochù
到达 dàodá
到底 dàodǐ
到来 dàolái
倒 dào
盗窃 dàoqiè
道德 dàodé
道教 dàojiào

道理 dào·lǐ
道路 dàolù
稻谷 dàogǔ
得到 dédào
得以 déyǐ
得意 déyì
德育 déyù
得 děi
灯光 dēngguāng
登记 dēngjì
蹬 dēng
等待 děngdài
等到 děngdào
等候 děnghòu
等级 děngjí
等于 děngyú
邓 dèng
瞪 dèng
低级 dījí
低头 dītóu
低温 dīwēn
低下 dīxià
滴 dī
的确 díquè
敌对 díduì
敌人 dírén
抵抗 dǐkàng
抵制 dǐzhì
底层 dǐcéng
底下 dǐ·xia
地板 dìbǎn
地表 dìbiǎo
地步 dìbù
地层 dìcéng
地带 dìdài
地点 dìdiǎn
地方 dìfāng
地方 dì·fang
地理 dìlǐ
地貌 dìmào
地面 dìmiàn
地壳 dìqiào
地球 dìqiú
地区 dìqū
地势 dìshì
地图 dìtú
地位 dìwèi
地下 dì·xià
地下水 dìxiàshuǐ
地形 dìxíng
地域 dìyù
地震 dìzhèn
地质 dìzhì
地主 dìzhǔ
地租 dìzū
弟子 dìzǐ
帝国 dìguó
递 dì
第 dì
典型 diǎnxíng
点燃 diǎnrán
点头 diǎntóu
碘 diǎn
电报 diànbào
电场 diànchǎng
电池 diànchí
电磁波 diàncíbō
电灯 diàndēng
电动 diàndòng
电荷 diànhè
电话 diànhuà
电离 diànlí
电力 diànlì
电量 diànliàng
电流 diànliú
电路 diànlù
电脑 diànnǎo
电能 diànnéng
电器 diànqì
电容 diànróng
电视剧 diànshìjù
电视台 diànshìtái
电台 diàntái
电线 diànxiàn
电压 diànyā
电影 diànyǐng
电源 diànyuán
电子 diànzǐ
电阻 diànzǔ
店 diàn
垫 diàn
淀粉 diànfěn
奠定 diàndìng
雕刻 diāokè
雕塑 diāosù
吊 diào
调拨 diàobō
调查 diàochá
调动 diàodòng
掉 diào
爹 diē
跌 diē
迭 dié
叠 dié
丁 dīng
盯 dīng
顶点 dǐngdiǎn
顶端 dǐngduān
订货 dìnghuò
钉 dìng
定额 dìng'é
定理 dìnglǐ
定量 dìngliàng
定律 dìnglǜ
定期 dìngqī
定向 dìngxiàng
定型 dìngxíng
定义 dìngyì
丢 diū
东北 dōngběi
东方 dōngfāng
东南 dōngnán
东欧 dōngōu
东西 dōngxī
东西 dōng·xi
冬季 dōngjì
冬天 dōngtiān
懂得 dǒng·de
动词 dòngcí
动机 dòngjī
动静 dòng·jing
动力 dònglì
动量 dòngliàng
动脉 dòngmài
动能 dòngnéng
动人 dòngrén
动手 dòngshǒu
动态 dòngtài
动物 dòngwù
动摇 dòngyáo
动员 dòngyuán
动作 dòngzuò
冻 dòng
洞 dòng
都 dōu
兜 dōu
斗 dǒu
抖 dǒu
斗争 dòuzhēng
豆 dòu
逗 dòu
都会 dūhuì
都市 dūshì
毒素 dúsù
独立 dúlì
独特 dútè

独占 dúzhàn
独自 dúzì
读书 dúshū
读者 dúzhě
堵 dǔ
杜 dù
肚皮 dùpí
度 dù
渡 dù
端正 duānzhèng
短期 duǎnqī
短暂 duǎnzàn
段 duàn
断定 duàndìng
锻炼 duànliàn
堆积 duījī
队 duì
对比 duìbǐ
对不起 duì·buqǐ
对称 duìchèn
对待 duìdài
对方 duìfāng
对付 duì·fu
对话 duìhuà
对抗 duìkàng
对立 duìlì
对流 duìliú
对面 duìmiàn
对手 duìshǒu
对象 duìxiàng
对应 duìyìng
对于 duìyú
对照 duìzhào
吨 dūn
蹲 dūn
顿时 dùnshí
多 duō
多边形 duōbiānxíng
多么 duō·me
多少 duōshǎo
多数 duōshù
多余 duōyú
夺取 duóqǔ
度 duó
朵 duǒ
躲 duǒ

## E

阿 ē
俄 é
鹅 é
额 é
恶化 èhuà
恶劣 èliè
饿 è
恩 ēn
儿女 érnǚ
儿童 értóng
而后 érhòu
而且 érqiě
尔 ěr
耳 ěr
饵料 ěrliào
二 èr

## F

发表 fābiǎo
发病 fābìng
发布 fābù
发出 fāchū
发达 fādá
发电 fādiàn
发动机 fādòngjī
发抖 fādǒu
发挥 fāhuī
发觉 fājué
发掘 fājué
发明 fāmíng
发起 fāqǐ
发热 fārè
发射 fāshè
发生 fāshēng
发现 fāxiàn
发行 fāxíng
发芽 fāyá
发言 fāyán
发扬 fāyáng
发音 fāyīn
发育 fāyù
发展 fāzhǎn
发作 fāzuò
罚款 fákuǎn
法定 fǎdìng
法官 fǎguān
法规 fǎguī
法令 fǎlìng
法律 fǎlǜ
法人 fǎrén
法庭 fǎtíng
法西斯 fǎxīsī
法学 fǎxué
法院 fǎyuàn
法则 fǎzé
法制 fǎzhì
发 fà
番 fān
翻身 fānshēn
翻译 fānyì
凡是 fánshì
烦恼 fánnǎo
繁多 fánduō
繁荣 fánróng
繁殖 fánzhí
繁重 fánzhòng
反动 fǎndòng
反对 fǎnduì
反而 fǎnér
反复 fǎnfù
反抗 fǎnkàng
反馈 fǎnkuì
反面 fǎnmiàn
反射 fǎnshè
反应 fǎnyìng
反映 fǎnyìng
反正 fǎnzhèng
反之 fǎnzhī
返回 fǎnhuí
犯罪 fànzuì
饭店 fàndiàn
泛 fàn
范畴 fànchóu
范围 fànwéi
方案 fāng'àn
方便 fāngbiàn
方才 fāngcái
方程 fāngchéng
方法论 fāngfǎlùn
方面 fāngmiàn
方式 fāngshì
方向 fāngxiàng
方言 fāngyán
方针 fāngzhēn
防御 fángyù
防止 fángzhǐ
防治 fángzhì
妨碍 fáng'ài
房间 fángjiān
房屋 fángwū
仿佛 fǎngfú
访问 fǎngwèn
纺织 fǎngzhī
放大 fàngdà
放弃 fàngqì
放射性 fàngshèxìng
放松 fàngsōng
放心 fàngxīn
飞船 fēichuán

飞机 fēijī
飞快 fēikuài
飞翔 fēixiáng
飞行 fēixíng
飞跃 fēiyuè
非常 fēicháng
非法 fēifǎ
肥料 féiliào
匪 fěi
肺 fèi
废除 fèichú
沸腾 fèiténg
费用 fèi·yong
分辨 fēnbiàn
分别 fēnbié
分布 fēnbù
分成 fēnchéng
分割 fēngē
分工 fēngōng
分化 fēnhuà
分解 fēnjiě
分开 fēnkāi
分类 fēnlèi
分离 fēnlí
分裂 fēnliè
分泌 fēnmì
分明 fēnmíng
分配 fēnpèi
分歧 fēnqí
分散 fēnsàn
分析 fēnxī
分支 fēnzhī
分子 fēnzǐ
粉末 fěnmò
粉碎 fěnsuì
分量 fèn·liàng
分子 fènzǐ
份 fèn
奋斗 fèndòu
粪 fèn
愤怒 fènnù
丰富 fēngfù
丰收 fēngshōu
风暴 fēngbào
风格 fēnggé
风光 fēngguāng
风景 fēngjǐng
风力 fēnglì
风气 fēngqì
风俗 fēngsú
风速 fēngsù
风险 fēngxiǎn
风雨 fēngyǔ
封闭 fēngbì
封建 fēngjiàn
封锁 fēngsuǒ
疯狂 fēngkuáng
峰 fēng
锋 fēng
蜂 fēng
冯 féng
缝 féng
讽刺 fěngcì
奉献 fèngxiàn
缝 fèng
佛教 fójiào
否定 fǒudìng
否认 fǒurèn
否则 fǒuzé
夫妻 fūqī
夫人 fū·rén
孵化 fūhuà
伏特 fútè
扶 fú
服从 fúcóng
服务 fúwù
服务员 fúwùyuán
服装 fúzhuāng
俘虏 fúlǔ
浮动 fúdòng
浮游 fúyóu
符号 fúhào
符合 fúhé
幅度 fúdù
辐射 fúshè
福利 fúlì
抚摸 fǔmō
府 fǔ
辅助 fǔzhù
腐败 fǔbài
腐蚀 fǔshí
腐朽 fǔxiǔ
父母 fùmǔ
父亲 fù·qīn
付出 fùchū
负担 fùdān
负责 fùzé
妇女 fùnǚ
附加 fùjiā
附近 fùjìn
附着 fùzhuó
服 fù
赴 fù
复辟 fùbì
复合 fùhé
复杂 fùzá
复制 fùzhì
副业 fùyè
赋予 fùyǔ
富有 fùyǒu
富裕 fùyù
腹 fù
覆盖 fùgài

## G

该 gāi
改编 gǎibiān
改变 gǎibiàn
改革 gǎigé
改进 gǎijìn
改良 gǎiliáng
改善 gǎishàn
改造 gǎizào
改正 gǎizhèng
改组 gǎizǔ
钙 gài
盖 gài
概括 gàikuò
概率 gàilǜ
概念 gàiniàn
干脆 gāncuì
干旱 gānhàn
干净 gānjìng
干扰 gānrǎo
干涉 gānshè
干预 gānyù
干燥 gānzào
甘心 gānxīn
杆 gān
肝脏 gānzàng
杆 gǎn
赶紧 gǎnjǐn
赶快 gǎnkuài
赶忙 gǎnmáng
敢于 gǎnyú
感到 gǎndào
感动 gǎndòng
感官 gǎnguān
感激 gǎnjī
感觉 gǎnjué
感慨 gǎnkǎi
感情 gǎnqíng
感染 gǎnrǎn
感受 gǎnshòu
感谢 gǎnxiè
感性 gǎnxìng
感应 gǎnyìng

感知 gǎnzhī
干部 gànbù
刚才 gāngcái
纲领 gānglǐng
钢琴 gāngqín
钢铁 gāngtiě
岗位 gǎngwèi
港口 gǎngkǒu
高产 gāochǎn
高潮 gāocháo
高大 gāodà
高等 gāoděng
高低 gāodī
高地 gāodì
高度 gāodù
高级 gāojí
高空 gāokōng
高尚 gāoshàng
高速 gāosù
高温 gāowēn
高校 gāoxiào
高兴 gāoxìng
高压 gāoyā
高原 gāoyuán
高涨 gāozhǎng
高中 gāozhōng
搞 gǎo
稿 gǎo
告别 gàobié
搁 gē
割 gē
歌唱 gēchàng
歌剧 gējù
歌曲 gēqǔ
歌声 gēshēng
歌颂 gēsòng
歌舞 gēwǔ
革命 gémìng
革新 géxīn

格外 géwài
隔壁 gébì
隔离 gélí
个别 gèbié
个人 gèrén
个体 gètǐ
个性 gèxìng
各自 gèzì
给以 gěiyǐ
根本 gēnběn
根据地 gēnjùdì
根系 gēnxì
根源 gēnyuán
跟前 gēnqián
跟随 gēnsuí
更新 gēngxīn
耕地 gēngdì
耕作 gēngzuò
更加 gèngjiā
工厂 gōngchǎng
工场 gōngchǎng
工程师 gōngchéngshī
工地 gōngdì
工夫 gōng·fu
工会 gōnghuì
工具 gōngjù
工人 gōngrén
工商业 gōngshāngyè
工业化 gōngyèhuà
工艺 gōngyì
工资 gōngzī
工作 gōngzuò
弓 gōng
公安 gōngān
公布 gōngbù
公共 gōnggòng
公开 gōngkāi
公理 gōnglǐ
公路 gōnglù

公民 gōngmín
公平 gōngpíng
公认 gōngrèn
公社 gōngshè
公式 gōngshì
公司 gōngsī
公有制 gōngyǒuzhì
公元 gōngyuán
公园 gōngyuán
公正 gōngzhèng
公主 gōngzhǔ
功课 gōngkè
功率 gōnglǜ
功能 gōngnéng
攻击 gōngjī
供给 gōngjǐ
供求 gōngqiú
供应 gōngyìng
宫廷 gōngtíng
巩固 gǒnggù
汞 gǒng
拱 gǒng
共产党 gòngchǎndǎng
共和国 gònghéguó
共鸣 gòngmíng
共同 gòngtóng
贡献 gòngxiàn
供 gòng
勾结 gōujié
沟通 gōutōng
钩 gōu
狗 gǒu
构成 gòuchéng
构思 gòusī
构造 gòuzào
购买 gòumǎi
购销 gòuxiāo
够 gòu
估计 gūjì

孤独 gūdú
孤立 gūlì
古代 gǔdài
古典 gǔdiǎn
古老 gǔlǎo
古人 gǔrén
谷 gǔ
股票 gǔpiào
骨干 gǔgàn
骨骼 gǔgé
鼓吹 gǔchuī
鼓励 gǔlì
鼓舞 gǔwǔ
固定 gùdìng
固然 gùrán
固体 gùtǐ
固有 gùyǒu
固执 gù·zhi
故事 gù·shi
故乡 gùxiāng
故意 gùyì
顾客 gùkè
顾虑 gùlǜ
顾问 gùwèn
雇 gù
瓜 guā
刮 guā
挂 guà
拐 guǎi
怪 guài
关闭 guānbì
关怀 guānhuái
关键 guānjiàn
关节 guānjié
关联 guānlián
关心 guānxīn
关于 guānyú
关注 guānzhù
观测 guāncè

观察 guānchá
观点 guāndiǎn
观看 guānkàn
观念 guānniàn
观众 guānzhòng
官兵 guānbīng
官吏 guānlì
官僚 guānliáo
官员 guānyuán
冠 guān
馆 guǎn
管道 guǎndào
管理 guǎnlǐ
管辖 guǎnxiá
观 guàn
贯彻 guànchè
贯穿 guànchuān
冠军 guànjūn
惯性 guànxìng
灌溉 guàngài
光彩 guāngcǎi
光滑 guānghuá
光辉 guānghuī
光景 guāngjǐng
光亮 guāngliàng
光芒 guāngmáng
光明 guāngmíng
光谱 guāngpǔ
光荣 guāngróng
光线 guāngxiàn
光学 guāngxué
光源 guāngyuán
光泽 guāngzé
光照 guāngzhào
广播 guǎngbō
广场 guǎngchǎng
广大 guǎngdà
广泛 guǎngfàn
广告 guǎnggào
广阔 guǎngkuò
广义 guǎngyì
逛 guàng
归结 guījié
归来 guīlái
归纳 guīnà
规定 guīdìng
规范 guīfàn
规格 guīgé
规划 guīhuà
规矩 guī·ju
规律 guīlǜ
规模 guīmó
规则 guīzé
硅 guī
轨道 guǐdào
鬼 guǐ
贵族 guìzú
桂 guì
跪 guì
滚 gǔn
郭 guō
锅 guō
国防 guófáng
国会 guóhuì
国际 guójì
国家 guójiā
国民 guómín
国情 guóqíng
国土 guótǔ
国王 guówáng
国务院 guówùyuàn
国营 guóyíng
国有 guóyǒu
果断 guǒduàn
果然 guǒrán
果实 guǒshí
果树 guǒshù
裹 guǒ
过程 guòchéng
过度 guòdù
过渡 guòdù
过分 guòfèn
过后 guòhòu
过来 guò·lái
过年 guònián
过去 guòqù
过去 guò·qù
过于 guòyú

## H

哈 hā
还 hái
海岸 hǎi'àn
海拔 hǎibá
海带 hǎidài
海关 hǎiguān
海军 hǎijūn
海面 hǎimiàn
海区 hǎiqū
海外 hǎiwài
海湾 hǎiwān
海洋 hǎiyáng
海域 hǎiyù
害虫 hàichóng
害怕 hàipà
含量 hánliàng
含义 hányì
函数 hánshù
寒冷 hánlěng
罕见 hǎnjiàn
喊 hǎn
汉奸 hànjiān
汉语 hànyǔ
汉字 hànzì
汗水 hànshuǐ
旱 hàn
行列 hángliè
行业 hángyè
航海 hánghǎi
航空 hángkōng
航行 hángxíng
号 háo
好比 hǎobǐ
好处 hǎochù
好多 hǎoduō
好看 hǎokàn
好人 hǎorén
好事 hǎoshì
好听 hǎotīng
好像 hǎoxiàng
好转 hǎozhuǎn
号召 hàozhào
好奇 hàoqí
好事 hàoshì
耗费 hàofèi
呵 hē
喝 hē
合并 hébìng
合成 héchéng
合法 héfǎ
合格 hégé
合乎 héhū
合金 héjīn
合理 hélǐ
合力 hélì
合适 héshì
合作社 hézuòshè
何必 hébì
何等 héděng
何况 hékuàng
何以 héyǐ
和平 hépíng
和谐 héxié
河流 héliú
荷 hé
核算 hésuàn
核心 héxīn

盒 hé
颌 hé
和 hè
荷 hè
喝 hè
黑暗 hēi'àn
黑人 hēirén
黑夜 hēiyè
痕迹 hénjì
很 hěn
恨 hèn
恒星 héngxīng
横向 héngxiàng
衡量 héngliáng
横 hèng
轰 hōng
哄 hōng
红军 hóngjūn
红旗 hóngqí
红色 hóngsè
宏观 hóngguān
宏伟 hóngwěi
洪水 hóngshuǐ
哄 hǒng
哄 hòng
喉咙 hóu·lóng
后边 hòu·bian
后代 hòudài
后方 hòufāng
后果 hòuguǒ
后悔 hòuhuǐ
后来 hòulái
后面 hòumiàn
后期 hòuqī
后人 hòurén
后世 hòushì
后天 hòutiān
厚度 hòudù
候 hòu

乎 hū
呼喊 hūhǎn
呼唤 hūhuàn
呼吸 hūxī
呼吁 hūyù
忽略 hūlüè
忽然 hūrán
忽视 hūshì
和 hú
弧 hú
胡 hú
壶 hú
核 hú
湖泊 húpō
蝴蝶 húdié
虎 hǔ
互补 hùbǔ
互相 hùxiāng
互助 hùzhù
户口 hùkǒu
护 hù
沪 hù
花朵 huāduǒ
花费 huā·fèi
花粉 huāfěn
花色 huāsè
花生 huāshēng
花纹 huāwén
花园 huāyuán
划 huá
华北 huáběi
华侨 huáqiáo
滑动 huádòng
化肥 huàféi
化工 huàgōng
化合物 huàhéwù
化石 huàshí
化学 huàxué
划分 huàfēn

华 huà
画家 huàjiā
画面 huàmiàn
话剧 huàjù
话题 huàtí
话筒 huàtǒng
话语 huàyǔ
怀抱 huáibào
怀念 huáiniàn
怀疑 huáiyí
坏人 huàirén
欢乐 huānlè
欢喜 huānxǐ
欢迎 huānyíng
还原 huányuán
环节 huánjié
环境 huánjìng
环流 huánliú
缓和 huǎnhé
缓慢 huǎnmàn
幻觉 huànjué
幻想 huànxiǎng
换 huàn
唤起 huànqǐ
患者 huànzhě
荒 huāng
慌 huāng
皇帝 huángdì
黄昏 huánghūn
黄金 huángjīn
黄色 huángsè
黄土 huángtǔ
晃 huǎng
晃 huàng
灰尘 huīchén
灰色 huīsè
挥 huī
恢复 huīfù
辉煌 huīhuáng

回避 huíbì
回答 huídá
回顾 huígù
回归 huíguī
回来 huí·lái
回去 huí·qù
回头 huítóu
回忆 huíyì
毁灭 huǐmiè
汇报 huìbào
会场 huìchǎng
会见 huìjiàn
会议 huìyì
会员 huìyuán
绘画 huìhuà
婚礼 hūnlǐ
婚姻 hūnyīn
浑身 húnshēn
混 hún
魂 hún
混合 hùnhé
混乱 hùnluàn
混淆 hùnxiáo
和 huó
活动 huódòng
活力 huólì
活跃 huóyuè
火柴 huǒchái
火车 huǒchē
火光 huǒguāng
火箭 huǒjiàn
火山 huǒshān
火星 huǒxīng
火焰 huǒyàn
伙伴 huǒbàn
或许 huòxǔ
或者 huòzhě
和 huò
货币 huòbì

货物 huòwù
获得 huòdé
获取 huòqǔ

**J**

几乎 jīhū
击 jī
饥饿 jī'è
机场 jīchǎng
机车 jīchē
机构 jīgòu
机关 jīguān
机会 jī·huì
机能 jīnéng
机器人 jī·qìrén
机体 jītǐ
机械化 jīxièhuà
机智 jīzhì
肌肉 jīròu
鸡 jī
积极性 jījíxìng
积累 jīlěi
积压 jīyā
基本 jīběn
基层 jīcéng
基础 jīchǔ
基地 jīdì
基督教 jīdūjiào
基建 jījiàn
基金 jījīn
基因 jīyīn
基于 jīyú
畸形 jīxíng
激动 jīdòng
激发 jīfā
激光 jīguāng
激励 jīlì
激烈 jīliè
激情 jīqíng
激素 jīsù

及时 jíshí
级 jí
极端 jíduān
极力 jílì
极其 jíqí
极为 jíwéi
即将 jíjiāng
即使 jíshǐ
急剧 jíjù
急忙 jímáng
急性 jíxìng
急需 jíxū
急于 jíyú
疾病 jíbìng
集合 jíhé
集会 jíhuì
集体 jítǐ
集团 jítuán
集中 jízhōng
集资 jízī
几何 jǐhé
己 jǐ
挤 jǐ
给予 jǐyǔ
脊 jǐ
计划 jìhuà
计算机 jìsuànjī
记得 jì·de
记录 jìlù
记忆 jìyì
记载 jìzǎi
记者 jìzhě
记录 jìlù
纪律 jìlǜ
纪念 jìniàn
技能 jìnéng
技巧 jìqiǎo
技术员 jìshùyuán
技艺 jìyì

系 jì
季风 jìfēng
季节 jìjié
剂 jì
济 jì
既然 jìrán
既是 jìshì
继承人 jìchéngrén
继续 jìxù
祭祀 jìsì
寄生虫 jìshēngchóng
寄托 jìtuō
寄主 jìzhǔ
寂静 jìjìng
寂寞 jìmò
加工 jiāgōng
加紧 jiājǐn
加剧 jiājù
加快 jiākuài
加强 jiāqiáng
加热 jiārè
加入 jiārù
加深 jiāshēn
加速度 jiāsùdù
加以 jiāyǐ
加重 jiāzhòng
夹 jiā
家畜 jiāchù
家具 jiājù
家人 jiārén
家属 jiāshǔ
家庭 jiātíng
家务 jiāwù
家乡 jiāxiāng
家长 jiāzhǎng
家族 jiāzú
夹 jiá
甲板 jiǎbǎn
钾 jiǎ

假定 jiǎdìng
假如 jiǎrú
假设 jiǎshè
假使 jiǎshǐ
假说 jiǎshuō
价格 jiàgé
价钱 jià·qián
价值 jiàzhí
驾驶 jiàshǐ
架 jià
假 jià
嫁接 jiàjiē
尖锐 jiānruì
歼灭 jiānmiè
坚持 jiānchí
坚定 jiāndìng
坚固 jiāngù
坚决 jiānjué
坚强 jiānqiáng
坚实 jiānshí
坚硬 jiānyìng
间 jiān
肩膀 jiānbǎng
艰巨 jiānjù
艰苦 jiānkǔ
艰难 jiānnán
监督 jiāndū
监视 jiānshì
监狱 jiānyù
兼 jiān
拣 jiǎn
茧 jiǎn
捡 jiǎn
检查 jiǎnchá
检验 jiǎnyàn
减轻 jiǎnqīng
减弱 jiǎnruò
减少 jiǎnshǎo
剪 jiǎn

简称 jiǎnchēng
简单 jiǎndān
简化 jiǎnhuà
简直 jiǎnzhí
碱 jiǎn
见解 jiànjiě
见面 jiànmiàn
件 jiàn
间隔 jiàngé
间接 jiànjiē
建国 jiànguó
建立 jiànlì
建设 jiànshè
建议 jiànyì
建造 jiànzào
建筑 jiànzhù
剑 jiàn
健康 jiànkāng
健全 jiànquán
健壮 jiànzhuàng
渐 jiàn
鉴别 jiànbié
鉴定 jiàndìng
键 jiàn
箭 jiàn
江南 jiāngnán
将近 jiāngjìn
将军 jiāngjūn
将来 jiānglái
将要 jiāngyào
浆 jiāng
讲话 jiǎnghuà
讲究 jiǎng·jiu
讲述 jiǎngshù
奖金 jiǎngjīn
奖励 jiǎnglì
蒋 jiǎng
降低 jiàngdī
降落 jiàngluò

降水 jiàngshuǐ
将 jiàng
强 jiàng
交叉 jiāochā
交错 jiāocuò
交代 jiāodài
交换 jiāohuàn
交际 jiāojì
交流 jiāoliú
交谈 jiāotán
交替 jiāotì
交通 jiāotōng
交往 jiāowǎng
交易 jiāoyì
交织 jiāozhī
郊区 jiāoqū
浇 jiāo
骄傲 jiāo'ào
胶 jiāo
教学 jiāoxué
焦点 jiāodiǎn
焦急 jiāojí
嚼 jiáo
角度 jiǎodù
角落 jiǎoluò
脚步 jiǎobù
脚下 jiǎoxià
脚印 jiǎoyìn
搅 jiǎo
叫作 jiàozuò
觉 jiào
校 jiào
较为 jiàowéi
教材 jiàocái
教导 jiàodǎo
教会 jiàohuì
教练 jiàoliàn
教师 jiàoshī
教室 jiàoshì

教授 jiàoshòu
教堂 jiàotáng
教学 jiàoxué
教训 jiàoxùn
教养 jiàoyǎng
教义 jiàoyì
教育 jiàoyù
教员 jiàoyuán
阶层 jiēcéng
阶段 jiēduàn
阶级 jiējí
皆 jiē
结果 jiēguǒ
接触 jiēchù
接待 jiēdài
接近 jiējìn
接连 jiēlián
接收 jiēshōu
接受 jiēshòu
揭露 jiēlù
揭示 jiēshì
街道 jiēdào
街头 jiētóu
节目 jiémù
节日 jiérì
节省 jiéshěng
节约 jiéyuē
节奏 jiézòu
杰出 jiéchū
洁白 jiébái
结构 jiégòu
结果 jiéguǒ
结合 jiéhé
结婚 jiéhūn
结晶 jiéjīng
结局 jiéjú
结论 jiélùn
结束 jiéshù
结算 jiésuàn

截 jié
竭力 jiélì
姐妹 jiěmèi
解除 jiěchú
解答 jiědá
解放军 jiěfàngjūn
解决 jiějué
解剖 jiěpōu
解散 jiěsàn
解释 jiěshì
解脱 jiětuō
介绍 jièshào
介质 jièzhì
戒 jiè
届 jiè
界限 jièxiàn
借鉴 jièjiàn
借口 jièkǒu
借款 jièkuǎn
借用 jièyòng
借助 jièzhù
解 jiè
斤 jīn
今后 jīnhòu
今年 jīnnián
今日 jīnrì
今天 jīntiān
金额 jīn'é
金刚石 jīngāngshí
金牌 jīnpái
金钱 jīnqián
金融 jīnróng
金属 jīnshǔ
津 jīn
仅 jǐn
尽管 jǐnguǎn
尽快 jǐnkuài
尽量 jǐnliàng
紧急 jǐnjí

紧密 jǐnmì
紧张 jǐnzhāng
锦标赛 jǐnbiāosài
谨慎 jǐnshèn
尽力 jìnlì
尽量 jìnliàng
进步 jìnbù
进程 jìnchéng
进而 jìn'ér
进攻 jìngōng
进化论 jìnhuàlùn
进军 jìnjūn
进口 jìnkǒu
进来 jìn·lái
进取 jìnqǔ
进去 jìn·qù
进入 jìnrù
进行 jìnxíng
进展 jìnzhǎn
近代 jìndài
近来 jìnlái
近似 jìnsì
劲 jìn
晋 jìn
浸 jìn
禁止 jìnzhǐ
茎 jīng
京剧 jīngjù
经常 jīngcháng
经典 jīngdiǎn
经费 jīngfèi
经过 jīngguò
经济 jīngjì
经理 jīnglǐ
经历 jīnglì
经受 jīngshòu
经验 jīngyàn
经营 jīngyíng
惊奇 jīngqí
惊人 jīngrén
惊喜 jīngxǐ
惊醒 jīngxǐng
惊讶 jīngyà
惊异 jīngyì
晶体 jīngtǐ
精力 jīnglì
精密 jīngmì
精确 jīngquè
精神 jīngshén
精神 jīng·shen
精细 jīngxì
精心 jīngxīn
精子 jīngzǐ
鲸 jīng
井 jǐng
颈 jǐng
景色 jǐngsè
景物 jǐngwù
景象 jǐngxiàng
警察 jǐngchá
警告 jǐnggào
警惕 jǐngtì
劲　jìng
径流 jìngliú
净化 jìnghuà
竞赛 jìngsài
竞争 jìngzhēng
竟然 jìngrán
敬 jìng
静脉 jìngmài
静止 jìngzhǐ
境地 jìngdì
境界 jìngjiè
镜头 jìngtóu
镜子 jìng·zi
纠纷 jiūfēn
纠正 jiūzhèng
究竟 jiūjìng
九 jiǔ
久 jiǔ
酒精 jiǔjīng
旧 jiù
救国 jiùguó
救济 jiùjì
就是 jiùshì
就算 jiùsuàn
就业 jiùyè
舅 jiù
车 jū
居民 jūmín
居然 jūrán
居于 jūyú
居住 jūzhù
局部 júbù
局面 júmiàn
局势 júshì
局限 júxiàn
菊花 júhuā
咀嚼 jǔjué
举办 jǔbàn
举动 jǔdòng
举行 jǔxíng
巨大 jùdà
句子 jù·zi
拒绝 jùjué
具备 jùbèi
具体 jùtǐ
具有 jùyǒu
俱 jù
剧本 jùběn
剧场 jùchǎng
剧烈 jùliè
剧团 jùtuán
剧种 jùzhǒng
据点 jùdiǎn
据说 jùshuō
距离 jùlí
聚集 jùjí
捐 juān
圈 juān
卷 juǎn
圈 juàn
决策 juécè
决定性 juédìngxìng
决心 juéxīn
决议 juéyì
角色 juésè
觉察 juéchá
觉得 jué·de
觉悟 juéwù
绝对 juéduì
绝望 juéwàng
嚼 jué
军队 jūnduì
军阀 jūnfá
军官 jūnguān
军舰 jūnjiàn
军民 jūnmín
军区 jūnqū
军人 jūnrén
军事 jūnshì
均衡 jūnhéng
均匀 jūnyún
君主 jūnzhǔ
菌 jūn

## K

咖啡 kāfēi
卡 kǎ
开办 kāibàn
开采 kāicǎi
开除 kāichú
开创 kāichuàng
开发 kāifā
开放 kāifàng
开关 kāiguān
开花 kāihuā

开会 kāihuì
开垦 kāikěn
开口 kāikǒu
开阔 kāikuò
开门 kāimén
开幕 kāimù
开辟 kāipì
开设 kāishè
开始 kāishǐ
开水 kāishuǐ
开头 kāitóu
开拓 kāituò
开玩笑 kāiwánxiào
开展 kāizhǎn
开支 kāizhī
刊登 kāndēng
刊物 kānwù
看 kān
勘探 kāntàn
砍 kǎn
看待 kàndài
看法 kànfǎ
看见 kànjiàn
看望 kànwàng
扛 káng
抗议 kàngyì
抗战 kàngzhàn
炕 kàng
考察 kǎochá
考古 kǎogǔ
考核 kǎohé
考虑 kǎolǜ
考试 kǎoshì
考验 kǎoyàn
靠近 kàojìn
科技 kējì
科学家 kēxuéjiā
科学院 kēxuéyuàn
科研 kēyán
棵 kē
颗粒 kēlì
壳 ké
咳 ké
可爱 kě'ài
可见 kějiàn
可靠 kěkào
可怜 kělián
可能 kěnéng
可是 kěshì
可谓 kěwèi
可惜 kěxī
可笑 kěxiào
可以 kěyǐ
渴望 kěwàng
克服 kèfú
刻度 kèdù
刻画 kèhuà
刻苦 kèkǔ
客观 kèguān
客气 kè·qi
客人 kè·rén
客体 kètǐ
客厅 kètīng
课本 kèběn
课程 kèchéng
课堂 kètáng
课题 kètí
肯定 kěndìng
啃 kěn
坑 kēng
空间 kōngjiān
空军 kōngjūn
空气 kōngqì
空前 kōngqián
空虚 kōngxū
空中 kōngzhōng
孔雀 kǒngquè
恐怖 kǒngbù
恐慌 kǒnghuāng
恐惧 kǒngjù
恐怕 kǒngpà
空白 kòngbái
控制 kòngzhì
口号 kǒuhào
口腔 kǒuqiāng
口头 kǒutóu
口语 kǒuyǔ
扣 kòu
哭 kū
苦难 kǔnàn
苦恼 kǔnǎo
库存 kùcún
夸张 kuāzhāng
跨 kuà
会计 kuài·jì
块 kuài
快乐 kuàilè
快速 kuàisù
快要 kuàiyào
筷 kuài
宽大 kuāndà
宽阔 kuānkuò
款 kuǎn
筐 kuāng
狂 kuáng
况且 kuàngqiě
矿产 kuàngchǎn
矿物 kuàngwù
亏损 kuīsǔn
昆虫 kūnchóng
捆 kǔn
困境 kùnjìng
困难 kùn·nan
扩大 kuòdà
扩散 kuòsàn
扩展 kuòzhǎn
扩张 kuòzhāng
阔 kuò

## L

拉 lā
拉 lá
落 là
蜡烛 làzhú
辣椒 làjiāo
来不及 lái·bují
来回 láihuí
来临 láilín
来往 láiwǎng
来信 láixìn
来源 láiyuán
赖 lài
兰 lán
栏 lán
蓝 lán
烂 làn
狼 láng
浪费 làngfèi
浪花 lànghuā
捞 lāo
劳动力 láodònglì
劳动日 láodòngrì
劳动者 láodòngzhě
劳力 láolì
牢固 láogù
老百姓 lǎobǎixìng
老板 lǎobǎn
老伴儿 lǎobànr
老大 lǎodà
老汉 lǎohàn
老虎 lǎohǔ
老年 lǎonián
老人 lǎorén
老人家 lǎo·ren·jia
老师 lǎoshī
老鼠 lǎoshǔ
老乡 lǎoxiāng

落 lào
乐观 lèguān
累 léi
雷达 léidá
累 lěi
泪水 lèishuǐ
类似 lèisì
类型 lèixíng
累 lèi
冷静 lěngjìng
冷却 lěngquè
冷水 lěngshuǐ
冷笑 lěngxiào
愣 lèng
离婚 líhūn
离开 líkāi
离子 lízǐ
梨 lí
犁 lí
礼貌 lǐmào
礼物 lǐwù
李 lǐ
里边 lǐ·bian
里面 lǐmiàn
里头 lǐ·tou
理解 lǐjiě
理论 lǐlùn
理想 lǐxiǎng
理性 lǐxìng
理由 lǐyóu
理智 lǐzhì
力量 lì·liàng
力气 lì·qi
力求 lìqiú
力图 lìtú
力学 lìxué
历代 lìdài
历来 lìlái
历史 lìshǐ

厉害 lì·hai
立场 lìchǎng
立法 lìfǎ
立即 lìjí
立刻 lìkè
立体 lìtǐ
利害 lìhài
利率 lìlǜ
利润 lìrùn
利息 lìxī
利益 lìyì
利用 lìyòng
利于 lìyú
例如 lìrú
例外 lìwài
例子 lì·zi
粒子 lìzǐ
俩 liǎ
连队 liánduì
连接 liánjiē
连结 liánjié
连忙 liánmáng
连同 liántóng
连续 liánxù
莲子 liánzǐ
联邦 liánbāng
联合 liánhé
联合国 liánhéguó
联结 liánjié
联络 liánluò
联盟 liánméng
联系 liánxì
联想 liánxiǎng
联营 liányíng
廉价 liánjià
脸色 liǎnsè
练习 liànxí
炼 liàn
恋爱 liàn'ài

链 liàn
良好 liánghǎo
良心 liángxīn
良种 liángzhǒng
凉 liáng
梁 liáng
量 liáng
粮食 liáng·shi
两岸 liǎng'àn
两边 liǎngbiān
两极 liǎngjí
两旁 liǎngpáng
亮 liàng
谅 liàng
辆 liàng
量子 liàngzǐ
辽阔 liáokuò
了不起 liǎo·buqǐ
了解 liǎojiě
料 liào
咧 liě
列车 lièchē
列举 lièjǔ
烈士 lièshì
猎 liè
裂 liè
邻近 línjìn
邻居 línjū
林木 línmù
林业 línyè
临床 línchuáng
临时 línshí
淋巴 línbā
磷 lín
灵感 línggǎn
灵魂 línghún
灵活 línghuó
灵敏 língmǐn
铃 líng

零件 língjiàn
零售 língshòu
龄 líng
令 lǐng
岭 lǐng
领导 lǐngdǎo
领会 lǐnghuì
领事 lǐngshì
领土 lǐngtǔ
领袖 lǐngxiù
领域 lǐngyù
另外 lìngwài
令 lìng
溜 liū
刘 liú
留学 liúxué
流传 liúchuán
流动 liúdòng
流露 liúlù
流氓 liúmáng
流派 liúpài
流水 liúshuǐ
流体 liútǐ
流通 liútōng
流向 liúxiàng
流行 liúxíng
流血 liúxuè
流域 liúyù
硫酸 liúsuān
瘤 liú
柳 liǔ
六 liù
陆 liù
溜 liù
龙 lóng
笼 lóng
垄断 lǒngduàn
拢 lǒng
笼罩 lǒngzhào

弄 lòng
搂 lōu
楼房 lóufáng
搂 lǒu
漏 lòu
露 lòu
炉子 lú·zi
卤 lǔ
鲁 lǔ
陆地 lùdì
陆军 lùjūn
陆续 lùxù
录 lù
鹿 lù
路程 lùchéng
路过 lùguò
路线 lùxiàn
路子 lù·zi
露 lù
驴 lǘ
旅馆 lǚguǎn
旅客 lǚkè
旅行 lǚxíng
旅游 lǚyóu
铝 lǚ
缕 lǚ
履行 lǚxíng
律师 lǜshī
率 lǜ
绿化 lǜhuà
氯气 lǜqì
滤 lǜ
卵巢 luǎncháo
乱 luàn
掠夺 lüèduó
略 lüè
伦理 lúnlǐ
轮船 lúnchuán
轮廓 lúnkuò
轮流 lúnliú
论点 lùndiǎn
论述 lùnshù
论文 lùnwén
论证 lùnzhèng
罗 luó
逻辑 luó·jí
螺旋 luóxuán
骆驼 luò·tuo
络 luò
落地 luòdì
落后 luòhòu
落实 luòshí

## M

妈妈 mā·ma
抹 mā
麻烦 má·fan
麻醉 mázuì
马车 mǎchē
马路 mǎlù
马上 mǎshàng
码头 mǎ·tóu
蚂蚁 mǎyǐ
骂 mà
埋 mái
买卖 mǎi·mai
迈 mài
麦 mài
卖 mài
脉 mài
蛮 mán
馒头 mán·tou
瞒 mán
满意 mǎnyì
满足 mǎnzú
漫长 màncháng
慢性 mànxìng
忙碌 mánglù
盲目 mángmù
茫然 mángrán
猫 māo
毛病 máo·bìng
毛巾 máojīn
矛盾 máodùn
冒险 màoxiǎn
贸易 màoyì
帽子 mào·zi
没事 méishì
没有 méi·yǒu
枚 méi
眉毛 méi·mao
眉头 méitóu
梅 méi
媒介 méijiè
煤炭 méitàn
酶 méi
每年 měinián
美感 měigǎn
美好 měihǎo
美化 měihuà
美丽 měilì
美妙 měimiào
美术 měishù
美学 měixué
美元 měiyuán
镁 měi
妹妹 mèi·mei
魅力 mèilì
闷 mēn
门口 ménkǒu
闷 mèn
蒙 méng
萌发 méngfā
萌芽 méngyá
蒙 méng
猛烈 měngliè
蒙 měng
孟 mèng
梦 mèng
弥补 míbǔ
弥漫 mímàn
迷人 mírén
迷信 míxìn
谜 mí
米 mǐ
秘密 mìmì
秘书 mìshū
密度 mìdù
密集 mìjí
密切 mìqiè
蜜蜂 mìfēng
棉花 mián·huā
免疫 miǎnyì
勉强 miǎnqiǎng
面积 miànjī
面孔 miànkǒng
面临 miànlín
面貌 miànmào
面目 miànmù
面前 miànqián
苗 miáo
描绘 miáohuì
描述 miáoshù
描写 miáoxiě
秒 miǎo
妙 miào
庙 miào
灭亡 mièwáng
民兵 mínbīng
民歌 míngē
民国 mínguó
民间 mínjiān
民事 mínshì
民俗 mínsú
民众 mínzhòng
民主 mínzhǔ
民族 mínzú

敏感 mǐngǎn
敏捷 mǐnjié
敏锐 mǐnruì
名称 míngchēng
名词 míngcí
名义 míngyì
名字 míng·zi
明白 míng·bai
明亮 míngliàng
明年 míngnián
明确 míngquè
明天 míngtiān
明显 míngxiǎn
鸣 míng
命令 mìnglìng
命名 mìngmíng
命题 mìngtí
命运 mìngyùn
摸索 mō·suǒ
模范 mófàn
模仿 mófǎng
模糊 mó·hu
模拟 mónǐ
模式 móshì
模型 móxíng
膜 mó
摩擦 mócā
磨 mó
抹 mǒ
末期 mòqī
没落 mòluò
没收 mòshōu
抹 mò
陌生 mòshēng
莫 mò
墨 mò
默默 mòmò
磨 mò
谋 móu
某 mǒu
模样 múyàng
母亲 mǔ·qīn
母体 mǔtǐ
亩 mǔ
木材 mùcái
木头 mù·tou
目标 mùbiāo
目的 mùdì
目光 mùguāng
目前 mùqián
墓 mù
幕 mù

**N**

拿 ná
哪里 nǎ·lǐ
哪儿 nǎr
哪些 nǎxiē
那里 nà·lǐ
那么 nà·me
那儿 nàr
那些 nàxiē
那样 nàyàng
纳入 nàrù
纳税 nàshuì
钠 nà
乃至 nǎizhì
奶奶 nǎi·nai
耐心 nàixīn
男女 nánnǚ
男人 nán·rén
男性 nánxìng
男子 nánzǐ
南北 nánběi
南方 nánfāng
南极 nánjí
难道 nándào
难得 nándé
难怪 nánguài
难过 nánguò
难免 nánmiǎn
难受 nánshòu
难题 nántí
难以 nányǐ
难于 nányú
难 nàn
囊 náng
脑袋 nǎo·dai
脑子 nǎo·zi
闹 nào
内部 nèibù
内地 nèidì
内涵 nèihán
内容 nèiróng
内外 nèiwài
内心 nèixīn
内在 nèizài
内脏 nèizàng
嫩 nèn
能动 néngdòng
能够 nénggòu
能力 nénglì
能量 néngliàng
能源 néngyuán
泥土 nítǔ
拟 nǐ
你们 nǐ·men
逆 nì
年初 niánchū
年代 niándài
年底 niándǐ
年度 niándù
年级 niánjí
年纪 niánjì
年间 niánjiān
年龄 niánlíng
年青 niánqīng
年轻 niánqīng
年头儿 niántóur
念头 niàn·tou
娘 niáng
鸟 niǎo
尿 niào
捏 niē
您 nín
宁静 níngjìng
拧 níng
凝固 nínggù
凝结 níngjié
凝聚 níngjù
凝视 níngshì
拧 nǐng
宁 nìng
拧 nìng
牛顿 niúdùn
扭转 niǔzhuǎn
农产品 nóngchǎnpǐn
农场 nóngchǎng
农村 nóngcūn
农户 nónghù
农具 nóngjù
农民 nóngmín
农田 nóngtián
农药 nóngyào
农业 nóngyè
农作物 nóngzuòwù
浓度 nóngdù
浓厚 nónghòu
脓 nóng
弄 nòng
奴隶 núlì
奴役 núyì
努力 nǔlì
怒 nù
女儿 nǚ’ér
女工 nǚgōng
女人 nǚrén

女士 nǚshì
女性 nǚxìng
女婿 nǚ·xu
女子 nǚzǐ
暖 nuǎn

**O**

欧 ōu
偶尔 ǒu'ěr
偶然性 ǒuránxìng

**P**

扒 pá
爬 pá
怕 pà
拍摄 pāishè
排斥 páichì
排除 páichú
排放 páifàng
排列 páiliè
牌子 pái·zi
派出所 pàichūsuǒ
派遣 pàiqiǎn
潘 pān
攀 pān
盘 pán
判处 pànchǔ
判定 pàndìng
判断 pànduàn
判决 pànjué
盼望 pànwàng
庞大 pángdà
旁边 pángbiān
胖 pàng
抛弃 pāoqì
泡 pāo
炮 páo
跑 pǎo
泡 pào
炮弹 pàodàn
胚胎 pēitāi
培训 péixùn
培养 péiyǎng
培育 péiyù
赔偿 péicháng
佩服 pèi·fú
配合 pèihé
配套 pèitào
配置 pèizhì
喷 pēn
盆地 péndì
朋友 péng·you
彭 péng
棚 péng
蓬勃 péngbó
膨胀 péngzhàng
捧 pěng
碰 pèng
批发 pīfā
批判 pīpàn
批评 pīpíng
批准 pīzhǔn
披 pī
皮肤 pífū
疲倦 píjuàn
疲劳 píláo
脾 pí
匹 pǐ
譬如 pìrú
偏见 piānjiàn
偏向 piānxiàng
篇 piān
片刻 piànkè
片面 piànmiàn
骗 piàn
飘 piāo
票 piào
拼命 pīnmìng
贫困 pínkùn
贫穷 pínqióng
频繁 pínfán
频率 pínlǜ
品德 pǐndé
品质 pǐnzhì
品种 pǐnzhǒng
乒乓球 pīngpāngqiú
平常 píngcháng
平等 píngděng
平凡 píngfán
平分 píngfēn
平衡 pínghéng
平静 píngjìng
平均 píngjūn
平面 píngmiàn
平民 píngmín
平日 píngrì
平时 píngshí
平坦 píngtǎn
平行 píngxíng
平原 píngyuán
评价 píngjià
评论 pínglùn
评选 píngxuǎn
苹果 píngguǒ
凭借 píngjiè
屏幕 píngmù
瓶 píng
坡 pō
颇 pō
迫害 pòhài
迫切 pòqiè
迫使 pòshǐ
破产 pòchǎn
破坏 pòhuài
破裂 pòliè
剖面 pōumiàn
扑 pū
铺 pū
菩萨 pú·sà
葡萄糖 pú·taotáng
朴素 pǔsù
普遍 pǔbiàn
普及 pǔjí
普通话 pǔtōnghuà
谱 pǔ
铺 pù

**Q**

七 qī
妻子 qī·zǐ
凄凉 qīliáng
期待 qīdài
期货 qīhuò
期间 qījiān
期望 qīwàng
期限 qīxiàn
欺骗 qīpiàn
漆 qī
齐 qí
其次 qícì
其间 qíjiān
其实 qíshí
其他 qítā
其余 qíyú
其中 qízhōng
奇怪 qíguài
奇迹 qíjì
奇特 qítè
奇异 qíyì
骑 qí
旗帜 qízhì
企图 qǐtú
企业 qǐyè
启发 qǐfā
启示 qǐshì
起初 qǐchū
起点 qǐdiǎn
起伏 qǐfú

起来 qǐ·lái
起码 qǐmǎ
起身 qǐshēn
起义 qǐyì
起源 qǐyuán
气氛 qì·fēn
气愤 qìfèn
气候 qìhòu
气流 qìliú
气体 qìtǐ
气团 qìtuán
气味 qìwèi
气温 qìwēn
气息 qìxī
气象 qìxiàng
气压 qìyā
气质 qìzhì
弃 qì
汽车 qìchē
汽油 qìyóu
契约 qìyuē
砌 qì
器材 qìcái
器官 qìguān
卡 qiǎ
恰当 qiàdàng
恰好 qiàhǎo
千方百计 qiānfāngbǎijì
千克 qiānkè
迁移 qiānyí
牵 qiān
铅笔 qiānbǐ
签订 qiāndìng
前边 qián·bian
前方 qiánfāng
前后 qiánhòu
前进 qiánjìn
前景 qiánjǐng
前面 qiánmiàn

前期 qiánqī
前人 qiánrén
前提 qiántí
前途 qiántú
前往 qiánwǎng
前夕 qiánxī
前线 qiánxiàn
钱 qián
潜力 qiánlì
潜在 qiánzài
浅 qiǎn
遣 qiǎn
欠 qiàn
嵌 qiàn
抢 qiāng
腔 qiāng
强大 qiángdà
强盗 qiángdào
强调 qiángdiào
强度 qiángdù
强化 qiánghuà
强烈 qiángliè
强制 qiángzhì
墙壁 qiángbì
抢救 qiǎngjiù
强 qiǎng
敲 qiāo
桥梁 qiáoliáng
瞧 qiáo
巧妙 qiǎomiào
壳 qiào
切 qiē
且 qiě
切实 qièshí
侵犯 qīnfàn
侵略 qīnlüè
侵权 qīnquán
侵入 qīnrù
侵蚀 qīnshí

侵占 qīnzhàn
亲密 qīnmì
亲戚 qīn·qi
亲切 qīnqiè
亲热 qīnrè
亲人 qīnrén
亲属 qīnshǔ
亲眼 qīnyǎn
亲友 qīnyǒu
亲自 qīnzì
秦 qín
琴 qín
勤劳 qínláo
青春 qīngchūn
青年 qīngnián
青蛙 qīngwā
轻工业 qīnggōngyè
轻声 qīngshēng
轻视 qīngshì
轻松 qīngsōng
轻微 qīngwēi
轻易 qīngyì
轻重 qīngzhòng
氢气 qīngqì
倾听 qīngtīng
倾向 qīngxiàng
倾斜 qīngxié
清晨 qīngchén
清除 qīngchú
清楚 qīng·chu
清洁 qīngjié
清理 qīnglǐ
清晰 qīngxī
清醒 qīngxǐng
情报 qíngbào
情操 qíngcāo
情感 qínggǎn
情节 qíngjié
情景 qíngjǐng

情境 qíngjìng
情况 qíngkuàng
情趣 qíngqù
情形 qíng·xing
情绪 qíngxù
请求 qǐngqiú
请示 qǐngshì
庆祝 qìngzhù
穷人 qióngrén
秋季 qiūjì
秋天 qiūtiān
求证 qiúzhèng
酋长 qiúzhǎng
球 qiú
区别 qūbié
区分 qūfēn
区域 qūyù
曲线 qūxiàn
曲折 qūzhé
驱逐 qūzhú
屈服 qūfú
趋势 qūshì
趋向 qūxiàng
渠道 qúdào
曲 qǔ
取代 qǔdài
取得 qǔdé
取消 qǔxiāo
娶 qǔ
去年 qùnián
去世 qùshì
趣味 qùwèi
圈 quān
权力 quánlì
权利 quánlì
权威 quánwēi
权益 quányì
全部 quánbù
全局 quánjú

全面 quánmiàn
全民 quánmín
全球 quánqiú
全身 quánshēn
全体 quántǐ
泉 quán
拳头 quán·tou
劝 quàn
缺点 quēdiǎn
缺乏 quēfá
缺少 quēshǎo
缺陷 quēxiàn
却 què
确保 quèbǎo
确定 quèdìng
确立 quèlì
确切 quèqiè
确认 quèrèn
确实 quèshí
群落 qúnluò
群体 qúntǐ
群众 qúnzhòng

**R**

然而 rán'ér
然后 ránhòu
燃料 ránliào
燃烧 ránshāo
染色 rǎnsè
染色体 rǎnsètǐ
嚷 rǎng
让 ràng
扰动 rǎodòng
扰乱 rǎoluàn
绕 rào
惹 rě
热爱 rè'ài
热带 rèdài
热量 rèliàng
热烈 rèliè
热闹 rè·nao
热能 rènéng
热情 rèqíng
热心 rèxīn
人才 réncái
人格 réngé
人工 réngōng
人家 rén·jiā
人间 rénjiān
人均 rénjūn
人口 rénkǒu
人类 rénlèi
人力 rénlì
人们 rén·men
人民币 rénmínbì
人群 rénqún
人身 rénshēn
人生 rénshēng
人士 rénshì
人事 rénshì
人体 réntǐ
人为 rénwéi
人物 rénwù
人心 rénxīn
人性 rénxìng
人影 rényǐng
人员 rényuán
人造 rénzào
仁 rén
任 rén
忍耐 rěnnài
忍受 rěnshòu
认定 rèndìng
认识论 rèn·shilùn
认为 rènwéi
认真 rènzhēn
任何 rènhé
任命 rènmìng
任务 rèn·wu
任意 rènyì
扔 rēng
仍旧 réngjiù
仍然 réngrán
日报 rìbào
日常 rìcháng
日记 rìjì
日期 rìqī
日前 rìqián
日趋 rìqū
日夜 rìyè
日益 rìyì
日子 rì·zi
荣誉 róngyù
容量 róngliàng
容纳 róngnà
容器 róngqì
容易 róngyì
溶剂 róngjì
溶解 róngjiě
溶液 róngyè
熔点 róngdiǎn
融合 rónghé
柔和 róuhé
柔软 róuruǎn
揉 róu
肉体 ròutǐ
如此 rúcǐ
如果 rúguǒ
如何 rúhé
如今 rújīn
如同 rútóng
如下 rúxià
儒家 rújiā
乳 rǔ
入侵 rùqīn
入手 rùshǒu
入学 rùxué
软 ruǎn
若干 ruògān
若是 ruòshì
弱点 ruòdiǎn

**S**

撒 sā
洒 sǎ
撒 sǎ
鳃 sāi
塞 sāi
塞 sài
赛 sài
三角形 sānjiǎoxíng
伞 sǎn
散射 sǎnshè
散文 sǎnwén
散布 sànbù
散步 sànbù
散发 sànfā
嗓子 sǎng·zi
丧失 sàngshī
扫荡 sǎodàng
嫂子 sǎo·zi
色彩 sècǎi
塞 sè
森林 sēnlín
僧侣 sēnglǚ
杀害 shāhài
沙发 shāfā
沙漠 shāmò
沙滩 shātān
纱 shā
砂 shā
傻 shǎ
色 shǎi
晒 shài
山地 shāndì
山峰 shānfēng
山谷 shāngǔ
山林 shānlín

山路 shānlù
山脉 shānmài
山区 shānqū
山水 shānshuǐ
山头 shāntóu
扇 shān
闪电 shǎndiàn
闪光 shǎnguāng
闪烁 shǎnshuò
单 shàn
扇 shàn
善良 shànliáng
善于 shànyú
伤害 shānghài
伤口 shāngkǒu
伤心 shāngxīn
伤员 shāngyuán
商标 shāngbiāo
商店 shāngdiàn
商量 shāng·liang
商品 shāngpǐn
商人 shāngrén
商业 shāngyè
上 shǎng
赏 shǎng
上班 shàngbān
上边 shàng·bian
上层 shàngcéng
上帝 shàngdì
上级 shàngjí
上课 shàngkè
上空 shàngkōng
上来 shàng·lái
上面 shàngmiàn
上去 shàng·qù
上山 shàngshān
上升 shàngshēng
上市 shàngshì
上述 shàngshù
上诉 shàngsù
上午 shàngwǔ
上下 shàngxià
上学 shàngxué
上衣 shàngyī
上游 shàngyóu
上涨 shàngzhǎng
尚 shàng
烧 shāo
梢 shāo
稍微 shāowēi
少量 shǎoliàng
少数 shǎoshù
少年 shàonián
少女 shàonǚ
舌 shé
折 shé
蛇 shé
舍不得 shě·bu·de
设备 shèbèi
设法 shèfǎ
设计 shèjì
设立 shèlì
设施 shèshī
设想 shèxiǎng
设置 shèzhì
社会学 shèhuìxué
舍 shè
射击 shèjī
射线 shèxiàn
涉及 shèjí
摄影 shèyǐng
谁 shuí
申请 shēnqǐng
伸手 shēnshǒu
身边 shēnbiān
身材 shēncái
身份 shēn·fèn
身后 shēnhòu
身躯 shēnqū
身体 shēntǐ
身心 shēnxīn
身影 shēnyǐng
身子 shēn·zi
参 shēn
深沉 shēnchén
深度 shēndù
深厚 shēnhòu
深化 shēnhuà
深刻 shēnkè
深情 shēnqíng
深入 shēnrù
深夜 shēnyè
深远 shēnyuǎn
什么 shén·me
神话 shénhuà
神经 shénjīng
神秘 shénmì
神奇 shénqí
神气 shén·qì
神情 shénqíng
神色 shénsè
神圣 shénshèng
神态 shéntài
神学 shénxué
沈 shěn
审查 shěnchá
审美 shěnměi
审判 shěnpàn
婶 shěn
肾 shèn
甚至 shènzhì
渗透 shèntòu
慎重 shènzhòng
升 shēng
生产力 shēngchǎnlì
生成 shēngchéng
生存 shēngcún
生动 shēngdòng
生活 shēnghuó
生理 shēnglǐ
生命力 shēngmìnglì
生气 shēngqì
生前 shēngqián
生态 shēngtài
生物 shēngwù
生意 shēng·yi
生育 shēngyù
生长 shēngzhǎng
生殖 shēngzhí
声调 shēngdiào
声明 shēngmíng
声响 shēngxiǎng
声音 shēngyīn
牲畜 shēngchù
牲口 shēng·kou
绳子 shéng·zi
省 shěng
圣经 shèngjīng
胜利 shènglì
盛行 shèngxíng
剩余 shèngyú
尸体 shītǐ
失败 shībài
失掉 shīdiào
失去 shīqù
失调 shītiáo
失望 shīwàng
失误 shīwù
失业 shīyè
师范 shīfàn
师傅 shī·fu
师长 zhīzhǎng
诗歌 shīgē
诗人 shīrén
诗意 shīyì
施肥 shīféi

施工 shīgōng
施行 shīxíng
湿度 shīdù
湿润 shīrùn
十 shí
石灰 shíhuī
石头 shí·tou
石油 shíyóu
时常 shícháng
时代 shídài
时而 shí'ér
时候 shí·hou
时机 shíjī
时间 shíjiān
时节 shíjié
时刻 shíkè
时空 shíkōng
时髦 shímáo
时期 shíqī
识别 shíbié
识字 shízì
实际 shíjì
实践 shíjiàn
实力 shílì
实例 shílì
实施 shíshī
实体 shítǐ
实物 shíwù
实现 shíxiàn
实行 shíxíng
实验 shíyàn
实用 shíyòng
实在 shí·zai
实质 shízhì
拾 shí
食品 shípǐn
食堂 shítáng
食物 shíwù
食盐 shíyán
食用 shíyòng
史学 shǐxué
使得 shǐ·de
使劲 shǐjìn
使命 shǐmìng
使用 shǐyòng
始终 shǐzhōng
士兵 shìbīng
氏族 shìzú
示范 shìfàn
示威 shìwēi
世代 shìdài
世纪 shìjì
世界观 shìjièguān
市场 shìchǎng
市民 shìmín
式 shì
似的 shì·de
事变 shìbiàn
事故 shìgù
事后 shìhòu
事迹 shìjì
事件 shìjiàn
事例 shìlì
事情 shì·qing
事实 shìshí
事务 shìwù
事物 shìwù
事先 shìxiān
事业 shìyè
势必 shìbì
势力 shìlì
势能 shìnéng
试管 shìguǎn
试图 shìtú
试验 shìyàn
试制 shìzhì
视觉 shìjué
视线 shìxiàn
视野 shìyě
是非 shìfēi
是否 shìfǒu
适当 shìdàng
适合 shìhé
适宜 shìyí
适应 shìyìng
适用 shìyòng
室 shì
逝世 shìshì
释放 shìfàng
收购 shōugòu
收回 shōuhuí
收获 shōuhuò
收集 shōují
收入 shōurù
收拾 shōu·shi
收缩 shōusuō
收益 shōuyì
收音机 shōuyīnjī
熟 shóu
手臂 shǒubì
手表 shǒubiǎo
手段 shǒuduàn
手法 shǒufǎ
手工业 shǒugōngyè
手脚 shǒujiǎo
手榴弹 shǒuliúdàn
手枪 shǒuqiāng
手势 shǒushì
手术 shǒushù
手续 shǒuxù
手掌 shǒuzhǎng
手指 shǒuzhǐ
守恒 shǒuhéng
首都 shǒudū
首领 shǒulǐng
首先 shǒuxiān
首要 shǒuyào
首长 shǒuzhǎng
寿命 shòumìng
受精 shòujīng
受伤 shòushāng
狩猎 shòuliè
授 shòu
兽 shòu
瘦 shòu
书包 shūbāo
书本 shūběn
书籍 shūjí
书记 shūji
书面 shūmiàn
书写 shūxiě
抒情 shūqíng
叔叔 shū·shu
梳 shū
舒服 shū·fu
舒适 shūshì
疏 shū
输出 shūchū
输入 shūrù
输送 shūsòng
蔬菜 shūcài
熟练 shúliàn
熟悉 shú·xi
属性 shǔxìng
属于 shǔyú
鼠 shǔ
数 shǔ
术语 shùyǔ
束缚 shùfù
述 shù
树干 shùgàn
树立 shùlì
树林 shùlín
树木 shùmù
树种 shùzhǒng
竖 shù

数据 shùjù
数量 shùliàng
数目 shùmù
数学 shùxué
数值 shùzhí
数字 shùzì
刷 shuā
耍 shuǎ
衰变 shuāibiàn
衰老 shuāilǎo
摔 shuāi
甩 shuǎi
率领 shuàilǐng
拴 shuān
双方 shuāngfāng
霜 shuāng
谁 shuí
水稻 shuǐdào
水分 shuǐfèn
水果 shuǐguǒ
水库 shuǐkù
水利 shuǐlì
水流 shuǐliú
水面 shuǐmiàn
水泥 shuǐní
水平 shuǐpíng
水汽 shuǐqì
水手 shuǐshǒu
水位 shuǐwèi
水文 shuǐwén
水银 shuǐyín
水源 shuǐyuán
水蒸气 shuǐzhēngqì
税收 shuìshōu
睡觉 shuìjiào
睡眠 shuìmián
顺利 shùnlì
顺手 shùnshǒu
顺序 shùnxù
瞬间 shùnjiān
说法 shuō·fǎ
说服 shuōfú
说话 shuōhuà
说明 shuōmíng
司法 sīfǎ
司机 sījī
司令 sīlìng
丝毫 sīháo
私人 sīrén
私营 sīyíng
私有制 sīyǒuzhì
思潮 sīcháo
思考 sīkǎo
思路 sīlù
思索 sīsuǒ
思维 sīwéi
思想家 sīxiǎngjiā
斯 sī
死亡 sǐwáng
死刑 sǐxíng
四边形 sìbiānxíng
四处 sìchù
四面 sìmiàn
四肢 sìzhī
四周 sìzhōu
寺院 sìyuàn
似乎 sìhū
饲料 sìliào
饲养 sìyǎng
松 sōng
宋 sòng
送 sòng
搜集 sōují
艘 sōu
苏 sū
俗称 súchēng
诉讼 sùsòng
素材 sùcái
素质 sùzhì
速度 sùdù
速率 sùlǜ
宿舍 sùshè
塑料 sùliào
塑造 sùzào
酸 suān
算 suàn
虽然 suīrán
虽说 suīshuō
隋 suí
随便 suíbiàn
随后 suíhòu
随即 suíjí
随时 suíshí
随意 suíyì
遂 suí
髓 suǐ
岁月 suìyuè
遂 suì
碎 suì
穗 suì
孙子 sūn·zi
损害 sǔnhài
损耗 sǔnhào
损伤 sǔnshāng
损失 sǔnshī
缩短 suōduǎn
缩小 suōxiǎo
所属 suǒshǔ
所谓 suǒwèi
所以 suǒyǐ
所有制 suǒyǒuzhì
所在 suǒzài
索 suǒ
锁 suǒ

## T

他们 tā·men
他人 tārén
它们 tā·men
她们 tā·men
塔 tǎ
踏 tà
胎儿 tāi'ér
台风 táifēng
抬头 táitóu
太空 tàikōng
太平 tàipíng
太阳 tài·yáng
太阳能 tàiyángnéng
太阳系 tàiyángxì
态度 tài·dù
摊 tān
滩 tān
谈话 tánhuà
谈论 tánlùn
谈判 tánpàn
弹簧 tánhuáng
弹性 tánxìng
痰 tán
坦克 tǎnkè
叹息 tànxī
探测 tàncè
探索 tànsuǒ
探讨 tàntǎo
碳 tàn
汤 tāng
唐 táng
堂 táng
塘 táng
糖 táng
倘若 tǎngruò
躺 tǎng
烫 tàng
趟 tàng
掏 tāo
逃避 táobì
逃跑 táopǎo

逃走 táozǒu
桃 táo
陶冶 táoyě
淘汰 táotài
讨论 tǎolùn
讨厌 tǎoyàn
套 tào
特别 tèbié
特地 tèdì
特点 tèdiǎn
特定 tèdìng
特权 tèquán
特色 tèsè
特殊 tèshū
特务 tè·wu
特性 tèxìng
特意 tèyì
特征 tèzhēng
疼痛 téngtòng
藤 téng
踢 tī
提倡 tíchàng
提高 tígāo
提供 tígōng
提炼 tíliàn
提起 tíqǐ
提前 tíqián
提取 tíqǔ
提醒 tíxǐng
提议 tíyì
题材 tícái
题目 tímù
体裁 tǐcái
体操 tǐcāo
体会 tǐhuì
体积 tǐjī
体力 tǐlì
体温 tǐwēn
体系 tǐxì
体现 tǐxiàn
体验 tǐyàn
体育 tǐyù
体制 tǐzhì
体质 tǐzhì
体重 tǐzhòng
替代 tìdài
天才 tiāncái
天地 tiāndì
天鹅 tiān'é
天空 tiānkōng
天气 tiānqì
天然气 tiānránqì
天生 tiānshēng
天体 tiāntǐ
天文 tiānwén
天下 tiānxià
天真 tiānzhēn
天主教 tiānzhǔjiào
添 tiān
田地 tiándì
田野 tiányě
甜 tián
填 tián
挑选 tiāoxuǎn
条件 tiáojiàn
条款 tiáokuǎn
条例 tiáolì
条约 tiáoyuē
调和 tiáohé
调节 tiáojié
调解 tiáojiě
调整 tiáozhěng
挑战 tiǎozhàn
跳动 tiàodòng
跳舞 tiàowǔ
跳跃 tiàoyuè
贴 tiē
铁路 tiělù
厅 tīng
听话 tīnghuà
听见 tīngjiàn
听觉 tīngjué
听取 tīngqǔ
听众 tīngzhòng
停顿 tíngdùn
停留 tíngliú
停止 tíngzhǐ
挺 tǐng
通常 tōngcháng
通道 tōngdào
通电 tōngdiàn
通过 tōngguò
通红 tōnghóng
通信 tōngxìn
通讯 tōngxùn
通用 tōngyòng
通知 tōngzhī
同伴 tóngbàn
同胞 tóngbāo
同等 tóngděng
同行 tóngháng
同化 tónghuà
同类 tónglèi
同年 tóngnián
同期 tóngqī
同情 tóngqíng
同时 tóngshí
同事 tóngshì
同行 tóngxíng
同学 tóngxué
同样 tóngyàng
同意 tóngyì
同志 tóngzhì
铜 tóng
童话 tónghuà
童年 tóngnián
统计 tǒngjì
统一 tǒngyī
统治 tǒngzhì
桶 tǒng
筒 tǒng
通 tòng
痛苦 tòngkǔ
痛快 tòng·kuài
偷 tōu
头顶 tóudǐng
头发 tóu·fa
头脑 tóunǎo
投产 tóuchǎn
投机 tóujī
投入 tóurù
投降 tóuxiáng
投资 tóuzī
透镜 tòujìng
透露 tòulù
透明 tòumíng
凸 tū
突变 tūbiàn
突出 tūchū
突击 tūjī
突破 tūpò
突然 tūrán
图案 tú'àn
图画 túhuà
图书馆 túshūguǎn
图形 túxíng
图纸 túzhǐ
徒 tú
途径 tújìng
涂 tú
屠杀 túshā
土地 tǔdì
土匪 tǔfěi
土壤 tǔrǎng
吐 tǔ
吐 tù

兔 tù
湍流 tuānliú
团结 tuánjié
团体 tuántǐ
团员 tuányuán
推测 tuīcè
推动 tuīdòng
推翻 tuīfān
推广 tuīguǎng
推荐 tuījiàn
推进 tuījìn
推理 tuīlǐ
推论 tuīlùn
推销 tuīxiāo
推行 tuīxíng
腿 tuǐ
退出 tuìchū
退化 tuìhuà
退休 tuìxiū
托 tuō
拖拉机 tuōlājī
脱离 tuōlí
脱落 tuōluò
妥协 tuǒxié

## W

挖掘 wājué
娃 wá
瓦 wǎ
歪曲 wāiqū
外边 wài·bian
外表 wàibiǎo
外部 wàibù
外地 wàidì
外国 wàiguó
外汇 wàihuì
外交 wàijiāo
外界 wàijiè
外科 wàikē
外来 wàilái
外力 wàilì
外贸 wàimào
外面 wàimiàn
外商 wàishāng
外行 wàiháng
外语 wàiyǔ
外在 wàizài
外资 wàizī
弯曲 wānqū
完备 wánbèi
完毕 wánbì
完成 wánchéng
完美 wánměi
完全 wánquán
完善 wánshàn
完整 wánzhěng
玩具 wánjù
玩笑 wánxiào
顽强 wánqiáng
挽 wǎn
晚饭 wǎnfàn
晚期 wǎnqī
晚上 wǎn·shang
碗 wǎn
万物 wànwù
万一 wànyī
汪 wāng
亡 wáng
王朝 wángcháo
王国 wángguó
网络 wǎngluò
往来 wǎnglái
忘记 wàngjì
旺盛 wàngshèng
望远镜 wàngyuǎnjìng
危害 wēihài
危机 wēijī
危险 wēixiǎn
威力 wēilì
威胁 wēixié
威信 wēixìn
微观 wēiguān
微粒 wēilì
微弱 wēiruò
微生物 wēishēngwù
微小 wēixiǎo
微笑 wēixiào
为难 wéinán
为人 wéirén
为首 wéishǒu
为止 wéizhǐ
违背 wéibèi
违法 wéifǎ
违反 wéifǎn
围剿 wéijiǎo
围绕 wéirào
唯 wéi
维持 wéichí
维护 wéihù
维生素 wéishēngsù
维新 wéixīn
维修 wéixiū
伟大 wěidà
伪 wěi
尾巴 wěi·ba
纬度 wěidù
委屈 wěi·qu
委托 wěituō
委员会 wěiyuánhuì
卫生 wèishēng
卫星 wèixīng
为何 wèihé
为了 wèi·le
未必 wèibì
未曾 wèicéng
未来 wèilái
位移 wèiyí
位置 wèi·zhì
味道 wèi·dào
胃 wèi
谓 wèi
喂 wèi
魏 wèi
温带 wēndài
温度计 wēndùjì
温和 wēnhé
温暖 wēnnuǎn
温柔 wēnróu
文化 wénhuà
文件 wénjiàn
文明 wénmíng
文人 wénrén
文物 wénwù
文献 wénxiàn
文学 wénxué
文艺 wényì
文章 wénzhāng
文字 wénzì
纹 wén
闻 wén
蚊子 wén·zi
吻 wěn
稳定 wěndìng
问世 wènshì
问题 wèntí
窝 wō
我们 wǒ·men
卧室 wòshì
握手 wòshǒu
乌龟 wūguī
污染 wūrǎn
无比 wúbǐ
无从 wúcóng
无法 wúfǎ
无非 wúfēi
无关 wúguān
无机 wújī

无可奈何 wúkěnàihé
无力 wúlì
无论 wúlùn
无情 wúqíng
无穷 wúqióng
无声 wúshēng
无数 wúshù
无限 wúxiàn
无线电 wúxiàndiàn
无效 wúxiào
无形 wúxíng
无疑 wúyí
无意 wúyì
无知 wúzhī
吾 wú
吴 wú
五 wǔ
武力 wǔlì
武器 wǔqì
武装 wǔzhuāng
侮辱 wǔrǔ
舞蹈 wǔdǎo
舞剧 wǔjù
舞台 wǔtái
勿 wù
务 wù
物化 wùhuà
物价 wùjià
物理 wùlǐ
物力 wùlì
物品 wùpǐn
物体 wùtǐ
物质 wùzhì
物种 wùzhǒng
物资 wùzī
误差 wùchā
误会 wùhuì
误解 wùjiě
恶 wù
雾 wù

## X

西北 xīběi
西方 xīfāng
西风 xīfēng
西瓜 xī·guā
西南 xīnán
西欧 xī'ōu
吸附 xīfù
吸取 xīqǔ
吸收 xīshōu
吸引 xīyǐn
希望 xīwàng
牺牲 xīshēng
息 xī
稀少 xīshǎo
锡 xī
熄灭 xīmiè
习惯 xíguàn
习俗 xísú
习性 xíxìng
席 xí
袭击 xíjī
洗澡 xǐzǎo
喜爱 xǐ'ài
喜欢 xǐ·huan
喜剧 xǐjù
喜悦 xǐyuè
戏剧 xìjù
戏曲 xìqǔ
系列 xìliè
系数 xìshù
系统 xìtǒng
细胞 xìbāo
细节 xìjié
细菌 xìjūn
细小 xìxiǎo
细心 xìxīn
细致 xìzhì
虾 xiā
瞎 xiā
狭隘 xiá'ài
狭义 xiáyì
狭窄 xiázhǎi
下班 xiàbān
下边 xià·bian
下层 xiàcéng
下达 xiàdá
下颌 xiàhé
下级 xiàjí
下降 xiàjiàng
下来 xià·lái
下列 xiàliè
下令 xiàlìng
下落 xiàluò
下面 xiàmiàn
下去 xià·qù
下属 xiàshǔ
下午 xiàwǔ
下旬 xiàxún
下游 xiàyóu
吓 xià
夏季 xiàjì
夏天 xiàtiān
仙 xiān
先后 xiānhòu
先进 xiānjìn
先前 xiānqián
先天 xiāntiān
纤维 xiānwéi
掀起 xiānqǐ
鲜花 xiānhuā
鲜明 xiānmíng
鲜血 xiānxuè
鲜艳 xiānyàn
闲 xián
弦 xián
咸 xián
衔 xián
嫌 xián
显得 xiǎn·de
显露 xiǎnlù
显然 xiǎnrán
显示 xiǎnshì
显微镜 xiǎnwēijìng
显现 xiǎnxiàn
显著 xiǎnzhù
险 xiǎn
鲜 xiǎn
县城 xiànchéng
现场 xiànchǎng
现存 xiàncún
现代化 xiàndàihuà
现今 xiànjīn
现金 xiànjīn
现实 xiànshí
现象 xiànxiàng
现行 xiànxíng
现在 xiànzài
现状 xiànzhuàng
限度 xiàndù
限于 xiànyú
限制 xiànzhì
线段 xiànduàn
线路 xiànlù
线圈 xiànquān
线索 xiànsuǒ
线条 xiàntiáo
宪法 xiànfǎ
陷入 xiànrù
陷于 xiànyú
羡慕 xiànmù
献身 xiànshēn
腺 xiàn
乡村 xiāngcūn
乡下 xiāng·xia
相当 xiāngdāng

相等 xiāngděng
相对 xiāngduì
相反 xiāngfǎn
相关 xiāngguān
相互 xiānghù
相继 xiāngjì
相交 xiāngjiāo
相近 xiāngjìn
相连 xiānglián
相似 xiāngsì
相通 xiāngtōng
相同 xiāngtóng
相信 xiāngxìn
相应 xiāngyìng
香烟 xiāngyān
详细 xiángxì
降 xiáng
享受 xiǎngshòu
享有 xiǎngyǒu
响声 xiǎngshēng
响应 xiǎngyìng
想法 xiǎng·fǎ
想象力 xiǎngxiànglì
向来 xiànglái
向上 xiàngshàng
向往 xiàngwǎng
项目 xiàngmù
相 xiàng
象征 xiàngzhēng
像 xiàng
橡胶 xiàngjiāo
橡皮 xiàngpí
削 xiāo
消除 xiāochú
消毒 xiāodú
消费品 xiāofèipǐn
消耗 xiāohào
消化 xiāohuà
消极 xiāojí

消灭 xiāomiè
消失 xiāoshī
消亡 xiāowáng
消息 xiāo·xi
硝酸 xiāosuān
销售 xiāoshòu
小儿 xiǎo'ér
小姐 xiǎojiě
小麦 xiǎomài
小朋友 xiǎopéngyǒu
小时 xiǎoshí
小心 xiǎoxīn
小型 xiǎoxíng
小学生 xiǎoxuéshēng
小组 xiǎozǔ
晓得 xiǎo·de
校长 xiàozhǎng
笑容 xiàoróng
效果 xiàoguǒ
效力 xiàolì
效率 xiàolǜ
效益 xiàoyì
效应 xiàoyìng
些 xiē
歇 xiē
协定 xiédìng
协会 xiéhuì
协商 xiéshāng
协调 xiétiáo
协同 xiétóng
协议 xiéyì
协助 xiézhù
协作 xiézuò
邪 xié
斜 xié
携带 xiédài
鞋 xié
写作 xiězuò
血 xiě

泄 xiè
谢 xiè
解 xiè
蟹 xiè
心底 xīndǐ
心里 xīn·lǐ
心理 xīnlǐ
心灵 xīnlíng
心情 xīnqíng
心事 xīnshì
心思 xīn·si
心头 xīntóu
心血 xīnxuè
心脏 xīnzàng
辛苦 xīnkǔ
辛勤 xīnqín
欣赏 xīnshǎng
锌 xīn
新陈代谢 xīnchéndàixiè
新娘 xīnniáng
新奇 xīnqí
新人 xīnrén
新式 xīnshì
新闻 xīnwén
新鲜 xīn·xiān
新兴 xīnxīng
新型 xīnxíng
新颖 xīnyǐng
信贷 xìndài
信号 xìnhào
信念 xìnniàn
信任 xìnrèn
信徒 xìntú
信息 xìnxī
信心 xìnxīn
信仰 xìnyǎng
信用 xìnyòng
兴奋 xīngfèn
兴建 xīngjiàn

兴起 xīngqǐ
星际 xīngjì
星期 xīngqī
星球 xīngqiú
星系 xīngxì
星星 xīng·xing
星云 xīngyún
刑罚 xíngfá
刑法 xíngfǎ
刑事 xíngshì
行动 xíngdòng
行军 xíngjūn
行李 xíng·li
行人 xíngrén
行使 xíngshǐ
行驶 xíngshǐ
行为 xíngwéi
行星 xíngxīng
行政 xíngzhèng
行走 xíngzǒu
形成 xíngchéng
形容 xíngróng
形式 xíngshì
形势 xíngshì
形态 xíngtài
形体 xíngtǐ
形象 xíngxiàng
形状 xíngzhuàng
型 xíng
省 xǐng
醒 xǐng
兴趣 xìngqù
幸福 xìngfú
性别 xìngbié
性格 xìnggé
性能 xìngnéng
性情 xìngqíng
性质 xìngzhì
性状 xìngzhuàng

姓名 xìngmíng
凶 xiōng
兄弟 xiōngdì
胸脯 xiōngpú
雄伟 xióngwěi
熊 xióng
休眠 xiūmián
休息 xiū·xi
修辞 xiūcí
修复 xiūfù
修改 xiūgǎi
修建 xiūjiàn
修理 xiūlǐ
修养 xiūyǎng
修正 xiūzhèng
宿 xiǔ
臭 xiù
袖 xiù
宿 xiù
绣 xiù
嗅 xiù
须 xū
虚 xū
需求 xūqiú
需要 xūyào
徐 xú
许多 xǔduō
许可 xǔkě
序 xù
叙述 xùshù
畜 xù
宣布 xuānbù
宣传 xuānchuán
宣告 xuāngào
宣言 xuānyán
宣扬 xuānyáng
悬挂 xuánguà
旋律 xuánlǜ
旋转 xuánzhuǎn
选拔 xuǎnbá
选举 xuǎnjǔ
选手 xuǎnshǒu
选用 xuǎnyòng
选择 xuǎnzé
旋 xuàn
削弱 xuēruò
穴 xué
学会 xuéhuì
学科 xuékē
学派 xuépài
学生 xué·sheng
学术 xuéshù
学说 xuéshuō
学堂 xuétáng
学徒 xuétú
学问 xué·wen
学习 xuéxí
学校 xuéxiào
学员 xuéyuán
学院 xuéyuàn
学者 xuézhě
雪白 xuěbái
雪花 xuěhuā
血管 xuèguǎn
血液 xuèyè
寻求 xúnqiú
寻找 xúnzhǎo
询问 xúnwèn
循环 xúnhuán
训练 xùnliàn
迅速 xùnsù

## Y

压力 yālì
压迫 yāpò
压强 yāqiáng
压缩 yāsuō
压抑 yāyì
压制 yāzhì
押 yā
鸦片 yāpiàn
鸭 yā
牙齿 yáchǐ
芽 yá
亚 yà
咽 yān
烟囱 yāncōng
延长 yáncháng
延伸 yánshēn
延续 yánxù
严格 yángé
严寒 yánhán
严峻 yánjùn
严厉 yánlì
严密 yánmì
严肃 yánsù
严重 yánzhòng
言论 yánlùn
言语 yányǔ
岩石 yánshí
炎 yán
沿岸 yán'àn
沿海 yánhǎi
研究生 yánjiūshēng
研制 yánzhì
盐酸 yánsuān
颜色 yánsè
掩盖 yǎngài
掩护 yǎnhù
眼光 yǎnguāng
眼睛 yǎn·jing
眼镜 yǎnjìng
眼看 yǎnkàn
眼泪 yǎnlèi
眼前 yǎnqián
眼神 yǎnshén
演变 yǎnbiàn
演唱 yǎnchàng
演出 yǎnchū
演化 yǎnhuà
演讲 yǎnjiǎng
演说 yǎnshuō
演绎 yǎnyì
演员 yǎnyuán
演奏 yǎnzòu
厌恶 yànwù
咽 yàn
宴会 yànhuì
验证 yànzhèng
秧 yāng
扬 yáng
羊毛 yángmáo
阳光 yángguāng
杨 yáng
洋 yáng
仰 yǎng
养分 yǎngfèn
养料 yǎngliào
养殖 yǎngzhí
氧化 yǎnghuà
氧气 yǎngqì
样本 yàngběn
样品 yàngpǐn
样式 yàngshì
约 yāo
要求 yāoqiú
腰 yāo
邀请 yāoqǐng
摇晃 yáo·huàng
摇头 yáotóu
遥感 yáogǎn
遥远 yáoyuǎn
咬 yǎo
药品 yàopǐn
药物 yàowù
要紧 yàojǐn
要素 yàosù

钥匙 yào·shi
耶稣 yēsū
也许 yěxǔ
冶金 yějīn
冶炼 yěliàn
野蛮 yěmán
野生 yěshēng
野兽 yěshòu
野外 yěwài
业务 yèwù
业余 yèyú
叶片 yèpiàn
叶子 yè·zi
页 yè
夜间 yèjiān
夜里 yè·lǐ
夜晚 yèwǎn
液态 yètài
液体 yètǐ
一般 yībān
一半 yībàn
一辈子 yībèi·zi
一边 yībiān
一带 yīdài
一旦 yīdàn
一定 yīdìng
一度 yīdù
一端 yīduān
一共 yīgòng
一贯 yīguàn
一连 yīlián
一律 yīlǜ
一面 yīmiàn
一旁 yīpáng
一齐 yīqí
一起 yīqǐ
一切 yīqiè
一时 yīshí
一体 yītǐ
一同 yītóng
一线 yīxiàn
一向 yīxiàng
一心 yīxīn
一再 yīzài
一早 yīzǎo
一直 yīzhí
一致 yīzhì
衣 yī
医疗 yīliáo
医生 yīshēng
医学 yīxué
医药 yīyào
医院 yīyuàn
依次 yīcì
依法 yīfǎ
依附 yīfù
依旧 yījiù
依据 yījù
依靠 yīkào
依赖 yīlài
依然 yīrán
依照 yīzhào
仪器 yíqì
仪式 yíshì
宜 yí
移动 yídòng
移民 yímín
移植 yízhí
遗产 yíchǎn
遗传 yíchuán
遗憾 yíhàn
遗留 yíliú
遗址 yízhǐ
遗嘱 yízhǔ
疑惑 yíhuò
疑问 yíwèn
乙 yǐ
已经 yǐjīng
以便 yǐbiàn
以后 yǐhòu
以及 yǐjí
以来 yǐlái
以免 yǐmiǎn
以内 yǐnèi
以前 yǐqián
以外 yǐwài
以往 yǐwǎng
以为 yǐwéi
以下 yǐxià
以至 yǐzhì
以致 yǐzhì
矣 yǐ
蚁 yǐ
倚 yǐ
亿 yì
义务 yìwù
艺术家 yìshùjiā
议会 yìhuì
议论 yìlùn
议员 yìyuán
亦 yì
异常 yìcháng
抑制 yìzhì
役 yì
译 yì
易于 yìyú
益 yì
意见 yì·jiàn
意境 yìjìng
意识 yì·shí
意思 yì·si
意图 yìtú
意外 yìwài
意味 yìwèi
意象 yìxiàng
意义 yìyì
意志 yìzhì
毅然 yìrán
翼 yì
因此 yīncǐ
因地制宜 yīndìzhìyí
因而 yīn'ér
因果 yīnguǒ
因素 yīnsù
因为 yīn·wèi
因子 yīnzǐ
阴谋 yīnmóu
阴阳 yīnyáng
阴影 yīnyǐng
音调 yīndiào
音阶 yīnjiē
音节 yīnjié
音响 yīnxiǎng
音乐 yīnyuè
银行 yínháng
引导 yǐndǎo
引进 yǐnjìn
引力 yǐnlì
引起 yǐnqǐ
引用 yǐnyòng
饮食 yǐnshí
隐蔽 yǐnbì
隐藏 yǐncáng
印刷 yìnshuā
印象 yìnxiàng
饮 yìn
应当 yīngdāng
应该 yīnggāi
英雄 yīngxióng
英勇 yīngyǒng
婴儿 yīng'ér
鹰 yīng
迎接 yíngjiē
荧光屏 yíngguāngpíng
盈利 yínglì
营养 yíngyǎng

营业 yíngyè
赢得 yíngdé
影片 yǐngpiàn
影响 yǐngxiǎng
影子 yǐng·zi
应付 yìng·fu
应用 yìngyòng
映 yìng
硬 yìng
拥护 yōnghù
拥挤 yōngjǐ
拥有 yōngyǒu
永恒 yǒnghéng
永久 yǒngjiǔ
永远 yǒngyuǎn
勇敢 yǒnggǎn
勇气 yǒngqì
勇于 yǒngyú
涌现 yǒngxiàn
用处 yòngchù
用户 yònghù
用力 yònglì
用品 yòngpǐn
用途 yòngtú
优点 yōudiǎn
优惠 yōuhuì
优良 yōuliáng
优美 yōuměi
优势 yōushì
优先 yōuxiān
优秀 yōuxiù
优越 yōuyuè
优质 yōuzhì
忧郁 yōuyù
幽默 yōumò
悠久 yōujiǔ
尤其 yóuqí
尤为 yóuwéi
由于 yóuyú

邮票 yóupiào
犹如 yóurú
犹豫 yóuyù
油画 yóuhuà
油田 yóutián
铀 yóu
游击队 yóujīduì
游戏 yóuxì
游行 yóuxíng
游泳 yóuyǒng
友好 yǒuhǎo
友人 yǒurén
友谊 yǒuyì
有关 yǒuguān
有机 yǒujī
有力 yǒulì
有利 yǒulì
有名 yǒumíng
有趣 yǒuqù
有如 yǒurú
有时 yǒushí
有限 yǒuxiàn
有效 yǒuxiào
有益 yǒuyì
有意 yǒuyì
又 yòu
右边 yòu·bian
右手 yòushǒu
幼虫 yòuchóng
幼儿 yòu'ér
幼苗 yòumiáo
幼年 yòunián
诱导 yòudǎo
于是 yúshì
予 yú
余地 yúdì
鱼 yú
娱乐 yúlè
渔业 yúyè

愉快 yúkuài
舆论 yúlùn
与其 yǔqí
予以 yǔyǐ
宇宙 yǔzhòu
羽毛 yǔmáo
雨水 yǔshuǐ
语法 yǔfǎ
语句 yǔjù
语气 yǔqì
语文 yǔwén
语言 yǔyán
语音 yǔyīn
玉米 yùmǐ
育种 yùzhǒng
预报 yùbào
预备 yùbèi
预测 yùcè
预定 yùdìng
预防 yùfáng
预计 yùjì
预料 yùliào
预期 yùqī
预算 yùsuàn
预先 yùxiān
预言 yùyán
域 yù
欲望 yùwàng
遇见 yùjiàn
愈 yù
元素 yuánsù
园 yuán
员 yuán
袁 yuán
原材料 yuáncáiliào
原来 yuánlái
原理 yuánlǐ
原谅 yuánliàng
原料 yuánliào

原始 yuánshǐ
原先 yuánxiān
原因 yuányīn
原则 yuánzé
原子核 yuánzǐhé
圆心 yuánxīn
援助 yuánzhù
缘故 yuángù
源泉 yuánquán
远方 yuǎnfāng
怨 yuàn
院 yuàn
愿望 yuànwàng
愿意 yuànyì
曰 yuē
约束 yuēshù
月初 yuèchū
月份 yuèfèn
月光 yuèguāng
月亮 yuè·liang
月球 yuèqiú
乐队 yuèduì
乐器 yuèqì
乐曲 yuèqǔ
阅读 yuèdú
跃 yuè
越冬 yuèdōng
越过 yuèguò
粤 yuè
云 yún
匀 yún
允许 yǔnxǔ
运动员 yùndòngyuán
运输 yùnshū
运算 yùnsuàn
运行 yùnxíng
运用 yùnyòng
运转 yùnzhuǎn
韵 yùn

蕴藏 yùncáng

**Z**

扎 zā
杂交 zájiāo
杂志 zázhì
杂质 zázhì
砸 zá
灾难 zāinàn
栽培 zāipéi
再见 zàijiàn
再现 zàixiàn
在场 zàichǎng
在家 zàijiā
在于 zàiyú
载 zài
咱们 zán·men
暂时 zànshí
赞成 zànchéng
赞美 zànměi
赞叹 zàntàn
赞扬 zànyáng
赃 zāng
脏 zàng
葬 zàng
藏 zàng
遭受 zāoshòu
遭遇 zāoyù
糟 zāo
早晨 zǎo·chen
早期 zǎoqī
早日 zǎorì
早上 zǎo·shang
早已 zǎoyǐ
藻 zǎo
灶 zào
造就 zàojiù
造型 zàoxíng
则 zé
责任感 zérèngǎn

贼 zéi
怎样 zěnyàng
曾 zēng
增产 zēngchǎn
增多 zēngduō
增高 zēnggāo
增加 zēngjiā
增进 zēngjìn
增强 zēngqiáng
增添 zēngtiān
增长 zēngzhǎng
增殖 zēngzhí
扎 zhā
炸 zhá
眨 zhǎ
炸弹 zhàdàn
摘 zhāi
窄 zhǎi
债务 zhàiwù
寨 zhài
占 zhān
沾 zhān
粘 zhān
盏 zhǎn
展开 zhǎnkāi
展览 zhǎnlǎn
展示 zhǎnshì
展现 zhǎnxiàn
崭新 zhǎnxīn
占据 zhànjù
占领 zhànlǐng
占用 zhànyòng
占有 zhànyǒu
战场 zhànchǎng
战斗 zhàndòu
战国 zhànguó
战略 zhànlüè
战胜 zhànshèng
战士 zhànshì

战术 zhànshù
战线 zhànxiàn
战役 zhànyì
战友 zhànyǒu
战争 zhànzhēng
站 zhàn
张 zhāng
章程 zhāngchéng
长官 zhǎngguān
涨 zhǎng
掌握 zhǎngwò
丈 zhàng
仗 zhàng
帐 zhàng
账 zhàng
胀 zhàng
涨 zhàng
障碍 zhàng'ài
招待 zhāodài
招呼 zhāo·hu
招生 zhāoshēng
着 zhāo
朝 zhāo
着急 zháojí
找 zhǎo
召集 zhàojí
召开 zhàokāi
赵 zhào
照顾 zhàogù
照例 zhàolì
照明 zhàomíng
照片 zhàopiàn
照射 zhàoshè
照相机 zhàoxiàngjī
照样 zhàoyàng
照耀 zhàoyào
遮 zhē
折磨 zhé·mó
折射 zhéshè

哲学 zhéxué
者 zhě
这里 zhè·lǐ
这些 zhèxiē
这样 zhèyàng
针对 zhēnduì
针灸 zhēnjiǔ
侦查 zhēnchá
侦察 zhēnchá
珍贵 zhēnguì
珍珠 zhēnzhū
真诚 zhēnchéng
真空 zhēnkōng
真理 zhēnlǐ
真实 zhēnshí
真正 zhēnzhèng
诊断 zhěnduàn
枕头 zhěn·tou
阵地 zhèndì
振荡 zhèndàng
振动 zhèndòng
振奋 zhènfèn
振兴 zhènxīng
震动 zhèndòng
震惊 zhènjīng
镇压 zhènyā
争夺 zhēngduó
争论 zhēnglùn
争取 zhēngqǔ
征服 zhēngfú
征求 zhēngqiú
征收 zhēngshōu
挣 zhēng
睁 zhēng
蒸发 zhēngfā
蒸气 zhēngqì
整顿 zhěngdùn
整个 zhěnggè
整理 zhěnglǐ

整齐 zhěngqí
整体 zhěngtǐ
正常 zhèngcháng
正当 zhèngdāng
正当 zhèngdàng
正规 zhèngguī
正好 zhènghǎo
正面 zhèngmiàn
正确 zhèngquè
正式 zhèngshì
正义 zhèngyì
正在 zhèngzài
证据 zhèngjù
证明 zhèngmíng
证实 zhèngshí
证书 zhèngshū
郑 zhèng
政策 zhèngcè
政党 zhèngdǎng
政府 zhèngfǔ
政权 zhèngquán
政委 zhèngwěi
政治 zhèngzhì
挣 zhèng
症状 zhèngzhuàng
之后 zhīhòu
之前 zhīqián
支部 zhībù
支撑 zhīchēng
支持 zhīchí
支出 zhīchū
支队 zhīduì
支付 zhīfù
支配 zhīpèi
支援 zhīyuán
只 zhī
汁 zhī
枝条 zhītiáo
枝叶 zhīyè
知道 zhī·dào
知觉 zhījué
知识 zhī·shi
肢 zhī
织 zhī
脂肪 zhīfáng
执行 zhíxíng
直观 zhíguān
直角 zhíjiǎo
直接 zhíjiē
直径 zhíjìng
直觉 zhíjué
直立 zhílì
直辖市 zhíxiáshì
直线 zhíxiàn
直至 zhízhì
值班 zhíbān
值得 zhí·dé
职工 zhígōng
职能 zhínéng
职权 zhíquán
职务 zhíwù
职业 zhíyè
职员 zhíyuán
职责 zhízé
植物 zhíwù
植株 zhízhū
殖民地 zhímíndì
止 zhǐ
只得 zhǐdé
只顾 zhǐgù
只好 zhǐhǎo
只是 zhǐshì
只要 zhǐyào
只有 zhǐyǒu
旨 zhǐ
指标 zhǐbiāo
指导 zhǐdǎo
指定 zhǐdìng
指挥 zhǐhuī
指令 zhǐlìng
指明 zhǐmíng
指示 zhǐshì
指数 zhǐshù
指责 zhǐzé
至此 zhìcǐ
至今 zhìjīn
至少 zhìshǎo
至于 zhìyú
志 zhì
制定 zhìdìng
制订 zhìdìng
制度 zhìdù
制品 zhìpǐn
制约 zhìyuē
制造 zhìzào
制止 zhìzhǐ
制作 zhìzuò
质变 zhìbiàn
质量 zhìliàng
质子 zhìzǐ
治安 zhì'ān
治理 zhìlǐ
治疗 zhìliáo
致富 zhìfù
致使 zhìshǐ
秩序 zhìxù
智慧 zhìhuì
智力 zhìlì
智能 zhìnéng
滞 zhì
置 zhì
中等 zhōngděng
中断 zhōngduàn
中华 zhōnghuá
中间 zhōngjiān
中年 zhōngnián
中期 zhōngqī
中世纪 zhōngshìjì
中枢 zhōngshū
中外 zhōngwài
中午 zhōngwǔ
中心 zhōngxīn
中性 zhōngxìng
中学生 zhōngxuéshēng
中旬 zhōngxún
中央 zhōngyāng
中叶 zhōngyè
中医 zhōngyī
中原 zhōngyuán
中子 zhōngzǐ
忠诚 zhōngchéng
忠实 zhōngshí
终究 zhōngjiū
终年 zhōngnián
终身 zhōngshēn
终于 zhōngyú
钟头 zhōngtóu
肿瘤 zhǒngliú
种类 zhǒnglèi
种群 zhǒngqún
种族 zhǒngzú
中 zhòng
中毒 zhòngdú
众多 zhòngduō
众人 zhòngrén
种植 zhòngzhí
重大 zhòngdà
重点 zhòngdiǎn
重工业 zhònggōngyè
重力 zhònglì
重量 zhòngliàng
重视 zhòngshì
重要 zhòngyào
州 zhōu
周年 zhōunián
周期 zhōuqī

周围 zhōuwéi
周转 zhōuzhuǎn
轴　zhóu
昼夜 zhòuyè
皱　zhòu
朱　zhū
珠　zhū
株　zhū
诸如 zhūrú
猪　zhū
竹　zhú
逐步 zhúbù
逐渐 zhújiàn
逐年 zhúnián
主编 zhǔbiān
主持 zhǔchí
主导 zhǔdǎo
主动 zhǔdòng
主观 zhǔguān
主管 zhǔguǎn
主教 zhǔjiào
主力 zhǔlì
主权 zhǔquán
主人 zhǔ·rén
主人公 zhǔréngōng
主任 zhǔrèn
主题 zhǔtí
主体 zhǔtǐ
主席 zhǔxí
主要 zhǔyào
主义 zhǔyì
主语 zhǔyǔ
煮　zhǔ
属　zhǔ
嘱咐 zhǔ·fù
助手 zhùshǒu
住房 zhùfáng
住宅 zhùzhái
贮藏 zhùcáng

贮存 zhùcún
注射 zhùshè
注视 zhùshì
注意 zhùyì
注重 zhùzhòng
驻 zhù
柱　zhù
祝贺 zhùhè
著名 zhùmíng
著作 zhùzuò
筑 zhù
抓紧 zhuājǐn
专家 zhuānjiā
专利 zhuānlì
专门 zhuānmén
专题 zhuāntí
专业 zhuānyè
专用 zhuānyòng
专政 zhuānzhèng
专制 zhuānzhì
砖 zhuān
转变 zhuǎnbiàn
转动 zhuǎndòng
转化 zhuǎnhuà
转换 zhuǎnhuàn
转身 zhuǎnshēn
转向 zhuǎnxiàng
转移 zhuǎnyí
传 zhuàn
转动 zhuàndòng
转向 zhuànxiàng
赚 zhuàn
庄严 zhuāngyán
桩 zhuāng
装备 zhuāngbèi
装饰 zhuāngshì
装置 zhuāngzhì
壮大 zhuàngdà
状况 zhuàngkuàng

状态 zhuàngtài
撞 zhuàng
幢 zhuàng
追究 zhuījiū
追求 zhuīqiú
追逐 zhuīzhú
准备 zhǔnbèi
准确 zhǔnquè
准则 zhǔnzé
捉 zhuō
桌子 zhuō·zi
卓越 zhuóyuè
啄木鸟 zhuómùniǎo
着手 zhuóshǒu
着重 zhuózhòng
琢磨 zhuómó
咨询 zīxún
姿势 zīshì
姿态 zītài
资本 zīběn
资产 zīchǎn
资格 zīgé
资金 zījīn
资料 zīliào
资源 zīyuán
滋味 zīwèi
子弹 zǐdàn
子弟 zǐdì
子宫 zǐgōng
子女 zǐnǚ
子孙 zǐsūn
仔细 zǐxì
姊妹 zǐmèi
紫 zǐ
自称 zìchēng
自从 zìcóng
自动化 zìdònghuà
自发 zìfā
自豪 zìháo

自己 zìjǐ
自觉 zìjué
自力更生 zìlìgēngshēng
自然界 zìránjiè
自杀 zìshā
自身 zìshēn
自卫 zìwèi
自我 zìwǒ
自信 zìxìn
自行车 zìxíngchē
自由 zìyóu
自愿 zìyuàn
自在 zì·zai
自治区 zìzhìqū
自主 zìzhǔ
自转 zìzhuàn
字母 zìmǔ
宗教 zōngjiào
宗旨 zōngzhǐ
综合 zōnghé
总额 zǒng'é
总和 zǒnghé
总结 zǒngjié
总理 zǒnglǐ
总数 zǒngshù
总算 zǒngsuàn
总体 zǒngtǐ
总统 zǒngtǒng
总之 zǒngzhī
纵队 zòngduì
走廊 zǒuláng
走向 zǒuxiàng
奏 zòu
租界 zūjiè
足够 zúgòu
足球 zúqiú
足以 zúyǐ
族 zú
阻碍 zǔ'ài

阻力 zǔlì
阻止 zǔzhǐ
组合 zǔhé
组织 zǔzhī
祖父 zǔfù
祖国 zǔguó
祖母 zǔmǔ
祖先 zǔxiān
钻 zuàn
嘴唇 zuǐchún
最初 zuìchū

最后 zuìhòu
最近 zuìjìn
最为 zuìwéi
最终 zuìzhōng
罪恶 zuì'è
罪犯 zuìfàn
罪行 zuìxíng
醉 zuì
尊敬 zūnjìng
尊严 zūnyán
尊重 zūnzhòng

遵守 zūnshǒu
遵循 zūnxún
昨天 zuótiān
琢磨 zuó·mo
左边 zuǒ·bian
左手 zuǒshǒu
左右 zuǒyòu
作法 zuòfǎ
作风 zuòfēng
作家 zuòjiā
作品 zuòpǐn

作为 zuòwéi
作物 zuòwù
作业 zuòyè
作用 zuòyòng
作战 zuòzhàn
作者 zuòzhě
坐标 zuòbiāo
座位 zuòwèi
做法 zuòfǎ
做梦 zuòmèng

## 表二

### A

哀愁 āichóu
哀悼 āidào
哀求 āiqiú
哀伤 āishāng
哀怨 āiyuàn
哀乐 āilè
癌 ái
矮小 ǎixiǎo
艾 ài
爱戴 àidài
爱抚 àifǔ
爱慕 àimù
爱惜 àixī
碍事 àishì
安插 ānchā
安顿 āndùn
安放 ānfàng
安分 ānfèn
安抚 ānfǔ
安家 ānjiā
安居乐业 ānjūlèyè
安理会 ānlǐhuì
安宁 ānníng
安生 ān·shēng

安稳 ānwěn
安息 ānxī
安闲 ānxián
安详 ānxiáng
安逸 ānyì
安葬 ānzàng
庵 ān
按摩 ànmó
按捺 ànnà
按钮 ànniǔ
按期 ànqī
按时 ànshí
按说 ànshuō
案例 ànlì
案情 ànqíng
案头 àntóu
暗藏 àncáng
暗淡 àndàn
暗号 ànhào
暗杀 ànshā
暗自 ànzì
黯然 ànrán
昂贵 ángguì
昂然 ángrán
昂首 ángshǒu

昂扬 ángyáng
盎然 àngrán
凹陷 āoxiàn
遨游 áoyóu
鳌 áo
翱翔 áoxiáng
拗 ào
傲慢 àomàn
傲然 àorán
奥妙 àomiào
懊悔 àohuǐ
懊恼 àonǎo
懊丧 àosàng

### B

八股 bāgǔ
八卦 bāguà
八仙桌 bāxiānzhuō
八字 bāzì
芭蕉 bājiāo
芭蕾舞 bālěiwǔ
疤痕 bāhén
拔除 báchú
拔节 bájié
拔腿 bátuǐ
跋涉 báshè

把柄 bǎbǐng
把持 bǎchí
把手 bǎ·shou
把守 bǎshǒu
把戏 bǎxì
靶场 bǎchǎng
坝 bà
耙 bà
罢官 bàguān
罢课 bàkè
罢免 bàmiǎn
罢休 bàxiū
霸权 bàquán
霸王 bàwáng
霸占 bàzhàn
掰 bāi
白菜 báicài
白费 báifèi
白骨 báigǔ
白果 báiguǒ
白话 báihuà
白话文 báihuàwén
白桦 báihuà
白酒 báijiǔ
白人 báirén

白日 báirì
白薯 báishǔ
白糖 báitáng
白皙 báixī
白眼 báiyǎn
白蚁 báiyǐ
白银 báiyín
白昼 báizhòu
百般 bǎibān
百分比 bǎifēnbǐ
百合 bǎihé
百花齐放 bǎihuāqífàng
百货 bǎihuò
百家争鸣 bǎijiāzhēngmíng
百科全书 bǎikēquánshū
百灵 bǎilíng
柏油 bǎiyóu
摆布 bǎi·bù
摆弄 bǎi nòng
摆设 bǎi·she
败坏 bàihuài
败仗 bàizhàng
拜访 bàifǎng
拜年 bàinián
扳 bān
班车 bānchē
班级 bānjí
班主任 bānzhǔrèn
颁发 bānfā
斑白 bānbái
斑驳 bānbó
斑点 bāndiǎn
斑斓 bānlán
斑纹 bānwén
搬迁 bānqiān
搬用 bānyòng
板栗 bǎnlì
板子 bǎn·zi
版本 bǎnběn
版画 bǎnhuà
版面 bǎnmiàn
版权 bǎnquán
版图 bǎntú
办案 bàn'àn
办公 bàngōng
办学 bànxué
半边 bànbiān
半成品 bànchéngpǐn
半截 bànjié
半空 bànkōng
半路 bànlù
半途 bàntú
半圆 bànyuán
扮 bàn
伴侣 bànlǚ
拌 bàn
绊 bàn
邦 bāng
帮办 bāngbàn
帮工 bānggōng
帮凶 bāngxiōng
梆 bāng
绑架 bǎngjià
膀 bǎng
蚌 bàng
棒球 bàngqiú
磅 bàng
包办 bāobàn
包庇 bāobì
包工 bāogōng
包裹 bāoguǒ
包涵 bāo·hán
包揽 bāolǎn
包罗万象 bāoluówànxiàng
包容 bāoróng
包销 bāoxiāo
包扎 bāozā
苞 bāo
胞 bāo
剥 bāo
褒贬 bāobiǎn
雹 báo
饱含 bǎohán
饱满 bǎomǎn
宝剑 bǎojiàn
宝库 bǎokù
宝塔 bǎotǎ
宝物 bǎowù
宝藏 bǎozàng
宝座 bǎozuò
保安 bǎo'ān
保护色 bǎohùsè
保健 bǎojiàn
保密 bǎomì
保姆 bǎomǔ
保全 bǎoquán
保温 bǎowēn
保险丝 bǎoxiǎnsī
保养 bǎoyǎng
保佑 bǎoyòu
保证金 bǎozhèngjīn
保证人 bǎozhèngrén
保重 bǎozhòng
堡垒 bǎolěi
报表 bàobiǎo
报仇 bàochóu
报答 bàodá
报导 bàodǎo
报到 bàodào
报废 bàofèi
报馆 bàoguǎn
报警 bàojǐng
报考 bàokǎo
报请 bàoqǐng
报社 bàoshè
报喜 bàoxǐ
报销 bàoxiāo
报信 bàoxìn
报应 bào·yìng
刨 bào
抱不平 bàobùpíng
抱负 bàofù
抱歉 bàoqiàn
抱怨 bào·yuàn
豹 bào
鲍鱼 bàoyú
暴发 bàofā
暴风雪 bàofēngxuě
暴风雨 bàofēngyǔ
暴君 bàojūn
暴乱 bàoluàn
暴徒 bàotú
暴行 bàoxíng
暴躁 bàozào
暴涨 bàozhǎng
爆裂 bàoliè
爆破 bàopò
爆竹 bàozhú
背包 bēibāo
卑鄙 bēibǐ
卑劣 bēiliè
卑微 bēiwēi
卑下 bēixià
悲愤 bēifèn
悲观 bēiguān
悲苦 bēikǔ
悲凉 bēiliáng
悲伤 bēishāng
悲痛 bēitòng
悲壮 bēizhuàng
碑文 bēiwén
北半球 běibànqiú
北边 běi·bian
背包 bēibāo
北国 běiguó
北极 běijí

北极星 běijíxīng
贝壳 bèiké
备案 bèi'àn
备课 bèikè
备用 bèiyòng
备战 bèizhàn
背道而驰 bèidào'érchí
背风 bèifēng
背脊 bèijǐ
背离 bèilí
背面 bèimiàn
背叛 bèipàn
背诵 bèisòng
背心 bèixīn
背影 bèiyǐng
钡 bèi
倍数 bèishù
倍增 bèizēng
被单 bèidān
被褥 bèirù
奔波 bēnbō
奔驰 bēnchí
奔放 bēnfàng
奔赴 bēnfù
奔流 bēnliú
奔腾 bēnténg
奔涌 bēnyǒng
奔走 bēnzǒu
本部 běnbù
本分 běnfèn
本行 běnháng
本家 běnjiā
本科 běnkē
本钱 běnqián
本色 běnsè
本土 běntǔ
本位 běnwèi
本义 běnyì
本意 běnyì
本原 běnyuán
本源 běnyuán
本子 běn·zi
笨重 bènzhòng
笨拙 bènzhuō
崩 bēng
绷带 bēngdài
绷 běng
泵 bèng
迸发 bèngfā
绷 bèng
逼近 bījìn
逼迫 bīpò
逼真 bīzhēn
鼻尖 bíjiān
鼻梁 bíliáng
鼻腔 bíqiāng
鼻涕 bítì
鼻音 bíyīn
匕首 bǐshǒu
比分 bǐfēn
比例尺 bǐlìchǐ
比率 bǐlǜ
比拟 bǐnǐ
比热 bǐrè
比武 bǐwǔ
比值 bǐzhí
彼岸 bǐ'àn
笔触 bǐchù
笔法 bǐfǎ
笔画 bǐhuà
笔迹 bǐjì
笔尖 bǐjiān
笔名 bǐmíng
笔墨 bǐmò
笔直 bǐzhí
鄙视 bǐshì
鄙夷 bǐyí
币制 bìzhì
必需品 bìxūpǐn
毕生 bìshēng
闭幕 bìmù
闭塞 bìsè
庇护 bìhù
陛下 bìxià
毙 bì
敝 bì
婢女 bìnǚ
痹 bì
辟 bì
弊端 bìduān
弊病 bìbìng
碧波 bìbō
碧绿 bìlǜ
蔽 bì
壁垒 bìlěi
避风 bìfēng
避雷针 bìléizhēn
避难 bìnàn
臂膀 bìbǎng
璧 bì
边陲 biānchuí
边防 biānfáng
边际 biānjì
边沿 biānyán
边远 biānyuǎn
编导 biāndǎo
编号 biānhào
编码 biānmǎ
编排 biānpái
编造 biānzào
编者 biānzhě
编织 biānzhī
编撰 biānzhuàn
编纂 biānzuǎn
鞭策 biāncè
鞭打 biāndǎ
鞭炮 biānpào
贬低 biǎndī
贬义 biǎnyì
贬值 biǎnzhí
匾 biǎn
变故 biàngù
变幻 biànhuàn
变卖 biànmài
变色 biànsè
变数 biànshù
变通 biàntōng
变相 biànxiàng
变性 biànxìng
变压器 biànyāqì
变样 biànyàng
变质 biànzhì
变种 biànzhǒng
便秘 biànmì
便衣 biànyī
遍布 biànbù
遍地 biàndì
遍及 biànjí
辨正 biànzhèng
辩驳 biànbó
辩护人 biànhùrén
辩解 biànjiě
辩论 biànlùn
辫 biàn
标榜 biāobǎng
标兵 biāobīng
标尺 biāochǐ
标的 biāodì
标记 biāojì
标明 biāomíng
标签 biāoqiān
标新立异 biāoxīnlìyì
膘 biāo
表白 biǎobái
表格 biǎogé
表决 biǎojué

表露 biǎolù
表率 biǎoshuài
表态 biǎotài
憋 biē
鳖 biē
别出心裁 biéchūxīncái
别具一格 biéjùyīgé
别开生面 biékāishēngmiàn
别名 biémíng
别墅 biéshù
别有用心 biéyǒuyòngxīn
别致 bié·zhì
瘪 biě
宾馆 bīnguǎn
宾客 bīnkè
宾语 bīnyǔ
宾主 bīnzhǔ
滨 bīn
濒临 bīnlín
濒于 bīnyú
摈弃 bìnqì
鬓 bìn
冰雹 bīngbáo
冰点 bīngdiǎn
冰冻 bīngdòng
冰窖 bīngjiào
冰晶 bīngjīng
冰冷 bīnglěng
冰凉 bīngliáng
冰山 bīngshān
冰天雪地 bīngtiānxuědì
冰箱 bīngxiāng
兵法 bīngfǎ
兵家 bīngjiā
兵器 bīngqì
兵团 bīngtuán
兵役 bīngyì
兵营 bīngyíng
兵站 bīngzhàn
兵种 bīngzhǒng
饼干 bǐnggān
屏息 bǐngxī
禀 bǐng
并发 bìngfā
并肩 bìngjiān
并进 bìngjìn
并举 bìngjǔ
并联 bìnglián
并列 bìngliè
并排 bìngpái
并行 bìngxíng
并重 bìngzhòng
病程 bìngchéng
病床 bìngchuáng
病房 bìngfáng
病根 bìnggēn
病故 bìnggù
病害 bìnghài
病号 bìnghào
病菌 bìngjūn
病例 bìnglì
病魔 bìngmó
病史 bìngshǐ
病榻 bìngtà
病态 bìngtài
病痛 bìngtòng
病因 bìngyīn
病员 bìngyuán
病原体 bìngyuántǐ
病灶 bìngzào
病症 bìngzhèng
摒弃 bìngqì
拨款 bōkuǎn
波段 bōduàn
波峰 bōfēng
波谷 bōgǔ
波及 bōjí
波澜 bōlán
波涛 bōtāo
波纹 bōwén
波折 bōzhé
钵 bō
剥离 bōlí
剥蚀 bōshí
菠菜 bōcài
菠萝 bōluó
播放 bōfàng
播送 bōsòng
伯父 bófù
伯乐 bólè
伯母 bómǔ
驳斥 bóchì
驳回 bóhuí
帛 bó
泊 bó
铂 bó
脖 bó
博爱 bó'ài
博大 bódà
博得 bódé
博览会 bólǎnhuì
博物馆 bówùguǎn
搏击 bójī
箔 bó
膊 bó
跛 bǒ
卜 bǔ
补给 bǔjǐ
补救 bǔjiù
补课 bǔkè
补习 bǔxí
补助 bǔzhù
补足 bǔzú
捕获 bǔhuò
捕杀 bǔshā
哺乳 bǔrǔ
哺育 bǔyù
不啻 bùchì
不得了 bùdéliǎo
不得已 bùdéyǐ
不动产 bùdòngchǎn
不动声色 bùdòngshēngsè
不乏 bùfá
不法 bùfǎ
不凡 bùfán
不符 bùfú
不甘 bùgān
不敢当 bùgǎndāng
不计其数 bùjìqíshù
不见得 bùjiàn·dé
不胫而走 bùjìng'érzǒu
不可思议 bùkěsīyì
不可一世 bùkěyīshì
不力 bùlì
不妙 bùmiào
不配 bùpèi
不屈 bùqū
不忍 bùrěn
不善 bùshàn
不适 bùshì
不速之客 bùsùzhīkè
不祥 bùxiáng
不像话 bùxiànghuà
不孝 bùxiào
不屑 bùxiè
不懈 bùxiè
不休 bùxiū
不朽 bùxiǔ
不锈钢 bùxiùgāng
不言而喻 bùyán'éryù
不一 bùyī
不依 bùyī
不以为然 bùyǐwéirán
不约而同 bùyuē'értóng
不只 bùzhǐ
不至于 bùzhìyú

布告 bùgào
布景 bùjǐng
布匹 bùpǐ
布衣 bùyī
步兵 bùbīng
步履 bùlǚ
步枪 bùqiāng
步行 bùxíng
部件 bùjiàn
部属 bùshǔ
部委 bùwěi
部下 bùxià
埠 bù
簿 bù

## C

擦拭 cāshì
猜测 cāicè
猜想 cāixiǎng
猜疑 cāiyí
才干 cáigàn
才华 cáihuá
才智 cáizhì
财经 cáijīng
财会 cáikuài
财贸 cáimào
财权 cáiquán
财团 cáituán
财物 cáiwù
财源 cáiyuán
财主 cái·zhu
裁定 cáidìng
裁减 cáijiǎn
裁剪 cáijiǎn
裁决 cáijué
裁军 cáijūn
裁判 cáipàn
采伐 cǎifá
采掘 cǎijué
采矿 cǎikuàng
采纳 cǎinà
采写 cǎixiě
采样 cǎiyàng
采油 cǎiyóu
采摘 cǎizhāi
彩电 cǎidiàn
彩虹 cǎihóng
彩绘 cǎihuì
彩礼 cǎilǐ
彩旗 cǎiqí
彩塑 cǎisù
彩陶 cǎitáo
睬 cǎi
菜场 càichǎng
菜刀 càidāo
菜蔬 càishū
菜肴 càiyáo
菜园 càiyuán
参见 cānjiàn
参军 cānjūn
参看 cānkàn
参赛 cānsài
参天 cāntiān
参议院 cānyìyuàn
参预 cānyù
参阅 cānyuè
参展 cānzhǎn
参战 cānzhàn
参政 cānzhèng
餐具 cānjù
餐厅 cāntīng
餐桌 cānzhuō
残暴 cánbào
残存 cáncún
残废 cánfèi
残害 cánhài
残疾 cán jí
残留 cánliú
残破 cánpò
残缺 cánquē
残忍 cánrěn
残杀 cánshā
蚕豆 cándòu
蚕食 cánshí
蚕丝 cánsī
惭愧 cánkuì
惨案 cǎn'àn
惨白 cǎnbái
惨败 cǎnbài
惨死 cǎnsǐ
惨痛 cǎntòng
惨重 cǎnzhòng
仓促 cāngcù
仓皇 cānghuáng
沧桑 cāngsāng
苍翠 cāngcuì
苍老 cānglǎo
苍茫 cāngmáng
苍穹 cāngqióng
苍天 cāngtiān
藏身 cángshēn
藏书 cángshū
操办 cāobàn
操场 cāochǎng
操持 cāochí
操劳 cāoláo
操练 cāoliàn
操心 cāoxīn
嘈杂 cáozá
草本 cǎoběn
草场 cǎochǎng
草丛 cǎocóng
草帽 cǎomào
草莓 cǎoméi
草拟 cǎonǐ
草皮 cǎopí
草坪 cǎopíng
草率 cǎoshuài
草图 cǎotú
草屋 cǎowū
草鞋 cǎoxié
草药 cǎoyào
厕所 cèsuǒ
侧耳 cè'ěr
侧身 cèshēn
测绘 cèhuì
测试 cèshì
测算 cèsuàn
策动 cèdòng
策划 cèhuà
层出不穷 céngchūbùqióng
层面 céngmiàn
蹭 cèng
叉腰 chāyāo
杈 chā
差错 chācuò
差额 chā'é
插队 chāduì
插话 chāhuà
插曲 chāqǔ
插手 chāshǒu
插图 chātú
插秧 chāyāng
插嘴 chāzuǐ
茬 chá
茶点 chádiǎn
茶花 cháhuā
茶几 chájī
茶具 chájù
茶水 cháshuǐ
茶园 cháyuán
查处 cháchǔ
查对 cháduì
查获 cháhuò
查禁 chájìn
查看 chákàn
查问 cháwèn

查询 cháxún
查阅 cháyuè
查找 cházhǎo
察觉 chájué
察看 chákàn
杈 chà
岔 chà
刹那 chànà
诧异 chàyì
拆除 chāichú
拆毁 chāihuǐ
拆迁 chāiqiān
拆卸 chāixiè
差使 chāishǐ
差事 chāi·shì
柴火 chái·huo
柴油 cháiyóu
掺 chān
搀扶 chānfú
馋 chán
禅宗 chánzōng
缠绵 chánmián
缠绕 chánrào
蝉 chán
蟾蜍 chánchú
产妇 chǎnfù
产权 chǎnquán
产销 chǎnxiāo
铲除 chǎnchú
阐发 chǎnfā
阐释 chǎnshì
颤动 chàndòng
忏悔 chànhuǐ
昌 chāng
猖獗 chāngjué
猖狂 chāngkuáng
娼妓 chāngjì
长臂猿 chángbìyuán
长波 chángbō
长笛 chángdí
长方形 chángfāngxíng
长工 chánggōng
长颈鹿 chángjǐnglù
长空 chángkōng
长年 chángnián
长袍 chángpáo
长跑 chángpǎo
长篇 chángpiān
长衫 chángshān
长寿 chángshòu
长叹 chángtàn
长途 chángtú
长线 chángxiàn
长夜 chángyè
长于 chángyú
长足 chángzú
肠胃 chángwèi
尝新 chángxīn
常人 chángrén
常设 chángshè
常态 chángtài
常委 chángwěi
常温 chángwēn
常务 chángwù
常住 chángzhù
偿付 chángfù
偿还 chánghuán
厂家 chǎngjiā
厂矿 chǎngkuàng
厂商 chǎngshāng
场景 chǎngjǐng
敞开 chǎngkāi
怅惘 chàngwǎng
畅快 chàngkuài
畅所欲言 chàngsuǒyùyán
畅谈 chàngtán
畅通 chàngtōng
畅销 chàngxiāo
倡导 chàngdǎo
倡议 chàngyì
唱词 chàngcí
唱片 chàngpiàn
唱腔 chàngqiāng
唱戏 chàngxì
抄袭 chāoxí
抄写 chāoxiě
钞票 chāopiào
超产 chāochǎn
超常 chāocháng
超导体 chāodǎotǐ
超级 chāojí
超前 chāoqián
超然 chāorán
超人 chāorén
超声波 chāoshēngbō
超脱 chāotuō
剿 chāo
巢穴 cháoxué
朝拜 cháobài
朝代 cháodài
朝向 cháoxiàng
朝阳 cháoyáng
朝野 cháoyě
朝政 cháozhèng
嘲讽 cháofěng
嘲弄 cháonòng
嘲笑 cháoxiào
潮水 cháoshuǐ
潮汐 cháoxī
吵架 chǎojià
吵闹 chǎonào
吵嘴 chǎozuǐ
车床 chēchuáng
车队 chēduì
车夫 chēfū
车祸 chēhuò
车门 chēmén
车身 chēshēn
车头 chētóu
扯皮 chěpí
彻 chè
撤换 chèhuàn
撤回 chèhuí
撤离 chèlí
撤退 chètuì
撤销 chèxiāo
撤职 chèzhí
澈 chè
抻 chēn
臣民 chénmín
尘埃 chén’āi
尘土 chéntǔ
沉寂 chénjì
沉降 chénjiàng
沉浸 chénjìn
沉静 chénjìng
沉沦 chénlún
沉闷 chénmèn
沉没 chénmò
沉睡 chénshuì
沉痛 chéntòng
沉吟 chényín
沉郁 chényù
沉醉 chénzuì
陈腐 chénfǔ
陈规 chénguī
陈迹 chénjì
陈列 chénliè
陈设 chénshè
晨光 chénguāng
晨曦 chénxī
衬衫 chènshān
衬托 chèntuō
衬衣 chènyī
趁机 chènjī
趁势 chènshì

趁早 chènzǎo
称职 chènzhí
称霸 chēngbà
称道 chēngdào
称颂 chēngsòng
称谓 chēngwèi
撑腰 chēngyāo
成败 chéngbài
成才 chéngcái
成材 chéngcái
成风 chéngfēng
成活 chénghuó
成家 chéngjiā
成见 chéngjiàn
成交 chéngjiāo
成名 chéngmíng
成品 chéngpǐn
成亲 chéngqīn
成全 chéngquán
成书 chéngshū
成套 chéngtào
成天 chéngtiān
成行 chéngxíng
成形 chéngxíng
成因 chéngyīn
丞相 chéngxiàng
诚然 chéngrán
诚心 chéngxīn
诚挚 chéngzhì
承办 chéngbàn
承继 chéngjì
承建 chéngjiàn
承袭 chéngxí
城堡 chéngbǎo
城郊 chéngjiāo
城楼 chénglóu
城墙 chéngqiáng
城区 chéngqū
乘法 chéngfǎ
乘方 chéngfāng
乘积 chéngjī
乘凉 chéngliáng
乘务员 chéngwùyuán
乘坐 chéngzuò
惩办 chéngbàn
惩处 chéngchǔ
惩戒 chéngjiè
惩治 chéngzhì
澄清 chéngqīng
橙 chéng
逞 chěng
吃不消 chī·buxiāo
吃苦 chīkǔ
吃亏 chīkuī
吃水 chīshuǐ
吃香 chīxiāng
嗤 chī
痴呆 chīdāi
驰骋 chíchěng
驰名 chímíng
迟到 chídào
迟缓 chíhuǎn
迟疑 chíyí
迟早 chízǎo
持之以恒 chízhīyǐhéng
持重 chízhòng
尺寸 chǐ·cun
齿轮 chǐlún
齿龈 chǐyín
耻辱 chǐrǔ
斥责 chìzé
赤诚 chìchéng
赤裸 chìluǒ
赤手空拳 chìshǒukōngquán
赤字 chìzì
炽烈 chìliè
炽热 chìrè
冲淡 chōngdàn
冲锋 chōngfēng
冲积 chōngjī
冲刷 chōngshuā
冲天 chōngtiān
冲洗 chōngxǐ
冲撞 chōngzhuàng
充斥 chōngchì
充电 chōngdiàn
充饥 chōngjī
充沛 chōngpèi
充塞 chōngsè
充血 chōngxuè
充溢 chōngyì
充裕 chōngyù
舂 chōng
憧憬 chōngjǐng
虫害 chónghài
重叠 chóngdié
重逢 chóngféng
重申 chóngshēn
重围 chóngwéi
重行 chóngxíng
重修 chóngxiū
重演 chóngyǎn
崇敬 chóngjìng
崇尚 chóngshàng
宠爱 chǒng'ài
宠儿 chǒng'ér
抽查 chōuchá
抽搐 chōuchù
抽打 chōudǎ
抽调 chōudiào
抽空 chōukòng
抽泣 chōuqì
抽签 chōuqiān
抽取 chōuqǔ
抽穗 chōusuì
抽屉 chōu·ti
抽样 chōuyàng
踌躇 chóuchú
仇敌 chóudí
仇人 chóurén
仇视 chóushì
惆怅 chóuchàng
绸缎 chóuduàn
稠密 chóumì
愁苦 chóukǔ
筹办 chóubàn
筹备 chóubèi
筹措 chóucuò
筹划 chóuhuà
筹集 chóují
筹建 chóujiàn
丑恶 chǒu'è
丑陋 chǒulòu
臭氧 chòuyǎng
出兵 chūbīng
出差 chūchāi
出厂 chūchǎng
出场 chūchǎng
出动 chūdòng
出工 chūgōng
出海 chūhǎi
出击 chūjī
出家 chūjiā
出嫁 chūjià
出境 chūjìng
出类拔萃 chūlèibácuì
出力 chūlì
出马 chūmǎ
出面 chūmiàn
出苗 chūmiáo
出名 chūmíng
出没 chūmò
出品 chūpǐn
出其不意 chūqíbùyì
出奇 chūqí
出气 chūqì

出勤 chūqín
出人意料 chūrényìliào
出任 chūrèn
出入 chūrù
出山 chūshān
出神 chūshén
出生率 chūshēnglǜ
出师 chūshī
出使 chūshǐ
出示 chūshì
出世 chūshì
出事 chūshì
出手 chūshǒu
出台 chūtái
出头 chūtóu
出外 chūwài
出院 chūyuàn
出征 chūzhēng
出众 chūzhòng
出资 chūzī
出走 chūzǒu
出租 chūzū
初春 chūchūn
初等 chūděng
初冬 chūdōng
初恋 chūliàn
初年 chūnián
初秋 chūqiū
初夏 chūxià
初学 chūxué
除尘 chúchén
除法 chúfǎ
除外 chúwài
除夕 chúxī
厨师 chúshī
锄 chú
雏形 chúxíng
橱窗 chúchuāng
处方 chǔfāng
处决 chǔjué
处女 chǔnǚ
处世 chǔshì
处事 chǔshì
处死 chǔsǐ
处置 chǔzhì
储藏 chǔcáng
处所 chùsuǒ
畜力 chùlì
畜生 chù·sheng
触电 chùdiàn
触动 chùdòng
触发 chùfā
触犯 chùfàn
触及 chùjí
触角 chùjiǎo
触觉 chùjué
触摸 chùmō
触目惊心 chùmùjīngxīn
触手 chùshǒu
触须 chùxū
矗立 chùlì
揣 chuāi
揣测 chuǎicè
揣摩 chuǎimó
踹 chuài
川剧 chuānjù
川流不息 chuānliúbùxī
穿插 chuānchā
穿刺 chuāncì
穿戴 chuāndài
穿孔 chuānkǒng
穿山甲 chuānshānjiǎ
穿梭 chuānsuō
穿行 chuānxíng
穿越 chuānyuè
传布 chuánbù
传承 chuánchéng
传单 chuándān
传道 chuándào
传教 chuánjiào
传令 chuánlìng
传奇 chuánqí
传染 chuánrǎn
传人 chuánrén
传神 chuánshén
传输 chuánshū
传送 chuánsòng
传诵 chuánsòng
传闻 chuánwén
传真 chuánzhēn
船舱 chuáncāng
船夫 chuánfū
船家 chuán·jiā
船台 chuántái
船舷 chuánxián
船员 chuányuán
船闸 chuánzhá
喘气 chuǎnqì
喘息 chuǎnxī
创口 chuāngkǒu
疮疤 chuāngbā
窗帘 chuānglián
窗台 chuāngtái
床单 chuángdān
床铺 chuángpù
床位 chuángwèi
创汇 chuànghuì
创见 chuàngjiàn
创建 chuàngjiàn
创举 chuàngjǔ
创刊 chuàngkān
创设 chuàngshè
创始 chuàngshǐ
创业 chuàngyè
创制 chuàngzhì
炊烟 chuīyān
吹拂 chuīfú
吹牛 chuīniú
吹捧 chuīpěng
吹嘘 chuīxū
吹奏 chuīzòu
垂钓 chuídiào
垂柳 chuíliǔ
垂死 chuísǐ
垂危 chuíwēi
捶 chuí
锤炼 chuíliàn
锤子 chuí·zi
春分 chūnfēn
春风 chūnfēng
春耕 chūngēng
春光 chūnguāng
春雷 chūnléi
春色 chūnsè
纯度 chúndù
纯净 chúnjìng
纯真 chúnzhēn
纯正 chúnzhèng
淳朴 chúnpǔ
醇 chún
蠢事 chǔnshì
戳穿 chuōchuān
啜泣 chuòqì
绰号 chuòhào
瓷器 cíqì
瓷砖 cízhuān
词句 cíjù
祠堂 cítáng
词典 cídiǎn
辞退 cítuì
慈爱 cí'ài
慈悲 cíbēi
慈善 císhàn
慈祥 cíxiáng
磁带 cídài
磁化 cíhuà

磁极 cíjí
磁体 cítǐ
磁头 cítóu
磁性 cíxìng
雌蕊 círuǐ
雌性 cíxìng
雌雄 cíxióng
此间 cǐjiān
此起彼伏 cǐqǐbǐfú
次第 cìdì
次品 cìpǐn
次日 cìrì
刺刀 cìdāo
刺耳 cì'ěr
刺骨 cìgǔ
刺客 cìkè
刺杀 cìshā
刺绣 cìxiù
刺眼 cìyǎn
赐予 cìyǔ
匆忙 cōngmáng
葱 cōng
聪慧 cōnghuì
从容 cóngróng
从军 cóngjūn
从属 cóngshǔ
从头 cóngtóu
从新 cóngxīn
从业 cóngyè
从众 cóngzhòng
丛林 cónglín
丛生 cóngshēng
丛书 cóngshū
凑近 còujìn
凑巧 còuqiǎo
粗暴 cūbào
粗笨 cūbèn
粗布 cūbù
粗大 cūdà
粗放 cūfàng
粗犷 cūguǎng
粗鲁 cūlǔ
粗略 cūlüè
粗俗 cūsú
粗细 cūxì
粗心 cūxīn
粗野 cūyě
粗壮 cūzhuàng
醋 cù
簇拥 cùyōng
蹿 cuān
攒 cuán
篡夺 cuànduó
篡改 cuàngǎi
崔 Cuī
催促 cuīcù
催化剂 cuīhuàjì
催眠 cuīmián
摧 cuī
璀璨 cuǐcàn
脆弱 cuìruò
萃取 cuìqǔ
啐 cuì
淬火 cuìhuǒ
翠绿 cuìlǜ
村落 cūnluò
村民 cūnmín
村寨 cūnzhài
村镇 cūnzhèn
皴 cūn
存储 cúnchǔ
存放 cúnfàng
存活 cúnhuó
存货 cúnhuò
存留 cúnliú
存亡 cúnwáng
存心 cúnxīn
存折 cúnzhé
搓 cuō
磋商 cuōshāng
撮 cuō
挫败 cuòbài
挫伤 cuòshāng
锉 cuò
错过 cuòguò
错觉 cuòjué
错位 cuòwèi
错综复杂 cuòzōngfùzá

## D

搭救 dājiù
搭配 dāpèi
搭讪 dā·shàn
答辩 dábiàn
答话 dáhuà
打岔 dǎchà
打动 dǎdòng
打赌 dǎdǔ
打火机 dǎhuǒjī
打交道 dǎjiāo·dao
打搅 dǎjiǎo
打垮 dǎkuǎ
打捞 dǎlāo
打猎 dǎliè
打趣 dǎqù
打扰 dǎrǎo
打扫 dǎsǎo
打铁 dǎtiě
打通 dǎtōng
打消 dǎxiāo
打印 dǎyìn
打颤 dǎzhàn
打字 dǎzì
大白 dàbái
大本营 dàběnyíng
大便 dàbiàn
大不了 dà·buliǎo
大肠 dàcháng
大潮 dàcháo
大车 dàchē
大抵 dàdǐ
大殿 dàdiàn
大度 dàdù
大法 dàfǎ
大凡 dàfán
大方 dàfāng
大副 dàfù
大公无私 dàgōngwúsī
大鼓 dàgǔ
大褂 dàguà
大汉 dàhàn
大号 dàhào
大户 dàhù
大计 dàjì
大将 dàjiàng
大惊小怪 dàjīngxiǎoguài
大局 dàjú
大举 dàjǔ
大理石 dàlǐshí
大陆架 dàlùjià
大路 dàlù
大略 dàlüè
大麻 dàmá
大麦 dàmài
大米 dàmǐ
大气层 dàqìcéng
大气压 dàqìyā
大权 dàquán
大人物 dàrénwù
大赛 dàsài
大使 dàshǐ
大势 dàshì
大肆 dàsì
大同小异 dàtóngxiǎoyì
大腿 dàtuǐ
大喜 dàxǐ
大显身手 dàxiǎnshēnshǒu

大相径庭 dàxiāngjìngtíng
大修 dàxiū
大选 dàxuǎn
大雪 dàxuě
大雁 dàyàn
大业 dàyè
大义 dàyì
大专 dàzhuān
大宗 dàzōng
大作 dàzuò
呆板 dāibǎn
呆滞 dāizhì
歹徒 dǎitú
逮 dǎi
代办 dàibàn
代表作 dàibiǎozuò
代词 dàicí
代号 dàihào
代数 dàishù
玳瑁 dàimào
带电 dàidiàn
带劲 dàijìn
带路 dàilù
带子 dài·zi
贷 dài
待命 dàimìng
待业 dàiyè
怠工 dàigōng
怠慢 dàimàn
逮 dài
耽搁 dān·ge
丹顶鹤 dāndǐnghè
担保 dānbǎo
担当 dāndāng
担架 dānjià
担忧 dānyōu
单薄 dānbó
单产 dānchǎn
单词 dāncí
单方 dānfāng
单干 dāngàn
单价 dānjià
单据 dānjù
单身 dānshēn
单项 dānxiàng
单衣 dānyī
单元 dānyuán
单子 dān·zi
掸 dǎn
胆固醇 dǎngùchún
胆量 dǎnliàng
胆略 dǎnlüè
胆囊 dǎnnáng
胆怯 dǎnqiè
胆小鬼 dǎnxiǎoguǐ
胆汁 dǎnzhī
旦　dàn
诞辰 dànchén
淡薄 dànbó
淡化 dànhuà
淡漠 dànmò
淡然 dànrán
弹片 dànpiàn
弹头 dàntóu
弹药 dànyào
蛋糕 dàngāo
氮肥 dànféi
氮气 dànqì
当差 dāngchāi
当归 dāngguī
当家 dāngjiā
当量 dāngliàng
当面 dāngmiàn
当权 dāngquán
当日 dāngrì
当下 dāngxià
当心 dāngxīn
当众 dāngzhòng
裆 dāng
党籍 dǎngjí
党纪 dǎngjì
党派 dǎngpài
党团 dǎngtuán
党务 dǎngwù
党校 dǎngxiào
党章 dǎngzhāng
当铺 dàngpù
当日 dàngrì
当晚 dàngwǎn
当夜 dàngyè
当真 dàngzhēn
荡漾 dàngyàng
档次 dàngcì
刀枪 dāoqiāng
导电 dǎodiàn
导航 dǎoháng
导热 dǎorè
导师 dǎoshī
导向 dǎoxiàng
导游 dǎoyóu
导语 dǎoyǔ
捣鬼 dǎoguǐ
捣毁 dǎohuǐ
捣乱 dǎoluàn
倒闭 dǎobì
倒伏 dǎofú
倒卖 dǎomài
倒塌 dǎotā
祷告 dǎogào
蹈 dǎo
到家 dàojiā
倒挂 dàoguà
倒立 dàolì
倒数 dàoshǔ
倒数 dàoshù
倒退 dàotuì
倒影 dàoyǐng
倒置 dàozhì
倒转 dàozhuǎn
倒转 dàozhuàn
盗贼 dàozéi
悼念 dàoniàn
道家 dàojiā
道具 dàojù
道歉 dàoqiàn
道喜 dàoxǐ
道谢 dàoxiè
道义 dàoyì
稻草 dàocǎo
得逞 déchěng
得当 dédàng
得分 défēn
得救 déjiù
得力 délì
得失 déshī
得体 détǐ
得天独厚 détiāndúhòu
得心应手 déxīnyìngshǒu
得罪 dézuì
灯火 dēnghuǒ
灯笼 dēng·long
灯塔 dēngtǎ
登场 dēngcháng
登场 dēngchǎng
登高 dēnggāo
登陆 dēnglù
登门 dēngmén
登山 dēngshān
登台 dēngtái
登载 dēngzǎi
等号 děnghào
等价 děngjià
等式 děngshì
等同 děngtóng
凳 dèng
澄 dèng

瞪眼 dèngyǎn
低层 dīcéng
低潮 dīcháo
低沉 dīchén
低估 dīgū
低空 dīkōng
低廉 dīlián
低劣 dīliè
低落 dīluò
低能 dīnéng
低洼 dīwā
低微 dīwēi
低压 dīyā
堤坝 dībà
提防 dī·fang
滴灌 dīguàn
敌国 díguó
敌后 díhòu
敌寇 díkòu
敌情 díqíng
敌视 díshì
敌意 díyì
涤纶 dílún
笛 dí
嫡 dí
诋毁 dǐhuǐ
抵偿 dǐcháng
抵触 dǐchù
抵达 dǐdá
抵挡 dǐdǎng
抵消 dǐxiāo
抵押 dǐyā
抵御 dǐyù
底片 dǐpiàn
底细 dǐxì
地产 dìchǎn
地磁 dìcí
地道 dìdào
地段 dìduàn

地核 dìhé
地基 dìjī
地窖 dìjiào
地雷 dìléi
地力 dìlì
地幔 dìmàn
地盘 dìpán
地皮 dìpí
地平线 dìpíngxiàn
地热 dìrè
地毯 dìtǎn
地下室 dìxiàshì
地衣 dìyī
地狱 dìyù
地址 dìzhǐ
弟妹 dìmèi
帝王 dìwáng
帝制 dìzhì
递减 dìjiǎn
递增 dìzēng
谛听 dìtīng
蒂 dì
缔结 dìjié
缔约 dìyuē
掂 diān
滇 diān
颠簸 diānbǒ
颠倒 diāndǎo
颠覆 diānfù
巅 diān
典范 diǎnfàn
典故 diǎngù
典籍 diǎnjí
典礼 diǎnlǐ
典雅 diǎnyǎ
点滴 diǎndī
点火 diǎnhuǒ
点名 diǎnmíng
点缀 diǎnzhuì

电表 diànbiǎo
电波 diànbō
电车 diànchē
电磁场 diàncíchǎng
电镀 diàndù
电工 diàngōng
电光 diànguāng
电焊 diànhàn
电机 diànjī
电极 diànjí
电解质 diànjiězhì
电缆 diànlǎn
电铃 diànlíng
电炉 diànlú
电气化 diànqìhuà
电容 diànróng
电扇 diànshàn
电梯 diàntī
电筒 diàntǒng
电网 diànwǎng
电文 diànwén
电信 diànxìn
电讯 diànxùn
电影院 diànyǐngyuàn
佃 diàn
店铺 diànpù
店堂 diàntáng
店员 diànyuán
垫圈 diànquān
惦记 diàn·jì
惦念 diànniàn
奠基 diànjī
殿堂 diàntáng
殿下 diànxià
叼 diāo
貂 diāo
碉堡 diāobǎo
雕琢 diāozhuó
刁难 diāonàn

吊环 diàohuán
钓竿 diàogān
调度 diàodù
调换 diàohuàn
调集 diàojí
调配 diàopèi
调遣 diàoqiǎn
调运 diàoyùn
掉队 diàoduì
掉头 diàotóu
跌落 diēluò
碟 dié
蝶 dié
叮咛 dīngníng
叮嘱 dīngzhǔ
顶峰 dǐngfēng
顶替 dǐngtì
鼎盛 dǐngshèng
订购 dìnggòu
订婚 dìnghūn
订立 dìnglì
订阅 dìngyuè
订正 dìngzhèng
定点 dìngdiǎn
定都 dìngdū
定价 dìngjià
定居 dìngjū
定论 dìnglùn
定名 dìngmíng
定神 dìngshén
定时 dìngshí
定位 dìngwèi
定性 dìngxìng
定语 dìngyǔ
定员 dìngyuán
定罪 dìngzuì
锭 dìng
丢掉 diūdiào
丢脸 diūliǎn

丢人 diūrén
丢失 diūshī
东边 dōng·bian
东道主 dōngdàozhǔ
东风 dōngfēng
东家 dōng·jia
东经 dōngjīng
东正教 dōngzhèngjiào
冬眠 dōngmián
冬至 dōngzhì
董事会 dǒngshìhuì
懂事 dǒngshì
动产 dòngchǎn
动荡 dòngdàng
动工 dònggōng
动画片 dònghuàpiàn
动乱 dòngluàn
动情 dòngqíng
动身 dòngshēn
动弹 dòng·tan
动听 dòngtīng
动物园 dòngwùyuán
动向 dòngxiàng
动心 dòngxīn
动用 dòngyòng
动辄 dòngzhé
冻疮 dòngchuāng
冻结 dòngjié
栋 dòng
洞察 dòngchá
洞房 dòngfáng
洞穴 dòngxué
斗笠 dǒulì
抖动 dǒudòng
抖擞 dǒusǒu
陡坡 dǒupō
陡峭 dǒuqiào
陡然 dǒurán
斗志 dòuzhì
豆浆 dòujiāng
逗留 dòuliú
痘 dòu
窦 dòu
都城 dūchéng
督办 dūbàn
督促 dūcù
督军 dūjūn
毒草 dúcǎo
毒打 dúdǎ
毒害 dúhài
毒剂 dújì
毒品 dúpǐn
毒气 dúqì
毒蛇 dúshé
毒物 dúwù
毒药 dúyào
毒霸 dúbà
独白 dúbái
独裁 dúcái
独唱 dúchàng
独创 dúchuàng
独到 dúdào
独断 dúduàn
独家 dújiā
独身 dúshēn
独舞 dúwǔ
独一无二 dúyīwúèr
独奏 dúzòu
读数 dúshù
读物 dúwù
读音 dúyīn
犊 dú
笃信 dǔxìn
堵截 dǔjié
堵塞 dǔsè
赌博 dǔbó
赌气 dǔqì
睹 dǔ
杜鹃 dùjuān
杜绝 dùjué
妒忌 dùjì
度量 dùliàng
度日 dùrì
渡船 dùchuán
渡口 dùkǒu
镀 dù
端午 duānwǔ
端详 duānxiáng
端庄 duānzhuāng
短波 duǎnbō
短处 duǎnchù
短促 duǎncù
短工 duǎngōng
短路 duǎnlù
短跑 duǎnpǎo
短缺 duǎnquē
短线 duǎnxiàn
短小 duǎnxiǎo
短语 duǎnyǔ
段落 duànluò
断层 duàncéng
断绝 duànjué
断然 duànrán
断送 duànsòng
断言 duànyán
缎 duàn
煅 duàn
锻 duàn
堆放 duīfàng
堆砌 duīqì
对岸 duì'àn
对策 duìcè
对答 duìdá
对等 duìděng
对接 duìjiē
对口 duìkǒu
对联 duìlián
对路 duìlù
对门 duìmén
对偶 duì'ǒu
对数 duìshù
对头 duì·tou
对虾 duìxiā
对峙 duìzhì
队列 duìliè
兑换 duìhuàn
兑现 duìxiàn
敦促 dūncù
墩 dūn
囤 dùn
炖 dùn
钝 dùn
盾 dùn
顿悟 dùnwù
多寡 duōguǎ
多亏 duōkuī
多情 duōqíng
多事 duōshì
多谢 duōxiè
多嘴 duōzuǐ
夺目 duómù
踱 duó
垛 duǒ
躲避 duǒbì
躲藏 duǒcáng
躲闪 duǒshǎn
剁 duò
垛 duò
舵 duò
堕落 duòluò
惰性 duòxìng
跺脚 duòjiǎo

## E

鹅卵石 éluǎnshí
额定 édìng
额角 éjiǎo

额头 étóu
额外 éwài
厄运 èyùn
扼杀 èshā
扼要 èyào
恶霸 èbà
恶臭 èchòu
恶毒 èdú
恶棍 ègùn
恶果 èguǒ
恶魔 èmó
恶人 èrén
恶习 èxí
恶性 èxìng
恶意 èyì
恶作剧 èzuòjù
萼片 èpiàn
遏止 èzhǐ
遏制 èzhì
愕然 èrán
腭 è
鄂 è
恩赐 ēncì
恩情 ēnqíng
恩人 ēnrén
儿科 érkē
儿孙 érsūn
儿戏 érxì
而今 érjīn
而后 érhòu
耳光 ěrguāng
耳环 ěrhuán
耳机 ěrjī
耳鸣 ěrmíng
耳目 ěrmù
耳语 ěryǔ
饵 ěr
二胡 èrhú

## F

发报 fābào
发财 fācái
发愁 fāchóu
发呆 fādāi
发放 fāfàng
发疯 fāfēng
发还 fāhuán
发火 fāhuǒ
发酵 fājiào
发狂 fākuáng
发愣 fālèng
发毛 fāmáo
发霉 fāméi
发怒 fānù
发配 fāpèi
发票 fāpiào
发情 fāqíng
发球 fāqiú
发散 fāsàn
发烧 fāshāo
发誓 fāshì
发售 fāshòu
发送 fāsòng
发文 fāwén
发问 fāwèn
发笑 fāxiào
发泄 fāxiè
发言人 fāyánrén
发源 fāyuán
乏力 fálì
乏味 fáwèi
伐木 fámù
罚金 fájīn
阀 fá
筏 fá
法案 fǎ'àn
法宝 fǎbǎo
法典 fǎdiǎn
法纪 fǎjì
法权 fǎquán
法师 fǎshī
法术 fǎshù
法医 fǎyī
法治 fǎzhì
发型 fàxíng
帆布 fānbù
帆船 fānchuán
番茄 fānqié
藩镇 fānzhèn
翻案 fān'àn
翻动 fāndòng
翻滚 fāngǔn
翻腾 fān·téng
翻阅 fānyuè
凡人 fánrén
凡事 fánshì
烦闷 fánmèn
烦躁 fánzào
烦琐 fánsuǒ
繁复 fánfù
繁华 fánhuá
繁忙 fánmáng
繁茂 fánmào
繁盛 fánshèng
繁星 fánxīng
繁衍 fányǎn
繁育 fányù
繁杂 fánzá
反比 fǎnbǐ
反驳 fǎnbó
反常 fǎncháng
反刍 fǎnchú
反倒 fǎndào
反感 fǎngǎn
反攻 fǎngōng
反光 fǎnguāng
反击 fǎnjī
反叛 fǎnpàn
反扑 fǎnpū
反思 fǎnsī
反问 fǎnwèn
反响 fǎnxiǎng
反省 fǎnxǐng
反义词 fǎnyìcí
反证 fǎnzhèng
返航 fǎnháng
返还 fǎnhuán
返青 fǎnqīng
泛滥 fànlàn
范例 fànlì
梵文 fànwén
犯法 fànfǎ
犯人 fànrén
饭菜 fàncài
饭盒 fànhé
饭厅 fàntīng
饭碗 fànwǎn
饭桌 fànzhuō
贩卖 fànmài
贩运 fànyùn
贩子 fàn·zi
方剂 fāngjì
方略 fānglüè
方位 fāngwèi
方向盘 fāngxiàngpán
方兴未艾 fāngxīngwèi'ài
方圆 fāngyuán
方桌 fāngzhuō
芳香 fāngxiāng
防备 fángbèi
防毒 fángdú
防范 fángfàn
防寒 fánghán
防洪 fánghóng
防护林 fánghùlín
防空 fángkōng

防守 fángshǒu
防卫 fángwèi
防务 fángwù
防线 fángxiàn
防汛 fángxùn
防疫 fángyì
妨害 fánghài
房产 fángchǎn
房东 fángdōng
房租 fángzū
仿效 fǎngxiào
仿照 fǎngzhào
仿制 fǎngzhì
纺织品 fǎngzhīpǐn
放大镜 fàngdàjìng
放电 fàngdiàn
放火 fànghuǒ
放假 fàngjià
放宽 fàngkuān
放牧 fàngmù
放炮 fàngpào
放任 fàngrèn
放哨 fàngshào
放射线 fàngshèxiàn
放声 fàngshēng
放手 fàngshǒu
放肆 fàngsì
放行 fàngxíng
放学 fàngxué
放眼 fàngyǎn
放养 fàngyǎng
放映 fàngyìng
放置 fàngzhì
放纵 fàngzòng
飞驰 fēichí
飞碟 fēidié
飞溅 fēijiàn
飞禽 fēiqín
飞速 fēisù
飞腾 fēiténg
飞天 fēitiān
飞艇 fēitǐng
飞舞 fēiwǔ
飞行器 fēixíngqì
飞行员 fēixíngyuán
飞扬 fēiyáng
飞越 fēiyuè
飞涨 fēizhǎng
妃 fēi
非得 fēiděi
非凡 fēifán
非难 fēinàn
非同小可 fēitóngxiǎokě
非议 fēiyì
绯红 fēihóng
肥大 féidà
肥厚 féihòu
肥力 féilì
肥胖 féipàng
肥水 féishuǐ
肥沃 féiwò
肥效 féixiào
肥皂 féizào
诽谤 fěibàng
匪帮 fěibāng
匪徒 fěitú
翡翠 fěicuì
吠 fèi
肺病 fèibìng
肺活量 fèihuóliàng
肺结核 fèijiéhé
肺炎 fèiyán
废话 fèihuà
废旧 fèijiù
废料 fèiliào
废品 fèipǐn
废气 fèiqì
废弃 fèiqì
废水 fèishuǐ
废物 fèiwù
废物 fèi·wu
废渣 fèizhā
废止 fèizhǐ
沸点 fèidiǎn
沸水 fèishuǐ
费解 fèijiě
费劲 fèijìn
费力 fèilì
分辨 fēnbiàn
分兵 fēnbīng
分寸 fēn·cun
分担 fēndān
分队 fēnduì
分发 fēnfā
分隔 fēngé
分管 fēnguǎn
分红 fēnhóng
分家 fēnjiā
分居 fēnjū
分流 fēnliú
分娩 fēnmiǎn
分蘖 fēnniè
分派 fēnpài
分清 fēnqīng
分手 fēnshǒu
分数 fēnshù
分水岭 fēnshuǐlǐng
分摊 fēntān
分头 fēntóu
分享 fēnxiǎng
芬芳 fēnfāng
纷繁 fēnfán
纷飞 fēnfēi
纷乱 fēnluàn
纷纭 fēnyún
纷争 fēnzhēng
氛围 fēnwéi
酚 fēn
坟地 féndì
坟墓 fénmù
坟头 féntóu
焚毁 fénhuǐ
焚烧 fénshāo
粉笔 fěnbǐ
粉尘 fěnchén
粉刺 fěncì
粉红 fěnhóng
粉剂 fěnjì
粉饰 fěnshì
分外 fènwài
份额 fèn'é
奋不顾身 fènbùgùshēn
奋发 fènfā
奋力 fènlì
奋起 fènqǐ
奋勇 fènyǒng
奋战 fènzhàn
粪便 fènbiàn
愤恨 fènhèn
愤慨 fènkǎi
愤然 fènrán
丰产 fēngchǎn
丰厚 fēnghòu
丰满 fēngmǎn
丰年 fēngnián
丰盛 fēngshèng
丰硕 fēngshuò
丰腴 fēngyú
风波 fēngbō
风采 fēngcǎi
风潮 fēngcháo
风车 fēngchē
风驰电掣 fēngchídiànchè
风度 fēngdù
风帆 fēngfān
风寒 fēnghán

风化 fēnghuà
风浪 fēnglàng
风流 fēngliú
风貌 fēngmào
风靡 fēngmí
风起云涌 fēngqǐyúnyǒng
风情 fēngqíng
风趣 fēngqù
风沙 fēngshā
风尚 fēngshàng
风声 fēngshēng
风水 fēng·shuǐ
风味 fēngwèi
风箱 fēngxiāng
风向 fēngxiàng
风行 fēngxíng
风雅 fēngyǎ
风云 fēngyún
风韵 fēngyùn
风筝 fēng·zheng
风姿 fēngzī
枫 fēng
封面 fēngmiàn
疯 fēng
烽火 fēnghuǒ
锋利 fēnglì
锋芒 fēngmáng
蜂巢 fēngcháo
蜂房 fēngfáng
蜂蜜 fēngmì
蜂王 fēngwáng
蜂窝 fēngwō
峰峦 fēngluán
逢 féng
缝合 fénghé
缝纫 féngrèn
讽 fěng
凤凰 fènghuáng
奉命 fèngmìng

奉行 fèngxíng
缝隙 fèngxì
佛典 fódiǎn
佛法 fófǎ
佛经 fójīng
佛寺 fósì
佛像 fóxiàng
佛学 fóxué
否决 fǒujué
夫子 fūzǐ
肤浅 fūqiǎn
肤色 fūsè
孵 fū
敷衍 fūyǎn
弗 fú
伏击 fújī
伏帖 fútiē
芙蓉 fúróng
扶持 fúchí
扶贫 fúpín
扶桑 fúsāng
扶手 fúshǒu
抚养 fǔyǎng
扶植 fúzhí
扶助 fúzhù
拂晓 fúxiǎo
服饰 fúshì
服侍 fú·shi
服药 fúyào
服役 fúyì
氟 fú
俘获 fúhuò
浮雕 fúdiāo
浮力 fúlì
浮现 fúxiàn
浮云 fúyún
浮肿 fúzhǒng
符 fú
辐 fú

福音 fúyīn
甫 fǔ
抚摩 fǔmó
抚慰 fǔwèi
抚养 fǔyǎng
抚育 fǔyù
斧头 fǔ·tóu
俯冲 fǔchōng
俯瞰 fǔkàn
俯视 fǔshì
俯首 fǔshǒu
辅导 fǔdǎo
腐化 fǔhuà
腐烂 fǔlàn
父辈 fùbèi
父老 fùlǎo
负电 fùdiàn
负荷 fùhè
负极 fùjí
负离子 fùlízǐ
负伤 fùshāng
负载 fùzài
负债 fùzhài
负重 fùzhòng
妇科 fùkē
附带 fùdài
附和 fùhè
附件 fùjiàn
附录 fùlù
附设 fùshè
附属 fùshǔ
附庸 fùyōng
复查 fùchá
复仇 fùchóu
复发 fùfā
复古 fùgǔ
复核 fùhé
复活 fùhuó
复述 fùshù

复苏 fùsū
复习 fùxí
复兴 fùxīng
复眼 fùyǎn
复议 fùyì
复员 fùyuán
复原 fùyuán
副本 fùběn
副词 fùcí
副官 fùguān
副刊 fùkān
副食 fùshí
副作用 fùzuòyòng
赋税 fùshuì
富贵 fùguì
富丽 fùlì
富强 fùqiáng
富饶 fùráo
富庶 fùshù
富翁 fùwēng
富足 fùzú
腹地 fùdì
腹膜 fùmó
腹腔 fùqiāng
腹泻 fùxiè
缚 fù
覆灭 fùmiè

## G

改道 gǎidào
改动 gǎidòng
改观 gǎiguān
改行 gǎiháng
改换 gǎihuàn
改悔 gǎihuǐ
改嫁 gǎijià
改建 gǎijiàn
改口 gǎikǒu
改写 gǎixiě
改选 gǎixuǎn

改制 gǎizhì
改装 gǎizhuāng
概况 gàikuàng
概论 gàilùn
概述 gàishù
干杯 gānbēi
干瘪 gānbiě
干冰 gānbīng
干草 gāncǎo
干涸 gānhé
干枯 gānkū
干粮 gān·liang
甘草 gāncǎo
甘露 gānlù
甘薯 gānshǔ
甘愿 gānyuàn
坩埚 gānguō
柑橘 gānjú
竿 gān
杆菌 gǎnjūn
秆 gǎn
赶场 gǎnchǎng
赶车 gǎnchē
赶集 gǎnjí
赶路 gǎnlù
感触 gǎnchù
感光 gǎnguāng
感化 gǎnhuà
感冒 gǎnmào
感人 gǎnrén
感伤 gǎnshāng
感叹 gǎntàn
感想 gǎnxiǎng
橄榄 gǎnlǎn
擀 gǎn
干劲 gànjìn
干流 gànliú
干事 gànshì
干线 gànxiàn
赣 gàn
刚好 gānghǎo
刚健 gāngjiàn
刚劲 gāngjìng
刚强 gāngqiáng
肛门 gāngmén
纲要 gāngyào
钢板 gāngbǎn
钢笔 gāngbǐ
钢材 gāngcái
钢筋 gāngjīn
钢盔 gāngkuī
缸 gāng
岗 gǎng
港币 gǎngbì
港湾 gǎngwān
杠杆 gànggǎn
高昂 gāo'áng
高傲 gāo'ào
高倍 gāobèi
高层 gāocéng
高超 gāochāo
高档 gāodàng
高贵 gāoguì
高寒 gāohán
高价 gāojià
高举 gāojǔ
高亢 gāokàng
高考 gāokǎo
高粱 gāo·liang
高龄 gāolíng
高明 gāomíng
高能 gāonéng
高强 gāoqiáng
高热 gāorè
高烧 gāoshāo
高深 gāoshēn
高手 gāoshǒu
高耸 gāosǒng
高下 gāoxià
高效 gāoxiào
高血压 gāoxuèyā
高雅 gāoyǎ
羔皮 gāopí
羔羊 gāoyáng
膏药 gāo·yao
篙 gāo
糕点 gāodiǎn
镐 gǎo
稿费 gǎofèi
稿件 gǎojiàn
稿纸 gǎozhǐ
告辞 gàocí
告发 gàofā
告急 gàojí
告诫 gàojiè
告示 gào·shi
告知 gàozhī
告终 gàozhōng
告状 gàozhuàng
膏 gào
戈壁 gēbì
搁置 gēzhì
割断 gēduàn
割据 gējù
割裂 gēliè
割让 gēràng
歌词 gēcí
歌喉 gēhóu
歌手 gēshǒu
歌星 gēxīng
歌咏 gēyǒng
革除 géchú
阁楼 gélóu
阁下 géxià
格调 gédiào
格局 géjú
格律 gélǜ
格式 gé·shi
格言 géyán
隔断 géduàn
隔阂 géhé
隔绝 géjué
隔膜 gémó
膈 gé
葛 gě
各别 gèbié
根除 gēnchú
根基 gēnjī
根深蒂固 gēnshēndìgù
根治 gēnzhì
跟踪 gēnzōng
更改 gēnggǎi
更换 gēnghuàn
更替 gēngtì
更正 gēngzhèng
庚 gēng
耕耘 gēngyún
耕种 gēngzhòng
羹 gēng
埂 gěng
耿 gěng
哽咽 gěngyè
梗 gěng
工段 gōngduàn
工分 gōngfēn
工匠 gōngjiàng
工矿 gōngkuàng
工龄 gōnglíng
工期 gōngqī
工钱 gōng·qián
工时 gōngshí
工事 gōngshì
工头 gōngtóu
工效 gōngxiào
工序 gōngxù
工艺品 gōngyìpǐn

工友 gōngyǒu
工种 gōngzhǒng
工作日 gōngzuòrì
公案 gōng'àn
公报 gōngbào
公差 gōngchā
公道 gōngdào
公法 gōngfǎ
公费 gōngfèi
公告 gōnggào
公关 gōngguān
公馆 gōngguǎn
公海 gōnghǎi
公害 gōnghài
公函 gōnghán
工会 gōnghuì
公积金 gōngjījīn
公家 gōng·jia
公款 gōngkuǎn
公墓 gōngmù
公婆 gōngpó
公仆 gōngpú
公然 gōngrán
公使 gōngshǐ
公事 gōngshì
公私 gōngsī
公诉 gōngsù
公文 gōngwén
公务员 gōngwùyuán
公益 gōngyì
公用 gōngyòng
公寓 gōngyù
公约 gōngyuē
公债 gōngzhài
公证 gōngzhèng
公职 gōngzhí
公众 gōngzhòng
公转 gōngzhuàn
公子 gōngzǐ

功臣 gōngchén
功德 gōngdé
功绩 gōngjì
功劳 gōngláo
功力 gōnglì
功利 gōnglì
功名 gōngmíng
功效 gōngxiào
功勋 gōngxūn
功用 gōngyòng
攻打 gōngdǎ
攻读 gōngdú
攻关 gōngguān
攻克 gōngkè
攻破 gōngpò
攻势 gōngshì
攻陷 gōngxiàn
攻占 gōngzhàn
供销 gōngxiāo
供需 gōngxū
供养 gōngyǎng
宫殿 gōngdiàn
宫女 gōngnǚ
恭敬 gōngjìng
恭维 gōng·wéi
恭喜 gōngxǐ
躬 gōng
龚 gōng
拱桥 gǒngqiáo
拱手 gǒngshǒu
共存 gòngcún
共和 gònghé
共计 gòngjì
共生 gòngshēng
共事 gòngshì
共通 gòngtōng
共性 gòngxìng
共振 gòngzhèn
贡 gòng

供奉 gòngfèng
供养 gòngyǎng
勾画 gōuhuà
勾勒 gōulè
勾引 gōuyǐn
沟谷 gōugǔ
沟渠 gōuqú
篝火 gōuhuǒ
苟且 gǒuqiě
狗熊 gǒuxióng
勾当 gòu·dàng
构件 gòujiàn
构图 gòutú
构想 gòuxiǎng
构筑 gòuzhù
购置 gòuzhì
垢 gòu
估价 gūjià
估量 gū·liang
估算 gūsuàn
姑且 gūqiě
姑息 gūxī
孤单 gūdān
孤儿 gū'ér
孤寂 gūjì
孤军 gūjūn
孤僻 gūpì
辜负 gūfù
古董 gǔdǒng
古怪 gǔguài
古籍 gǔjí
古迹 gǔjì
古兰经 gǔlánjīng
古朴 gǔpǔ
古书 gǔshū
古文 gǔwén
古音 gǔyīn
谷地 gǔdì
谷物 gǔwù

谷子 gǔ·zi
股东 gǔdōng
股份 gǔfèn
股金 gǔjīn
股息 gǔxī
骨灰 gǔhuī
骨架 gǔjià
骨盆 gǔpén
骨气 gǔqì
骨肉 gǔròu
骨髓 gǔsuǐ
骨折 gǔzhé
鼓动 gǔdòng
鼓膜 gǔmó
鼓掌 gǔzhǎng
固守 gùshǒu
故态 gùtài
故此 gùcǐ
故宫 gùgōng
故国 gùguó
故土 gùtǔ
故障 gùzhàng
顾及 gùjí
顾忌 gùjì
顾名思义 gùmíngsīyì
顾盼 gùpàn
雇工 gùgōng
雇佣 gùyōng
雇用 gùyòng
雇员 gùyuán
雇主 gùzhǔ
瓜分 guāfēn
瓜子 guāzǐ
寡 guǎ
卦 guà
挂钩 guàgōu
挂念 guàniàn
挂帅 guàshuài
乖 guāi

拐棍 guǎigùn
拐弯 guǎiwān
拐杖 guǎizhàng
怪事 guàishì
怪异 guàiyì
关口 guānkǒu
关门 guānmén
关卡 guānqiǎ
关切 guānqiè
关税 guānshuì
关头 guāntóu
关押 guānyā
关照 guānzhào
观光 guānguāng
观摩 guānmó
观赏 guānshǎng
观望 guānwàng
官办 guānbàn
官场 guānchǎng
官方 guānfāng
官府 guānfǔ
官司 guān·si
官职 guānzhí
管家 guǎnjiā
管教 guǎnjiào
管事 guǎnshì
管弦乐 guǎnxiányuè
管用 guǎnyòng
管制 guǎnzhì
贯通 guàntōng
惯例 guànlì
惯用 guànyòng
灌木 guànmù
灌区 guànqū
灌输 guànshū
灌注 guànzhù
罐头 guàn·tou
罐子 guàn·zi
光波 guāngbō
光度 guāngdù
光复 guāngfù
光顾 guānggù
光环 guānghuán
光洁 guāngjié
光临 guānglín
光能 guāngnéng
光年 guāngnián
光束 guāngshù
光速 guāngsù
光阴 guāngyīn
广博 guǎngbó
广度 guǎngdù
广袤 guǎngmào
广漠 guǎngmò
归队 guīduì
归附 guīfù
归还 guīhuán
归侨 guīqiáo
归属 guīshǔ
归宿 guīsù
归途 guītú
归于 guīyú
龟 guī
规程 guīchéng
规范化 guīfànhuà
规劝 guīquàn
规章 guīzhāng
皈依 guīyī
瑰丽 guīlì
轨迹 guǐjì
诡辩 guǐbiàn
诡秘 guǐmì
鬼魂 guǐhún
鬼脸 guǐliǎn
鬼神 guǐshén
柜台 guìtái
贵宾 guìbīn
贵妃 guìfēi
贵贱 guìjiàn
贵人 guìrén
贵姓 guìxìng
贵重 guìzhòng
桂冠 guìguān
桂花 guìhuā
桂圆 guìyuán
滚动 gǔndòng
滚烫 gǔntàng
棍棒 gùnbàng
锅炉 guōlú
锅台 guōtái
国策 guócè
国产 guóchǎn
国度 guódù
国法 guófǎ
国歌 guógē
国画 guóhuà
国货 guóhuò
国籍 guójí
国界 guójiè
国境 guójìng
国君 guójūn
国库 guókù
国力 guólì
国立 guólì
国难 guónàn
国旗 guóqí
国庆 guóqìng
国人 guórén
国事 guóshì
国势 guóshì
国体 guótǐ
国务 guówù
国语 guóyǔ
果木 guǒmù
果皮 guǒpí
果品 guǒpǐn
果肉 guǒròu
果园 guǒyuán
果真 guǒzhēn
过场 guòchǎng
过错 guòcuò
过道 guòdào
过冬 guòdōng
过关 guòguān
过火 guòhuǒ
过境 guòjìng
过量 guòliàng
过路 guòlù
过滤 guòlǜ
过敏 guòmǐn
过热 guòrè
过人 guòrén
过剩 guòshèng
过失 guòshī
过时 guòshí
过头 guòtóu
过往 guòwǎng
过问 guòwèn
过夜 guòyè
过瘾 guòyǐn
过硬 guòyìng

**H**

哈密瓜 hāmìguā
孩提 háití
海岸线 hǎiànxiàn
海报 hǎibào
海滨 hǎibīn
海潮 hǎicháo
海岛 hǎidǎo
海盗 hǎidào
海防 hǎifáng
海风 hǎifēng
海港 hǎigǎng
海口 hǎikǒu
海里 hǎilǐ
海流 hǎiliú

海轮 hǎilún
海绵 hǎimián
海参 hǎishēn
海市蜃楼 hǎishìshènlóu
海滩 hǎitān
海棠 hǎitáng
海豚 hǎitún
海峡 hǎixiá
海啸 hǎixiào
海员 hǎiyuán
海运 hǎiyùn
海蜇 hǎizhé
氦 hài
骇 hài
害处 hài·chu
害羞 hàixiū
蚶 hān
酣睡 hānshuì
憨厚 hānhòu
鼾声 hānshēng
含糊 hán·hu
含混 hánhùn
含笑 hánxiào
含蓄 hánxù
含义 hányì
函授 hánshòu
涵义 hányì
韩 Hán
寒潮 háncháo
寒带 hándài
寒假 hánjià
寒噤 hánjìn
寒流 hánliú
寒气 hánqì
寒热 hánrè
寒暑 hánshǔ
寒暄 hánxuān
寒意 hányì
寒颤 hánzhàn
罕 hǎn
喊叫 hǎnjiào
汗流浃背 hànliújiābèi
汗毛 hànmáo
汗衫 hànshān
旱地 hàndì
旱烟 hànyān
旱灾 hànzāi
捍卫 hànwèi
悍然 hànrán
焊接 hànjiē
憾 hàn
行会 hánghuì
行家 háng·jia
行情 hángqíng
杭 háng
航程 hángchéng
航船 hángchuán
航道 hángdào
航路 hánglù
航天 hángtiān
航线 hángxiàn
航运 hángyùn
巷道 hàngdào
毫 háo
豪放 háofàng
豪华 háohuá
豪迈 háomài
豪情 háoqíng
豪爽 háoshuǎng
壕沟 háogōu
嚎啕 háotáo
好歹 hǎodǎi
好感 hǎogǎn
好汉 hǎohàn
好评 hǎopíng
好受 hǎoshòu
好说 hǎoshuō
好似 hǎosì
好玩儿 hǎowáner
好笑 hǎoxiào
好心 hǎoxīn
好意 hǎoyì
郝 Hǎo
号称 hàochēng
号角 hàojiǎo
号令 hàolìng
号码 hàomǎ
好客 hàokè
好恶 hàowù
耗资 hàozī
浩大 hàodà
浩劫 hàojié
呵斥 hēchì
禾 hé
合唱 héchàng
合伙 héhuǒ
合击 héjī
合计 héjì
合流 héliú
合算 hésuàn
合体 hétǐ
合营 héyíng
合影 héyǐng
合用 héyòng
合资 hézī
合奏 hézòu
何尝 hécháng
何苦 hékǔ
何止 hézhǐ
和蔼 hé'ǎi
和缓 héhuǎn
和解 héjiě
和睦 hémù
和气 hé·qi
和声 héshēng
和约 héyuē
河床 héchuáng
河道 hédào
河谷 hégǔ
河口 hékǒu
河山 héshān
河滩 hétān
河豚 hétún
荷包 hé·bāo
核定 hédìng
核对 héduì
核能 hénéng
核实 héshí
核桃 hé·tao
核准 hézhǔn
核子 hézǐ
贺喜 hèxǐ
喝彩 hècǎi
赫然 hèrán
褐 hè
鹤 hè
壑 hè
黑白 hēibái
黑板 hēibǎn
黑洞 hēidòng
黑体 hēitǐ
痕 hén
狠心 hěnxīn
恒定 héngdìng
恒温 héngwēn
恒心 héngxīn
横渡 héngdù
横亘 hénggèn
横贯 héngguàn
横扫 héngsǎo
横行 héngxíng
衡 héng
轰动 hōngdòng
轰击 hōngjī
轰鸣 hōngmíng
轰然 hōngrán

轰响 hōngxiǎng
轰炸 hōngzhà
烘托 hōngtuō
弘扬 hóngyáng
红火 hónghuǒ
红利 hónglì
红领巾 hónglǐngjīn
红木 hóngmù
红娘 hóngniáng
红润 hóngrùn
红烧 hóngshāo
红外线 hóngwàixiàn
红星 hóngxīng
红叶 hóngyè
红晕 hóngyùn
宏大 hóngdà
虹 hóng
洪亮 hóngliàng
洪流 hóngliú
鸿沟 hónggōu
侯 hóu
喉舌 hóushé
吼叫 hǒujiào
吼声 hǒushēng
后备 hòubèi
后盾 hòudùn
后顾之忧 hòugùzhīyōu
后继 hòujì
后劲 hòujìn
后门 hòumén
后台 hòutái
后头 hòu·tou
后退 hòutuì
后卫 hòuwèi
后续 hòuxù
后裔 hòuyì
后院 hòuyuàn
厚薄 hòubó
候补 hòubǔ
候鸟 hòuniǎo
候审 hòushěn
呼号 hūhào
呼叫 hūjiào
呼救 hūjiù
呼声 hūshēng
呼啸 hūxiào
呼应 hūyìng
忽而 hū'ér
狐狸 hú·li
狐疑 húyí
弧光 húguāng
胡乱 húluàn
胡闹 húnào
胡须 húxū
糊 hú
唬 hǔ
互利 hùlì
户主 hùzhǔ
护理 hùlǐ
护送 hùsòng
护照 hùzhào
花白 huābái
花瓣 huābàn
花边 huābiān
花草 huācǎo
花丛 huācóng
花旦 huādàn
花萼 huā'è
花岗岩 huāgāngyán
花冠 huāguān
花卉 huāhuì
花轿 huājiào
花蕾 huālěi
花脸 huāliǎn
花蜜 huāmì
花木 huāmù
花鸟 huāniǎo
花瓶 huāpíng
花圃 huāpǔ
花期 huāqī
花圈 huāquān
花蕊 huāruǐ
花坛 huātán
花厅 huātīng
花样 huāyàng
华贵 huáguì
华丽 huálì
华美 huáměi
华人 huárén
华夏 huáxià
哗然 huárán
滑稽 huá·jī
滑轮 huálún
滑行 huáxíng
滑雪 huáxuě
化脓 huànóng
化身 huàshēn
化纤 huàxiān
化验 huàyàn
化妆品 huàzhuāngpǐn
化装 huàzhuāng
画报 huàbào
画笔 huàbǐ
画册 huàcè
画卷 huàjuàn
画廊 huàláng
画片 huàpiàn
画师 huàshī
画室 huàshì
画坛 huàtán
画图 huàtú
画外音 huàwàiyīn
画院 huàyuàn
画展 huàzhǎn
话音 huàyīn
桦 huà
怀孕 huáiyùn
淮 Huái
槐 huái
坏蛋 huàidàn
坏事 huàishì
坏死 huàisǐ
欢呼 huānhū
欢快 huānkuài
欢送 huānsòng
欢腾 huānténg
欢笑 huānxiào
欢心 huānxīn
欢欣 huānxīn
还击 huánjī
环抱 huánbào
环顾 huángù
环球 huánqiú
环绕 huánrào
环视 huánshì
环行 huánxíng
缓冲 huǎnchōng
缓解 huǎnjiě
缓刑 huǎnxíng
幻灯 huàndēng
幻象 huànxiàng
幻影 huànyǐng
宦官 huànguān
换取 huànqǔ
换算 huànsuàn
唤醒 huànxǐng
涣散 huànsàn
患难 huànnàn
焕发 huànfā
焕然一新 huànrányīxīn
豢养 huànyǎng
荒诞 huāngdàn
荒地 huāngdì
荒废 huāngfèi
荒凉 huāngliáng
荒谬 huāngmiù

荒漠 huāngmò
荒僻 huāngpì
荒唐 huāng·táng
荒芜 huāngwú
荒野 huāngyě
荒原 huāngyuán
慌乱 huāngluàn
慌忙 huāngmáng
慌张 huāngzhāng
皇宫 huánggōng
皇冠 huángguān
皇后 huánghòu
皇家 huángjiā
皇权 huángquán
皇室 huángshì
黄疸 huángdǎn
黄帝 huángdì
黄豆 huángdòu
黄瓜 huáng·gua
黄花 huánghuā
黄连 huánglián
黄鼠狼 huángshǔláng
黄莺 huángyīng
惶惑 huánghuò
惶恐 huángkǒng
蝗虫 huángchóng
簧 huáng
恍惚 huǎng·hū
恍然 huǎngrán
谎话 huǎnghuà
谎言 huǎngyán
晃动 huàngdòng
灰暗 huī'àn
灰白 huībái
灰烬 huījìn
灰心 huīxīn
诙谐 huīxié
挥动 huīdòng
挥发 huīfā

挥霍 huīhuò
挥手 huīshǒu
挥舞 huīwǔ
辉映 huīyìng
徽 huī
回报 huíbào
回荡 huídàng
回复 huífù
回归线 huíguīxiàn
回合 huíhé
回话 huíhuà
回环 huíhuán
回击 huíjī
回敬 huíjìng
回流 huíliú
回路 huílù
回身 huíshēn
回升 huíshēng
回声 huíshēng
回师 huíshī
回收 huíshōu
回首 huíshǒu
回味 huíwèi
回响 huíxiǎng
回想 huíxiǎng
回信 huíxìn
回旋 huíxuán
回忆录 huíyìlù
回音 huíyīn
回应 huíyìng
回转 huízhuǎn
洄游 huíyóu
蛔虫 huíchóng
悔改 huǐgǎi
悔恨 huǐhèn
毁坏 huǐhuài
汇编 huìbiān
汇合 huìhé
汇集 huìjí

汇率 huìlǜ
汇总 huìzǒng
会合 huìhé
会话 huìhuà
会聚 huìjù
会面 huìmiàn
会师 huìshī
会谈 huìtán
会堂 huìtáng
会晤 huìwù
会心 huìxīn
会意 huìyì
会战 huìzhàn
讳言 huìyán
荟萃 huìcuì
绘制 huìzhì
贿赂 huìlù
彗星 huìxīng
晦气 huì·qì
惠 huì
喙 huì
慧 huì
昏暗 hūn'àn
昏黄 hūnhuáng
昏迷 hūnmí
昏睡 hūnshuì
荤 hūn
婚配 hūnpèi
婚事 hūnshì
浑厚 húnhòu
浑浊 húnzhuó
魂魄 húnpò
混沌 hùndùn
混合物 hùnhéwù
混凝土 hùnníngtǔ
混同 hùntóng
混杂 hùnzá
混战 hùnzhàn
混浊 hùnzhuó

豁口 huōkǒu
活命 huómìng
活期 huóqī
活塞 huósāi
活体 huótǐ
活捉 huózhuō
火把 huǒbǎ
火海 huǒhǎi
火红 huǒhóng
火花 huǒhuā
火化 huǒhuà
火炬 huǒjù
火坑 huǒkēng
火力 huǒlì
火炉 huǒlú
火苗 huǒmiáo
火炮 huǒpào
火气 huǒqì
火器 huǒqì
火热 huǒrè
火速 huǒsù
火线 huǒxiàn
火药 huǒyào
火灾 huǒzāi
火葬 huǒzàng
火种 huǒzhǒng
伙房 huǒfáng
伙食 huǒ·shí
货场 huòchǎng
货车 huòchē
货款 huòkuǎn
货轮 huòlún
货色 huòsè
货源 huòyuán
货运 huòyùn
获悉 huòxī
祸害 huòhài
惑 huò
霍乱 huòluàn

豁免 huòmiǎn

**J**

几率 jīlǜ
讥讽 jīfěng
讥笑 jīxiào
击败 jībài
击毙 jībì
击毁 jīhuǐ
击落 jīluò
饥 jī
机舱 jīcāng
机床 jīchuáng
机电 jīdiàn
机动 jīdòng
机井 jījǐng
机警 jījǐng
机理 jīlǐ
机灵 jī·ling
机密 jīmì
机敏 jīmǐn
机枪 jīqiāng
机遇 jīyù
机缘 jīyuán
机智 jīzhì
机组 jīzǔ
肌肤 jīfū
肌腱 jījiàn
肌体 jītǐ
积存 jīcún
积分 jīfēn
积聚 jījù
积蓄 jīxù
姬 jī
基本功 jīběngōng
基调 jīdiào
基石 jīshí
基数 jīshù
激昂 jī'áng
激荡 jīdàng
激奋 jīfèn
激化 jīhuà
激活 jīhuó
激进 jījìn
激流 jīliú
激怒 jīnù
激增 jīzēng
激战 jīzhàn
羁绊 jībàn
及格 jígé
及早 jízǎo
吉利 jílì
吉普车 jípǔchē
吉他 jítā
吉祥 jíxiáng
汲取 jíqǔ
级别 jíbié
级差 jíchā
极地 jídì
极点 jídiǎn
极度 jídù
极限 jíxiàn
即便 jíbiàn
即刻 jíkè
即日 jírì
即时 jíshí
即位 jíwèi
即兴 jíxìng
急促 jícù
急救 jíjiù
急遽 jíjù
急流 jíliú
急迫 jípò
急切 jíqiè
急事 jíshì
急速 jísù
急中生智 jízhōngshēngzhì
疾驰 jíchí
疾患 jíhuàn
疾苦 jíkǔ
棘手 jíshǒu
集成 jíchéng
集结 jíjié
急聚 jíjù
集权 jíquán
集市 jíshì
集训 jíxùn
集邮 jíyóu
集约 jíyuē
集镇 jízhèn
集装箱 jízhuāngxiāng
辑 jí
嫉妒 jídù
瘠 jí
几经 jǐjīng
几时 jǐshí
纪 Jǐ
给养 jǐyǎng
脊背 jǐbèi
脊梁 jǐ·liang
脊髓 jǐsuǐ
脊柱 jǐzhù
脊椎 jǐzhuī
戟 jǐ
麂 jǐ
计价 jìjià
计较 jìjiào
计量 jìliàng
计数 jìshù
记号 jì·hao
记事 jìshì
记述 jìshù
记性 jì·xing
记忆力 jìyìlì
伎俩 jìliǎng
纪年 jìnián
纪实 jìshí
纪要 jìyào
技法 jìfǎ
技工 jìgōng
技师 jìshī
忌讳 jì·huì
妓女 jìnǚ
季度 jìdù
剂量 jìliàng
迹象 jìxiàng
继承权 jìchéngquán
继而 jì'ér
继母 jìmǔ
继任 jìrèn
祭礼 jìlǐ
祭坛 jìtán
寄居 jìjū
寄予 jìyǔ
寂 jì
暨 jì
髻 jì
冀 jì
加班 jiābān
加倍 jiābèi
加法 jiāfǎ
加固 jiāgù
加油 jiāyóu
夹攻 jiāgōng
夹击 jiājī
夹杂 jiāzá
佳话 jiāhuà
佳节 jiājié
佳肴 jiāyáo
佳作 jiāzuò
枷锁 jiāsuǒ
家产 jiāchǎn
家常 jiācháng
家访 jiāfǎng
家教 jiājiào
家境 jiājìng
家眷 jiājuàn

家禽 jiāqín
家业 jiāyè
家用 jiāyòng
家喻户晓 jiāyùhùxiǎo
家园 jiāyuán
嘉奖 jiājiǎng
荚 jiá
颊 jiá
甲虫 jiǎchóng
甲骨文 jiǎgǔwén
甲壳 jiǎqiào
甲鱼 jiǎyú
甲状腺 jiǎzhuàngxiàn
贾 Jiǎ
钾肥 jiǎféi
假借 jiǎjiè
假冒 jiǎmào
假若 jiǎruò
假想 jiǎxiǎng
假象 jiǎxiàng
假意 jiǎyì
假装 jiǎzhuāng
嫁妆 jià·zhuang
驾驭 jiàyù
架空 jiàkōng
架设 jiàshè
架势 jià·shi
假期 jiàqī
假日 jiàrì
尖刀 jiāndāo
尖端 jiānduān
尖利 jiānlì
奸商 jiānshāng
歼 jiān
坚韧 jiānrèn
坚守 jiānshǒu
坚信 jiānxìn
坚毅 jiānyì
坚贞 jiānzhēn

肩负 jiānfù
肩胛 jiānjiǎ
肩头 jiāntóu
间距 jiānjù
艰险 jiānxiǎn
艰辛 jiānxīn
监测 jiāncè
监察 jiānchá
监工 jiāngōng
监管 jiānguǎn
监禁 jiānjìn
监牢 jiānláo
兼备 jiānbèi
兼并 jiānbìng
兼顾 jiāngù
兼任 jiānrèn
兼职 jiānzhí
缄默 jiānmò
煎熬 jiān’áo
柬 jiǎn
检测 jiǎncè
检察 jiǎnchá
检举 jiǎnjǔ
检索 jiǎnsuǒ
检讨 jiǎntǎo
检修 jiǎnxiū
检疫 jiǎnyì
检阅 jiǎnyuè
减产 jiǎnchǎn
减低 jiǎndī
减免 jiǎnmiǎn
减速 jiǎnsù
减退 jiǎntuì
剪裁 jiǎncái
剪刀 jiǎndāo
剪纸 jiǎnzhǐ
简便 jiǎnbiàn
简短 jiǎnduǎn
简洁 jiǎnjié

简介 jiǎnjiè
简练 jiǎnliàn
简陋 jiǎnlòu
简略 jiǎnlüè
简明 jiǎnmíng
简朴 jiǎnpǔ
简要 jiǎnyào
简易 jiǎnyì
见长 jiàncháng
见地 jiàndì
见识 jiàn·shi
见闻 jiànwén
见效 jiànxiào
见于 jiànyú
见证 jiànzhèng
间谍 jiàndié
间断 jiànduàn
间或 jiànhuò
间隙 jiànxì
间歇 jiànxiē
间作 jiànzuò
建材 jiàncái
建交 jiànjiāo
建树 jiànshù
建制 jiànzhì
荐 jiàn
贱 jiàn
涧 jiàn
健儿 jiàn’ér
健将 jiànjiàng
健美 jiànměi
健身 jiànshēn
舰队 jiànduì
舰艇 jiàntǐng
渐变 jiànbiàn
渐次 jiàncì
渐进 jiànjìn
谏 jiàn
践踏 jiàntà

毽子 jiàn·zi
腱 jiàn
溅 jiàn
鉴赏 jiànshǎng
鉴于 jiànyú
箭头 jiàntóu
江湖 jiānghú
江山 jiāngshān
姜 jiāng
僵化 jiānghuà
僵死 jiāngsǐ
僵硬 jiāngyìng
缰绳 jiāng·shéng
疆域 jiāngyù
讲解 jiǎngjiě
讲理 jiǎnglǐ
讲求 jiǎngqiú
讲师 jiǎngshī
讲授 jiǎngshòu
讲台 jiǎngtái
讲坛 jiǎngtán
讲学 jiǎngxué
讲演 jiǎngyǎn
讲义 jiǎngyì
讲座 jiǎngzuò
奖惩 jiǎngchéng
奖品 jiǎngpǐn
奖券 jiǎngquàn
奖赏 jiǎngshǎng
奖章 jiǎngzhāng
奖状 jiǎngzhuàng
浆 jiāng
匠 jiàng
降价 jiàngjià
降临 jiànglín
降生 jiàngshēng
降温 jiàngwēn
将领 jiànglǐng
将士 jiàngshì

绛 jiàng
酱油 jiàngyóu
犟 jiàng
交待 jiāodài
交道 jiāodào
交点 jiāodiǎn
交锋 jiāofēng
交付 jiāofù
交互 jiāohù
交还 jiāohuán
交汇 jiāohuì
交加 jiāojiā
交接 jiāojiē
交界 jiāojiè
交纳 jiāonà
交配 jiāopèi
交情 jiāo·qing
交融 jiāoróng
交涉 jiāoshè
交尾 jiāowěi
交响乐 jiāoxiǎngyuè
交易所 jiāoyìsuǒ
交战 jiāozhàn
郊外 jiāowài
郊野 jiāoyě
浇灌 jiāoguàn
娇嫩 jiāonèn
娇艳 jiāoyàn
胶布 jiāobù
胶片 jiāopiàn
教书 jiāoshū
椒 jiāo
焦距 jiāojù
焦虑 jiāolǜ
焦炭 jiāotàn
焦躁 jiāozào
焦灼 jiāozhuó
跤 jiāo
礁石 jiāoshí

角膜 jiǎomó
角质 jiǎozhì
狡猾 jiǎohuá
绞 jiǎo
矫健 jiǎojiàn
矫揉造作 jiǎoróuzàozuò
矫正 jiǎozhèng
矫治 jiǎozhì
皎洁 jiǎojié
脚背 jiǎobèi
脚跟 jiǎogēn
脚尖 jiǎojiān
脚手架 jiǎoshǒujià
脚掌 jiǎozhǎng
脚趾 jiǎozhǐ
搅拌 jiǎobàn
搅动 jiǎodòng
剿 jiǎo
缴获 jiǎohuò
缴纳 jiǎonà
叫喊 jiàohǎn
叫好 jiàohǎo
叫唤 jiào·huan
叫卖 jiàomài
叫嚷 jiàorǎng
叫嚣 jiàoxiāo
校对 jiàoduì
校样 jiàoyàng
校正 jiàozhèng
轿车 jiàochē
较量 jiàoliàng
教案 jiào'àn
教程 jiàochéng
教官 jiàoguān
教规 jiàoguī
教化 jiàohuà
教皇 jiàohuáng
教诲 jiàohuì
教科书 jiàokēshū

教士 jiàoshì
教条 jiàotiáo
教徒 jiàotú
教务 jiàowù
教益 jiàoyì
窖 jiào
酵母 jiàomǔ
阶梯 jiētī
接管 jiēguǎn
接合 jiēhé
接济 jiējì
接见 jiējiàn
接纳 jiēnà
接洽 jiēqià
接壤 jiērǎng
接生 jiēshēng
接替 jiētì
接头 jiētóu
接吻 jiēwěn
接线 jiēxiàn
接种 jiēzhòng
秸秆 jiēgǎn
揭穿 jiēchuān
揭发 jiēfā
揭晓 jiēxiǎo
街市 jiēshì
节俭 jiéjiǎn
节律 jiélǜ
节能 jiénéng
节拍 jiépāi
节余 jiéyú
节制 jiézhì
劫持 jiéchí
杰作 jiézuò
洁净 jiéjìng
结伴 jiébàn
结核 jiéhé
结集 jiéjí
结膜 jiémó

结社 jiéshè
结石 jiéshí
结识 jiéshí
结尾 jiéwěi
结业 jiéyè
结余 jiéyú
捷报 jiébào
捷径 jiéjìng
睫毛 jiémáo
截断 jiéduàn
截面 jiémiàn
截取 jiéqǔ
截然 jiérán
截止 jiézhǐ
截至 jiézhì
竭 jié
解冻 jiědòng
解毒 jiědú
解雇 jiěgù
解救 jiějiù
解渴 jiěkě
解说 jiěshuō
解体 jiětǐ
介入 jièrù
介意 jièyì
戒备 jièbèi
戒律 jièlǜ
戒严 jièyán
届时 jièshí
界定 jièdìng
界面 jièmiàn
界线 jièxiàn
诫 jiè
借贷 jièdài
借以 jièyǐ
借重 jièzhòng
巾 jīn
金刚 jīngāng
金龟子 jīnguīzǐ

金黄 jīnhuáng
金库 jīnkù
金石 jīnshí
金丝猴 jīnsīhóu
金文 jīnwén
金星 jīnxīng
金鱼 jīnyú
金字塔 jīnzìtǎ
津贴 jīntiē
津液 jīnyè
矜持 jīnchí
筋骨 jīngǔ
禁不住 jīn·buzhù
襟 jīn
尽早 jǐnzǎo
紧凑 jǐncòu
紧迫 jǐnpò
紧俏 jǐnqiào
紧缺 jǐnquē
紧缩 jǐnsuō
紧要 jǐnyào
锦旗 jǐnqí
锦绣 jǐnxiù
谨 jǐn
尽情 jìnqíng
尽头 jìntóu
尽心 jìnxīn
进逼 jìnbī
进餐 jìncān
进出 jìnchū
进度 jìndù
进发 jìnfā
进犯 jìnfàn
进贡 jìngòng
进货 jìnhuò
进食 jìnshí
进退 jìntuì
进位 jìnwèi
进行曲 jìnxíngqǔ

进修 jìnxiū
进驻 jìnzhù
近海 jìnhǎi
近郊 jìnjiāo
近邻 jìnlín
近旁 jìnpáng
近期 jìnqī
近亲 jìnqīn
近视 jìnshì
劲头 jìntóu
晋级 jìnjí
晋升 jìnshēng
浸泡 jìnpào
浸润 jìnrùn
浸透 jìntòu
靳 Jìn
禁锢 jìngù
禁忌 jìnjì
禁令 jìnlìng
禁区 jìnqū
京城 jīngchéng
京师 jīngshī
京戏 jīngxì
经度 jīngdù
经纪人 jīngjìrén
经久 jīngjiǔ
经络 jīngluò
经脉 jīngmài
经贸 jīngmào
经商 jīngshāng
经书 jīngshū
经线 jīngxiàn
经销 jīngxiāo
经由 jīngyóu
荆棘 jīngjí
惊诧 jīngchà
惊动 jīngdòng
惊愕 jīng'è
惊骇 jīnghài

惊慌 jīnghuāng
惊惶 jīnghuáng
惊恐 jīngkǒng
惊扰 jīngrǎo
惊叹 jīngtàn
惊吓 jīngxià
惊险 jīngxiǎn
惊疑 jīngyí
晶莹 jīngyíng
睛 jīng
精彩 jīngcǎi
精干 jīnggàn
精光 jīngguāng
精华 jīnghuá
精简 jīngjiǎn
精练 jīngliàn
精灵 jīng·líng
精美 jīngměi
精明 jīngmíng
精辟 jīngpì
精品 jīngpǐn
精巧 jīngqiǎo
精锐 jīngruì
精髓 jīngsuǐ
精通 jīngtōng
精微 jīngwēi
精益求精 jīngyìqiújīng
精英 jīngyīng
精湛 jīngzhàn
精制 jīngzhì
精致 jīngzhì
颈椎 jǐngzhuī
景观 jǐngguān
景况 jǐngkuàng
景致 jǐngzhì
警报 jǐngbào
警备 jǐngbèi
警车 jǐngchē
警官 jǐngguān

警戒 jǐngjiè
警觉 jǐngjué
警犬 jǐngquǎn
警卫 jǐngwèi
劲旅 jìnglǚ
径直 jìngzhí
净土 jìngtǔ
竞技 jìngjì
竞相 jìngxiāng
竞选 jìngxuǎn
敬爱 jìng'ài
敬礼 jìnglǐ
敬佩 jìngpèi
敬畏 jìngwèi
景仰 jǐngyǎng
敬意 jìngyì
敬重 jìngzhòng
静电 jìngdiàn
静谧 jìngmì
静默 jìngmò
静穆 jìngmù
静态 jìngtài
境况 jìngkuàng
境遇 jìngyù
镜框 jìngkuàng
镜片 jìngpiàn
炯炯 jiǒngjiǒng
窘迫 jiǒngpò
纠缠 jiūchán
纠葛 jiūgě
纠集 jiūjí
揪 jiū
久远 jiǔyuǎn
灸 jiǔ
韭菜 jiǔcài
酒吧 jiǔbā
酒店 jiǔdiàn
酒会 jiǔhuì
酒家 jiǔjiā

酒席 jiǔxí
旧历 jiùlì
旧式 jiùshì
旧址 jiùzhǐ
臼齿 jiùchǐ
厩 jiù
救护 jiùhù
救火 jiùhuǒ
救命 jiùmìng
救亡 jiùwáng
救援 jiùyuán
救灾 jiùzāi
救助 jiùzhù
就餐 jiùcān
就此 jiùcǐ
就地 jiùdì
就读 jiùdú
就近 jiùjìn
就任 jiùrèn
就绪 jiùxù
就学 jiùxué
就职 jiùzhí
就坐 jiùzuò
舅妈 jiùmā
拘谨 jūjǐn
拘留 jūliú
拘泥 jūnì
拘束 jūshù
拘留 jūliú
居室 jūshì
驹 jū
鞠躬尽瘁 jūgōngjìncuì
局促 júcù
菊 jú
沮丧 jǔsàng
矩 jǔ
矩形 jǔxíng
举例 jǔlì
举目 jǔmù

举止 jǔzhǐ
举重 jǔzhòng
举足轻重 jǔzúqīngzhòng
巨额 jù'é
巨人 jùrén
巨星 jùxīng
巨著 jùzhù
句法 jùfǎ
拒 jù
俱乐部 jùlèbù
剧变 jùbiàn
剧目 jùmù
剧情 jùqíng
剧院 jùyuàn
据悉 jùxī
惧怕 jùpà
锯齿 jùchǐ
聚变 jùbiàn
聚餐 jùcān
聚合 jùhé
聚会 jùhuì
聚积 jùjī
聚居 jùjū
踞 jù
捐款 juānkuǎn
捐税 juānshuì
捐赠 juānzèng
卷烟 juǎnyān
倦 juàn
绢 juàn
眷恋 juànliàn
撅 juē
决断 juéduàn
决裂 juéliè
决赛 juésài
决死 juésǐ
决算 juésuàn
决意 juéyì
决战 juézhàn

诀别 juébié
诀窍 juéqiào
抉择 juézé
角逐 juézhú
觉醒 juéxǐng
绝迹 juéjì
绝技 juéjì
绝境 juéjìng
绝妙 juémiào
绝食 juéshí
绝缘 juéyuán
倔强 juéjiàng
掘 jué
崛起 juéqǐ
厥 jué
蕨 jué
爵士乐 juéshìyuè
攫取 juéqǔ
倔 juè
军备 jūnbèi
军费 jūnfèi
军服 jūnfú
军工 jūngōng
军火 jūnhuǒ
军机 jūnjī
军礼 jūnlǐ
军粮 jūnliáng
军属 jūnshǔ
军务 jūnwù
军校 jūnxiào
军需 jūnxū
军训 jūnxùn
军医 jūnyī
军营 jūnyíng
军用 jūnyòng
军装 jūnzhuāng
均等 jūnděng
君权 jūnquán
君子 jūnzǐ

钧 jūn
俊美 jùnměi
俊俏 jùnqiào
郡 jùn
峻 jùn
骏马 jùnmǎ
竣工 jùngōng

**K**

卡车 kǎchē
卡片 kǎpiàn
咯 kǎ
开场 kāichǎng
开车 kāichē
开春 kāichūn
开刀 kāidāo
开导 kāidǎo
开动 kāidòng
开端 kāiduān
开饭 kāifàn
开赴 kāifù
开工 kāigōng
开荒 kāihuāng
开火 kāihuǒ
开机 kāijī
开掘 kāijué
开朗 kāilǎng
开明 kāimíng
开炮 kāipào
开启 kāiqǐ
开窍 kāiqiào
开山 kāishān
开庭 kāitíng
开通 kāitōng
开脱 kāituō
开外 kāiwài
开销 kāixiāo
开心 kāixīn
开学 kāixué
开业 kāiyè

开凿 kāizáo
开战 kāizhàn
开张 kāizhāng
揩 kāi
凯歌 kǎigē
凯旋 kǎixuán
慨然 kǎirán
慨叹 kǎitàn
楷模 kǎimó
刊载 kānzǎi
看管 kānguǎn
看护 kānhù
看守 kānshǒu
勘测 kāncè
勘察 kānchá
堪 kān
坎坷 kǎnkě
砍伐 kǎnfá
看病 kànbìng
看不起 kàn·buqǐ
看穿 kànchuān
看好 kànhǎo
看台 kàntái
看透 kàntòu
看中 kànzhòng
看重 kànzhòng
看作 kànzuò
康复 kāngfù
慷慨 kāngkǎi
糠 kāng
亢奋 kàngfèn
亢进 kàngjìn
抗旱 kànghàn
抗衡 kànghéng
抗击 kàngjī
抗拒 kàngjù
抗体 kàngtǐ
抗原 kàngyuán
抗灾 kàngzāi
抗争 kàngzhēng
考察 kǎochá
考场 kǎochǎng
考究 kǎo·jiu
考据 kǎojù
考取 kǎoqǔ
考生 kǎoshēng
考问 kǎowèn
考证 kǎozhèng
烤火 kǎohuǒ
靠不住 kào·buzhù
靠拢 kàolǒng
靠山 kàoshān
苛刻 kēkè
苛求 kēqiú
柯 kē
科班 kēbān
科举 kējǔ
科目 kēmù
科普 kēpǔ
科室 kēshì
磕头 kētóu
瞌睡 kēshuì
蝌蚪 kēdǒu
可悲 kěbēi
可耻 kěchǐ
可观 kěguān
可贵 kěguì
可恨 kěhèn
可口 kěkǒu
可取 kěqǔ
可恶 kěwù
可喜 kěxǐ
可行 kěxíng
可疑 kěyí
渴求 kěqiú
克己 kèjǐ
克制 kèzhì
刻板 kèbǎn
刻薄 kèbó
刻不容缓 kèbùrónghuǎn
恪守 kèshǒu
客车 kèchē
客房 kèfáng
客户 kèhù
客机 kèjī
客轮 kèlún
客商 kèshāng
客运 kèyùn
课外 kèwài
课文 kèwén
课余 kèyú
垦荒 kěnhuāng
恳切 kěnqiè
恳求 kěnqiú
坑道 kēngdào
吭声 kēngshēng
铿锵 kēngqiāng
空洞 kōngdòng
空话 kōnghuà
空旷 kōngkuàng
空谈 kōngtán
空投 kōngtóu
空袭 kōngxí
空想 kōngxiǎng
空心 kōngxīn
孔洞 kǒngdòng
孔隙 kǒngxì
恐吓 kǒnghè
恐龙 kǒnglóng
空地 kòngdì
空隙 kòngxì
空闲 kòngxián
控告 kònggào
控诉 kòngsù
抠 kōu
口岸 kǒu'àn
口服 kǒufú
口角 kǒujiǎo
口径 kǒujìng
口诀 kǒujué
口粮 kǒuliáng
口令 kǒulìng
口琴 kǒuqín
口哨 kǒushào
口水 kǒushuǐ
口味 kǒuwèi
口吻 kǒuwěn
口音 kǒuyīn
口罩 kǒuzhào
叩头 kòutóu
扣除 kòuchú
扣留 kòuliú
扣押 kòuyā
寇 kòu
枯黄 kūhuáng
枯竭 kūjié
枯萎 kūwěi
枯燥 kūzào
哭泣 kūqì
哭诉 kūsù
窟 kū
苦果 kǔguǒ
苦力 kǔlì
苦闷 kǔmèn
苦涩 kǔsè
苦痛 kǔtòng
苦头 kǔtóu
苦笑 kǔxiào
苦心 kǔxīn
苦于 kǔyú
苦战 kǔzhàn
苦衷 kǔzhōng
库房 kùfáng
裤脚 kùjiǎo
裤腿 kùtuǐ
酷爱 kù'ài

酷热 kùrè
酷暑 kùshǔ
酷似 kùsì
夸大 kuādà
夸奖 kuājiǎng
夸耀 kuāyào
垮台 kuǎtái
挎包 kuàbāo
跨度 kuàdù
跨越 kuàyuè
快感 kuàigǎn
快慢 kuàimàn
快艇 kuàitǐng
快意 kuàiyì
脍炙人口 kuàizhìrénkǒu
宽敞 kuān·chang
宽度 kuāndù
宽广 kuānguǎng
宽厚 kuānhòu
宽容 kuānróng
宽恕 kuānshù
宽慰 kuānwèi
宽裕 kuānyù
款待 kuǎndài
款式 kuǎnshì
款项 kuǎnxiàng
狂奔 kuángbēn
狂风 kuángfēng
狂欢 kuánghuān
狂热 kuángrè
狂妄 kuángwàng
狂喜 kuángxǐ
狂笑 kuángxiào
旷工 kuànggōng
旷野 kuàngyě
况 kuàng
矿藏 kuàngcáng
矿床 kuàngchuáng
矿工 kuànggōng
矿井 kuàngjǐng
矿区 kuàngqū
矿山 kuàngshān
矿石 kuàngshí
矿业 kuàngyè
框架 kuàngjià
眶 kuàng
亏本 kuīběn
盔 kuī
窥见 kuījiàn
窥探 kuītàn
奎 kuí
葵花 kuíhuā
魁梧 kuí·wu
傀儡 kuǐlěi
匮乏 kuìfá
溃烂 kuìlàn
溃疡 kuìyáng
愧 kuì
坤 kūn
昆曲 kūnqǔ
困惑 kùnhuò
困苦 kùnkǔ
困扰 kùnrǎo
扩充 kuòchōng
扩建 kuòjiàn
括号 kuòhào
廓 kuò

## L

拉力 lālì
拉拢 lā·lǒng
腊梅 làméi
腊月 làyuè
辣 là
来宾 láibīn
来电 láidiàn
来访 láifǎng
来客 láikè
来历 láilì
来龙去脉 láilóngqùmài
来年 láinián
来去 láiqù
来世 láishì
来势 láishì
来意 láiyì
来者 láizhě
癞 lài
兰花 lánhuā
拦截 lánjié
拦腰 lányāo
拦阻 lánzǔ
栏杆 lángān
蓝图 lántú
篮球 lánqiú
览 lǎn
揽 lǎn
缆 lǎn
懒惰 lǎnduò
懒汉 lǎnhàn
懒散 lǎnsǎn
烂泥 lànní
滥用 lànyòng
郎 láng
狼狈 lángbèi
廊 láng
朗读 lǎngdú
朗诵 lǎngsòng
浪潮 làngcháo
浪漫 làngmàn
浪涛 làngtāo
劳工 láogōng
劳驾 láojià
劳教 láojiào
劳苦 láokǔ
劳累 láolèi
劳模 láomó
劳务 láowù
劳役 láoyì
劳资 láozī
劳作 láozuò
牢房 láofáng
牢记 láojì
牢笼 láolóng
牢骚 láo·sāo
牢狱 láoyù
老伯 lǎobó
老化 lǎohuà
老家 lǎojiā
老练 lǎoliàn
老少 lǎoshào
老生 lǎoshēng
老式 lǎoshì
老天爷 lǎotiānyé
老鹰 lǎoyīng
老者 lǎozhě
老总 lǎozǒng
烙印 làoyìn
涝 lào
乐趣 lèqù
乐意 lèyì
乐于 lèyú
乐园 lèyuán
勒令 lèlìng
勒索 lèsuǒ
勒 lēi
雷暴 léibào
雷电 léidiàn
雷鸣 léimíng
雷同 léitóng
雷雨 léiyǔ
擂 léi
镭 léi
垒 lěi
累积 lěijī
累及 lěijí
累计 lěijì
肋骨 lèigǔ

泪痕 lèihén
泪花 lèihuā
泪眼 lèiyǎn
泪珠 lèizhū
类比 lèibǐ
类别 lèibié
类群 lèiqún
类推 lèituī
擂 lèi
棱角 léngjiǎo
棱镜 léngjìng
冷不防 lěng·bufáng
冷藏 lěngcáng
冷淡 lěngdàn
冷冻 lěngdòng
冷风 lěngfēng
冷汗 lěnghàn
冷峻 lěngjùn
冷酷 lěngkù
冷落 lěngluò
冷漠 lěngmò
冷凝 lěngníng
冷暖 lěngnuǎn
冷气 lěngqì
冷清 lěng·qing
冷眼 lěngyǎn
冷饮 lěngyǐn
冷遇 lěngyù
厘 lí
离别 líbié
离奇 líqí
离散 lísàn
离心 líxīn
离心力 líxīnlì
离休 líxiū
离异 líyì
离职 lízhí
梨园 líyuán
黎明 límíng

礼拜 lǐbài
礼法 lǐfǎ
礼教 lǐjiào
礼节 lǐjié
礼品 lǐpǐn
礼让 lǐràng
礼堂 lǐtáng
礼仪 lǐyí
里程碑 lǐchéngbēi
理财 lǐcái
理睬 lǐcǎi
理发 lǐfà
理会 lǐhuì
理科 lǐkē
理事 lǐshì
理应 lǐyīng
理直气壮 lǐzhíqìzhuàng
锂 lǐ
鲤 lǐ
力度 lìdù
力争 lìzhēng
历程 lìchéng
历次 lìcì
历法 lìfǎ
历届 lìjiè
历尽 lìjìn
历经 lìjīng
历年 lìnián
历书 lìshū
厉声 lìshēng
立案 lì'àn
立方 lìfāng
立功 lìgōng
立国 lìguó
立论 lìlùn
立宪 lìxiàn
立意 lìyì
立正 lìzhèng
立志 lìzhì

立足 lìzú
吏 lì
利弊 lìbì
利尿 lìniào
利索 lì·suo
沥青 lìqīng
例证 lìzhèng
隶属 lìshǔ
荔枝 lìzhī
砾石 lìshí
痢疾 lì·ji
连带 liándài
连贯 liánguàn
连环 liánhuán
连环画 liánhuánhuà
连绵 liánmián
连年 liánnián
连日 liánrì
连声 liánshēng
连锁 liánsuǒ
连通 liántōng
连夜 liányè
连衣裙 liányīqún
怜悯 liánmǐn
帘 lián
莲花 liánhuā
涟漪 liányī
联欢 liánhuān
联结 liánjié
联名 liánmíng
联赛 liánsài
联姻 liányīn
廉洁 liánjié
镰刀 liándāo
敛 liǎn
脸红 liǎnhóng
脸颊 liǎnjiá
脸面 liǎnmiàn
脸庞 liǎnpáng

脸皮 liǎnpí
脸谱 liǎnpǔ
练兵 liànbīng
练功 liàngōng
练武 liànwǔ
恋人 liànrén
链条 liàntiáo
良机 liángjī
良久 liángjiǔ
良田 liángtián
良性 liángxìng
凉爽 liángshuǎng
凉水 liángshuǐ
凉鞋 liángxié
粮仓 liángcāng
两栖 liǎngqī
两性 liǎngxìng
两样 liǎngyàng
两翼 liǎngyì
亮度 liàngdù
亮光 liàngguāng
亮相 liàngxiàng
谅解 liàngjiě
量变 liàngbiàn
量词 liàngcí
量刑 liàngxíng
晾 liàng
踉跄 liàngqiàng
撩 liāo
辽 liáo
疗程 liáochéng
疗效 liáoxiào
疗养院 liáoyǎngyuàn
撩 liáo
嘹亮 liáoliàng
潦倒 liáodǎo
缭绕 liáorào
燎 liáo
了不得 liǎo·bu·dé

了结 liǎojié
了然 liǎorán
了如指掌 liǎorúzhǐzhǎng
燎 liǎo
料理 liàolǐ
料想 liàoxiǎng
撂 liào
廖 Liào
瞭望 liàowàng
列强 lièqiáng
列席 lièxí
劣等 lièděng
劣势 lièshì
劣质 lièzhì
烈火 lièhuǒ
烈日 lièrì
烈性 lièxìng
烈焰 lièyàn
猎狗 liègǒu
猎枪 lièqiāng
猎取 lièqǔ
猎犬 lièquǎn
猎人 lièrén
猎手 lièshǒu
猎物 lièwù
裂变 lièbiàn
裂缝 lièfèng
裂痕 lièhén
裂纹 lièwén
裂隙 lièxì
拎 līn
邻里 línlǐ
邻舍 línshè
林带 líndài
林地 líndì
林立 línlì
林荫道 línyīndào
临别 línbié
临到 líndào
临界 línjiè
临近 línjìn
临摹 línmó
临终 línzhōng
淋巴结 línbājié
淋漓尽致 línlíjìnzhì
琳琅满目 línlángmǎnmù
嶙峋 línxún
霖 lín
磷肥 línféi
磷脂 línzhī
鳞片 línpiàn
吝啬 lìnsè
伶俐 líng·lì
灵巧 língqiǎo
灵堂 língtáng
灵通 língtōng
灵性 língxìng
灵芝 língzhī
玲珑 línglóng
凌晨 língchén
凌空 língkōng
凌乱 língluàn
陵墓 língmù
陵园 língyuán
聆听 língtīng
菱形 língxíng
羚羊 língyáng
绫 líng
零点 língdiǎn
凌乱 língluàn
零散 líng·sǎn
零碎 língsuì
零星 língxīng
领带 lǐngdài
领地 lǐngdì
领队 lǐngduì
领海 lǐnghǎi
领教 lǐngjiào
领口 lǐngkǒu
领略 lǐnglüè
领取 lǐngqǔ
领事馆 lǐngshìguǎn
领受 lǐngshòu
领头 lǐngtóu
领悟 lǐngwù
领先 lǐngxiān
领主 lǐngzhǔ
领子 lǐng·zi
另行 lìngxíng
蹓 liū
浏览 liúlǎn
留成 liúchéng
留存 liúcún
留恋 liúliàn
留神 liúshén
留声机 liúshēngjī
留守 liúshǒu
留心 liúxīn
留意 liúyì
流产 liúchǎn
流畅 liúchàng
流程 liúchéng
流毒 liúdú
流放 liúfàng
流浪 liúlàng
流利 liúlì
流量 liúliàng
流落 liúluò
流失 liúshī
流逝 liúshì
流水线 liúshuǐxiàn
流速 liúsù
流淌 liútǎng
流亡 liúwáng
流星 liúxīng
流言 liúyán
流转 liúzhuǎn
琉璃 liú·li
硫磺 liúhuáng
绺 liǔ
蹓 liù
龙船 lóngchuán
龙灯 lóngdēng
龙骨 lónggǔ
龙卷风 lóngjuǎnfēng
龙王 lóngwáng
龙眼 lóngyǎn
聋 lóng
隆冬 lóngdōng
隆重 lóngzhòng
陇 Lǒng
垄 lǒng
笼络 lǒngluò
笼统 lǒngtǒng
楼阁 lóugé
楼台 lóutái
楼梯 lóutī
篓 lǒu
陋 lòu
漏洞 lòudòng
漏斗 lòudǒu
卢 Lú
芦笙 lúshēng
芦苇 lúwěi
炉灶 lúzào
颅 lú
卤水 lǔshuǐ
卤素 lǔsù
虏 lǔ
掳 lǔ
鲁莽 lǔmǎng
录取 lùqǔ
录像机 lùxiàngjī
录音机 lùyīnjī
录用 lùyòng
录制 lùzhì

绿林 lùlín
禄 lù
路标 lùbiāo
路灯 lùdēng
路费 lùfèi
路径 lùjìng
路口 lùkǒu
路面 lùmiàn
路人 lùrén
路途 lùtú
麓 lù
露骨 lùgǔ
露水 lù·shui
露天 lùtiān
露珠 lùzhū
吕 lǚ
捋 lǚ
旅伴 lǚbàn
旅程 lǚchéng
旅店 lǚdiàn
旅途 lǚtú
屡次 lǚcì
屡见不鲜 lǚjiànbùxiān
履 lǚ
虑 lǜ
绿灯 lǜdēng
绿地 lǜdì
绿豆 lǜdòu
绿肥 lǜféi
绿洲 lǜzhōu
峦 luán
孪生 luánshēng
卵石 luǎnshí
卵子 luǎnzǐ
掠 lüè
略微 lüèwēi
抡 lūn
沦陷 lúnxiàn
轮班 lúnbān
轮番 lúnfān
轮换 lúnhuàn
轮回 lúnhuí
轮胎 lúntāi
轮椅 lúnyǐ
论调 lùndiào
论断 lùnduàn
论据 lùnjù
论理 lùnlǐ
论说 lùnshuō
论坛 lùntán
论战 lùnzhàn
论著 lùnzhù
捋 luō
罗汉 luóhàn
罗列 luóliè
罗盘 luópán
锣鼓 luógǔ
箩筐 luókuāng
螺丝 luósī
螺旋桨 luóxuánjiǎng
裸露 luǒlù
裸体 luǒtǐ
洛 luò
落差 luòchā
落成 luòchéng
落户 luòhù
落脚 luòjiǎo
落空 luòkōng
落日 luòrì
落水 luòshuǐ
落伍 luòwǔ
摞 luò

## M

抹布 mābù
麻痹 mábì
麻袋 mádài
麻将 májiàng
麻利 málì
麻木 mámù
麻雀 máquè
麻疹 mázhěn
马达 mǎdá
马灯 mǎdēng
马褂 mǎguà
马力 mǎlì
马铃薯 mǎlíngshǔ
马匹 mǎpǐ
马蹄 mǎtí
马桶 mǎtǒng
马戏 mǎxì
玛瑙 mǎnǎo
埋藏 máicáng
埋伏 mái·fú
埋没 máimò
埋头 máitóu
埋葬 máizàng
买主 mǎizhǔ
迈步 màibù
迈进 màijìn
麦收 màishōu
卖国 màiguó
卖力 màilì
卖命 màimìng
卖弄 mài·nong
卖主 màizhǔ
脉搏 màibó
脉冲 màichōng
脉络 màiluò
蛮干 mángàn
蛮横 mánhèng
鳗 mán
满腹 mǎnfù
满怀 mǎnhuái
满口 mǎnkǒu
满面 mǎnmiàn
满目 mǎnmù
满腔 mǎnqiāng
满心 mǎnxīn
满月 mǎnyuè
满载 mǎnzài
满嘴 mǎnzuǐ
螨 mǎn
曼 màn
漫骂 mànmà
蔓延 mànyán
漫不经心 mànbùjīngxīn
漫步 mànbù
漫画 mànhuà
漫天 màntiān
漫游 mànyóu
慢条斯理 màntiáosīlǐ
忙乱 mángluàn
盲肠 mángcháng
盲从 mángcóng
盲流 mángliú
盲人 mángrén
蟒 mǎng
猫头鹰 māotóuyīng
毛笔 máobǐ
毛虫 máochóng
毛发 máofà
毛骨悚然 máogǔsǒngrán
毛料 máoliào
毛驴 máolǘ
毛囊 máonáng
毛皮 máopí
毛毯 máotǎn
毛线 máoxiàn
毛衣 máoyī
矛头 máotóu
茅草 máocǎo
茅屋 máowū
锚 máo
卯 mǎo
铆 mǎo
茂密 màomì

茂盛 màoshèng
冒充 màochōng
冒火 màohuǒ
冒昧 màomèi
冒失 màoshī
贸然 màorán
貌似 màosì
没劲 méijìn
没命 méimìng
没趣 méiqù
玫瑰 méi·gui
眉飞色舞 méifēisèwǔ
眉开眼笑 méikāiyǎnxiào
眉目 méi·mu
眉眼 méiyǎn
眉宇 méiyǔ
梅花 méihuā
梅雨 méiyǔ
媒 méi
煤气 méiqì
煤油 méiyóu
霉菌 méijūn
霉烂 méilàn
美德 měidé
美观 měiguān
美景 měijǐng
美酒 měijiǔ
美满 měimǎn
美貌 měimào
美女 měinǚ
美人 měirén
美容 měiróng
美谈 měitán
美味 měiwèi
美育 měiyù
昧 mèi
媚 mèi
闷热 mēnrè
门板 ménbǎn
门第 méndì
门户 ménhù
门槛 ménkǎn
门框 ménkuàng
门类 ménlèi
门帘 ménlián
门铃 ménlíng
门面 mén·mian
门票 ménpiào
门生 ménshēng
门徒 méntú
门牙 ményá
门诊 ménzhěn
萌动 méngdòng
萌生 méngshēng
蒙蔽 méngbì
蒙昧 méngmèi
蒙受 méngshòu
盟国 méngguó
猛然 měngrán
猛兽 měngshòu
蒙古包 měnggǔbāo
锰 měng
梦幻 mènghuàn
梦境 mèngjìng
梦寐以求 mèngmèiyǐqiú
梦乡 mèngxiāng
梦想 mèngxiǎng
梦呓 mèngyì
眯缝 mī·feng
弥散 mísàn
迷宫 mígōng
迷惑 míhuò
迷离 mílí
迷恋 míliàn
迷路 mílù
迷茫 mímáng
迷蒙 míméng
迷失 míshī
迷惘 míwǎng
迷雾 míwù
猕猴 míhóu
糜烂 mílàn
米饭 mǐfàn
觅 mì
秘诀 mìjué
密闭 mìbì
密布 mìbù
密封 mìfēng
密码 mìmǎ
幂 mì
蜜月 mìyuè
眠 mián
绵延 miányán
绵羊 miányáng
棉布 miánbù
棉纱 miánshā
棉田 miántián
棉絮 miánxù
免除 miǎnchú
免得 miǎn·de
免费 miǎnfèi
免税 miǎnshuì
勉励 miǎnlì
缅怀 miǎnhuái
面额 miàn'é
面粉 miànfěn
面颊 miànjiá
面具 miànjù
面庞 miànpáng
面容 miànróng
面色 miànsè
面纱 miànshā
面谈 miàntán
苗木 miáomù
苗圃 miáopǔ
苗条 miáo·tiao
苗头 miáo·tou
描画 miáohuà
描摹 miáomó
瞄准 miáozhǔn
渺茫 miǎománg
渺小 miǎoxiǎo
藐视 miǎoshì
庙会 miàohuì
庙宇 miàoyǔ
灭火 mièhuǒ
灭绝 mièjué
蔑视 mièshì
篾 miè
民办 mínbàn
民法 mínfǎ
民房 mínfáng
民工 míngōng
民航 mínháng
民警 mínjǐng
民情 mínqíng
民权 mínquán
民生 mínshēng
民心 mínxīn
民谣 mínyáo
民意 mínyì
民营 mínyíng
民用 mínyòng
民政 mínzhèng
皿 mǐn
抿 mǐn
泯灭 mǐnmiè
闽 Mǐn
名次 míngcì
名单 míngdān
名额 míng'é
名副其实 míngfùqíshí
名贵 míngguì
名家 míngjiā
名利 mínglì
名列前茅 mínglièqiánmáo

名流 míngliú
名目 míngmù
名牌 míngpái
名片 míngpiàn
名气 míngqì
名人 míngrén
名山 míngshān
名声 míngshēng
名胜 míngshèng
名师 míngshī
名堂 míng·tang
名望 míngwàng
名下 míngxià
名言 míngyán
名誉 míngyù
名著 míngzhù
明矾 míngfán
明净 míngjìng
明镜 míngjìng
明快 míngkuài
明朗 mínglǎng
明了 míngliǎo
明媚 míngmèi
明日 míngrì
明晰 míngxī
明星 míngxīng
明珠 míngzhū
鸣叫 míngjiào
冥想 míngxiǎng
铭文 míngwén
命脉 mìngmài
命中 mìngzhòng
谬论 miùlùn
谬误 miùwù
摹 mó
摩登 módēng
摩托 mótuō
摩擦 mócā
磨练 móliàn
磨难 mónàn
磨损 mósǔn
魔法 mófǎ
魔鬼 móguǐ
魔力 mólì
魔术 móshù
魔王 mówáng
魔爪 mózhǎo
抹杀 mǒshā
末日 mòrì
末梢 mòshāo
末尾 mòwěi
沫 mò
莫大 mòdà
莫非 mòfēi
蓦然 mòrán
漠然 mòrán
漠视 mòshì
墨水 mòshuǐ
默念 mòniàn
默契 mòqì
默然 mòrán
眸 móu
谋害 móuhài
谋略 móulüè
谋求 móuqiú
谋取 móuqǔ
谋杀 móushā
谋生 móushēng
模板 múbǎn
母爱 mǔ'ài
母本 mǔběn
母系 mǔxì
母校 mǔxiào
母语 mǔyǔ
牡丹 mǔ·dan
牡蛎 mǔlì
拇指 mǔzhǐ
木本 mùběn
木柴 mùchái
木耳 mù'ěr
木筏 mùfá
木工 mùgōng
木匠 mù·jiang
木刻 mùkè
木料 mùliào
木偶 mù'ǒu
木炭 mùtàn
木星 mùxīng
目不转睛 mùbùzhuǎnjīng
目瞪口呆 mùdèngkǒudāi
目睹 mùdǔ
目录 mùlù
目送 mùsòng
沐浴 mùyù
牧草 mùcǎo
牧场 mùchǎng
牧民 mùmín
牧区 mùqū
募捐 mùjuān
墓碑 mùbēi
墓地 mùdì
墓室 mùshì
墓葬 mùzàng
幕后 mùhòu
暮色 mùsè
穆斯林 mùsīlín

## N

纳粹 nàcuì
娜 nà
捺 nà
奶粉 nǎifěn
奶牛 nǎiniú
奶油 nǎiyóu
氖 nǎi
奈何 nàihé
耐力 nàilì
耐用 nàiyòng
男方 nánfāng
男生 nánshēng
南半球 nánbànqiú
南边 nán·bian
南瓜 nán·guā
南面 nánmiàn
南洋 nányáng
难保 nánbǎo
难产 nánchǎn
难处 nánchù
难点 nándiǎn
难度 nándù
难关 nánguān
难堪 nánkān
难看 nánkàn
难说 nánshuō
难听 nántīng
难为情 nánwéiqíng
难民 nànmín
难友 nànyǒu
囊括 nángkuò
挠 náo
恼火 nǎohuǒ
恼怒 nǎonù
脑海 nǎohǎi
脑际 nǎojì
脑筋 nǎojīn
脑力 nǎolì
脑髓 nǎosuǐ
闹市 nàoshì
闹事 nàoshì
闹钟 nàozhōng
内阁 nèigé
内海 nèihǎi
内行 nèiháng
内疚 nèijiù
内科 nèikē
内力 nèilì
内陆 nèilù

内乱 nèiluàn
内幕 nèimù
内情 nèiqíng
内燃机 nèiránjī
内伤 nèishāng
内务 nèiwù
内线 nèixiàn
内向 nèixiàng
内销 nèixiāo
内省 nèixǐng
内衣 nèiyī
内因 nèiyīn
内政 nèizhèng
嫩绿 nènlǜ
能干 nénggàn
能人 néngrén
能事 néngshì
能手 néngshǒu
尼姑 nígū
尼龙 nílóng
呢绒 níróng
泥浆 níjiāng
泥坑 níkēng
泥泞 nínìng
泥鳅 ní·qiu
泥塑 nísù
泥炭 nítàn
倪 ní
霓虹灯 níhóngdēng
拟订 nǐdìng
拟定 nǐdìng
拟人 nǐrén
逆差 nìchā
逆境 nìjìng
逆流 nìliú
逆向 nìxiàng
逆转 nìzhuǎn
腻 nì
溺爱 nì'ài

拈 niān
蔫 niān
年份 niánfèn
年华 niánhuá
年画 niánhuà
年会 niánhuì
年景 niánjǐng
年轮 niánlún
年迈 niánmài
年岁 niánsuì
年限 niánxiàn
年终 niánzhōng
黏 nián
捻 niǎn
碾 niǎn
撵 niǎn
廿 niàn
念白 niànbái
酿 niàng
鸟瞰 niǎokàn
袅袅 niǎoniǎo
尿布 niàobù
尿素 niàosù
捏造 niēzào
聂 Niè
涅槃 nièpán
啮 niè
镍 niè
孽 niè
狞笑 níngxiào
凝神 níngshén
凝望 níngwàng
宁可 nìngkě
宁肯 nìngkěn
宁愿 nìngyuàn
牛犊 niúdú
牛皮 niúpí
牛仔裤 niúzǎikù
扭曲 niǔqū

纽带 niǔdài
纽扣 niǔkòu
拗 niù
农夫 nóngfū
农妇 nóngfù
农耕 nónggēng
农机 nóngjī
农家 nóngjiā
农垦 nóngkěn
农历 nónglì
农忙 nóngmáng
农事 nóngshì
农闲 nóngxián
浓淡 nóngdàn
浓烈 nóngliè
浓眉 nóngméi
浓密 nóngmì
浓缩 nóngsuō
浓郁 nóngyù
浓重 nóngzhòng
弄虚作假 nòngxūzuòjiǎ
奴仆 núpú
怒放 nùfàng
怒吼 nùhǒu
怒火 nùhuǒ
怒气 nùqì
女方 nǚfāng
女皇 nǚhuáng
女郎 nǚláng
女神 nǚshén
女生 nǚshēng
女王 nǚwáng
暖流 nuǎnliú
暖瓶 nuǎnpíng
暖气 nuǎnqì
疟疾 nüè·ji
虐待 nüèdài
挪动 nuó·dong
挪用 nuóyòng

诺言 nuòyán
懦弱 nuòruò
糯米 nuòmǐ

## O

讴歌 ōugē
鸥 ōu
殴打 ōudǎ
呕吐 ǒutù
偶像 ǒuxiàng
藕 ǒu

## P

趴 pā
爬行 páxíng
耙 pá
帕 pà
拍板 pāibǎn
拍卖 pāimài
拍手 pāishǒu
拍照 pāizhào
排场 pái·chǎng
排队 páiduì
排挤 páijǐ
排练 páiliàn
排卵 páiluǎn
排球 páiqiú
排戏 páixì
排泄 páixiè
排演 páiyǎn
排忧解难 páiyōujiěnàn
牌坊 pái·fāng
牌价 páijià
派别 pàibié
派生 pàishēng
派头 pàitóu
派系 pàixì
派性 pàixìng
攀登 pāndēng
攀谈 pāntán

攀援 pānyuán
盘剥 pánbō
盘踞 pánjù
盘算 pán·suan
盘问 pánwèn
盘旋 pánxuán
判别 pànbié
判决书 pànjuéshū
判明 pànmíng
判刑 pànxíng
叛变 pànbiàn
叛乱 pànluàn
叛逆 pànnì
叛徒 pàntú
畔 pàn
膀 pāng
庞 páng
旁白 pángbái
旁人 pángrén
旁听 pángtīng
膀胱 pángguāng
磅礴 pángbó
刨 páo
咆哮 páoxiào
炮制 páozhì
跑步 pǎobù
跑道 pǎodào
泡菜 pàocài
泡沫 pàomò
炮兵 pàobīng
炮火 pàohuǒ
炮击 pàojī
炮楼 pàolóu
炮台 pàotái
袍 páo
胚芽 pēiyá
陪伴 péibàn
陪衬 péichèn
陪同 péitóng
培土 péitǔ
培植 péizhí
赔款 péikuǎn
赔钱 péiqián
裴 péi
佩戴 pèidài
配备 pèibèi
配对 pèiduì
配方 pèifāng
配件 pèijiàn
配角 pèijué
配偶 pèi'ǒu
配伍 pèiwǔ
配制 pèizhì
配种 pèizhǒng
喷发 pēnfā
喷泉 pēnquán
喷洒 pēnsǎ
喷射 pēnshè
喷嚏 pēntì
喷涂 pēntú
盆景 pénjǐng
盆栽 pénzāi
抨击 pēngjī
烹饪 pēngrèn
烹调 pēngtiáo
蓬乱 péngluàn
蓬松 péngsōng
硼 péng
蓬 péng
膨大 péngdà
碰见 pèng·jiàn
碰巧 pèngqiǎo
碰头 pèngtóu
碰撞 pèngzhuàng
批驳 pībó
批量 pīliàng
批示 pīshì
坯 pī
披露 pīlù
劈 pī
霹雳 pīlì
皮包 píbāo
皮层 pícéng
皮带 pídài
皮革 pígé
皮毛 pímáo
皮球 píqiú
皮肉 píròu
毗邻 pílín
疲惫 píbèi
疲乏 pífá
啤酒 píjiǔ
琵琶 pí·pa
脾胃 píwèi
脾脏 pízàng
匹配 pǐpèi
劈 pǐ
癖 pǐ
屁 pì
辟 pì
媲美 pìměi
僻静 pìjìng
偏爱 piān'ài
偏差 piānchā
偏激 piānjī
偏离 piānlí
偏旁 piānpáng
偏僻 piānpì
偏颇 piānpō
偏心 piānxīn
偏重 piānzhòng
篇幅 piān·fú
篇章 piānzhāng
片段 piànduàn
片断 piànduàn
骗局 piànjú
骗取 piànqǔ
漂泊 piāobó
漂浮 piāofú
漂流 piāoliú
漂移 piāoyí
飘带 piāodài
飘荡 piāodàng
飘动 piāodòng
飘浮 piāofú
飘忽 piāohū
飘零 piāolíng
飘落 piāoluò
飘然 piāorán
飘散 piāosàn
飘扬 piāoyáng
飘逸 piāoyì
朴 piáo
瓢 piáo
漂白粉 piǎobáifěn
瞟 piǎo
票据 piàojù
撇开 piē·kāi
瞥见 piējiàn
撇 piě
拼搏 pīnbó
拼凑 pīncòu
拼死 pīnsǐ
拼音 pīnyīn
贫乏 pínfá
贫寒 pínhán
贫瘠 pínjí
贫苦 pínkǔ
贫民 pínmín
贫血 pínxuè
频道 píndào
品尝 pǐncháng
品格 pǐngé
品评 pǐnpíng
品位 pǐnwèi
品味 pǐnwèi

品行 pǐnxíng
聘请 pìnqǐng
平安 píng'ān
平板 píngbǎn
平淡 píngdàn
平地 píngdì
平定 píngdìng
平反 píngfǎn
平方 píngfāng
平房 píngfáng
平衡木 pínghéngmù
平滑 pínghuá
平缓 pínghuǎn
平价 píngjià
平米 píngmǐ
平生 píngshēng
平素 píngsù
平台 píngtái
平稳 píngwěn
平息 píngxī
平移 píngyí
平庸 píngyōng
平整 píngzhěng
评比 píngbǐ
评定 píngdìng
评分 píngfēn
评估 pínggū
评奖 píngjiǎng
评剧 píngjù
评判 píngpàn
评审 píngshěn
评述 píngshù
评弹 píngtán
评议 píngyì
评语 píngyǔ
坪 píng
凭吊 píngdiào
凭空 píngkōng
凭证 píngzhèng
屏风 píngfēng
屏障 píngzhàng
苹 píng
坡地 pōdì
坡度 pōdù
泊 pō
泼辣 pōlà
迫不及待 pòbùjídài
破案 pò'àn
破除 pòchú
破格 pògé
破获 pòhuò
破旧 pòjiù
破烂 pòlàn
破例 pòlì
破灭 pòmiè
破碎 pòsuì
破绽 pòzhàn
魄力 pòlì
剖析 pōuxī
仆 pū
扑鼻 pūbí
扑克 pūkè
扑灭 pūmiè
铺设 pūshè
仆人 púrén
仆役 púyì
匍匐 púfú
葡萄酒 pú·taojiǔ
蒲公英 púgōngyīng
蒲扇 púshàn
朴实 pǔshí
圃 pǔ
浦 pǔ
普查 pǔchá
普法 pǔfǎ
普选 pǔxuǎn
谱写 pǔxiě
堡 pù
瀑布 pùbù

## Q

沏 qī
栖息 qīxī
凄惨 qīcǎn
凄楚 qīchǔ
凄厉 qīlì
凄然 qīrán
戚 qī
期刊 qīkān
欺凌 qīlíng
欺侮 qīwǔ
欺压 qīyā
欺诈 qīzhà
漆黑 qīhēi
漆器 qīqì
齐备 qíbèi
齐名 qímíng
齐全 qíquán
齐整 qízhěng
奇观 qíguān
奇妙 qímiào
奇闻 qíwén
歧视 qíshì
歧途 qítú
歧义 qíyì
祈祷 qídǎo
祈求 qíqiú
畦 qí
崎岖 qíqū
骑兵 qíbīng
棋盘 qípán
棋子 qízǐ
旗号 qíhào
旗袍 qípáo
鳍 qí
乞丐 qǐgài
乞求 qǐqiú
乞讨 qǐtǎo
岂有此理 qǐyǒucǐlǐ
企鹅 qǐ'é
启程 qǐchéng
启迪 qǐdí
启动 qǐdòng
启蒙 qǐméng
启事 qǐshì
起兵 qǐbīng
起步 qǐbù
起草 qǐcǎo
起床 qǐchuáng
起飞 qǐfēi
起哄 qǐhòng
起火 qǐhuǒ
起家 qǐjiā
起见 qǐjiàn
起劲 qǐjìn
起居 qǐjū
起立 qǐlì
起落 qǐluò
起事 qǐshì
起诉 qǐsù
起先 qǐxiān
起因 qǐyīn
绮丽 qǐlì
气喘 qìchuǎn
气垫 qìdiàn
气度 qìdù
气概 qìgài
气功 qìgōng
气管 qìguǎn
气急 qìjí
气节 qìjié
气孔 qìkǒng
气力 qìlì
气囊 qìnáng
气恼 qìnǎo
气馁 qìněi
气派 qìpài

气泡 qìpào
气魄 qìpò
气球 qìqiú
气色 qìsè
气势 qìshì
气态 qìtài
气虚 qìxū
气旋 qìxuán
气焰 qìyàn
迄今 qìjīn
汽笛 qìdí
汽缸 qìgāng
汽化 qìhuà
汽水 qìshuǐ
汽艇 qìtǐng
泣 qì
契机 qìjī
器件 qìjiàn
器具 qìjù
器皿 qìmǐn
器物 qìwù
器械 qìxiè
器乐 qìyuè
器重 qìzhòng
掐 qiā
洽谈 qiàtán
恰巧 qiàqiǎo
恰如 qiàrú
恰似 qiàsì
千古 qiāngǔ
千金 qiānjīn
千钧一发 qiānjūnyīfà
千卡 qiānkǎ
千瓦 qiānwǎ
扦 qiān
迁就 qiānjiù
迁居 qiānjū
牵动 qiāndòng
牵挂 qiānguà
牵连 qiānlián
牵涉 qiānshè
牵引 qiānyǐn
牵制 qiānzhì
谦虚 qiānxū
谦逊 qiānxùn
签发 qiānfā
签名 qiānmíng
签署 qiānshǔ
签约 qiānyuē
签证 qiānzhèng
签字 qiānzì
前辈 qiánbèi
前臂 qiánbì
前程 qiánchéng
前额 qián'é
前锋 qiánfēng
前列 qiánliè
前年 qiánnián
前仆后继 qiánpūhòujì
前哨 qiánshào
前身 qiánshēn
前世 qiánshì
前天 qiántiān
前卫 qiánwèi
前沿 qiányán
前夜 qiányè
前肢 qiánzhī
前奏 qiánzòu
虔诚 qiánchéng
钱包 qiánbāo
钱币 qiánbì
钱财 qiáncái
钳工 qiángōng
乾坤 qiánkūn
潜藏 qiáncáng
潜伏 qiánfú
潜入 qiánrù
潜水 qiánshuǐ
潜艇 qiántǐng
潜移默化 qiányímòhuà
黔 Qián
浅薄 qiǎnbó
浅海 qiǎnhǎi
浅滩 qiǎntān
浅显 qiǎnxiǎn
谴责 qiǎnzé
欠缺 qiànquē
纤 qiàn
歉收 qiànshōu
歉意 qiànyì
呛 qiāng
枪毙 qiāngbì
枪弹 qiāngdàn
枪杀 qiāngshā
枪支 qiāngzhī
腔调 qiāngdiào
强渡 qiángdù
强攻 qiánggōng
强国 qiángguó
强加 qiángjiā
强健 qiángjiàn
强劲 qiángjìng
强力 qiánglì
强盛 qiángshèng
强行 qiángxíng
强硬 qiángyìng
强占 qiángzhàn
强壮 qiángzhuàng
墙根 qiánggēn
墙角 qiángjiǎo
墙头 qiángtóu
抢夺 qiǎngduó
抢购 qiǎnggòu
抢劫 qiǎngjié
抢先 qiǎngxiān
抢险 qiǎngxiǎn
抢修 qiǎngxiū
抢占 qiǎngzhàn
强求 qiǎngqiú
呛 qiàng
跷 qiāo
锹 qiāo
敲打 qiāo·dǎ
乔木 qiáomù
侨胞 qiáobāo
侨眷 qiáojuàn
侨民 qiáomín
侨务 qiáowù
桥头 qiáotóu
翘 qiáo
瞧见 qiáojiàn
巧合 qiǎohé
悄然 qiǎorán
悄声 qiǎoshēng
俏皮 qiào·pí
峭壁 qiàobì
窍门 qiàomén
翘 qiào
撬 qiào
鞘 qiào
切除 qiēchú
切磋 qiēcuō
切点 qiēdiǎn
切割 qiēgē
切口 qiēkǒu
切面 qiēmiàn
切片 qiēpiàn
切线 qiēxiàn
切合 qièhé
切忌 qièjì
切身 qièshēn
妾 qiè
怯懦 qiènuò
窃取 qièqǔ
惬意 qièyì
钦差 qīnchāi

钦佩 qīnpèi
侵害 qīnhài
侵吞 qīntūn
侵袭 qīnxí
亲爱 qīn'ài
亲笔 qīnbǐ
亲近 qīnjìn
亲口 qīnkǒu
亲临 qīnlín
亲昵 qīnnì
亲朋 qīnpéng
亲身 qīnshēn
亲生 qīnshēng
亲事 qīnshì
亲手 qīnshǒu
亲王 qīnwáng
亲吻 qīnwěn
亲信 qīnxìn
亲缘 qīnyuán
亲子 qīnzǐ
禽兽 qínshòu
勤奋 qínfèn
勤俭 qínjiǎn
勤快 qín·kuai
擒 qín
噙 qín
寝室 qǐnshì
沁 qìn
青菜 qīngcài
青草 qīngcǎo
青翠 qīngcuì
青稞 qīngkē
青睐 qīnglài
青霉素 qīngméisù
青苔 qīngtái
青天 qīngtiān
青铜 qīngtóng
青衣 qīngyī
轻便 qīngbiàn
轻而易举 qīng'éryìjǔ
轻浮 qīngfú
轻快 qīngkuài
轻描淡写 qīngmiáodànxiě
轻蔑 qīngmiè
轻骑 qīngqí
轻巧 qīng·qiǎo
轻柔 qīngróu
轻率 qīngshuài
轻信 qīngxìn
轻音乐 qīngyīnyuè
轻盈 qīngyíng
氢弹 qīngdàn
倾倒 qīngdào
倾倒 qīngdǎo
倾角 qīngjiǎo
倾诉 qīngsù
倾吐 qīngtǔ
倾销 qīngxiāo
倾泻 qīngxiè
倾心 qīngxīn
倾注 qīngzhù
卿 qīng
清白 qīngbái
清查 qīngchá
清偿 qīngcháng
清澈 qīngchè
清脆 qīngcuì
清单 qīngdān
清淡 qīngdàn
清风 qīngfēng
清高 qīnggāo
清官 qīngguān
清净 qīngjìng
清静 qīngjìng
清冷 qīnglěng
清凉 qīngliáng
清明 qīngmíng
清扫 qīngsǎo
清瘦 qīngshòu
清爽 qīngshuǎng
清算 qīngsuàn
清洗 qīngxǐ
清闲 qīngxián
清香 qīngxiāng
清新 qīngxīn
清秀 qīngxiù
清早 qīngzǎo
清真寺 qīngzhēnsì
蜻蜓 qīngtíng
情不自禁 qíngbùzìjīn
情调 qíngdiào
情怀 qínghuái
情理 qínglǐ
情侣 qínglǚ
情人 qíngrén
情势 qíngshì
情书 qíngshū
情思 qíngsī
情态 qíngtài
情谊 qíngyì
情意 qíngyì
情欲 qíngyù
情愿 qíngyuàn
晴空 qíngkōng
晴朗 qínglǎng
擎 qíng
顷刻 qǐngkè
请假 qǐngjià
请教 qǐngjiào
请客 qǐngkè
请愿 qǐngyuàn
庆贺 qìnghè
庆幸 qìngxìng
磬 qìng
穷尽 qióngjìn
穷苦 qióngkǔ
穷困 qióngkùn
琼 qióng
丘陵 qiūlíng
邱 qiū
秋风 qiūfēng
秋收 qiūshōu
仇 Qiú
囚犯 qiúfàn
囚禁 qiújìn
囚徒 qiútú
求爱 qiú'ài
求婚 qiúhūn
求救 qiújiù
求解 qiújiě
求教 qiújiào
求人 qiúrén
求生 qiúshēng
求实 qiúshí
求学 qiúxué
求援 qiúyuán
求知 qiúzhī
求助 qiúzhù
球场 qiúchǎng
球迷 qiúmí
球面 qiúmiàn
球赛 qiúsài
球体 qiútǐ
裘皮 qiúpí
区划 qūhuà
区间 qūjiān
曲解 qūjiě
曲面 qūmiàn
曲轴 qūzhóu
驱车 qūchē
驱除 qūchú
驱赶 qūgǎn
驱散 qūsàn
驱使 qūshǐ
屈从 qūcóng
屈辱 qūrǔ

祛 qū
蛆 qū
躯干 qūgàn
躯壳 qūqiào
躯体 qūtǐ
曲调 qǔdiào
曲目 qǔmù
曲牌 qǔpái
曲艺 qǔyì
取材 qǔcái
取缔 qǔdì
取经 qǔjīng
取乐 qǔlè
取暖 qǔnuǎn
取舍 qǔshě
取胜 qǔshèng
取笑 qǔxiào
取样 qǔyàng
取悦 qǔyuè
去处 qùchù
去路 qùlù
去向 qùxiàng
趣 qù
圈套 quāntào
权贵 quánguì
权衡 quánhéng
权势 quánshì
权限 quánxiàn
全集 quánjí
全力 quánlì
全貌 quánmào
全能 quánnéng
全盘 quánpán
全权 quánquán
全文 quánwén
全线 quánxiàn
泉水 quánshuǐ
泉源 quányuán
拳击 quánjī
痊愈 quányù
蜷缩 quánsuō
犬齿 quǎnchǐ
劝导 quàndǎo
劝告 quàngào
劝解 quànjiě
劝说 quànshuō
劝慰 quànwèi
劝阻 quànzǔ
券 quàn
缺德 quēdé
缺憾 quēhàn
缺口 quēkǒu
缺损 quēsǔn
瘸 qué
雀 què
确信 quèxìn
确证 quèzhèng
确凿 quèzáo
阙 què
裙 qún
群岛 qúndǎo
群居 qúnjū

## R

冉冉 rǎnrǎn
染料 rǎnliào
让步 ràngbù
让位 ràngwèi
饶恕 ráoshù
扰 rǎo
绕道 ràodào
热潮 rècháo
热忱 rèchén
热诚 rèchéng
热度 rèdù
热浪 rèlàng
热泪 rèlèi
热力 rèlì
热恋 rèliàn
热流 rèliú
热门 rèmén
热气 rèqì
热切 rèqiè
热望 rèwàng
热血 rèxuè
热源 rèyuán
人材 réncái
人称 rénchēng
人次 réncì
人道 réndào
人丁 rénding
人和 rénhé
人际 rénjì
人迹 rénjì
人流 rénliú
人伦 rénlún
人马 rénmǎ
人命 rénmìng
人品 rénpǐn
人情 rénqíng
人权 rénquán
人参 rénshēn
人声 rénshēng
人世 rénshì
人手 rénshǒu
人文 rénwén
人像 rénxiàng
人行道 rénxíngdào
人选 rénxuǎn
人烟 rényān
人中 rénzhōng
人种 rénzhǒng
仁慈 réncí
仁义 rényì
忍痛 rěntòng
忍心 rěnxīn
刃 rèn
认错 rèncuò
认购 rèngòu
认可 rènkě
认同 rèntóng
认罪 rènzuì
任教 rènjiào
任免 rènmiǎn
任凭 rènpíng
任期 rènqī
任性 rènxìng
任用 rènyòng
任职 rènzhí
韧带 rèndài
韧性 rènxìng
妊娠 rènshēn
日程 rìchéng
日光 rìguāng
日后 rìhòu
日见 rìjiàn
日渐 rìjiàn
日历 rìlì
日食 rìshí
日用 rìyòng
荣获 rónghuò
荣幸 róngxìng
荣耀 róngyào
绒毛 róngmáo
绒线 róngxiàn
容积 róngjī
容貌 róngmào
容忍 róngrěn
容许 róngxǔ
容颜 róngyán
溶洞 róngdòng
溶化 rónghuà
溶血 róngxuè
溶化 rónghuà
融化 rónghuà
融洽 róngqià
融资 róngzī

冗长 rǒngcháng
柔道 róudào
柔美 róuměi
柔情 róuqíng
柔弱 róuruò
柔顺 róushùn
蹂躏 róulìn
肉食 ròushí
肉眼 ròuyǎn
肉质 ròuzhì
如期 rúqī
如实 rúshí
如释重负 rúshìzhòngfù
如意 rúyì
儒学 rúxué
蠕动 rúdòng
汝 rǔ
乳白 rǔbái
乳房 rǔfáng
乳牛 rǔniú
乳汁 rǔzhī
辱 rǔ
入股 rùgǔ
入境 rùjìng
入口 rùkǒu
入门 rùmén
入迷 rùmí
入睡 rùshuì
入伍 rùwǔ
入夜 rùyè
入座 rùzuò
软骨 ruǎngǔ
软化 ruǎnhuà
软件 ruǎnjiàn
软禁 ruǎnjìn
软弱 ruǎnruò
蕊 ruǐ
锐角 ruìjiǎo
锐利 ruìlì
瑞 ruì
闰 rùn
润滑 rùnhuá
若无其事 ruòwùqíshì
弱小 ruòxiǎo

## S

仨 sā
撒谎 sāhuǎng
撒娇 sājiāo
撒手 sāshǒu
洒脱 sǎtuō
卅 sà
腮 sāi
赛场 sàichǎng
赛跑 sàipǎo
赛事 sàishì
三角洲 sānjiǎozhōu
三轮车 sānlúnchē
散漫 sǎnmàn
散场 sànchǎng
散会 sànhuì
散伙 sànhuǒ
散落 sànluò
散失 sànshī
丧事 sāngshì
丧葬 sāngzàng
桑 sāng
嗓音 sǎngyīn
丧气 sàngqì
搔 sāo
骚动 sāodòng
骚扰 sāorǎo
缫 sāo
臊 sāo
扫除 sǎochú
扫地 sǎodì
扫盲 sǎománg
扫描 sǎomiáo
扫射 sǎoshè
扫视 sǎoshì
扫兴 sǎoxìng
臊 sào
色调 sèdiào
色光 sèguāng
色盲 sèmáng
色情 sèqíng
色素 sèsù
色泽 sèzé
涩 sè
瑟 sè
森严 sēnyán
僧尼 sēngní
杀菌 shājūn
杀戮 shālù
杀伤 shāshāng
杉木 shāmù
沙丘 shāqiū
沙土 shātǔ
沙哑 shāyǎ
纱布 shābù
纱锭 shādìng
刹车 shāchē
煞 shā
傻瓜 shǎguā
煞 shà
霎时 shàshí
筛 shāi
筛选 shāixuǎn
山坳 shān'ào
山茶 shānchá
山川 shānchuān
山村 shāncūn
山歌 shāngē
山沟 shāngōu
山河 shānhé
山洪 shānhóng
山涧 shānjiàn
山脚 shānjiǎo
山梁 shānliáng
山岭 shānlǐng
山麓 shānlù
山峦 shānluán
山门 shānmén
山系 shānxì
山崖 shānyá
山羊 shānyáng
山腰 shānyāo
山野 shānyě
山岳 shānyuè
山楂 shānzhā
杉 shān
衫 shān
珊瑚 shānhú
扇动 shāndòng
煽动 shāndòng
闪现 shǎnxiàn
闪耀 shǎnyào
陕 shǎn
扇贝 shànbèi
善后 shànhòu
善意 shànyì
善战 shànzhàn
禅 shàn
擅长 shàncháng
擅自 shànzì
膳食 shànshí
赡养 shànyǎng
伤疤 shāngbā
伤感 shānggǎn
伤寒 shānghán
伤痕 shānghén
伤势 shāngshì
伤亡 shāngwáng
商场 shāngchǎng
商船 shāngchuán
商定 shāngdìng
商贩 shāngfàn

商贾 shānggǔ
商会 shānghuì
商检 shāngjiǎn
商榷 shāngquè
商谈 shāngtán
商讨 shāngtǎo
商务 shāngwù
商议 shāngyì
晌 shǎng
赏赐 shǎngcì
赏识 shǎngshí
上报 shàngbào
上臂 shàngbì
上场 shàngchǎng
上当 shàngdàng
上等 shàngděng
上吊 shàngdiào
上风 shàngfēng
上工 shànggōng
上古 shànggǔ
上好 shànghǎo
上将 shàngjiàng
上缴 shàngjiǎo
上进 shàngjìn
上列 shàngliè
上流 shàngliú
上路 shànglù
上马 shàngmǎ
上门 shàngmén
上品 shàngpǐn
上任 shàngrèn
上身 shàngshēn
上书 shàngshū
上司 shàng·si
上台 shàngtái
上头 shàng·tou
上行 shàngxíng
上旬 shàngxún
上演 shàngyǎn

上阵 shàngzhèn
上肢 shàngzhī
上座 shàngzuò
尚且 shàngqiě
捎 shāo
烧杯 shāobēi
烧饼 shāo·bing
烧毁 shāohuǐ
烧火 shāohuǒ
烧酒 shāojiǔ
烧瓶 shāopíng
烧伤 shāoshāng
烧香 shāoxiāng
勺 sháo
少见 shǎojiàn
少儿 shào’ér
少妇 shàofù
少将 shàojiàng
哨兵 shàobīng
哨所 shàosuǒ
奢侈 shēchǐ
舌苔 shétāi
舍弃 shěqì
舍身 shěshēn
设防 shèfáng
社交 shèjiāo
社论 shèlùn
社区 shèqū
社团 shètuán
射程 shèchéng
射箭 shèjiàn
射门 shèmén
射手 shèshǒu
涉外 shèwài
涉足 shèzú
赦免 shèmiǎn
摄取 shèqǔ
摄食 shèshí
摄制 shèzhì

麝 shè
申报 shēnbào
申明 shēnmíng
申诉 shēnsù
伸缩 shēnsuō
伸展 shēnzhǎn
伸张 shēnzhāng
身长 shēncháng
身段 shēnduàn
身高 shēngāo
身价 shēnjià
身世 shēnshì
呻吟 shēnyín
绅士 shēnshì
砷 shēn
深奥 shēn’ào
深层 shēncéng
深海 shēnhǎi
深浅 shēnqiǎn
深切 shēnqiè
深秋 shēnqiū
深山 shēnshān
深思 shēnsī
深邃 shēnsuì
深信 shēnxìn
深渊 shēnyuān
深造 shēnzào
深重 shēnzhòng
神采 shéncǎi
神化 shénhuà
神经病 shénjīngbìng
神经质 shénjīngzhì
神龛 shénkān
神灵 shénlíng
神明 shénmíng
神速 shénsù
神通 shéntōng
神童 shéntóng
神往 shénwǎng

神仙 shén·xiān
神像 shénxiàng
神韵 shényùn
神志 shénzhì
神州 shénzhōu
审定 shěndìng
审核 shěnhé
审理 shěnlǐ
审批 shěnpī
审慎 shěnshèn
审视 shěnshì
审问 shěnwèn
审讯 shěnxùn
审议 shěnyì
肾脏 shènzàng
甚而 shèn’ér
渗入 shènrù
慎 shèn
升华 shēnghuá
升级 shēngjí
升降 shēngjiàng
升任 shēngrèn
升腾 shēngténg
升学 shēngxué
生病 shēngbìng
生发 shēngfā
生根 shēnggēn
生机 shēngjī
生计 shēngjì
生路 shēnglù
生怕 shēngpà
生平 shēngpíng
生日 shēngrì
生疏 shēngshū
生死 shēngsǐ
生息 shēngxī
生肖 shēngxiào
生效 shēngxiào
生性 shēngxìng

生涯 shēngyá
生硬 shēngyìng
生字 shēngzì
声波 shēngbō
声部 shēngbù
声称 shēngchēng
声带 shēngdài
声浪 shēnglàng
声名 shēngmíng
声势 shēngshì
声速 shēngsù
声望 shēngwàng
声息 shēngxī
声学 shēngxué
声言 shēngyán
声誉 shēngyù
声援 shēngyuán
声乐 shēngyuè
笙 shēng
绳索 shéngsuǒ
省城 shěngchéng
省份 shěngfèn
省会 shěnghuì
省略 shěnglüè
省事 shěngshì
圣诞节 shèngdànjié
圣地 shèngdì
圣母 shèngmǔ
圣人 shèngrén
圣旨 shèngzhǐ
胜地 shèngdì
胜任 shèngrèn
胜仗 shèngzhàng
盛产 shèngchǎn
盛大 shèngdà
盛会 shènghuì
盛开 shèngkāi
盛况 shèngkuàng
盛名 shèngmíng

盛怒 shèngnù
盛夏 shèngxià
盛装 shèngzhuāng
尸骨 shīgǔ
尸首 shī·shou
失常 shīcháng
失传 shīchuán
失地 shīdì
失火 shīhuǒ
失控 shīkòng
失礼 shīlǐ
失利 shīlì
失恋 shīliàn
失灵 shīlíng
失落 shīluò
失眠 shīmián
失明 shīmíng
失散 shīsàn
失神 shīshén
失声 shīshēng
失实 shīshí
失守 shīshǒu
失陷 shīxiàn
失效 shīxiào
失血 shīxuè
失意 shīyì
失真 shīzhēn
失职 shīzhí
失重 shīzhòng
失踪 shīzōng
失足 shīzú
师父 shī·fu
师母 shīmǔ
师资 shīzī
诗集 shījí
诗句 shījù
诗篇 shīpiān
虱 shī
施放 shīfàng

施加 shījiā
施舍 shīshě
施展 shīzhǎn
施政 shīzhèng
湿热 shīrè
十足 shízú
什 shí
石板 shíbǎn
石雕 shídiāo
石膏 shígāo
石匠 shíjiàng
石刻 shíkè
石窟 shíkū
石料 shíliào
石榴 shí·liu
石棉 shímián
石墨 shímò
石笋 shísǔn
石英 shíyīng
时分 shífēn
时光 shíguāng
时局 shíjú
时区 shíqū
时日 shírì
时尚 shíshàng
时事 shíshì
时势 shíshì
时务 shíwù
时效 shíxiào
时兴 shíxīng
时针 shízhēn
时钟 shízhōng
时装 shízhuāng
识破 shípò
实测 shícè
实地 shídì
实话 shíhuà
实惠 shíhuì
实况 shíkuàng

实情 shíqíng
实权 shíquán
实事 shíshì
实数 shíshù
实习 shíxí
实效 shíxiào
实心 shíxīn
实业 shíyè
实战 shízhàn
实证 shízhèng
拾掇 shí·duo
食道 shídào
食管 shíguǎn
食粮 shíliáng
食谱 shípǔ
食物链 shíwùliàn
食性 shíxìng
食欲 shíyù
食指 shízhǐ
蚀 shí
史册 shǐcè
史籍 shǐjí
史料 shǐliào
史前 shǐqián
史诗 shǐshī
史实 shǐshí
史书 shǐshū
矢 shǐ
使馆 shǐguǎn
使唤 shǐ·huan
使节 shǐjié
使者 shǐzhě
始祖 shǐzǔ
驶 shǐ
屎 shǐ
士气 shìqì
士族 shìzú
示弱 shìruò
示意 shìyì

示众 shìzhòng
世道 shìdào
世故 shì·gù
世家 shìjiā
世间 shìjiān
世面 shìmiàn
世人 shìrén
世事 shìshì
世俗 shìsú
世袭 shìxí
仕 shì
市价 shìjià
市郊 shìjiāo
市面 shìmiàn
市镇 shìzhèn
市政 shìzhèng
式样 shìyàng
事理 shìlǐ
事态 shìtài
事项 shìxiàng
事宜 shìyí
势头 shì·tou
侍从 shìcóng
侍奉 shìfèng
侍候 shìhòu
侍卫 shìwèi
饰 shì
试点 shìdiǎn
试剂 shìjì
试卷 shìjuàn
试看 shìkàn
试探 shìtàn
试题 shìtí
试问 shìwèn
试想 shìxiǎng
试行 shìxíng
试用 shìyòng
试纸 shìzhǐ
视察 shìchá
视角 shìjiǎo
视力 shìlì
视图 shìtú
视网膜 shìwǎngmó
拭 shì
适度 shìdù
适量 shìliàng
适时 shìshí
适中 shìzhōng
恃 shì
逝 shì
舐 shì
嗜好 shìhào
誓言 shìyán
噬 shì
螫 shì
收藏 shōucáng
收场 shōuchǎng
收发 shōufā
收复 shōufù
收割 shōugē
收工 shōugōng
收缴 shōujiǎo
收看 shōukàn
收敛 shōuliǎn
收留 shōuliú
收录 shōulù
收买 shōumǎi
收取 shōuqǔ
收容 shōuróng
收听 shōutīng
收效 shōuxiào
收养 shōuyǎng
手背 shǒubèi
手册 shǒucè
手稿 shǒugǎo
手巾 shǒu·jīn
手铐 shǒukào
手帕 shǒupà
手软 shǒuruǎn
手套 shǒutào
手腕 shǒuwàn
手下 shǒuxià
手心 shǒuxīn
手艺 shǒuyì
手杖 shǒuzhàng
手足 shǒuzú
守备 shǒubèi
守法 shǒufǎ
守候 shǒuhòu
守护 shǒuhù
守旧 shǒujiù
守卫 shǒuwèi
守则 shǒuzé
首创 shǒuchuàng
首府 shǒufǔ
首届 shǒujiè
首脑 shǒunǎo
首尾 shǒuwěi
首席 shǒuxí
首相 shǒuxiàng
寿 shòu
受挫 shòucuò
受害 shòuhài
受贿 shòuhuì
受奖 shòujiǎng
受戒 shòujiè
受惊 shòujīng
受苦 shòukǔ
受累 shòulěi
受累 shòulèi
受理 shòulǐ
受命 shòumìng
受难 shòunàn
受骗 shòupiàn
受气 shòuqì
受热 shòurè
受训 shòuxùn
受益 shòuyì
受灾 shòuzāi
受制 shòuzhì
受阻 shòuzǔ
受罪 shòuzuì
授粉 shòufěn
授课 shòukè
授权 shòuquán
授予 shòuyǔ
售 shòu
兽医 shòuyī
瘦弱 shòuruò
瘦小 shòuxiǎo
书法 shūfǎ
书房 shūfáng
书画 shūhuà
书架 shūjià
书局 shūjú
书卷 shūjuàn
书刊 shūkān
书目 shūmù
书生 shūshēng
书信 shūxìn
书院 shūyuàn
书桌 shūzhuō
抒发 shūfā
枢纽 shūniǔ
倏然 shūrán
梳理 shūlǐ
舒畅 shūchàng
舒展 shūzhǎn
舒张 shūzhāng
疏导 shūdǎo
疏散 shūsàn
疏松 shūsōng
疏通 shūtōng
疏远 shūyuǎn
孰 shú
赎罪 shúzuì

熟人 shúrén
熟睡 shúshuì
熟知 shúzhī
暑假 shǔjià
署名 shǔmíng
蜀 shǔ
曙光 shǔguāng
述评 shùpíng
述说 shùshuō
树丛 shùcóng
树冠 shùguān
树苗 shùmiáo
树脂 shùzhī
树立 shùlì
恕 shù
庶民 shùmín
数额 shù'é
数码 shùmǎ
刷新 shuāxīn
衰败 shuāibài
衰减 shuāijiǎn
衰竭 shuāijié
衰落 shuāiluò
衰弱 shuāiruò
衰退 shuāituì
衰亡 shuāiwáng
摔跤 shuāijiāo
帅 shuài
率先 shuàixiān
栓 shuān
涮 shuàn
双边 shuāngbiān
双重 shuāngchóng
双亲 shuāngqīn
双向 shuāngxiàng
双语 shuāngyǔ
霜冻 shuāngdòng
霜期 shuāngqī
爽快 shuǎngkuài
爽朗 shuǎnglǎng
水泵 shuǐbèng
水兵 shuǐbīng
水波 shuǐbō
水草 shuǐcǎo
水产 shuǐchǎn
水车 shuǐchē
水花 shuǐhuā
水火 shuǐhuǒ
水晶 shuǐjīng
水井 shuǐjǐng
水力 shuǐlì
水龙头 shuǐlóngtóu
水陆 shuǐlù
水路 shuǐlù
水鸟 shuǐniǎo
水牛 shuǐniú
水情 shuǐqíng
水渠 shuǐqú
水势 shuǐshì
水塔 shuǐtǎ
水獭 shuǐtǎ
水土 shuǐtǔ
水系 shuǐxì
水仙 shuǐxiān
水乡 shuǐxiāng
水箱 shuǐxiāng
水星 shuǐxīng
水性 shuǐxìng
水域 shuǐyù
水运 shuǐyùn
水灾 shuǐzāi
水闸 shuǐzhá
水质 shuǐzhì
水肿 shuǐzhǒng
水准 shuǐzhǔn
税额 shuì'é
税法 shuìfǎ
税利 shuìlì
税率 shuìlǜ
税务 shuìwù
睡梦 shuìmèng
睡意 shuìyì
吮 shǔn
顺便 shùnbiàn
顺从 shùncóng
顺风 shùnfēng
顺口 shùnkǒu
顺势 shùnshì
顺心 shùnxīn
顺眼 shùnyǎn
顺应 shùnyìng
舜 shùn
瞬时 shùnshí
说唱 shuōchàng
说穿 shuōchuān
说谎 shuōhuǎng
说教 shuōjiào
说理 shuōlǐ
说笑 shuōxiào
硕大 shuòdà
硕士 shuòshì
司空见惯 sīkōngjiànguàn
丝绸 sīchóu
丝绒 sīróng
丝线 sīxiàn
私产 sīchǎn
私法 sīfǎ
私立 sīlì
私利 sīlì
私事 sīshì
私塾 sīshú
私下 sīxià
私心 sīxīn
私语 sīyǔ
私自 sīzì
思辨 sībiàn
思忖 sīcǔn
思量 sī·liang
思虑 sīlǜ
思念 sīniàn
思绪 sīxù
斯文 sīwén
厮杀 sīshā
撕毁 sīhuǐ
嘶哑 sīyǎ
死板 sǐbǎn
死活 sǐhuó
死寂 sǐjì
死伤 sǐshāng
死神 sǐshén
死守 sǐshǒu
四季 sìjì
四散 sìsàn
四时 sìshí
四外 sìwài
四围 sìwéi
寺庙 sìmiào
似是而非 sìshì'érfēi
伺机 sìjī
祀 sì
饲 sì
俟 sì
嗣 sì
肆无忌惮 sìwújìdàn
肆意 sìyì
松动 sōngdòng
松软 sōngruǎn
松散 sōngsǎn
松手 sōngshǒu
松鼠 sōngshǔ
松懈 sōngxiè
怂恿 sǒngyǒng
耸立 sǒnglì
讼 sòng
送别 sòngbié
送礼 sònglǐ

送气 sòngqì
送行 sòngxíng
送葬 sòngzàng
诵读 sòngdú
颂扬 sòngyáng
搜捕 sōubǔ
搜查 sōuchá
搜刮 sōuguā
搜罗 sōuluó
搜索 sōusuǒ
搜寻 sōuxún
苏醒 sūxǐng
酥 sū
俗话 súhuà
俗名 súmíng
俗人 súrén
俗语 súyǔ
诉苦 sùkǔ
诉说 sùshuō
肃穆 sùmù
肃清 sùqīng
素来 sùlái
素描 sùmiáo
素养 sùyǎng
速成 sùchéng
速写 sùxiě
宿营 sùyíng
粟 sù
塑像 sùxiàng
溯 sù
酸痛 suāntòng
酸雨 suānyǔ
酸枣 suānzǎo
蒜 suàn
算命 suànmìng
算盘 suàn·pán
算术 suànshù
算账 suànzhàng
绥 suí
随处 suíchù
随从 suícóng
随军 suíjūn
随身 suíshēn
随同 suítóng
随心所欲 suíxīnsuǒyù
隧道 suìdào
孙女 sūn·nǚ
损坏 sǔnhuài
笋 sǔn
唆使 suōshǐ
梭 suō
蓑衣 suōyī
缩减 suōjiǎn
缩影 suōyǐng
索取 suǒqǔ
索性 suǒxìng
琐事 suǒshì
琐碎 suǒsuì
锁链 suǒliàn

## T

他乡 tāxiāng
塌 tā
拓 tà
榻 tà
踏步 tàbù
胎盘 tāipán
胎生 tāishēng
台词 táicí
台灯 táidēng
台阶 táijiē
台子 tái·zi
抬升 táishēng
太后 tàihòu
太监 tài·jiàn
太子 tàizǐ
汰 tài
态势 tàishì
钛 tài
泰山 tàishān
坍塌 tāntā
贪婪 tānlán
贪图 tāntú
贪污 tānwū
摊贩 tānfàn
摊派 tānpài
滩涂 tāntú
瘫痪 tānhuàn
坛 tán
谈天 tántiān
谈吐 tántǔ
谈心 tánxīn
弹劾 tánhé
弹力 tánlì
弹跳 tántiào
谭 Tán
潭 tán
坦白 tǎnbái
坦然 tǎnrán
坦率 tǎnshuài
叹气 tànqì
炭 tàn
探究 tànjiū
探亲 tànqīn
探求 tànqiú
探视 tànshì
探听 tàntīng
探头 tàntóu
探望 tànwàng
探问 tànwèn
探险 tànxiǎn
探寻 tànxún
探询 tànxún
堂皇 tánghuáng
搪瓷 tángcí
搪塞 tángsè
糖果 tángguǒ
糖尿病 tángniàobìng
螳螂 tángláng
倘使 tǎngshǐ
淌 tǎng
烫伤 tàngshāng
涛 tāo
绦虫 tāochóng
滔滔 tāotāo
逃兵 táobīng
逃窜 táocuàn
逃荒 táohuāng
逃命 táomìng
逃难 táonàn
逃脱 táotuō
逃亡 táowáng
逃学 táoxué
桃李 táolǐ
陶瓷 táocí
陶器 táoqì
陶醉 táozuì
淘气 táoqì
讨伐 tǎofá
讨饭 tǎofàn
讨好 tǎohǎo
套用 tàoyòng
特产 tèchǎn
特长 tècháng
特技 tèjì
特例 tèlì
特派 tèpài
特区 tèqū
特赦 tèshè
特写 tèxiě
特许 tèxǔ
特异 tèyì
特约 tèyuē
特制 tèzhì
特质 tèzhì
特种 tèzhǒng
疼爱 téng'ài

腾飞 téngfēi
腾空 téngkōng
藤萝 téngluó
剔除 tīchú
梯田 tītián
梯形 tīxíng
提案 tí'àn
提拔 tíbá
提包 tíbāo
提成 tíchéng
提纯 tíchún
提纲 tígāng
提货 tíhuò
提交 tíjiāo
提留 tíliú
提名 tímíng
提琴 tíqín
提请 tíqǐng
提升 tíshēng
提示 tíshì
提问 tíwèn
提携 tíxié
提早 tízǎo
啼哭 tíkū
啼笑皆非 tíxiàojiēfēi
题词 tící
体察 tǐchá
体罚 tǐfá
体格 tǐgé
体检 tǐjiǎn
体谅 tǐliàng
体面 tǐmiàn
体魄 tǐpò
体态 tǐtài
体贴 tǐtiē
体味 tǐwèi
体形 tǐxíng
体型 tǐxíng
体液 tǐyè
体育场 tǐyùchǎng
体育馆 tǐyùguǎn
体征 tǐzhēng
剃头 tìtóu
替换 tìhuàn
天边 tiānbiān
天窗 tiānchuāng
天敌 tiāndí
天赋 tiānfù
天国 tiānguó
天花 tiānhuā
天花板 tiānhuābǎn
天际 tiānjì
天经地义 tiānjīngdìyì
天井 tiānjǐng
天理 tiānlǐ
天亮 tiānliàng
天明 tiānmíng
天命 tiānmìng
天幕 tiānmù
天平 tiānpíng
天色 tiānsè
天时 tiānshí
天使 tiānshǐ
天书 tiānshū
天堂 tiāntáng
天外 tiānwài
天线 tiānxiàn
天象 tiānxiàng
天性 tiānxìng
天涯 tiānyá
天灾 tiānzāi
天职 tiānzhí
天资 tiānzī
天子 tiānzǐ
添置 tiānzhì
田赋 tiánfù
田埂 tiángěng
田亩 tiánmǔ
田鼠 tiánshǔ
田园 tiányuán
恬静 tiánjìng
甜菜 tiáncài
甜美 tiánměi
甜蜜 tiánmì
填补 tiánbǔ
填充 tiánchōng
填空 tiánkòng
填塞 tiánsè
填写 tiánxiě
舔 tiǎn
挑剔 tiāotī
条理 tiáolǐ
条文 tiáowén
调剂 tiáojì
调价 tiáojià
调控 tiáokòng
调配 tiáopèi
调皮 tiáopí
调试 tiáoshì
调停 tiáotíng
调制 tiáozhì
挑拨 tiǎobō
挑衅 tiǎoxìn
眺望 tiàowàng
跳板 tiàobǎn
跳高 tiàogāo
跳水 tiàoshuǐ
跳蚤 tiào·zao
贴近 tiējìn
贴切 tiēqiè
帖 tiě
铁道 tiědào
铁轨 tiěguǐ
铁匠 tiě·jiang
铁青 tiěqīng
铁丝 tiěsī
铁索 tiěsuǒ
铁蹄 tiětí
铁锨 tiěxiān
帖 tiè
厅堂 tīngtáng
听从 tīngcóng
听候 tīnghòu
听讲 tīngjiǎng
听课 tīngkè
听任 tīngrèn
听筒 tīngtǒng
听信 tīngxìn
廷 tíng
亭 tíng
庭审 tíngshěn
庭院 tíngyuàn
停办 tíngbàn
停泊 tíngbó
停车 tíngchē
停放 tíngfàng
停刊 tíngkān
停息 tíngxī
停歇 tíngxiē
停业 tíngyè
停战 tíngzhàn
停滞 tíngzhì
挺拔 tǐngbá
挺进 tǐngjìn
挺立 tǐnglì
挺身 tǐngshēn
艇 tǐng
通报 tōngbào
通畅 tōngchàng
通车 tōngchē
通称 tōngchēng
通达 tōngdá
通风 tōngfēng
通告 tōnggào
通航 tōngháng
通话 tōnghuà

通婚 tōnghūn
通货 tōnghuò
通令 tōnglìng
通路 tōnglù
通气 tōngqì
通融 tōngróng
通商 tōngshāng
通俗 tōngsú
通宵 tōngxiāo
通晓 tōngxiǎo
通行 tōngxíng
通则 tōngzé
同班 tóngbān
同辈 tóngbèi
同步 tóngbù
同感 tónggǎn
同居 tóngjū
同龄 tónglíng
同盟 tóngméng
同名 tóngmíng
同位素 tóngwèisù
同乡 tóngxiāng
同心 tóngxīn
同性 tóngxìng
同姓 tóngxìng
佟 tóng
铜板 tóngbǎn
铜臭 tóngxiù
铜钱 tóngqián
童工 tónggōng
童心 tóngxīn
童子 tóngzǐ
瞳孔 tóngkǒng
统称 tǒngchēng
统筹 tǒngchóu
统购 tǒnggòu
统领 tǒnglǐng
统帅 tǒngshuài
统率 tǒngshuài

统辖 tǒngxiá
统一体 tǒngyītǐ
统制 tǒngzhì
捅 tǒng
痛斥 tòngchì
痛楚 tòngchǔ
痛恨 tònghèn
痛觉 tòngjué
痛哭 tòngkū
痛心 tòngxīn
偷懒 tōulǎn
偷窃 tōuqiè
偷袭 tōuxí
头等 tóuděng
头骨 tóugǔ
头号 tóuhào
头巾 tóujīn
头盔 tóukuī
头颅 tóulú
头目 tóumù
头疼 tóuténg
头痛 tóutòng
头衔 tóuxián
头绪 tóuxù
投案 tóu'àn
投保 tóubǎo
投奔 tóubèn
投标 tóubiāo
投递 tóudì
投放 tóufàng
投考 tóukǎo
投靠 tóukào
投票 tóupiào
投射 tóushè
投身 tóushēn
投诉 tóusù
投影 tóuyǐng
投掷 tóuzhì
透彻 tòuchè

透亮 tòu·liang
透气 tòuqì
透视 tòushì
秃顶 tūdǐng
突起 tūqǐ
突围 tūwéi
突袭 tūxí
图表 túbiǎo
图解 tújiě
图景 tújǐng
图谋 túmóu
图片 túpiàn
图腾 túténg
图像 túxiàng
图样 túyàng
徒步 túbù
徒弟 tú·dì
徒工 túgōng
徒然 túrán
徒手 túshǒu
徒刑 túxíng
途 tú
涂料 túliào
涂抹 túmǒ
屠刀 túdāo
屠宰 túzǎi
土产 tǔchǎn
土豆 tǔdòu
土星 tǔxīng
土语 tǔyǔ
土质 tǔzhì
土著 tǔzhù
吐露 tǔlù
吐血 tùxiě
湍急 tuānjí
团队 tuánduì
团伙 tuánhuǒ
团聚 tuánjù
团圆 tuányuán

推迟 tuīchí
推崇 tuīchóng
推辞 tuīcí
推导 tuīdǎo
推倒 tuīdǎo
推定 tuīdìng
推断 tuīduàn
推举 tuījǔ
推力 tuīlì
推敲 tuīqiāo
推算 tuīsuàn
推想 tuīxiǎng
推卸 tuīxiè
推选 tuīxuǎn
推演 tuīyǎn
推移 tuīyí
颓废 tuífèi
颓然 tuírán
颓丧 tuísàng
腿脚 tuǐjiǎo
退步 tuìbù
退还 tuìhuán
退回 tuìhuí
退路 tuìlù
退却 tuìquè
退让 tuìràng
退守 tuìshǒu
退缩 tuìsuō
退位 tuìwèi
退伍 tuìwǔ
退学 tuìxué
蜕变 tuìbiàn
蜕化 tuìhuà
蜕皮 tuìpí
褪 tuì
吞并 tūnbìng
吞没 tūnmò
吞食 tūnshí
吞噬 tūnshì

吞吐 tūntǔ
吞咽 tūnyàn
屯 tún
囤积 túnjī
臀 tún
拖车 tuōchē
拖累 tuōlěi
拖欠 tuōqiàn
拖鞋 tuōxié
拖延 tuōyán
托管 tuōguǎn
托盘 tuōpán
脱节 tuōjié
脱口 tuōkǒu
脱身 tuōshēn
脱水 tuōshuǐ
脱胎 tuōtāi
脱险 tuōxiǎn
脱销 tuōxiāo
驮 tuó
陀螺 tuóluó
驼背 tuóbèi
妥善 tuǒshàn
椭圆 tuǒyuán
拓 tuò
唾液 tuòyè

**W**

挖苦 wā·ku
挖潜 wāqián
洼地 wādì
蛙 wā
瓦解 wǎjiě
瓦砾 wǎlì
瓦斯 wǎsī
袜 wà
外币 wàibì
外宾 wàibīn
外出 wàichū
外感 wàigǎn
外公 wàigōng
外观 wàiguān
外海 wàihǎi
外行 wàiháng
外号 wàihào
外籍 wàijí
外加 wàijiā
外流 wàiliú
外露 wàilù
外貌 wàimào
外婆 wàipó
外人 wàirén
外伤 wàishāng
外省 wàishěng
外事 wàishì
外套 wàitào
外围 wàiwéi
外文 wàiwén
外线 wàixiàn
外销 wàixiāo
外延 wàiyán
外衣 wàiyī
外因 wàiyīn
外债 wàizhài
外长 wàizhǎng
外族 wàizú
外祖父 wàizǔfù
外祖母 wàizǔmǔ
弯路 wānlù
剜 wān
湾 wān
丸 wán
完工 wángōng
完好 wánhǎo
完结 wánjié
完满 wánmǎn
玩弄 wánnòng
玩赏 wánshǎng
玩耍 wánshuǎ
玩味 wánwèi
玩物 wánwù
顽固 wángù
顽皮 wánpí
宛如 wǎnrú
挽回 wǎnhuí
挽救 wǎnjiù
挽留 wǎnliú
晚报 wǎnbào
晚辈 wǎnbèi
晚会 wǎnhuì
晚婚 wǎnhūn
晚年 wǎnnián
晚霞 wǎnxiá
惋惜 wǎnxī
婉转 wǎnzhuǎn
皖 wǎn
万恶 wàn'è
万国 wànguó
万能 wànnéng
万岁 wànsuì
万紫千红 wànzǐqiānhóng
腕 wàn
蔓 wàn
汪洋 wāngyáng
亡灵 wánglíng
王府 wángfǔ
王宫 wánggōng
王冠 wángguān
王后 wánghòu
王室 wángshì
王位 wángwèi
王子 wángzǐ
网点 wǎngdiǎn
网罗 wǎngluó
网球 wǎngqiú
枉 wǎng
往常 wǎngcháng
往返 wǎngfǎn
往复 wǎngfù
往年 wǎngnián
往日 wǎngrì
往事 wǎngshì
往昔 wǎngxī
妄图 wàngtú
妄想 wàngxiǎng
忘恩负义 wàng'ēnfùyì
忘怀 wànghuái
忘情 wàngqíng
忘却 wàngquè
忘我 wàngwǒ
旺季 wàngjì
危及 wēijí
危急 wēijí
危难 wēinàn
危亡 wēiwáng
威风 wēifēng
威吓 wēihè
威望 wēiwàng
威武 wēiwǔ
威严 wēiyán
微波 wēibō
微风 wēifēng
微机 wēijī
微妙 wēimiào
微细 wēixì
微型 wēixíng
巍峨 wēi'é
韦 wéi
为害 wéihài
违犯 wéifàn
违抗 wéikàng
违心 wéixīn
违约 wéiyuē
违章 wéizhāng
围攻 wéigōng
围观 wéiguān
围巾 wéijīn

围困 wéikùn
围棋 wéiqí
围墙 wéiqiáng
围裙 wéi·qún
桅杆 wéigān
帷幕 wéimù
惟恐 wéikǒng
惟一 wéiyī
惟有 wéiyǒu
维系 wéixì
伟人 wěirén
伪善 wěishàn
伪造 wěizào
伪装 wěizhuāng
苇 wěi
尾声 wěishēng
尾随 wěisuí
纬线 wěixiàn
委派 wěipài
委任 wěirèn
委婉 wěiwǎn
萎缩 wěisuō
卫兵 wèibīng
卫队 wèiduì
卫士 wèishì
未尝 wèicháng
未免 wèimiǎn
未遂 wèisuì
未能 wèinéng
味觉 wèijué
畏惧 wèijù
畏缩 wèisuō
胃口 wèikǒu
胃液 wèiyè
谓语 wèiyǔ
喂养 wèiyǎng
蔚蓝 wèilán
慰藉 wèijiè
慰劳 wèiláo
慰问 wèiwèn
温饱 wēnbǎo
温差 wēnchā
温存 wēncún
温情 wēnqíng
温泉 wēnquán
温室 wēnshì
温顺 wēnshùn
温馨 wēnxīn
瘟疫 wēnyì
文本 wénběn
文笔 wénbǐ
文法 wénfǎ
文风 wénfēng
文官 wénguān
文集 wénjí
文教 wénjiào
文静 wénjìng
文具 wénjù
文科 wénkē
文盲 wénmáng
文凭 wénpíng
文书 wénshū
文坛 wéntán
文体 wéntǐ
文武 wénwǔ
文选 wénxuǎn
文雅 wényǎ
文言 wényán
文娱 wényú
纹理 wénlǐ
纹饰 wénshì
闻名 wénmíng
蚊虫 wénchóng
蚊帐 wénzhàng
吻合 wěnhé
紊乱 wěnluàn
稳步 wěnbù
稳产 wěnchǎn
稳当 wěn·dang
稳固 wěngù
稳健 wěnjiàn
稳妥 wěntuǒ
稳重 wěnzhòng
问答 wèndá
问号 wènhào
问候 wènhòu
问卷 wènjuàn
翁 wēng
瓮 wèng
涡流 wōliú
窝头 wōtóu
蜗牛 wōniú
卧床 wòchuáng
乌黑 wūhēi
乌鸦 wūyā
乌云 wūyún
乌贼 wūzéi
污秽 wūhuì
污蔑 wūmiè
侮辱 wǔrǔ
污浊 wūzhuó
巫师 wūshī
呜咽 wūyè
诬告 wūgào
污蔑 wūmiè
诬陷 wūxiàn
屋脊 wūjǐ
屋檐 wūyán
无边 wúbiān
无常 wúcháng
无偿 wúcháng
无耻 wúchǐ
无端 wúduān
无辜 wúgū
无故 wúgù
无尽 wújìn
无赖 wúlài
无理 wúlǐ
无量 wúliàng
无聊 wúliáo
无奈 wúnài
无能 wúnéng
无视 wúshì
无私 wúsī
无损 wúsǔn
无望 wúwàng
无畏 wúwèi
无谓 wúwèi
无误 wúwù
无暇 wúxiá
无心 wúxīn
无须 wúxū
无需 wúxū
无遗 wúyí
无益 wúyì
无垠 wúyín
无缘 wúyuán
毋 wú
梧桐 wútóng
五谷 wǔgǔ
五行 wǔxíng
五脏 wǔzàng
午餐 wǔcān
午饭 wǔfàn
午睡 wǔshuì
午夜 wǔyè
伍 wǔ
武打 wǔdǎ
武断 wǔduàn
武功 wǔgōng
武生 wǔshēng
武士 wǔshì
武术 wǔshù
武艺 wǔyì
捂 wǔ
舞弊 wǔbì

舞步 wǔbù
舞场 wǔchǎng
舞动 wǔdòng
舞会 wǔhuì
舞女 wǔnǚ
舞曲 wǔqǔ
舞厅 wǔtīng
舞姿 wǔzī
务必 wùbì
务农 wùnóng
物产 wùchǎn
物件 wùjiàn
物象 wùxiàng
悟性 wùxìng
晤 wù
雾气 wùqì

**X**

夕阳 xīyáng
兮 xī
西服 xīfú
西红柿 xīhóngshì
西天 xītiān
西医 xīyī
西域 xīyù
西装 xīzhuāng
吸毒 xīdú
吸盘 xīpán
吸食 xīshí
吸吮 xīshǔn
希冀 xījì
昔日 xīrì
析出 xīchū
唏嘘 xīxū
奚落 xīluò
悉 xī
惜 xī
稀薄 xībó
稀饭 xīfàn
稀奇 xīqí
稀释 xīshì
稀疏 xīshū
稀有 xīyǒu
犀利 xīlì
溪流 xīliú
蜥蜴 xīyì
熄灯 xīdēng
膝 xī
嬉戏 xīxì
习气 xíqì
习题 xítí
习作 xízuò
席卷 xíjuǎn
席位 xíwèi
袭 xí
洗涤 xǐdí
洗礼 xǐlǐ
洗刷 xǐshuā
铣 xǐ
喜好 xǐhào
喜庆 xǐqìng
喜鹊 xǐquè
喜人 xǐrén
喜事 xǐshì
喜讯 xǐxùn
戏弄 xìnòng
戏台 xìtái
戏谑 xìxuè
戏院 xìyuàn
细胞核 xìbāohé
细密 xìmì
细腻 xìnì
细弱 xìruò
细碎 xìsuì
细微 xìwēi
细则 xìzé
匣 xiá
峡谷 xiágǔ
狭长 xiácháng
狭小 xiáxiǎo
遐想 xiáxiǎng
辖区 xiáqū
霞 xiá
下笔 xiàbǐ
下等 xiàděng
下跌 xiàdiē
下海 xiàhǎi
下课 xiàkè
下流 xiàliú
下马 xiàmǎ
下手 xiàshǒu
下台 xiàtái
下文 xiàwén
下行 xiàxíng
下野 xiàyě
下肢 xiàzhī
吓唬 xià·hu
吓人 xiàrén
夏令 xiàlìng
仙鹤 xiānhè
仙境 xiānjìng
仙女 xiānnǚ
仙人 xiānrén
先辈 xiānbèi
先导 xiāndǎo
先锋 xiānfēng
先例 xiānlì
先驱 xiānqū
先人 xiānrén
先行 xiānxíng
先知 xiānzhī
纤毛 xiānmáo
纤细 xiānxì
掀 xiān
鲜红 xiānhóng
鲜美 xiānměi
鲜嫩 xiānnèn
闲话 xiánhuà
闲人 xiánrén
闲散 xiánsǎn
闲谈 xiántán
闲暇 xiánxiá
闲置 xiánzhì
贤 xián
咸菜 xiáncài
涎 xián
娴熟 xiánshú
衔接 xiánjiē
舷窗 xiánchuāng
嫌弃 xiánqì
嫌疑 xiányí
显赫 xiǎnhè
显明 xiǎnmíng
显眼 xiǎnyǎn
险恶 xiǎn'è
险峻 xiǎnjùn
险情 xiǎnqíng
险要 xiǎnyào
现成 xiànchéng
现货 xiànhuò
现款 xiànkuǎn
现任 xiànrèn
现役 xiànyì
限定 xiàndìng
限额 xiàn'é
限期 xiànqī
宪兵 xiànbīng
宪章 xiànzhāng
宪政 xiànzhèng
陷害 xiànhài
陷阱 xiànjǐng
陷落 xiànluò
霰 xiàn
乡间 xiāngjiān
乡里 xiānglǐ
乡亲 xiāngqīn
乡土 xiāngtǔ

乡音 xiāngyīn
乡镇 xiāngzhèn
相称 xiāngchèn
相持 xiāngchí
相处 xiāngchǔ
相传 xiāngchuán
相得益彰 xiāngdéyìzhāng
相仿 xiāngfǎng
相逢 xiāngféng
相符 xiāngfú
相干 xiānggān
相隔 xiānggé
相间 xiāngjiàn
相距 xiāngjù
相识 xiāngshí
相思 xiāngsī
相宜 xiāngyí
相约 xiāngyuē
香火 xiānghuǒ
香蕉 xiāngjiāo
香料 xiāngliào
香炉 xiānglú
香水 xiāngshuǐ
香甜 xiāngtián
厢房 xiāngfáng
湘 xiāng
镶嵌 xiāngqiàn
详尽 xiángjìn
详情 xiángqíng
祥 xiáng
翔 xiáng
享福 xiǎngfú
享乐 xiǎnglè
享用 xiǎngyòng
响动 xiǎng·dong
响亮 xiǎngliàng
饷 xiǎng
想必 xiǎngbì
想见 xiǎngjiàn
想来 xiǎnglái
想念 xiǎngniàn
向导 xiàngdǎo
向日葵 xiàngrìkuí
向阳 xiàngyáng
项链 xiàngliàn
巷 xiàng
相机 xiàngjī
相貌 xiàngmào
相片 xiàngpiàn
象棋 xiàngqí
象形 xiàngxíng
象牙 xiàngyá
像样 xiàngyàng
肖 Xiāo
逍遥 xiāoyáo
消沉 xiāochén
消防 xiāofáng
消磨 xiāomó
消遣 xiāoqiǎn
消融 xiāoróng
消散 xiāosàn
消逝 xiāoshì
消瘦 xiāoshòu
消退 xiāotuì
消长 xiāozhǎng
萧条 xiāotiáo
硝烟 xiāoyān
销毁 xiāohuǐ
销路 xiāolù
箫 xiāo
潇洒 xiāosǎ
嚣张 xiāozhāng
小便 xiǎobiàn
小菜 xiǎocài
小肠 xiǎocháng
小车 xiǎochē
小吃 xiǎochī
小丑 xiǎochǒu
小调 xiǎodiào
小贩 xiǎofàn
小褂 xiǎoguà
小鬼 xiǎoguǐ
小节 xiǎojié
小结 xiǎojié
小看 xiǎokàn
小米 xiǎomǐ
小脑 xiǎonǎo
小品 xiǎopǐn
小巧 xiǎoqiǎo
小区 xiǎoqū
小人 xiǎorén
小生 xiǎoshēng
小数 xiǎoshù
小偷 xiǎotōu
小腿 xiǎotuǐ
小雪 xiǎoxuě
小夜曲 xiǎoyèqǔ
晓 xiǎo
孝敬 xiàojìng
孝顺 xiàoshùn
孝子 xiàozǐ
肖像 xiàoxiàng
校风 xiàofēng
校舍 xiàoshè
校园 xiàoyuán
哮喘 xiàochuǎn
笑脸 xiàoliǎn
笑语 xiàoyǔ
效法 xiàofǎ
效劳 xiàoláo
效能 xiàonéng
效验 xiàoyàn
效用 xiàoyòng
效忠 xiàozhōng
啸 xiào
楔 xiē
歇脚 xiējiǎo
协和 xiéhé
协力 xiélì
协约 xiéyuē
协奏曲 xiézòuqǔ
邪恶 xié’è
邪路 xiélù
邪气 xiéqì
胁迫 xiépò
挟 xié
偕 xié
斜面 xiémiàn
斜坡 xiépō
协调 xiétiáo
携手 xiéshǒu
写法 xiěfǎ
写生 xiěshēng
写实 xiěshí
写意 xiěyì
写照 xiězhào
写字台 xiězìtái
泄漏 xièlòu
泄露 xièlòu
泄气 xièqì
泻 xiè
卸 xiè
屑 xiè
械斗 xièdòu
亵渎 xièdú
谢绝 xièjué
心爱 xīnài
心病 xīnbìng
心不在焉 xīnbùzàiyān
心肠 xīncháng
心得 xīndé
心地 xīndì
心烦 xīnfán
心房 xīnfáng
心肝 xīngān
心慌 xīnhuāng

心急 xīnjí
心计 xīnjì
心悸 xīnjì
心境 xīnjìng
心坎 xīnkǎn
心口 xīnkǒu
心旷神怡 xīnkuàngshényí
心力 xīnlì
心律 xīnlǜ
心率 xīnlǜ
心切 xīnqiè
心神 xīnshén
心声 xīnshēng
心室 xīnshì
心酸 xīnsuān
心态 xīntài
心疼 xīnténg
心田 xīntián
心跳 xīntiào
心弦 xīnxián
心胸 xīnxiōng
心虚 xīnxū
心绪 xīnxù
心意 xīnyì
心愿 xīnyuàn
芯 xīn
辛辣 xīnlà
辛劳 xīnláo
辛酸 xīnsuān
欣然 xīnrán
欣慰 xīnwèi
欣喜 xīnxǐ
新潮 xīncháo
新房 xīnfáng
新婚 xīnhūn
新近 xīnjìn
新居 xīnjū
新郎 xīnláng
新年 xīnnián

新诗 xīnshī
新书 xīnshū
新星 xīnxīng
新秀 xīnxiù
新学 xīnxué
新意 xīnyì
新月 xīnyuè
薪金 xīnjīn
薪水 xīn·shui
信步 xìnbù
信风 xìnfēng
信封 xìnfēng
信奉 xìnfèng
信服 xìnfú
信函 xìnhán
信件 xìnjiàn
信赖 xìnlài
信使 xìnshǐ
信条 xìntiáo
信托 xìntuō
信誉 xìnyù
信纸 xìnzhǐ
兴办 xīngbàn
兴盛 xīngshèng
兴衰 xīngshuāi
兴亡 xīngwáng
兴旺 xīngwàng
兴修 xīngxiū
星辰 xīngchén
星光 xīngguāng
星空 xīngkōng
星体 xīngtǐ
星座 xīngzuò
腥 xīng
刑场 xíngchǎng
刑期 xíngqī
刑侦 xíngzhēn
邢 xíng
行车 xíngchē

行程 xíngchéng
行船 xíngchuán
行将 xíngjiāng
行进 xíngjìn
行径 xíngjìng
行礼 xínglǐ
行文 xíngwén
行销 xíngxiāo
行凶 xíngxiōng
行医 xíngyī
行装 xíngzhuāng
形容词 xíngróngcí
型号 xínghào
醒目 xǐngmù
醒悟 xǐngwù
兴高采烈 xìnggāocǎiliè
兴致 xìngzhì
杏仁 xìngrén
幸存 xìngcún
幸而 xìng'ér
幸好 xìnghǎo
幸亏 xìngkuī
幸免 xìngmiǎn
幸运 xìngyùn
性急 xìngjí
性命 xìngmìng
姓氏 xìngshì
凶残 xiōngcán
凶恶 xiōng'è
凶犯 xiōngfàn
凶狠 xiōnghěn
凶猛 xiōngměng
凶手 xiōngshǒu
匈奴 xiōngnú
汹涌 xiōngyǒng
胸骨 xiōnggǔ
胸怀 xiōnghuái
胸襟 xiōngjīn
胸口 xiōngkǒu

胸腔 xiōngqiāng
胸膛 xiōngtáng
胸有成竹 xiōngyǒuchéngzhú
雄辩 xióngbiàn
雄厚 xiónghòu
雄浑 xiónghún
雄蕊 xióngruǐ
雄心 xióngxīn
雄性 xióngxìng
雄壮 xióngzhuàng
雄姿 xióngzī
熊猫 xióngmāo
休假 xiūjià
休想 xiūxiǎng
修养 xiūyǎng
休整 xiūzhěng
休止 xiūzhǐ
修补 xiūbǔ
修长 xiūcháng
修订 xiūdìng
修好 xiūhǎo
修剪 xiūjiǎn
修配 xiūpèi
修缮 xiūshàn
修饰 xiūshì
修行 xiū·xíng
修整 xiūzhěng
修筑 xiūzhù
羞耻 xiūchǐ
羞愧 xiūkuì
羞怯 xiūqiè
羞辱 xiūrǔ
羞涩 xiūsè
朽 xiǔ
秀丽 xiùlì
秀美 xiùměi
袖口 xiùkǒu
袖珍 xiùzhēn

绣花 xiùhuā
锈 xiù
嗅觉 xiùjué
戌 xū
需要 xūyào
须臾 xūyú
须知 xūzhī
虚构 xūgòu
虚幻 xūhuàn
虚假 xūjiǎ
虚拟 xūnǐ
虚弱 xūruò
虚实 xūshí
虚妄 xūwàng
虚伪 xūwěi
虚无 xūwú
虚线 xūxiàn
虚心 xūxīn
嘘 xū
许久 xǔjiǔ
许诺 xǔnuò
许愿 xǔyuàn
旭日 xùrì
序列 xùliè
序幕 xùmù
序曲 xùqǔ
序数 xùshù
序言 xùyán
叙事 xùshì
叙说 xùshuō
畜牧 xùmù
绪 xù
续 xù
絮 xù
蓄电池 xùdiànchí
蓄积 xùjī
蓄意 xùyì
宣称 xuānchēng
宣读 xuāndú

宣讲 xuānjiǎng
宣誓 xuānshì
宣泄 xuānxiè
宣战 xuānzhàn
喧哗 xuānhuá
喧闹 xuānnào
喧嚷 xuānrǎng
喧嚣 xuānxiāo
玄 xuán
悬浮 xuánfú
悬空 xuánkōng
悬念 xuánniàn
悬殊 xuánshū
悬崖 xuányá
旋即 xuánjí
旋涡 xuánwō
选集 xuǎnjí
选民 xuǎnmín
选派 xuǎnpài
选票 xuǎnpiào
选取 xuǎnqǔ
选送 xuǎnsòng
选种 xuǎnzhǒng
癣 xuǎn
炫耀 xuànyào
绚丽 xuànlì
眩晕 xuànyùn
旋风 xuànfēng
渲染 xuànrǎn
削价 xuējià
削减 xuējiǎn
薛 xuē
穴位 xuéwèi
学报 xuébào
学费 xuéfèi
学风 xuéfēng
学府 xuéfǔ
学界 xuéjiè
学历 xuélì

学龄 xuélíng
学年 xuénián
学期 xuéqī
学识 xuéshí
学士 xuéshì
学位 xuéwèi
学业 xuéyè
学制 xuézhì
雪茄 xuějiā
雪亮 xuěliàng
雪片 xuěpiàn
雪山 xuěshān
雪线 xuěxiàn
雪原 xuěyuán
血汗 xuèhàn
血红 xuèhóng
血迹 xuèjì
血浆 xuèjiāng
血泪 xuèlèi
血脉 xuèmài
血泊 xuèpō
血气 xuèqì
血亲 xuèqīn
血清 xuèqīng
血肉 xuèròu
血色 xuèsè
血糖 xuètáng
血统 xuètǒng
血腥 xuèxīng
血型 xuèxíng
血压 xuèyā
血缘 xuèyuán
勋章 xūnzhāng
熏陶 xūntáo
薰 xūn
旬 xún
寻常 xúncháng
寻根 xúngēn
寻觅 xúnmì

巡回 xúnhuí
巡警 xúnjǐng
巡逻 xúnluó
巡视 xúnshì
循 xún
训斥 xùnchì
训话 xùnhuà
讯号 xùnhào
汛期 xùnqī
迅猛 xùnměng
驯服 xùnfú
驯化 xùnhuà
驯鹿 xùnlù
驯养 xùnyǎng
逊色 xùnsè

## Y

压倒 yādǎo
压低 yādī
压榨 yāzhà
押送 yāsòng
压韵 yāyùn
牙膏 yágāo
牙关 yáguān
牙刷 yáshuā
牙龈 yáyín
蚜虫 yáchóng
崖 yá
衙门 yá·men
哑剧 yǎjù
雅致 yǎ·zhi
轧 yà
亚军 yàjūn
亚麻 yàmá
亚热带 yàrèdài
咽喉 yānhóu
殷红 yānhóng
烟草 yāncǎo
烟尘 yānchén
烟袋 yāndài

烟斗 yāndǒu
烟花 yānhuā
烟灰 yānhuī
烟火 yān·huo
烟幕 yānmù
烟筒 yān·tong
烟雾 yānwù
烟叶 yānyè
焉 yān
淹没 yānmò
腌 yān
湮没 yānmò
燕 Yān
延迟 yánchí
延缓 yánhuǎn
延期 yánqī
延误 yánwù
严惩 yánchéng
严冬 yándōng
严谨 yánjǐn
严禁 yánjìn
严酷 yánkù
严守 yánshǒu
严正 yánzhèng
言传 yánchuán
言辞 yáncí
言谈 yántán
阎 yán
岩层 yáncéng
岩洞 yándòng
岩浆 yánjiāng
炎热 yánrè
炎症 yánzhèng
沿路 yánlù
沿途 yántú
沿袭 yánxí
沿线 yánxiàn
沿用 yányòng
研读 yándú

研究员 yánjiūyuán
研讨 yántǎo
盐场 yánchǎng
盐分 yánfèn
盐田 yántián
筵席 yánxí
颜料 yánliào
颜面 yánmiàn
檐 yán
俨然 yǎnrán
衍 yǎn
掩蔽 yǎnbì
掩埋 yǎnmái
掩饰 yǎnshì
掩映 yǎnyìng
眼底 yǎndǐ
眼红 yǎnhóng
眼花 yǎnhuā
眼睑 yǎnjiǎn
眼见 yǎnjiàn
眼角 yǎnjiǎo
眼界 yǎnjiè
眼眶 yǎnkuàng
眼力 yǎnlì
眼帘 yǎnlián
眼皮 yǎnpí
眼球 yǎnqiú
眼圈 yǎnquān
眼色 yǎnsè
眼窝 yǎnwō
演技 yǎnjì
演进 yǎnjìn
演示 yǎnshì
演算 yǎnsuàn
演习 yǎnxí
演戏 yǎnxì
演义 yǎnyì
厌烦 yànfán
厌倦 yànjuàn

厌世 yànshì
砚 yàn
艳丽 yànlì
宴席 yànxí
验收 yànshōu
谚语 yànyǔ
堰 yàn
雁 yàn
焰 yàn
燕麦 yànmài
央求 yāngqiú
秧苗 yāngmiáo
秧田 yāngtián
扬弃 yángqì
扬言 yángyán
羊羔 yánggāo
阳历 yánglì
阳台 yángtái
阳性 yángxìng
杨柳 yángliǔ
杨梅 yángméi
佯 yáng
洋葱 yángcōng
洋流 yángliú
洋溢 yángyì
仰慕 yǎngmù
仰望 yǎngwàng
养病 yǎngbìng
养护 yǎnghù
养老 yǎnglǎo
养生 yǎngshēng
养育 yǎngyù
痒 yǎng
样板 yàngbǎn
漾 yàng
夭折 yāozhé
妖怪 yāoguài
要挟 yāoxié
腰带 yāodài

腰身 yāoshēn
邀 yāo
尧 Yáo
姚 Yáo
窑洞 yáodòng
谣言 yáoyán
摇摆 yáobǎi
摇动 yáodòng
摇篮 yáolán
摇曳 yáoyè
徭役 yáoyì
遥控 yáokòng
遥望 yáowàng
瑶 yáo
舀 yǎo
窈窕 yǎotiǎo
药材 yàocái
药店 yàodiàn
药方 yàofāng
药剂 yàojì
药水 yàoshuǐ
要道 yàodào
要地 yàodì
要点 yàodiǎn
要害 yàohài
要好 yàohǎo
要件 yàojiàn
要领 yàolǐng
要命 yàomìng
要人 yàorén
要职 yàozhí
耀眼 yàoyǎn
掖 yē
噎 yē
冶 yě
野菜 yěcài
野地 yědì
野心 yěxīn
野性 yěxìng

业绩 yèjì
业已 yèyǐ
业主 yèzhǔ
叶柄 yèbǐng
叶绿素 yèlǜsù
叶脉 yèmài
曳 yè
夜班 yèbān
夜空 yèkōng
夜幕 yèmù
夜色 yèsè
夜市 yèshì
夜校 yèxiào
液化 yèhuà
液晶 yèjīng
腋 yè
一筹莫展 yīchóumòzhǎn
一帆风顺 yīfānfēngshùn
一概 yīgài
一举 yījǔ
一流 yīliú
一目了然 yīmùliǎorán
一瞥 yīpiē
一气 yīqì
一瞬 yīshùn
一丝不苟 yīsībùgǒu
伊 yī
衣襟 yījīn
衣料 yīliào
衣衫 yīshān
衣食 yīshí
衣物 yīwù
衣着 yīzhuó
医师 yīshī
医务 yīwù
医治 yīzhì
依存 yīcún
依恋 yīliàn
依托 yītuō

依偎 yīwēi
依稀 yīxī
依仗 yīzhàng
仪表 yíbiǎo
夷 yí
宜人 yírén
贻误 yíwù
姨妈 yímā
胰岛素 yídǎosù
胰腺 yíxiàn
移交 yíjiāo
移居 yíjū
移存 yícún
遗风 yífēng
遗迹 yíjì
遗漏 yílòu
遗弃 yíqì
遗失 yíshī
遗体 yítǐ
遗忘 yíwàng
遗物 yíwù
遗像 yíxiàng
遗言 yíyán
疑虑 yílǜ
疑难 yínán
疑团 yítuán
疑心 yíxīn
已然 yǐrán
已往 yǐwǎng
倚靠 yǐkào
义气 yì·qi
艺人 yìrén
忆 yì
议案 yì'àn
议程 yìchéng
议定 yìdìng
议价 yìjià
议决 yìjué
议题 yìtí

屹立 yìlì
异彩 yìcǎi
异端 yìduān
异国 yìguó
异化 yìhuà
异己 yìjǐ
异体 yìtǐ
异同 yìtóng
异物 yìwù
异乡 yìxiāng
异性 yìxìng
异样 yìyàng
异议 yìyì
异族 yìzú
抑或 yìhuò
抑扬顿挫 yìyángdùncuò
抑郁 yìyù
邑 yì
役使 yìshǐ
译本 yìběn
译文 yìwén
驿站 yìzhàn
疫苗 yìmiáo
益虫 yìchóng
益处 yìchù
逸 yì
翌日 yìrì
意会 yìhuì
意料 yìliào
意念 yìniàn
意想 yìxiǎng
意向 yìxiàng
意愿 yìyuàn
意蕴 yìyùn
意旨 yìzhǐ
溢 yì
毅力 yìlì
熠熠 yìyì
臆造 yìzào

因袭 yīnxí
阴暗 yīn'àn
阴沉 yīnchén
阴极 yīnjí
阴间 yīnjiān
阴冷 yīnlěng
阴历 yīnlì
阴凉 yīnliáng
阴霾 yīnmái
阴森 yīnsēn
阴险 yīnxiǎn
阴性 yīnxìng
阴雨 yīnyǔ
阴郁 yīnyù
阴云 yīnyún
音标 yīnbiāo
音程 yīnchéng
音符 yīnfú
音高 yīngāo
音量 yīnliàng
音律 yīnlǜ
音色 yīnsè
音讯 yīnxùn
音译 yīnyì
音韵 yīnyùn
姻缘 yīnyuán
殷切 yīnqiè
殷勤 yīnqín
吟 yín
银河 yínhé
银幕 yínmù
银杏 yínxìng
银元 yínyuán
淫秽 yínhuì
寅 yín
尹 yǐn
引发 yǐnfā
引路 yǐnlù
引擎 yǐnqíng

引申 yǐnshēn
引水 yǐnshuǐ
引文 yǐnwén
引诱 yǐnyòu
引证 yǐnzhèng
饮料 yǐnliào
饮水 yǐnshuǐ
隐患 yǐnhuàn
隐居 yǐnjū
隐瞒 yǐnmán
隐秘 yǐnmì
隐没 yǐnmò
隐士 yǐnshì
隐约 yǐnyuē
瘾 yǐn
印发 yìnfā
印花 yìnhuā
印记 yìnjì
印染 yìnrǎn
印行 yìnxíng
印章 yìnzhāng
印证 yìnzhèng
荫庇 yìnbì
应届 yīngjiè
应允 yīngyǔn
英镑 yīngbàng
英俊 yīngjùn
英明 yīngmíng
英武 yīngwǔ
婴 yīng
樱花 yīnghuā
樱桃 yīng·táo
鹦鹉 yīngwǔ
膺 yīng
迎风 yíngfēng
迎合 yínghé
迎面 yíngmiàn
迎亲 yíngqīn
迎头 yíngtóu
迎战 yíngzhàn
荧光 yíngguāng
荧屏 yíngpíng
盈亏 yíngkuī
盈余 yíngyú
萤 yíng
营地 yíngdì
营房 yíngfáng
营救 yíngjiù
营垒 yínglěi
营造 yíngzào
萦绕 yíngrào
蝇 yíng
赢利 yínglì
影射 yǐngshè
影像 yǐngxiàng
影院 yǐngyuàn
应变 yìngbiàn
应酬 yìng·chou
应对 yìngduì
应急 yìngjí
应考 yìngkǎo
应邀 yìngyāo
应战 yìngzhàn
应征 yìngzhēng
映照 yìngzhào
硬币 yìngbì
硬度 yìngdù
硬化 yìnghuà
硬件 yìngjiàn
硬性 yìngxìng
拥抱 yōngbào
拥戴 yōngdài
痈 yōng
庸俗 yōngsú
壅 yōng
臃肿 yōngzhǒng
永别 yǒngbié
永生 yǒngshēng
甬道 yǒngdào
咏叹调 yǒngtàndiào
泳 yǒng
勇猛 yǒngměng
勇士 yǒngshì
蛹 yǒng
踊跃 yǒngyuè
用场 yòngchǎng
用法 yòngfǎ
用工 yònggōng
用功 yònggōng
用劲 yòngjìn
用具 yòngjù
用心 yòngxīn
用意 yòngyì
佣金 yòngjīn
优待 yōudài
优厚 yōuhòu
优化 yōuhuà
优生 yōushēng
优胜 yōushèng
优雅 yōuyǎ
优异 yōuyì
忧愁 yōuchóu
忧虑 yōulǜ
忧伤 yōushāng
幽暗 yōu'àn
幽静 yōujìng
幽灵 yōulíng
幽深 yōushēn
幽雅 yōuyǎ
悠长 yōucháng
悠然 yōurán
悠闲 yōuxián
悠扬 yōuyáng
由来 yóulái
由衷 yóuzhōng
邮电 yóudiàn
邮寄 yóujì
邮件 yóujiàn
邮局 yóujú
邮政 yóuzhèng
犹疑 yóuyí
油菜 yóucài
油茶 yóuchá
油井 yóujǐng
油轮 yóulún
油门 yóumén
油墨 yóumò
油腻 yóunì
油漆 yóuqī
油条 yóutiáo
油污 yóuwū
油脂 yóuzhī
游荡 yóudàng
游记 yóujì
游客 yóukè
游览 yóulǎn
游乐 yóulè
游离 yóulí
游历 yóulì
游牧 yóumù
游人 yóurén
游玩 yóuwán
游艺 yóuyì
游子 yóuzǐ
友爱 yǒu'ài
友邦 yǒubāng
友情 yǒuqíng
有偿 yǒucháng
有待 yǒudài
有的放矢 yǒudìfàngshǐ
有理 yǒulǐ
有心 yǒuxīn
有形 yǒuxíng
有幸 yǒuxìng
有余 yǒuyú
酉 yǒu

黝黑 yǒuhēi
右面 yòumiàn
右倾 yòuqīng
右翼 yòuyì
幼儿园 yòu'éryuán
幼体 yòutǐ
幼小 yòuxiǎo
幼稚 yòuzhì
佑 yòu
诱发 yòufā
诱惑 yòuhuò
诱因 yòuyīn
釉 yòu
迂回 yūhuí
淤积 yūjī
淤泥 yūní
余额 yú'é
余粮 yúliáng
余年 yúnián
鱼雷 yúléi
鱼鳞 yúlín
鱼苗 yúmiáo
俞 Yú
渔网 yúwǎng
渔场 yúchǎng
渔船 yúchuán
渔村 yúcūn
渔夫 yúfū
渔民 yúmín
隅 yú
逾期 yúqī
逾越 yúyuè
愉悦 yúyuè
榆 yú
虞 yú
愚蠢 yúchǔn
愚昧 yúmèi
愚弄 yúnòng
与日俱增 yǔrìjùzēng

宇航 yǔháng
羽毛球 yǔmáoqiú
羽绒 yǔróng
雨季 yǔjì
雨量 yǔliàng
雨伞 yǔsǎn
雨衣 yǔyī
禹 yǔ
语词 yǔcí
语调 yǔdiào
语汇 yǔhuì
语录 yǔlù
语重心长 yǔzhòngxīncháng
与会 yùhuì
郁闷 yùmèn
育才 yùcái
育苗 yùmiáo
狱 yù
浴场 yùchǎng
浴池 yùchí
浴室 yùshì
预感 yùgǎn
预见 yùjiàn
预示 yùshì
预想 yùxiǎng
预约 yùyuē
预兆 yùzhào
预知 yùzhī
欲念 yùniàn
谕 yù
遇难 yùnàn
喻 yù
御 yù
愈合 yùhé
愈加 yùjiā
愈益 yùyì
寓所 yùsuǒ
寓言 yùyán

寓意 yùyì
寓于 yùyú
誉 yù
豫 yù
鸳鸯 yuān·yāng
冤案 yuān'àn
冤枉 yuān·wang
渊博 yuānbó
渊源 yuānyuán
元宝 yuánbǎo
元旦 yuándàn
元件 yuánjiàn
元老 yuánlǎo
元气 yuánqì
元首 yuánshǒu
元帅 yuánshuài
元宵 yuánxiāo
元音 yuányīn
元月 yuányuè
园地 yuándì
园丁 yuándīng
园林 yuánlín
园艺 yuányì
员工 yuángōng
垣 yuán
原本 yuánběn
原稿 yuángǎo
原告 yuángào
原故 yuángù
原籍 yuánjí
原价 yuánjià
原煤 yuánméi
原文 yuánwén
原形 yuánxíng
原型 yuánxíng
原样 yuányàng
原野 yuányě
原意 yuányì
原油 yuányóu

原由 yuányóu
原著 yuánzhù
原状 yuánzhuàng
原作 yuánzuò
圆场 yuánchǎng
圆满 yuánmǎn
圆圈 yuánquān
圆润 yuánrùn
圆舞曲 yuánwǔqǔ
圆周 yuánzhōu
圆柱 yuánzhù
圆锥 yuánzhuī
圆桌 yuánzhuō
援兵 yuánbīng
猿猴 yuánhóu
猿人 yuánrén
源流 yuánliú
源头 yuántóu
远程 yuǎnchéng
远大 yuǎndà
远古 yuǎngǔ
远航 yuǎnháng
远见 yuǎnjiàn
远近 yuǎnjìn
远景 yuǎnjǐng
远洋 yuǎnyáng
远征 yuǎnzhēng
苑 yuàn
怨恨 yuànhèn
怨气 yuànqì
怨言 yuànyán
院落 yuànluò
院士 yuànshì
约定 yuēdìng
约法 yuēfǎ
约会 yuēhuì
月饼 yuè·bing
月季 yuèjì
月刊 yuèkān

月色 yuèsè
月食 yuèshí
月夜 yuèyè
乐谱 yuèpǔ
乐师 yuèshī
乐团 yuètuán
乐音 yuèyīn
乐章 yuèzhāng
岳父 yuèfù
岳母 yuèmǔ
阅兵 yuèbīng
阅历 yuèlì
悦耳 yuè'ěr
越发 yuèfā
越轨 yuèguǐ
晕 yūn
云彩 yún·cai
云层 yúncéng
云端 yúnduān
云朵 yúnduǒ
云海 yúnhǎi
云集 yúnjí
云雾 yúnwù
云游 yúnyóu
匀称 yún·chèn
允 yǔn
陨石 yǔnshí
孕妇 yùnfù
孕育 yùnyù
运筹 yùnchóu
运费 yùnfèi
运河 yùnhé
运送 yùnsòng
运销 yùnxiāo
运载 yùnzài
运作 yùnzuò
晕 yùn
酝酿 yùnniàng
韵律 yùnlǜ
韵味 yùnwèi
蕴含 yùnhán
蕴涵 yùnhán

## Z

咂 zā
杂费 záfèi
杂技 zájì
杂居 zájū
杂剧 zájù
杂粮 záliáng
杂乱 záluàn
杂事 záshì
杂文 záwén
杂音 záyīn
灾害 zāihài
灾荒 zāihuāng
灾祸 zāihuò
灾民 zāimín
灾情 zāiqíng
哉 zāi
栽植 zāizhí
栽种 zāizhòng
宰割 zǎigē
宰相 zǎixiàng
崽 zǎi
再度 zàidù
再会 zàihuì
再婚 zàihūn
再造 zàizào
在行 zàiháng
在世 zàishì
在望 zàiwàng
在位 zàiwèi
在意 zàiyì
在职 zàizhí
在座 zàizuò
载体 zàitǐ
载重 zàizhòng
攒 zǎn
暂且 zànqiě
暂行 zànxíng
赞歌 zàngē
赞赏 zànshǎng
赞颂 zànsòng
赞同 zàntóng
赞许 zànxǔ
赞誉 zànyù
赞助 zànzhù
脏腑 zàngfǔ
葬礼 zànglǐ
葬身 zàngshēn
葬送 zàngsòng
遭殃 zāoyāng
糟糕 zāogāo
糟粕 zāopò
糟蹋 zāo·tà
凿 záo
早春 zǎochūn
早稻 zǎodào
早点 zǎodiǎn
早饭 zǎofàn
早婚 zǎohūn
早年 zǎonián
早熟 zǎoshú
早晚 zǎowǎn
早先 zǎoxiān
枣 zǎo
澡 zǎo
造反 zàofǎn
造福 zàofú
造价 zàojià
造句 zàojù
造谣 zàoyáo
造诣 zàoyì
噪声 zàoshēng
噪音 zàoyīn
燥 zào
躁 zào
责备 zébèi
责成 zéchéng
责怪 zéguài
责令 zélìng
责骂 zémà
责难 zénàn
责问 zéwèn
择优 zéyōu
泽 zé
仄 zè
增补 zēngbǔ
增设 zēngshè
增生 zēngshēng
增收 zēngshōu
增援 zēngyuán
增值 zēngzhí
憎恨 zēnghèn
憎恶 zēngwù
赠送 zèngsòng
渣滓 zhā·zǐ
扎根 zhāgēn
扎实 zhāshí
轧 zhá
闸门 zhámén
铡 zhá
眨眼 zhǎyǎn
乍 zhà
诈骗 zhàpiàn
炸药 zhàyào
榨取 zhàqǔ
蚱蜢 zhàměng
摘除 zhāichú
斋 zhāi
宅 zhái
择菜 zháicài
债权 zhàiquán
债券 zhàiquàn
占卜 zhānbǔ
沾染 zhānrǎn

粘连 zhānlián
毡 zhān
瞻仰 zhānyǎng
斩 zhǎn
展翅 zhǎnchì
展望 zhǎnwàng
展销 zhǎnxiāo
展转 zhǎnzhuǎn
战败 zhànbài
战备 zhànbèi
战地 zhàndì
战犯 zhànfàn
战俘 zhànfú
战功 zhàngōng
战壕 zhànháo
战火 zhànhuǒ
战绩 zhànjì
战局 zhànjú
战栗 zhànlì
战乱 zhànluàn
战区 zhànqū
战事 zhànshì
站岗 zhàngǎng
站立 zhànlì
站台 zhàntái
蘸 zhàn
张贴 zhāngtiē
张望 zhāngwàng
章法 zhāngfǎ
章节 zhāngjié
樟脑 zhāngnǎo
长辈 zhǎngbèi
长老 zhǎnglǎo
长相 zhǎngxiàng
长者 zhǎngzhě
涨潮 zhǎngcháo
掌舵 zhǎngduò
掌管 zhǎngguǎn
掌权 zhǎngquán
掌心 zhǎngxīn
障 zhàng
丈量 zhàngliáng
杖 zhàng
账本 zhàngběn
账房 zhàngfáng
账目 zhàngmù
招标 zhāobiāo
招考 zhāokǎo
招徕 zhāolái
招募 zhāomù
招牌 zhāo·pai
招聘 zhāopìn
招收 zhāoshōu
招手 zhāoshǒu
招致 zhāozhì
昭 zhāo
朝气 zhāoqì
朝夕 zhāoxī
朝霞 zhāoxiá
朝阳 zhāoyáng
着火 zháohuǒ
着迷 zháomí
爪牙 zhǎoyá
找寻 zhǎoxún
沼气 zhǎoqì
沼泽 zhǎozé
召唤 zhàohuàn
召见 zhàojiàn
兆 zhào
诏书 zhàoshū
照搬 zhàobān
照办 zhàobàn
照常 zhàocháng
照管 zhàoguǎn
照会 zhàohuì
照旧 zhàojiù
照看 zhàokàn
照料 zhàoliào
照应 zhào·yìng
罩 zhào
肇事 zhàoshì
遮蔽 zhēbì
遮挡 zhēdǎng
遮盖 zhēgài
遮掩 zhēyǎn
折叠 zhédié
折光 zhéguāng
折合 zhéhé
折旧 zhéjiù
折扣 zhékòu
折算 zhésuàn
折中 zhézhōng
哲理 zhélǐ
哲人 zhérén
辙 zhé
褶皱 zhězhòu
浙 Zhè
蔗糖 zhètáng
贞操 zhēncāo
针头 zhēntóu
侦破 zhēnpò
侦探 zhēntàn
珍宝 zhēnbǎo
珍藏 zhēncáng
珍品 zhēnpǐn
珍视 zhēnshì
珍惜 zhēnxī
珍稀 zhēnxī
珍重 zhēnzhòng
真迹 zhēnjì
真菌 zhēnjūn
真皮 zhēnpí
真切 zhēnqiè
真情 zhēnqíng
真丝 zhēnsī
真相 zhēnxiàng
真心 zhēnxīn
真知 zhēnzhī
真挚 zhēnzhì
砧 zhēn
斟酌 zhēnzhuó
臻 zhēn
诊所 zhěnsuǒ
诊治 zhěnzhì
枕 zhěn
阵容 zhènróng
阵势 zhèn·shì
阵亡 zhènwáng
阵线 zhènxiàn
阵营 zhènyíng
振作 zhènzuò
朕 zhèn
震颤 zhènchàn
震荡 zhèndàng
震耳欲聋 zhèn'ěryùlóng
震撼 zhènhàn
镇定 zhèndìng
镇静 zhènjìng
镇守 zhènshǒu
正月 zhēngyuè
争辩 zhēngbiàn
争吵 zhēngchǎo
争斗 zhēngdòu
争端 zhēngduān
争光 zhēngguāng
争鸣 zhēngmíng
争气 zhēngqì
争议 zhēngyì
争执 zhēngzhí
征购 zhēnggòu
征集 zhēngjí
征途 zhēngtú
征文 zhēngwén
征询 zhēngxún
征兆 zhēngzhào
症结 zhēngjié

蒸馏水 zhēngliúshuǐ
蒸汽 zhēngqì
蒸腾 zhēngténg
拯救 zhěngjiù
整编 zhěngbiān
整风 zhěngfēng
整洁 zhěngjié
整数 zhěngshù
整形 zhěngxíng
整修 zhěngxiū
整治 zhěngzhì
正比例 zhèngbǐlì
正步 zhèngbù
正道 zhèngdào
正轨 zhèngguǐ
正极 zhèngjí
正门 zhèngmén
正派 zhèngpài
正气 zhèngqì
正巧 zhèngqiǎo
正视 zhèngshì
正统 zhèngtǒng
正文 zhèngwén
正午 zhèngwǔ
正直 zhèngzhí
正中 zhèngzhōng
正宗 zhèngzōng
证件 zhèngjiàn
证券 zhèngquàn
证人 zhèng·rén
郑重 zhèngzhòng
政变 zhèngbiàn
政法 zhèngfǎ
政界 zhèngjiè
政局 zhèngjú
政客 zhèngkè
政论 zhènglùn
政事 zhèngshì
政体 zhèngtǐ

政务 zhèngwù
支架 zhījià
支流 zhīliú
支票 zhīpiào
支取 zhīqǔ
支柱 zhīzhù
只身 zhīshēn
汁液 zhīyè
芝麻 zhī·ma
知己 zhījǐ
知了 zhīliǎo
知名 zhīmíng
知情 zhīqíng
知晓 zhīxiǎo
知心 zhīxīn
知音 zhīyīn
肢体 zhītǐ
织物 zhīwù
脂粉 zhīfěn
执笔 zhíbǐ
执法 zhífǎ
执教 zhíjiào
执拗 zhíniù
执勤 zhíqín
执意 zhíyì
执照 zhízhào
执政 zhízhèng
执着 zhízhuó
直播 zhíbō
直肠 zhícháng
直达 zhídá
直属 zhíshǔ
直率 zhíshuài
直爽 zhíshuǎng
侄女 zhí·nǚ
值勤 zhíqín
值日 zhírì
职称 zhíchēng
职位 zhíwèi

植被 zhíbèi
止步 zhǐbù
只管 zhǐguǎn
只消 zhǐxiāo
旨意 zhǐyì
址 zhǐ
纸板 zhǐbǎn
纸币 zhǐbì
纸浆 zhǐjiāng
纸烟 zhǐyān
纸张 zhǐzhāng
指点 zhǐdiǎn
指甲 zhǐ·jia(zhī·jia)
指控 zhǐkòng
指南针 zhǐnánzhēn
指派 zhǐpài
指使 zhǐshǐ
指望 zhǐ·wàng
指纹 zhǐwén
指引 zhǐyǐn
指摘 zhǐzhāi
指针 zhǐzhēn
趾 zhǐ
至多 zhìduō
至上 zhìshàng
志气 zhì·qì
志趣 zhìqù
志向 zhìxiàng
志愿军 zhìyuànjūn
帜 zhì
制备 zhìbèi
制裁 zhìcái
制服 zhìfú
制剂 zhìjì
制图 zhìtú
质地 zhìdì
质朴 zhìpǔ
质问 zhìwèn
炙 zhì

治水 zhìshuǐ
治学 zhìxué
致敬 zhìjìng
致密 zhìmì
致命 zhìmìng
致死 zhìsǐ
致意 zhìyì
桎梏 zhìgù
掷 zhì
窒息 zhìxī
智育 zhìyù
滞留 zhìliú
滞销 zhìxiāo
置换 zhìhuàn
置身 zhìshēn
稚嫩 zhìnèn
稚气 zhìqì
中层 zhōngcéng
中级 zhōngjí
中间人 zhōngjiānrén
中介 zhōngjiè
中立 zhōnglì
中秋 zhōngqiū
中途 zhōngtú
中文 zhōngwén
中西 zhōngxī
中线 zhōngxiàn
中药 zhōngyào
中庸 zhōngyōng
中用 zhōngyòng
中游 zhōngyóu
中止 zhōngzhǐ
中转 zhōngzhuǎn
忠厚 zhōnghòu
忠于 zhōngyú
忠贞 zhōngzhēn
终点 zhōngdiǎn
终端 zhōngduān
终归 zhōngguī

终极 zhōngjí
终结 zhōngjié
终了 zhōngliǎo
终日 zhōngrì
终生 zhōngshēng
终止 zhōngzhǐ
盅 zhōng
钟表 zhōngbiǎo
钟点 zhōngdiǎn
衷心 zhōngxīn
肿胀 zhǒngzhàng
种姓 zhǒngxìng
冢 zhǒng
中风 zhòngfēng
中肯 zhòngkěn
中意 zhòngyì
仲裁 zhòngcái
众生 zhòngshēng
种地 zhòngdì
种田 zhòngtián
重兵 zhòngbīng
重担 zhòngdàn
重金 zhòngjīn
重任 zhòngrèn
重伤 zhòngshāng
重心 zhòngxīn
重型 zhòngxíng
重音 zhòngyīn
重用 zhòngyòng
舟 zhōu
洲 zhōu
周报 zhōubào
周到 zhōu·dào
周而复始 zhōu'érfùshǐ
周刊 zhōukān
周末 zhōumò
周身 zhōushēn
周岁 zhōusuì
周旋 zhōuxuán
周延 zhōuyán
周折 zhōuzhé
粥 zhōu
轴线 zhóuxiàn
肘 zhǒu
咒骂 zhòumà
昼 zhòu
皱纹 zhòuwén
骤然 zhòurán
诛 zhū
珠宝 zhūbǎo
株连 zhūlián
诸侯 zhūhóu
诸如此类 zhūrúcǐlèi
诸位 zhūwèi
蛛网 zhūwǎng
竹竿 zhúgān
竹笋 zhúsǔn
烛 zhú
主办 zhǔbàn
主次 zhǔcì
主峰 zhǔfēng
主干 zhǔgàn
主根 zhǔgēn
主攻 zhǔgōng
主顾 zhǔgù
主机 zhǔjī
主见 zhǔjiàn
主将 zhǔjiàng
主角 zhǔjué
主考 zhǔkǎo
主流 zhǔliú
主人翁 zhǔrénwēng
主食 zhǔshí
主事 zhǔshì
主线 zhǔxiàn
主演 zhǔyǎn
主宰 zhǔzǎi
主旨 zhǔzhǐ
拄 zhǔ
嘱托 zhǔtuō
瞩目 zhǔmù
伫立 zhùlì
助教 zhùjiào
助理 zhùlǐ
助长 zhùzhǎng
住址 zhùzhǐ
住处 zhùchù
住户 zhùhù
住家 zhùjiā
住宿 zhùsù
住所 zhùsuǒ
住院 zhùyuàn
住址 zhùzhǐ
贮备 zhùbèi
注册 zhùcè
注定 zhùdìng
注解 zhùjiě
注目 zhùmù
注射器 zhùshèqì
注释 zhùshì
注销 zhùxiāo
注音 zhùyīn
驻地 zhùdì
驻防 zhùfáng
驻军 zhùjūn
驻守 zhùshǒu
驻扎 zhùzhā
祝福 zhùfú
祝愿 zhùyuàn
著称 zhùchēng
著述 zhùshù
著者 zhùzhě
蛀 zhù
铸造 zhùzào
抓获 zhuāhuò
拽 zhuài
专长 zhuāncháng
专车 zhuānchē
专程 zhuānchéng
专断 zhuānduàn
专横 zhuānhèng
专科 zhuānkē
专款 zhuānkuǎn
专栏 zhuānlán
专卖 zhuānmài
专区 zhuānqū
专人 zhuānrén
专心 zhuānxīn
专一 zhuānyī
专员 zhuānyuán
专职 zhuānzhí
专注 zhuānzhù
专著 zhuānzhù
砖头 zhuān·tóu
转播 zhuǎnbō
转产 zhuǎnchǎn
转达 zhuǎndá
转告 zhuǎngào
转机 zhuǎnjī
转嫁 zhuǎnjià
转交 zhuǎnjiāo
转脸 zhuǎnliǎn
转念 zhuǎnniàn
转让 zhuǎnràng
转手 zhuǎnshǒu
转瞬 zhuǎnshùn
转弯 zhuǎnwān
转眼 zhuǎnyǎn
转业 zhuǎnyè
转运 zhuǎnyùn
转战 zhuǎnzhàn
转折 zhuǎnzhé
传记 zhuànjì
转速 zhuànsù
转轴 zhuànzhóu
撰写 zhuànxiě

篆刻 zhuànkè
妆 zhuāng
庄园 zhuāngyuán
庄重 zhuāngzhòng
装扮 zhuāngbàn
装点 zhuāngdiǎn
装潢 zhuānghuáng
装配 zhuāngpèi
装束 zhuāngshù
装卸 zhuāngxiè
装修 zhuāngxiū
装运 zhuāngyùn
装载 zhuāngzài
壮丁 zhuàngdīng
壮观 zhuàngguān
壮举 zhuàngjǔ
壮丽 zhuànglì
壮烈 zhuàngliè
壮年 zhuàngnián
壮实 zhuàng·shi
壮士 zhuàngshì
壮志 zhuàngzhì
状语 zhuàngyǔ
撞击 zhuàngjī
追捕 zhuībǔ
追查 zhuīchá
追悼 zhuīdào
追肥 zhuīféi
追赶 zhuīgǎn
追击 zhuījī
追加 zhuījiā
追溯 zhuīsù
追随 zhuīsuí
追问 zhuīwèn
追寻 zhuīxún
追忆 zhuīyì
追踪 zhuīzōng
椎 zhuī
锥 zhuī

坠落 zhuìluò
缀 zhuì
赘述 zhuìshù
准绳 zhǔnshéng
准时 zhǔnshí
准许 zhǔnxǔ
拙 zhuō
捉拿 zhuōná
灼热 zhuórè
茁壮 zhuózhuàng
卓著 zhuózhù
浊 zhuó
酌 zhuó
啄 zhuó
着力 zhuólì
着陆 zhuólù
着落 zhuóluò
着实 zhuóshí
着想 zhuóxiǎng
着眼 zhuóyǎn
着意 zhuóyì
姿 zī
兹 zī
资财 zīcái
资方 zīfāng
资历 zīlì
资助 zīzhù
滋补 zībǔ
滋润 zīrùn
滋生 zīshēng
滋养 zīyǎng
滋长 zīzhǎng
籽 zǐ
紫菜 zǐcài
紫外线 zǐwàixiàn
自卑 zìbēi
自大 zìdà
自得 zìdé
自费 zìfèi

自封 zìfēng
自负 zìfù
自给 zìjǐ
自家 zìjiā
自尽 zìjìn
自救 zìjiù
自居 zìjū
自来水 zìláishuǐ
自理 zìlǐ
自立 zìlì
自流 zìliú
自律 zìlǜ
自满 zìmǎn
自强 zìqiáng
自如 zìrú
自始至终 zìshǐzhìzhōng
自首 zìshǒu
自述 zìshù
自私 zìsī
自修 zìxiū
自学 zìxué
自以为是 zìyǐwéishì
自制 zìzhì
自重 zìzhòng
自传 zìzhuàn
自尊 zìzūn
字典 zìdiǎn
字画 zìhuà
字迹 zìjì
字句 zìjù
字体 zìtǐ
字条 zìtiáo
字形 zìxíng
字义 zìyì
字音 zìyīn
渍 zì
宗法 zōngfǎ
宗派 zōngpài
宗室 zōngshì

棕榈 zōnglǘ
棕色 zōngsè
踪迹 zōngjì
踪影 zōngyǐng
鬃 zōng
总称 zǒngchēng
总得 zǒngděi
总队 zǒngduì
总共 zǒnggòng
总管 zǒngguǎn
总归 zǒngguī
总计 zǒngjì
总务 zǒngwù
纵横 zònghéng
纵然 zòngrán
纵容 zòngróng
纵身 zòngshēn
纵深 zòngshēn
纵使 zòngshǐ
纵向 zòngxiàng
走动 zǒudòng
走访 zǒufǎng
走私 zǒusī
奏鸣曲 zòumíngqǔ
奏效 zòuxiào
奏章 zòuzhāng
揍 zòu
租借 zūjiè
租金 zūjīn
租赁 zūlìn
租用 zūyòng
足迹 zújì
足见 zújiàn
卒 zú
诅咒 zǔzhòu
阻挡 zǔdǎng
阻隔 zǔgé
阻击 zǔjī
阻拦 zǔlán

阻挠 zǔnáo
阻塞 zǔsè
组建 zǔjiàn
组装 zǔzhuāng
祖传 zǔchuán
钻探 zuāntàn
钻石 zuànshí
钻头 zuàntóu
攥 zuàn
嘴脸 zuǐliǎn
罪过 zuìguò
罪名 zuìmíng
罪孽 zuìniè
罪人 zuìrén
罪证 zuìzhèng
罪状 zuìzhuàng
醉人 zuìrén
醉心 zuìxīn
尊称 zūnchēng
尊贵 zūnguì
遵 zūn
遵从 zūncóng
遵照 zūnzhào
左面 zuǒmiàn
左倾 zuǒqīng
左翼 zuǒyì
佐 zuǒ
撮 zuǒ
作案 zuò'àn
作对 zuòduì
作恶 zuò'è
作怪 zuòguài
作价 zuòjià
作客 zuòkè
作祟 zuòsuì
作文 zuòwén
坐落 zuòluò
坐位 zuò·wèi
坐镇 zuòzhèn
坐舱 zuòcāng
座谈 zuòtán
做工 zuògōng
做功 zuògōng
做人 zuòrén
做声 zuòshēng
做戏 zuòxì
做主 zuòzhǔ

# 第五章 词汇语法测试指导

## 第一节 词汇语法测试说明

### 一、模拟试题：选择判断（共10分，限时3分钟）

1. 词语判断：请判断并读出下列各组中的普通话词语

| | | | | |
|---|---|---|---|---|
| (1) | 勿断 | 不断 | 么断 | 无停 |
| (2) | 吹牛三 | 吹牛 | 车大炮 | 吹大炮 |
| (3) | 窿敛 | 洞 | 窿 | 戮口 |
| (4) | 叶飞子 | 蝴蝶 | 尾页 | 蝴蝶子 |
| (5) | 盲公 | 摸目敛 | 盲人 | 青盲的 |
| (6) | 忍不住 | 忍唔住 | 熬勿牢 | 熬勿住 |
| (7) | 脸都里 | 哈腮 | 喙角 | 腮 |
| (8) | 骹头坞 | 膝盖 | 头膝 | 头骨 |
| (9) | 幼儿 | 细哥敛 | 幼囝 | 细人子 |
| (10) | 呢便 | 这边 | 即爿 | 个边 |

2. 量词、名词搭配：请搭配并读出下列符合普通话规范的量名短语（例如：一条——鱼）

| | | | | | | |
|---|---|---|---|---|---|---|
| 只 | 把 | 件 | 匹 | 扇 | 头（量词） | 菜刀 |
| 礼物 | 提琴 | 窗户 | 羊 | 大衣 | 绸缎 | 牛 |

3. 语序或表达形式判断：请判断并读出下列各组中的普通话语句

（1）A. 这座山有一千九五米高。

B. 这座山有一千九百五十米高。

C. 这座山有千九五米高。

（2）A. 他还要起在。

B. 他还玩着呢。

（3）A. 把桌子搬开了。

B. 把桌子搬转了。

（4）A. 你站站好。

B. 你站好。

（5）A. 他跑得不快过我。

B. 他跑得不快的我。

C. 他跑得不比我快。

## 二、测试目的

《普通话水平测试大纲》规定：这项测试的目的是重点考查应试人掌握普通话词汇、语法的程度。

## 三、评分标准

此项成绩占总分的10%，即10分。共包括三个内容。

（1）考查应试人掌握普通话词汇的情况。在《普通话水平测试实施大纲》第三部分“普通话和方言常用词语对照表”中，选列10组普通话和方言说法不同的词语，由应试人判断哪种说法是普通话的词语。错一组扣0.25分。

在《普通话水平测试实施大纲》第三部分共列出了2572条普通话词语，与上海、厦门、广州、梅州、长沙五个方言点在说法上不同的词语对照。这些词语是从第二部分“表一”的8455条词语范围内，根据方言与普通话的对照选编的。应试者要在认真学习第二部分“表一”的基础上强化学习这2572条词语的用法。因此，学习训练这些词语不仅是这五个方言点所代表的方言区的应试者的事情，其他应试者也要认真准备。

（2）考查应试人掌握量词的情况。在《普通话水平测试实施大纲》第四部分“普通话和方言常见的语法差异”“常见量词的选择”中抽选出5个量词，同时列出分别可以与之搭配的10个名词，由应试人现场组合。搭配错误的每次扣0.5分。

《普通话水平测试实施大纲》共列出45个量词，并在量词后列出常见的能与之搭配的若干名词或者这个量词的使用范围。应试者要辨明在方言里容易搭配错误的用法，着重进行训练。

（3）考查应试人普通话语法的规范程度。在《普通话水平测试实施大纲》第四部分中选出5组普通话和方言在语序或表达方式上不一致的短语或短句，由应试人判定符合普通话语法规范的形式。判断失误每次扣0.5分。

这项测试虽然是考查词汇语法的，但在口头回答时如果属于答案的部分读音有错误，也要扣分。每次字音错误扣0.1分。

作为方言区的考生，应特别注意所处方言区与普通话之间的语法差别，特别是南方方言区的受测人，方言与普通话之间的语法差别很大，应特别注意纠正平时的方言语法，注意普通话的词汇和语法规范。

# 第二节　各方言区特征及测试指导

我国语言学家根据汉语方言的不同特点，把汉语划分为七大方言，分别是北方方言、湘方言、赣方言、吴方言、闽方言、粤方言和客家方言。在这七大方言区内部，仍存在不同的次方言区。不同方言区方言与普通话之间的差别主要集中表现在语音上，其次是在词汇上，某些方言的语法和普通话也有一些差别。本节主要分析不同方言的词汇语法特征及其与普通话之间的差别，以帮助不同方言区的受测者更好地学习普通话。由于湘方言与北方方言之间差别较小，赣方言与客家方言有不少共同点，因此略去。

## 一、北方方言

### （一）概述

北方方言也称官话方言，即广义的北方话，通常也叫“大北方话”。在汉语各大方言中，官话方言有它突出的地位和影响。近一千年来，中国许多优秀的文学作品，从唐宋白话到元曲到明清小说，都是在北方话的基础上创作的，再加上以北京为中心的北方话通行地区从元代以来一直是中国政治、经济、文化高度集中的心脏地带，向来官场上办事交际，都使用北方话，因而有“官话”的名称。实际上它是汉语各方言区的人共同使用的交际语言，现在全国推行的普通话，就是在“官话”的基础上发展起来的现代汉民族共同语。

官话方言通行于长江以北各省全部汉族地区，长江下游镇江以上、九江以下沿江地带，湖北省除东南角以外的全部地区，广西壮族自治区北部和湖南省西北角地区，云南、四川、贵州三省少数民族区域以外的全部汉族地区。此外，在非官话方言区中，还有少数由于历史原因而形成的官话方言岛，如海南岛崖县、儋县的“军话”，福建南平城关的“土官话”，长乐洋屿的“京都话”等，使用人口7亿以上。

官话方言内部按其语言特点一般可以分为四个支系，即四个方言片（或称四个次方言）：华北官话、西北官话、西南官话和江淮官话。

华北官话即狭义的北方话，它通行于北京、天津两市，河北、河南、山东、辽宁、吉林、黑龙江等省以及内蒙古自治区的一部分。其中东北三省和河北省的方言最接近民族共同语——普通话。

西北官话通行于山西、陕西、甘肃等省以及青海、宁夏、内蒙古的一部分地区。新疆汉族使用的语言也属西北官话。

西南官话通行于湖北省大部分地区（东南部、东部除外），云南、贵州、四川三省汉族地区以及湖南、广西两省区北缘地带。西南官话区地域辽阔，但内部比较一致。

江淮官话俗称下江官话，通行于安徽省长江两岸地区，江苏省长江以北大部分地区（徐州一带除外），长江南岸镇江以上、南京以下地区，以及江西省沿江地带。

### （二）特点

1. 词汇方面

（1）双音节词特别占优势。双音节词是在汉语整个词汇里占比重最大的一部分，在官话方言中表现得尤为突出，如许多在官话方言中加“子”而成为双音节词的，在其他方言中往往是没有“子”的单音节词，如“稻子”在南方方言或叫“稻”（吴方言、闽方言），或叫“禾”（客家方言、湘方言、赣方言、粤方言）；“谷子”在南方方言或叫“谷”（吴、湘、赣、客家、粤等方言），或叫“粟”（闽方言）；“相片”一词在官话方言区各地大都叫“相片”或“相片儿”，而南方各方言，除客、赣方言仍用双音节“相片”外，吴方言、粤方言、闽方言都是单音节词，或叫“照”（吴方言苏州话），或叫“相”（粤方言、闽方言）。

（2）古语词保留得比较少。尽管每个汉语方言都继承了不少古代汉语的词语，但是相对而言，官话方言区各地方言保留古语词的现象比较少。例如“眼睛”一词，官话方言区各地大都说“眼睛”，而闽方言至今仍叫“目”，粤方言仍叫“眼”，保留了古代汉语对这一人体器官的名称；又如“站立”一词，除官话方言区及湘方言外，吴方言叫“立”，闽、粤、客家、赣等方言叫“企”，都沿用了古代汉语的说法；此外，还有一批极常见的生活用词，南方各方言保留了古代的说法，而官话方言则采用了跟现代汉语普通话一致的说法。如“看”是官话方言普遍通用的；而粤方言、闽方言（部分地区）却用古代的语词“睇”。

（3）外来借词比较少。和南方诸方言比较，官话方言中外来的借词比较少。南方闽、粤等地向来为出海门户，与外国接触多，方言中较易借入外来词语，如闽方言中借入不少印度尼西亚—马来词语，粤方言中借入不少英语词语。有时候同一个事物，官话方言与南方各方言却采用不同的词语来表达，显示出“外来”词与“土产”词的差别。例如“水泥”一词，粤方言区有人叫“士敏土”，吴方言叫“水门汀”，都是英语 cement 的译音；闽方言叫“番家灰”“红毛灰”之类，也显示出外来的色彩，而官话方言大多数和共同语一样，用“水泥”（部分地方叫“洋灰”）这个地道的汉语词语。又如照相用的“胶卷”，官话方言各地都叫“胶卷”，而粤方言、闽方言、客家方言却都采用英语 film 的译音词“菲林”。

（4）语气词比较少，用法比较概括。和南方各方言比较，官话方言的语气词比较少，用法更加概括，分工不那么细。例如常见的语气词“呢”“吗”“啊”之类，官话方言跟共同语是一致的，而南方吴、粤等方言的语气词则丰富得多。

2. 语法方面

（1）构词方面，修饰性的词素一般在前。如除西南官话偶有“鸡公”“鸡母”一类说法外，各地官话大都是“公鸡”“母鸡”“客人”“拖鞋”等说法，不像南方某些方言把修饰性的词素加在后面。如“鸡公”“人客”“鞋拖”（闽方言）之类。

（2）运用语音内部曲折变化表现语法意义的现象比较少。除个别地方外，官话方言很少有语法学上所谓“构形法”，即“狭义形态”的东西，粤方言、闽方言用变音的方式来表现某种语法意义的现象在官话方言中很少见。

（3）结构助词“的”“地”“得”的运用。官话方言中不少地方有结构助词“的”“地”“得”，用途各不相同。这几个结构助词以北方官话用得最为普遍，已进入共同语的语法体系中。在官话以外的南方各大方言中，却很少见，就是有类似的结构助词，也不像官话方言那样分工明确，用法不混。

（4）重叠式的运用范围相当广。官话方言的重叠式内容相当丰富，使用范围相当广泛。例如亲属称呼，南方闽、粤、客家、吴等方言一般都不用重叠式，多用单音节词素前加“阿”来称呼，如“阿爸”“阿弟”“阿嫂”之类。而在官话方言中，则普遍用重叠音节的方式来称呼人，如“哥哥”“舅舅”“爸爸”“嫂嫂”“叔叔”之类。又如某些常用的名词，在南方各方言中是不能重叠的，在官话方言中却以重叠的形式出现，如“星星”一词。在西南官话、西北官话中，重叠表示附加的小义。如成都话“盘盘”意为“盘儿”，“眼眼”意为“眼儿”，“豆豆”意为“豆儿”，西安话“帽帽”意为“帽儿”。西北官话有的地方量词和指示词也可以重叠，如西安话度量词重叠表示计量方式：“这米不卖升升”

(不按升卖);指示词重叠表示所指的具体位置:“你的站在这这等着”(你们站在这儿等着)。这些重叠的用法在南方各大方言中都是没有的。

(5)量词的使用比较概括。官话方言中最常用的量词“个”用途很广,可以用在许多事物上面,虚的实的,都能和“个”配搭。称人一般在官话方言中用“个”和“位”(尊称),而在其他各大方言中,却用各种不同的量词,并往往在量词的选用中体现出一定的感情色彩和修辞风格。例如粤方言,既有“这位先生”“那个同学”等合乎规范的叫法,而在某些场合,也有“呢条老坑”(这个老头儿)等指人量词的独特用法。

(6)官话方言中一个句子里可出现两个“了”字,前者表示动作、行为的完成,后者作为句末的语气词。如“他吃了饭了”,这种用法在南方各方言中比较少见。

(7)表示被动的介词比较多。在被动句里,表示被动的词在官话方言中除了用“被”以外,还可以用“给”(他给人骂了)、“受”(小张受人欺负)、“让”(老鼠让猫逮住了)、“叫”(我今天叫雨淋了一场)等。

(8)官话方言疑问句有两类不同的格式。一类是北方官话用的,跟共同语一样,有“是什么?”“好吗?”“是不是?”等句式;另一类是西南官话(云南、贵州)及江淮官话用的,跟共同语不一样,有“可是?”“可好?”“是不?”等句式。

## 二、闽方言

### (一)概述

闽方言,又称闽语,俗称“福佬话”,是汉语七大方言中语言现象最复杂、内部分歧最大的一个方言。

闽方言主要通行于福建、台湾、广东省东部和浙江省南部,以及江西、广西、江苏三省的个别地区,使用人口约4000万。

台湾省的21个县市中,除约占人口2%的高山族地区说高山语,台北、彰化之间的中场、竹东、苗栗及新竹等地和南部屏东、高雄等县市,以及东部花莲、台东的部分地区通行客家方言外,其余各地的汉族居民都说闽方言,约占全省人口的3/4以上。浙江省南部泰顺、苍南、洞头、玉环等县的大部分和平阳县西部的少数地区,以及舟山群岛普陀、嵊泗县的一部分地区也说闽方言。

散居南洋群岛、中南半岛的华侨和华裔中,数百万人祖祖辈辈也以闽方言作为“母语”。在新加坡、马来西亚、菲律宾、印度尼西亚、泰国、缅甸以及印度等各国的华裔社区中,闽方言也是主要的社会交际语之一。

闽方言按其语言特点大致分为五个方言片:闽南方言、闽东方言、闽北方言、闽中方言和莆仙方言。闽南方言是闽方言中使用人口最多、通行范围最广的一片,包括福建省内以厦门、漳州、泉州三市为中心的24个县市。福建省以外各地通行的闽方言,基本上也属闽南方言。闽南方言以厦门话为代表,潮州话、文昌话也分别在广东东部和海南岛有较大的影响。闽东方言通行于福建省东部,包括以福州为中心的闽江下游地区和以福安为中心的山区,共18个县市,以福州话为代表。闽北方言通行于福建省北部建瓯、建阳、南平(乡区)、崇安、松溪、政和、浦城(南部),以建瓯话为代表。闽中方言通行于福建省中部永安、三明、沙县,以永安话为代表。莆仙方言通行于福建省东部沿海的莆田、仙游，以莆田话为代表。

### （二）特点

1. 词汇方面

闽方言有一大批属于本方言区常见而其他方言区少见的方言词。这些方言词有两个特点：一是继承古代的词语多，二是单音节词多。例如："卵"（蛋）、"目"（眼睛）、"涂"（泥土）、"暴"（晒）、"拍"（打）等，都可以从古籍中找到出处，也都是单音节词。此外，也有一部分闽方言词来自外语。这些外来词大都来自印度尼西亚—马来语，形成了闽方言词汇中的独特色彩，例如厦门话"雪文"（肥皂）来自 sabon，"道郎"（帮助）来自 tolong，"洞葛"（手杖）来自 tongkat。也有一些来历不易判明的方言词，例如"扬"（抽打）等。

在闽方言的五个片中，有许多方言词是各片共有的，但也有不少方言词只存在于某一些地方。大致说来，在五个闽方言片中，闽东、闽南、莆仙三个沿海片词汇上比较一致，而闽北、闽中两个片，则有不少和闽东、闽南、莆仙不一样的词语。

2. 语法方面

（1）数词"一"和指示词"这""那"的省略。量词前面的数词"一"或指示代词"这"（"那"）在闽方言中往往可以省略，量词直接与名词组合。例如潮州话"张画雅绝"（这张画很漂亮），"只鸡肥死"（这只鸡很肥）。与此相关，指示代词"这""那"不能直接修饰名词，如普通话"这人很好"在闽方言说成"只个人很好"，不能说"只人很好"；同样，"这书"也只能说"只本书"，不能说"只书"。

（2）形容词—量词—名词的结构形式在闽方言各地普遍存在，但能和量词直接组合的形容词不多，最常用的是"大"和"细"（小）。例如厦门话"大只牛""细泡灯"等。

（3）动词"有"的特殊用法。闽方言动词"有"的用法很多，其中之一是放在动词的前面，表示完成时态。例如：福州话"我有收着汝个批"（我收到了你的信），厦门话"伊有食我无食"（他吃了我没吃），台北话"我有买"（我买了），潮州话"你有睇电影阿无?"（你看了电影没有）。

（4）宾语提前的现象比较常见。如"苹果买两斤"（买两斤苹果）的说法就很普遍。普通话"主语—动词—宾语"的句式在闽方言中常加上一个介词"共"（或"甲"），并把宾语提到动词前面，例如"我共汝讲"（我告诉你）。

（5）动词"去"常用作补语，表示动作行为已成为结果，相当于"已经"的意思，例如"飞去了"（已经飞了），"死去了"（已经死了），"碗破去了"（碗已经破了）。

（6）特殊的比较方式。闽方言的比较句有特别的结构，我国福建、台湾的闽方言多用"甲—较—形容词—乙"表示，如厦门话"伊较悬（高）我"，台北话"高雄较大新竹"。也有简单一点的表达方式："甲—形容词—乙"，如福州话"伊悬（高）我"。广东省内的习方言（潮州话、海南话）比较的方式略有不同："甲—形容词—过—乙"。如潮州话"牛大过猪"。闽方言的等式比较，常用形容词"平"的重叠来表示"一样"，例如："我共伊平平悬"（我跟他一样高）。

（7）"把"字句的表达方式。闽方言"把"字句的表达方式是把宾语提到最前而，后面跟一个"甲伊"（把它）即"宾语—甲伊—动词"，闽南方言片各地普遍通行这种说法。

## 三、吴方言

### （一）概述

吴方言习惯上称吴语，也叫江浙话或江南话。“吴”是古代地域名称的沿用。吴方言通行于江苏南部、上海、浙江、江西东北部、福建西北角和安徽南部的一部分地区，有110多个县市，使用人口7000万左右。

### （二）特点

在词汇语法上吴语也有许多独特的特点，吴方言的词汇受北方方言的影响较大，词汇、汉字写法和普通话大致相近，只是读音上有一定的差别。而固有词汇系统和北方方言有显著不同，有些甚至没有对应的汉字形式。

## 四、客家方言

### （一）概述

客家人的共同语言即客家方言。客家方言又称客方言、客话、客家话，属于汉语七大方言之一。从分布上看，主要在福建、广东、江西、湖南、台湾、四川等6个省，海外有马来西亚、新加坡、印度尼西亚等地。具体说，国内主要分布在福建闽西地区的长汀、连城、上杭等8个县；广东梅州、惠州、蕉岭等16县市；江西南部宁都、瑞金、兴国等14县市。此外，福建南靖、平和、绍安、龙岩；广东潮州、海丰、韶关、东莞；江西铜鼓、广昌、永丰等不少县市的许多地区也讲客家话。此外，台湾、海南、四川、湖南等地不同程度地分布着客家话。依据内部的差异，客家话大体可以分为三个类型：以长汀话为代表的闽西客家话，以梅县话为代表的粤东客家话，以赣县蟠龙话为代表的赣南客家话。进一步，可以分为如下八片：汀州片（又称闽客片）、粤台片、粤中片、惠州片、粤北片、宁龙片、于桂片及铜鼓片。

### （二）特点

在词汇语法方面，客家方言最明显的是保留了不少古汉语词语。如“禾”（稻子）、“食”（吃）、“索”（绳子）、“面”（脸）。还有一些具有本方言特色的词，如“目珠”（眼睛）、“目汁”（眼泪）等。在语法上，常用一些如“老”“公”“子”“哩”“头”等前缀、后缀；用一些特定的助词或词语（如“黎”“咧”等）表示动作时态；通过变化指示代词和声调区分近指和远指等。

## 五、粤方言

### （一）概述

又称粤语，俗称广东话、广府话，当地人称白话，是汉语七大方言中语言现象较为复杂、保留古音特点和古词语较多、内部分歧较小的一种方言。

粤方言通行于广东、广西境内，以广州话为代表，使用人口约4000万。

### （二）特点

1. 词汇方面

（1）保留大量的古汉语。有些口语词在中原地区消亡了，却保留在粤方言中，如“嘣气”，是西晋时的汉语口语，中原地区早不用了，粤方言一直沿用至今；另一类词语直至今天，还是沿用中原语音来读，如“来”，粤方言念成“嚟”。粤方言中有很多古汉语词，例如：食（吃）、行（走）、走（跑）、著（穿）、面（脸）、饮（喝）、畀（给）、斟（倒）、闹（骂）、晓（知道）、翼（翅膀）、晏（迟）、滚水（开水）、倾偈（交谈）、下昼（下午）及趁墟（赶集）等，都是古词语。

（2）与吴越（楚）语言有许多相近之处。如：须同苏，逃同徒，酒同走，毛同无，早同祖等。粤语称美好事物为“靓”，如今苏州、宁波等地仍用此语。粤语的“咁多”，实为吴越的“介多”。粤语自称我们为“我哋”，吴越称“侬哋”，“侬”是吴越古音。吴越语的“黄”“王”读音不分，两广也同样如此。

（3）特殊词汇很多。如“菜”叫“餸”，“能干”叫“叻”，“什么”叫“乜嘢”，“睡”叫“瞓”等。广州人喜爱创造形象生动的俗语和俚语，统称为惯用语。例如：“八卦”，即爱管闲事，爱讲是非；“牛一”，戏称生日；“手信”，送与亲友的礼物等。

（4）吸收外来语成分多。唐宋时期吸收阿拉伯语，如“邋遢（脏）”。清至民国时期则大量吸收英语，如：波（球）、呔（车胎）、买飞（买票）等。特别是近年来，粤方言的发展变化较大，吸收了很多外来语，甚至将英语直译成粤方言，如将 party 说成“派对”，show 说成“秀”，cool 说成“酷”等。

（5）词语结构特殊。粤方言的名词重叠成分多。如：口多多（多嘴），心思思（心想），眼白白（睁眼）等；或者将动词、形容词重叠，如：搞搞震（搞事），湿湿碎（琐碎）等。

2. 语法方面

（1）喜欢倒装。如普通话的“要紧”，粤方言说成“紧要”；粤方言将“客人”说成“人客”，将“公鸡”叫作“鸡公”，将“母鸡”叫作“鸡乸”“鸡项”等，这些用词都带有古越语痕迹。

（2）语法颠倒。粤方言含双宾语的句式，语序排列正好同普通话相反，如普通话习惯说“我给你送礼物”，粤语的习惯说法是“我送礼物畀你”，普通话说“你先吃”，粤方言说“你食先”等。粤方言是“主语＋谓语＋直接宾语（事或物）＋间接宾语（人）”，两个宾语的语法词序与汉语不同，如粤方言说“我年纪大过你”，普通话则说“我年纪比你大”。

（3）喜用民间俚语。请看下面一段粤语方言：昨天“潮流兴”“炒更”，今天又兴“跳槽”。今天“老世”把你“炒鱿鱼”，明天说不定你会“炒”“波士”。所以你要自己“执牛”，也就是“食自己”，同时还要“识嘟”才会“趯到两餐”。这一段话尽管你每个字都认识，但其中的意思只有懂粤语的人才明白，粤方言的奥妙堪值品味。

## 六、常见问题及训练对策

### （一）词汇

方言地区的人听、说普通话时在词汇上常见的毛病有三种：一是听时不知所云，说时无从表达；二是听得有误，说得不清；三是理解含糊，表达不准。原因或是受到方言的影响，或是作品的阅读不够，书面语修养不高。方言区的人学习普通话必须从考察自己平时说普通话的常见毛病入手，对词汇方面的问题进行分类解决。

（二）语法

常见的语法错误表现在以下几个方面：一是把方言的说法直接套用到普通话中，虽然意义不变，但不符合普通话表达习惯。例如：普通话的“随便”，闽方言说“芒/青采/兴才”，普通话中“随便看看”不少人就说成“芒看看”；再如“喝醉酒”，闽方言说“食酒醉”，福建人常说成“吃酒醉”“喝酒醉”。二是把方言的说法直接套用到普通话中，但方言的说法与普通话的说法之间在意义上并不完全对应：例如在闽方言的一部分地区，“不敢”兼有“不敢”与“不能”两个意义，普通话的“你不能去”当地人往往说成“你不敢去”，造成歧义。比如广西方言说“我不比他好”，意思是“我没有他好”。孤立地看，这句话没有语法错误，因为普通话中也有这样的句式。但是普通话中“我不比他好”包含两层意思：一是“我没有他好”，二是“我和他一样”。广西话“我不比他好”只能表达前一层意思，如果要表达的是后一层意思，这种说法就错了。所以对于这一类句式，只有在一定的语言环境中才能判断出正误来。三是不明白与方言对应的普通话说法，却选用了普通话中一种不合适的表达方法；如福州口语“天乍光”译成普通话是“天刚亮”，但当地人说普通话译成“天才亮”，福州话副词“乍”兼有普通话时间副词“刚”和“才”两个意思，而普通话的“刚”和“才”却意义不同，造成了不准确的情况。上面提到的语法错误，在语法、语序和词汇方面都有所表现，因此，方言区的人员在训练普通话时要特别注重语法训练。

【附录】

## 普通话常见量词、名词搭配表

本表以量词为条目，共选收常见量词45条。可与表中所列多个量词搭配的名词，以互见形式出现。

（1）把　菜刀、剪刀、宝剑（口）、铲子、铁锹、尺子、扫帚、椅子、锁、钥匙、伞（顶）、茶壶、扇子、提琴、手枪（支）

（2）本　书（部、套）、著作（部）、字典（部）、杂志（份）、账

（3）部　书（本、套）、著作（本）、字典（本）
电影（场）、电视剧、交响乐（场）
电话机、摄像机（架、台）
汽车（辆、台）

（4）场（阳平）　雨、雪、冰雹、大风

（5）场（上声）　电影（部）、演出（台）、话剧（台）、杂技（台）、节目（台、套）、交响乐（部）、比赛（节、项）、考试

（6）道　河（条）、瀑布（条）
山（座）、山脉（条）、闪电、伤痕（条）
门（扇）、墙（面）
命令（项、条）、试题（份、套）、菜（份）

（7）滴　水、血、油、汗水、眼泪
（8）顶　伞（把）、轿子、帽子、蚊帐、帐篷
（9）对　夫妻、舞伴、耳朵（双、只）、眼睛（双、只）、翅膀（双、只）、球拍（副、只）、沙发（套）、枕头、电池（节）
（10）朵　花、云（片）、蘑菇
（11）份　菜（道）、午餐、报纸（张）、杂志（本）、文件、礼物（件）、工作（项）、事（件）、试题（道、套）
（12）幅　布（块、匹）、被面、彩旗（面）、图画（张）、相片（张）
（13）副　对联、手套（双、只）、眼镜、球拍（对、只）
脸（张）、扑克牌（张）、围棋、担架
（14）个　人、孩子
盘子、瓶子
梨、桃儿、橘子、苹果、西瓜、土豆、西红柿
鸡蛋、饺子、馒头
玩具、皮球
太阳、月亮、白天、上午、下午
国家、社会、故事
（15）根　草（棵）、葱（棵）、藕（节）、甘蔗（节）
胡须、头发、羽毛
冰棍儿、黄瓜（条）、香蕉、油条、竹竿
针、火柴、蜡烛（支）、香（支、盘）、筷子（双、支）、电线、绳子（条）、项链（条）、辫子（条）
（16）家　人家、亲戚（门）
工厂（座）、公司、饭店、商店、医院（所）、银行（所）
（17）架　飞机、钢琴（台）、摄像机（部、台）、鼓（面）
（18）间　房子（所、套、座）、屋子、卧室、仓库
（19）件　礼物（份）、行李、家具（套）
大衣、衬衣、毛衣、衣服（套）、西装（套）
工作（项）、公文、事（份）
（20）节　甘蔗（根）、藕（根）、电池（对）、车厢、课（门）、比赛（场、项）
（21）棵　树、草（根）、葱（根）、白菜
（22）颗　种子（粒）、珍珠（粒）、宝石（粒）、糖（块）、星星、卫星
牙齿、心脏
子弹（粒）、炸弹
图钉、图章
（23）口　人、猪（头）
大锅、大缸、大钟（座）、井、宝剑（把）
（24）块　糖（颗）、橡皮、石头、砖、肥皂（条）、手表（只）
肉（片）、蛋糕、大饼（张）、布（幅、匹）、绸缎（匹）、手绢（条）、地

(片)

石碑(座)

(25)粒 米、种子(颗)、珍珠(颗)、宝石(颗)、牙齿(颗)、子弹(颗)

(26)辆 汽车(部、台)、自行车、摩托车、三轮车

(27)门 课(节)、课程、技术(项)

亲戚(家)、婚姻

大炮

(28)名 教师(位)、医生(位)、犯人

(29)面 墙(道)、镜子、彩旗(幅)、鼓(架)、锣

(30)盘 磨(扇)、香(根、支)

磁带、录像带

(31)匹 马、布(块、幅)、绸缎(块)

(32)片 树叶、药片、肉(块)

阴凉、阳光、云(朵)、地(块)

(33)扇 门(道)、窗户、屏风、磨(盘)

(34)双 手(只)、脚(只)、耳朵(对、只)、眼睛(对、只)、翅膀(对、只)

鞋(只)、袜子(只)、手套(副、只)、筷子(根、支)

(35)所 学校、医院(家)、银行(家)、房子(间、套、座)

(36)台 计算机、医疗设备(套)、汽车(部、辆)、钢琴(架)、摄像机(部、架)

演出(场)、话剧(场)、杂技(场)、节目(场、套)

(37)套 衣服(件)、西装(件)、房子(间、所、座)、家具(件)、沙发(对)、餐具、书(本、部)、邮票(张)、医疗设备(台)

节目(场、台)、试题(道、份)

(38)条 绳子(根)、项链(根)、辫子(根)、裤子、毛巾、手绢儿(块)、肥皂(块)、船(只)、游艇(只)

蛇、鱼、狗(只)、牛(头、只)、驴(头、只)、黄瓜(根)、河(道)、瀑布(道)、山脉(道)、道路、胡同儿、伤痕(道)

新闻、信息、措施(项)、命令(道、项)

(39)头 牛(条、只)、驴(条、只)、骆驼(只)、羊(只)、猪(口)、蒜

(40)位 客人、朋友、作家(名)

(41)项 措施(条)、制度、工作(份)、任务、技术(门)、运动、命令(道、条)、比赛(场、节)

(42)张 报纸(份)、图画(幅)、相片(幅)、邮票(套)、扑克牌(副)、光盘

大饼(块)、脸(副)、嘴

网、弓

床、桌子

(43)只 鸟、鸡、鸭、老鼠、兔子、狗(条)、牛(头、条)、驴(头、条)、羊(头)、骆驼(头)、老虎、蚊子、苍蝇、蜻蜓、蝴蝶

手表(块)、杯子

船（条）、游艇（条）
鞋（双）、袜子（双）、手套（副、双）、袖子、球拍（对、副）、手（双）、脚（双）、耳朵（对、双）、眼睛（对、双）、翅膀（对、双）

（44）支 笔、手枪（把）、蜡烛（根）、筷子（根、双）、香（根、盘）
军队、歌

（45）座 山（道）、岛屿
城市、工厂（家）、学校（所）、房子（间、所、套）、桥
石碑（块）、雕塑、大钟（口）

## 【拓展阅读】

### 普通话与方言常见语法差异对照表

**说明：**

1. 本材料供普通话水平测试第三项——选择、判断测试使用。

2. 内容大致按词法和句法分类排列，词法在前，句法在后。量词、名词搭配表请参看上一个文件。

3. 本材料各语法类别下所列若干组句子，仅为举例性质，远非普通话与方言语法差异的全部，而且同一格式的句子（或词语）尽量不多举，测试命题时可按同格式替换、类推。

4. 所列句子采用单一的选择题型，答案一般是普通话说法（题号右边标注＊）放在前边，方言说法（题号后标“方”的）放在后边，命题时排列顺序应随机变动。

5. a≠b＊，表示当 a b 两句表达的意思不同时，两句都是普通话的说法。a＝b 方，表示 a b 两句表达的意思相同时，b 句是方言说法。

汉语普通话与各方言之间的差别，总的来说语音方面表现最突出，因此，在进行普通话教学和训练的过程中，首先抓住方言区语音上的难点是完全正确的。其次是词汇，这一部分要比语音上的差别小一些。相对前两者而言，普通话与方言在语法上的差别显得小得多，不过，决不能因此而忽视语法上的差别。事实上，语法上的差别虽然小些，某些突出的现象却非格外留心不可。例如有些方言区的人学说普通话很容易就会说出“你走先”“我有看”“你讲少两句”一类的句子来。这些句子格式都不合乎普通话语法规范，直接影响表达效果。

这里说的方言和普通话的差异，实际上主要是指在测试中表现出来的地方普通话（指处于方言向普通话过渡中的一种“中介状态”）和标准普通话之间的差别。同是差异和问题，在语音和语法上的表现又有不同。语音上的差异主要表现在地区上，不同地区有不同的差别和问题，主要是带着不同口音的地方腔。而语法差异则不同，有时不同方言区之间会相互渗透一些方言的句式或表达习惯，几个不同方言区可能存在同样的语法问题，所以我们在做语法差异对比时，不以地区分类，而是按不同问题的类型进行分类。

方言中有一些句式，似乎和普通话一样，比如广西方言说“我不比他好”，意思是“我没有他好”。孤立地看，这句话没有语法错误，因为普通话中也有这样的句式。但是普通话中“我不比他好”包含两层意思：一是“我没有他好”，二是“我和他一样”。广西话“我不比他好”只能表达前一层意思，如果要表达的是后一层意思，这种说法就错了。所以对于这一类句

式，只有在一定的语言环境中才能判断出正误来。

## 一、词　尾

普通话和各方言都有一些词尾，最常见的如“子”“儿”“头”等，但这些词尾用在什么词语里，普通话和方言有所不同。最常见的是“子”尾，但普通话说“虾”，不带“子”，江苏很多地方都说“虾子”。与此相反，普通话中的“袜子”，在吴方言大都说“袜”或“洋袜”。普通话的“鼻子”，吴方言说成“鼻头”。江淮方言中名词的“子”尾特别多，儿化普遍比普通话少，甚至完全没有儿化。普通话中的“明年”“麦穗儿”“豆角儿”“鸡”“蝴蝶”“脸盆”“嘴唇”“脚底板儿”“肚脐眼儿”“裤头儿”“面条儿”等，在江淮方言中说成“明年子”“麦穗子”“豆角子”“鸡子”“蝴蝶子”“脸盆子”“嘴唇子”“脚底板子”“肚脐眼子”“裤头子”“面条子”。“裤子”“帽子”，山西某些地区说成“帽的”“裤的”或“帽儿”“裤儿”，“狐狸”说成“狐的”“狐子”。山西方言还往往把儿化词语的“儿”尾去掉，前边的词语重叠。各方言区还有一些普通话中没有的词尾，如吴方言普遍有“厨房间”“厕所间”“客堂间”的说法，普通话都不带“间”字。南昌话中重叠副词的词尾“子”，相当于北京话的“儿”。总体上说，方言中的词尾比普通话用得多些。我们说普通话时，要多加注意，去掉这些词尾，或改用普通话的词尾。

a. 腿变粗了。
b. 腿子变粗了。

（选对 a＊ b 方）

a. 我买了一顶帽子、一条裤子。
b. 我买了一顶帽的、一条裤的。
c. 我买了一顶帽儿、一条裤儿。

（选对 a＊ b c 方）

a. 有一窝鸡都让狐狸吃了。
b. 有一窝鸡都让狐的吃了。
c. 有一窝鸡都让狐子给吃了。

（选对 a＊ b c 方）

a. 灯丝儿又断了。
b. 灯丝的又断了。
c. 灯丝子又断的。

（选对 a＊ b c 方）

a. 门上有一个眼儿。
b. 门上有一个眼眼。

（选对 a＊ b 方）

a. 把瓶子上的盖儿拧开。
b. 把瓶瓶上的盖盖拧开。

（选对 a＊ b 方）

a. 我捉住它的小腿，把它带回去。
b. 我捉住它的小腿子，把它带回去。

（选对 a＊ b 方）

a. 我就这样度过了童年。

b. 我就这样子度过了童年。

（选对 a＊ b 方）

## 二、这

普通话中，指示代词“这”用来指代人和事物，表示“近指”，与“那”（远指）相对。在一些方言里常常没有“这”。

a. 这支笔是谁的？

b. 支笔是谁的？

（选对 a＊ b 方）

a. 这朵花真好看。

b. 朵花真好看。

（选对 a＊ b 方）

a. 这本书是我的。

b. 本书是我的。

（选对 a＊ b 方）

## 三、数量

福建等一些方言的称数法与普通话说法不大一样，有的方言区的人说普通话往往在数量上加以替代或省略。

a. 他今年二十一岁。

b. 他今年二一岁。

（选对 a＊ b 方）

a. 我有一百一十八块钱。

b. 我有百一八块钱。

（选对 a＊ b 方）

a. 这大米有一千三百公斤。

b. 这大米有千三公斤。

（选对 a＊ b 方）

a. 这座山有一千九百五十米高。

b. 这座山有千九五米高。

c. 这座山有一千九五米高。

（选对 a＊ b c 方）

a. 距离考试还有一个多月。

b. 距离考试还有月把天/月把日。

（选对 a＊ b 方）

a. 我们写作业用了一个多钟头。

b. 我们写作业用了一点半钟。

c. 我们写作业用了点半钟。

（选对 a ∗ b c 方）

a. 他审阅了二百一十三个方案。

b. 他审阅了二百十三个方案。

（选对 a ∗ b 方）

## 四、二与两

在普通话里，“两”一般只作基数词，“二”除了作基数词，还可以作序数词，但在一般量词如“层”的前面，“二”只能作序数词，“二层楼”是第二层楼的意思。“二”与“两”都作基数词的时候，意思是一样的，但是根据普通话的习惯，用法也有许多不同。一些方言的习惯说法也与普通话不一样。

a. 二比二（竞赛比分）。

b. 两比两。

（选对 a ∗ b 方）

a. 二比五。

b. 两比五。

（选对 a ∗ b 方）

a. 他大约要两三个月才能回来。

b. 他大约要二三个月才能回来。

（选对 a ∗ b 方）

a. 还有二两油。

b. 还有两两油。

（选对 a ∗ b 方）

a. 下午两点多。

b. 下午二点多。

（选对 a ∗ b 方）

a. 我家住在二层。

b. 我家住在两层。

（选对 a ∗ b 方）

a. 两个人的世界。

b. 二个人的世界。

（选对 a ∗ b 方）

## 五、给

动词“给”在湖北、湖南等地常说成“把”，南昌话把“给”说成“到”，在结构上也有不同。

a. 把书给他。

b. 把书把给他。

c. 把书把我。

（选对 a ∗ b c 方）

a. 给我一本书。

b. 拿一本书到我。

（选对 a＊ b 方）

## 六、能（善于）

“能”在普通话里一种意思是表示“善于”，前边可以有程度副词“很”“非常”修饰。有些方言区用“会”代替“能”，普通话“程度副词＋会”也有“善于”的意义，所以在这种情况下“能”和“会”通用。“程度副词＋不会”表示不善于，但“不能”的前面不可以用程度副词。前面没有程度副词的“不会”和“不能”意义不同。

a. 他很能说。

b. 他很会说。

c. 他很不会说话。

d. 他很不能说话。

（选对 a＊ b＊ c＊ d 方）

a. 妈妈很能干活。

b. 妈妈很会干活。

c. 妈妈很不会干活。

d. 妈妈很不能干活。

（选对 a＊ b＊ c＊ d 方）

a. 他不会不来。（一定会来）

b. 他不能不来。（一定要来）

（选择 a≠b＊ a＝b 方）

## 七、能（可以）

“能”在普通话中，还有“可以”的意思。四川等地在句中动词的后面加“得”表示可以、可能做某种动作。闽南方言也用“会”来表示可以、可能做某种动作。

a. 这凳子能坐三个人。

b. 这凳子坐得三个人。

c. 这凳子会坐得三个人。

d. 这凳子会坐三个人。

（选对 a＊ b c d 方）

a. 你能走吗？能走。

b. 你会走吗？会。

c. 你走得不？走得。

（选对 a＊ a＝b 方 c 方）

a. 这条裤子你能穿。

b. 这条裤子你会穿。

c. 这条裤子你穿得。

（选对 a＊ a＝b 方 c 方）

a. 开了刀，他笑都不能笑。

b. 开了刀，他笑都笑不得。

（选对 a＊ b 方）

a. 他伤好了，能走路了。
b. 他伤没好，不能走路。
c. 他伤好了，会走路了。
d. 他伤没好，不会走路。

（选对 a＊ b＊a＝c 方 b＝d 方）

a. 可以看，不可以摸。
b. 会看得，不会摸得。

（选对 a＊ b 方）

a. 路太滑，我不能开快车。
b. 路太滑，我不敢开快车。

（选择 a≠b＊ a＝b 方）

a. 他能听得懂。
b. 他会听得来。
c. 他听会来。
d. 他能听得知。
e. 他晓得听。

（选对 a＊ b c d e 方）

## 八、来、去

“来”“去”在普通话句子中都有两种功能：一个是实意动词；一个是意义虚化，在动词后只表示一种趋向，但“来”“去”所表示的趋向相反。在一些方言区中常常在“去”之前衍生出一个“来”字。有的动词后的“去”又说成“来”。闽南话中“来去”还有“将要”的意思，表示一种意向，指现在正开始行动。

a. 我正要吃饭去。
b. 我正要去吃饭。
c、我来去吃饭。

（选对 a＊ b＊ c 方）

a. 我告诉他。
b. 我去告诉他。
c. 我来去告诉他。

（选对 a＊ b＊ c 方）

a. 咱们逛街去。
b. 咱们去逛街。
c. 咱们来去逛街。

（选对 a＊ b＊ c 方）

a. 我们去问他。
b. 我们来问他。
c. 我们问他去。

d. 我们去问他来。

（选对 a≠b＊“趋向不同” c＊ a=b 方 d 方）

a. 我们一起去看电影好吗？

b. 我们一起来去看电影好吗？

（选对 a＊ b 方）

## 九、起 来

普通话里趋向动词“起来”常放在动词或形容词之后，表示动作或状态的开始，格式有“动词＋起＋宾语＋来”，有时也可以说成“宾语＋动词＋起来”。有些方言把“起来”放在宾语之后。

a. 下起雨来了。

b. 下雨起来了。

（选对 a＊ b 方）

a. 说起话来没个完。

b. 话说起来没个完。

c. 说话起来没个完。

（选对 a＊ b＊ c 方）

## 十、形容词重叠

形容词在普通话中可以重叠，但单音节重叠一般要在后面加上“的”字，如“红”重叠为“红红的”。但在湖北、浙江等一些方言里常常没有“的”。有的方言里有三叠。状态形容词及其重叠形式和某些方言中的表示法也不同。另外要注意，性质形容词的重叠式和状态形容词不再受程度副词的修饰。

a. 他的手洗得很白。

b. 他的手洗得白白。

c. 他的手洗得白白白。

（选对 a＊ b c 方）

a. 他穿着淡红色衣服。

b. 他穿着浅红色衣服。

c. 他穿着红红的衣服。

（普通话“红红”是“很红”，闽南话“红红”是“有点儿红”）

（选对 a＊ b＊ c 方）

a. 血红血红的

b. 血红红的

c. 红蛮红的

d. 红红哇的

（选对 a＊ b c d 方）

a. 冷冰冰

b. 冰冰冷

c. 冷冰哒

d. 冰嘎凉

（选对 a＊ b c d 方）

a. 雪白雪白的
b. 雪雪白的
c. 雪白白的

（选对 a＊ b c 方）

a. 喷喷香
b. 香喷喷
c. 喷香香

（选对 a＊ b＊ c 方）

a. 清清白白
b. 清清白
c. 清白清白

（选对 a＊ b c 方）

a. 认认真真
b. 认认真

（选对 a＊ b 方）

a. 高高兴兴
b. 高高兴

（选对 a＊ b 方）

a. 大大方方
b. 大大方
c. 大方大方

（选对 a＊ a≠c＊b 方）

a. 普普通通
b. 普普通

（选对 a＊ b 方）

## 十一、程度副词

普通话里“很”“太”“非常”等程度副词可以直接放在动词、形容词之前表示动作、性状的程度，不能直接放在动词、形容词之后。有些方言（如四川话）里却常把“很”直接放在动词、形容词之后表示程度。有些方言虽然程度副词也可直接放在动词、形容词之前，但所用的是不同于普通话的方言副词，如“好”“好好”“忒”“过”“老”“异”等。

a. 菜太老了，不能吃了。
b. 菜老很啰，吃不得啰。

（选对 a＊ b 方）

a. 这花儿多好看啊！
b. 这花儿好好看啊！

（选对 a＊ b 方）

a. 这天真蓝啊！
b. 这天好好蓝啊！

（选对 a＊ b 方）

a. 冬天北方非常冷。
b. 冬天北方过冷。
c. 冬天北方老冷。
d. 冬天北方异冷。

（选对 a＊ b c d 方）

a. 我太紧张了。
b. 我过紧张了。
c. 我忒紧张了。
d. 我太过紧张了。

（选对 a＊ b c d 方）

a. 他非常可爱。
b. 他好好可爱。
c. 他上可爱。

（选对 a＊ b c 方）

a. 这朵花真香。
b. 这朵花几香啊。
c. 这朵花老香。

（选对 a＊ b c 方）

a. 这菜太咸。
b. 这菜齁咸。
c. 这菜伤咸。
d. 这菜咸伤了。
e. 这菜老咸。

（选对 a＊ b c d e 方）

## 十二、范围副词

范围副词“都”“全”在普通话中表意基本相同，在“都/全＋动词＋补语”的格式中，表示“全部”。一些方言表示该意义往往用“动＋动＋补语”的格式。

a. 你们都出去。
b. 你们全出去。
c. 你们全都出去。
d. 你们出出去。

（选对 a＊ b＊ c＊ d 方）

a. 都收起来。
b. 收收起来。

（选对 a＊ b 方）

## 十三、否定副词“不”

普通话里表示否定的副词“不”，在福建等一些方言中常常说成“没，没有”。

普通话中表示“完成、存在状态”，一般在动词后带助词“了 le”“着 zhe”。四川等地方言中经常在动词后带“得有”或“有”再带宾语，表示事物的存在，即“（动）得有（宾语）”。有时普通话中需要用“有”来表示的，方言里也用“得有”来表示。有的方言里用“有”表示曾经等，直接放在动词前面。

a. 他手表丢了找不到。

b. 他手表丢了没有地方找。

（选择 a≠b＊ a＝b 方）

a. 你去，我不去。

b. 你去，我没有去。

（选对 a＊ b 方）

a. 不，他不是这样唱的。

b. 没有，他不是这样唱的。

（选对 a＊ b 方）

a. 这菜不咸。

b. 这菜没有咸。

（选对 a＊ b 方）

a. 他不回家。

b. 他没有回家。

（选择 a≠b＊ a＝b 方）

a. 我吃不到荔枝。

b. 我吃没有荔枝。

（选对 a＊ b 方）

a. 妈妈说红的花多半不香。

b. 妈妈说红的花多半没有香。

（选对 a＊ b 方）

a. 他脑子不笨。

b. 他脑子没有笨。

（选对 a＊ a＝b 方）

## 十四、介词：被

普通话里常用介词“被”（口语里常用“叫、让”等）或者用“被”引进施事宾语，放在谓语动词前，构成表示被动意义的“被字句”。一些方言里表示被动意义的介词的位置跟普通话相同，但所用介词与普通话不同。如湖南长沙把“被”说成“捞”，临武把“被”说成“阿”。山西把“被”说成“招”“得”。四川等地把“被”说成“遭”“拿给”等。湖北等方言区把“让”说成“尽”“把”等。福建等地区口语里还常用“给”表示被动意义，有时会造成歧义。

a. 书被弟弟撕坏了。

b. 书阿弟弟撕坏了。

（选择 a＊ b 方）

a. 妹妹的书包被树枝挂破了。
b. 妹妹的书包遭树枝枝挂破啰。

（选对 a＊ b 方）

a. 我的书被别人借走了。
b. 我的书遭别人借走啰。
c. 我的书拿给别人借走了。

（选对 a＊ b c 方）

a. 我们被他骂了一顿。
b. 我们遭他骂了一顿。
c. 我们招他骂了一顿。

（选对 a＊ b c 方）

a. 大家都被他说乐了。
b. 大家都叫他说乐了。
c. 大家都招他说乐了。
d. 众人都得他说乐了。

（选对 a＊ b＊ c d 方）

a. 别让他跑了。
b. 别尽他跑了。
c. 别被他跑了。

（选对 a＊ b c 方）

## 十五、介词：从、在、到、向、往

“从”在普通话里是表示动作起始点的介词，常和宾语构成介词短语作状语。福建常把“从”说成“对”“走”等。山西地区说成“朝”“赶”“假”“跟”“以”“拿”“到”等。

普通话里常用介词“在、到”构成介词短语作谓语动词的状语或补语表示处所。有些方言区把“在”“到”说成“咧”“摞”“搁”等，有的干脆省略掉介词，让谓语动词与后面的处所名词直接组合。

表示方向的介词“往”山西地区说成“去”。“向”福建地区说成“给”。

a. 从杭州出发。
b. 对杭州出发。
c. 起杭州出发。

（选对 a＊ b c 方）

a. 从这儿离开。
b. 走这儿离开。
c. 起这儿离开。

（选对 a＊ b c 方）

a. 我从太原来。

b. 我朝太原来。
c. 我赶太原来。
d. 我迎太原来。
e. 我假太原来。
f、我以太原来。
g、我拿太原来。

（选对 a＊ b c d e f g 方）

a. 面包掉在地上了。
b. 面包掉咧地上了。
c. 面包掉撂地上了。

（选对 a＊ b c 方）

a. 把花放到窗台上吧。
b. 把花放咧窗台上吧。
c. 把花放撂窗台上吧。

（选对 a＊ b c 方）

a. 你把钱放在桌子上吧！
b. 你把钱放桌子上吧！
c. 你把钱稳儿桌子上吧！

（选对 a＊ b c 方）

a. 在黑板上写字。
b. 搁黑板上写字。
c. 跟黑板上写字。

（选对 a＊ b c 方）

a. 你往东走，我往西走。
b. 你去东走，我去西走。

（选对 a＊ b 方）

a. 向老师借书。
b. 给老师借书。

（选择 a≠b＊ a＝b 方）

## 十六、动态助词：着、了、过

普通话里表示动态的助词主要有“着”“了”“过”三个，附着在动词或形容词之后表示动词、形容词的某种语法意义。动态助词“着”用在动词、形容词后面，主要表示动作在进行或状态在持续，有时表示动作后的存在状态。“了”主要表示动作行为的完成。四川、湖北等地常把“着”或“了”说成“得有”，把“着”说成“倒”“起”等。四川话还可以在动词后面带“起在”“倒起”等，表示普通话里“着”的意思。福建方言区有些地方还把“了”说成“掉”。有的方言里把“着”放在宾语之后。

普通话动态助词“过”用在动词、形容词后面，主要表示动作的完成，或者表示曾经发生这样的动作，曾经具有这样的状态。有些方言区（如广东、福建）则常用“有＋动”或“有

+动+过”的格式来表示。“有”字跟其他动词连用，在普通话里仅限于一些来自文言的客套话，例如：“有请”“有劳”“有待”“有赖”。

a. 我带着钱呢。

b. 我带得有钱。

（选对 a＊ b 方）

a. 他额头上又没有刻着字。

b. 他额头上又没有刻得有字。

（选对 a＊ b 方）

a. 他带着火柴呢。

b. 他带得有火柴呢。

（选对 a＊ b 方）

a. 给你留了包子。

b. 给你留得有包子。

（选对 a＊ b 方）

a. 今天走了五十里路。

b. 今天走得有五十里路。

（选对 a＊ b 方）

a. 他看着看着就睡着（zháo）了。

b. 他看倒看倒就睡着了。

（选对 a＊ b 方）

a. 我们都等着你呢！

b. 我们都在等倒你在！

（选对 a＊ b 方）

a. 他要做，你也只好看着。

b. 他要做，你也只好看起。

c. 他要做，你也只能看倒。

（选对 a＊ b c 方）

a. 师傅把着手教我。

b. 师傅把倒手教我。

（选对 a＊ b 方）

a. 坐着说不如站着干。

b. 坐起说不如站起干。

（选对 a＊ b 方）

a. 他还玩着呢。

b. 他还耍起在。

（选对 a＊ b 方）

a. 提包在墙上挂着呢。

b. 包包在墙壁上挂起在。

（选对 a＊ b 方）

a. 气死了。
b. 气死掉。

（选对 a＊ b 方）

a. 妈妈在家等着你呢。
b. 妈妈在家等你着呢。

（选对 a＊ b 方）

a. 这件事我说过。
b. 这件事我有说。
c. 这件事我有说过。

（选对 a＊ b c 方）

a. 今天上午他来过。
b. 今天上午他有来。
c. 今天上午他有来过。

（选对 a＊ b c 方）

a. 他读过书。
b. 他有读书。

（选对 a＊ b 方）

a. 我写过一篇关于妈妈的作文。
b. 我有写过一篇关于妈妈的作文。

（选对 a＊ b 方）

a. 我来过福州。
b. 我有来过福州。
c. 福州我有来。

（选对 a＊ b c 方）

a. 老师为此表扬过我。
b. 老师为此有表扬过我。

（选对 a＊ b 方）

a. 爸爸早年做过苦力。
b. 爸爸早年有做过苦力。

（选对 a＊ b 方）

a. 听说玛利亚到过长城。
b. 听说玛利亚有到过长城。

（选对 a＊ b 方）

## 十七、结构助词：的、地

普通话里的结构助词“的”“地”，在有些方言里说成“葛”“子”。另外，在测试中有的人普通话发音很好，但往往在某些助词上露出方言词来。比如吴方言有一个用在句末的助词“葛”，出现频率很高，它大体相当于普通话的“的”，人们在说普通话时，常常会不自觉地把它变为“的”。例如“很好的”“他会来的”。这似乎没什么问题，因为有时普通话里也这么说，但有时这种表达相对而言在交际中不够规范。

a. 这是你的字典。

b. 这是你葛字典。

（选对 a＊ b 方）

a. 我们慢慢地走。

b. 我们慢慢子走。

（选对 a＊ b 方）

a. 慢慢地吃。

b. 慢慢儿吃。

c. 慢慢子吃。

（选对 a＊ b＊ c 方）

## 十八、语气词

普通话里语气词用在句尾，表示种种语气，依据所表示的语气不同分为陈述语气、疑问语气、祈使语气和感叹语气。普通话里表陈述语气的“嘛”湖北话中经常用“吵”“着”“子”等；表陈述语气的“呢”，内蒙古等地用“的嘞”。疑问语气词“吧”，内蒙古方言中常用“哇”。有时不需要句末语气词，有的地方却加上语气词“的”。有时应该用语气词“了”，有的地方却用了“的”。

a. 先坐下，你别慌嘛。

b. 先坐下，你别慌吵。

c. 先坐下，你不慌着。

（选对 a＊ b c 方）

a. 你忙什么呀？

b. 你忙什么子？

（选对 a＊ b 方）

a. 姐姐看孩子呢。

b. 姐姐看孩子的嘞。

c. 姐姐看孩子的哩。

（选对 a＊ b c 方）

a. 这是上次看的电影吧？

b. 这是上次看的电影哇？

（选对 a＊ b 方）

## 十九、前 缀

在普通话中没有前缀的地方，晋方言区一些地方会加上前缀。

a. 开了一朵红花。

b. 开了一圪朵红花。

（选对 a＊ b 方）

a. 他可会哄人呢。

b. 他可会日哄人哩。

（选对 a＊ b 方）

a. 那是个能人，要一套有一套。

b. 那是个日能人，要一套有一套。

（选对 a＊ b 方）

a. 溅了一地水。

b. 不溅了一地水。

（选对 a＊ b 方）

## 二十、动不动、形不形

“动不动”和“形不形”句式，是普通话的一种选择疑问句式，选择项是一件事物的肯定和否定，常说成“A 不 A，AB 不 AB”或“A 没 A，AB 没 AB”等形式。烟台（老派）、威海、荣成、文登、乳山、牟平等县市，说成“是不 A，是不 AB”或“是没 A，是没 AB”的形式。龙口、蓬莱、长岛等地说成“实 A，实 AB”等的格式。湖北和山东有些地区（招远、长岛等）用动词、形容词重叠的形式来表示反复问的意义，构成“AA，AAB”形式。

山东潍坊、济宁等地常用简略的形式表示疑问，在动词、形容词后面加上“不”构成“A 不”或“AB 不”的格式，“不”后面的形容词和动词一般不再出现。

还有些地区（菏泽等地）则直接在动词、形容词后加助词“啵”来表示疑问。淄博、青州、临朐、寿光等地通用的格式是“A 啊吧？”或者“A 啊不？”“AB 啊不？”。

a. 你看不看电影？

b. 你是不看电影？

（选对 a＊ b 方）

a. 你家里有没有人？

b. 你家里是没有人儿？

（选对 a＊ b 方）

a. 天黑没黑？

b. 天是没黑？

（选对 a＊ b 方）

a. 菜咸不咸？

b. 菜实咸？

c. 菜阿咸？

（选对 a＊ b c 方）

a. 电影好看不好看？

b. 电影儿实好看？

（选对 a＊ b 方）

a. 你去不去？

b. 你实去？

（选对 a＊ b 方）

a. 这菊花香不香？

b. 这菊花香香？

（选对 a＊ b 方）

a. 他聪明不聪明？
b. 他聪聪明？

（选对 a＊ b 方）

a. 你去不去逛街？
b. 你去去逛街？

（选对 a＊ b 方）

a. 你们来过没来过？
b. 你们来来没呐？

（选对 a＊ b 方）

a. 他们坐不坐？
b. 他们坐不？

（选对 a＊ b 方）

a. 屋里热不热？
b. 屋里热啵？

（选对 a＊ b 方）

a. 行不行？
b. 中啊吧？
c. 中啊不？

（选对 a＊ b c 方）

a. 你有没有钱？
b. 你有钱啊吧？
c. 你不钱啊不？

（选对 a＊ b c 方）

a. 那东西重不重？
b. 那东西重咧不？
c. 那东西重啊不？
d. 那东西重咧不咧？

（选对 a＊ b c d 方）

## 二十一、会不会、能不能、有没有

普通话里用来表示疑问的句式“会不会”，在四川等一些方言区中用“（动）得来（动）不来”“（动）得来不”（表示没有能力做某事）或“得不得（动）”（表可能）这样的句式。普通话回答是在动词前面加“会”“不会”来表示，而四川等方言一般用“（动）得来”或“（动）不来”（表没有能力做某事），或者用“不得（动）、不得会（动）”（表可能）。但像“合得来、合不合来”“谈得来、谈不来”等是一些方言和普通话里都有的说法，表达的意思也一样。普通话里表许可或可能的疑问句式“能不能（动）”“能（动）不能（动）”，在有些方言里用“（动）得不”来表示，回答一般用“（动）得”表示肯定或许可，用“（动）不得”表示否定或不许可。普通话中“有没有”的意思，有的方言区用“得不得”来表示。

a. 这种舞你会不会跳？
b. 你会跳这种舞吗？
c. 这种舞你会跳不会跳？
d. 这种舞你跳得来跳不来？
e. 你跳得来这起舞不？
f. 这种舞你跳得来不？

（选对 a＊ b＊ c＊ d e f 方）

a. 我们不会说谎。
b. 我们说不来谎。

（选对 a＊ b 方）

a. 我不喜欢闻烟味儿。
b. 我闻不来烟味儿。

（选对 a＊ b 方）

a. 他不吃辣椒。
b. 他吃不来辣椒。

（选对 a＊ b 方）

a. —— 他会不会不理我？
—— 不会，他不会。
b. —— 他得不得不理我？
—— 不得，他不得。

（选对 a＊ b 方）

a. —— 他会不会来？
—— 他不会来。
b. —— 他得不得来？
—— 他不得来。

（选对 a＊ b 方）

a. 他不会强迫我们走。
b. 他不得会强迫我们走。

（选对 a＊ b 方）

a. —— 他行不行？
—— 不行，真的不行。
b. —— 他得不得行？
—— 不得行，真的不得行。

（选对 a＊ b 方）

a. —— 你能不能走？
—— 我能走。/我不能走。
b. —— 你走得不？
—— 我走得。/我走不得。

（选对 a＊ b 方）

a. 这东西能不能吃?
b. 这东西能吃不能吃?
c. 这东西吃得不?

(选对 a* b* c 方)

## 二十二、不知道、不认得

普通话里的“不知道”“不认得”等表示法，湖北有的地区说成“找不到”。有些地区把“不认得”说成“认不到”或“不会认得到”。有的地区还把否定词“不”移位到“知道”或“认得”之间，或者说成“晓不得”。

a. 这件事我不知道。
b. 这件事我知不道。
c. 这件事我晓不得。

(选对 a* b c 方)

a. 这个人我不认得。
b. 这个人我认不到。
c. 这个人我不会认得到。

(选对 a* b c 方)

a. 这道题怎么答，我不知道。
b. 这道题怎么答，我知不道。
c. 这道题怎么答，我找不到。
d. 这道题怎么答，我晓不得。

(选对 a* b c d 方)

a. 这事我真的不知道。
b. 这事我真的知不道。
c. 这事我真的找不到。

(选对 a* b c 方)

## 二十三、动+宾+补、动+补+宾

补语和宾语都在动词后面，两个成分同时出现时，涉及语序问题。这种顺序有的时候取决于补语，即不同的补语和中心语结合的紧密程度不同。有时候又取决于宾语，即不同的宾语要求有不同的位置。表示结果、程度、可能的补语跟动词关系密切，一般紧接动词谓语后，总是在宾语前面。有些方言把这个补语放在宾语之后（如粤、闽、客家等方言）。湖南方言有些也常在否定句中把宾语放在补语前边。

在一些方言里，否定副词和数量补语的语序也常有变化。作为数量补语，在普通话里一般既可放在宾语前，又可置于宾语后，形成“动宾补”和“动补宾”两种句式，但两者表示的意义稍有不同，“动补宾”中更强调“宾语”。

a. 我说（比、打、跑）得过他。
b. 我说（比、打、跑）他得过。
c. 我说（比、打、跑）得他过。

(选对 a* b c 方)

a. 我说（比、打、跑）不过他。
b. 我说（比、打、跑）他不过。
c. 我说（比、打、跑）不他过。

（选对 a＊ b c 方）

a. 我想看他一下。
b. 我想看一下他。
c. 我想看他下子。

（选择 a≠b＊ 其中 b 强调了“他”，a=b 方 c 方）

a. 我找过他几次。
b. 我找过几次他。

（选择 a≠b＊ 其中 b 强调了“他”，a=b 方）

## 二十四、双宾语

a. 我给他三斤苹果。
b. 我给三斤苹果他。
c. 我苹果给他三斤。
d. 我给三斤苹果给他。
e. 我苹果三斤给他。

（选对 a＊ b c d e 方）

a. 送我一件衣服。
b. 送一件衣服我。
c. 送一件衣服给我。
d. 衣服一件送我。
e. 衣服送一件给我。

（选对 a＊ c＊ b d e 方）

## 二十五、状＋动/形

普通话里，副词与动词、形容词组合时，副词放在被修饰、限制词语前作状语，而有些方言（如广东、广西、上海、福建一些地方）则把它们放在被修饰、限制词语后作补语。

a. 别客气，你先走（去、洗、说、看、睡、吃）。
b. 别客气，你走（去、洗、说、看、睡、吃）先。
c. 别客气，你走（去、洗、说、看、睡、吃）头先。
d. 别客气，你走（去、洗、说、看、睡、吃）在先。

（选对 a＊ b c d 方）

a. 注意，少喝点酒对身体有好处。
b. 注意，喝少点酒对身体有好处。

（选对 a＊ b 方）

a. 上海快到了。
b. 上海到快了。

（选对 a＊ b 方）

a. 汽车快来了。
b. 汽车来快了。

（选对 a＊ b 方）

a. 他快吃完饭了。
b. 他饭吃好快了。

（选对 a＊ b 方）

a. 你再吃一碗。
b. 你吃一碗添。

（选对 a＊ b 方）

a. 他们还没扫干净。
b. 他们扫没没干净。

（选对 a＊ b 方）

a. 这朵花儿很红。
b. 这朵花儿红极。
c. 这朵花红得极。

（选对 a＊ b c 方）

## 二十六、状＋动＋补

在普通话里这种句式中的状语多为“多”或“少”，补语一般都是数量补语。在广西等一些方言里常常把在动词前的状语“多”“少”放在动词后。这样，有的形成了错误的句子，有的句子仍然是正确的，但是“多”“少”等词在功能上发生了变化，句子的意义也发生了变化。

a. 你少说两句。
b. 你说少两句。

（选对 a＊ b 方）

a. 你多吃一点。
b. 你吃多一点。

（选择 a≠b＊ a＝b 方）

a. 多用一点时间来陪孩子。
b. 用多一点时间来陪孩子。

（选对 a＊ b 方）

a. 今天多送你一点礼物。
b. 今天给送多一点礼物。

（选对 a＊ b 方）

a. 请你多拿点儿。
b. 请你拿多点儿。

（选择 a≠b＊ a＝b 方）

a. 请你多喝两杯。
b. 请你喝多两杯。

（选对 a＊ b 方）

## 二十七、形/动＋补

普通话里“形/动＋补”格式，在湖北、山西等一些方言里有不同的表示法，有的格式上有差别，有的补语用词有不同。

a. 衣服叫他弄脏了。
b. 衣服叫他弄脏了脏。

（选对 a＊ b 方）

a. 这本书给他弄丢了。
b. 这本书给他弄丢了丢。

（选对 a＊ b 方）

a. 天气热得很。
b. 天热得太太。
c. 天热得来来。

（选对 a＊ b c 方）

a. 他累得满头大汗。
b. 他累得汗流。
c. 他累得汗滴滴声。

（选对 a＊ b c 方）

a. 把桌子搬开了。
b. 把桌子搬转了。

（选对 a＊ b 方）

## 二十八、够＋形、动＋清楚＋了

普通话中有“够＋形”或“动＋清楚＋了”等格式，表示动作或状态达到一定程度。一些方言则用“有＋形”或“动＋有”的格式来表示这种意思。

a. 菜够咸了。
b. 菜有咸。

（选对 a＊ b 方）

a. 我听清楚了。
b. 我听有。

（选对 a＊ b 方）

## 二十九、补 语

普通话里表示可能或不可能的动补结构“动＋得/不＋了”，其中补语“了（liǎo）”在一些方言里说成“倒”或“脱”，有时也说成“起”。普通话里用趋向动词“上”“下”充当的补语，在四川方言中常用“起”。有些动补结构在吴方言和江淮方言中常常重复动词，然后加补语。

a. 你们来得了来不了？
b. 你们来得倒来不倒？

（选对 a＊ b方）

a. 我们走不了啦。
b. 我们走不倒啰。

（选对 a＊ b方）

a. 这件事现在还定不了。
b. 这个事情现在还定不倒。

（选对 a＊ b方）

a. 妹妹只吃得了半碗饭。
b. 妹妹只吃得倒半碗饭。

（选对 a＊ b方）

a. 没有准备，我发不了言。
b. 没有准备，我发不起言。

（选对 a＊ b方）

a. 我们拿不走。
b. 我们拿不起。

（选对 a＊ b方）

a. 快把你的东西弄走。
b. 快把你的东西弄起走。

（选对 a＊ b方）

a. 这稿子明天写得完吗？
b. 这稿子明天写得起吗？
c. 这稿子明天写不完。
d. 这稿子明天写得完。
e. 这稿子明天写不起。
f、这稿子明天写得起。

（选对 a＊ c＊ d＊ b e f方）

a. 你躲得了和尚躲不了庙。
b. 你躲得脱和尚躲不脱庙。

（选对 a＊ b方）

a. 你站好。
b. 你站站好。

（选对 a＊ b方）

a. 我一定要弄清楚。
b. 我一定要弄弄清楚。

（选对 a＊ b方）

## 三十、比较句

普通话里表示比较的句式中有一类是用“比”字构成的，其基本格式为“甲＋比＋乙＋比较语”。广西等地方有些方言不用“比”字，常用“过”字，其格式为“甲＋比较语＋过＋

乙”，或者不用“比”“过”一类介词，格式为“甲＋动词/形容词＋乙”。青岛、烟台、威海、潍坊、新泰等有些地区常用的结构为“甲＋形容词＋起＋乙”。而利津一带比较句常见的格式为“甲＋比较语＋的＋乙”。

有些方言区，如济南、泰安、临沂等地，比较句式与普通话相当，但常用“伴”“给”“跟”等代替介词“比”，引进比较对象。还有些方言用“赶”“跟”“评”“品”“的”等引进比较对象。

普通话里表示比较的句式中还有一类是用动词“不如”构成的，格式为“甲不如乙＋比较语”。有些方言区，如山东菏泽、青州、临朐等地，把“不如”说成“不跟”。

a. 牛比猪大很多。
b. 牛大过猪很多。

（选对 a＊ b 方）

a. 四川省比广东省大。
b. 四川省大过广东省。

（选对 a＊ b 方）

a. 我唱歌比他好。
b. 我唱歌好过他。

（选对 a＊ b 方）

a. 骑车比走路快。
b. 骑车快过走路。

（选对 a＊ b 方）

a. 兔子跑得比乌龟快。
b. 兔子跑快乌龟。

（选对 a＊ b 方）

a. 你比我矮。
b. 你矮我。
c. 你比我过矮。
d. 你比较矮我。
e. 你比我较矮。

（选对 a＊ b c d e 方）

a. 我一米六，你一米八，我没有你高。
b. 我一米六，你一米八，我不比你高。

（选对 a＊ b＝a 方）

a. 一天更比一天好。
b. 一天强起一天。

（选对 a＊ b 方）

a. 哥哥长得不比我高。
b. 哥哥长得不高起我。
c. 哥哥长得不高过我。

（选对 a＊ b c 方）

a. 这本书不比那本好看。
b. 这本书不好看起那本。
c. 这本书不好看过那本。

（选对 a＊ b c 方）

a. 全班没有比他再聪明的了。
b. 全班儿没聪明起他。

（选对 a＊ b 方）

a. 他比我高。
b. 他赶我高。
c. 他跟我高。
d. 他评我高。
e. 他品我高。

（选对 a＊ b c d e 方）

a. 这个不比那个更好。
b. 这个不更强的那个。

（选对 a＊ b 方）

a. 他跑得不比我快。
b. 他跑得不快的我。
c. 他跑得不快过我。

（选对 a＊ b c 方）

a. 你穿着它不比我穿着好看。
b. 你穿着它不好看的我穿着。

（选对 a＊ b 方）

a. 这件衣服不如那件漂亮。
b. 这件衣服不跟那件漂亮。

（选对 a＊ b 方）

a. 我不如他。
b. 我不值他。
c. 我没有他有料。

（选对 a＊ b c 方）

a. 他不会比你差。
b. 他不得比你差。
c. 差，他就不得来。
d. 他不会差过你。

（选对 a＊ b c d 方）

## 三十一、“把”字句

“把＋宾语＋谓语＋补语”这种“把”字句是普通话里一种很常见的句型。它用介词“把”将谓语动词后的受事宾语提到动词之前，表示对一种事物或现象的处置，谓语动词后常带趋向补语或处所补语。但有些方言区（如山东西部）常常把代词宾语放在动词之后或复合趋向动词（如出来、起来）之间。

a. 我们把他抓起来。

b. 我们抓他起来。

（选对 a＊ b 方）

a. 我把他拉上去。

b. 我拉他上去。

c. 我拉上他去。

（选对 a＊ b c 方）

a. 我把他推到地上。

b. 我推他地下。

（选对 a＊ b 方）

a. 他把我关在门外了。

b. 他关我门外了。

（选对 a＊ b 方）

## 三十二、并列关系复句和关联词语

复句是由两个或两个以上意义相关的分句组成的较复杂的句子。复句里各个分句之间都有一定的关系，这种关系常常通过一定的关联词语来表示，几个分句分别说明或描写几件事情、几种情况或同一事物的几个方面，分句间的关系是并举的或者是对举的，这就是并列关系。普通话常用的关联词是“也”“又”“还”“既……又……”“一边儿……一边儿……”“一方面……一方面……”等。有些方言则不同。

a. 咱们一边吃饭，一边说话。

b. 咱赶着吃饭，赶着说话。

c. 咱们一抹儿吃饭，一抹儿说话。

（选对 a＊ b c 方）

a. 一边看电视，一边打毛衣。

b. 一不嘞看电视，一不嘞打毛衣。

c. 一不瞧电视，一不地打毛衣。

（选对 a＊ b c 方）

## 三十三、取舍关系复句和关联词语

选择关系复句里有一类取舍复句，两个分句表示不同的事物，说话者已经决定选取其中一种，舍弃另一种，常用的关联词有“与其……不如……”“宁可……也不……”等。有些方言使用不同的手段表达这种取舍关系。

a. 宁肯我去，也不能叫你去。

b. 能我去，也不能叫你去。

c. 就算我去，也不能叫你去。

d. 就是我去，也不能叫你去。

e. 情愿我去，也不能叫你去。

（选对 a＊ b c d e 方）

## 三十四、假设关系复句和关联词语

假设关系复句是指，一个分句假设一种情况，另一分句说明假设的情况实现了就会有怎样的结果，常用“如果（假如、要是）……就……”等关联词语来表明这种关系。山东烟台、威海、荣成、牟平、龙口、蓬莱、长岛等地还有一种很独特的说法：“不着……就……”。它表达的含义比较复杂，相当于普通话的“如果不是因为……就……”。

a. 如果不是因为姐姐扶着我，我就跌倒在那儿了。

b. 不着姐姐扶着我，我就磕儿那去了。

（选对 a＊ b 方）

a. 如果不是因为你，妈妈就不来了。

b. 不着你，妈妈就不来了。

（选对 a＊ b 方）

a. 如果不是因为你碰它，盘子能打碎吗？

b. 不着你碰它，盘子能打了吗？

（选对 a＊ b 方）

# 第六章　朗读短文测试指导

## 第一节　朗读短文测试项说明

### 一、模拟试题（400个音节，共30分，限时4分钟）

两个同龄的年轻人同时受雇于一家店铺，并且拿同样的薪水。

可是一段时间后，叫阿诺德的那个小伙子青云直上，而那个叫布鲁诺的小伙子却仍在原地踏步。布鲁诺很不满意老板的不公正待遇。终于有一天他到老板那儿发牢骚了。老板一边耐心地听着他的抱怨，一边在心里盘算着怎样向他解释清楚他和阿诺德之间的差别。

“布鲁诺先生，”老板开口说话了，“您现在到集市上去一下，看看今天早上有什么卖的。”

布鲁诺从集市上回来向老板汇报说，今早集市上只有一个农民拉了一车土豆在卖。

“有多少？”老板问。

布鲁诺赶快戴上帽子又跑到集上，然后回来告诉老板一共四十袋土豆。

“价格是多少？”

布鲁诺又第三次跑到集上问来了价格。

“好吧，”老板对他说，“现在请您坐到这把椅子上一句话也不要说，看看阿诺德怎么说。”

阿诺德很快就从集市上回来了。向老板汇报说到现在为止只有一个农民在卖土豆，一共四十口袋，价格是多少多少；土豆质量很不错，他带回来一个让老板看看。这个农民一个钟头以后还会弄来几箱西红柿，据他看价格非常公道。昨天他们铺子的西红柿卖得很快，库存已经不//多了……

### 二、测试目的

《普通话水平测试大纲》规定：“朗读短文测试的目的是测查应试人使用普通话朗读书面作品的水平。在测查声母、韵母、声调读音标准程度的同时，重点测查连读音变、停连、语调以及流畅程度。”

### 三、试卷构成与要求

（1）短文从《普通话水平测试用朗读作品》中选取。

（2）评分以朗读作品的前400个音节（不含标点符号和括注的音节）为限。

### 四、评分标准

（1）每错1个音节，漏读或增读1个音节，都扣0.1分。

（2）声母或韵母的系统性语音缺陷，视程度扣0.5分、1分。

（3）语调偏误，视程度扣0.5分、1分、2分。

（4）停连不当，视程度扣0.5分、1分、2分。

（5）朗读不流畅（包括回读），视程度扣0.5分、1分、2分。

（6）超时扣1分。

## 第二节　朗读短文测试指导

普通话水平测试的第三个测试题项是“朗读短文”，其目的是测查应试人使用普通话朗读书面作品的水平。主考官不但要测查应试人的声母、韵母、声调发音标准度，还要测查应试人的音变、停连、语调掌握度及语流行进畅顺度。受测时，应试人在60篇作品中抽取1篇进行朗读，每篇作品约450字，测查以前400字为限。60篇作品测前全部公开，应试人应将其作为一个整体进行精心准备，一篇篇练读，每篇都要花相同力量。

### 一、怎样准备短文的朗读

要进行朗读，首先应该弄明白什么是朗读，什么不是朗读。现在，朗读已作为一门独立的课程在相关院校里进行教学。当然，参加普通话水平测试的大多数应试人可能都无法接受专门的朗读系列训练，在测试朗读项时出现一些朗读技巧方面的失误是再平常不过的事了。但有些问题，只要你稍加注意、稍加学习就可以很好地解决。一种情况是，没有朗读经验的人往往容易把朗读理解为当然也处理为念书，测试时就用这种念书腔，念起来没有轻重缓急，没有抑扬顿挫，没有态度情感，干巴巴的，听起来没有美感，这算不了朗读。另一种情况是，一些受过朗诵之类语言艺术熏陶而不得其法的人可能会把朗读理解并处理为朗诵，读起文章来拿腔拿调，夸张造作，甚至装腔作势，显得极不真实、极不自然。这也算不了朗读，至少不是好的朗读。

朗读就是清晰响亮地把文章念出来。朗，就是清晰响亮的意思；读，就是看着文字念出声音。这里最为关键的是要做到清晰、响亮。要做到清晰，有两个要点：一是发音要准确到位，测试中有些人由于连读仓促致使字词发音不到位，甚至因为心里紧张语速过快造成吃字，直接影响到朗读的清晰程度。二是表达层次清晰，首先应该做到语气连贯停连适当。有些人完全没有句调分辨意识，读任何句子都是同一个调，前后没有语气连接。要做到表达层次清晰，最起码应该学会区分完成句与未完成句（书面上的句号和逗号）、陈述句与疑问句这些基本的句调。其次是试图揣摩重音、停顿的处理。运用恰当，就能更清晰地表达意思。最后，能根据文义处理语速、把握节奏、表明态度，进而动用感情，就做到有声有色了。所谓响亮，就是朗读的声音应该有一定的响度。测试时声音不要太小，让测试员听得太费力。当然，也不能太大，让人听得不舒服，因为应试人与测试员毕竟是面对面的。

一般来说，应试人在测试前对大纲公布的60篇朗读作品都有了一定的了解，知道了文章的内容；但还不够深入细致，毕竟文章数量太多，不可能篇篇都烂熟于心。因此，还需要利用抽签后的一点准备时间加深印象。如何利用这点极为有限的时间突击准备一下呢？我们认为，可分这样三步进行。

第一步，应该马上准确地判断出该作品的节奏类型，选择恰当的语气、语速、感情等表达手段来进行朗读。比如抽到写景的文章，文中多描写性语言，主要用描述语气来处理，感情主体是喜悦的，节奏是轻快的。

第二步，用较快速度看一下文后的语音提示，弄清一些字词在文章中的特殊读音和难字词的读音，记住提示中的连读变调、轻声词等。

第三步，快速默读一遍全文，体味一下文中各句尤其是一些长句或难句应如何停连断句、语气连贯等。

此外，在朗读前还应该做好生理上心理上的准备，以最佳的状态进入作品的朗读。

## 二、朗读作品需做到“准确、流畅、传情”

### （一）准确

“准确”是贯穿作品朗读全过程的要求，它至少包含三方面的内容：既指400个字的音节发音准确，又指音节与音节间的音变发音准确，还指多音节词的轻重格式发音准确。

要求发准400个字的音节，实质是要求发准所有声母、韵母和声调。一个音节的声母、韵母、声调发标准了，该音节才有可能标准。

音节与音节间的音变，主要有轻声、儿化、变调及“啊”的音变等。要使音变发音标准，首先要知道每一音变现象的具体内容，然后付诸发音实践，直至操作熟练。

朗读作品，若缺乏词的轻重音格式意识，朗读语流会显得生硬而不自然。普通话以双音词为主，掌握双音词的轻重音格式，并付诸发音实践，词的轻重音格式发音准确问题就能得到解决。

普通话双音词轻重音格式不外乎两种情况：（1）首音节重读，末音节非重读；（2）首音节非重读，末音节重读。这种规则细节比较复杂，大体与词的结构方式有关。比如，大多数单纯词符合规则（1），如“哆嗦”“萝卜”“猩猩”；单纯词中文学词汇符合规则（2），如“逍遥”“澎湃”“徘徊”。附加式合成词，词缀在后的符合规则（1），如“苦头”“读者”“作家”；词缀在前的符合规则（2），如“老张”“第三”“大妈”。复合式合成词，联合式大部分（书面语）符合规则（2），如“图画”“杂乱”“国家”；少部分（口语）符合规则（1），如“帮助”“衣服”“眼睛”。偏正式大部分（突出中心语素义）符合规则（2），如“毛笔”“草鞋”“汽车”；少部分（突出修饰语素义）符合规则（1），如“工人”“女士”“手艺”。主谓式符合规则（2），如“年轻”“河流”“冬至”。动宾式大部分（动、形）符合规则（2），如“发言”“出版”“安心”；少部分（名）符合规则（1），如“扶手”“理事”“绑腿”等。

### （二）流畅

“准确”是朗读作品的基本要求，“流畅”则是朗读作品的表意需要。应试人如果将作品的400个音节一个一个迸读出来，作品内容表达一定支离破碎，或者将400个音节用极快的语速一口气念出来，作品内容表达则一定含混不清。

“流畅”主要是针对语流而言，涉及语速、停顿、节奏等内容。按短文时限为4分钟计算，语速可以为每分钟100字，但这样读太慢。如果仿照电视体育解说员的语速朗读，每分钟可达400字，这样读又会显得太快。语速太快或太慢，包括出现与文旨无关的忽快忽慢，都是朗读不流畅的表现。实践证明，朗读语速控制在每分钟200～260字之间比较适宜。

朗读中停顿处理得好，可有效控制语速。影响流畅的停顿主要指语法停顿。语法停顿有句读停顿和结构停顿之分。节奏是指语言的音乐性，节奏和谐的朗读一定是流畅的朗读。节奏有音强节奏和音长节奏之分。有关停顿和节奏的问题详见本章第三节。

朗读中出现添字、漏字、回读等问题，也属于不流畅。应试人测前要消除侥幸意识，老老实实对60篇作品进行全面认真的准备，这样，问题就能得到解决。

### （三）传情

“流畅”是“传情”的重要前提，“传情”则是作品朗读的最高境界。朗读作品的原则是忠于作品。要忠于作品，朗读前必须熟悉和理解作品，要从作品的体裁、内容、主题、结构、语言等方面入手，充分剖析作品，对作品形成强烈而完整的认同感，使作品的思想转化为朗读者自己的思想，使作品的情感转化为朗读者自己的情感。比如，普通话水平测试用51号作品讲述一个小男孩儿智力受损心里却充满爱的故事。小男孩儿智力受损，他渴望被爱，同时存有一颗爱心。他把只写了三句话却得到老师最高分的作文《愿望》，作为生日礼物送给妈妈。妈妈被儿子的爱心感动得流下了热泪，她把儿子紧紧搂到怀中。故事留给我们的是不尽的思索和启迪：是啊，一个智力受损的孩子，“爱”可永存心中，何况智力正常的孩子呢？又何况我们这些智力正常的成年人呢？故事启迪我们：不管对待什么样的孩子，都应给予真切关爱。这样，孩子即使不能“成才”但一定能“成人”。对作品有了如此认知，就可以为作品定下亲切而真挚的朗读基调，然后在朗读基调统领下，采用舒缓真切的语气、朴实平和的语调，将作品内容娓娓道出，去感染听者，以达到为作品“传情”之目的。

## 三、应试技巧

朗读测试的基本要求是：准确、熟练运用普通话，做到读音（声、韵、调）准确，吐字清晰，语流音变正确；领会作品内容，准确把握作品的思想感情；忠实于原作品，不添字、不丢字和不改字；语调自然，停、连恰当，重音处理正确，语速快慢得当。

### （一）要把朗读与朗诵区别开来

朗读的重点是语音的准确，如句中和句末的停顿，语调的控制，语速的把握等。朗诵则要求在准确的基础上把握好作品的感情，使用声高、语速、气声等多种艺术手法，将作者的情感艺术地表达出来，着眼点是情感。普通话水平测试的目的是考查应试人普通话的水平，而不是考查艺术朗诵的水平。有的人可能会说，如果能将作品的感情艺术地表达出来，岂不是更好吗？问题是，绝大多数应试人的普通话水平和艺术朗诵的水平并不是非常高，如果过多地注意感情和艺术表达手法去进行朗诵，就很可能会忽视或影响语音的准确性，在朗读测试中出现不必要的失分。因此，在朗读练习和测试中，一定要把注意力放在语音的准确上面，千万不要过多地投入感情进行艺术朗诵。

### （二）注重语音的准确和朗读的流畅

朗读练习时应给不认识或不能确定读音的字注上音，给在语流中发生音变的词语注上音，给那些有不止一种读音的字词注上音，以免出现语音错误。还应该根据自己方言的特点，对自己平时容易读错的声母、韵母或字词，进行正音练习。如广州话地区的人应注意舌尖后音 zh，ch，sh 和舌尖前音 z，c，s 的区别，客家话地区的人要注意 i 和 ü，f 和 h 的区别，潮汕话地区的人注意不要将前鼻韵尾 an，en，in 读成后鼻韵尾 ang，eng，ing。在测试时，每出现一次语音错误（音节读音错误或音变错误），将会被扣 0.1 分。

### （三）注意语音停顿

一般说来，段与段之间停顿最长，句号的停顿次之，逗号的停顿又次之，顿号的停顿最短。此外，没有标点符号的地方有时也需要适当的停顿。比较好的办法，是在练习时将应该停顿的地方打上停顿记号“｜”和“∧”，“｜”表示较短的停顿，“∧”表示较长的停顿。例如：“我记得∧妈有一次｜叫他教我骑自行车。”停顿位置的确定，应该根据义群以及句子成分的划分，以不破坏意思的完整性为前提。否则，在测试时将被认为是停顿不当而被扣分。

### （四）克服方言语调

朗读语调的构成比较复杂。一般说来，跟语调相关的因素有：语流中的声调，上声连读，“一”“不”的变调，轻声，语气词的使用，句末的升降调，轻重格式等。具体的训练可以分三步走。

首先将朗读作品中的轻声、儿化、音变和各种助词、语气词等难点字词挑出来单独练习，尽可能背得滚瓜烂熟。

其次是整合练习，即以句子以至句群为单位进行练习，注意词、词组乃至句子的轻重格式，注意句子的语调等。开始训练时可以用一些符号注明。如“·”表示重读，“↘”表示降调。如果不分轻重，或是将应该轻读的重读，应该重读的轻读，听起来就有明显的方言语调了，测试时就会被扣分。

最后一步是全篇朗读。方言语调是一个较难解决的问题。有的人单独说某一个词语没有问题，整篇文章一念就有明显的方言语调。因此，练习时应从整体上严格要求，时刻注意培养普通话的语感。

### （五）注意控制语速

测试对语速的要求是：读 400 个音节，时限为 4 分钟，如果超时，就要适当扣分。而朗读速度太快，则会影响朗读的准确和清晰。因此，在练习时应该注意朗读速度适中。

### （六）不要回读

开始朗读后，如果发现自己出现了漏读或错读，不能回头再读。按测试评分要求，回读一个音节，按读错一个音节扣分。不少应试人理论上明白这一点，一到测试时还是会回读。因此，在训练时就要养成不回读的习惯。

## 第三节　朗读的技巧

朗读就是运用普通话把书面语言清晰、响亮、富有感情地读出来，变文字这个视觉形象为听觉形象。朗读是一项口头语言的艺术，需要创造性地还原语气，使无声的书面语言变成活生生的、有声的口头语言。如果说写文章是一种创造，那么朗读则是一种再创造。

在普通话水平测试中，朗读是对应试者普通话运用能力的一种综合检测形式。大部分测试者在此项失分相对较多，如果明确朗读的基本要求，掌握朗读的基本技巧，会对大家取得好的成绩有所帮助。

## 一、用普通话语音朗读

朗读和说话不同，它除了要求应试者忠于作品原貌，不添字、漏字、改字、回读外，还要求朗读时在声母、韵母、声调、轻声、儿化、音变以及语句的表达方式等方面都符合普通话语音的规范。

### （一）注意普通话和方言在语音上的差异

普通话和方言在语音上的差异，大多数的情况是有规律的。这种规律又有大的规律和小的规律，规律之中往往又包含一些例外，这些都要靠自己去总结。单是总结还不够，要多查字典和词典，要加强记忆，反复练习。在练习中，不仅要注意声韵调方面的差异，还要注意轻声词和儿化韵的学习。

### （二）注意多音字的读音

一字多音是容易产生误读的重要原因之一，我们必须十分注意。多音字可以从两个方面去注意学习。第一类是意义不同的多音字，要着重弄清它的各个不同的意义，从各个不同的意义去记住它的不同的读音。第二类是意义相同的多音字，要着重弄清它的不同的使用场合；这类多音字大多数情况是，一个音使用场合“宽”，一个音使用场合“窄”，只要记住“窄”的就行。

### （三）注意由字形相近或由偏旁类推引起的误读

由于字形相近由甲字张冠李戴地读成乙字，这种误读十分常见。由偏旁本身的读音或者由偏旁构成的较常用的字读音，去类推一个生字的读音而引起的误读，也很常见。所谓“秀才认字读半边”，闹出笑语，就是指的这种误读。

### （四）注意异读词的读音

普通话词汇中，有一部分词（或词中的语素），音义相同或基本相同，但在习惯上有两个或几个不同的读法，这些被称为“异读词”。为了使这些读音规范，国家语委于1985年公布了《普通话异读词审音表》，要求全国文教、出版、广播及其他部门、行业所涉及的普通话异读词的读音、标音，均以这个新的《审音表》为准。

## 二、克服固定腔调

固定腔调，在朗读里，指的是使用某种固定不变的声音形式，把词语纳入一种单一的格式，以不变的声音形式应万变的朗读材料，不管什么内容、什么体裁，也不管是书面语言还是口头语言，是文言还是白话，是鲁迅还是老舍的作品，都同样对待，从朗读中听不出什么区别。

固定腔调的形成，原因很多，如有的是幼年读书时养成了诵读的习惯，一下子改不过来，有的是认为只有某种读法才受听……但最根本的，是对朗读缺乏认识，对朗读理论和朗读过程的研究不够造成的。人们在朗读活动中相习相沿也是形成固定腔调的原因之一。从朗读状态上看，自始至终都是一种缺乏变化的状态，更是造成固定腔调的直接原因。

固定腔调有不同的类型，我们试分为四类，予以简单说明。

### （一）念书腔

就是照字念音，或有字无词，或有词无句。词或词组没有轻重格式的正确区分，更没有具体感受的充实。听不出完整的句、段，毫无思想感情的流露。

如："今天是开学的第一天。"

这本是一句很浅显通俗的话，可是用念书腔读，就只给人"今天是""开学的""第一天"这些割裂的词组，听不出词组之间有什么内在联系，更谈不上语气的色彩和分量。

这种固定腔调，把"今天"读成"中·重"格式，"是"字拖长，"开学的"读成"中·中·重"格式，"的"不但不读轻声，反而读成重位音节，甚至改变主要元音，读作"dɑ"，"第一天"也读成"中·中·重"格式，"一"的重音位置消失。由此可见，念书腔的主要问题是停顿多，停顿位置和时间都差不多，没有重音，语气近似。

念书腔还保留着识字的明显痕迹，值得受测人重视。

### （二）唱书调

念书腔还能表达出一些字、词的基本意义，唱书调却只剩下了声音的外壳，在"唱"的过程中，表情达意的作用便被大大削弱了。

这种唱书调，节拍一律，连休止符、符点都极少见；音程变化不大，只是那几个音简单重复。在这样的曲谱上，可以填上不同内容的词语，而不问主次、色彩如何。这样的曲调，就其音乐性方面说，也没有什么可取之处。

唱书调的最大弊端是声与义隔，只闻声而不解意、不传情。它不管长句、短句，也不论一人、多人，都可以连续不断地唱下去，整齐划一地唱下去，越唱，调子越浓，越唱，字音、语气越不讲究。

### （三）念经式

这是指那种用小而快的声音读书的方式。它可能是从"默读""虚声读"沿袭来的，而且属于单纯为了背书的读法。这与朗读的基本要求是完全不同的。即使是自我领略和品味作品，如果要朗读，也应该适当放开声音，不仅从思想感情上，而且从音律韵味上给自己以美感享受。面对听者，就更不应该采取这种念经式的读法了。

### （四）朗诵式

舞台上的朗诵，那夸张、渲染的有声语言显得生动引人，不仅激情洋溢，而且音调铿锵。受测人若不分场合、不明目的、不看内容、不管体裁，一味从声音形式上模仿这种朗诵方法，必定给朗读带来不利影响，甚至养成一种固定腔调，难以矫正。

综上所述，固定腔调的害处是显而易见的。

要克服固定腔调，有两点需要注意：一是要增强语感。所谓语感，有两方面的含义：既是指对于语言信息接收、储存的能力，又是指对于语言信息的发出、驾驭的能力。朗读中存在的固定腔调，同朗读者语感较差有很大关系。只有增强语感，辨别优劣，择其善者而从之，其不善者而改之，而优秀的朗读示范（包括录音），可以充分发挥榜样的力量。

二是要注意状态。要打破固定腔调，使语流符合朗读规律，必须改变言不由衷、消极被动的朗读状态，加强思想感情的运动，切实把握语气的色彩和分量，注意气息、声音的变化，使有声语言充满活力。

## 三、把握作品的基调

### （一）阅读理解

就是首先要熟悉作品，从理性上把握作品的思想内容和精神实质。只有透彻的理解，才能有深切的感受，才能准确地掌握作品的情调与节奏，正确地表现作品的思想感情。

第一，了解作者当时的思想和作品的时代背景。

第二，深刻理解作品的主题，这是深刻理解作品的关键。

第三，根据不同体裁作品的特点，熟悉作品的内容和结构。对于抒情性作品，应着重熟悉其抒情线索和感情格调。对于叙事作品，应着重熟悉作品的情节与人物性格。对于论述文，需要通过逐段分析理解，抓住中心论点和各分论点，明确文章的论据和论述方法，或者抓住文章的说明次序和说明方法。总之，只有掌握了不同作品的特点，熟悉了作品的具体内容，才能准确地把握不同的朗读方法。

### （二）设计方案

就是在深刻理解作品内容的基础上，设计如何通过语音的具体形象把原作的思想感情表达出来。

第一，要根据不同文体、不同题材、不同语言风格，以及不同听众对象等因素，来确定朗读的基调。

第二，对整个作品的朗读方案应有总体考虑。例如作品中写景的地方怎么读？作品的高潮在什么地方？怎么安排快慢、高低、重音和停顿？等等。

## 四、朗读的技巧

对于特定的朗读作品，应试人可以先根据作品的思想内容确定其感情基调，然后根据其感情基调确定全篇节奏和语速，最后根据上下文文义确定朗读时语音的轻重、停连和句调等。

### （一）吐字

吐字的技巧不仅关系到音节的清晰度，而且关系到声音的圆润、饱满。要吐字清楚，首先要熟练地掌握常用词语的标准音。朗读时，要熟悉每个音节的声母、韵母、声调，按照它们的标准音来发音。其次，要力求克服发音含糊、吐词不清的毛病。这类毛病一是在声母的成阻阶段比较马虎，不大注意发音器官的准确部位；二是在韵母阶段不大注意口形和舌位；三是发音吐字速度太快，没有足够的时值。朗读跟平时说话不同，要使每个音节都让听众或考官听清楚，发音就要有一定力度和时值，每个音素都要到位。平时多练习绕口令就是为了练好吐字的基本功。

### （二）停顿

停顿是指有声语言表达中声音暂时的间歇、休止和中断，常出现在句子内部词语之间、句子与句子之间、段落层次与段落层次之间。停顿或是生理上的需要，停下来换换气；或是结构和语意表达上的需要，为了反映一句话里面的语法关系和充分表达思想感情。所以，停顿有调节呼吸、调整节奏、使语意鲜明的作用。停顿可以分为语法停顿和强调停顿两种。

1. 语法停顿

语法停顿是指为反映句子、句群等结构关系而作的停顿。

从意义上的联系来看，词与词可以结合在一起，构成一个意义整体，这就叫作“意群”。意群可大可小，在较大的意群里，还可以按照疏密不同的意义关系和结构层次再划更小一些的意义单位，这就叫作“节拍群”（在诗歌中常把一个节拍群称作一个“音步”）。朗读中的停顿，大体都是出现在意群和节拍群后面的。

意群和节拍群，往往和短语或句子语法结构直接联系起来，书面上一般用标点符号来表示。语法停顿的长短跟标点符号所表示的结构层次大致相应。一般来说，停顿的时间以顿号为最短，逗号稍长，分号和冒号再长一点儿，句号、问号、叹号更长一点儿，省略号、破折号则根据表意的需要可长可短。

2. 强调停顿

强调停顿是指在没有标点的地方，为了强调语意、观点或表达某种感情所作的停顿，或者在有标点的地方做比原来较长或较短的停顿。通常，标注时“/”表示停顿，用“//”或“///”表示停顿的时间更长。

强调停顿不受语法规则的制约，它是根据感情的需要来决定的。它可以跟语法停顿一致，也可以在语法停顿的基础上延长或缩短停顿的时间（在有标点的地方缩短停顿，即连接）；还可以跟语法停顿不一致。朗读者要以表达的内容和具体的语句为依据，以思想感情的变化为前提来确定。例如：

白杨树实在是/不平凡的，// 我赞美/白杨树！///

这次第，怎一个/愁字了得！

前一例中的停顿，是为了突出白杨树的不平凡；后一例中的停顿，是为了突出强调作者孤独、凄凉、愁苦的心境。

强调停顿一般分为前停、后停、前后都停三种。前停就是在被强调的字词或结构前面进行停顿，起到引起听者注意和带来期待的作用。后停就是在被强调的字词或结构后面进行停顿，起到让听者领会、回味作品意蕴的作用。前后都停是强调两个停顿之间的字词或结构，它突出了中间部分的语意，给人以深刻的印象。

需要注意的是，句中的停顿，句子之间、段落之间的停顿，其时间的长短都不是绝对的，必须根据语言环境和表达的需要恰当掌握。停顿只是声音的中断，不是感情的中断，朗读要做到音停意不断，音断情相连。

### （三）重音

重音是在词和语句中，运用声音形式着意强调的音。重音能准确体现词语、句子的主次关系，便于听众正确领会词语或句子的意思。重音有词重音和句重音两种。

1. 词重音

双音节和多音节词里都有一个读音比较重的音节，这个重读的音节就是词的重音。普通话的词重音有一些基本的格式。词的轻重音格式与词的结构有关。

双音节词语多数是“中·重”格式，如“徘徊”“火车”“人民”“祖国”等，少数是“重·轻”格式，如“壮实”“枕头”“月亮”“商量”“便宜”等。三音节词语多数是“中·次轻·重”格式，如“研究生”“西红柿”“自行车”“热乎乎”，少数是“中·重·轻”格式，如“同志们”，极少数是“重·轻·轻”格式，如“朋友们”“媳妇们”。四音节词语绝大多数是“中·次轻·中·重”格式，如“北京大学”“光明日报”“雄心壮志”“奥林匹克”。

词在句子中除了保持原来的轻重音格式外，由于在句子中的特定含义不同，语法作用不同，有些词读起来会重一些，有些词读起来会轻一些。大体上实词比虚词重一些，所以朗读时，一般不要把虚词（介词、连词、助词、语气词）读成重音。

2. 句重音

句重音是语句中用声音形式着意强调的音。它一般分为语法重音和强调重音两种。

（1）语法重音

根据语法结构特点而把句子的某部分予以强调的，叫语法重音。语法重音的位置比较固定，有一定的规律性。一般来说，短句子中的谓语，句子中的定语、状语、补语，句子中的疑问代词、指示代词读重音。例如：“水开了。”“他迅速地跑了。”“谁在唱歌?”“你的书在这儿。”此外，体现逻辑关系的关联词、表示判断的主要词语如“可以”“行”“不好”等读重音。

（2）强调重音

为了表示特殊的意思和感情，将句子中的某个词语突出强调的，叫强调重音。强调重音是根据说话人的意图来确定的，没有固定的位置，重音位置不同，表意重点不同。如何确定重音，一定要联系语境，根据语境挖掘出句子背后隐藏的含义。隐含意义反映语句的本质和联结，把隐含意义挖掘出来了，言语目的就明确了，重音位置也就确定了。例如“他来了”这句话，如果隐含意义是“我没有请他，他怎么来了”，重音就放在“他”上，表示吃惊、不高兴等心情；如果隐含意义是“我正打算去找他，他来了，太好了”，重音就放在“来”字上，表示高兴，喜出望外。

一般来说，句子中表示语意的并列、对比、呼应性的词语，表示比喻、夸张、特指的词语，表示爱憎、兴奋、悲哀等感情的词语是重音。例如：

竹叶烧了，还有竹枝，竹枝断了，还有竹鞭，竹鞭砍了，还有深埋在地下的竹根。

要求于人的甚少，给予人的甚多，这就是松树的风格。

他高兴得跳了起来。

重音的读法是相对的，不是一味无限制地加大音量，其表现方法常见的有以下四种。

一是加强音量，即把某些词语读得重一些，响一些，使音势增强。二是拖长音节，即把重音节拉长，用延长音节的办法突出重音。三是轻读，即用减轻音量的方法在对比中突出重音，以轻显“重”。四是运用停顿，即通过在重音的前面或后面停顿来以停显“重”。

句子重音的情况比较复杂，除了以上所说的这些语法格式重音外，还有强调重音、语义重音等，需要朗读者认真琢磨要朗读的作品，才能准确把握。

## （四）语调

语调是指一个句子声音高低升降的变化，其中以结尾的升降变化最为重要，一般是和句子的语气紧密结合的。应试者在朗读时，如能注意语调的升降变化，语音就有了动听的腔调，听起来便具有音乐美，也就能够更细致地表达不同的思想感情，反映说话人对事物的态度。句子尾音的抑扬是句调的主要标志，按照句子末尾非轻声音节的抑扬变化，句调可以分为四种类型。

（1）平直调　全句没有明显的高低升降变化，调子始终保持同样的高低。常用来表示严肃、冷淡或叙述的语气。例如：

中国西部我们通常是指黄河与秦岭相连一线以西，包括西北和西南的十二个省、市、自治区。

（2）高升调　调子由平升高，句末明显上扬。常用来表示反问、疑问、惊异、号召等语气。例如：

难道真是有钱就幸福吗？

（3）降抑调　调子先平后降，句末明显下降。常用来表示肯定、感叹或请求等语气。例如：

你就让他走吧。

（4）曲折调　调子升高再低，或降低再升。常用来表示含蓄、讽刺或意在言外等语气。例如：

八八六十三，哎呀，你真是太聪明了！

以上语调只是一个简单的归纳，其依据是句子末尾音节的抑扬变化，在实际语流中，高低升降的变化贯穿于全句。如“走过来的是谁？”的语调在“走”字处较高，“过”字略上升，“来”和“的”字稍下降，“谁”上升到最高，整个句子声音的高低变化是交错进行的，并不是一味的升高，或一味的降低。

## （五）作品朗读的情感处理

朗读短文时如果能有感情地朗读当然是最好的，要真正理解作品才能做准确的情感处理，否则就有造作之感。在这里我们结合一些作品谈谈几种情感的处理。

1. 慈爱之情

一般适用长辈对晚辈的关切、怜爱、鼓励等情景，朗读时面部作亲切和蔼状，用气徐缓，声音柔和。体味以下几句的朗读处理。

（1）父亲接下去说：“所以你们要像花生，它虽然不好看，可是很有用，不是外表好看而没有实用的东西。”

（2）“所有时间里的事物，都永远不会回来。你的昨天过去，它就永远变成昨天，你不能再回到昨天。爸爸以前也和你一样小，现在也不能回到你这么小的童年了；有一天你会长大，你会像外祖母一样老；有一天你度过了你的时间，就永远不会回来了。”爸爸说。

（3）它小，就能轻易地由疏格的笼子钻出身。瞧，多么像它的父母：红嘴红脚，蓝灰色的毛，只是后背还没生出珍珠似的圆圆的白点；它好肥，整个身子好像一个蓬松的球儿。

2. 喜悦之情

表现方式是面露喜悦兴奋之色，气息饱满，声音高亢。试读下例。

（1）一刹那间，这深红的东西，忽然发出夺目的光亮，射得人眼睛发痛，同时附近的云也添了光彩。

（2）我们继续拍掌，很快地这个树林就变得很热闹了。到处都是鸟声，到处都是鸟影。大的，小的，花的，黑的，有的在枝上叫，有的飞起来，在扑翅膀。

（3）终于两只脚都站到人行道上去了，这也许是孩子一生中拿下的第一个高地，小胖脸同时绽开了笑容——了不起的胜利！

3. 悲哀之情

可这样表现：面显悲痛之色，气息下沉，声音缓慢沉重。例如：

（1）读小学的时候，我的外祖母过世了。外祖母生前最疼爱我，我无法排除自己的忧伤，每天在学校的操场上一圈儿又一圈儿地跑着，跑得累倒在地上，扑在草坪上痛哭。

（2）就在那年秋天，母亲离我们去了，小弟弟一生下来不哭也不动，也追随母亲去了。为了我的生存，母亲去了，弟弟也去了。

4. 愤怒之情

可如此表现：面带怒意，怒目圆睁，气粗声重。例如：

猫一下子全明白了，瞪圆双眼大声说："是你给吃见底了？"

5. 嘲讽之情

表现方式可这样把握：面露嘲笑讽刺之色，气息浮漂，声音跳跃。例如：

海鸥在暴风雨到来之前呻吟着——呻吟着，在大海上面飞蹿，想把自己对暴风雨的恐惧，掩藏到大海深处。

此外，还有恐惧之情、冷漠之情、急切之情、憎恶之情、凝思之情、谄媚之情等，要仔细体味，准确地运用情感，并把情感表现与气、声的处理结合起来。

### （六）节奏

节奏是显示于全篇的轻重缓急、抑扬顿挫的回环往复。语言的节拍是衡量语言节奏的单位，语节内词语密，语流就快，词语少，语流就慢。语流的快慢体现了语言的节奏。

语言的节奏与语速有一定的关系。语速是指朗读或说话时语流的快慢。

1. 制约语速的各因素

首先，语速的快慢与文章的节奏类型密切相关。语速可以分为中速、快速和慢速三种。中速一般用于感情没有多大变化的地方，或者用于一般的记叙、议论和说明的场合。快速一般用于表示紧张、激动、惊惧、愤恨、欢快、兴奋的心情，或者用于叙述急剧变化的事情，刻画人物活泼、机警、热情、狡猾的性格，表示说话人斥责、质问和雄辩的声态等。慢速大多用来表示沉重、悲伤、哀悼、沮丧的心情，或用来叙述平静、庄重的情景，还可以起强调的作用。

其次，语速的快慢与人物说话时的心境有关，一般是激动时如快乐、激怒、慌乱等，就说得较快，而心情平静或沉重时则说得较慢。

第三，语速与人物性格也有关，性格活泼开朗的人说话较快，性格内向沉稳的人说话较慢。细究起来，还与年龄、性别等有关。

2. 节奏变化与语速转换

前述节奏类型是就一篇文章整体节奏而言。实际上，一篇文章里往往包含几种不同的节奏类型，语速有快有慢，只是主次有别。这里就有个节奏变化带来的语速转换问题，转换得恰到好处才叫合体。我们举几个实例来分析一下这种转换（“//”处为语速转换点）。

（1）现在我要回家了，胸前佩戴着醒目的绿黑两色的解放十字绶带，上面挂着五六枚我终身难忘的勋章，肩上还佩戴着军官肩章。//到达旅馆时，没有一个人跟我打招呼。原来，我母亲在三年半以前就已经离开人间了。（《我的母亲独一无二》）

（2）小时候，我喜欢站在小河边看哥哥、姐姐在河里游泳，他们一会儿游入水底，在水中捉迷藏，一会儿浮出水面，泼水打仗。我好羡慕他们啊。//一次，我见他们向远处游去，幼小的我带着好奇走入水中，恍惚在梦境中一般，幸好母亲发觉我不在岸上，又见水中直泛水泡，不会游泳的母亲费了许多力气将我从死神手中拉了回来。（《小河》）

（3）我上小学的时候，日子过得很苦。学校是一座小土庙，破破烂烂的，冬天里四面进风，学生们就常常冻了手脚。寒冷的早晨我们读着书，窗外亮亮的阳光一照，我们就急切地盼着下课了//。铃声一响，学生们蜂拥而出，跑进干冷的阳光里，一齐往中间挤，咬牙，弓腿，喊号子，挤掉了帽子是顾不及捡的，绷断了线做的腰带，也只能硬撑着，一来二去，身体就暖和起来，甚至冒出汗来。//这种游戏，我们叫挤油，天天要做的。（《挤油》）

例（1）（2）均属于欲抑先扬的写法，语速处理为先快后慢。二例前段均为兴奋或欢娱的内容，属阳刚调型；形式上多用并列句式，且语气衔接很紧。而后段则表现突然发现或出现不如意的令人难过的情况，语速自然要慢下来，而且越来越慢，音色也越来越暗。

例（3）的情况则不同，属欲扬先抑，语速应处理成先慢后快。前段叙述的是不如意的环境或状况，语速应慢些；中段写一系列连贯的急切的欢娱的动作和状态，短句甚多，节奏颇紧，当然语速就快；后段一句作总结说明，语速又慢了些。

这里举的是同一自然段落里的语速转换例子。在文章中，自然段落之间产生的这种语速转换尤为常见，稍加注意便随处可见。

一篇作品的节奏不一定是单一的，往往随着内容情节的变化，节奏也会相应发生改变。因此在朗读过程中，节奏必须因文而异，切忌死板单一，一统到底。

## 【拓展阅读】

### 普通话水平测试用 60 篇朗读作品

#### 作品 1 号——《白杨礼赞》

那是力争上游的一种树，笔直的干①，笔直的枝。它的干呢，通常是丈把高，像是加以人工似的②，一丈以内，绝无旁枝；它所有的丫枝③呢，一律向上，而且紧紧靠拢，也像是加以人工似的，成为一束，绝无横斜逸出④；它的宽大的叶子也是片片向上，几乎⑤没有斜生的，更不用说倒垂了；它的皮，光滑而有银色的晕圈⑥，微微泛出淡青色。这是虽在北方的风雪的压迫下却保持着倔强⑦挺立的一种树！哪怕只有碗来粗细罢，它却努力向上发展，高到丈许，两丈，参天耸立，不折不挠[8]，对抗着西北风。

这就是白杨树，西北极普通的一种树，然而[9]决不是平凡的树！

它没有婆娑[10]的姿态，没有屈曲[11]盘旋的虬枝[12]，也许你要说它不美丽，——如果美是专指"婆娑"或"横斜逸出"之类而言，那么白杨树算不得树中的好女子；但是它却是伟岸，正直，朴质，严肃，也不缺乏温和，更不用提它的坚强不屈与挺拔，它是树中的伟丈夫！当你在积雪初融[13]的高原上走过，看见平坦的大地上傲然挺立这么一株或一排白杨树，难道你就只觉得树只是树，难道你就不想到它的朴质，严肃，坚强不屈，至少也象征了北方的农民；难道你竟一点儿[14]也不联想到，在敌后的广大土//地上，到处有坚强不屈，就像这白杨树一样傲然挺立的守卫他们家乡的哨兵！难道你又不更远一点想到这样枝枝叶叶靠紧团结，力求上进的白杨树，宛然象征了今天在华北平原纵横决荡用血[15]写出新中国历史的那种精神[16]和意志。

（节选自茅盾《白杨礼赞》）

**语音提示：**

| | | | |
|---|---|---|---|
| ① 干 | gàn | ⑨ 然而 | rán'ér |
| ② 似的 | shì·de | ⑩ 婆娑 | pósuō |
| ③ 丫枝 | yāzhī | ⑪ 曲 | qū |
| ④ 横斜逸出 | héngxiéyìchū | ⑫ 虬枝 | qiúzhī |
| ⑤ 几乎 | jīhū | ⑬ 积雪初融 | jīxuě chū róng |
| ⑥ 晕圈 | yùnquān | ⑭ 一点儿 | yīdiǎnr |
| ⑦ 倔强 | juéjiàng | ⑮ 血 | xuè |
| ⑧ 不折不挠 | bùzhé-bùnáo | ⑯ 精神 | jīngshén |

**朗读提示：**

这篇文章是一篇托物言意之作，也是一曲献给根据地抗日军民的赞歌。通过对白杨树不平凡形象的赞美，歌颂了中国共产党领导下的抗日军民和整个中华民族的紧密团结、力求上进、坚强不屈的革命精神和斗争意志。所以，朗读时语言要热情奔放，气势要雄浑、铿锵有力，但不乏浓浓的诗意和质朴的情感。

## 作品2号——《差别》

两个同龄的年轻人同时受雇[1]于一家店铺，并且拿同样的薪水[2]。

可是一段时间后，叫阿诺德的那个小伙子青云直上，而那个叫布鲁诺[3]的小伙子却仍[4]在原地踏步。布鲁诺很不满意老板的不公正待遇。终于有一天他到老板那儿[5]发牢骚[6]了。老板一边耐心地听着他的抱怨，一边在心里盘算[7]着怎样向他解释清楚他和阿诺德之间的差别[8]。

"布鲁诺先生，"老板开口说话了，"您现在到集市上去一下，看看今天早上[9]有什么卖的。"

布鲁诺从集市上回来向老板汇报说，今早集市上只有一个农民拉了一车土豆在卖。

"有多少[10]？"老板问。

布鲁诺赶快戴上帽子又跑到集上，然后回来告诉老板一共四十袋土豆。

"价格是多少？"

布鲁诺又第三次跑到集上问来了价格。

"好吧，"老板对他说，"现在请您坐到这把椅子上一句话也不要说，看看阿诺德怎么说。"

阿诺德很快就从集市上回来了。向老板汇报说到现在为止只有一个农民在卖土豆，一共四十口袋[11]，价格是多少多少；土豆质量很不错，他带回来一个让老板看看。这个农民一个钟头以后还会弄来几箱西红柿，据他看价格非常公道[12]。昨天他们铺子的西红柿卖得很快，库存已经不//多了。他想这么便宜[13]的西红柿，老板肯定会要进一些的，所以他不仅带回了一个西红柿做样品，而且把那个农民也带来了，他现在正在外面等回话呢。

此时老板转向了布鲁诺，说："现在您肯定知道为什么阿诺德的薪水比您高了吧！"

（节选自张健鹏、胡足青主编《故事时代》中《差别》）

**语音提示：**

① 受雇　shòugù
② 薪水　xīn·shui
③ 布鲁诺　Bùlǔnuò
④ 仍　réng
⑤ 那儿　nàr
⑥ 牢骚　láo·sāo
⑦ 盘算　pán·suan
⑧ 差别　chābié
⑨ 早上　zǎo·shang
⑩ 多少　duōshǎo
⑪ 口袋　kǒu·dai
⑫ 公道　gōng·dao
⑬ 便宜　pián·yi

**朗读提示：**

这一篇故事叙述了干什么事情都需要主动思考的主题。开头两段宜用平实的声音，不需要太大的变化；中间部分是布鲁诺与老板的对话，应读得紧凑一些；"有多少?""价格是多少?"及最后一段中"现在您肯定知道为什么阿诺德的薪水比您高了吧！"应重读。

## 作品3号——《丑石》

我常常遗憾我家门前那块丑石：它黑黝黝[1]地卧在那里，牛似的模样[2]；谁也不知道是什么时候留在这里的，谁也不去理会它。只是麦收时节，门前摊了麦子，奶奶总是说：这块丑石，多占地面呀，抽空把它搬走吧。

它不像汉白玉那样的细腻，可以刻字雕花，也不像大青石那样的光滑，可以供[3]来浣纱[4]捶布。它静静地卧在那里，院边的槐荫没有庇覆[5]它，花儿[6]也不再在它身边生长。荒草便繁衍[7]出来，枝蔓[8]上下，慢慢地，竟锈上了绿苔、黑斑。我们这些做孩子的，也讨厌起它来，曾合伙要搬走它，但力气[9]又不足；虽时时咒骂它，嫌弃[10]它，也无可奈何，只好任它留在那里了。

终有一日，村子里来了一个天文学家。他在我家门前路过，突然发现了这块石头，眼光立即[11]就拉直了。他再没有离开，就住了下来；以后又来了好些人，都说这是一块陨石[12]，从天上落下来已经有二三百年了，是一件了不起[13]的东西[14]。不久便来了车，小心翼翼地将它运走了。

这使我们都很惊奇，这又怪又丑的石头，原来是天上的啊[15]！它补过天，在天上发过热、闪过光，我们的先祖或许仰望过它，它给了他们光明、向往、憧憬[16]；而它落下来了，在污土里，荒草里，一躺就//是几百年了！

我感到自己的无知，也感到了丑石的伟大，我甚至怨恨它这么多年竟会默默地忍受着这一切！而我又立即深深地感到它那种不屈于误解、寂寞的生存的伟大。

（节选自贾平凹《丑石》）

**语音提示：**

① 黑黝黝 hēiyǒuyǒu（hēiyōuyōu）
② 模样 múyàng
③ 供 gōng
④ 浣纱 huànshā
⑤ 庇覆 bìfù
⑥ 花儿 huā'ér
⑦ 繁衍 fányǎn
⑧ 枝蔓 zhīmàn
⑨ 力气 lì·qi
⑩ 嫌弃 xiánqì
⑪ 立即 lìjí
⑫ 陨石 yǔnshí
⑬ 了不起 liǎo·buqǐ
⑭ 东西 dōng·xi
⑮ 的啊 deya
⑯ 憧憬 chōngjǐng

**朗读提示：**

朗读这篇短文时，应注意作者前后态度的变化。在知道丑石是陨石之前，朗读时语气要略带不屑，但不能太夸张，朗读到那块丑石原来是陨石时，要带有惊奇而又遗憾的心情。

## 作品4号——《达瑞的故事》

在达瑞八岁的时候，有一天他想去看电影。因为①没有钱，他想是向爸妈要钱，还是自己挣钱②。最后他选择了后者。他自己调制③了一种汽水，向过路的行人出售。可那时正是寒冷的冬天，没有人买，只有两个人例外——他的爸爸和妈妈。

他偶然有一个和非常成功的商人谈话的机会。当他对商人讲述了自己的“破产史”后，商人给了他两个重要的建议：一是尝试④为别人解决一个难题；二是把精力集中在你知道的、你会的和你拥有的东西上。

这两个建议很关键。因为对于一个八岁的孩子而言，他不会做的事情很多。于是他穿过大街小巷，不住地思考：人们会有什么难题，他又如何利用这个机会？

一天，吃早饭时父亲⑤让达瑞去取报纸。美国的送报员总是把报纸从花园篱笆⑥的一个特制的管子里塞⑦进来。假如你想穿着睡衣舒舒服服⑧地吃早饭和看报纸，就必须离开温暖的房间，冒着寒风，到花园去取。虽然路短，但十分麻烦⑨。

当达瑞为父亲取报纸的时候，一个主意⑩诞生了。当天⑪他就按响邻居⑫的门铃，对他们说，每个月只需付给他一美元，他就每天早上把报纸塞到他们的房门底下。大多数人都同意了，很快他有//了七十多个顾客。一个月后，当他拿到自己赚⑬的钱时，觉得自己简直是飞上了天。

很快他又有了新的机会，他让他的顾客每天把垃圾袋放在门前，然后由他早上运到垃圾桶里，每个月加一美元。之后他还想出了许多孩子赚钱的办法，并把它集结⑭成书，书名为《儿童挣钱的二百五十个主意》。为此，达瑞十二岁时就成了畅销书作家，十五岁有了自己的谈话节目，十七岁就拥有了几百万美元。

（节选自［德］博多·舍费尔《达瑞的故事》，刘志明译）

**语音提示：**

① 因为 yīn·wèi
② 挣钱 zhèngqián
③ 调制 tiáozhì
④ 尝试 chángshì
⑤ 父亲 fù·qīn
⑥ 篱笆 lí·ba

⑦ 塞 sāi
⑧ 舒舒服服 shūshū-fúfú（shūshu-fūfū）
⑨ 麻烦 má·fan
⑩ 主意 zhǔ·yi（zhú·yi）
⑪ 当天 dàngtiān
⑫ 邻居 lín·jū
⑬ 赚 zhuàn
⑭ 集结 jíjié

**朗读提示：**

这是一篇故事性较强的文章，宜用实声朗读。第一段着重描写了达瑞产生自己挣钱的想法和行动，最后一句“只有两个人例外——他的爸爸妈妈”可以用较重的语气来处理，为下文作好铺垫。第五段描写达瑞的初次成功，宜用较欢快的语气处理。

## 作品5号——《第一场雪》

这是入冬以来，胶东半岛上第一场雪。

雪纷纷扬扬，下得很大。开始还伴着一阵儿[①]小雨，不久就只见大片大片的雪花，从彤云密布的天空中飘落下来。地面上一会儿[②]就白了。冬天的山村，到了夜里就万籁俱寂[③]，只听得雪花簌簌地[④]不断往下落，树木的枯枝被雪压断了，偶尔咯吱一声响。

大雪整整下了一夜。今天早晨，天放晴了，太阳出来了。推开门一看，嗬！好大的雪啊[⑤]！山川、河流、树木、房屋，全都罩上了一层厚厚的雪，万里江山，变成了粉妆玉砌的世界。落光了叶子的柳树上挂满了毛茸茸[⑥]亮晶晶的银条儿[⑦]；而那些冬夏常青的松树和柏树上，则挂满了蓬松松沉甸甸[⑧]的雪球儿。一阵风吹来，树枝轻轻地摇晃，美丽的银条儿和雪球儿簌簌地落下来，玉屑[⑨]似的雪末儿[⑩]随风飘扬，映着清晨的阳光，显出一道道五光十色的彩虹。

大街上的积雪足有一尺多深，人踩上去，脚底下发出咯吱咯吱的响声。一群群孩子在雪地里堆雪人，掷[⑪]雪球儿。那欢乐的叫喊声，把树枝上的雪都震落下来了。

俗话说，“瑞雪兆丰年”。这个话有充分的科学根据，并不是一句迷信的成语。寒冬大雪，可以冻死一部分越冬的害虫；融化了的水渗进土层深处，又能供应[⑫]//庄稼[⑬]生长的需要。我相信这一场十分及时的大雪，一定会促进明年春季作物，尤其是小麦的丰收。有经验的老农把雪比做是“麦子的棉被”。冬天“棉被”盖得越厚，明春麦子就长得越好，所以又有这样一句谚语：“冬天麦盖三层被，来年枕着馒头[⑭]睡。”

我想，这就是人们为什么把及时的大雪称为“瑞雪”的道理吧。

（节选自峻青《第一场雪》）

**语音提示：**

① 一阵儿 yīzhènr
② 一会儿 yīhuìr
③ 万籁俱寂 wànlài-jùjì
④ 簌簌地 sùsù·de
⑤ 雪啊 xuěya
⑥ 毛茸茸 máoróngróng
⑦ 银条儿 yíntiáor
⑧ 沉甸甸 chéndiàndiàn
⑨ 玉屑 yùxiè
⑩ 雪末儿 xuěmòr
⑪ 掷 zhì
⑫ 供应 gōngyìng
⑬ 庄稼 zhuāng·jia
⑭ 馒头 mán·tou

**朗读提示：**

这篇文章前一部分主要描写了雪景，朗读时要把作者对美丽雪景的喜爱之情和雪地里孩子们打闹的欢乐情景表现出来，后一部分主要写了大雪对农作物的益处，朗读时要客观、朴素、自然，语速要慢一些，才能更好地表现出优美的意境和作者对大自然的热爱。

## 作品6号——《读书人是幸福人》

我常想读书人是世间幸福人，因为他除了拥有现实的世界之外，还拥有另一个更为[①]浩瀚[②]也更为丰富的世界。现实的世界是人人都有的，而后一个世界却为[③]读书人所独有。由此我想，那些失去或不能阅读的人是多么的不幸，他们的丧失是不可补偿的。世间有诸多[④]的不平等，财富的不平等，权力的不平等，而阅读能力的拥有或丧失却体现为精神的不平等。

一个人的一生，只能经历自己拥有的那一份欣悦，那一份苦难，也许再加上他亲自闻知的那一些关于自身以外的经历和经验。然而，人们通过阅读，却能进入不同时空的诸多他人的世界。这样，具有阅读能力的人，无形间获得了超越有限生命的无限可能性。阅读不仅使他多识了草木虫鱼之名，而且可以上溯[⑤]远古下及未来，饱览存在的与非存在的奇风异俗。

更为重要的是，读书加惠于人们的不仅是知识[⑥]的增广，而且还在于精神的感化与陶冶[⑦]。人们从读书学做人，从那些往哲先贤以及当代才俊的著述中学得[⑧]他们的人格。人们从《论语》[⑨]中学得智慧的思考，从《史记》中学得严肃的历史精神，从《正气歌》中学得人格的刚烈，从马克思学得人世//的激情，从鲁迅学得批判精神，从托尔斯泰学得道德的执着[⑩]。歌德的诗句刻写着睿智[⑪]的人生，拜伦的诗句呼唤着奋斗的热情。一个读书人，一个有机会拥有超乎个人生命体验的幸运人。

（节选自谢冕《读书人是幸福人》）

**语音提示：**

① 更为 gèngwéi
② 浩瀚 hàohàn
③ 为 wéi
④ 诸多 zhūduō
⑤ 上溯 shàngsù
⑥ 知识 zhī·shi
⑦ 陶冶 táoyě
⑧ 学得 xuédé
⑨ 论语 Lúnyǔ
⑩ 执着 zhízhuó
⑪ 睿智 ruìzhì

**朗读提示：**

这是一篇对读书充满深情厚谊的议论文，所以朗读时要把作者语重心长、耐人寻味的心声表述出来，语气要沉稳、坚定。

## 作品7号——《二十美金的价值》

一天，爸爸下班回到家已经很晚了，他很累也有点儿[①]烦，他发现五岁的儿子靠在门旁正等着他。

“爸，我可以问您一个问题[②]吗？

“什么问题？”“爸，您一小时可以赚多少钱？”“这与你无关，你为什么问这个问题？”父亲生气地说。

“我只是想知道，请告诉我，您一小时赚多少钱？”小孩儿[③]哀求[④]道。“假如你一定要知道的话，我一小时赚二十美金。”

“哦，”小孩儿低下了头，接着又说，“爸，可以借我十美金吗？”父亲发怒了：“如果你只是要借钱去买毫无意义的玩具的话，给我回到你的房间睡觉去。好好想想为什么你会那么自私。我每天辛苦工作，没时间和你玩儿[5]小孩子的游戏。”

小孩儿默默地回到自己的房间关上门。

父亲坐下来还在生气。后来，他平静下来了。心想他可能对孩子太凶了——或许孩子真的很想买什么东西，再说他平时很少要过钱。

父亲走进孩子的房间：“你睡了吗？”“爸，还没有，我还醒着。”孩子回答。

“我刚才可能对你太凶了，”父亲说，“我不应该[6]发那么大的火儿[7]——这是你要的十美金。”“爸，谢谢您。”孩子高兴地从枕头下拿出一些被弄皱的钞票，慢慢地数着。

“为什么你已经有钱了还要？”父亲不解地问。

“因为原来不够，但现在凑够了。”孩子回答，“爸，我现在有//二十美金了，我可以向您买一个小时的时间吗？明天请早一点儿回家——我想和您一起吃晚餐。”

（节选自唐继柳编译《二十美金的价值》）

**语音提示：**

① 有点儿 yǒudiǎnr

② 问题 wèntí

③ 小孩儿 xiǎoháir

④ 哀求 āiqíu

⑤ 玩儿 wánr

⑥ 应该 yīnggāi

⑦ 火儿 huǒr

**朗读提示：**

这篇文章的角色对话较多，朗读时要注意把孩子稚嫩和渴望的语言与父亲疲惫、不耐烦的语言进行对比，同时也要注意区分父亲发怒时和平静之后语言的鲜明不同。

## 作品 8 号——《繁星》

我爱月夜，但我也爱星天。从前在家乡七八月的夜晚在庭院里纳凉的时候，我最爱看天上密密麻麻的繁星。望着星天，我就会忘记一切，仿佛[1]回到了母亲的怀里似的。

三年前在南京我住的地方[2]有一道后门，每晚我打开后门，便看见一个静寂[3]的夜。下面是一片菜园，上面是星群密布的蓝天。星光在我们的肉眼里虽然微小，然而它使我们觉得[4]光明无处不在。那时候我正在读一些天文学的书，也认得一些星星[5]，好像它们就是我的朋友，它们常常在和我谈话一样。

如今在海上，每晚和繁星相对，我把它们认得[6]很熟了。我躺在舱面上，仰望[7]天空。深蓝色的天空里悬着无数半明半昧[8]的星。船在动，星也在动，它们是这样低，真是摇摇欲坠[9]呢！渐渐地我的眼睛模糊[10]了，我好像看见无数萤火虫在我的周围飞舞。海上的夜是柔和的，是静寂的，是梦幻的。我望着许多认识的星，我仿佛看见它们在对我眨眼，我仿佛听见它们在小声说话。这时我忘记了一切。在星的怀抱中我微笑着，我沉睡着。我觉得自己是一个小孩子，现在睡在母亲的怀里了。

有一夜，那个在哥伦波上船的英国人指给我看天上的巨人。他用手指着：//那四颗明亮的星是头，下面的几颗是身子[11]，这几颗是手，那几颗是腿和脚，还有三颗星算是腰带。经他这一番指点，我果然看清楚[12]了那个天上的巨人。看，那个巨人还在跑呢！

（节选自巴金《繁星》）

**语音提示：**

① 仿佛 fǎngfú
② 地方 dì·fang
③ 静寂 jìngjì
④ 觉得 jué·de
⑤ 星星 xīng·xing
⑥ 认得 rèn·de
⑦ 仰望 yǎngwàng
⑧ 半明半昧 bànmíng-bànmèi
⑨ 摇摇欲坠 yáoyáo-yùzhuì
⑩ 模糊 mó·hu
⑪ 身子 shēn·zi
⑫ 清楚 qīng·chu

**朗读提示：**

这篇文章的基调是沉静柔和的，有一种和谐舒缓的美感。朗读时，声音可以轻些，舒缓些。“望着星天，我就会忘记一切，仿佛回到了母亲的怀里似的。”与“我觉得自己是一个小孩子，现在睡在母亲的怀里了。”前后呼应，声音宜虚些、慢些，读出若有所思的意味。

## 作品9号——《风筝畅想曲》

假日到河滩上转转，看见许多孩子在放风筝[①]。一根根长长的引线，一头系[②]在天上，一头系在地上，孩子同风筝都在天与地之间悠荡[③]，连心也被悠荡得恍恍惚惚[④]了，好像又回到了童年。

儿时放的风筝，大多是自己的长辈或家人编扎[⑤]的，几根削[⑥]得很薄[⑦]的篾[⑧]，用细纱线扎成各种鸟兽的造型，糊[⑨]上雪白的纸片，再用彩笔勾勒[⑩]出面孔与翅膀的图案。通常扎得最多的是“老雕”“美人儿”“花蝴蝶”等。

我们家前院就有位叔叔，擅[⑪]扎风筝，远近闻名。他扎的风筝不只体形好看，色彩艳丽，放飞得高远，还在风筝上绷一叶用蒲苇[⑫]削成的膜片，经风一吹，发出“嗡嗡[⑬]”的声响，仿佛是风筝的歌唱，在蓝天下播扬，给开阔的天地增添了无尽的韵味，给驰荡的童心带来几分疯狂。

我们那条胡同的左邻右舍[⑭]的孩子们放的风筝几乎[⑮]都是叔叔编扎的。他的风筝不卖钱，谁上门去要，就给谁，他乐意自己贴钱买材料。

后来，这位叔叔去了海外，放风筝也渐与孩子们远离了。不过年年叔叔给家乡写信，总不忘提起儿时的放风筝。香港回归之后，他在家信中说到，他这只被故乡放飞到海外的风筝，尽管[⑯]飘荡游弋[⑰]，经沐风雨，可那线头儿一直在故乡和//亲人手中牵着，如今飘得太累了，也该要回归到家乡和亲人身边来了。

是的。我想，不光是叔叔，我们每个人都是风筝，在妈妈手中牵着，从小放到大，再从家乡放到祖国最需要的地方去啊！

（节选自李恒瑞《风筝畅想曲》）

**语音提示：**

① 风筝 fēng·zheng
② 系 jì
③ 悠荡 yōudàng
④ 恍恍惚惚 huǎnghuǎng-hūhū
⑤ 编扎 biānzā
⑥ 削 xiāo
⑦ 薄 báo
⑧ 篾 miè
⑨ 糊 hú
⑩ 勾勒 gōulè
⑪ 擅 shàn
⑫ 蒲苇 púwěi
⑬ 嗡嗡 wēngwēng
⑭ 左邻右舍 zuǒlín-yòushè

⑮ 几乎　jīhū

⑯ 尽管　jǐnguǎn

⑰ 游弋　yóuyì

**朗读提示：**

这是一篇关于童年美好回忆的作品，语言自然清新。朗读时可以使用轻快的声音，把作者的童趣勾勒出来。最后一个自然段和倒数第二自然段的最后一句话是全文的画龙点睛之笔，朗读时应饱含着深深的思乡之情和爱国之情。

## 作品 10 号——《父亲的爱》

爸不懂得[①]怎样表达爱，使我们一家人融洽相处[②]的是我妈。他只是每天上班下班，而妈则把我们做过的错事开列清单，然后由他来责骂我们。

有一次我偷了一块糖果，他要我把它送回去，告诉卖糖的说是我偷来的，说我愿意替他拆箱卸[③]货作为赔偿[④]。但妈妈却明白我只是个孩子。

我在运动场打秋千跌断了腿，在前往医院途中一直抱着我的，是我妈。爸把汽车停在急诊室[⑤]门口，他们叫他驶开，说那空位[⑥]是留给紧急车辆停放的。爸听了便叫嚷道："你以为这是什么车？旅游车？"

在我生日会上，爸总是显得有些不大相称[⑦]。他只是忙于吹气球，布置餐桌，做杂务。把插着蜡烛的蛋糕推过来让我吹的，是我妈。

我翻阅照相册时，人们总是问："你爸爸是什么样子的？"天晓得[⑧]！他老是忙着替别人拍照。妈和我笑容可掬[⑨]地一起拍的照片[⑩]，多得不可胜数[⑪]。

我记得妈有一次叫他教[⑫]我骑自行车。我叫他别放手，但他却说是应该放手的时候了。我摔倒之后，妈跑过来扶我，爸却挥手要她走开。我当时生气极了，决心要给他点儿颜色看。于是我马上爬上自行车，而且自己骑给他看。他只是微笑。

我念大学时，所有的家信都是妈写的。他//除了寄支票外，还寄过一封短柬[⑬]给我，说因为我不在草坪上踢足球了，所以他的草坪长得很美。

每次我打电话回家，他似乎[⑭]都想跟我说话，但结果总是说："我叫你妈来接。"

我结婚时，掉眼泪的是我妈。他只是大声擤[⑮]了一下鼻子，便走出房间。

我从小到大都听他说："你到哪里去？什么时候回家？汽车有没有汽油？不，不准去。"爸完全不知道怎样表达爱。除非……

会不会是他已经表达了，而我却未能察觉？

（节选自［美］艾尔玛·邦贝克《父亲的爱》）

**语音提示：**

① 懂得　dǒng·de

② 融洽相处　róngqià-xiāngchǔ

③ 卸　xiè

④ 赔偿　péicháng

⑤ 急诊室　jízhěnshì

⑥ 空位　kòngwèi

⑦ 相称　xiāngchèn

⑧ 晓得　xiǎo·de

⑨ 笑容可掬　xiàoróng-kějū

⑩ 照片　zhàopiàn

⑪ 不可胜数　bùkě-shèngshǔ

⑫ 教　jiāo

⑬ 短柬　duǎnjiǎn

⑭ 似乎　sìhū

⑮ 擤　xǐng

**朗读提示：**

这是一篇表现含蓄深沉又易被忽略的父爱的短文。朗读时在语气上要注意区分爸爸的行为和妈妈的行为，朗读妈妈的行为时要亲切，在朗读爸爸的行为时要责备中带有理解，以及最后对爸爸深沉的爱的眷顾，不能大声地斥责。

## 作品 11 号——《国家荣誉感》

一个大问题一直盘踞[①]在我脑袋[②]里：

世界杯怎么会有如此巨大的吸引力？除去足球本身的魅力之外，还有什么超乎其上而更伟大的东西？

近来观看世界杯，忽然从中得到了答案[③]：是由于一种无上崇高[④]的精神情感——国家荣誉感！

地球上的人都会有国家的概念，但未必时时都有国家的感情。往往人到异国，思念家乡，心怀故国，这国家概念就变得有血有肉，爱国之情来得非常具体。而现代社会，科技昌达，信息快捷，事事上网，世界真是太小太小，国家的界限似乎也不那么清晰[⑤]了。再说足球正在快速世界化，平日里各国球员频繁[⑥]转会，往来随意，致使越来越多的国家联赛都具有国际的因素。球员们不论国籍[⑦]，只效力于自己的俱乐部，他们比赛时的激情中完全没有爱国主义的因子。

然而，到了世界杯大赛，天下大变。各国球员都回国效力，穿上与光荣的国旗同样色彩的服装。在每一场比赛前，还高唱国歌以宣誓对自己祖国的挚爱[⑧]与忠诚。一种血缘[⑨]情感开始在全身的血管里燃烧起来，而且立刻热血沸腾。

在历史时代，国家间经常发生对抗，好男儿戎装[⑩]卫国。国家的荣誉往往需要以自己的生命//换取。但在和平时代，唯有这种国家之间大规模对抗性的大赛，才可以唤起那种遥远而神圣的情感，那就是：为祖国而战！

（节选自冯骥才《国家荣誉感》）

**语音提示：**

① 盘踞 pánjù
② 脑袋 nǎo·dai
③ 答案 dá'àn
④ 崇高 chónggāo
⑤ 清晰 qīngxī
⑥ 频繁 pínfán
⑦ 国籍 guójí
⑧ 挚爱 zhì'ài
⑨ 血缘 xuèyuán
⑩ 戎装 róngzhuāng

**朗读提示：**

这篇文章描写了作者从看足球比赛中领悟出的对“国家荣誉感”这种爱国之情的感受，朗读时应该注意语调自然，感情真切，节奏明朗适中。

## 作品 12 号——《海滨仲夏夜》

夕阳落山不久，西方的天空，还燃烧着一片橘红色[①]的晚霞。大海，也被这霞光染成了红色，而且比天空的景色更要壮观。因为它是活动的，每当一排排波浪涌起的时候，那映照在浪峰上的霞光，又红又亮，简直就像一片片霍霍[②]燃烧着的火焰，闪烁着，消失了。而后面的一排，又闪烁[③]着，滚动着，涌了过来。

天空的霞光渐渐地淡下去了，深红的颜色变成了绯红[4]，绯红又变成浅红。最后，当这一切红光都消失了的时候，那突然显得高而远了的天空，则呈现出一片肃穆[5]的神色。最早出现的启明星，在这蓝色的天幕上闪烁起来了。它是那么大，那么亮，整个广漠的天幕上只有它在那里放射着令人注目的光辉，活像一盏悬挂在高空的明灯。

夜色加浓，苍空中的“明灯”越来越多了。而城市各处的真的灯火也次第亮了起来，尤其[6]是围绕[7]在海港[8]周围山坡上的那一片灯光，从半空倒映[9]在乌蓝的海面上，随着波浪，晃动着，闪烁着，像一串流动着的珍珠，和那一片片密布在苍穹[10]里的星斗互相辉映，煞[11]是好看。

在这幽美的夜色中，我踏着软绵绵[12]的沙滩，沿着海边，慢慢地向前走去。海水，轻轻地抚摸[13]着细软的沙滩，发出温柔的//刷刷声。晚来的海风，清新而又凉爽。我的心里，有着说不出的兴奋和愉快。

夜风轻飘飘地吹拂[14]着，空气中飘荡着一种大海和田禾相混合[15]的香味，柔软的沙滩上还残留着白天太阳炙晒[16]的余温。那些在各个工作岗位上劳动了一天的人们，三三两两地来到这软绵绵的沙滩上，他们浴着凉爽的海风，望着那缀[17]满了星星的夜空，尽情[18]地说笑，尽情地休憩[19]。

（节选自峻青《海滨仲夏夜》）

**语音提示：**

① 橘红色　júhóngsè
② 霍霍　huòhuò
③ 闪烁　shǎnshuò
④ 绯红　fēihóng
⑤ 肃穆　sùmù
⑥ 尤其　yóuqí
⑦ 围绕　wéirào
⑧ 海港　hǎigǎng
⑨ 倒映　dàoyìng
⑩ 苍穹　cāngqióng
⑪ 煞　shà
⑫ 软绵绵　ruǎnmiánmián
⑬ 抚摸　fǔmō
⑭ 吹拂　chuīfú
⑮ 混合　hùnhé
⑯ 炙晒　zhìshài
⑰ 缀　zhuì
⑱ 尽情　jìnqíng
⑲ 休憩　xiūqì

**朗读提示：**

这篇文章呈现给我们的是一派恬静的诱人景象，朗读时，语气应平稳、安静，声音变化较小，语势先扬后抑。第一自然段情绪较为激动；第二自然段情绪转为恬静，语速较慢；最后两段描写的是激动欣喜后的惬意，语气应平静柔和。

## 作品13号——《海洋与生命》

生命在海洋里诞生[1]绝不是偶然[2]的，海洋的物理和化学性质，使它成为孕育[3]原始生命的摇篮。

我们知道，水是生物的重要组成部分，许多动物组织的含水量在百分之八十以上，而一些海洋生物的含水量高达百分之九十五。水是新陈代谢的重要媒介[4]，没有它，体内的一系列生理和生物化学反应就无法进行，生命也就停止。因此，在短时期内动物缺水要比缺少食物更加危险。水对今天的生命是如此重要，它对脆弱的原始生命，更是举足轻重了。生命在海洋里诞生，就不会有缺水之忧。

水是一种良好的溶剂。海洋中含有许多生命所必需的无机盐，如氯化钠、氯化钾、碳酸盐、磷酸盐，还有溶解氧，原始生命可以毫不费力[5]地从中吸取它所需要的元素。

水具有很高的热容量，加之海洋浩大，任凭夏季烈日曝晒[6]，冬季寒风扫荡，它的温度变化却比较[7]小。因此，巨大的海洋就像是天然的“温箱”，是孕育原始生命的温床。

阳光虽然[8]为[9]生命所必需，但是阳光中的紫外线却有扼杀[10]原始生命的危险。水能有效地吸收紫外线，因而又为[11]原始生命提供[12]了天然的“屏障[13]”。

这一切都是原始生命得以产生和发展的必要条件//。

（节选自童裳亮《海洋与生命》）

**语音提示：**

① 诞生　dànshēng
② 偶然　ǒurán
③ 孕育　yùnyù
④ 媒介　méijiè
⑤ 毫不费力　háobù fèilì
⑥ 曝晒　pùshài
⑦ 比较　bǐjiào
⑧ 虽然　suīrán
⑨ 为　wéi
⑩ 扼杀　èshā
⑪ 为　wèi
⑫ 提供　tígōng
⑬ 屏障　píngzhàng

**朗读提示：**

这是一篇知识性较强的文章。朗读时声音适中，语调平适，但有时仍应有情绪的变化。文章采用总分结构，先写出论点，然后从四个方面说明其原因，这部分要读得条理清晰。“巨大的海洋就像是天然的‘温箱’”“因而又为原始生命提供了天然的‘屏障’”中“温箱”和“屏障”应重读。

## 作品 14 号——《和时间赛跑》

读小学的时候，我的外祖母去世了。外祖母生前最疼爱我，我无法排除自己的忧伤，每天在学校的操场上一圈儿[1]又一圈儿地跑着，跑得累倒在地上，扑在草坪上痛哭。

那哀痛的日子，断断续续地持续了很久，爸爸妈妈也不知道如何安慰我。他们知道与其[2]骗我说外祖母睡着了，还不如对我说实话：外祖母永远不会回来了。

“什么[3]是永远不会回来？”我问着。

“所有时间里的事物，都永远不会回来了。你的昨天过去，它就永远变成昨天，你不能再回到昨天。爸爸以前也和你一样小，现在也不能回到你这么[4]小的童年了；有一天你会长大，你会像外祖母一样老；有一天你度过了你的时间，就永远不会回来了。”爸爸说。

爸爸等于[5]给我一个谜语[6]，这谜语比课本上的“日历挂在墙壁，一天撕去一页，使我心里着急[7]”和“一寸光阴一寸金，寸金难买寸光阴”还让我感到可怕；也比作文本上的“光阴似箭，日月如梭[8]”更让我觉得有一种说不出的滋味。

时间过得那么飞快，使我的小心眼儿里不只是着急，还有悲伤。有一天我放学回家，看到太阳快落山了，就下决心说：“我要比太阳更快地回家。”我狂奔回去，站在庭院前喘[9]气的时候，看到太阳//还露着[10]半边脸，我高兴地跳跃起来，那一天我跑赢了太阳。以后我就时常做那样的游戏，有时和太阳赛跑，有时和西北风比快，有时一个暑假才能做完的作业，我十天就做完了；那时我三年级，常常把哥哥五年级的作业拿来做。每一次比赛胜过时间，我就快乐得不知道怎么形容。

如果将来我有什么要教给我的孩子，我会告诉他：假若你一直和时间比赛，你就可以成功！

（节选自林清玄《和时间赛跑》）

**语音提示：**

| | |
|---|---|
| ① 一圈儿 yīquānr | ⑥ 谜语 míyǔ |
| ② 与其 yǔqí | ⑦ 着急 zháojí |
| ③ 什么 shén·me | ⑧ 梭 suō |
| ④ 这么 zhè·me | ⑨ 喘 chuǎn |
| ⑤ 等于 děngyú | ⑩ 露着 lòu·zhe |

**朗读提示：**

这篇文章开头要读得略显沉重，“外祖母永远不会回来了”这句话要读得缓慢些、沉稳些；“什么是永远不会回来？”这句则要读得快些、稚气些，语势上扬；与时间赛跑的描写很生动，语速可以加快，语气可以夸张一些，表明心中的急切和喜悦。

## 作品 15 号——《胡适的白话电报》

三十年代初，胡适①在北京大学任②教授。讲课时他常常对白话文大加称赞③，引起一些只喜欢文言文而不喜欢白话文的学生的不满。

一次，胡适正讲得④得意⑤的时候⑥，一位姓魏的学生⑦突然⑧站了起来，生气地问：“胡先生，难道说白话文就毫无缺点吗？”胡适微笑着回答说：“没有。”那位学生更加激动⑨了：“肯定有！白话文废话太多，打电报用字多，花钱多。”胡适的目光顿时变亮了。轻声地解释⑩说：“不一定吧！前几天有位朋友给我打来电报，请我去政府部门工作，我决定不去，就回电拒绝了。复电是用白话写的，看来也很省字。请同学们根据我这个意思，用文言文写一个回电，看看究竟是白话文省字，还是文言文省字？”胡教授刚说完，同学们立刻认真地写了起来。

十五分钟过去，胡适让同学举手，报告用字的数目，然后挑了一份用字最少的文言电报稿，电文是这样写的：

“才疏学浅⑪，恐难胜任，不堪⑫从命。”白话文的意思是：学问不深，恐怕很难担任这个工作，不能服从安排。

胡适说，这份写得确实不错，仅用了十二个字。但我的白话电报却只用了五个字：

“干不了，谢谢！”

胡适又解释说：“干不了”就有才疏学浅、恐难胜任的意思；“谢谢”既//对朋友的介绍表示感谢，又有拒绝的意思。所以，废话多不多，并不看它是文言文还是白话文，只要注意选用字词，白话文是可以比文言文更省字的。

（节选自陈灼主编《实用汉语中级教程》（上）之《胡适的白话电报》）

**语音提示：**

| | |
|---|---|
| ① 胡适 Hú Shì | ④ 讲得 jiǎng·de |
| ② 任 rèn | ⑤ 得意 déyì |
| ③ 称赞 chēngzàn | ⑥ 时候 shí·hou |

⑦ 学生 xué·sheng
⑧ 突然 tūrán
⑨ 激动 jīdòng
⑩ 解释 jiěshì
⑪ 才疏学浅 cáishū-xuéqiǎn
⑫ 不堪 bùkān

**朗读提示：**

这篇文章的对话比较多，要特别注意学生和胡适两种角色语言的区别，朗读时可稍作夸张，把两者截然不同的观点通过自己的声音鲜明地突出出来。

## 作品 16 号——《火光》

很久以前，在一个漆黑[①]的秋天的夜晚，我泛舟[②]在西伯利亚一条阴森森[③]的河上。船到一个转弯处，只见前面黑黢黢[④]的山峰下面一星火光蓦地[⑤]一闪。

火光又明又亮，好像就在眼前……

"好啦，谢天谢地！"我高兴地说，"马上就到过夜的地方啦！"

船夫扭头朝身后的火光望了一眼，又不以为然地划起桨来。

"远着呢！"

我不相信他的话，因为火光冲破朦胧[⑥]的夜色，明明就在那儿闪烁。不过船夫是对的，事实上，火光的确还远着呢。

这些黑夜的火光的特点是：驱散[⑦]黑暗，闪闪发亮，近在眼前，令人神往。乍[⑧]一看，再划几下就到了……其实却还远着呢！……

我们在漆黑如墨的河上又划了很久。一个个峡谷和悬崖[⑨]，迎面驶来，又向后移去，仿佛消失在茫茫的远方，而火光却依然停在前头，闪闪发亮，令人神往——依然是这么近，又依然是那么远……

现在，无论是这条被悬崖峭壁的阴影笼罩[⑩]的漆黑的河流，还是那一星明亮的火光，都经常浮现在我的脑际，在这以前和在这以后，曾有许多火光，似乎近在咫尺[⑪]，不止使我一人心驰神往[⑫]。可是生活之河却仍然在那阴森森的两岸之间流着，而火光也依旧非常遥远。因此，必须加劲划桨[⑬]……

然而，火光啊[⑭]……毕竟……毕竟就//在前头！

（节选自［俄］柯罗连科《火光》，张铁夫译）

**语音提示：**

① 漆黑 qīhēi
② 泛舟 fànzhōu
③ 阴森森 yīnsēnsēn
④ 黑黢黢 hēiqūqū
⑤ 蓦地 mòdì
⑥ 朦胧 ménglóng
⑦ 驱散 qūsàn
⑧ 乍 zhà
⑨ 悬崖 xuányá
⑩ 笼罩 lǒngzhào
⑪ 咫尺 zhǐchǐ
⑫ 心驰神往 xīnchí-shénwǎng
⑬ 划桨 huájiǎng
⑭ 火光啊 huǒguāngnga

**朗读提示：**

这篇文章运用了象征的写作手法，文中的火光象征着光明和希望，能让人感到温暖，给人以勇气。朗读时要把现实的阴暗和作者对未来充满憧憬的希望之情做不同的处理。

## 作品 17 号——《济南的冬天》

对于一个在北平住惯的人，像我，冬天要是不刮风，便觉得是奇迹；济南[1]的冬天是没有风声的。对于一个刚由伦敦回来的人，像我，冬天要能看得见日光，便觉得是怪事；济南的冬天是响晴的。自然，在热带的地方，日光永远是那么[2]毒，响亮的天气，反有点儿叫人害怕。可是，在北方的冬天，而能有温晴的天气，济南真得[3]算个宝地。

设若单单是有阳光，那也算不了出奇。请闭上眼睛想：一个老城，有山有水，全在天底下晒着阳光，暖和[4]安适[5]地睡着，只等春风来把它们唤醒，这是不是理想的境界？小山整把济南围了个圈儿[6]，只有北边缺着点口儿[7]。这一圈小山在冬天特别可爱，好像是把济南放在一个小摇篮里，它们安静不动地低声说："你们放心吧，这儿准保暖和。"真的，济南的人们在冬天是面上含笑的。他们一看那些小山，心中便觉得有了着落[8]，有了依靠。他们由天上看到山上，便不知不觉地想起：明天也许就是春天了吧？这样的温暖，今天夜里山草也许就绿起来了吧？就是这点儿幻想不能一时实现，他们也并不着急[9]，因为这样慈善的冬天，干什么还希望别的呢！

最妙的是下点儿小雪呀。看吧，山上的矮松越发的青黑，树尖儿上//顶着一髻儿[10]白花，好像日本看护妇[11]。山尖儿[12]全白了，给蓝天镶上一道银边。山坡上，有的地方雪厚点，有的地方草色还露着[13]；这样，一道儿[14]白，一道儿暗黄，给山们穿上一件带水纹的花衣；看着看着，这件花衣好像被风儿[15]吹动，叫你希望看见一点儿更美的山的肌肤。等到快日落的时候[16]，微黄的阳光斜射在山腰上，那点儿薄雪[17]好像忽然害羞，微微露出点儿粉色。就是下小雪吧，济南是受不住大雪的，那些小山太秀气[18]。

（节选自老舍《济南的冬天》）

**语音提示：**

① 济南 Jǐnán
② 那么 nà·me
③ 真得 zhēnděi
④ 暖和 nuǎn·huo
⑤ 安适 ānshì
⑥ 圈儿 quānr
⑦ 口儿 kǒur
⑧ 着落 zhuóluò
⑨ 着急 zháojí
⑩ 髻儿 jìr
⑪ 看护妇 kānhùfù
⑫ 山尖儿 shānjiānr
⑬ 露着 lòu·zhe
⑭ 一道儿 yīdàor
⑮ 风儿 fēng'·ér
⑯ 时候 shí·hou
⑰ 薄雪 báo
⑱ 秀气 xiù·qi

**朗读提示：**

这是一篇充满诗情画意的散文，作者紧紧抓住济南冬天与众不同之处——"充满温情"这一特点，如"小山整把济南围了个圈儿，只有北边缺着点口儿"表达了对济南冬天的赞美喜爱之情。朗读时把这种情感融汇到自己的声音中。

## 作品 18 号——《家乡的桥》

纯朴的家乡村边有一条河，曲曲弯弯[1]，河中架一弯石桥，弓样的小桥横跨两岸。

每天，不管是鸡鸣晓月，日丽中天，还是月华泻地，小桥都印下串串足迹[2]，洒落串串汗珠。那是乡亲为了追求多棱[3]的希望，兑现[4]美好的遐想[5]。弯弯小桥，不时荡过轻吟[6]低唱，不时露出舒心的笑容。

因而，我稚小的心灵，曾将心声献给小桥：你是一弯银色的新月，给人间普照光辉；你是一把闪亮的镰刀，割刈[7]着欢笑的花果；你是一根晃悠悠[8]的扁担[9]，挑起了彩色的明天！哦，小桥走进我的梦中。

我在漂泊[10]他乡的岁月，心中总涌动[11]着故乡的河水，梦中总看到弓样的小桥。当我访南疆探北国，眼帘闯进座座雄伟的长桥时，我的梦变得丰满了，增添了赤橙黄绿青蓝紫。

三十多年过去，我带着满头霜花回到故乡，第一紧要的便是去看望小桥。

啊！小桥呢？它躲起来了？河中一道长虹，浴着朝霞熠熠[12]闪光。哦，雄浑的大桥敞开胸怀，汽车的呼啸、摩托的笛音、自行车的叮铃，合奏着进行交响乐；南来的钢筋、花布，北往的柑橙、家禽，绘出交流欢悦图……

啊！蜕变[13]的桥，传递了家乡进步的消息[14]，透露了家乡富裕的声音。时代的春风，美好的追求，我蓦地记起儿时唱//给小桥的歌，哦，明艳艳的太阳照耀了，芳香甜蜜的花果捧来了，五彩斑斓[15]的岁月拉开了！

我心中涌动的河水，激荡起甜美的浪花。我仰望一碧蓝天，心底轻声呼喊：家乡的桥啊[16]，我梦中的桥！

（节选自郑莹《家乡的桥》）

**语音提示：**

① 曲曲弯弯 qūqū-wānwān
② 足迹 zújì
③ 多棱 duōléng
④ 兑现 duìxiàn
⑤ 遐想 xiáxiǎng
⑥ 轻吟 qīngyín
⑦ 割刈 gēyì
⑧ 晃悠悠 huàngyōuyōu
⑨ 扁担 biǎn·dan
⑩ 漂泊 piāobó
⑪ 涌动 yǒngdòng
⑫ 熠熠 yìyì
⑬ 蜕变 tuìbiàn
⑭ 消息 xiāo·xi
⑮ 斑斓 bānlán
⑯ 桥啊 qiáowa

**朗读提示：**

这是一篇抒发浓浓乡情的散文，充满了对故乡的赞美之情，朗读时声音要轻柔、甜美，节奏要鲜明、舒缓。特别是“你是一弯银色的新月，给人间普照光辉；你是一把闪亮的镰刀，割刈着欢笑的花果；你是一根晃悠悠的扁担，挑起了彩色的明天！”这句朗读时要注意层次性，使语调各异，否则就有呆板之感。

## 作品 19 号——《坚守你的高贵》

三百多年前，建筑设计师莱伊恩[1]受命设计了英国温泽市政府大厅。他运用工程力学的知识，依据自己多年的实践，巧妙地设计了只用一根柱子支撑[2]的大厅天花板。一年以后，市政府权威人士进行工程验收时，却说只用一根柱子支撑天花板太危险，要求莱伊恩再多加几根柱子。

莱伊恩自信只要一根紧固的柱子足以保证大厅安全，他的“固执[3]”惹恼了市政官员，险些被送上法庭[4]。他非常苦恼[5]，坚持自己原先的主张吧，市政官员肯定会另找人修改设计；不坚持吧，又有悖[6]自己为人的准则，矛盾了很长一段时间，莱伊恩终于想出了一条妙计，他在大厅里增加了四根柱子，不过这些柱子并未与天花板接触，只不过是装装样子。

三百多年过去了，这个秘密始终没有被人发现。直到前两年，市政府准备修缮⑦大厅的天花板，才发现莱伊恩当年的“弄虚作假⑧”。消息传出后，世界各国的建筑专家和游客云集，当地政府对此也不加掩饰⑨，在新世纪到来之际，特意将大厅作为一个旅游景点对外开放，旨在引导人们崇尚⑩和相信科学。

作为一名建筑师，莱伊恩并不是最出色的。但作为一个人，他无疑非常伟大，这种//伟大表现在他始终恪守⑪着自己的原则，给高贵的心灵一个美丽的住所：哪怕是遭遇到最大的阻力，也要想办法抵达⑫胜利。

（节选自游宇明《坚守你的高贵》）

**语音提示：**

① 莱伊恩 Láiyī'ēn
② 支撑 zhīchēng
③ 固执 gù·zhí
④ 法庭 fǎtíng
⑤ 苦恼 kǔnǎo
⑥ 悖 bèi
⑦ 修缮 xiūshàn
⑧ 弄虚作假 nòngxū-zuòjiǎ
⑨ 掩饰 yǎnshì
⑩ 崇尚 chóngshàng
⑪ 恪守 kèshǒu
⑫ 抵达 dǐdá

**朗读提示：**

这篇文章以建筑设计师莱伊恩的故事向读者讲述了一个深刻的哲理：“恪守着自己的原则，哪怕遭遇到最大的阻力，也要想办法抵达胜利”。朗读时要分成两部分，前一部分是叙事部分，朗读时要平和自然，不必过于夸张。第二部分是最后一个自然段，要用平稳、沉着的情感基调，将哲理不紧不慢地娓娓道来。

## 作品 20 号——《金子》

自从传言有人在萨文河畔①散步时无意发现了金子后，这里便常有来自四面八方的淘金者。他们都想成为富翁，于是寻遍了整个河床，还在河床上挖出很多大坑，希望借助它们找到更多的金子。的确，有一些人找到了，但另外一些人因为一无所得而只好扫兴归去。

也有不甘心落空的，便驻扎②在这里③，继续寻找。彼得·弗雷特④就是其中一员。他在河床附近买了一块没人要的土地，一个人默默地⑤工作。他为了找金子，已把所有的钱都押在这块土地上。他埋头苦干了几个月，直到土地全变成了坑坑洼洼，他失望了——他翻遍了整块土地，但连一丁点儿金子都没看见。

六个月后，他连买面包的钱都没有了。于是他准备离开这儿⑥到别处去谋生。

就在他即将离去的前一个晚上，天下起了倾盆⑦大雨，并且一下就是三天三夜。雨终于停了，彼得走出小木屋，发现眼前的土地看上去好像和以前不一样：坑坑洼洼已被大水冲刷平整，松软的土地上长出一层绿茸茸⑧的小草。

“这里没找到金子，”彼得忽有所悟地说，“但这土地很肥沃，我可以用来种花，并且拿到镇上去卖给那些富人，他们一定会买些花装扮他们华丽的客厅。//如果真是这样的话，那么⑨我一定会赚许多钱。有朝一日我也会成为富人……”

于是他留了下来。彼得花了不少精力培育花苗，不久田地里长满了美丽鲜艳的各色鲜花。

五年以后，彼得终于实现了他的梦想——成了一个富翁。“我是唯一一个找到真金的人！”

他时常不无骄傲地告诉[⑩]别人，“别人[⑪]在这儿找不到金子后便远远地离开，而我的‘金子’是在这块土地里，只有诚实的人用勤劳才能采集到。”

（节选自陶猛译《金子》）

**语音提示：**

① 河畔 hépàn
② 驻扎 zhùzhā
③ 这里 zhè·lǐ
④ 弗雷特 Fúléitè
⑤ 默默地 mòmòde
⑥ 这儿 zhèr
⑦ 倾盆 qīngpén
⑧ 绿茸茸 lùróngróng
⑨ 那么 nà·me
⑩ 告诉 gào·su
⑪ 别人 bié·rén

**朗读提示：**

这是一篇小故事，表现了勤劳才能采集到真金的主题。文章中描写了许多心理活动，在朗读时，一定要用语气来表现。如第二段的最后一句“他翻遍了整块土地，但连一丁点儿金子都没看见”，语气中要夹着一丝伤感，表现主人公的失落；第五段是故事的高潮，要用忽有所悟的语气处理，突出两个“一定会”和一个“也会”，朗读时要带着自信，带着憧憬。

## 作品 21 号——《捐诚》

我在加拿大学习期间遇到过两次募捐[①]，那情景至今使我难以忘怀[②]。

一天，我在渥太华[③]的街上被两个男孩子拦住去路，他们十来岁，穿得整整齐齐，每人头上戴着个做工精巧、色彩鲜艳的纸帽，上面写着“为帮助患小儿麻痹[④]的伙伴募捐”。其中的一个，不由分说[⑤]就坐在小凳上给我擦起皮鞋来，另一个则彬彬有礼[⑥]地发问：“小姐，您是哪国人？喜欢渥太华吗？”“小姐，在你们国家有没有小孩儿患小儿麻痹？谁给他们医疗费？”一连串的问题，使我这个有生以来头一次在众目睽睽[⑦]之下让别人擦鞋的异乡人，从近乎狼狈的窘态[⑧]中解脱出来。我们像朋友[⑨]一样聊起天儿来……

几个月之后，也是在街上。一些十字路口处或车站坐着几位老人。他们满头银发，身穿各种老式军装，上面布满了大大小小形形色色的徽章、奖章，每人手捧一大束鲜花。有水仙、石竹、玫瑰[⑩]及叫不出名字[⑪]的，一色[⑫]雪白。匆匆过往的行人纷纷止步，把钱投进这些老人身旁的白色木箱内，然后向他们微微鞠躬，从他们手中接过一朵花。我看了一会儿，有人投一两元，有人投几百元，还有人掏出支票填好后投进木箱。那些老军人毫不注意人们捐多少钱，一直不//停地向人们低声道谢。同行的朋友告诉我，这是为纪念二次大战中参战的勇士，募捐救济残废军人和烈士遗孀[⑬]，每年一次；认捐的人可谓踊跃[⑭]，而且秩序井然，气氛[⑮]庄严。有些地方，人们还耐心地排着队。我想，这是因为他们都知道[⑯]：正是这些老人们的流血[⑰]牺牲换来了包括他们信仰自由在内的许许多多。

我两次把那微不足道的一点儿钱捧给他们，只想对他们说声“谢谢[⑱]”。

（节选自青白《捐诚》）

**语音提示：**

① 募捐 mùjuān
② 难以忘怀 nányǐwànghuái
③ 渥太华 Wòtàihuá
④ 麻痹 mábì

⑤ 不由分说 bùyóufēnshuō
⑥ 彬彬有礼 bīnbīn-yǒulǐ
⑦ 睽睽 kuíkuí
⑧ 窘态 jiǒngtài
⑨ 朋友 péng·you
⑩ 玫瑰 méi·gui
⑪ 名字 míng·zi
⑫ 一色 yīsè
⑬ 遗孀 yíshuāng
⑭ 踊跃 yǒngyuè
⑮ 气氛 qìfēn
⑯ 知道 zhī·dào
⑰ 流血 liúxuè
⑱ 谢谢 xiè·xie

**朗读提示：**

这篇文章对两次所遇到的募捐者都描绘得很详细，要注意表现出来。朗读中遇到表现孩子的时候，声音处理应快些、实些，表现出突然和好奇；遇到描写老人的时候声音应慢些、轻些，要充满敬意。另外，第一次募捐是被动的，而第二次则是主动的，语气上应该递进，分量应该加重，认识应该升华。

## 作品22号——《可爱的小鸟》

没有一片绿叶，没有一缕炊烟[①]，没有一粒泥土，没有一丝花香，只有水的世界，云的海洋。

一阵台风袭过，一只孤单的小鸟无家可归，落到被卷到洋里的木板上，乘流而下，姗姗而来，近了，近了！……

忽然，小鸟张开翅膀，在人们头顶盘旋了几圈儿，"噗啦[②]"一声落到了船上。许是累了？还是发现了"新大陆"？水手撵[③]它它不走，抓它，它乖乖地落在掌心。可爱的小鸟和善良的水手结成了朋友。

瞧，它多美丽，娇巧的小嘴，啄理[④]着绿色的羽毛，鸭子样的扁脚，呈现出春草的鹅黄。水手们把它带到舱里，给它"搭铺"，让它在船上安家落户，每天，把分到的一塑料[⑤]桶淡水匀给它喝，把从祖国带来的鲜美的鱼肉分给它吃，天长日久，小鸟和水手的感情日趋笃厚[⑥]。清晨，当第一束[⑦]阳光射进舷窗[⑧]时，它便敞开美丽的歌喉，唱啊[⑨]唱，嘤嘤[⑩]有韵，宛如春水淙淙[⑪]。人类给它以生命，它毫不悭吝[⑫]地把自己的艺术青春奉献给了哺育[⑬]它的人。可能都是这样？艺术家们的青春只会献给尊敬他们的人。

小鸟给远航生活蒙上了一层浪漫色调[⑭]。返航时，人们爱不释手，恋恋不舍地想把它带到异乡。可小鸟憔悴[⑮]了，给水，不喝！喂肉，不吃！油亮的羽毛失去了光泽。是啊[⑯]，我//们有自己的祖国，小鸟也有它的归宿，人和动物都是一样啊[⑰]，哪儿也不如故乡好！

慈爱的水手们决定放开它，让它回到大海的摇篮去，回到蓝色的故乡去。离别前，这个大自然的朋友与水手们留影纪念。它站在许多人的头上，肩上，掌上，胳膊[⑱]上，与喂养过它的人们，一起融进那蓝色的画面……

（节选自王文杰《可爱的小鸟》）

**语音提示：**

① 炊烟 chuīyān
② 噗啦 pūlā
③ 撵 niǎn
④ 啄理 zhuólǐ
⑤ 塑料 sùliào
⑥ 笃厚 dǔhòu
⑦ 束 shù
⑧ 舷窗 xiánchuāng
⑨ 唱啊 chàngnga
⑩ 嘤嘤 yīngyīng

⑪ 淙淙 cóngcóng
⑫ 悭吝 qiānlìn
⑬ 哺育 bǔyù
⑭ 色调 sèdiào
⑮ 憔悴 qiáocuì
⑯ 是啊 shìra
⑰ 一样啊 yīyàngnga
⑱ 胳膊 gē·bo

**朗读提示：**

这篇文章的主题是表现人与自然的和睦相处。在第三段中作者对小鸟与水手的亲密接触进行了生动的刻画，因此，在朗读时，可以用舒缓、轻松的语调把小鸟的可爱以及水手们对它的爱护表达出来，比如朗读“瞧，它多美丽，娇巧的小嘴……”时要想象小鸟的模样，想象水手们爱抚的眼光。

## 作品23号——《课不能停》

纽约[1]的冬天常有大风雪，扑面[2]的雪花不但令人难以睁开眼睛，甚至呼吸都会吸入冰冷的雪花。有时前一天晚上还是一片晴朗，第二天拉开窗帘[3]，却已经积雪盈尺，连门都推不开了。

遇到这样的情况，公司、商店常会停止上班，学校也通过广播，宣布停课。但令人不解的是，惟有[4]公立小学，仍然开放。只见黄色的校车，艰难地在路边接孩子，老师则一大早就口中喷[5]着热气，铲去车子前后的积雪，小心翼翼[6]地开车去学校。

据统计，十年来纽约的公立小学只因为超级暴风雪停过七次课。这是多么令人惊讶[7]的事。犯得着在大人都无须上班的时候让孩子去学校吗？小学的老师也太倒霉了吧？

于是，每逢大雪而小学不停课时，都有家长打电话去骂。妙的是，每个打电话的人，反应全一样——先是怒气冲冲地骂，然后满口道歉[8]，最后笑容满面地挂上电话。原因是，学校告诉家长：

在纽约有许多百万富翁[9]，但也有不少贫困的家庭。后者白天开不起暖气，供[10]不起午餐，孩子的营养[11]全靠学校里免费的中饭，甚至可以多拿些回家当晚餐。学校停课一天，穷孩子就受一天冻，挨[12]一天饿，所以老师们宁愿[13]自己苦一点儿，也不能停//课。

或许有家长会说：何不让富裕[14]的孩子在家里，让贫穷的孩子去学校享受暖气和营养午餐呢？

学校的答复是：我们不愿让那些穷苦的孩子感到他们是在接受救济[15]，因为施舍[16]的最高原则是保持受施者的尊严[17]。

（节选自刘墉《课不能停》）

**语音提示：**

① 纽约 Niǔyuē
② 扑面 pūmiàn
③ 窗帘 chuānglián
④ 惟有 wéiyǒu
⑤ 喷 pēn
⑥ 小心翼翼 xiǎoxīn-yìyì
⑦ 惊讶 jīngyà
⑧ 道歉 dàoqiàn
⑨ 富翁 fùwēng
⑩ 供 gōng
⑪ 营养 yíngyǎng
⑫ 挨 ái
⑬ 宁愿 nìngyuàn
⑭ 富裕 fùyù
⑮ 救济 jiùjì
⑯ 施舍 shīshě
⑰ 尊严 zūnyán

**朗读提示：**

这篇作品构思巧妙，先抑后扬，耐人寻味。一、二段语言平实自然，宜用偏实声处理；第三段的两个反问句应读得实些、快些，读出不得其解的意味，引出下文；后面四段要读得轻些、慢些，读出娓娓道来的意味。

## 作品 24 号——《莲花和樱花》

十年，在历史上不过是一瞬间[1]。只要稍加注意，人们就会发现：在这一瞬间里，各种事物都悄悄[2]经历了自己的千变万化。

这次重新访日，我处处感到亲切和熟悉[3]，也在许多方面发觉了日本的变化。就拿奈良[4]的一个角落来说吧，我重游了为之[5]感受很深的唐招提寺，在寺内各处匆匆走了一遍，庭院依旧，但意想不到还看到了一些新的东西。其中之一，就是近几年从中国移植[6]来的“友谊[7]之莲”。

在存放鉴真[8]遗像的那个院子里，几株中国莲昂然挺立，翠绿的宽大荷叶正迎风而舞，显得十分愉快。开花的季节已过，荷花朵朵已变为莲蓬[9]累累[10]。莲子的颜色正在由青转紫，看来已经成熟了。

我禁不住[12]想：“因”已转化为“果”。

中国的莲花开在日本，日本的樱花开在中国，这不是偶然。我希望这样一种盛况延续不衰。可能有人不欣赏[11]花，但决不会有人欣赏落在自己面前的炮弹。

在这些日子[13]里，我看到了不少多年不见的老朋友[14]，又结识[15]了一些新朋友。大家喜欢涉及的话题之一，就是古长安和古奈良。那还用得着问吗，朋友们缅怀[16]过去，正是瞩望未来。瞩目[17]于未来的人们必将获得未来。

我不例外，也希望一个美好的未来。

为//了中日人民之间的友谊，我将不浪费今后生命的每一瞬间。

（节选自严文井《莲花和樱花》）

**语音提示：**

① 瞬间 shùnjiān
② 悄悄 qiāoqiāo
③ 熟悉 shú·xi
④ 奈良 Nàiliáng
⑤ 为之 wèizhī
⑥ 移植 yízhí
⑦ 友谊 yǒuyì
⑧ 鉴真 Jiànzhēn
⑨ 莲蓬 lián·peng
⑩ 累累 léiléi
⑪ 禁不住 jīn·buzhù
⑫ 欣赏 xīnshǎng
⑬ 日子 rì·zi
⑭ 老朋友 lǎopéng·you
⑮ 结识 jiéshí
⑯ 缅怀 miǎnhuái
⑰ 瞩目 zhǔmù

**朗读提示：**

这是一篇表达中日人民友好的文章，语言通俗易懂，没有抽象的高谈阔论，所以朗读时声音要轻松，语气要自然亲切。

## 作品 25 号——《绿》

梅雨潭闪闪的绿色招引着我们，我们开始追捉她那离合的神光了。揪着草，攀着乱石，小心探身下去，又鞠躬过了一个石穹门[①]，便到了汪汪一碧的潭边了。

瀑布在襟袖[②]之间，但我的心中已没有瀑布了。我的心随潭水的绿而摇荡。那醉人的绿呀！仿佛一张极大极大的荷叶铺[③]着，满是奇异的绿呀。我想张开两臂抱住她，但这是怎样一个妄想啊[④]。

站在水边，望到那面，居然觉着有些远呢！这平铺着、厚积着的绿，着实[⑤]可爱。她松松地皱缬[⑥]着，像少妇拖着的裙幅；她滑滑的明亮着，像涂了“明油”一般，有鸡蛋清那样软，那样嫩；她又不杂些尘滓[⑦]，宛然一块温润的碧玉，只清清的一色——但你却看不透她！

我曾见过北京什刹海[⑧]拂地的绿杨，脱不了鹅黄的底子，似乎太淡了。我又曾见过杭州虎跑寺[⑨]近旁高峻而深密的“绿壁”，从叠着无穷的碧草与绿叶的，那又似乎太浓了。其余呢，西湖的波太明了，秦淮河的也太暗了。可爱的，我将什么来比拟[⑩]你呢？我怎么比拟得出呢？大约潭是很深的，故能蕴蓄[⑪]着这样奇异的绿；仿佛蔚蓝的天融了一块在里面似的，这才这般的鲜润啊[⑫]。

那醉人的绿呀！我若能裁你以为带，我将赠给那轻盈的//舞女；她必能临风飘举了。我若能挹[⑬]你以为眼，我将赠给那善歌的盲妹，她必能明眸善睐[⑭]了。我舍不得[⑮]你，我怎舍得你呢？我用手拍着你，抚摩[⑯]着你，如同一个十二三岁的小姑娘。我又掬[⑰]你入口，便是吻着她了。我送你一个名字，我从此叫你“女儿绿”，好吗？

我第二次到仙岩的时候，我不禁[⑱]惊诧于梅雨潭的绿了。

（节选自朱自清《绿》）

**语音提示：**

① 石穹门 shíqióngmén
② 襟袖 jīnxiù
③ 铺 pū
④ 妄想啊 wàngxiǎngnga
⑤ 着实 zhuóshí
⑥ 皱缬 zhòuxié
⑦ 尘滓 chénzǐ
⑧ 什刹海 Shíchàhǎi
⑨ 虎跑寺 Hǔpáosì
⑩ 比拟 bǐnǐ
⑪ 蕴蓄 yùnxù
⑫ 鲜润啊 xiānrùnnga
⑬ 挹 yì
⑭ 明眸善睐 míngmóu-shànlài
⑮ 舍不得 shě·bu·de
⑯ 抚摩 fǔmó
⑰ 掬 jū
⑱ 不禁 bùjīn

**朗读提示：**

这篇散文描绘了梅雨潭“奇异”、“醉人”的绿，字里行间洋溢着一种浓郁的诗味——诗的情感、诗的意境、诗的语言，所以朗读时语调要舒展柔和，饱含诗情画意。

## 作品 26 号——《落花生》

我们家的后园有半亩空地[①]，母亲说：“让它荒着怪可惜的，你们那么爱吃花生，就开辟出来种花生吧。”我们姐弟几个都很高兴，买种[②]，翻地，播种[③]，浇水，没过几个月，居然收获了。

母亲说："今晚我们过一个收获节，请你们父亲也来尝尝我们的新花生，好不好？"我们都说好。母亲把花生做成了好几样食品，还吩咐[4]就在后园的茅亭里过这个节。

晚上天色不太好，可是父亲也来了，实在很难得。

父亲说："你们爱吃花生么？"

我们争着答应[5]："爱！"

"谁能把花生的好处说出来？"

姐姐说："花生的味[6]美。"

哥哥说："花生可以榨油。"

我说："花生的价钱[7]便宜[8]，谁都可以买来吃，都喜欢吃。这就是它的好处。"

父亲说："花生的好处很多，有一样最可贵，它的果实埋在地里，不像桃子[9]、石榴[10]、苹果那样，把鲜红嫩绿的果实高高地挂在枝头上，使人一见就生爱慕之心。你们看它矮矮地长在地上，等到成熟了，也不能立刻分辨出来它有没有果实，必须挖出来才知道。"

我们都说是，母亲也点点头。

父亲接下去说："所以你们要像花生，它虽然不好看，可是很有用，不是外表好看而没有实用的东西[11]。"

我说："那么，人要做有用的人，不要做只讲体面[12]，而对别人没有好处的人了。"//

父亲说："对。这是我对你们的希望。"

我们谈到夜深才散。花生做的食品都吃完了，父亲的话却深深地印在我的心上。

（节选自许地山《落花生》）

**语音提示：**

① 空地　kòngdì
② 买种　mǎizhǒng
③ 播种　bōzhǒng
④ 吩咐　fēn·fù
⑤ 答应　dā·ying
⑥ 味　wèir
⑦ 价钱　jià·qián
⑧ 便宜　pián·yi
⑨ 桃子　táo·zi
⑩ 石榴　shí·liu
⑪ 东西　dōng·xi
⑫ 体面　tǐmiàn

**朗读提示：**

这是一篇记叙性的短文，朗读时的总体基调应是沉稳、凝重，而又不失畅达和松弛的。第一段写种花生的起因和过程，应用较为轻松的语气朗读；中间部分应用较快的节奏朗读，体现出孩子的纯真，父亲的话应读得稳重些，体现出长辈对子女的慈爱。

## 作品 27 号——《麻雀》

我打猎归来，沿着花园的林阴[1]路走着，狗跑在我的前面。

突然，狗放慢脚步，蹑足潜行[2]，好像嗅[3]到了前边有什么野物。

我顺着林阴路望去，看见了一只嘴边还带着黄色、头上生着柔毛的小麻雀。风猛烈地吹打着林阴路上的白桦树[4]，麻雀从巢里跌落下来，呆呆地伏在地上，孤立无援地张开两只羽毛还未丰满的小翅膀。

我的狗慢慢向它靠近。忽然，从附近的树上飞下一只黑胸脯[5]的老麻雀，像一颗石子[6]似的落到狗的跟前。老麻雀全身倒竖[7]着羽毛，惊慌万状，发出绝望、凄惨的叫声，接着向露出[8]牙齿、大张着的狗嘴扑去。

老麻雀是猛扑下来救护幼雀的。它用身体掩护着自己的幼儿[9]……但它整个小小的身体因恐怖而战栗[10]着！它小小的声音也变得粗暴嘶哑，它在牺牲自己！

在它看来，狗该是多么庞大的怪物啊[11]！然而它还是不能站在自己高高的、安全的树枝上……一种比它的理智更强烈的力量，使它从那儿[12]扑下身来。

我的狗站住了，向后退了退……看来，它也感到了这种力量。

我赶紧唤住惊惶失措的狗，然后我怀着崇敬[13]的心情，走开了。

是啊[14]，请不要见笑。我崇敬那只小小的、英勇的鸟儿[15]，我崇敬它那种爱的冲动和力量。

爱，我//想，比死和死的恐惧更强大，只有依靠它，依靠这种爱，生命才能维持下去，发展下去。

（节选自［俄］屠格涅夫《麻雀》，巴金译）

**语音提示：**

① 林阴 línyīn
② 蹑足潜行 nièzú-qiánxíng
③ 嗅 xiù
④ 白桦树 báihuàshù
⑤ 胸脯 xiōngpú
⑥ 石子 shízǐ
⑦ 倒竖 dàoshù
⑧ 露出 lùchū
⑨ 幼儿 yòu'ér
⑩ 战栗 zhànlì
⑪ 怪物啊 guàiwùwa
⑫ 那儿 nàr
⑬ 崇敬 chóngjìng
⑭ 是啊 shìra
⑮ 鸟儿 niǎo'·ér

**朗读提示：**

这篇文章通过老麻雀拯救小麻雀的故事，歌颂了一种伟大的力量——母爱，事情的经过写得细致入微，生动形象。朗读时要使用略显夸张的语气表现这场搏斗，从而渲染出伟大的母爱。最后两个自然段是作者的感受，要用崇敬、沉着的语气读出来。

## 作品 28 号——《迷途笛音》

那年我六岁。离我家仅一箭之遥的小山坡旁，有一个早已被废弃的采石场，双亲从来不准我去那儿，其实那儿风景十分迷人。

一个夏季的下午，我随着一群小伙伴[1]偷偷上那儿去了。就在我们穿越了一条孤寂[2]的小路后，他们却把我一个人留在原地，然后奔向[3]"更危险的地带"了。

等他们走后，我惊慌失措[4]地发现，再也找不到要回家的那条孤寂的小道了。像只无头的苍蝇[5]，我到处乱钻，衣裤上挂满了芒刺[6]。太阳已经落山，而此时此刻，家里一定开始吃晚餐了，双亲正盼着我回家……想着想着，我不由得背靠着一棵树，伤心地呜呜大哭起来……

突然，不远处传来了声声柳笛。我像找到了救星，急忙循声[7]走去。一条小道边的树桩上坐着一位吹笛人，手里还正削着什么。走近细看，他不就是被大家称为"乡巴佬儿[8]"的卡廷[9]吗？

"你好，小家伙儿[10]，"卡廷说，"看天气多美，你是出来散步的吧？"

我怯生生地点点头，答道："我要回家了。"

"请耐心等上几分钟，"卡廷说，"瞧，我正在削一支柳笛，差不多就要做好了，完工后就送给你吧！”

卡廷边削边不时把尚未成形的柳笛放在嘴里试吹一下。没过多久，一支柳笛便递到我手中。我俩在一阵阵清脆悦耳的笛音//中，踏上了归途……

当时，我心中只充满感激，而今天，当我自己也成了祖父时，却突然领悟到他用心之良苦！那天当他听到我的哭声时，便判定我一定迷了路，但他并不想在孩子面前扮演“救星”的角色⑪，于是吹响柳笛以便让我能发现他，并跟着他走出困境！卡廷先生⑫以乡下人的纯朴，保护了一个小男孩强烈的自尊。

（节选自唐若水译《迷途笛音》）

**语音提示：**

① 伙伴　huǒbàn
② 孤寂　gūjì
③ 奔向　bēnxiàng
④ 惊慌失措　jīnghuāng-shīcuò
⑤ 苍蝇　cāng·ying
⑥ 芒刺　mángcì
⑦ 循声　xúnshēng
⑧ 乡巴佬儿　xiāng·balǎor
⑨ 卡廷　Kǎtíng
⑩ 小家伙儿　xiǎojiā·huor
⑪ 角色　juésè
⑫ 先生　xiān·sheng

**朗读提示：**

这篇文章第三段的“太阳已经落山，而此时此刻，家里一定开始吃晚餐了，双亲正盼着我回家”这句话要读得沮丧些，像自言自语；当读到“我”听到柳笛时可以加快节奏；当读到“我”看清是卡廷时，则需要停顿一下，表明判断的过程。朗读小男孩儿与卡廷的对话时要有一定的变化，表现出一个胆怯细弱，一个则热情淳朴。

## 作品 29 号——《莫高窟》

在浩瀚无垠①的沙漠里，有一片美丽的绿洲，绿洲里藏着一颗闪光的珍珠。这颗珍珠就是敦煌莫高窟。它坐落在我国甘肃省敦煌市三危山和鸣沙山的怀抱中。

鸣沙山东麓②是平均高度为十七米的崖壁。在一千六百多米长的崖壁上，凿③有大小洞窟七百余个，形成了规模宏伟的石窟群。其中四百九十二个洞窟中，共有彩色塑像④两千一百余尊，各种壁画共四万五千多平方米。莫高窟是我国古代无数艺术匠师留给人类的珍贵文化遗产。

莫高窟的彩塑，每一尊都是一件精美的艺术品。最大的有九层楼那么高，最小的还不如一个手掌大。这些彩塑个性鲜明，神态各异。有慈眉善目的菩萨⑤，有威风凛凛⑥的天王，还有强壮勇猛的力士……

莫高窟壁画的内容丰富多彩，有的是描绘古代劳动人民打猎、捕鱼、耕田、收割的情景，有的是描绘人们奏乐、舞蹈、演杂技的场面，还有的是描绘大自然的美丽风光。其中最引人注目的是飞天。壁画上的飞天，有的臂挎花篮，采摘鲜花；有的反弹琵琶⑦，轻拨银弦⑧；有的倒悬身子，自天而降；有的彩带飘拂，漫天遨游⑨；有的舒展着双臂，翩翩起舞⑩。看着这些精美动人的壁画，就像走进了//灿烂辉煌的艺术殿堂。

莫高窟里还有一个面积⑪不大的洞窟——藏经洞。洞里曾藏有我国古代的各种经卷、文书、帛画⑫、刺绣、铜像等共六万多件。由于清朝政府腐败无能，大量珍贵的文物被外国强盗掠走。仅存的部分经卷，现在陈列于北京故宫等处。

莫高窟是举世闻名的艺术宝库。这里的每一尊彩塑、每一幅壁画、每一件文物，都是中国古代人民智慧的结晶。

（节选自小学《语文》第六册之《莫高窟》）

**语音提示：**

① 无垠 wúyín
② 东麓 dōnglù
③ 凿 záo
④ 塑像 sùxiàng
⑤ 菩萨 pú·sà
⑥ 威风凛凛 wēifēng-lǐnlǐn
⑦ 琵琶 pí·pa
⑧ 银弦 yínxián
⑨ 遨游 áoyóu
⑩ 翩翩起舞 piānpiān-qǐwǔ
⑪ 面积 miànjī
⑫ 帛画 bóhuà

**朗读提示：**

这是一篇介绍我国文化遗产莫高窟的文章，作品中除了客观的介绍，还融入了赞美惊叹之情，所以在朗读时应该略带惊奇的语气、赞叹欣赏的口吻。

## 作品 30 号——《牡丹的拒绝》

其实你在很久以前并不喜欢牡丹①，因为它总被人作为富贵膜拜。后来你目睹了一次牡丹的落花，你相信所有的人都会为②之感动：一阵清风徐来，娇艳鲜嫩的盛期牡丹忽然整朵整朵地坠落③，铺撒④一地绚丽的花瓣。那花瓣落地时依然鲜艳夺目，如同一只奉上祭坛的大鸟脱落的羽毛，低吟着壮烈的悲歌离去。

牡丹没有花谢花败之时，要么烁于⑤枝头，要么归于泥土，它跨越委顿⑥和衰老，由青春而死亡，由美丽而消遁⑦。它虽美却不吝惜⑧生命，即使告别也要展示给人最后一次的惊心动魄。

所以在这阴冷的四月里，奇迹不会发生。任凭游人扫兴和诅咒，牡丹依然安之若素⑨。它不苟且⑩、不俯就、不妥协、不媚俗，甘愿自己冷落自己。它遵循自己的花期自己的规律，它有权利为自己选择每年一度的盛大节日。它为什么不拒绝寒冷？

天南海北的看花人，依然络绎不绝⑪地涌入洛阳城。人们不会因牡丹的拒绝而拒绝它的美。如果它再被贬谪⑫十次，也许它就会繁衍⑬出十个洛阳牡丹城。

于是你在无言的遗憾中感悟到，富贵与高贵只是一字之差⑭。同人一样，花儿⑮也是有灵性的，更有品位之高低。品位这东西为⑯气为魂为//筋骨为神韵，只可意会。你叹服牡丹卓尔不群⑰之姿，方知品位是多么容易被人忽略或是漠视的美。

（节选自张抗抗《牡丹的拒绝》）

**语音提示：**

① 牡丹 mǔ·dan
② 为 wéi
③ 坠落 zhuìluò
④ 铺撒 pūsǎ
⑤ 烁于 shuòyú
⑥ 委顿 wěidùn
⑦ 消遁 xiāodùn
⑧ 吝惜 lìnxī
⑨ 安之若素 ānzhī-ruòsù
⑩ 苟且 gǒuqiě
⑪ 络绎不绝 luòyì-bùjué
⑫ 贬谪 biǎnzhé

⑬ 繁衍 fányǎn
⑭ 差 chā
⑮ 花儿 huā'·ér
⑯ 为 wéi
⑰ 卓尔不群 zhuó'ěr -bùqún

**朗读提示：**

这篇文章让我们感受到牡丹除了雍容华贵外，还有另一面：不随波逐流，以及对生命执着的追求。作品文笔细腻，感情真挚，富有哲理，耐人寻味。朗读时语气要自然，声音要沉稳，节奏明朗，语速要始终如一，以便读出哲理来。

## 作品 31 号——《“能吞能吐”的森林》

森林涵养[①]水源，保持水土，防止水旱灾害的作用非常大。据专家测算，一片十万亩面积的森林，相当于一个两百万立方米的水库，这正如农谚[②]所说的：“山上多栽树，等于修水库。雨多它能吞，雨少它能吐。”

说起森林的功劳，那还多得很。它除了为人类提供木材及许多种生产、生活的原料之外，在维护生态环境方面也是功劳卓著[③]，它用另一种“能吞能吐”的特殊功能孕育[④]了人类。因为地球在形成之初，大气中的二氧化碳[⑤]含量很高，氧气很少，气温也高，生物是难以生存的。大约在四亿年之前，陆地才产生了森林。森林慢慢将大气中的二氧化碳吸收，同时吐出新鲜氧气，调节气温：这才具备了人类生存的条件，地球上才最终有了人类。

森林，是地球生态系统的主体，是大自然的总调度[⑥]室，是地球的绿色之肺。森林维护地球生态环境的这种“能吞能吐”的特殊功能是其他任何物体都不能取代的。然而，由于地球上的燃烧物增多，二氧化碳的排放量急剧增加，使得地球生态环境急剧恶化，主要表现为全球气候[⑦]变暖，水分蒸发加快，改变了气流的循环，使气候变化加剧，从而引发热浪、飓风[⑧]、暴雨、洪涝及干旱。

为了//使地球的这个“能吞能吐”的绿色之肺能恢复健壮，以改善生态环境，抑制全球变暖，减少水旱等自然灾害，我们应该大力造林、护林，使每一座荒山都绿起来。

（节选自《中考语文课外阅读试题精选》之《“能吞能吐”的森林》）

**语音提示：**

① 涵养 hányǎng
② 农谚 nóngyàn
③ 卓著 zhuózhù
④ 孕育 yùnyù
⑤ 二氧化碳 èryǎnghuàtàn
⑥ 调度 diàodù
⑦ 气候 qìhòu
⑧ 飓风 jùfēng

**朗读提示：**

这篇文章为说明文，朗读时要使用质朴连贯的语气，不紧不慢的语速，力求声音清晰明白，不宜有任何夸张的情感。

## 作品 32 号——《朋友和其他》

朋友即将[①]远行。

暮春时节，又邀了几位朋友在家小聚，虽然都是极熟的朋友，却是终年难得一见，偶尔电话里相遇，也无非是几句寻常话。一锅小米稀饭，一碟大头菜，一盘自家酿制[②]的泡菜，一只巷口买回的烤鸭，简简单单，不像请客，倒像家人团聚。

其实，友情也好，爱情也好，久而久之都会转化为亲情。

说也奇怪，和新朋友会谈文学、谈哲学、谈人生道理等等，和老朋友却只话家常，柴米油盐，细细碎碎，种种琐事。很多时候[③]，心灵的契合[④]已经不需要太多的言语来表达。

朋友新烫了个头，不敢回家见母亲，恐怕惊骇[⑤]了老人家[⑥]，却欢天喜地来见我们，老朋友颇能以一种趣味性的眼光欣赏这个改变。

年少的时候，我们差不多[⑦]都在为别人而活，为苦口婆心的父母活，为循循善诱[⑧]的师长活，为许多观念、许多传统的约束力而活。年岁逐增，渐渐挣脱[⑨]外在的限制与束缚[⑩]，开始懂得为自己活，照自己的方式做一些自己喜欢的事，不在乎[⑪]别人的批评意见，不在乎别人的诋毁流言，只在乎那一份随心所欲的舒坦[⑫]自然。偶尔，也能够纵容自己放浪一下，并且有一种恶作剧的窃喜。

就让生命顺其自然，水到渠成吧，犹如窗前的//乌桕[⑬]，自生自落之间，自有一份圆融丰满的喜悦。春雨轻轻落着，没有诗，没有酒，有的只是一份相知相属[⑭]的自在[⑮]自得。

夜色在笑语中渐渐沉落，朋友起身告辞，没有挽留，没有送别，甚至也没有问归期。

已经过了大喜大悲的岁月，已经过了伤感流泪的年华，知道了聚散原来是这样的自然和顺理成章，懂得这点，便懂得珍惜每一次相聚的温馨，离别便也欢喜。

（节选自杏林子《朋友和其他》）

**语音提示：**

① 即将 jíjiāng
② 酿制 niàngzhì
③ 时候 shí·hou
④ 契合 qìhé
⑤ 惊骇 jīnghài
⑥ 老人家 lǎo·ren·jia
⑦ 差不多 chà·buduō
⑧ 循循善诱 xúnxún-shànyòu
⑨ 挣脱 zhèngtuō
⑩ 束缚 shùfù
⑪ 在乎 zài·hu
⑫ 舒坦 shū·tan
⑬ 乌桕 wūjiù
⑭ 相属 xiāngzhǔ
⑮ 自在 zìzài

**朗读提示：**

这篇散文形散而神不散。朗读时，需要寻找一条主线，那就是情，友情、亲情、爱情，以及随着年龄增长而来的人生态度的改变，语气要舒缓、流畅，就像友人交谈一样，娓娓道来。文章结构上首尾呼应，开头要用较实的声音来处理，中间较虚，有一种慨叹的意味，最后又回到平实的语气状态。

## 作品 33 号——《散步》

我们在田野散步：我，我的母亲，我的妻子和儿子。

母亲本不愿出来的。她老了，身体不好，走远一点儿就觉得很累。我说，正因为如此，才应该多走走。母亲信服地点点头，便去拿外套。她现在很听我的话，就像我小时候很听她的话一样。

这南方初春的田野，大块小块的新绿随意地铺着，有的浓[①]，有的淡，树上的嫩芽[②]也密了，田里的冬水也咕咕地起着水泡。这一切都使人想着一样东西[③]——生命。

我和母亲走在前面，我的妻子和儿子走在后面。小家伙[④]突然叫起来：“前面是妈妈和儿子，后面也是妈妈和儿子。”我们都笑了。

后来发生了分歧，母亲要走大路，大路平顺；我的儿子要走小路，小路有意思。不过，一切都取决于我。我的母亲老了，她早已习惯听从她强壮的儿子；我的儿子还小，他还习惯听从他高大的父亲；妻子呢，在外面，她总是听我的。一霎时[5]我感到了责任的重大。我想找一个两全的办法，找不出；我想拆散[6]一家人，分成两路，各得其所，终不愿意。我决定委屈儿子，因为我伴同他的时日还长。我说：“走大路。”

但是母亲摸摸孙儿[7]的小脑瓜儿[8]，变了主意：“还是走小路吧。”她的眼随小路望去：那里有金色的菜花，两行整齐的桑树，//尽头一口水波粼粼[9]的鱼塘。“我走不过去的地方，你就背着我。”母亲对我说。

这样，我们在阳光下，向着那菜花、桑树和鱼塘走去。到了一处，我蹲下来，背起了母亲；妻子也蹲下来，背起了儿子。我和妻子都是慢慢地，稳稳地，走得很仔细，好像我背上的同她背上的加起来，就是整个世界。

（节选自莫怀戚《散步》）

**语音提示：**

① 浓 nóng
② 嫩芽 nènyá
③ 东西 dōng·xi
④ 家伙 jiā·huo
⑤ 霎时 shàshí
⑥ 拆散 chāisàn
⑦ 孙儿 sūn’ér
⑧ 脑瓜 nǎoguā
⑨水波粼粼 shuǐbō-línlín

**朗读提示：**

这篇文章通过一件小事——走大路还是走小路，描写了母与子、祖与孙之间的那化也化不开的亲情。朗读时语言要充满深情，把握轻松柔和的基调。前面三段朗读时声音虚些、慢些，体现出其乐融融的意味；第四段中“前面是妈妈和儿子，后面也是妈妈和儿子”这句话应读得快些、实些，体现出孩子天真可爱的特点。

## 作品 34 号——《神秘的“无底洞”》

地球上是否[1]真的存在“无底洞”？按说地球是圆的，由地壳[2]、地幔[3]和地核三层组成，真正的“无底洞”是不应[4]存在的，我们所看到的各种山洞、裂口、裂缝，甚至火山口也都只是地壳浅部的一种现象。然而中国一些古籍却多次提到海外有个深奥莫测的无底洞。事实上地球上确实有这样一个“无底洞”。

它位于希腊亚各斯古城的海滨。由于濒临[5]大海，大涨潮时，汹涌的海水便会排山倒海般地涌入[6]洞中，形成一股湍湍[7]的急流。据测，每天注入洞内的海水量达三万多吨。奇怪的是，如此大量的海水灌入洞中，却从来没有把洞灌满。曾有人怀疑，这个“无底洞”会不会就像石灰岩地区的漏斗、竖井、落水洞一类的地形。然而从 20 世纪 30 年代以来，人们就做了多种努力企图寻找它的出口，却都是枉费心机。

为了揭开这个秘密，1958 年美国地理学会派出一支考察队，他们把一种经久不变的带色染料溶解在海水中，观察染料是如何随着海水一起沉下去。接着又察看了附近海面以及岛上的各条河、湖，满怀希望地寻找这种带颜色的水，结果[8]令人失望。难道是海水量太大把有色水稀释得太淡，以致无法发现？//

至今谁也不知道为什么这里的海水会没完没了地“漏”下去，这个“无底洞”的出口又在哪里，每天大量的海水究竟都流到哪里去了。

（节选自罗伯特·罗威尔《神秘的“无底洞”》）

**语音提示：**

① 是否 shìfǒu
② 地壳 dìqiào
③ 地幔 dìmàn
④ 应 yīng
⑤ 濒临 bīnlín
⑥ 涌入 yǒngrù
⑦ 湍湍 tuāntuān
⑧ 结果 jiéguǒ

**朗读提示：**

这篇文章是说明文，朗读时要带有惊奇疑惑而又饶有兴趣的口吻，语气又不宜过分夸张，可以利用重音、停顿来突出重点。如“然而中国一些古籍却多次提到海外有个深奥莫测的无底洞”一句，根据句子表达的含义，此句的停顿在“古籍”的后面和“提到”的前面，重音应落在“多次”上。

## 作品 35 号——《世间最美的坟墓》

我在俄国所见到的景物再没有比托尔斯泰墓更宏伟、更感人的了。

完全按照托尔斯泰的愿望，他的坟墓成了世间最美的、给人印象最深刻的坟墓。它只是树林中的一个小小的长方形土丘，上面开满鲜花——没有十字架，没有墓碑，没有墓志铭[①]，连托尔斯泰这个名字也没有。

这位比谁都感到受自己的声名所累[②]的伟人，却像偶尔被发现的流浪汉，不为[③]人知的士兵，不留名姓地被人埋葬了。谁都可以踏进他最后的安息地，围在四周的稀疏的木栅栏是不关闭的——保护列夫·托尔斯泰得以安息的没有任何别的东西，惟[④]有人们的敬意；而通常，人们却总是怀着好奇，去破坏伟人墓地的宁静[⑤]。

这里，逼人的朴素禁锢[⑥]住任何一种观赏的闲情，并且不容许你大声说话。风儿俯临[⑦]，在这座无名者之墓的树木之间飒飒[⑧]响着，和暖的阳光在坟头嬉戏；冬天，白雪温柔地覆盖[⑨]这片幽暗的土地。无论你在夏天或冬天经过这儿，你都想象不到，这个小小的、隆起的长方体里安放着一位当代最伟大的人物。

然而，恰恰是这座不留姓名的坟墓，比所有挖空心思[⑩]用大理石和奢华[⑪]装饰建造的坟墓更扣人心弦[⑫]。在今天这个特殊的日子里//，到他的安息地来的成百上千人中间，没有一个有勇气，哪怕仅仅从这幽暗的土丘上摘下一朵花留作纪念。人们重新感到，世界上再没有比托尔斯泰最后留下的、这座纪念碑式的朴素坟墓，更打动人心的了。

（节选自［奥］茨威格《世间最美的坟墓》，张仁厚译）

**语音提示：**

① 墓志铭 mùzhìmíng
② 累 lěi
③ 为 wéi
④ 惟 wéi
⑤ 宁静 níngjìng
⑥ 禁锢 jìngù
⑦ 风儿俯临 fēng'ér-fǔlín
⑧ 飒飒 sàsà
⑨ 覆盖 fùgài
⑩ 挖空心思 wākōng-xīnsī

⑪ 奢华 shēhuá ⑫ 扣人心弦 kòurénxīnxián

**朗读提示：**

作者在这篇文章中把坟墓的朴素与坟墓主人的伟大进行了强烈的对比，从而衬托出托尔斯泰伟大的人格魅力，朗读时要把作者的崇敬之情充分表现出来。“然而，恰恰是这座不留姓名的坟墓，比所有挖空心思用大理石和奢华装饰建造的坟墓更扣人心弦”这一句中最后一个分句较长，读时停顿应在“用”的前面和“更”的前面，“更”为重音所在。

## 作品 36 号——《苏州园林》

我国的建筑，从古代的宫殿到近代的一般住房，绝大部分是对称[①]的，左边怎么样，右边怎么样。苏州园林可绝不讲究对称，好像故意避免似的[②]。东边有了一个亭子或者一道回廊，西边决不会来一个同样的亭子或者一道同样的回廊。这是为什么？我想，用图画来比方[③]，对称的建筑是图案画，不是美术画，而园林是美术画，美术画要求自然之趣，是不讲究对称的。

苏州园林里都有假山和池沼[④]。

假山的堆叠，可以说是一项艺术而不仅是技术。或者是重峦叠嶂[⑤]，或者是几座小山配合着竹子花木，全在乎[⑥]设计者和匠师们生平多阅历，胸中有丘壑，才能使浏览者攀登的时候忘却[⑦]苏州城市，只觉得身在山间。

至于池沼，大多引用活水。有些园林池沼宽敞，就把池沼作为全园的中心，其他景物配合着布置。水面假如成河道模样[⑧]，往往安排桥梁。假如安排两座以上的桥梁，那就一座一个样，决不雷同。

池沼或河道的边沿很少砌齐整的石岸，总是高低屈曲[⑨]任其自然。还在那儿布置几块玲珑的石头，或者种些花草。这也是为了取得从各个角度看都成一幅画的效果。池沼里养着金鱼或各色鲤鱼，夏秋季节荷花或睡莲开//放，浏览者看“鱼戏莲叶”间，又是入画的一景。

（节选自叶圣陶《苏州园林》）

**语音提示：**

① 对称 duìchèn
② 似的 shì·de
③ 比方 bǐ·fang
④ 池沼 chízhǎo
⑤ 重峦叠嶂 chóngluán-diézhàng
⑥ 在乎 zài·hu
⑦ 忘却 wàngquè
⑧ 模样 múyàng
⑨ 屈曲 qūqū

**朗读提示：**

这是一篇知识性的短文。文章的结构简单，语言平实自然，平白如话，要用轻松柔和的语气朗读，层层推进，娓娓道来。第一段是从总体上描写了苏州园林的特点，宜读出饶有趣味的意味；第二段到第五段是具体描写假山和池沼，宜适当注意语气和起伏。

## 作品 37 号——《态度创造快乐》

一位访美中国女作家，在纽约遇到一位卖花的老太太。老太太穿着[①]破旧，身体虚弱，但脸上的神情却是那样祥和兴奋[②]。女作家挑了一朵花说：“看起来，你很高兴。”老太太面带微笑地说：“是的，一切都这么美好，我为什么不高兴呢？”“对烦恼，你倒真能看得开。”女作家又说了一句。没料到，老太太的回答更令女作家大吃一惊：“耶稣[③]在星期五被钉上十字架时，是全世界最糟糕的一天，可三天后就是复活节。所以，当我遇到不幸时，就会等待三天，这样一切就恢复[4]正常了。”

“等待三天”，多么[5]富于哲理的话语，多么乐观的生活方式。它把烦恼和痛苦抛下，全力去收获快乐。

沈从文在“文革”期间，陷入了非人的境地。可他毫不在意，他在咸宁时给他的表侄、画家黄永玉写信说：“这里的荷花真好，你若来……”身陷苦难却仍为荷花的盛开欣喜赞叹不已，这是一种趋于[6]澄明[7]的境界，一种旷达[8]洒脱的胸襟，一种面临磨难坦荡从容的气度，一种对生活童子般的热爱和对美好事物无限向往的生命情感。

由此可见，影响一个人快乐的，有时并不是困境及磨难，而是一个人的心态。如果把自己浸泡在积极、乐观、向上的心态中，快乐必然会//占据你的每一天。

（节选自《态度创造快乐》）

**语音提示：**

① 穿着 chuānzhuó
② 兴奋 xīngfèn
③ 耶稣 Yēsū
④ 恢复 huīfù
⑤ 多么 duō·me
⑥ 趋于 qūyú
⑦ 澄明 chéngmíng
⑧ 旷达 kuàngdá

**朗读提示：**

这篇文章的主题是态度创造快乐，作者从两个具体事例中推导出这个主题。朗读时应音量适中，读出文中情绪的变化来。第一段宜采用轻松喜悦的语调来处理；第二段宜采用沉稳的语调来处理；第三段应先扬后抑，采用平实稳重的语调来处理。

## 作品38号——《泰山极顶》

泰山极顶看日出，历来被描绘成十分壮观的奇景。有人说：登泰山而看不到日出，就像一出大戏没有戏眼，味儿[1]终究有点寡淡。

我去爬山那天，正赶上个难得的好天，万里长空，云彩丝儿[2]都不见。素常，烟雾腾腾的山头，显得眉目分明。同伴们都欣喜地说：“明天早晨准可以看见日出了。”我也是抱着这种想头[3]，爬上山去。

一路从山脚往上爬，细看山景，我觉得挂在眼前的不是五岳独尊的泰山，却像一幅规模惊人的青绿山水画，从下面倒展[4]开来。在画卷中最先露出的是山根底那座明朝建筑岱宗坊[5]，慢慢地便现出王母池、斗母宫[6]、经石峪。山是一层比一层深，一叠比一叠奇，层层叠叠，不知还会有多深多奇。万山丛中，时而点染着极其工细的人物。王母池旁的吕祖殿里有不少尊明塑[7]，塑着吕洞宾等一些人，姿态神情是那样有生气，你看了，不禁[8]会脱口赞叹说：“活啦。”

画卷继续展开，绿荫森森的柏洞露面不太久，便来到对松山。两面奇峰对峙[9]着，满山峰都是奇形怪状的老松，年纪怕都有上千岁了，颜色竟那么浓，浓得好像要流下来似的。来到这儿，你不妨[10]权当[11]一次画里的写意人物，坐在路旁的对松亭里，看看山色，听听流//水和松涛。

一时间，我又觉得自己不仅是在看画卷，却又像是在零零乱乱翻动着一卷历史稿本。

（节选自杨朔《泰山极顶》）

**语音提示：**

① 味儿 wèir
② 云彩丝儿 yún·caisīr
③ 想头 xiǎng·tou
④ 倒展 dàozhǎn
⑤ 岱宗坊 Dàizōngfāng
⑥ 斗母宫 Dǒumǔgōng
⑦ 塑 sù
⑧ 不禁 bùjīn
⑨ 对峙 duìzhì
⑩ 不妨 bùfáng
⑪ 权当 quándàng

**朗读提示：**

这是一篇写景的文章，描写了泰山的自然景观和人文景观的美丽。朗读时语气要朴实流畅，感情要饱满、真挚。

## 作品 39 号——《陶行知的“四块糖果”》

育才小学校长陶行知在校园看到学生王友用泥块砸自己班上的同学，陶行知当即喝止[①]了他，并令他放学后到校长室去。无疑，陶行知是要好好教育这个“顽皮”的学生。那么他是如何教育的呢？

放学后，陶行知来到校长室，王友已经等在门口准备挨训[②]了。可一见面，陶行知却掏出一块糖果送给王友，并说：“这是奖给你的，因为你按时来到这里，而我却迟到了。”王友惊疑地接过糖果。

随后，陶行知又掏出一块糖果放到他手里，说：“这第二块糖果也是奖给你的，因为当我不让你再打人时，你立即就住手了，这说明你很尊重我，我应该奖你。”王友更惊疑了，他眼睛睁得大大的。

陶行知又掏出第三块糖果塞到王友手里，说：“我调查过了，你用泥块砸那些男生，是因为他们不守游戏规则，欺负女生；你砸他们，说明你很正直善良，且有批评不良行为的勇气，应该奖励你啊[③]！”王友感动极了，他流着泪后悔地喊道：“陶……陶校长你打我两下吧！我砸的不是坏人，而是自己的同学啊[④]……”

陶行知满意地笑了，他随即掏出第四块糖果递给王友，说：“为你正确地认识错误，我再奖给你一块糖果，只可惜我只有这一块糖果了。我的糖果//没有了，我看我们的谈话也该结束了吧！”说完，就走出了校长室。

（节选自《教师博览·百期精华》之《陶行知的“四块糖果”》）

**语音提示：**

① 喝止 hèzhǐ
② 挨训 áixùn
③ 你啊 nǐ·ya
④ 同学啊 tóngxué·ya

**朗读提示：**

这是一篇故事性较强的文章，朗读时声音要实在，略有点夸张。陶行知的对话要读实些、慢些，来表现循循善诱的风度；王友的表情变化要读得重些、快些；王友的对话朗读时要注意把握情绪，读得快些、高些，来表现悔悟的心理。

## 作品 40 号——《提醒幸福》

享受幸福是需要学习的，当它即将[①]来临的时刻需要提醒。人可以自然而然地学会感官的享乐，却无法天生地掌握幸福的韵律。灵魂的快意同器官的舒适像一对孪生兄弟，时而相傍相依，时而南辕北辙[2]。

幸福是一种心灵的震颤。它像会倾听音乐的耳朵一样，需要不断地训练。

简言之，幸福就是没有痛苦的时刻。它出现的频率[3]并不像我们想象的那样少。人们常常只是在幸福的金马车已经驶过去很远时，才捡起地上的金鬃毛说，原来我见过它。

人们喜爱回味幸福的标本，却忽略它披着露水[4]散发清香的时刻。那时候我们往往步履[5]匆匆，瞻前顾后[6]不知在忙着什么。

世上有预报台风的，有预报蝗灾的，有预报瘟疫的，有预报地震的。没有人预报幸福。

其实幸福和世界万物一样，有它的征兆[7]。

幸福常常是朦胧[8]的，很有节制地向我们喷洒甘霖。你不要总希望轰轰烈烈的幸福，它多半只是悄悄地扑面而来。你也不要企图把水龙头拧[9]得更大，那样它会很快地流失。你需要静静地以平和之心，体验它的真谛[10]。

幸福绝大多数是朴素的。它不会像信号弹似的，在很高的天际闪烁红色的光芒。它披着本色的外//衣，亲切温暖地包裹起我们。

幸福不喜欢喧嚣[11]浮华，它常常在暗淡中降临。贫困中相濡以沫[12]的一块糕饼，患难中心心相印的一个眼神，父亲一次粗糙[13]的抚摸，女友一个温馨的字条……这都是千金难买的幸福啊[14]。像一粒粒缀在旧绸子上的红宝石，在凄凉中愈发熠熠夺目[15]。

（节选自毕淑敏《提醒幸福》）

**语音提示：**

① 即将 jíjiāng
② 南辕北辙 nányuán-běizhé
③ 频率 pínlǜ
④ 露水 lù·shui
⑤ 步履 bùlǚ
⑥ 瞻前顾后 zhānqián-gùhòu
⑦ 征兆 zhēngzhào
⑧ 朦胧 ménglóng
⑨ 拧 nǐng
⑩ 真谛 zhēndì
⑪ 喧嚣 xuānxiāo
⑫ 相濡以沫 xiāngrú-yǐmò
⑬ 粗糙 cūcāo
⑭ 幸福啊 xìngfúwa
⑮ 熠熠夺目 yìyìduómù

**朗读提示：**

这篇文章用清新而又富有哲理的语言向我们娓娓道出幸福的含义。朗读时应语调自然，语速稍缓，语气中带有几分感慨和醒悟。

## 作品 41 号——《天才的造就》

在里约热内卢[1]的一个贫民窟[2]里，有一个男孩子，他非常喜欢足球，可是又买不起，于是就踢塑料盒[3]，踢汽水瓶，踢从垃圾[4]箱里拣来的椰子壳[5]。他在胡同[6]里踢，在能找到的任何一片空地上踢。

有一天，当他在一处干涸[7]的水塘里猛踢一个猪膀胱[8]时，被一位足球教练看见了。他发现这个男孩儿踢得很像是那么回事，就主动提出要送给他一个足球。小男孩儿得到足球后踢得更卖劲了。不久，他就能准确地把球踢进远处随意摆放的一个水桶里。

圣诞[9]节到了，孩子的妈妈说："我们没有钱买圣诞礼物送给我们的恩人，就让我们为他祈祷[10]吧。"

小男孩儿跟随妈妈祈祷完毕，向妈妈要了一把铲子便跑了出去。他来到一座别墅[11]前的花园里，开始挖坑。

就在他快要挖好坑的时候，从别墅里走出一个人来，问小孩儿在干什么，孩子抬起满是汗珠的脸蛋儿，说："教练，圣诞节到了，我没有礼物送给您，我愿给您的圣诞树挖一个树坑。"

教练把小男孩儿从树坑里拉上来，说："我今天得到了世界上最好的礼物。明天你就到我的训练场去吧。"

三年后，这位十七岁的男孩儿在第六届足球锦标赛上独进二十一球，为巴西第一次捧回了金杯。一个原//来不为世人所知的名字——贝利，随之传遍世界。

（节选自刘燕敏《天才的造就》）

**语音提示：**

① 里约热内卢 Lǐyuērènèilú
② 贫民窟 pínmínkū
③ 塑料盒 sùliàohér
④ 垃圾 lājī
⑤ 椰子壳 yē·zikér
⑥ 胡同 hútòngr
⑦ 干涸 gānhé
⑧ 膀胱 pángguāng
⑨ 圣诞 shèngdàn
⑩ 祈祷 qídǎo
⑪ 别墅 biéshù

**朗读提示：**

这是一篇故事性较强的文章，应采用实声朗读。第三段妈妈的话"我们没有钱买圣诞礼物送给我们的恩人，就让我们为他祈祷吧"宜读得轻些、慢些，以体现出一丝无奈的意味；第五段孩子的话"我愿给您的圣诞树挖一个树坑"宜读得重些、快些，以体现出天真纯洁的意味。

## 作品 42 号——《我的母亲独一无二》

记得我十三岁时，和母亲住在法国东南部的耐斯城。母亲没有丈夫，也没有亲戚[1]，够清苦的，但她经常能拿出令人吃惊的东西，摆在我面前。她从来不吃肉，一再说自己是素食者。然而有一天，我发现母亲正仔细地用一小块碎面包擦那给我煎牛排用的油锅。我明白了她称自己为素食者的真正原因。

我十六岁时，母亲成了耐斯市美蒙旅馆的女经理。这时，她更忙碌了。一天，她瘫在椅子上，脸色苍白，嘴唇发灰。马上找来医生，做出诊断：她摄取[2]了过多的胰岛素。直到这时我才知道母亲多年一直对我隐瞒的疾痛——糖尿病。

她的头歪向枕头一边，痛苦地用手抓挠[3]胸口。床架上方，则挂着一枚我一九三二年赢得耐斯市少年乒乓球冠军的银质奖章。

啊，是对我的美好前途的憧憬[4]支撑着她活下去，为了给她那荒唐的梦至少加一点真实的色彩，我只能继续努力，与时间竞争，直至一九三八年我被征入空军。巴黎很快失陷，我辗转调到英国皇家空军。刚到英国就接到了母亲的来信。这些信是由在瑞士的一个朋友秘密地转到伦敦，送到我手中的。

现在我要回家了，胸前佩戴着醒目的绿黑两色的解放十字绶//带，上面挂着五六枚我终生难忘的勋章，肩上还佩戴着军官肩章。到达旅馆时，没有一个人跟我打招呼。原来，我母亲在三年半以前就已经离开人间了。

在她死前的几天中，她写了近二百五十封信，把这些信交给她在瑞士的朋友，请这个朋友定时寄给我。就这样，在母亲死后的三年半的时间里，我一直从她身上吸取着力量和勇气——这使我能够继续战斗到胜利那一天。

（节选自［法］罗曼·加里《我的母亲独一无二》）

**语音提示：**

① 亲戚 qīn·qi
② 摄取 shèqǔ
③ 抓挠 zhuā·nao
④ 憧憬 chōngjǐng

**朗读提示：**

这篇文章赞扬了伟大的母爱，朗读时语气应该是凝重的、沉缓的，语调略带悲伤，并充满了对母爱的由衷赞美和怀念之情。还可以通过一些朗读技巧来表现母爱的无私，如“我发现母亲正仔细地用一小块碎面包擦那给我煎牛排用的油锅”这句，停顿就应放在“母亲”的后面和“擦”的前面。

## 作品43号——《我的信念》

生活对于任何人都非易事，我们必须有坚忍不拔的精神。最要紧的，还是我们自己要有信心。我们必须相信，我们对每一件事情都具有天赋的才能，并且，无论付出任何代价，都要把这件事完成。当事情结束的时候，你要能问心无愧地说：“我已经尽[①]我所能了。”

有一年的春天，我因病被迫在家里休息数周。我注视着我的女儿们所养的蚕正在结茧[②]，这使我很感兴趣。望着这些蚕执着[③]地、勤奋地工作，我感到和它们非常相似[④]。像它们一样，我总是耐心地把自己的努力集中在一个目标上。我之所以如此，或许是因为有某种力量在鞭策着我——正如蚕被鞭策着去结茧一般。

近五十年来，我致力于科学研究，而研究，就是对真理的探讨。我有许多美好快乐的记忆。少女时期我在巴黎大学，孤独地过着求学的岁月；在后来献身科学的整个时期，我丈夫和我专心致志，像在梦幻中一般，坐在简陋的书房里艰辛地研究，后来我们就在那里发现了镭[⑤]。

我永远追求安静的工作和简单的家庭生活。为了实现这个理想，我竭力保持宁静的环境，以免受人事的干扰和盛名的拖累[⑥]。

我深信，在科学方面我们有对事业而不//是对财富的兴趣。我的唯一奢望[⑦]是在一个自由国家中，以一个自由学者的身份从事研究工作。

我一直沉醉于世界的优美之中，我所热爱的科学也不断增加它崭新的远景。我认定科学本身就具有伟大的美。

（节选自［波兰］玛丽·居里《我的信念》，剑捷译）

**语音提示：**

① 尽 jìn
② 结茧 jiéjiǎn
③ 执着 zhízhuó
④ 相似 xiāngsì
⑤ 镭 léi
⑥ 拖累 tuōlěi
⑦ 奢望 shēwàng

**朗读提示：**

这篇文章是以第一人称的口吻写的，表现了玛丽·居里对生活、事业坚忍不拔的信心。朗读时应语调自信、坚定。其中“像它们一样，我总是耐心地把自己的努力集中在一个目标上”

一句的停顿应放在“把”的前面和“集中”的前面。

## 作品 44 号——《我为什么当教师》

我为什么非要教书不可？是因为我喜欢当教师的时间安排表和生活节奏。七、八、九三个月给我提供①了进行回顾、研究、写作的良机，并将三者有机融合，而善于回顾、研究和总结正是优秀教师素质中不可缺少的成分。

干这行给了我多种多样的“甘泉”去品尝，找优秀的书籍②去研读，到“象牙塔”和实际世界里去发现。教学工作给我提供了继续学习的时间保证，以及多种途径③、机遇和挑战。

然而，我爱这一行④的真正原因，是爱我的学生⑤。学生们在我的眼前成长变化。当教师意味着亲历“创造”过程的发生——恰似亲手赋予一团泥土以生命，没有什么比目睹它开始呼吸更激动人心的了。

权利我也有了：我有权利去启发诱导，去激发智慧的火花，去问费心思考的问题，去赞扬回答的尝试，去推荐书籍，去指点迷津。还有什么别的权利能与之相比呢？

而且，教书还给我金钱和权利之外的东西，那就是爱心。不仅有对学生的爱，对书籍的爱，对知识的爱，还有老师才能感受到的对“特别”学生的爱。这些学生，有如冥顽不灵⑥的泥块，由于接受了老师的炽爱⑦才勃发了生机。

所以，我爱教书，还因为，在那些勃发生机的“特别”学//生身上，我有时发现自己和他们呼吸相通，忧乐与共。

（节选自［美］彼得·基·贝得勒《我为什么当教师》）

**语音提示：**

① 提供　tígōng
② 书籍　shūjí
③ 途径　tújìng
④ 一行　yīháng
⑤ 学生　xué·sheng
⑥ 冥顽不灵　míngwán-bùlíng
⑦ 炽爱　chì'ài

**朗读提示：**

这篇文章颇似演讲稿，朗读时，要求语气平实，层次清晰，感情饱满。一、二两段宜用讲述的语气去读；三、四段朗读时宜重些、快些，体现出激动的情绪，其中一些关键词语，如“学生”“爱心”，应重读。

## 作品 45 号——《西部文化和西部开发》

中国西部我们通常是指黄河与秦岭相连一线以西，包括西北和西南的十二个省、市、自治区。这块广袤①的土地面积为五百四十六万平方公里，占国土总面积的百分之五十七；人口二点八亿，占全国总人口的百分之二十三。

西部是华夏文明的源头。华夏祖先的脚步是顺着水边走的：长江上游出土过元谋人牙齿化石，距今约一百七十万年；黄河中游出土过蓝田人头盖骨，距今约七十万年。这两处古人类都比距今约五十万年的北京猿人资格更老。

西部地区是华夏文明的重要发源地。秦皇汉武以后，东西方文化在这里交汇融合，从而有了丝绸之路的驼铃声声，佛院深寺的暮鼓晨钟②。敦煌③莫高窟④是世界文化史上的一个奇迹，它在继承汉晋艺术传统的基础上，形成了自己兼收并蓄⑤的恢宏⑥气度，展现出精美绝伦⑦的艺术形式和博大精深的文化内涵[8]。秦始皇兵马俑[9]、西夏王陵、楼兰古国、布达拉宫、三星堆、大足石刻等历史文化遗产，同样为世界所瞩目[10]，成为中华文化重要的象征。

西部地区又是少数民族及其文化的集萃[11]地，几乎包括了我国所有的少数民族。在一些偏远的少数民族地区，仍保留//了一些久远时代的艺术品种，成为珍贵的“活化石”，如纳西古乐、戏曲、剪纸、刺绣、岩画等民间艺术和宗教艺术。特色鲜明、丰富多彩，犹如一个巨大的民族民间文化艺术宝库。

我们要充分重视和利用这些得天独厚的资源优势，建立良好的民族民间文化生态环境，为西部大开发做出贡献。

（节选自《中考语文课外阅读试题精选》之《西部文化和西部开发》）

**语音提示：**

① 广袤 guǎngmào
② 暮鼓晨钟 mùgǔ-chénzhōng
③ 敦煌 Dūnhuáng
④ 莫高窟 Mògāokū
⑤ 兼收并蓄 jiānshōu-bìngxù
⑥ 恢宏 huīhóng
⑦ 精美绝伦 jīngměi-juélún
⑧ 内涵 nèihán
⑨ 兵马俑 Bīngmǎyǒng
⑩ 瞩目 zhǔmù
⑪ 集萃 jícuì

**朗读提示：**

这是一篇知识性较强的文章，宜用偏实声处理，音量适中，但有时仍应有情感的变化。一、二两段介绍了西部的地理位置和历史，朗读时宜采用平实沉稳的语调；三、四两段介绍了西部的文化，语言典雅秀丽，宜读得轻快优美，语调要有抑扬起伏的变化。

## 作品 46 号——《喜悦》

高兴，这是一种具体的被看得到摸得着的事物所唤起的情绪。它是心理的，更是生理的。它容易来也容易去，谁也不应该[1]对它视而不见失之交臂[2]，谁也不应该总是做那些使自己不高兴也使旁人不高兴的事。让我们说一件最容易做也最令人高兴的事吧，尊重你自己，也尊重别人，这是每一个人的权利，我还要说这是每一个人的义务。

快乐，它是一种富有概括性的生存状态、工作状态。它几乎是先验的，它来自生命本身的活力，来自宇宙、地球和人间的吸引，它是世界的丰富、绚丽[3]、阔大、悠久的体现。快乐还是一种力量，是埋在地下的根脉[4]。消灭一个人的快乐比挖掘[5]掉一棵大树的根要难得多。

欢欣，这是一种青春的、诗意的情感。它来自面向着未来伸开双臂奔跑的冲力，它来自一种轻松而又神秘、朦胧[6]而又隐秘的激动，它是激情即将到来的预兆[7]，它又是大雨过后的比下雨还要美妙得多也久远得多的回味……

喜悦，它是一种带有形而上色彩的修养和境界。与其说它是一种情绪，不如说它是一种智慧、一种超拔、一种悲天悯人[8]的宽容和理解，一种饱经沧桑[9]的充实和自信，一种光明的理性，一种坚定//的成熟，一种战胜了烦恼和庸俗的清明澄澈。它是一潭清水，它是一抹朝霞，它是无边的平原，它是沉默的地平线。多一点儿、再多一点儿喜悦吧，它是翅膀，也是归巢。它是一杯美酒，也是一朵永远开不败的莲花。

（节选自王蒙《喜悦》）

**语音提示：**

① 应该 yīnggāi
② 失之交臂 shīzhī-jiāobì
③ 绚丽 xuànlì
④ 根脉 gēnmài
⑤ 挖掘 wājué
⑥ 朦胧 ménglóng
⑦ 预兆 yùzhào
⑧ 悲天悯人 bēitiān-mǐnrén
⑨ 饱经沧桑 bǎojīng-cāngsāng

**朗读提示：**

这篇文章写的是人生的感悟，富有哲理和诗意。朗读时要求语调沉稳中又带有感情的起伏，把作者的感悟通过自己的声音渲染出来。第一段第一句“高兴，这是一种具体的被看得到摸得着的事物所唤起的情绪”的停顿应在“具体的”的后面和“事物”的后面。

## 作品 47 号——《香港：最贵的一棵树》

在湾仔①，香港最热闹②的地方，有一棵榕树③，它是最贵的一棵树，不光在香港，在全世界，都是最贵的。

树，活的树，又不卖，何言其贵？只因它老，它粗，是香港百年沧桑的活见证，香港人不忍看着它被砍伐④，或者被移走，便跟要占用这片山坡的建筑⑤者谈条件：可以在这儿建大楼盖商厦⑥，但一不准砍树，二不准挪⑦树，必须把它原地精心养起来，成为香港闹市中的一景。太古大厦的建设者最后签了合同，占用这个大山坡建豪华商厦的先决条件是同意保留这棵老树。

树长在半山坡上，计划将树下面的成千上万方山石全部掏空取走，腾出地方来盖楼，把树架在大楼上面，仿佛它原本是长在楼顶似的。建设者就地造了一个直径⑧十八米、深十米的大花盆，先固定好这棵老树，再在大花盆底下盖楼，光这一项就花了两千三百八十九万港币，堪称⑨是最昂贵的保护措施了。

太古大厦落成之后，人们可以乘滚动扶梯一次到位，来到太古大厦的顶层。出后门，那儿是一片自然景色。一棵大树出现在人们面前，树干有一米半粗，树冠⑩直径足有二十多米，独木成林，非常壮观，形成一座以它为中心的小公园，取名叫“榕圃⑪”。树前面//插着铜牌，说明原由。此情此景，如不看铜牌的说明，绝对想不到巨树根底下还有一座宏伟的现代大楼。

（节选自舒乙《香港：最贵的一棵树》）

**语音提示：**

① 湾仔 Wānzǎi
② 热闹 rè·nao
③ 榕树 róngshù
④ 砍伐 kǎnfá
⑤ 建筑 jiànzhù
⑥ 商厦 shāngshà
⑦ 挪 nuó
⑧ 直径 zhíjìng
⑨ 堪称 kānchēng
⑩ 树冠 shùguān
⑪ 榕圃 róngpǔ

**朗读提示：**

这篇文章很有悬念，朗读时应采用平实的声音来叙述。第二段中“树，活的树，又不卖，何言其贵?”这一句要读得重些、慢些，体现出悬念的意味，之后要安排一个较大的停顿；接下来的这个长句子有较复杂的语句关系，需要安排合理的停顿把语句关系完整地展现出来。

## 作品 48 号——《鸟的天堂》

我们的船渐渐[1]地逼近[2]榕树了。我有机会看清它的真面目：是一棵大树，有数不清的丫枝，枝上又生根，有许多根一直垂到地上，伸进泥土里。一部分树枝垂到水面，从远处看，就像一棵大树斜躺在水面上一样。

现在正是枝繁叶茂[3]的时节。这棵榕树好像在把它的全部生命力展示给我们看。那么多的绿叶，一簇[4]堆在另一簇的上面，不留一点儿缝隙[5]。翠绿的颜色明亮地在我们的眼前闪耀[6]，似乎[7]每一片树叶上都有一个新的生命在颤动[8]，这美丽的南国的树！

船在树下泊[9]了片刻，岸上很湿，我们没有上去。朋友说这里是“鸟的天堂”，有许多鸟在这棵树上做窝，农民不许人去捉它们。我仿佛听见几只鸟扑翅[10]的声音，但是等到我的眼睛注意地看那里时，我却看不见一只鸟的影子。只有无数的树根立在地上，像许多根木桩。地是湿的，大概涨潮[11]时河水常常冲上岸去。“鸟的天堂”里没有一只鸟，我这样想到。船开了，一个朋友拨着船，缓缓地流到河中间去。

第二天，我们划着船到一个朋友的家乡去，就是那个有山有塔的地方。从学校出发，我们又经过那“鸟的天堂”。

这一次是在早晨，阳光照在水面上，也照在树梢[12]上。一切都//显得非常光明。我们的船也在树下泊了片刻。

起初四周围非常清静。后来忽然起了一声鸟叫。我们把手一拍，便看见一只大鸟飞了起来，接着又看见第二只，第三只。我们继续拍掌，很快地这个树林就变得很热闹了。到处都是鸟声，到处都是鸟影。大的，小的，花的，黑的，有的站在枝上叫，有的飞起来，在扑翅膀。

（节选自巴金《鸟的天堂》）

**语音提示：**

① 渐渐　jiànjiàn
② 逼近　bījìn
③ 枝繁叶茂　zhīfán-yèmào
④ 簇　cù
⑤ 缝隙　fèngxì
⑥ 闪耀　shǎnyào
⑦ 似乎　sìhū
⑧ 颤动　chàndòng
⑨ 泊　bó
⑩ 扑翅　pūchì
⑪ 涨潮　zhǎngcháo
⑫ 树梢　shùshāo

**朗读提示：**

这篇作品写得很沉静，有一种流动的美感，读这样的作品，声音可以轻些、舒缓些。榕树的繁茂给我们留下了深刻的印象，朗读时要体会那种内心的激动，由衷地发出感慨：“这美丽的南国的树！”当读到第二次来到“鸟的天堂”时，由于是早上，声音要明亮起来。

## 作品 49 号——《野草》

有这样一个故事。

有人问：世界上什么[1]东西的气力最大？回答纷纭[2]得很，有的说“象”，有的说“狮”，有人开玩笑似的说：是“金刚”，金刚有多少气力，当然大家全不知道。

结果，这一切答案完全不对，世界上气力最大的，是植物的种子。一粒种子所可以显现出来的力，简直是超越一切。

人的头盖骨，结合得非常致密[3]与坚固，生理学家和解剖[4]学者用尽了一切的方法，要把它完整地分出来，都没有这种力气。后来忽然有人发明了一个方法，就是把一些植物的种子放在要剖析的头盖骨里，给它以温度与湿度，使它发芽。一发芽，这些种子便以可怕的力量，将一切机械力[5]所不能分开的骨骼[6]，完整地分开了。植物种子的力量之大，如此如此。

这，也许特殊[7]了一点儿，常人不容易理解，那么，你看见过笋的成长吗？你看见过被压在瓦砾[8]和石块下面的一棵小草的生长吗？它为着向往阳光，为着达成它的生之意志，不管上面的石块如何重，石与石之间如何狭，它必定要曲曲折折地，但是顽强不屈地透到地面上来。它的根往土壤钻，它的芽往地面挺，这是一种不可抗拒的力，阻止它的石块，结果也被它掀翻，一粒种子的力量之大，如此如此。

没有一个人将小草叫作“大力士”，但是它的力量之大，的确是世界无比。这种力是一般人看不见的生命力。只要生命存在，这种力就要显现。上面的石块，丝毫不足以阻挡。因为它是一种“长期抗战”的力；有弹性，能屈能伸的力；有韧性，不达目的不止的力。

（节选自夏衍《野草》）

**语音提示：**

① 什么 shén·me
② 纷纭 fēnyún
③ 致密 zhìmì
④ 解剖 jiěpōu
⑤ 机械力 jīxièlì
⑥ 骨骼 gǔgé
⑦ 特殊 tèshū
⑧ 瓦砾 wǎlì

**朗读提示：**

这篇文章饱含激情地描写了小草种子的力量，开头便留有悬念，朗读时语气要自然轻松而不失好奇，接着文中又具体描写了小草种子的力量之大，朗读时要洋溢着新奇和对种子顽强不息力量的赞美之情。

## 作品 50 号——《一分钟》

著名教育家班杰明曾经接到一个青年人的求救电话，并与那个向往成功、渴望[1]指点的青年人约好了见面的时间和地点。

待那个青年如约而至[2]时，班杰明的房门敞开着，眼前的景象令青年人颇感意外[3]——班杰明的房间里乱七八糟、狼藉[4]一片。

没等青年人开口，班杰明就招呼道：“你看我这房间，太不整洁了，请你在门外等候一分钟，我收拾一下，你再进来吧。”一边说着，班杰明就轻轻关上了房门。

不到一分钟的时间，班杰明又打开了房门并热情地把青年人让进客厅。这时，青年人的眼前展现出另一番景象——房间里的一切已变得井然有序[5]，而且有两杯刚刚倒好的红酒，在淡淡的香水气息里还漾[6]着微波。

可是，没等青年人把满腹的有关人生和事业的疑难问题向班杰明讲出来，班杰明就非常客气地说道：“干杯。你可以走了。”

青年人手持酒杯一下子愣住了，既尴尬[7]又非常遗憾地说：“可是，我……我还没向您请教呢……”

“这些……难道还不够吗？”班杰明一边微笑[8]着，一边扫视着自己的房间，轻言细语地说，“你进来又有一分钟了。”

“一分钟……一分钟……”青年人若有所思[9]地说，“我懂了，您让我明白了一分钟的时间可以做许//多事情，可以改变许多事情的深刻道理。”

班杰明舒心地笑了。青年人把杯里的红酒一饮而尽，向班杰明连连道谢之后，开心地走了。

其实，只要把握好生命的每一分钟，也就把握了理想的人生。

（节选自纪广洋《一分钟》）

**语音提示：**

① 渴望 kěwàng
② 如约而至 rúyuē’érzhì
③ 颇感意外 pōgǎnyìwài
④ 狼藉 lángjí
⑤ 井然有序 jǐngrányǒuxù
⑥ 漾 yàng
⑦ 尴尬 gāngà
⑧ 微笑 wēixiào
⑨ 若有所思 ruòyǒusuǒsī

**朗读提示：**

这篇短文用一件小事道出了人生哲理：其实，只要把握好生命的每一分钟也就把握了理想的人生。朗读时根据文章内容调整好班杰明和青年人对话的语调变化，其他叙述部分用沉着平稳的语调即可。

## 作品 51 号——《一个美丽的故事》

有个塌鼻子[1]的小男孩儿，因为[2]两岁时得过脑炎，智力受损[3]，学习起来很吃力[4]。打个比方，别人写作文能写二三百字，他却只能写三五行。但即便[5]这样的作文，他同样能写得很动人。

那是一次作文课，题目是《愿望》。他极其认真地想了半天，然后极认真地写，那作文极短。只有三句话：我有两个愿望，第一个是，妈妈天天笑眯眯地看着我说：“你真聪明[6]。”第二个是，老师天天笑眯眯地看着我说：“你一点儿也不笨。”

于是，就是这篇作文，深深地打动了他的老师，那位妈妈式的老师不仅给了他最高分，在班上带感情地朗读[7]了这篇作文，还一笔一画地批道：你很聪明，你的作文写得非常感人，请放心，妈妈肯定会格外喜欢你的，老师肯定会格外喜欢你的，大家肯定会格外喜欢你的。

捧着作文本，他笑了，蹦蹦跳跳地回家了，像只喜鹊[8]。但他并没有把作文本拿给妈妈看，他是在等待，等待着一个美好的时刻。

那个时刻终于到了，是妈妈的生日——一个阳光灿烂的星期天。那天，他起得特别早，把作文本装在一个亲手做的美丽的大信封里，等着妈妈醒来。妈妈刚刚睁眼[9]醒来，他就笑眯眯地走到妈妈跟前说：“妈妈，今天是您的生日，我要//送给您一件礼物。”

果然，看着这篇作文，妈妈甜甜地涌出了两行热泪，然后一把搂住小男孩儿，搂得很紧很紧。

是的，智力可以受损，但爱永远不会。

（节选自张玉庭《一个美丽的故事》）

**语音提示：**

① 塌鼻子 tābí · zi
② 因为 yīn · wèi
③ 受损 shòusǔn
④ 吃力 chīlì

⑤ 即便 jíbiàn
⑥ 聪明 cōng·míng
⑦ 朗读 lǎngdú
⑧ 喜鹊 xǐquè
⑨ 睁眼 zhēngyǎn

**朗读提示：**

这篇文章讲述了一个感人而又美丽的故事，朗读时，声音要柔和甜润，把整篇文章浓浓的爱意表现出来。第三段中“你很聪明，你的作文写得非常感人，请放心，妈妈肯定会格外喜欢你的，老师肯定会格外喜欢你的，大家肯定会格外喜欢你的。”这是老师给小男孩儿作文的批语，充满了浓浓的爱意，读时应语调轻柔。文章最后一句为画龙点睛之笔，读时应语气舒缓，语调稳健，耐人寻味，感人至深。

## 作品 52 号——《永远的记忆》

小学的时候，有一次我们去海边远足①，妈妈没有做便饭，给了我十块钱买午餐。好像走了很久，很久，终于到海边了，大家坐下来便吃饭，荒凉的海边没有商店，我一个人跑到防风林外面去，级任老师要大家把吃剩的饭菜分给我一点儿。有两三个男生留下一点儿给我，还有一个女生，她的米饭拌了酱油，很香。我吃完的时候，她笑眯眯地看着我，短头发，脸圆圆的。

她的名字叫翁香玉。

每天放学的时候，她走的是经过我们家的一条小路，带着一位比她小的男孩儿，可能是弟弟。小路边是一条清澈②见底的小溪③，两旁竹阴覆盖④，我总是远远地跟在她后面。夏日的午后特别⑤炎热，走到半路她会停下来，拿手帕⑥在溪水里浸湿⑦，为小男孩儿擦脸。我也在后面停下来，把肮脏⑧的手帕弄湿了擦脸，再一路远远地跟着她回家。

后来我们家搬到镇上去了，过几年我也上了中学。有一天放学回家，在火车上，看见斜对面一位短头发、圆圆脸的女孩，一身素净⑨的白衣黑裙。我想她一定不认识我了。火车很快到站了，我随着人群挤向门口，她也走近了，叫我的名字。这是她第一次和我说话。

她笑眯眯的，和我一起走过月台。以后就没有再见过//她了。

这篇文章收在我出版的《少年心事》这本书里。

书出版后半年，有一天我忽然收到出版社转来的一封信，信封上是陌生的字迹，但清楚地写着我的本名。

信里面说她看到了这篇文章心里非常激动，没想到在离开家乡，漂泊⑩异地这么久之后，会看见自己仍然在一个人的记忆里，她自己也深深记得这其中的每一幕，只是没想到越过遥远的时空，竟然另一个人也深深记得。

（节选自苦伶《永远的记忆》）

**语音提示：**

① 远足 yuǎnzú
② 清澈 qīngchè
③ 小溪 xiǎoxī
④ 竹阴覆盖 zhúyīnfùgài
⑤ 特别 tèbié
⑥ 手帕 shǒupà
⑦ 浸湿 jìnshī
⑧ 肮脏 āngzāng
⑨ 素净 sù·jing
⑩ 漂泊 piāobó

**朗读提示：**

童年的时光总是快乐的——文章的开始要读得轻松、活泼，特别是朗读“夏日的午后特别炎热，走到半路她会停下来，拿手帕在溪水里浸湿，为小男孩儿擦脸。我也在后面停下来，把肮脏的手帕弄湿了擦脸，再一路远远跟着她回家”这句时，要表现得富于生活情趣；而文章的结尾，则应读出对人生的感动和感叹。

## 作品 53 号——《语言的魅力》

在繁华①的巴黎大街的路旁，站着一个衣衫褴褛②、头发斑白、双目失明的老人。他不像其他乞丐③那样伸手向过路行人乞讨，而是在身旁立一块木牌，上面写着：“我什么也看不见！”街上过往的行人很多，看了木牌上的字都无动于衷④，有的还淡淡一笑，便姗姗而去⑤了。

这天中午，法国著名诗人让·彼浩勒也经过这里。他看看木牌上的字，问盲老人：“老人家，今天上午有人给你钱吗？”

盲老人叹息⑥着回答：“我，我什么也没有得到。”说着，脸上的神情非常悲伤。

让·彼浩勒听了，拿起笔悄悄地在那行字的前面添上了“春天到了，可是”几个字，就匆匆地离开了。

晚上，让·彼浩勒又经过这里，问那个盲老人下午的情况。盲老人笑着回答说：“先生，不知为什么，下午给我钱的人多极了！”让·彼浩勒听了，摸着胡子满意地笑了。

“春天到了，可是我什么也看不见！”这富有诗意的语言，产生这么大的作用，就在于它有非常浓厚的感情色彩。是的，春天是美好的，那蓝天白云，那绿树红花，那莺歌燕舞⑦，那流水人家，怎么不叫人陶醉⑧呢？但这良辰美景，对于一个双目失明的人来说，只是一片漆黑⑨。当人们想到这个盲老人，一生中竟连万紫千红的春天//都不曾看到，怎能不对他产生同情之心呢？

（节选自小学《语文》第六册之《语言的魅力》）

**语音提示：**

① 繁华　fánhuá
② 褴褛　lánlǚ
③ 乞丐　qǐgài
④ 无动于衷　wúdòngyúzhōng
⑤ 姗姗而去　shānshān'érqù
⑥ 叹息　tànxī
⑦ 莺歌燕舞　yīnggē-yànwǔ
⑧ 陶醉　táozuì
⑨ 漆黑　qīhēi

**朗读提示：**

这篇文章通过一件小事，让我们感受到语言的魅力，朗读时可以分成两部分：一是叙事部分，用沉着稳健的语调把故事娓娓动听地讲述出来；二是最后一自然段的抒情部分，要用感叹的语调读出来。

## 作品 54 号——《赠你四味长寿药》

有一次，苏东坡的朋友张鹗①拿着一张宣纸来求他写一幅字，而且希望他写一点儿关于养生方面的内容。苏东坡思索了一会儿，点点头说：“我得到了一个养生长寿古方，药只有四味，今天就赠给你吧。”于是，东坡的狼毫在纸上挥洒起来，上面写着：“一曰无事以当②贵，二曰早寝以当富，三曰安步以当车，四曰晚食以当肉。”

这哪里有药？张鹗一脸茫然地问。苏东坡笑着解释说，养生长寿的要诀，全在这四句里面。

所谓“无事以当贵”，是指人不要把功名利禄、荣辱[3]过失考虑得太多，如能在情志上潇洒大度，随遇而安，无事以求，这比富贵更能使人终其天年。

“早寝以当富”，指吃好穿好、财货充足，并非就能使你长寿。对老年人来说，养成良好的起居习惯，尤其是早睡早起，比获得任何财富更加宝贵。

“安步以当车”，指人不要过于讲求安逸、肢体不劳，而应多以步行来替代骑马乘车，多运动才可以强健体魄，通畅气血。

“晚食以当肉”，意思是人应该用已饥方食、未饱先止代替对美味佳肴的贪吃无厌。他进一步解释，饿了以后才进食，虽然是粗茶淡饭，但其香甜可口会胜过山珍；如果饱了还要勉强[4]吃，即使美味佳肴摆在眼前也难以//下咽。

苏东坡的四味“长寿药”，实际上是强调了情志、睡眠、运动、饮食四个方面对养生长寿的重要性，这种养生观点即使在今天仍然值得借鉴。

（节选自蒲昭和《赠你四味长寿药》）

**语音提示：**

① 张鹗　Zhāng È　　③ 荣辱　róngrǔ

② 当　dàng　　④ 勉强　miǎnqiǎng

**朗读提示：**

这篇文章是一篇关于养生之道的小杂文，朗读时要用平稳、深沉的语调，不紧不慢地娓娓道出养生四味长寿药的内涵和实质。

## 作品 55 号——《站在历史的枝头微笑》

人活着，最要紧的是寻觅到那片代表着生命绿色和人类希望的丛林，然后选一高高的枝头站在那里观览人生，消化痛苦，孕育歌声，愉悦世界！

这可真是一种潇洒的人生态度，这可真是一种心境爽朗[1]的情感风貌。

站在历史的枝头微笑，可以减免许多烦恼。在那里，你可以从众生相所包含的甜酸苦辣、百味人生中寻找你自己；你境遇中的那点苦痛，也许相比之下，再也难以占据一席之地；你会较容易地获得从不悦中解脱灵魂的力量，使之不致变得灰色。

人站得高些，不但能有幸早些领略到希望的曙光，还能有幸发现生命的立体的诗篇。每一个人的人生，都是这诗篇中的一个词、一个句子或者一个标点。你可能没有成为一个美丽的词，一个引人注目的句子，一个惊叹号，但你依然是这生命的立体诗篇中的一个音节、一个停顿、一个必不可少的组成部分。这足以使你放弃前嫌，萌生为人类孕育新的歌声的兴致，为世界带来更多的诗意。

最可怕的人生见解，是把多维的生存图景看成平面。因为那平面上刻下的大多是凝固[2]了的历史——过去的遗迹[3]；但活着的人们，活得却是充满着新生智慧的，由//不断逝去的“现在”组成的未来。人生不能像某些鱼类躺着游，人生也不能像某些兽类爬着走，而应该[4]站着向前行，这才是人类应有的生存姿态。

（节选自［美］本杰明·拉什《站在历史的枝头微笑》）

**语音提示：**

① 爽朗 shuǎnglǎng ③ 遗迹 yíjì
② 凝固 nínggù ④ 应该 yīnggāi

**朗读提示：**

这篇文章是关于人生哲理的小品文，朗读时应语气坚定、从容，语调要平稳、诚恳。“人活着，最要紧的是寻觅到那片代表着生命绿色和人类希望的丛林”这句较长，朗读时停顿应在“是”之前及“和”之前两处。

## 作品 56 号——《中国的宝岛——台湾》

中国的第一大岛、台湾省的主岛台湾，位于中国大陆架的东南方，地处[①]东海和南海之间，隔[②]着台湾海峡和大陆相望。天气晴朗[③]的时候，站在福建沿海较[④]高的地方，就可以隐隐约约地望见岛上的高山和云朵。

台湾岛形状狭长[⑤]，从东到西，最宽处只有一百四十多公里；由南至北，最长的地方约有三百九十多公里。地形像一个纺织用的梭子。

台湾岛上的山脉纵贯[⑥]南北，中间的中央山脉犹如[⑦]全岛的脊梁[⑧]。西部为海拔近四千米的玉山山脉，是中国东部的最高峰。全岛约有三分之一的地方是平地，其余为山地。岛内有缎带般的瀑布，蓝宝石似的湖泊[⑨]，四季常青的森林和果园，自然景色十分优美。西南部的阿里山和日月潭，台北市郊的大屯山风景区，都是闻名世界的游览胜地。

台湾岛地处热带和温带之间，四面环海，雨水充足，气温受到海洋的调剂，冬暖夏凉，四季如春，这给水稻和果木生长提供了优越的条件。水稻、甘蔗、樟脑是台湾的“三宝”。岛上还盛产鲜果和鱼虾。

台湾岛还是一个闻名世界的“蝴蝶王国”。岛上的蝴蝶共有四百多个品种，其中有不少是世界稀有的珍贵品种。岛上还有不少鸟语花香的蝴//蝶谷，岛上居民利用蝴蝶制作的标本和艺术品，远销许多国家。

（节选自《中国的宝岛——台湾》）

**语音提示：**

① 地处 dìchǔ
② 隔 gé
③ 晴朗 qínglǎng
④ 较 jiào
⑤ 狭长 xiácháng
⑥ 纵贯 zòngguàn
⑦ 犹如 yóurú
⑧ 脊梁 jǐ·liang
⑨ 湖泊 húpō

**朗读提示：**

这是一篇介绍性的文章，知识性较强，文章的结构较为简单，要用讲述的语气朗读。但对话语关系较为复杂的句子要做特殊处理，如第一段中第一句的几个定语成分要梳理清楚，要明确句子中主、谓、宾等主要成分的位置；二、三、四段有许多长句子较难读，要处理好它们的停连和语势。

## 作品 57 号——《中国的牛》

对于中国的牛，我有着一种特别尊敬的感情。

留给我印象最深的，要算在田垄[①]上的一次“相遇”。

一群朋友郊游，我领头在狭窄的阡陌[2]上走，怎料迎面来了几头耕牛，狭道容不下人和牛，终有一方要让路。它们还没有走近，我们已经预计斗不过畜生[3]，恐怕难免踩到田地泥水里，弄得鞋袜又泥又湿了。正踟蹰[4]的时候，带头的一头牛，在离我们不远的地方停下来，抬起头看看，稍迟疑一下，就自动走下田去。一队耕牛，全跟着它离开阡陌，从我们身边经过。

我们都呆了，回过头来，看着深褐色的牛队，在路的尽头消失，忽然觉得自己受了很大的恩惠。

中国的牛，永远沉默地为人做着沉重的工作。在大地上，在晨光或烈日下，它拖着沉重的犁，低头一步又一步，拖出了身后一列又一列松土，好让人们下种[5]。等到满地金黄或农闲时候，它可能还得担当搬运负重[6]的工作，或终日绕着[7]石磨，朝同一方向，走不计程的路。

在它沉默的劳动中，人便得到应得的收成[8]。

那时候，也许，它可以松一肩重担，站在树下，吃几口嫩[9]草。偶尔摇摇尾巴，摆摆耳朵，赶走飞附身上的苍蝇，已经算是它最闲适的生活了。

中国的牛，没有成群奔跑的习//惯，永远沉沉实实的，默默地工作，平心静气。这就是中国的牛！

（节选自小思《中国的牛》）

**语音提示：**

① 田垄　tiánlǒng
② 阡陌　qiānmò
③ 畜生　chù·sheng
④ 踟蹰　chíchú
⑤ 下种　xiàzhǒng
⑥ 负重　fùzhòng
⑦ 绕着　rào·zhe
⑧ 收成　shōu·cheng
⑨ 嫩　nèn

**朗读提示：**

这是一篇散文，朗读中，语言处理应朴实无华，情感表达应真挚内敛。第三段可用叙述性的语言向人们讲述“我”与牛之间的故事；第五段可用沉稳、诚恳的语气来表现尊敬之情；最后一段要处理好“中国的牛”在两处的区别：前一个应读得平实沉静；后一个应读得情绪饱满，语势上扬。

## 作品 58 号——《住的梦》

不管我的梦想能否成为事实，说出来总是好玩儿的：

春天，我将要住在杭州。二十年前，旧历的二月初，在西湖上我看见了嫩柳与菜花，碧浪与翠竹。由我看到的那点儿春光，已经可以断定，杭州的春天必定会教人[1]整天生活在诗与图画之中。所以，春天我的家应当[2]是在杭州。

夏天，我想青城山应当算作最理想的地方。在那里，我虽然只住过十天，可是它的幽静[3]已拴[4]住了我的心灵。在我所看见过的山水中，只有这里没有使我失望。到处都是绿，目之所及，那片淡而光润[5]的绿色都在轻轻地颤动[6]，仿佛要流入空中与心中似的。这个绿色会像音乐，涤清[7]了心中的万虑。

秋天一定要住北平。天堂是什么样子，我不知道，但是从我的生活经验去判断，北平之秋便是天堂。论天气，不冷不热。论吃的，苹果、梨、柿子、枣儿、葡萄，每样都有若干种。论花草，菊花种类之多，花式之奇，可以甲[8]天下。西山有红叶可见，北海可以划船——虽然荷花已残，荷叶可还有一片清香。衣食住行，在北平的秋天，是没有一项不使人满意的。

冬天，我还没有打好主意[9]，成都或者相当的合适，虽然并不怎样和暖，可是为了水仙，素心腊梅，各色的茶花，仿佛就受一点儿寒//冷，也颇值得去了。昆明的花也多，而且天气比成都好，可是旧书铺与精美而便宜的小吃远不及成都那么多。好吧，就暂[10]这么规定：冬天不住成都便住昆明吧。

在抗战中，我没能发国难财。我想，抗战结束以后，我必能阔起来。那时候，假若飞机减价，一二百元就能买一架的话，我就自备一架，择黄道吉日慢慢地飞行。

（节选自老舍《住的梦》）

**语音提示：**

① 教人 jiàorén
② 应当 yīngdāng
③ 幽静 yōujìng
④ 拴 shuān
⑤ 光润 guāngrùn
⑥ 颤动 chàndòng
⑦ 涤清 díqīng
⑧ 甲 jiǎ
⑨ 主意 zhǔ·yi（zhú·yi）
⑩ 暂 zàn

**朗读提示：**

这是一篇充满诗情画意的随笔散文，朗读时要展开想象的翅膀，用充满向往的语气，起伏的节奏，富有韵律而又稍有夸张的语调，表现出作者的梦想。“由我看到的那点儿春光，已经可以断定，杭州的春天必定会教人整天生活在诗与图画之中。”这句中最后的分句较长，停顿应在“春天”的后面，“杭州”和“必定”应为重音所在。

## 作品 59 号——《紫藤萝瀑布》

我不由得停住了脚步。

从未见过开得这样盛的藤萝[1]，只见一片辉煌的淡紫色，像一条瀑布[2]，从空中垂下，不见其发端，也不见其终极，只是深深浅浅的紫，仿佛在流动，在欢笑，在不停地生长。紫色的大条幅[3]上，泛着点点银光，就像迸溅[4]的水花。仔细看时，才知那是每一朵紫花中的最浅淡的部分，在和阳光互相挑逗。

这里除了光彩，还有淡淡的芳香。香气似乎也是浅紫色的，梦幻一般轻轻地笼罩[5]着我。忽然记起十多年前，家门外也曾有过一大株紫藤萝，它依傍[6]一株枯槐[7]爬得很高，但花朵从来都稀落，东一穗西一串伶仃[8]地挂在树梢，好像在察言观色，试探什么。后来索性连那稀零的花串也没有了。园中别的紫藤花架也都拆掉，改种了果树。那时的说法是，花和生活腐化[9]有什么必然关系。我曾遗憾地想：这里再看不见藤萝花了。

过了这么多年，藤萝又开花了，而且开得这样盛，这样密，紫色的瀑布遮住了粗壮的盘虬[10]卧龙般的枝干，不断地流着，流着，流向人的心底。

花和人都会遇到各种各样的不幸，但是生命的长河是无止境的。我抚摸了一下那小小的紫色的花舱，那里满装了生命的酒酿[11]，它张满了帆[12]，在这//闪光的花的河流上航行。它是万花中的一朵，也正是由每一个一朵，组成了万花灿烂的流动的瀑布。

在这浅紫色的光辉和浅紫色的芳香中，我不觉加快了脚步。

（节选自宗璞《紫藤萝瀑布》）

**语音提示：**

① 藤萝　téngluó
② 瀑布　pùbù
③ 条幅　tiáofú
④ 迸溅　bèngjiàn
⑤ 笼罩　lǒngzhào
⑥ 依傍　yībàng
⑦ 枯槐　kūhuái
⑧ 伶仃　língdīng
⑨ 腐化　fǔhuà
⑩ 盘虬　pánqiú
⑪ 酒酿　jiǔniàng
⑫ 帆　fān

**朗读提示：**

这是一篇写景散文，朗读时要注意将眼前的情景与回忆的情景区别开来。眼前的情景美丽无比，朗读时要用轻快、愉悦而又有赞美的语调；在朗读回忆的情景时语调则要低沉些，略有遗憾和伤感之情。

## 作品 60 号——《最糟糕的发明》

在一次名人访问中，被问及上个世纪最重要的发明是什么时，有人说是电脑，有人说是汽车，等等。但新加坡的一位知名人士却说是冷气机。他解释[①]，如果没有冷气，热带地区如东南亚国家，就不可能有很高的生产力，就不可能达到今天的生活水准。他的回答实事求是，有理有据。

看了上述报道，我突发奇想：为什么没有记者问："二十世纪最糟糕的发明是什么？"其实二〇〇二年十月中旬，英国的一家报纸就评出了"人类最糟糕的发明"。获此"殊荣"的，就是人们每天大量使用的塑料袋。

诞生于上个世纪三十年代的塑料袋，其家族包括用塑料制成的快餐饭盒、包装纸、餐用杯盘、饮料瓶、酸奶杯、雪糕杯等等。这些废弃物形成的垃圾，数量多、体积大、重量轻、不降解[②]，给治理工作带来很多技术难题和社会问题。

比如，散落[③]在田间、路边及草丛中的塑料餐盒，一旦被牲畜吞食[④]，就会危及健康甚至导致死亡。填埋废弃塑料袋、塑料餐盒的土地，不能生长庄稼和树木，造成土地板结[⑤]，而焚烧[⑥]处理[⑦]这些塑料垃圾，则会释放出多种化学有毒气体，其中一种称为二噁英[⑧]的化合物，毒性极大。

此外，在生产塑料袋、塑料餐盒的//过程中使用的氟利昂，对人体免疫系统和生态环境造成的破坏也极为严重。

（节选自林光如《最糟糕的发明》）

**语音提示：**

① 解释　jiěshì
② 降解　jiàngjiě
③ 散落　sànluò
④ 吞食　tūnshí
⑤ 板结　bǎnjié
⑥ 焚烧　fénshāo
⑦ 处理　chǔlǐ
⑧ 二噁英　èr'èyīng

**朗读提示：**

这是一篇保护生态环境的文章，文中既有对事件的讲述，又有对客观事实的说明。朗读时要加以区别：朗读事件讲述时语调应充满好奇，并略有起伏，而朗读客观事实说明时，要沉稳、坚定。

# 第七章　命题说话测试与训练

## 第一节　命题说话测试项说明

### 一、模拟试题

命题说话（下列两个话题，任选一题，不得少于3分钟，共40分）

1. 我的朋友
2. 我喜欢的季节（或天气）

### 二、测试目的

《普通话水平测试大纲》明确指出："说话"测试是考查应试人在没有文字凭借的情况下，说普通话的能力和所达到的规范程度，重点测查语音标准程度、词汇语法规范程度和自然流畅程度。

### 三、试卷构成与要求

（1）说话话题从《普通话水平测试用话题》中选取。由应试人从给定的两个话题中选定一个话题，连续说一段话。

（2）应试人单向说话。如发现应试人有明显背稿、离题或说话难以继续等表现时，主试人应及时提示或引导。

### 四、评分标准

（1）语音标准程度，共20分。分六档：

一档：语音标准，或极少有失误。扣0分、1分、2分。

二档：语音错误在10次以下，有方音但不明显。扣3分、4分。

三档：语音错误在10次以下，但方音比较明显；或语音错误在10~15次之间，有方音但不明显。扣5分、6分。

四档：语音错误在10~15次之间，方音比较明显。扣7分、8分。

五档：语音错误超过15次，方音明显。扣9分、10分、11分。

六档：语音错误多，方音重。扣12分、13分、14分。

（2）词汇、语法规范程度，共5分。分三档：

一档：词汇、语法规范。扣0分。

二档：词汇、语法偶有不规范的情况。扣1分、2分。

三档：词汇、语法屡有不规范的情况。扣3分、4分。

（3）自然流畅程度，共5分。分三档：

一档：语言自然流畅。扣0分。

二档：语言基本流畅，口语化较差，有类似背稿子的表现。扣0.5分、1分。

三档：语言不连贯，语调生硬。扣2分、3分。

（4）说话不足3分钟，酌情扣分：缺时1分钟以内（含1分钟），扣1分、2分、3分；缺时1分钟以上，扣4分、5分、6分；说话不满30秒（含30秒），成绩计为0分。

## 五、命题说话话题

1. 我的愿望
2. 我的学习生活
3. 我尊敬的人
4. 我喜爱的动物（或植物）
5. 童年的记忆
6. 我喜爱的职业
7. 难忘的旅行
8. 我的朋友
9. 我喜爱的文学（或其他）艺术形式
10. 谈谈卫生与健康
11. 我的业余生活
12. 我喜欢的季节（或天气）
13. 学习普通话的体会
14. 谈谈服饰
15. 我的假日生活
16. 我的成长之路
17. 谈谈科技发展与社会生活
18. 我知道的风俗
19. 我和体育
20. 我的家乡（或熟悉的地方）
21. 谈谈美食
22. 我喜欢的节日
23. 我所在的集体（学校，机关，公司等）
24. 谈谈社会公德（或职业道德）
25. 谈谈个人修养
26. 我喜欢的明星（或其他知名人士）
27. 我喜爱的书刊
28. 谈谈对环境保护的认识
29. 我向往的地方
30. 购物（消费）的感受

# 第二节　命题说话测试指导

在普通话水平测试中的命题说话部分，以单项说话为主，主要考查应试人在没有文字凭借的情况下，说普通话的能力和所能达到的规范程度。这种说话的特点是定话题、定时间、定方式、定要求。说话测试既是应试人学习普通话最终结果的总检验，也是评定应试人普通话水平的决定性题目。

按照国家语委《普通话水平测试大纲》的规定，“命题说话”在测试中所占的比重最大，这体现了普通话水平测试主要目的是为了提高应试人运用普通话进行口语交际的能力。从这个意义上说，“说话”最能体现应试人的普通话水平。因为“说话”可以更有效地考查应试人在自然状态下运用普通话语音、词汇、语法的能力，因而最能全面体现应试人普通话的真实水平。

“命题说话”也是对应试人心理素质的考验。“说话”是在没有文字凭借的情况下，把思维的内部语言转化为自然、准确、流畅的外部语言，需要应试人有良好的心理素质。

## 一、命题说话的基本要求

### （一）语音要标准

“命题说话”测试关注的基本点还是语音的标准程度，而不是说话的具体内容和布局谋篇。为此，应试人应该在语音标准方面下苦功。就是说，要根据所学过的普通话语音知识，力求每个音节的声母、韵母和声调准确到位，变调符合规律，轻声、儿化准确自然。

平时练习时，最好请说普通话的行家来听听。因为我们受说话习惯的影响以及听感上盲点的制约，往往不容易发现自己的语音错误和缺陷。

### （二）词汇、语法要规范

普通话水平测试是检测应试人说的普通话与规范普通话的“标准差”。语音、词汇和语法是语言的三要素，方言区的人学说普通话时，除要注重语音的标准外还要注意词汇和语法的规范。

1. 不用方言词语

| | |
|---|---|
| “害羞”不要说成→“怕丑” | “下雨”不要说成→“落雨” |
| “天亮”不要说成→“天光” | “走路”不要说成→“行路” |
| “不晓得”不要说成→“晓不得” | “女友”不要说成→“友女” |
| “热闹”不要说成→“闹热” | “钥匙”不要说成→“锁匙” |

2. 不用“时髦语”

| |
|---|
| “搞掂”（指事情弄清楚或办妥了） |
| “买单”（结账） |
| “哇噻”（相当于“呀”“啊”，表示感叹语气） |

3. 句子成分的搭配要得当

| | |
|---|---|
| “一辆车”不要说成“一架车” | “一张床”不要说成“一铺床” |
| “一所学校”不要说成“一间学校” | “一只鸡”不要说成“一条鸡” |

4. 语序要正确

| |
|---|
| “你先走，我学完再走”不要说成→“你走先，我学完再走” |
| “多少钱一斤”不要说成→“几多钱一斤” |

5. 不要用带有方言色彩的语气词和方言语调

| | |
|---|---|
| “不是这样的呢” | “你看啵” |
| “习惯嚜” | “这个事我是知道的啦” |

总之，应试人说话时不能忽视词汇和语法的规范。

**（三）内容要充分**

在实际测试中，应试人说话时通常不知道说什么，怎么说，内容显得很不充分。确实，说话能力属于综合性能力，它与一个人的普通话水平、思维能力、心理素质、文化素养、年龄特征乃至社会阅历等都有关，测试中的“说话”，重在语言形式的考查，当然又与内容有一定的关系。系统的连贯性的独自式的说话，一般是先想后说的，而且在说话的过程中还要不断地思索与调整。所以，应试人对说话的准备可以从两个方面入手：说什么？怎么说？这些问题想得越迅速，越周密，口语的表达就越完善。具体来说，说话前应该就说什么和怎么说的问题构思出一个说话提纲。

**（四）说话要自然流畅**

1. 自然

语调是人们在语流中用抑扬顿挫来表情达意的所有语音形式的总和。好些方言区的人说起普通话来常常让人感到语感上不够自然，甚至感到生硬，不像纯正的普通话，原因在于方言区人对普通话特定的语调不够敏感，表达时，往往使用母语的语调。要提高说话的自然程度，必须符合两方面的要求。

（1）要按照日常口语的语调来说话

即说话的口语是实实在在的口语，不要带着朗诵或背书的腔调。方言区的人在日常生活中一般是说地方话的，大多是在读书或背书时才用普通话，而平时也没有多少机会听到规范的日常口语，这样就造成了不少人说普通话时带有读书腔或朗诵腔，显得生硬，不自然。

（2）口语的表达要符合普通话口语习惯，符合普通话口语语法

这里主要是指多用普通话口语词汇，少用书面语词汇。即尽量不用古语词，少用公文用语，多用短句、散句、省略句、独词句等口语句式，少用长句、整句、多重复句、欧化句等书面语句式。当然，也要避免毫无意义的重复、累赘的口头禅，如“这个”“那个”“啊”“呢”等。如：

| | |
|---|---|
| (1) | 有一位长者最值得我尊敬，此人乃是遐迩闻名的艺术大师高山。他身材魁岸，气宇轩昂。 |
| | 改为：我觉得有一位长辈最值得我尊敬了，他是一位著名的艺术家，名叫高山。他身材高大，很有气质。 |

| | |
|---|---|
| (2) | 我十二岁时就读于市重点中学，在学校居住，一周归家一次。母亲对我关怀备至，每天打电话询问我学习、工作、生活诸如此类的情况。 |
| | 改为：十二岁的时候，我在一所市重点中学读书，当时我住校，过集体生活，每个星期回家一次。妈妈非常关心我，每天都给我打电话，问我学习、工作、生活等情况。 |

| | |
|---|---|
| (3) | 那天，爸爸、妈妈都在家恭候奶奶、爷爷的大驾光临，长辈们要讨论我出国留学之事宜。 |
| | 改为：那天，爸爸、妈妈在家等着爷爷、奶奶的到来，他们要商量一下我出国留学的事情。 |

以上三句话都缺乏口语化，“遐迩”属于古语词，“此……恭候”“光临”“事宜”“诸如此类”等属于公文用语，还有“魁岸”“居住”“询问”“乃是”等一般都是书面上常用的，不适宜在口耳相传的交际中使用；另外，三句话中长句较多，不适合口语表达。

总之，应试人平时要多听普通话规范的口语，说话时注意口语化，即采用口语语调说话，并且在词语、句式、语气等方面下功夫。

2. 流畅

流畅是表达中最基本的要求。应试人围绕已选定的话题单向说话，整个过程要求连贯，顺畅，即不结巴，不重复啰唆，无长时间的停顿，给人侃侃而谈或滔滔不绝之感。

一般来说，造成说话不流畅有三种原因。

（1）说话内容准备不足。测试时，应试人对说什么、怎么说的问题考虑不够清楚，不够周密，常常边说边重复刚说过的语句，或者不知往下说什么、怎么说而导致话语中断，这就影响了语言的流畅。

（2）不习惯用普通话思维。对于方言区的人来说，语言信息是概念和方言相结合的，所以 他们说普通话时通常有一个从方言到普通话的“翻译”过程，这也会影响语言的流畅。

（3）普通话不标准。应试人说话时既要考虑怎么说，又要注意普通话语音的标准，边说边纠正错误，这势必会影响语言的流畅。

如何防止以上问题的出现呢？

（1）测前培训时，应试人可以对 30 道话题进行构思，有个大致的说话提纲，最好再选择一些有代表性的话题进行说话练习。这样可以避免因测试中时间有限、准备不足而造成话不对题、言之无物、言语不流畅等现象的出现。

（2）口语的生成就是说话人将大脑里传达的意义转换成声音，这些声音由具有句法结构的语音序列组成，能让人听到。方言区的人说普通话时普遍存在着有一个从方言到普通话的“翻译”过程，这就影响了说话的准确、自然与流畅。因此，方言区的人学说普通话时要注意训练自己缩短这个“翻译”过程，逐步建立用普通话想话、说话的新习惯。

（3）应试人说话时可以说有两个思维：一是如何围绕话题说，即“怎么说”的问题；二是如何在发音、选词、造句中不出错，即“标准度”的问题。可见，说话较之念字、朗读难度要大。为此，应试人平时要多听标准的普通话口语，并且经常练说普通话，努力纠正方音，使自己在测试中言语连贯、流畅。

（4）语速和流畅有关。说话的正常语速大约是一分钟 240 个音节，可以说，一分钟 150～300 个音节是正常的，当然，依据内容、情景、语气等需要，说话人有些音节稍快或者稍慢也是正常的。测试时，说话人应该注意语速适中。当然，测试时说话人没有讲稿而要连贯说一段话，话语中偶尔一次一两个音节稍有停顿或者重复应该视为正常。

总之，应试人应该重视测前的有关训练，力求测试说话的流畅。

## 二、应试技巧

1. 稍微放慢语速，边说边思考每一个音节的正确发音。

2. 选择自己亲身经历的最能打动自己、最有说话欲望的话题，以保证说话内容的充实和顺畅。

3. 多举事例，展开细节。

4. 尽量选择记事性 、叙述性话题，如遇到议论性的话题，也应把它们转化为叙述性话题。

5. 避开自己的薄弱环节，如情感、语音等方面的薄弱点，因为情感波动会影响表达的流畅和应试时的正常心态，语音的过早暴露会让错误数量增多。因此遇到会暴露自己弱点的题目，应选择另一道说话题；遇到不易发好的音节，应选择另一个同义词替代，这样有利于让自己正常或更好地发挥。

6. 保持良好的心态。进入考场，应试人一定要调整好心态，保持一点兴奋度，但又不要太紧张，要相信自己经过充分准备之后，一定能考出好成绩来，如果说话中突然“卡壳”，也不要慌张；要随机应变，从容不迫，放开来说，善始善终。

在测试前的准备中，将 30 道说话话题分类合并，可达到事半功倍的效果。

以下的题目分类、合并仅供参考：

| | ★我的学习生活 | | ★难忘的旅行 |
|---|---|---|---|
| | 可以合并的话题 | | 可以合并的话题 |
| 1 | 我的愿望（理想） | 1 | 我的愿望（理想） |
| 2 | 我的学习生活 | 7 | 难忘的旅行 |
| 3 | 我尊敬的人 | 11 | 我的业余生活 |
| 6 | 我喜爱的职业 | 15 | 我的假日生活 |
| 8 | 我的朋友 | 28 | 谈谈对环境保护的认识 |

续表

| | | | |
|---|---|---|---|
| 16 | 我的成长之路 | 29 | 我向往的地方 |
| 23 | 我所在的集体(学校，机关，公司等) | | |
| | ★我的家乡 | | ★我和体育 |
| | 可以合并的话题 | | 可以合并的话题 |
| 4 | 我喜爱的动物（或植物） | 11 | 我的业余生活 |
| 5 | 童年的记忆 | 14 | 谈谈服饰 |
| 12 | 我喜欢的季节（或天气） | 19 | 我和体育 |
| 17 | 谈谈科技发展与社会生活 | 25 | 谈谈个人修养 |
| 18 | 我知道的风俗 | 26 | 我喜欢的明星（或其他知名人士） |
| 20 | 我的家乡（或熟悉的地方） | | |
| 21 | 谈谈美食 | | |
| 22 | 我喜欢的节日 | | |
| | ★我喜爱的文学（或其他艺术形式） | 10 | ★谈谈卫生与健康 |
| | 可以合并的话题 | 13 | ★学习普通话的体会 |
| 9 | 我喜爱的文学（或其他）艺术形式 | 24 | ★谈谈社会公德（职业道德） |
| 11 | 我的业余生活 | 30 | ★购物（消费）的感受 |
| 27 | 我喜爱的书刊 | | |

# □ 第三篇 口语表达篇

# 第八章 口语表达与运用

## 第一节 口语表达概述

### 一、口语的定义和特点

#### （一）口语的定义

口语是指用语音表达的、以说和听为形式的、与书面语言表达相对应的一种语言表达形式。口语往往通过口说耳听，借助于声音和各种辅助手段表情达意。口语是联系社会的纽带，是社会知识信息的载体。社会交往中，人们在一定程度上是通过口语建立密切联系，传递知识，播撒信息，从而推动社会的发展和人类的进步。

在文字产生之前，口语即已产生，口语是书面语的基础和源泉，书面语是在口语的基础上产生和发展起来的。口语同书面语比较，有着明显的特点。第一，历史时间长。书面语只有几千年的历史；口语从人类产生起就有了，已有几十万年的历史。第二，使用范围广。书面语只限于识字的人使用；口语可以全民使用。第三，交流信息快，表达效果强。书面语交往是间接表达，单向传递，传递知识信息是抽象的、静态的；口语交往是直接表达，双向传递，传递知识信息是具体的、动态的，有声、有形、有情，表达的效果比书面语更直接，更形象，更生动。

#### （二）口语的特点

1. 易逝性

口语是通过声波传播的，而声波瞬间即逝，这就使得口语不能像书面语那样，可以反复阅读、揣摩、回味。心理试验表明，一般人听连续的语流，精确地留在记忆里的时间不超过七八秒钟，超过七八秒钟，听话者的记忆就模糊不清，残缺不全了。

2. 同步性

即外部语言表达的口语与内部语言思维是同步进行的。一般来说，人们心里所想到的才能表达出来，每个人说话都会受到大脑的支配，口语只是将这种思维外化了。

3. 自然性

口语相对于书面语来说，显得通俗、自然、平易，它保留了生活中许多语音、词汇及语法现象，如使用方言、俗语、俚语，使用儿化、象声词、语气词，使用省略、倒装等变式句，使用短句、散句等，有时还使用体态语辅助表达。

4. 临场性

口语在很多情况下不是事先准备好的，而是现场的即兴发挥。因此，很多话会来不及仔细思考就要表达出来，有时难免不完整，不严谨，需要及时更改、补充，运用一些重复、补充、插入语，有时甚至会使用“嗯”“啊”等口头词填补表达空白。

5. 综合性

口语表达是一个从生活到思维，再由思维外化成口语的双重转化过程。在这个转化过程中，首先综合体现了表达者的知识、能力和素养等方面因素。不同表达者由于经历不同，所受教育不同，体现出的生活体验、文化素质、道德水准也会有所不同，他们说出的话是这些因素的综合反映。因此，口语是一个人内在素质的综合体现。其次，说话要综合运用语音、语调、眼神、表情等因素。如果语调没有变化，语言是枯燥的；如果表情没有变化，语言是僵硬的；如果没有一点儿体态语的辅助，语言是不生动的。所以口语表达需要调动知识素养、生活积累以及身体的各个器官。

## 二、口语表达和口语表达的原则

### （一）口语表达

口语表达是人的综合素质的反映，体现着人的思想道德、知识水平、思维能力、反应速度和心理素质等多方面能力与水平。口语表达不完全等同于口语，它超越了现实口语的芜杂、琐碎、粗糙的形式，是一种运用经过加工提炼、规范化的标准口语来交流思想、表达感情、传递信息的交际活动，是面对特定的对象而进行的。

### （二）口语表达的原则

口语表达是最丰富、最具个性的一种交流方式，世界各地的人们在口语表达上各具特色，在语音、语法习惯上也不完全相同，但多姿多彩的口语表达，有着基本的原则与要求。

1. 语音清晰响亮

由于口语表达是通过语音来传递信息的，语音又具有易逝性，这就要求说话人发音吐字要清晰，发标准音，说普通话，声音要有一定的响度，否则，会给交流带来困难。清晰、响亮是口语表达的基本原则。

2. 用词准确简洁

口头表达是将思维转换成语言的过程，以声音的形式表现出来，思维与表达几乎同步，虽然没有更多的时间去斟酌词句，但仍要求用词准确、贴切，精心选择最确切、最恰当的词语，正确反映客观事物，真切地表达自己的思想感情。

3. 表达清楚突出

表达清楚是指条理清晰，先说什么，后说什么，要有层次。虽然口语表达不像书面语那样要求条分缕析，有严密的逻辑，但也不能没有头绪，漫无边际。表达的中心要突出，表达的重点、目的是什么要让听话人一目了然，不能东一句，西一句，啰啰唆唆，语无伦次，使人不得要领，抓不住中心。

4. 态度文明礼貌

文明礼貌是高素质、有修养的具体表现。口语表达要文明得体，使用文明语言，遵守礼貌原则，做到谦恭、平和、文雅。用诚恳、虚心、恭敬的语言与人交流，胸怀坦荡，尊重他人的人格、尊严和隐私，不把自己的观点强加于人；说话态度温和，语气委婉，做到平易近人、和蔼可亲；语言纯洁、健康、高雅，不粗野，不鄙俗，不恶语伤人。

## 三、口语表达训练

### （一）口语表达训练的要求

任何能力都是训练出来的。口语表达能力的培养和提高，离不开科学、系统、严谨的训练。口语表达训练要做到如下两点。

1. 循序渐进，具有系统性

口语表达能力的训练总体上要由易到难，由简到繁，依据口语表达的特点和规律进行：由读到说，由听到说；由字、词到段落、篇章；由有文字凭借到无文字凭借；由有准备到即兴，既使训练体现出由易到难的层次性，又使训练遵循各知识体系的内在规律性，使总体训练具有系统性。

2. 以练为主，突出实践性

口语表达训练作为一种技能的培养，虽然离不开系统论知识的学习和掌握，但理论毕竟是一种知识，知识的掌握不等于能力的提高，只有通过大量具体的、有系统的、艰难的训练，才能将理论知识转化为实践技能，达到提高的目的。所以在学习中要以练为主，突出实践性。同时也要将实践与理论相结合，以理论作指导，因为离开理论的指导，训练就会带有盲目性，盲目的训练可能导致事倍功半，或者收效甚微，而理论指导下的训练会更科学，更有成效。

### （二）口语表达训练的途径

口语表达是人们生产生活中最为便捷的一种交际手段，进行诵读训练、同义训练、暗示训练和幽默训练，可以大大提高口语表达能力。

1. 诵读训练

诵读是培养口语表达的有效途径，对于说话的语感和表情的培养尤其重要。诵读的方法很多，可以低声诵读、高声诵读、模仿角色诵读、面对听众诵读。低声诵读的目的在于悉心领会作品的含义、节奏和神韵；高声诵读是在熟悉作品的基础上进行的，目的在于进一步加深对作品的理解，使语言清晰响亮而富有感情；模仿角色诵读可以训练惟妙惟肖地说出各种人物的腔调的能力，增强口语表达的生动性和感染力；面对听众诵读可以达到锻炼当众说话的能力和胆量的目的。

诵读训练能使口语表达更加声情并茂。

2. 同义训练

现代汉语词汇里，存在着大量的近义词，这些近义词基本意义相近但其色彩意义和用法不完全相同，口语训练可以通过近义词练习，激活思维，丰富词汇，锻炼表达。近义词训练首先要注意词的理性意义的差别。词的理性意义的差别体现在词义的侧重点不同，如“体会”和“领会”；词义轻重程度的不同，如“批评”和“批判”；词义的范围大小的不同，如“特点”、“特征”和“ 特性”；词义所表示的个体和集体的不同，如“人”和“人口”。其次要注意词的色彩意义方面的差异，如“鼓动”和“煽动”。再次，要注意词的用法方面的差异，如“篡改”和“窜改”的搭配对象不同，“和”“及”“与”的句法功能不同。

汉语中一些意思大致相同的话，采用不同句式表达会有不同的效果。现代汉语句式是多样的，从结构上看，有单句和复句；从句子成分的位置看，有常式句和变式句；从语气上看，有肯定句和否定句；从主语是施事还是受事的角度看，有主动句和被动句；从字数上看，有长句和短句。同义句式训练，有助于提高口语表达的灵活性和多面性。

同义训练能使口语表达更加丰富生动。

3. 暗示训练

暗示是一种为了实现某种目的，用含蓄的、间接的方式对人的心理或行为施加影响的过程。暗示的目的是向对方传递信息，引起对方注意和重视。暗示的手段可以是语言或非语言暗示，可以采用一些语意较轻的词语替代语意较重的词语，如用“办事过于谨慎”代替“胆小怕事”；可以运用与本意相反的话语暗示本意，正话反说；可以用说故事、寓言、笑话的方式暗示某个道理；还可以通过打比方来暗示。态势语也可以起到暗示的作用，如微笑、痛苦的表情，手势、身姿等姿态语言。有些时候，还可以利用环境、场合等来进行暗示，达到传递信息的目的。

暗示训练能使口语表达更加委婉。

4. 幽默训练

幽默是通过影射、讽喻、双关等修辞手法揭露生活中的乖谬，揭示生活的哲理，让人得到某种启示。幽默感的形成不是天生的，是通过后天的训练和积累培养出来的。幽默的构成方式有以下几种。

（1）双关。即利用词语的读音相同或词义的相近关系，发挥其在特定语言环境中的双重意义，言此义彼，构成一语双关，巧妙地传递蕴藏在词语底层的潜在信息。双关有谐音双关和语义双关两种。

（2）夸张。即根据表达的需要，为了突出某一方面的特点，对人或事物的某些客观方面故意进行夸饰铺张，言过其实地进行扩大或缩小，形成幽默，加深印象。夸张的方式一般有大词小用、小词大用、庄词谐用等。夸张总是通过对生活中滑稽可笑或错误乖谬之处的夸大渲染，来揭示生活中的某些不合理或不和谐现象，以此达到嘲讽和劝诫的目的。

（3）张冠李戴。就是把本来只适合于甲事物、甲场合的话移植到乙事物、乙场合来说，使语意出新，形成幽默。

（4）曲解。就是把毫不相关的事物捏合在一起，造成因果关系的错位或内在逻辑的矛盾，从而得出不和谐的、出乎意料的结果。这种结果的得出是由于对话语、问题进行歪曲和荒诞的理解而导致的。

幽默训练能使口语表达诙谐有趣。

总之，口语表达是面对面的交流，需要听话人听懂说话人的意思，但语音又稍纵即逝，这就要求说话人的语言明白易懂，使用人们日常生活中常用的话语来表达思想，使语言新鲜活泼，朴实自然，具有浓厚的生活气息。

【练习】

一、口语表达的原则有哪些?

二、请根据口语表达训练的几种途径做口语表达方面的练习。

## 第二节 介 绍

在人际交往中，每个人都需要同他人进行良好的沟通。一个人沟通能力的强弱，往往直接关系到其个人形象与单位形象。而在基本沟通能力中，“介绍”绝对不宜被忽略。

所谓介绍，通常指在人们初次相见时，经过自己主动沟通，或者借助第三者的帮助，从而使原本不相识者彼此之间有所了解，相互结识。由此可见，人际沟通大都始于介绍。在人际交往中，如能正确地利用介绍，既可以使自己多交朋友，广结善缘，扩大交际圈，又可以适当地展示自我，促进自己与交往对象之间的相互沟通。

根据介绍者具体身份的不同，介绍可分为自我介绍、他人介绍、集体介绍等三种，它们的具体操作方式各有其不同。

### 一、自我介绍

自我介绍，顾名思义，就是当自己与他人初次相见时，由自己充当介绍者，自己把自己介绍给别人，以便使对方认识自己，或者借此认识对方。在人际交往中，自我介绍是人们所用最多的一种介绍方式。在自我介绍时，主要应注意下述三个方面的问题。

#### （一）自我介绍的时机

在人际交往中，什么时候有必要向他人自我介绍呢？掌握自我介绍的时机，是一个颇为复杂的问题，它具体涉及时间、地点、气氛、当事人、旁观者及其相互之间的互动等种种因素。就一般状况而言，在下述时机有必要向他人自我介绍。

一是希望他人结识自己。让他人了解自己的最佳方式，就是主动把自己介绍给对方。此种自我介绍称作主动型自我介绍。

二是他人希望结识自己。当别人表现出想了解自己的意图时，就有必要进行自我介绍。此种自我介绍叫作被动型自我介绍。

三是希望自己结识别人。所谓“将欲取之，必先与之”。想要结识别人的一大妙法，就是先向对方自我介绍，以取得对方的呼应。此种自我介绍称作交互型自我介绍。

四是确认他人熟悉自己。有时，担心他人健忘或不完全掌握自己的情况，则不妨再次向对方扼要介绍一下本人的简况。这一类自我介绍叫作确认型自我介绍。

#### （二）自我介绍的方式

自我介绍时，其具体内容往往多有不同。在一般情况下，自我介绍的内容应当兼顾实际需要、双边关系、所处场合，并应具有一定针对性。若以基本内容进行区分，自我介绍可分为下述四种。

1. 应酬式

有时，面对泛泛之交、不愿深交者，或有必要再次向他人确认自己时，可使用应酬式自我介绍。其内容最为简洁，通常只有姓名一项即可。例如：“你好！我的姓名是席菁。”

2. 问答式

在一般性的人际交往中，对于他人需要了解的本人情况，必须有问必答。此即所谓问答式自我介绍。它的要求是：被问什么，则答什么。例如，某甲问：“先生，你好！你如何称呼？”某乙答：“你好！我叫杨舟。”再如，某甲问：“小姐，你在哪里高就？”某乙答：“我在大海集团人力资源部供职，我是那里的经理。”

3. 交流式

在社交场合中，需要与他人进行进一步交流时，不妨就交往对象有可能感兴趣的问题，向对方择要介绍。其主要内容有籍贯、学历、兴趣等。有时，它也被称为交际式自我介绍。例如，“我叫钱飞飞，上海人。我见你在用 CD 机听评弹，我想你也是上海人吧？”

4. 工作式

在工作场合，自我介绍亦应“公事公办”。其主要内容应包括单位、部门、职务、姓名等四项。它被称作工作式自我介绍，亦称公务式自我介绍。例如：“你好！我是飞马公司销售部副经理李玉。”

### （三）自我介绍的注意事项

进行自我介绍时，对下述几点必须认真注意，如此方能使自己表现出众，不失分寸。

1. 见机行事

自我介绍一定要见机行事，在适当的场合进行自我介绍，当交往对象有空闲，有兴趣，情绪良好，或外界影响较少时，都是进行自我介绍的良机。

2. 实事求是

自我介绍必须实事求是。自我介绍时，既不宜过分谦虚，贬低自己，也没有必要自吹自擂，夸大其词。必要时，不妨在进行自我介绍前先向交往对象递上一张自己的名片，以供对方参考。

3. 态度大方

在自我介绍时，介绍者一定要保持大方而自然的态度，以求给人以见多识广、训练有素之感。

为此，在自我介绍时，语气要平和，语音要清晰，语速要正常。切勿显得敷衍了事、生硬冷漠，或矫揉造作、虚张声势，或畏首畏尾、小里小气。

4. 控制长度

自我介绍时，必须有意识地控制其具体内容。若无特殊要求，自我介绍的内容一定要力求简明扼要，努力做到长话短说，废话不说。大体上讲，一般的自我介绍在时间上应限定在一分钟之内结束。为了节省时间，做自我介绍时，还可利用名片、介绍信加以辅助。

## 二、介绍他人

在人际交往中，除了自我介绍之外，往往还有必要介绍他人。介绍他人，又称第三者介绍，它指的是由第三者替彼此不认识的双方所进行的介绍。在介绍他人时，替他人所进行介绍的第三者为介绍者，而被介绍的双方则为被介绍者。

在绝大多数情况下，介绍者应对被介绍者双方一一进行具体的介绍。在个别时候，亦可只将被介绍者中的一方介绍给另外一方，但那样做的前提是：前者认识后者，而后者却不认识前者。介绍他人大都应当对以下四个方面的具体问题予以重视。

为他人做介绍，需要把握下列要点。

### （一）介绍他人的时机

遇到下列情况，有必要进行他人介绍。

1. 与家人外出，路遇家人不相识的同事或朋友。
2. 本人的接待对象遇见了其不相识的人士，而对方又跟自己打了招呼。
3. 在家中或办公地点，接待彼此不相识的客人或来访者。
4. 打算推介某人加入某一方面的交际圈。
5. 受到为他人做介绍的邀请。
6. 陪同上司、长者、来宾时，遇见了其不相识者，而对方又跟自己打了招呼。
7. 陪同亲友前去拜访亲友不相识者。

### （二）介绍他人的顺序——尊者优先了解情况

在为他人做介绍时谁先谁后，是一个比较敏感的礼仪问题。

根据商务礼仪规范，在处理为他人做介绍的问题上，必须遵守“尊者优先了解情况”规则。先要确定双方地位的尊卑，然后先介绍位卑者，后介绍位尊者。这样，可使尊者先了解位卑者的情况。

根据规则，为他人做介绍时的礼仪顺序大致有以下几种：

1. 介绍上级与下级认识时，先介绍下级，后介绍上级；
2. 介绍长辈与晚辈认识时，应先介绍晚辈，后介绍长辈；
3. 介绍年长者与年幼者认识时，应先介绍年幼者，后介绍年长者；
4. 介绍女士与男士认识时，应先介绍给男士，后介绍女士；
5. 介绍已婚者与未婚者认识时，应先介绍未婚者，后介绍已婚者；
6. 介绍同事、朋友与家人认识时，应先介绍家人，后介绍同事、朋友；
7. 介绍来宾与主人认识时，应先介绍主人，后介绍来宾；
8. 介绍与会先到者与后来者认识时，应先介绍后来者，后介绍先到者。

### （三）介绍他人的方式

由于实际需用的不同，为他人做介绍时的方式也不尽相同。

1. 一般式

也称标准式，以介绍双方的姓名、单位、职务等为主，适用于正式场合。如：“请允许我来为两位引见一下。这位是卡秀公司营销部主任李微小姐，这位是新鹊集团副总江嫣小姐。”

2. 简单式

只介绍双方姓名一项，甚至只提到双方姓氏而已，适用一般的社交场合。如：“我来为大家介绍一下：这位是谢总，这位是徐董。希望大家合作愉快。”

3. 附加式

也可以叫强调式，用于强调其中一位被介绍者与介绍者之间的关系，以期引起另一位被介绍者的重视。如："大家好！这位是飞跃公司的业务主管赵洋先生，这是小儿刘放，请各位多多关照。"

4. 引见式

介绍者需要做的是将被介绍双方引到一起，适用于普通场合。如："OK，两位认识一下吧。大家其实都曾经在一个公司共事，只是不是一个部门。接下来的，请自己说吧。"

5. 推荐式

介绍者经过精心准备再将某人举荐给某人，介绍时通常会对前者的优点加以重点介绍。通常，适用于比较正规的场合。如："这位是阳远先生，这位是海天公司的赵海天董事长。阳先生是经济博士，管理学专家。赵总，我想您一定有兴趣和他聊聊吧。"

6. 礼仪式

是一种最为正规的他人介绍，适用于正式场合。其语气、表达、称呼上都更为规范和谦恭。如："孙小姐，您好！请允许我把北京远方公司的执行总裁李力先生介绍给你。李先生，这位就是广东润发集团的人力资源经理孙晓小姐。"

经介绍与他人相识时，不要有意拿腔拿调，或是心不在焉；也不要低三下四、阿谀奉承地去讨好对方。

### （四）介绍他人时应注意的事项

1. 介绍者为被介绍者做介绍之前，一定要征求一下被介绍双方的意见，切勿上去开口即讲，显得很唐突，让被介绍者感到措手不及。

2. 被介绍者在介绍者询问自己是否有意认识某人时，一般不应拒绝，而应欣然应允。如果实在不愿意，应向介绍者说明缘由，取得谅解。

3. 当介绍者走上前来为被介绍者进行介绍时，被介绍者双方均应起身站立，面含微笑，大大方方地目视介绍者或者对方，以示尊重和礼貌；待介绍人介绍完毕后，被介绍双方应微笑点头示意或握手致意。

4. 在宴会、会议桌、谈判桌上，视情况介绍人和被介绍人可不必起立，被介绍双方可点头微笑致意；如果被介绍双方相隔较远，中间又有障碍物，可举起右手致意，点头微笑致意。

5. 介绍完毕后，被介绍者双方应依照合乎礼仪的顺序握手，并且彼此问候对方。问候语有"你好""很高兴认识你""久仰大名""幸会幸会"，必要时还可以进一步做自我介绍。

介绍他人认识，是人际沟通的重要组织部分。良好的合作，可能就是从这一刻开始。

## 三、集体介绍

集体介绍，又叫作介绍集体，实际上是介绍他人的一种特殊情况。它指的是介绍者在具体介绍他人时，被介绍者之中的一方或双方不止一人。

在实践中，集体介绍大致上又可分为下述两种：其一，被介绍者双方均不止一人。其二，被介绍者一方不止一人。集体介绍时，通常应重视下列几个方面的具体问题。

### （一）集体介绍的时机

1. 规模较大的社交聚会，有多方参加，各方均可能有多人，为双方做介绍。

2. 大型的公务活动，参加者不止一方，而各方不止一人。
3. 涉外交往活动，参加活动的宾主双方皆不止一人。
4. 正式的大型宴会，主持人一方人员与来宾均不止一人。
5. 演讲、报告、比赛，参加者不止一人。
6. 会见、会谈，各方参加者不止一人。
7. 婚礼、生日晚会，当事人与来宾双方均不止一人。
8. 举行会议，应邀前来的与会者往往不止一人。
9. 接待参观、访问者，来宾不止一人。

### （二）介绍的顺序

介绍集体时，其先后顺序大都可以比照介绍他人时的规则进行。此外，还有下述几种方法可以参考。

一是单向式。单向式介绍，有时亦称“少数服从多数”。

其含义是：当被介绍者双方一方为一人，另一方为多人时，往往应当前者礼让后者，即只将前者介绍给后者，而不必再向前者一一介绍后者。

二是概括式。当被介绍者双方均人数较多，而又确无必要或可能对其逐一加以介绍时，不妨酌情扼要地介绍一下双方的概况。这就是概括式介绍。

例如：“介绍一下：这些人都是我的家人，这几位是我生意上的伙伴。”

三是尊卑式。尊卑式多见于十分正规的公务交往中。

它的具体要求是：在为双方均不止一人的被介绍者进行介绍时，不仅需要先介绍位卑的一方，后介绍位尊的一方，而且在介绍其中任何一方时，均应由尊而卑地逐一介绍其具体人员。

例如：“各位来宾：这些都是我们上海荣民公司的负责人。这位是荣民公司的副总经理麦克先生，这位是荣民公司的总经理助理熊艳小姐，这位是荣民公司的财务总监姚齐先生 各位同仁，这些都是来自厦门开源集团的客人们。这位是开源集团的 CEO 蓝天先生，这位是开源集团销售部经理严莉小姐。”

### （三）介绍的态度

进行集体介绍时，介绍者在态度上应注意以下三点。

一是平等待人。进行具体介绍时，对被介绍者双方一定要平等对待。不论介绍的态度、内容还是其他具体方面，均应有规可循，切忌厚此薄彼。

二是不要使用易生歧义的简称，在首次介绍时要准确地使用全称。

三是郑重其事。介绍集体时，一定要表现得庄重大方，给人以郑重其事之感。此刻不宜乱开玩笑，或显得过于随意。

## 四、求职面试自我介绍

求职面试时自我介绍是一种特殊的自我介绍，因而我们单独来谈。

一个常规的面试，寒暄之后面试官提出的第一个问题几乎千篇一律：“请您简单地做一下自我介绍。”有些被面试者都会问：简历中情况已经写得很清楚了，这是否多此一举？

### （一）了解面试官的目的

要回答这个问题，首先搞清楚为什么面试官要请你做自我介绍，面试官想通过自我介绍考查求职者的哪些素质。只有了解面试官的目的，被面试者才能做好自我介绍。

面试官通过被面试者自我介绍要考查以下五方面内容。

第一，考查自我介绍内容和递交简历内容是否相冲突。如果简历是真实的，口述自我介绍就不会有明显出入。如果简历有假，自我介绍阶段一般就会露马脚。如被面试者反问："我的经历在简历里都写了。"面试官会认为这人有点假，印象分一下子降为负数。

第二，考查被面试者基本的逻辑思维能力、语言表达能力，总结提炼概括能力。

第三，考查被面试者是否聚焦，是否简练和精干，现场的感知能力与把控能力。

第四，考查被面试者初步的自我认知能力和价值取向。因为被面试者要叙述职业切换关键节点处的原因，尤其要考查职业变动的原因。

第五，考查被面试者是否听明白了面试官的话以及对时间的掌控能力。有时面试官给出的问题是"请您用 3 到 5 分钟做一自我介绍"，被面试者有时一介绍就超过 10 分钟，甚至 20 分钟，逼得面试官不得不多次提醒引导。

所以说，自我介绍是被面试者在纸面之外最能够呈现能力的一个地方。一般情况下，也是被面试者在整个面试过程中唯一一次主动展示自我的机会。如果还有一次，那就是面试官最后一个问题："您还有什么问我的?"但这个问题通常只是面试官认为被面试者基本靠谱了，才会留下这个问题。

### （二）求职面试自我介绍的技巧

1. 首先礼貌地做一个极简短的开场白，向所有的面试官示意，如果面试官在注意别的东西，可稍等一下，等面试官注意力集中在你这个"焦点"的时候再开始。

2. 把握好时间，如果规定了自我介绍时间，注意把握好时间的长短，不要太长，更不要过于简短，所以一般在家可以先准备好两份自我介绍，可以准备个 1 分钟自我介绍，3 分钟自我介绍。

3. 自我介绍的内容，如姓名、工作经历、时间等履历应该一言带过，因为你的简历上已经有了足够多的介绍，这个时候你就把重点放在简历所没有的东西上，即你对这个职位的优势，工作经验和工作所取得的成绩，用以证明你能够很好地任职。

4. 作自我介绍过程中，注意力一定要集中，这也是最起码的礼貌，不能四处张望，漫不经心。姿势可以保持一个姿势不变，毕竟所需的时间很短暂。

5. 自我介绍结束后，一定要谢谢面试官能耐心地听你的介绍。

### （三）求职面试自我介绍前的准备

第一，面试前要对所应聘的公司充分了解。

在参加面试之前要对该公司进行"摸底调查"；同时对自己的优劣势要有全面的认识，这样才能做到知己知彼，百战不殆。

第二，自我介绍时要有一个思路。

可以按照自己的工作经历顺序来阐述，比如简历中的几家公司的工作经历做一次大致描述，也可以按照你的能力来阐述，比如你的能力有哪几方面，而这样会让 HR 觉得你的思路清晰。

第三，要注意心态，控制自己面试的情绪。

很多人面试时都很紧张，因此而造成吐词不清或者大脑一片空白，其实完全没有必要，你要相信你是个人才，相信自己完全能够胜任，这样的话就会好很多。

第四，抓住这一分钟时间尽量展示自己的才华。

比如敬业、认真、务实；但也要谦虚，不能过分夸大自己，否则就作茧自缚了。

**（四）求职面试自我介绍的注意事项**

1. 应以岗位要求为导向；

2. 应显示充分的信心，同时要保持适度的谦虚；

3. 应设法抓住听众的注意力（开好头，写自己最得意的、对方最关心的）；

4. 力求“三突出”：突出优点（可信度），突出个性（鲜明、具体，可借用别人的话），突出重点（有点——重点，有面——广度，以点为主）；

5. 切记“两不可”：不可夸张（用事实说话），不可无次序（合乎逻辑）。

**【范例】**

求职面试自我介绍

各位尊敬的考官：

下午好！很荣幸能在这里面试，让我有向各位考官学习与交流的机会，现将自己的情况简要介绍一下。

我叫×××，出生在闻名于世的煤醋之乡——山西。性格比较温和、谦虚、认真细致、踏实、吃苦耐劳，有较强的责任心和社会适应能力。2009年6月将毕业于××职业技术学院。作为一名软件专业的大学生，我更喜欢平面设计，在大学三年的学习生活中，我对平面设计这一领域的相关知识有了一定的掌握，同时具有实际的操作能力与技术。

为了能将在校所学的知识更好地应用到实际生活中，我于2008年有幸在北京中科院计算机所培训中心进行了三个月的实践训练，全面系统地学习了平面设计方面的专业知识与技能，能够应用平面设计的相关软件（Photoshop图像处理软件、Illustrator与CorelDraw矢量绘图软件、InDesign与Pagemaker排版软件）做基本的图像处理、海报、企业宣传册等，能够将所学知识真正应用到实际生活中。

在投身于社会之际，为了找到符合自己专业和兴趣的工作，更好地适应社会，我希望自己能够达到被别人需要的一种状态，至于做什么，就是在实践中不断地学习、不断地锻炼。因此，我希望加入贵单位，如果能够成为公司的一份子，我一定会在自己的岗位上尽职尽责、踏踏实实地贡献自己的一份力量，与公司共同前进、发展。

“世界之大，人才济济”。我承认自己还不是最优秀的人才，但是我希望自己是此岗位最合适的人选，希望有幸能够被贵公司领导予以特别考虑。我的介绍到此结束。谢谢！

**【练习】**

1. 与班上同学一起，运用所学知识，对几种介绍做一次情景模拟，包括自我介绍、介绍他人、集体介绍。

2. 向你的同学介绍一个你熟悉的人（家人、朋友、邻居、老师等）。具体要求：说出这个人的特点，让同学们有一个总体的了解。

## 第三节 交 谈

交谈，是表达思想及情感的重要工具，是人际交往的主要手段。在人际关系中的“礼尚往来”中有着十分突出的作用。

交谈是人类口头表达活动中最常用的一种方式。随着人类社会的高度发展，交谈已成为政治、外交、科学、教育、商贸、公关等各个领域中重要的、不可缺少的一项语言活动。交谈是以两个人或几个人之间的谈话为基本形式，进行面对面的学习讨论，沟通信息，交流思想感情，谈心聊天的言语活动。它以对话为基本形态，包括交谈主体、交谈客体、交谈内容三个方面。这三方面不仅具有固定性，而且具有互换性。

### 一、交谈的作用

交谈是一门艺术，而且是一门古老的艺术。“一人之辩重于九鼎之宝，三寸之舌强于百万之师”，在人类发展史上，交谈作为一种社会现象，是和人类劳动、生活、交际活动一起发展起来的。

交谈的艺术性体现在：尽管人人都会，然而效果却大不一样。所谓“酒逢知己千杯少，话不投机半句多”正说明了交谈的优劣直接决定着交谈的效果。与人进行一次成功的谈话，不仅能获得知识、信息的收益，而且感情上也会得到很多补偿，会感到是一种莫大的享受；而参与一场枯燥无味、死气沉沉的交谈，除了是时间上的浪费之外，还会有一种受折磨的感觉。

#### （一）建立良好的人际关系

交谈是建立良好人际关系的重要途径，是连接人与人之间思想感情的桥梁，是增进友谊、加强团结的一种动力。

“良言一句三冬暖，恶语伤人六月寒”，说明交谈在交往中的作用是举足轻重的。一个人善于交谈就能广交朋友，给人带来友爱，为社会增添和谐，就能享受到社会特有的友情与温暖。在现实生活中，我们经常看到不少人因话不得体，伤害了亲友，得罪了同志，甚至有些人因言语失误，结怨结仇，操刀动斧，酿成生活悲剧。

#### （二）学习知识、增长才干

交谈不仅是人们交流思想的重要手段，而且是学习知识、增长才干的重要途径。善于同有思想、有修养的人交谈，就能学到很多有用的知识，“与君一席谈，胜读十年书”是对交谈意义深刻的总结。英国文豪萧伯纳曾经说过：“我是朋友，各拿一个苹果，彼此交换，交换后仍各有一个苹果；倘若你有一种思想，我也有一种思想，而朋友相互交流思想，那么，我们每个人就有两种思想了。”可见，广泛地交谈可以交流信息，深化思想，增强认识能力和处理问题、解决问题的能力。因此，掌握交谈的礼仪要求，提高交谈的语言艺术，对于提高工作水平和工作效率，也具有极其重要的作用。

## 二、交谈的原则

### （一）真诚坦率的原则

真诚是做人的美德，也是交谈的原则。交谈双方态度要认真、诚恳，有了直率诚笃，才能有融洽的交谈环境，才能奠定交谈成功的基础。认真对待交谈的主题，坦诚相见，直抒胸臆，不躲不藏，明明白白地表达各自的观点和看法。“出自肺腑的语言才能触动别人的心弦”，真心实意的交流是自信的结果，是信任人的表现，只有用自己的真情激起对方感情的共鸣，交谈才能取得满意的效果。

### （二）互相尊重的原则

交谈是双方思想、感情的交流，是双向活动。要取得满意的交谈效果，就必须顾及对方的心理需求。交谈中，来自对方的尊重是任何人都希望得到的。交谈双方无论地位高低，年纪大小，或长辈晚辈，在人格上都是平等的。切不可盛气凌人、自以为是、唯我独尊。所以，谈话时，要把对方作为平等的交流对象，在心理上、用词上、语调上，体现出对对方的尊重。尽量使用礼貌语，谈到自己时要谦虚，谈到对方时要尊重。恰当地运用敬语和自谦语，可以显示个人的修养、风度和礼貌，有助于交谈的成功。

## 三、交谈的语言

在语言方面，交谈的总体要求是：文明、礼貌、准确。语言是组织交谈的载体，交谈者对它理当高度重视、精心斟酌。

### （一）语言文明

作为有文化、有知识、有教养的现代人，在交谈中一定要使用文明优雅的语言。下述语言，绝对不宜在交谈之中采用。

一是粗话。有人为了显示自己为人粗犷，出言必粗。把爹妈叫“老头儿、老太太”，把女孩子叫“小妞儿”，把名人叫“大腕”，把吃饭叫“撮一顿”。讲此种粗话，在正式场合是很失身份的。

二是脏话。讲脏话，即口带脏字，讲起话来骂骂咧咧，出口成“脏”。讲脏话的人，非但不文明，而且属于自我贬低，十分低级无聊。

三是黑话。黑话，即流行于黑社会的行话。讲黑话者往往自以为见过世面，可以此唬人，实际上却显得匪气十足，令人反感厌恶，难以与他人进行真正意义上的沟通和交流。

四是荤话。荤话，即说话者时刻把艳事、绯闻挂在口头，这样只会说明自己品位不高，而且也对交谈对象缺乏应有的尊重。

五是怪话。有些人说起话来怪里怪气，或讥讽嘲弄，或怨天尤人，或黑白颠倒，或耸人听闻，存心以自己谈吐之“怪”而令人刮目相看，一鸣惊人，这就是所谓说怪话。爱说怪话的人，往往难以令人产生好感。

六是气话。气话，即说话时闹意气、泄私愤、图报复、发牢骚、指桑骂槐。在交谈中常说气话，不仅无助于沟通，而且还容易伤害人，得罪人。

### （二）语言礼貌

在交谈中多使用礼貌用语，是博得他人好感与体谅的最为简单易行的做法。所谓礼貌用语，简称礼貌语，是指约定俗成的表示谦虚恭敬的专门用语。

例如，初次见面，要说“久仰”；许久不见，要说“久违”；客人到来，要说“光临”；等待客人，要说“恭候”；探望别人，要说“拜访”；起身作别，要说“告辞”；中途先走，要说“失陪”；请人勿送，要说“留步”；请人批评，要说“指教”；请人指点，要说“赐教”；请人帮助，要说“劳驾”；托人办事，要说“拜托”；麻烦别人，要说“打扰”；求人谅解，要说“包涵”；等等。

在交际场合，尤其有必要对下述礼貌用语经常加以运用，并且多多益善。

一是“您好”。“您好”，是一句表示问候的礼貌语。遇到相识者与不相识者，不论深入交谈，还是打个招呼，都应主动向对方先问一声“您好”。若对方先问候了自己，也要以此来回应。在有些地方，人们惯以“你吃了饭没有”“最近在忙什么”“身体怎么样”“一向可好”等来打招呼或问候他人，但它们都不如“您好”简洁通行。

二是“请”。“请”，是一句请托礼貌语。在要求他人做某件事情时，居高临下、颐指气使不合适，低声下气、百般乞求也没有必要。在此情况下，多用上一个“请”字，往往就可以逢山开路、遇水架桥，赢得主动，并得到对方的照应。

三是“谢谢”。“谢谢”，是一句致谢的礼貌语。每逢获得理解、得到帮助、承蒙关照、接受服务、受到礼遇之时，都应当立即向对方道一声“谢谢”。这样做，既是真诚地感激对方，又是对于对方的一种积极肯定。

四是“对不起”。“对不起”，是一句道歉的礼貌语。当打扰、妨碍、影响了别人，或是在人际交往中给他人造成不便，甚至给对方造成某种程度的损失、伤害时，务必要及时向对方说一声“对不起”。这将有助于大事化小、小事化了，并且有助于修复双方的关系。

五是“再见”。“再见”，是一句道别礼貌语。在交谈结束、与人作别之际，道上一句“再见”，可以表达惜别之意与恭敬之心。

### （三）语言准确

在交谈中，语言必须准确，否则不利于彼此之间的沟通。在这方面需要注意以下问题。

1. 发音标准

在交谈之中要求发音标准，其含义有三：其一，发音标准。不能读错音、念错字，让人见笑或误会。其二，发音清晰。要令人听得一清二楚，而不是口齿不清，含含糊糊。其三，音量适中。音量过大令人震耳欲聋，音量过小则让人听来费劲，二者显然都不合适。

2. 语速适度

语速，即讲话的速度。在讲话时，对语速应加以控制，使之保持匀速，快慢适中。交谈中语速过快、过慢或忽快忽慢，都会影响效果。

3. 口气谦和

在交谈中，讲话的口气一定要平等、亲切、谦和。不要端架子、摆派头；不要以上压下、以大欺小；不要倚老卖老、盛气凌人，或者随便教训、指责别人。

4. 内容简明

在交谈时，应力求言简意赅，简单明白，节省时间，少讲废话。不要没话找话，短话长说，啰里啰唆，废话连篇，节外生枝，任意发挥，不着边际，让人听起来不明不白。繁言无要，要言不烦，这是交谈中不应被忘记的重要一点。

5. 少用方言

交谈对象若非家人、乡亲，则最好在交谈之中别采用对方有可能听不懂的方言、土语。硬要那么做，就是对对方不尊重。在多方交谈中，即便只有一个人听不懂，也不要采用方言、土语交谈，以免使其产生被排挤、冷落之感。

6. 慎用外语

在普通性质的交谈中，应当讲中文，讲普通话。若无外宾在场，则最好慎用外语。与国人交谈时使用外语，不能证明自己水平高，反而有卖弄之嫌。

## 四、交谈的主题

交谈的主题，又叫交谈的话题，它所指的是交谈的中心内容。交谈的内容是关系到交谈成败的决定性因素。交谈内容的选择，往往被视为个人品位、志趣、教养和阅历的集中体现。交谈内容的选择应当遵守一定的原则和要求。

### （一）切合语境

语境即说话的语言环境，它指的是说话的客观现场环境，包括时间、地点、目的以及交谈双方的身份等内容。在交谈内容的选择上要切合语境，主要有下面两层含义。

1. 遵守“TPO”原则

T 即时间，P 即地点，O 即场合。交谈内容务必要与交谈的时间、地点与场合相对应，否则就有可能犯错误。

2. 符合身份

交谈者的身份也是语境的构成要素之一。交谈者应根据自己的具体身份选择相应的交谈内容。

### （二）因人而异

所谓因人而异，即是指交谈时要根据交谈对象的不同而选择不同的交谈内容。

1. 引起对方的共鸣

谈话的本质是一种交流与合作，因此在选择交谈内容时，就应当多为谈话对象着想，根据对方的性别、年龄、性格、民族、阅历、职业、地位而选择适宜的话题。如果完全不考虑这些因素，交谈就难以引起对方的共鸣，难以达到沟通和交流的目的，甚至出现对立的情况。

2. 谈话内容的求同存异

正是由于交谈各方往往有着不同的性别、年龄、阅历和职业等主观条件，交谈中经常会发现彼此有不同的兴趣爱好、关注话题等。交谈时应当本着求同存异的原则，选择大家都感兴趣的话题作为谈话内容，使各方在交谈过程中有来有往、彼此呼应、热情参与、皆大欢喜。如果选择了双方都不感兴趣或者只有一方感兴趣的话题，交谈只能是不欢而散。因此交谈必须“求同”。

如果交谈各方在交谈中对某一问题产生了意见或观点的分歧，不妨进行适度的辩论。但这种辩论是建立在理性基础上的，如果谁也不能说服谁，就应当克制自己的情绪，保留歧见。切不可为了强行说服别人而争得面红耳赤，导致不欢而散。因此交谈必须“存异”。

### （三）一般要求

除去上述几条具体原则外，在选择交谈内容时还应遵循以下四点。

1. 选择高雅的内容

在交谈时应当自觉地选择高尚、文明、优雅的内容，例如哲学、历史、文学、艺术、风土、人情、传统、典故，以及政策国情、社会发展等话题。不宜谈论庸俗低级的内容，如男女关系、凶杀惨案，更不应参与小道传闻的道听途说。

2. 选择轻松的内容

在交谈时要有意识地选择那些能给交谈对象带去开心与欢乐的轻松的话题，除非必要，切勿选择那些让对方感到沉闷、压抑、悲哀、难过的内容。

3. 选择擅长的内容

交谈的内容应当是自己或者对方所熟知甚至擅长的内容。选择自己所擅长的内容，就会在交谈中驾熟就轻、得心应手，并令对方感到自己谈吐不俗，对自己刮目相看。选择对方所擅长的内容，则既可以给对方发挥长处的机会，调动其交谈的积极性，也可以借机向对方表达自己的谦恭之意，并可取人之长，补己之短。应当注意的是，无论是选择自己擅长的内容，还是选择对方擅长的话题，都不应当涉及另一方一无所知的内容。否则便会使对方感到尴尬难堪，或者令自己贻笑大方。

4. 回避忌讳的内容

每个人都有自己忌讳的话题，因此在交谈时务必要注意回避对方的忌讳，以免引起误会。例如不干涉对方的私生活，不询问对方单位的机密事宜等。

由于中外生活习惯的差异，许多国内司空见惯的话题往往是触犯外国人禁忌的敏感内容。因此在与外国人打交道时，尤其要注意回避对方忌讳的话题。例如，过分地关心他人的行动去向，了解他人年龄、婚姻、收入状况，询问他人身高体重等，都被外国人视为对其个人自由的粗暴干涉，是交谈所不宜涉及的。

## 五、交谈的方式

交谈的方式，即人们在与他人进行交谈时所采用的具体的形式。交谈方式的选择恰当与否，对于能否正确进行人际沟通、恰当表达个人思想、友善传递敬人之意都起着相当关键的作用。谈话方式一般有如下几种。

### （一）倾泻式交谈

倾泻式交谈，就是人们通常所说的“打开窗户说亮话”，无所不言，言无不尽，将自己的所有想法和见解统统讲出来，以便让对方较为全面客观地了解自己的内心世界。倾泻式交谈方式的基本特征，是以我为主，畅所欲言。

采用倾泻式交谈方式，易赢得对方的信任，而且可以因势利导地掌握交谈主动权，控制交谈走向。但此种交谈方式会给人以不稳重之感，有可能泄密，而且还会被人误以为是在和对方“套近乎”。

### （二）静听式交谈

静听式交谈，即在交谈时有意识地少说多听，以听为主。当别人说话时，除了予以必要的配合，自己主要是洗耳恭听。在听的过程中努力了解对方的思路，理清头绪，赢得时间，以静制动。

静听式交谈的长处在于它既是表示谦恭之意的手段，亦可后发制人，变被动为主动。但此种方式并非要人自始至终一言不发，而要求以自己的片言只语、神情举止去鼓励、配合对方。否则就会给人以居高自傲、自命不凡之感。

### （三）启发式交谈

启发式交谈，即交谈一方主动与那些拙于辞令的谈话对象进行合作，在话题选择或谈话走向上对对方多方引导、循循善诱，或者抛砖引玉，鼓励对方采用恰当方式阐述己见。

### （四）跳跃式交谈

跳跃式交谈，即在交谈中，倘若一方或双方对某一话题感到厌倦、不合时宜、无人呼应或难以回答时，及时地转而谈论另外一些较为适当的、双方都感兴趣的话题。

跳跃式交谈的长处在于可使交谈者避免冷场的尴尬，恢复交谈的顺利进行。跳跃式交谈虽可对交谈话题一换再换，但交谈者切勿单凭个人兴趣频繁跳换话题，让对方无所适从。要使双方处于平等的地位，共同选择适当的内容。

### （五）评判式交谈

评判式交谈，即在谈话中听取了他人的观点、见解后，在适当时刻，以适当方法恰如其分地进行插话，来发表自己就此问题的主要看法。此种方式的主要特征是在当面肯定、否定或补充、完善对方的发言内容。

采用这种方式的关键是要注意适时与适度。同时要重视与对方彼此尊重、彼此理解、彼此沟通。切不可处处以“仲裁者”自居，不让他人发表观点，或是不负责任地信口开河，对他人的见解妄加评论，甚至成心与他人唱反调，粗暴无礼地打断别人的谈话。

### （六）扩展式交谈

扩展式交谈，即围绕着大家共同关心的问题，进行由此及彼、由表及里的探讨，以便开阔思路、加深印象、提高认识或达成一致。扩展式交谈的目标在于使各方各抒己见，交换意见，以求集思广益。

扩展式交谈方式能使参与交谈的有关各方统一思想，达成共识，或者交换意见，完善各自的观点。在进行扩展式交谈时，一定要注意就事论事，以理服人，善于听取他人意见，切不可自命不凡、强词夺理。

从总体上讲，交谈是人的知识、阅历、才智、教养和应变能力的综合体现。在中国古代，人们就讲究在人际交往中要对交往对象“听其言，观其行”。这是因为言为心声，只有通过交谈，交往对象彼此之间才能够了解对方，并且被对方所了解。交谈在人际交往中的重要位置，是其他任何交际形式都难以替代的。

## 【练习】

一、了解、学习下面的谦词敬语。

谦词敬语是在人际交往中经常使用，用来表示谦虚、尊敬的礼貌用语，也称客套话。

谦词敬语的运用十分普遍，它可以说是社交中的润滑剂、黏合剂。一个有教养的人，应当掌握使用客套话的艺术，自如地运用于各种场合。

1. 谦敬称呼用语

称呼尊长可用老先生、老同志、老师傅、老领导、老首长、老伯、大叔、大娘等。

称呼平辈可用老兄、老弟、先生、女士、小姐、贤弟、贤妹等。

自谦可以用鄙人、在下、愚兄、晚生等。

2. 事物谦敬用语

称姓名敬辞可用贵姓、尊姓大名、尊讳、芳名（对女性）等。

称年龄敬辞可用高寿（对老人）、贵庚、尊庚、芳龄（对女性）等。

住处可用府上、尊寓、尊府等。

见解可用高见、高论等。

身体可用贵体、玉体等。

3. 自谦辞

称姓名——草字、敝姓等。

称朋友——敝友等。

称住处——寒舍、舍下、蓬荜等。

称见解——愚见、拙见等。

称年龄——虚度××。

4. 谦敬祈使用语

请人提供方便、帮助——借光、劳驾、有劳、劳神、费心、操心等。

托人办事——拜托。

麻烦或打断别人——打扰。

求人解答——请问。

劝告别人——奉劝。

请别人——请大驾光临、欢迎光临、恭候光临。

请别人不要送——请留步。

请别人提意见——请指教、请赐教。

请别人原谅——请包涵、请海涵。

5. 谦敬欢迎用语。

欢迎顾客——欢迎光顾、敬请惠顾。

欢迎客人——欢迎光临。

初次见面——久仰、久仰大名。

许多时未见——久违。

访问——拜访、拜望、拜见、拜谒。

没有亲自迎接——失迎、有失远迎。

自责不周——失敬。

拜别——告辞、拜辞。

送别——请留步、请回、不必远送。

中途辞别——失陪。

6. 其他谦敬用语

归还东西——奉还。

赠送东西——奉送。

陪伴——奉陪。

祝贺——恭贺。

请对方宽容——恕……

以上谦敬语，比较固定而且常用，使用时，要感情真挚，发自内心，再辅以表情、眼神和手势，以增强表现力，发挥更大的感染力量。

二、召开一次主题班会。请部分同学谈谈自己与人交谈的经历，哪些是较为成功的，哪些是不够成功的，为什么？

三、就某个热点问题分别找两个不同身份的人交谈几分钟。然后试着分析两次谈话的差别，并把分析的结果跟大家谈一谈。

# 第二节 演讲

演讲又叫讲演或演说，是指在公众场所，以有声语言为主要手段，以体态语言为辅助手段，针对某个具体问题，鲜明、完整地发表自己的见解和主张，阐明事理或抒发情感，进行宣传鼓动的一种语言交际活动。演讲必须具备四个条件：有演讲主体——演讲者，有演讲客体——听众，有沟通演讲者和听众的媒介——语言，有演讲特定的时空环境——场所。

演讲在人类文明社会中有着悠久的历史，它既是唤醒民众进行斗争的有效手段，又有传播信息、讲授知识、经营管理和社会交际的作用。

## 一、演讲的类型及特点

演讲根据角度的不同可以分为不同的种类：按演讲形式划分，有命题演讲、即兴演讲、论辩演讲。命题演讲是根据他人拟定的题目，或者按照他人划定的范围，自己拟定题目，经过准备而发表的演讲；即兴演讲是在无准备的情况下围绕限定的话题或自选话题而发表的演讲；论辩演讲是在论辩中为辩护自己、反驳他人而进行的演讲。按演讲内容划分，有政治演讲、经济演讲、军事演讲、学术演讲、法律演讲、道德演讲、宗教演讲、礼仪演讲等。按演讲功能划分，有说服性演讲、说明性演讲、娱乐性演讲、激励性演讲等。

与其他口语表达形式相比，演讲具有如下特点。

1. 现实性

演讲是一种现实活动。首先，演讲的目的是为了满足现实的种种需要，影响人们的思想和行为；其次，演讲的内容具有真实性和时代性，即通过社会现实问题的分析、判断和评价，向听众陈述自己的观点、主张，表达自己的态度和情感；再次，演讲者的身份是真实的，他按照自己的意愿发表观点和看法，具有强烈的社会责任意识。

2. 艺术性

演讲是一种口头表达艺术，是一门具有艺术性的实践活动。演讲的许多细节需要进行艺术加工和处理：在内容、结构、文字表达上非常讲究，力求鲜明、简洁、准确、流畅；在语气的使用、节奏的处理、态势语言的运用上力求恰当、生动、形象、和谐。它虽然不像表演艺术那样进行夸张，但需要体现艺术性，只有有艺术性的演讲，才能吸引听众，产生好的演讲效果。

3. 综合性

演讲是一种综合性的口头表达形式，是写与说的综合，是讲与演的综合，是演讲者各种知识、素养和能力的综合，是各种表达手法和技巧的综合。

## 二、演讲的基本要求

演讲现实性的特点要求演讲的内容真实，材料精当，演讲者所列举的事例应是生活中的真实事例，不可为了说明道理，虚构和捏造事实为我所用。

演讲特定的语境，要求演讲的观点鲜明，结构严谨，条理清楚，论证严密，说服力强；及时与听众进行交流与互动，活跃场上气氛，营造和谐融洽的氛围。

演讲传播知识、阐明道理、说服他人的目的，要求演讲者在演讲中感情真切，以真挚的情感感染听众，打动听众，获得理解与赞同，取得支持与合作。

演讲的口语表达特点，还要求演讲者语音准确、响亮，语调有起伏，语气符合演讲情景和内容，语速适中，节奏富于变化，并伴有适当的态势语。

## 三、演讲稿的写作

演讲稿的优劣直接关系到演讲的质量，所以成功的演讲第一步便是演讲稿的写作。演讲稿的结构一般由标题、开头、主体、结尾三部分构成。

### （一）标题

演讲稿要有标题，一个好标题有两个作用：一是概括反映演讲内容，使人知道你讲的是什么；二是鲜明、响亮，引起大家对演讲的兴趣。所以，成熟的演讲者在拟定标题时都十分用心。演讲稿的标题无论是在演讲稿成稿前或成稿后拟定，都必须要求与演讲的内容直接相关。标题有它的适合性，有一些适合文艺作品，譬如《雷雨》《家》《边城》《狂欢的季节》，虽然听上去很美，但作为演讲稿的标题显然是不合适的。所以为演讲稿设计一个简洁、诗意的标题，能够增加演讲的色彩。

### （二）开头

一篇好的演讲稿，有一个吸引人注意力的开头是必不可少的。在演讲的开头就能给听众留下深刻的印象，抓住听众的心，那么演讲就已经成功一半了。美国大演说家戴尔·卡耐基在讲述劳伦斯上校的历险故事时，是这样开头的：“路易·乔治曾说，劳伦斯上校是现代最浪漫也是最潇洒的人之一……”引用名人名言开头，并引起听众对劳伦斯上校的好奇心。听众为了满足自己的好奇心，就会十分自然地凝神注意卡耐基的演讲了。

1. 开门见山，直切主题

这是演讲稿比较常用的开头方法，它的好处是能让听众一开始就明白演讲者的演讲主题，符合现在生活在快节奏时代中的人们的心理。

2. 以场景营造氛围

“1870 年，我们顺着土耳其底格里斯河……往下走，我们在巴格达城雇了一位向导，领着我们去看西坡里斯巴比伦……” 这是有名的演讲《遍地黄金》的开头，用引人入胜的叙述将听众带入演讲的氛围中。

3. 以背景说明作铺垫

“三月十四日两点三刻，当代最伟大的思想家停止思想了。让他一个人留在房间里不过两分钟，等我们再进去的时候，便发现他在安乐椅上睡着了——但已经是永远地睡着了。”恩格斯在《马克思墓前的讲话》中，以马克思临终前的情况介绍开篇，简明扼要地向听众介绍了马克思临终前的情况，能够抓住听众的心。

**（三）主体**

主体是一篇演讲稿的中心，所以一定要合理安排。先可以收集一定数量的事实材料，然后围绕主题取舍材料；写作时可以确定阐述的不同角度，并将材料有机地组合。写作时要注意演讲稿的条理性和节奏，做到条理清晰，结构严谨，有理有据，又不失鼓动性。

1. 层次清晰

演讲稿应该确立合理的层次，这是演讲者对事物认识过程的反映。演讲者要很好地把自己的观点和看法输送给听众，而混乱的层次会导致演讲者不知所云，听者云里雾里。为了使演讲在结构上环环相扣，层层深入，演讲者可以用标志性的语言来强调演讲的层次，比如适时地提问，用过渡语加强讲稿内容的内在联系。演讲稿的主体部分可以采用层层推进的方法。

2. 张弛有致

演讲主体在结构安排上要避免平铺直叙，或高度紧张。平铺直叙会让听众厌倦，不容易产生共鸣。高度集中会让听众过于紧张，所以演讲稿要注意情感张弛有致，该激情的时候有激情，该放松的时候放松。这样听众的注意力既保持集中又不紧张。

3. 过渡自然

演讲稿的内容要一气呵成，成为一个有机的整体，还必须重视过渡。由于演讲稿需要丰富的资料，需要从不同的角度讲道理，所以容易导致结构零散。通过必要的过渡可使各个内容层次的变换更为巧妙和自然，使演讲稿富于整体感。

**（四）结尾**

结尾要简洁有力。美国作家约翰·沃尔夫说：“演讲最好在听众兴趣到高潮时果断收束，未尽时戛然而止。”这是演讲稿结尾最为有效的方法。在高潮戛然而止，往往能给听众留下深刻的印象。结尾可以用号召性、鼓动性的话收束，也可用诗文名言或幽默的话结尾。但不管怎样，都要力求给听众留下深刻的印象。

命题演讲是根据预定题目事先写好讲稿的演讲，要想把听众带入演讲的独特艺术境界，把演讲推向高潮，使演讲产生强大的感召力和鼓动性，就要讲究演讲的“造势”艺术。

1. 铺陈渲染

演讲者为了阐述自己对某种事物、事件的深刻见解，可以根据演讲主题的需要，从各个角度、各个侧面对该事物或事件进行铺陈渲染，以造成“先声夺人”的气势，把听众的思绪带入特定的演讲氛围。在此基础上，再阐述演讲者的思想观点，对听众进行宣传鼓动就会水到渠成，事半功倍。

2. 卖关解扣

在演讲中，通过先设置悬念“卖关子”，后揭开谜底“解扣子”的方法，也可以营造一种曲径通幽、引人入胜的演讲气势，使演讲收到更好的效果。

3. 层层推进

层层推进就是用三个或三个以上的结构大体相似、字数大致相等的词语，把事理层层推进的表现出来的造势技巧。它可以使演讲者一环扣一环，一步紧一步，形成一种“层渐美”。在演讲中，运用这种造势技巧，可以使听众认识逐步深化，感情逐步激昂，印象逐步加深。

## 四、演讲的基本技巧

演讲由文稿的准备和语言的表达两部分组成，即使是即兴演讲，也有一个简单的“打腹稿”过程。文稿的准备属于书面表达，在此我们只谈与口语表达有关的基本技巧。

### （一）开头的技巧

演讲开头的设计与演讲的目的、内容、听众及环境密切相关。内容和环境的多样性、听众的特殊性以及演讲的目的性，决定演讲的开头是多样的。常见的开头有以下几种。

1. 提问式开头

开场时提出一个或几个出人意料的问题，迅速唤起听众的兴趣和注意力，引起听众深思，激发其参与意识和急于知道答案的欲望。

2. 讲故事式开头

开场时用简短的语言讲述新近发生的奇闻趣事、令人震惊的重大事件、感人至深的动人故事，制造悬念，赢得观众的关注。

3. 展示式开头

开场时先拿出一件或几件物品展示，给听众一个感性的直观印象，然后用展示物品，提出和阐述观点。

4. 抒情式开头

通过运用排比、比喻、比拟等优美的语言，或直接引用美妙的诗歌开场，使听众情绪迅速受到感染，产生强烈的欣赏感。

### （二）结束的技巧

明代学者谢榛说：“起句当如爆竹，骤响易彻；结句当如撞钟，清音有余。”（《四溟诗话》）

这里谈的虽然是书面写作，但也适合于演讲。演讲除了要有好的开头和精彩的高潮外，还需出人意料、耐人寻味的结尾，给人以美的享受和智慧的启迪。常见的结束形式有以下六种。

1. 总结式结束

在演讲结束时用概括的语言简明扼要地对所阐述的思想和观点进行归纳总结，可起到提醒、强调的作用，给听众留下完整的总体印象。

2. 呼吁式结束

在结尾时利用感情激昂、动人心弦的演讲词对听众的情感和理智进行呼吁，引起听众的共鸣，激励和感召听众。这种结束适合于演讲者与听众有共同的愿望、共同的利益和共同的语言的情况。

3. 赞美式结束

用赞美的语言结束。赞美式结束能拉近演讲者和听众之间的距离，融洽演讲者与听众之间的关系，活跃演讲气氛。但赞美要适度，不可过分夸张和庸俗吹捧，不可哗众取宠，以免听众产生反感情绪。

4. 警言式结束

通过引用谚语、成语、格言、警句、诗词等方式结束。这种结束言简意赅，有韵味，既使内容显得充实丰满，又具有启发性和哲理性。

5. 呼应式结束

结束语与开头语前后呼应，首尾圆合，结构完整。

6. 幽默式结束

利用幽默的语言或动作结束演讲。除了某些较为庄重的场合外，一般场合都可使用。它能使演讲更富有趣味，给听众留下愉快的回忆。

### （三）与听众交流的技巧

演讲是一个信息与反馈不断往返的动态过程。演讲者不仅要很好地说出自己的演讲辞，而且还要充分重视说的过程中听众的反应，及时了解听众的态度和情绪，做好与听众的交流。

掌握与听众交流的技巧，可以通过以下方式。

通过强调共同体验和运用幽默手段拉近与听众的情感距离。

演讲中特别是开场时，说些与听众有共同之处的个人经历和家庭情况，让听众相信演讲者很理解他们，从而对演讲者产生亲切感和信任感；对听众所在的城市、单位或听众所从事的事业、职业进行适当赞美，使他们感觉演讲者对他们的认同；使用听众熟悉的知识表达自己的观点。

通过具体的、有针对性的比较说明问题，使听众易于接受；运用幽默的语言调动听众情绪，营造轻松、愉快、和谐的场上氛围，化解分歧，消除隔阂，打破僵局。

通过微笑、停顿、设置悬念、提问、答问保持与听众的交流。

微笑是演讲中与听众交流的最基本手段，能给人和蔼、理解、赞赏、鼓励的情感肯定；突然的停顿能吸引听众的注意力，引起听众的注意和重视；设置悬念可以激发听众的兴趣，调动听众的情绪，使听众对演讲保持高度的关注；提一些只需要听众在心里回答而无需实际说出答案的问题，可以促使听众积极思考，激发听众的互动情绪，在对话中增进对听众的了解；回答听众的提问可以强化自己的观点，深入与听众进行交流，在问答中实现演讲的目的。

**（四）应对“卡壳”的技巧**

“卡壳”是在演讲过程中演讲者思维突然中断，以至忘记了后面内容的情况。“卡壳”是演讲的大敌，又是演讲者经常遇到的技术问题。它产生的主要原因是准备不充分、自信心不足、外部环境的不良干扰等。

演讲时出现“卡壳”，可以采用以下方法及时补救。

1. 重复衔接

把最后一两句话加重语气重复一遍，争取使中断的思路衔接起来，使演讲继续下去。

2. 插话衔接

在忘却的时候，立即插入一两句与演讲内容有关的话，或事先准备好的小故事、笑话等，利用时间加速回忆下面要讲的内容。

3. 跳跃衔接

把忘记的部分暂时丢开，接着说后面记忆清晰的内容。这种方法虽然丢掉了几句话，或者一个段落，但不会中断演讲，也不会破坏演讲的气氛，涣散听众的注意力，影响演讲的整个效果。如果忘记的内容很重要，后面又回忆起来了，就可以用“这里值得一提的是……”“有一点不能忽视的是……”等过渡性的话巧妙地衔接补充进去。

**【练习】**

一、演讲常用的开头方式有哪些？

二、演讲常用的结尾方式有哪些？

三、演讲中台上的站姿和仪容直接影响着演讲的效果，请参考下面内容并做练习。

1. 台上站姿训练

（1）两脚平行并拢；

（2）两脚平行，分开约一脚距离；（注：两脚平分不能与肩同宽，若与肩同宽则两脚分得太开，看起来不雅观。）

（3）“稍息式”，即一脚稍前，一脚稍后，重心主要压在后脚上，这样两脚可以调换休息，减轻疲劳。

2. 台上仪容

（1）头部为仪容的主题，它应当平正闲适，而不是偏侧倾斜，应当和表情及手势相对应，头部的动作不能过多。同时眼睛要注视台下观众。

（2）身躯的基本要求是直立，做到收腹挺胸，摆平双肩，拉直双腿。给人一种庄严大方、朝气蓬勃的感觉。

四、请以下面的新闻背景为话题，作一次演讲。

新闻背景：限制学生过度消费

江西理工大学日前出台规定，学生到酒店请客吃饭需向学校领导递交申请，在领导批准后方可吃“大餐”。学校出台此项措施的初衷本是限制学生过度消费，帮助学生树立健康正确的消费观，但也有一些学生对此持不同看法，引发争议。你怎么看？

# 第五节　辩　论

辩论，又称论辩。辩，是辩解、辩驳，即指出对方观点的谬误性；论，是立论、论证，即确立自己观点的正确性。辩论是双方（或多方）对同一事物的同一方面持有不同的观点，利用一定的理由来反驳对方的观点，确立己方观点的一种面对面的语言交锋行为。

辩论是正反两方的说与听，属于双向式的语言交流，是口语表达活动的高级形式。这里主要从辩论赛的角度出发来谈辩论。

## 一、辩论的要素及特点

### （一）辩论的要素

辩论是用语言辨明是非、探求真理的行为，由四个必不可少的要素构成。

1. 主体

即辩论行为的实施者。辩论是一种争辩行为，持对立观点的行为主体是复合的，由两个或两个以上辩方构成，因此依赖于内部语言进行的“考虑”、“思考”或“思想斗争”等自辩，不能称为辩论。

2. 客体

即辩论行为实施的对象。辩论总是针对辩题而展开，辩论双方共同指向的辩题，必须建立在同一辩题上，这样不同辩方的辩者才有可能产生对立的观点，才能进行辩论。

3. 媒体

即辩论行为实施的媒介。辩论是通过语言来实施的。语言分为内部语言和外部语言。辩论所凭借的是外部语言。运用口头语言进行的辩论，叫舌战；运用书面语言进行的辩论，叫笔战。

4. 受体

即辩论行为实施的接受者。辩论是一种开放性的行为，除辩论主体外，还会有一些并不参与辩论的听众。只有在极特殊的情况下，当辩论行为被严密地局限在主体范围之内，才会没有受体。

### （二）辩论的特点

辩论是会话的延伸，是有声语言的最高境界，除了具备各种口语表达的特征之外，它还有以下几个方面的特点。

1. 对抗性

辩论的对抗性特点首先体现在双方观点的对立性上，当人们对某一问题产生意见分歧时，就具备了辩明是非对错的需要。辩论双方所持的观点往往是针锋相对的，这种认识上的矛盾性就成为辩论主体对抗论争的焦点。同时辩论的对抗性特点还表现在语言上的直接交锋，辩论主体短兵相接，唇枪舌剑，各抒己见，努力论证自己的观点，批驳对方的观点，呈现出一种攻与守的对抗状态。

2. 综合性

辩论集道德修养、文化积累、知识结构、逻辑思辨、心理素质、竞争意识、语言艺术、仪表仪态、整体配合为一体，既有逻辑的纷争，又有理论的对抗，更有价值的高下取舍，是综合素质的较量，是口语表达的最高形态。例如1993年的复旦大学辩论队，在大学辩论赛前进行过5个月的艰苦训练，50场专家讲座，100场模拟比赛，不可胜数的“知识快餐”，这些都使队员们的综合素质得到了提高。赛后，参赛队员都认为，参加这样一次辩论赛，胜似读了几年研究生。

3. 逻辑性

逻辑的力量在辩论中表现得最为显著，观点的论证就是一个逻辑推理的过程。辩论时需要根据人们的逻辑思维习惯摆事实、讲道理，用已知的概念和判断推出预计的结论。因此辩论最常用的方法就是逻辑推理，严密的推理具有强大的说服力，而在批驳对方时，能指出对方论证逻辑上的漏洞则比任何否定都要彻底，逻辑是辩论的生命。

4. 策略性

辩论又被称为论战，战则有术，术即谋划策略，辩论中要想捍卫自己的观点，令他人信服，就需要讲究方式方法，讲究策略：怎样进攻，从哪几个方面进攻；怎样防守，设想对方可能从哪些方面进攻，己方如何防备。并要设计一些方案、问题，出其不意地反击对方，使己方观点得到承认，使真理得到传播。

5. 应变性

辩论的进程是受到辩论主体制约的，任何一方都不能绝对左右谈话的内容和进展。虽然辩论之前可以进行充分的准备，但对方的情况不可能估计得完全准确，只能在辩论现场听取了对方发言之后灵活处理，随机应变，临场发挥。此外，辩论者临场的竞技状态与现场气氛，对辩论过程和结果也会产生影响，比如辩论者的身体状况、心理状况，观众的情绪波动、心理倾向，意外变故等，都会使辩论形势发生变化。因此，要求双方要思维敏捷，反应快速，根据辩论过程中出现的情况，做出快速的应变对答，以压倒对方，赢得听众。

## 二、辩论的准备

兵法云：知己知彼，百战不殆；不打无准备之仗。辩论前的准备工作十分重要。

### （一）提出合理的论点

正确合理的论点是辩论获胜的基础，论点的正确能使对方难以找到辩驳的缺口，使己方增添获胜的信心。确立论点要注意科学全面，要符合辩证法的原则，任何事物都有正反两面，而且时刻处于运动变化之中，美与丑、真与假、善与恶是相对的，有条件的。我们对事物的认识不能绝对地断然下结论，否则就会犯主观片面的错误，应在一定条件下谈论其正确性与合理性。

### （二）收集有利的材料

辩论中需要收集大量的材料来作为己方观点的支柱和驳斥对方观点的武器，辩论材料有以下几方面的要求：典型性，现实性，权威性，丰富性。

### （三）充分估计对方形势

辩论主体是就同一个问题展开对抗，各方都需要找于己有利的论点、论据、论证，基于这一点，一方可以揣测出另一方的战略战术，以便设计对策，有备而战，争取获胜。

1. 站在对方的立场做深入的探究

估计对方可能提出的论点，论点中的概念和判断的内涵外延和逻辑性、科学性如何；估计对方可能占有的论据，论证的真实性、概括性和适用范围如何；估计对方可能使用的论证方法，论证的严密性如何；等等。对这些问题进行细致的分析有助于找出对方的破绽，研究相应的对策。

2. 揣摩对方的个性、心理

在有条件的情况下对对方的辩论员进行一些了解也有助于我们知己知彼，例如通过观看对方其他场次的比赛来了解他们的个性、心理素质、知识水平、语言风格、惯用的策略、弱点等情况，以便避长击短，合理安排我方人员，提早予以防备。

### （四）设计严密的辩论战略

在辩论中取胜只凭正确的论点，充分的材料还不够，还需考虑“怎么辩”的问题，如何将我们所掌握的信息综合起来，得到合理的安排，使之发挥出最大的作用，因此辩论前要对整个辩论过程作一番周密的计划。

1. 设计辩论程序

这是指辩题论证的过程，攻守破立的时机，材料的分配等。一般辩论开始时要阐述全部观点，表明己方立场，以立为主。然后分别就不同的分论点进行强化，并在听取了对方的发言后进行驳辩。破立而合，承上启下，既巩固前面的战果，打击对方的论证，还要为后面的辩论开辟道路，制造机会。最后做总结发言，既要全面总结我方的观点，又要总结对方的错漏。辩论过程中应观点一致，首尾相连，浑然一体。

2. 选择辩论方法

辩论方法的选择要根据论题的特点、攻守防的战术需要、双方交锋的形势等因素来确定。常用的论证方法有归纳法、演绎法、类比法、反证法等立论法，驳论点、驳论据、驳论证等反驳法。

## 三、辩论的基本原则及要求

### （一）辩论的基本原则

1. 实事求是原则

实事求是的原则：一是尊重事实。“事实胜于雄辩”，对事实要予以尊重，予以承认。对用来证明己方观点的材料，不能信口胡诌；对对方引用的材料，不能随意否定。二是服从真理。“千秋胜负在于理”，对经过辩论已被证明为正确的观点或理论应予以承认，对错误的观点或理论应自觉摒弃。

2. 平等相待原则

辩论者的人格是平等的，绝无尊卑大小、高低贵贱之分。辩论中，辩护和反驳的权利也是平等的。

3. 思维规律原则

辩论中，要自觉遵守同一律、矛盾律、排中律、充足理由律，保持思维的准确性、一贯性、明确性、根据性。

4. 逻辑推理原则

逻辑推理是论辩的主要工具，要使辩论充满魅力，必须正确运用三段论、选言、假言、二难、归纳、类比、反证、归谬等逻辑推理形式，彰显令人倾倒的逻辑力量，抓住听众，感动听众。

### （二）辩论的基本要求

要想辩论成功，以下几点要求非常重要。

1. 观点鲜明，论据确凿

辩论必须做到观点正确、旗帜鲜明、理直气壮。在辩论中，对原则问题，要语言明确，毫不含糊。自己拥护什么、反对什么，都必须鲜明地体现在自己的言辞之中。逻辑的力量在辩论中是不可低估的，要取得辩论的胜利，必须有正确的论点、充足的论据和有力的论证。当然，也应注意用词艺术，考虑不同对象可能接受的程度。

2. 听辩冷静，应对灵活

辩论口才形态与对话、答问一样，都具有临场性的特点。辩论中，倾听要冷静认真，善于从稍纵即逝的语言表达中，发现对方的疏漏并积极反驳，在瞬间选用简洁、凝练的话语回击对方，出口成章，应对自如，使对方心理紧张，情绪沮丧，阵脚混乱，斗志瓦解，为己方赢得有效的进攻机会。

3. 逻辑严密，思路开阔

“短兵相接”的辩论中，要善用逻辑利器，或攻其命题，或驳其论据，或揭其论证的荒谬，充分体现辩论语言的思辨特征，紧扣论题，以缜密的思路、严谨的材料、准确的措辞，使己方的雄辩更有力度，使对手无暇思索。需要沉着冷静，突破思维定式，疑人所未疑，言人所未言，使己方的思路更具特色。

4. 争取受体，引起共鸣

辩论中，辩者既要对论“敌”构成攻击、威慑，更要从理性、情感、视觉等方面对受体（听众）进行激烈、诉求、感染。借助权威观点、言论、事理等，使受体产生认同感，利用地域、亲缘、年龄、职业等，使受体产生“自己人”效应。做到仪表端庄大方，姿态得体美观，使受体心悦诚服。

## 四、辩论的攻击技巧

攻击，即在自由辩论中的主动进攻、主动发问。这在辩论中是不可缺少的。然而，攻击能否有效，又是由多方面因素决定的。

### （一）攻击的准备

这在辩论战略方案确定、辩词定稿之后就应该着手准备了。如在辩论赛中，一般而言，每位辩手应该根据自己所阐述的内容准备向对方发问的问题，可根据自由辩论时间的长短来准备问题，若是初次上场，则应该准备20个问题左右。如果是这样，四个辩手准备的问题就应该大约有80个，一般有足够的可能坚持到自由辩论结束。我们看到，在有的比赛中，有的队员有时间却没有问题可以问，这就是准备不足导致的。

准备提问的问题，应该从三个层面上进行准备。

一是现象层面的问题，又称事实层面问题。这类问题极易引起受体的共鸣，提得好则很容易出彩，出效果。但是需要注意的是，不可故作新奇而偏离辩题，那是会产生负效果的。

二是理论层面的问题，又称论据层面问题。即对本方论点给予引申，对对方的论据予以驳击的问题。这类问题，直问要提得尖锐，曲问要问得巧妙，反问要提得适时，逼问要问得机智，其效果就是让对方不好回答又无法回避。

三是价值层面的问题，又称社会效应层面问题。即把对方论点、立场引申，从价值层面、社会效应层面去延伸它的效应看其是否具备说服力，能否站得住。在辩论赛中，这类问题一是能够扩大自由辩论的战场，给对方造成被动，同时也是争取听众、评委认同的重要侧面。当然，如果辩题立场对本方不利，就应该慎重使用，以免搬起石头却砸了自己的脚。

这三类问题中，事实层面的问题可包括历史事件、现实事实、国别事实、数字事实等；而理论层面的问题周围除了立场中的论据，也可以延伸达到公理、哲学的层面。

有了这三个层面的问题准备，就能够构成立体阵势，可以打自由辩论的立体战斗，就会很快形成让对方陷入立体包围的被动局势。我们看到在辩论赛中，不少辩论队只准备了一个层面的问题（大多是现象层面的问题），只在有趣上花时间，其结果是打击力不强，且问来问去总是流于肤浅的现象之争，有时则由事实引发事实而偏题，变成了一般的语言游戏、提问游戏，辩论的深度不容易看到，这就令人遗憾了。

**（二）攻击的组织**

自由辩论中的有效攻击，应当体现出攻击的有序性，即看得出轮番上阵的脉络，而其基本，就是在场上要有主动权，处于控制场面的主动地位。为了达到这个目标，场上应该有“灵魂队员”，或者称为“主力辩手”“主辩”。他的任务就是要不仅透彻地知道本方的立场，也要透彻地知道对方的立场，规定陈词一结束就能够发现对方的主要问题，从而有效地发起进攻。

灵魂队员的任务如下。

（1）有冷静地把握整个自由辩论战斗局势的眼光，攻击务求有效。

（2）充当场上的指挥员。发问不在多，而在精。其发问不仅是对对方的攻击，也是对本方立论的揭示和强化。

（3）承担主动转移战场的任务。如在一个层面上问久了，则转向另一个层面发问；在一个层面处于被动，僵住了，则要转向另一个层面，开辟新的攻击点和战场。

（4）对对方提出的危及本方底线、事关要害的问题，能够有效地化险为夷、转危为安，化被动为主动。

（5）对本方误入对方圈套、远离本方、陷于被动之中的局面，要能够挽回并再发起攻击。

当然，其他队员要主动配合，主动呼应，才能形成整体的力量，这就需要队员之间的默契，形成“流动的整体意识”。

攻击的组织，其要点就在于形成整体的有序流变性。而不是东一榔头西一棒槌。零碎的攻击谈不上组织，它或许也能够有鳞光耀金的效果，但是对于群体辩论而言，是不可能握有主动权的。

### （三）攻击的发问

攻击的技巧，主要有以下几种。

1. 设置两难

即设置两难的问题，无论答此或答彼都将陷入被动。但是一定要对准话题，不可以做无病呻吟。

2. 主动引申

即将对方的某个事实、某句话加以引申，造成本方主动，对方被动。

3. 以矛攻盾

即将对方论点和论据间的矛盾，不同辩手陈述中的矛盾，某个辩手陈词中的矛盾，答此问题和答彼问题之间的矛盾或其他方面的矛盾予以披露，令其尴尬，陷其于难堪。

4. 归谬发问

即将其论点或论据或其他问题引申归谬，陷其于左右被动，无力自救。

5. 简问深涵

即问题很简单，但涵义很深刻，与辩题密切相关。答准确很难，但是答不出来就很丢人，估摸回答却不准确，这也很容易陷入被动。

6. 撕隙抓漏

即将对方的一小道缝隙撕裂撕大，将其明显的漏洞失误给予揭发提问，令其难堪。

7. 多方追问

即从几个方向、几个侧面、几个层次上同时问一类问题。但是要注意的是，这类问题必须对准一个核心，即辩论的主要立场和观点，以造成合围的阵势，使对方没有招架的能力，更没有回手的能力。

8. 击情提问

即用心理调控的手段，直击对方情绪层，使其激动，引发情绪连动，从而淹没对方的理智。但是要注意的是不能够进行人身攻击，更不可陷入无理纠缠甚至胡搅蛮缠，那就画虎不成反类犬了。

### （四）攻击的风格

由于自由辩论如疾风迅雷，所以不同辩题、不同队伍的辩论风格也不尽相同。没有形成风格的队伍即使辩胜，也只是初级层次的。因此，有风格意识并力争形成自己的辩论风格，是一支辩论队有追求、有实力的表现。它其实是一支队伍整体人格的呈现。

攻击的风格，一般而言有情绪型、理智型、稳健型三种。

情绪型的队伍往往只在趣事、情绪化的层面上实施攻击。它也能够引发一些活跃的效果，但是也易于耽于情绪，就事论事，甚至会误入漫骂的泥淖，使辩论流于表面，层次不高，缺乏应有的深度。

理智型的队伍往往执着于理辩的层面，这容易体现思辨与深度，但是又会失之于辩论的活泼不足，弱化了应有的观赏性。

稳健型的队伍因为其理智和稳健，也因为其稳健而注意到了应有的活泼，是兼取了前二者之长的。显然，自由辩论的风格当以稳健为上，从比赛的实践看，稳健型风格的辩论队不仅易于取胜，且留给观众、评委的印象也比较深刻。

攻击还应注意张弛有度，以疾徐有致为佳。一味快疾或一味徐缓都有缺陷，前者易流于狂躁，后者易流于沉闷。

## 五、辩论的防守技巧

辩论中的自由辩论阶段，就是由进攻和防守两个方面组成的，因此，不仅要有进攻的准备，还要有防守的准备。只会进攻不一定能够取胜，只会防守当然就更容易陷入被动了。该防守就防守，该进攻就进攻，能攻能守的队伍才能游刃有余。防守中，应该注意的技巧有以下几个方面。

### （一）盯人技巧

即各人盯住各人的对象防守。在辩论赛中，一般就是一辩盯一辩，二辩盯二辩……即一辩回答一辩的问题，二辩回答二辩的问题……这样各人就会有关注的具体目标，就不会出现好回答的问题就抢着回答，难回答的问题就你推我让的情况。当然，在分工之后又讲合作，最难回答的问题，就由“灵魂队员”补救了。

### （二）长项技巧

即根据各人的长项来分工，首先确认辩手各人的长项，如长于说理，长于说史，长于记忆，长于辨析，等等，承担相应的问题来防守，这也不至于出现混乱局面或冷场。

### （三）合围技巧

假如对方有一位非常突出的辩手，不仅对方整个局面靠其支撑，且对本方威胁很大甚至本方辩手对其有畏惧感，一对一的战术是不太可能奏效的。那就采取合围技巧，即以全队的力量来围击、合击，从不同的侧面对准他的问题，以守为攻，一般都会有效。只要他顶不住了，那对方的阵脚就会乱，自然就会垮了。但是要注意的是，有实力甚至实力更强大的辩手靠一两个回合是难以制服的，因此要有韧劲，不可太急切，争取五六个回合使其难于招架，提不出更尖锐的问题，内在的进攻力度大大减弱，才能有取胜的基础。

### （四）指误技巧

即不正面回答问题，而是指出对方的陈述在逻辑上、理论上、事实上、价值上、立场上、表达上和常识上的毛病，使之陷入尴尬局面。

### （五）反问技巧

即从反方向上反问其问题的悖常性、悖题性、悖理性、悖逻辑性，从而化被动而为主动。

### （六）启导技巧

对于那些喜欢滔滔不绝有演讲欲而又容易动情、不易冷静理智的辩手，表现欲特盛的辩手，语词啰唆繁复的辩手，在回答问题时不妨巧妙启发他的教导意识，任由其滔滔不绝地讲，使其言多必失，而在辩论赛中，其直接效果是消耗了对方的规定时间。

### （七）揭弊技巧

在回答问题时，巧妙合理地揭示其弊端。如同一个人陈词与发问中的弊病与矛盾，前一个问题与后一个问题的矛盾，两个或数个人问题中的矛盾，等等。揭示其弊端与矛盾，使其问题本身站不住脚，防守便转为攻击，目的自然也就达到了。

### （八）激怒技巧

即答问时巧激其怒，使之心理由理智层进入情绪层，无法冷静，无从自控，就可望令其自己乱自己心绪。但是切忌不可使用人身攻击，这是犯禁行为。

### （九）陷阱技巧

即在答问中巧设陷阱让对方来钻，然后在下一个回合中予以指驳，使对方露馅。

### （十）名言技巧

即恰到好处地巧借名言、警语、格言、民谚、诗歌、歌词、流行语等来回答。当然也可以改头换面，重组搭配来回答。

## 六、辩论的反客为主技巧

反客为主的原意是：客人反过来成为主人。比喻变被动为主动。在辩论赛中，被动是赛场上常见的劣势，也往往是败北的先兆。辩论中的反客为主，通俗地说，就是在辩论中变被动为主动。以下通过技法与理论结合对实际辩例的分析，介绍几种反客为主的技巧。

### （一）借力打力

武侠小说中有一招数，名叫“借力打力”，是说内力深厚的人，可以借对方攻击之力反击对方。这种方法也可以运用到论辩中来。

例如，在关于“知难行易”的辩论中，有这么一个回合。

正方：对啊！那些人正是因为上了刑场死到临头才知道法律的威力。法律的尊严，可谓“知难”哪，对方辩友！（热烈掌声）

当对方以“知法容易守法难”的实例论证于“知易行难”时，正方马上转而化之，从“知法不易”的角度强化己方观点，给对方以有力的回击，扭转了被动局势。

这里，正方之所以能借反方的例证反治其身，是因为他有一系列并没有表现在口头上的、重新解释字词的理论作为坚强的后盾：辩题中的“知”，不仅仅是“知道”的“知”，更应该是建立在人类理性基础上的“知”；守法并不难，作为一个行为过程，杀人也不难，但是要懂得保持人的理性，克制内心滋生出恶毒的杀人欲望，却是很难。这样，正方宽广、高位定义的“知难”和“行易”借反方狭隘、低位定义的“知易”和“行难”……的攻击之力，有效地回击了反方，使反方构建在“知”和“行”表浅层面上的立论框架崩溃了。

### （二）移花接木

剔除对方论据中存在缺陷的部分，换上于我方有利的观点或材料，往往可以收到“四两拨千斤”的奇效。我们把这一技法喻名为“移花接木”。

在《知难行易》的论辩中曾出现过如下一例。

反方：古人说“蜀道之难，难于上青天”，是说蜀道难走，“走”就是“行”嘛！要是行不难，孙行者为什么不叫孙知者？

正方：孙大圣的小名是叫孙行者，可对方辩友知不知道，他的法名叫孙悟空，“悟”

是不是“知”？

这是一个非常漂亮的“移花接木”的辩例。反方的例证看似有板有眼，实际上有些牵强附会：以“孙行者为什么不叫孙知者”为驳难，虽然是一种近乎强词夺理的主动，但毕竟在气势上占了上风。正方敏锐地发现了对方论据的片面性，果断地从“孙悟空”这一面着手，以“悟”就是“知”反诘对方，使对方提出关于“孙大圣”的引证成为抱薪救火，惹火烧身。

移花接木的技法在论辩理论中属于强攻，它要求辩手勇于接招，勇于反击，因而它也是一种难度较大、对抗性很高、说服力极强的论辩技巧。诚然，实际临场上雄辩滔滔，风云变幻，不是随时都有“孙行者”“孙悟空”这样现成的材料可供使用的，也就是说，更多的“移花接木”，需要辩手对对方当时的观点和我方立场进行精当的归纳或演绎。

比如，在关于“治贫比治愚更重要”的论辩中，正方有这样一段陈词：“……对方辩友以迫切性来衡量重要性，那我倒要告诉您，我现在肚子饿得很，十万火急地需要食物来充饥，但我还是要辩下去，因为我意识到论辩比充饥更重要。”话音一落，掌声四起。这时反方从容辩道：“对方辩友，我认为‘有饭不吃’和‘无饭可吃’是两码事……”反方的答辩激起了更热烈的掌声。正方以“有饭不吃”来论证贫困不足以畏惧和治愚的相对重要性，反方立即从己方观点中归纳出“无饭可吃”的旨要，鲜明地比较出了两者本质上的天差地别，有效地扼制了对方偷换概念的倾向。

**（三）顺水推舟**

表面上认同对方观点，顺应对方的逻辑进行推导，并在推导中根据我方需要，设置某些符合情理的障碍，使对方观点在所增设的条件下不能成立，或得出与对方观点截然相反的结论。

例如，在“愚公应该移山还是应该搬家”的论辩中有这样一段。

反方：……我们要请教对方辩友，愚公搬家解决了困难，保护了资源，节省了人力、财力，这究竟有什么不应该？

正方：愚公搬家不失为一种解决问题的好办法，可愚公所处的地方连门都难出去，家又怎么搬？……可见，搬家姑且可以考虑，也得在移完山之后再搬哪！

神话故事都是夸大其事以显其理的，其精要不在本身而在寓意，因而正方绝对不能让反方迂旋于就事论事之上，否则，反方符合现代价值取向的“方法论”必占上手。从上面的辩词来看，反方的就事论事，理据充分，根基扎实，正方先顺势肯定“搬家不失为一种解决问题的好办法”，继而由“愚公所处的地方连门都难出去”这一条件，自然而然地导出“家又怎么搬”的诘问，最后水到渠成，得出“先移山，后搬家”的结论。如此一系列理论环环相扣，节节贯穿，以势不可当的攻击力把对方的就事论事打得落花流水，真可谓精彩绝伦！

**（四）正本清源**

所谓正本清源，此处取其比喻义而言，就是指出对方论据与论题的关联不紧或者背道而驰，从根本上矫正对方论据的立足点，把它拉入我方“势力范围”，使其恰好为我方观点服务。较之正向推理的“顺水推舟”法，这种技法恰是反其思路而行之。

例如，在“跳槽是否有利于人才发挥作用”的论辩中，有这样一节辩词。

正方：张勇，全国乒乓球锦标赛的冠军，就是从江苏跳槽到陕西，对方辩友还说他没有为陕西人民做出贡献，真叫人心寒啊！（掌声）

反方：请问到体工队可能是跳槽去的吗？这恰恰是我们这里提倡的合理流动啊！（掌声）对方辩友戴着跳槽眼镜看问题，当然天下乌鸦一般黑，所有的流动都是跳槽了。（掌声）

正方举张勇为例，他从江苏到陕西后，获得了更好的发展自己的空间，这是事实。反方马上指出对方具体例证引用失误：张勇到体工队，不可能是通过“跳槽”这种不规范的人才流动方式去的，而恰恰是在“公平、平等、竞争、择优”的原则下“合理流动”去的，可信度高，说服力强，震撼力大，收到了较为明显的反客为主的效果。

**（五）釜底抽薪**

刁钻的选择性提问，是许多辩手惯用的进攻招式之一。通常，这种提问是有预谋的，它能置人于“二难”境地，无论对方作哪种选择都于己不利。对付这种提问的一个具体技法是，从对方的选择性提问中，抽出一个预设选项进行强有力的反诘，从根本上挫败对方的锐气，这种技法就是釜底抽薪。

例如，在“思想道德应该适应（超越）市场经济”的论辩中，有如下一轮交锋。

反方：……我问雷锋精神到底是无私奉献精神还是等价交换精神？

正方：……对方辩友这里错误地理解了等价交换。等价交换就是说，所有的交换都要等价，但并不是说所有的事情都是在交换，雷锋还没有想到交换，当然雷锋精神谈不上等价了。（全场掌声）

既然谈不上等价，那么自然不可能是等价精神，反方应该立即打蛇随棍上，指出这一点，并将问题展开深入。

反方：那我还要请问对方辩友，我们的思想道德它的核心是为人民服务的精神，还是求利的精神？

正方：为人民服务难道不是市场经济的要求吗？（掌声）

正方的回答其实很不恰当，而此时反方的知识储备或者应变能力严重不足，如果反问一句“难道毛泽东同志提出为人民服务是为了顺应市场经济的要求么”，则立刻将正方推至风口浪尖，迫使其选择回避。

第一回合中，反方有“请君入瓮”之意，有备而来。显然，如果以定势思维被动答问，就难以处理反方预设的“二难”：选择前者，则刚好证明了反方“思想道德应该超越市场经济”的观点；选择后者，则有背事实，更是谬之千里。但是，正方辩手却跳出了反方“非此即彼”的框框设定，反过来单刀直入，从两个预设选项抽出“等价交换”，以倒树寻根之势彻彻底底地推翻了它作为预设选项的正确性，语气从容，语锋犀利，其应变之灵活、技法之高明，令人叹为观止！

**（六）攻其要害**

在辩论中常常会出现这样的情况：双方在一些细枝末节的问题、例子或表达上争论不休，结果，看上去辩得很热闹，实际上已离题万里。这是辩论的大忌。一个重要的技巧就是要在对方陈词后，迅速地判明对方立论中的要害问题，从而抓住这一问题，一攻到底，以便从理论上彻底地击败对方。如“温饱是谈道德的必要条件”这一辩题的要害是：在不温饱的状况下，是否能谈道德？在辩论中只有始终抓住这个要害问题，才能给对方以致命的打击。

在辩论中，人们常常有“避实就虚”的说法，偶尔使用这种技巧是必要的。比如，当对方提出一个我们无法回答的问题时，假如强不知以为知，勉强去回答，不但会失分，甚至可能闹笑话。在这种情况下，就要机智地避开对方的问题，另外找对方的弱点攻过去。然而，在更多的情况下，我们需要的是“避虚就实”，“避轻就重”，即善于在基本的、关键的问题上打硬仗。如果对方一提问题，我方立即回避，势必会给评委和听众留下不好的印象，以为我方不敢正视对方的问题。此外，如果我方对对方提出的基本立论和概念打击不力，也是很失分的。善于敏锐地抓住对方要害，猛攻下去，务求必胜，乃是辩论的重要技巧。

### （七）利用矛盾

由于辩论赛双方各由几位队员组成，几位队员在辩论过程中常常会出现矛盾，即使是同一位队员，在自由辩论中，由于出语很快，也有可能出现矛盾。一旦出现这样的情况，就应当马上抓住，竭力扩大对方的矛盾，使之自顾不暇，无力进攻我方。比如，某辩论中，对方的三辩认为法律不是道德，二辩则认为法律是基本的道德。这两种见解显然是相互矛盾的，我方乘机扩大对方两位辩手之间的观点裂痕，迫使对方陷入窘境。又如对方一辩起先把“温饱”看作是人类生存的基本状态，后来在我方的凌厉攻势下，又大谈“饥寒”状态，这就是与先前的见解发生了矛盾，我方“以己之矛，攻己之盾”，使对方于急切之中，理屈词穷，无言以对。

### （八）引蛇出洞

在辩论中，常常会出现胶着状态：当对方死死守住其立论，不管我方如何进攻，对方只用几句话来应付时，如果仍采用正面进攻的方法，必然收效甚微。在这种情况下，要尽快调整进攻手段，采取迂回的方法，从看来并不重要的问题入手，诱使对方离开阵地，从而打击对方，在评委和听众的心目中造成轰动效应。

在辩论“艾滋病是医学问题，不是社会问题”时，对方死守着“艾滋病是由 HIV 病毒引起的，只能是医学问题”的见解，不为所动。于是，我方采取了“引蛇出洞”的战术，我方二辩突然发问：“请问对方，今年世界艾滋病日的口号是什么？”对方四位辩手面面相觑，为不至于在场上失分太多，对方一辩站起来乱答一通，我方立即予以纠正，指出此次的口号是“时不我待，行动起来”，这就等于在对方的阵地上打开了一个缺口，从而瓦解了对方的坚固的阵线。

### （九）李代桃僵

当我们碰到一些在逻辑上或理论上都比较难辩的辩题时，不得不采用“李代桃僵”的方法，引入新的概念来化解困难。比如，“艾滋病是医学问题，不是社会问题”这一辩题就是很难辩的，因为艾滋病既是医学问题，又是社会问题，从常识上看，是很难把这两个问题截然分开的。因此，如果辩正方的话，我们就会引入“社会影响”这一新概念，从而肯定艾滋病有一定的“社会影响”，但不是“社会问题”，并严格地确定“社会影响”的含义，这样，对方就很难攻进来。如果是辩题的反方，即“艾滋病是社会问题，不是医学问题”，在这种情况下，如果我们完全否认艾滋病是医学问题，也会于理太悖，因此，在辩论中可引入“医学途径”这一概念，强调要用“社会系统工程”的方法去解决艾滋病，而在这一工程中，“医学途径”则是必要的部分之一。

这样一来，我方的周旋余地就大了，对方得花很大力气纠缠在我方提出的新概念上，其攻击力就大大地弱化了。“李代桃僵”这一战术之意义就在于引入一个新概念与对方周旋，从而确保我方立论中的某些关键概念隐在后面，不直接受到对方的攻击。

辩论是一个非常灵活的过程，在这一过程中，可以施展一些比较重要的技巧。经验告诉我们，只有使知识积累和辩论技巧珠联璧合，才可能在辩论赛中取得较好的成绩。

**（十）缓兵之计**

在某些特定的场合，“慢”也是处理问题、解决矛盾的好办法。论辩也是如此，在某些特定的论辩局势下，快攻速战是不利的，缓进慢动反而能制胜。

例如，1940 年，丘吉尔在张伯伦内阁中担任海军大臣，由于他力主对德国宣战而受到人们的尊重。当时，舆论欢迎丘吉尔取代张伯伦出任英国首相，丘吉尔也认为自己是最恰当的人选。但丘吉尔并没有急于求成而是采取了“以慢制胜”的策略。他多次公开表示在战争爆发的非常时期，他将准备在任何人领导下为自己的祖国服务。

当时，张伯伦和保守党其他领袖决定推举拥护绥靖政策的哈利法克斯勋爵作为首相候选人。然而主战的英国民众公认在政坛上只有丘吉尔才具备领导这场战争的才能。在讨论首相人选的会议上，张伯伦问：“丘吉尔先生是否同意参加哈利法克斯领导的政府?”能言善辩的丘吉尔却一言不发，足足沉默了两分钟之久。哈利法克斯和其他人明白，沉默意味着反对。一旦丘吉尔拒绝入阁，新政府就会被愤怒的民众推翻。哈利法克斯只好首先打破沉默，说自己不宜组织政府。丘吉尔的等待终于换来了英国国王授权他组织新政府。

从上面的例子中，我们可以概括出在论辩中要正确使用“以慢制胜”法，至少要注意以下三点。

1. 以慢待机，后发制人

俗话说：“欲速则不达。”在时机不成熟时仓促行事，往往达不到目的。论辩也是如此，“慢”在一定条件下也是必需的。“以慢制胜”法实际上是论辩中的缓兵之计，缓兵之计是延缓对方进兵的谋略。当论辩局势不宜速战速决，或时机尚不成熟时，应避免针尖对麦芒式的直接交锋，而以拖延时间等待战机的到来。一旦时机成熟，就可后发制人，战胜论敌。如第一例中，丘吉尔在时机不成熟时，不急于成功，以慢待机。在讨论首相人选的关键时刻，以沉默表示反对，最终赢得了胜利。

2. 以慢施谋，以弱克强

“以慢制胜”法适用于以劣势对优势、以弱小对强大的论辩局势。它是弱小的一方为了战胜貌似强大的一方而采取的一种谋略手段。“慢”中有计谋，缓动要巧妙。这里的“慢”并非反应迟钝，不擅言辞的同义语，而是大智若愚、大辩若讷的雄辩家定计施谋的法宝之一。如第一例中，丘吉尔面对张伯伦的追问，装聋作哑，拖延时间，实际上是假痴不癫的缓兵之计。在这一种韧性的相持中，张伯伦一方终于沉不住气了，丘吉尔以慢施谋终于取得了胜利。

3. 以慢制怒，以冷对热

“慢”在论辩中还是一种很好的“制怒”之术。论辩中唇枪舌剑，自控力较差的人很容易激动。在这种情况下，要说服过分激动的人，宜用慢动作、慢语调来应付。以慢制怒，以冷对热，才能使其“降温减压”。只有对方心平气和了，你讲的道理他才能顺利接受。

总之，论辩中的“快”与“慢”也是一种对立统一的辩证关系。兵贵神速，“快”当然好。可是，有时“慢”也有“慢”的妙处。“慢”可待机，“慢”可施谋，“慢”可制怒。“慢”是一种韧性的战术，“慢”是一场持久战，“慢”是舌战中的缓兵之计。缓动慢进花的时间虽长，绕的弯子虽大，然而在许多时候，它却往往是取得胜利的捷径。

**【练习】**

一、以下是辩论双方对某辩题所做的分析，请认真阅读并说说自己的看法。

正方对辩题“艾滋病是医学问题，不是社会问题”的分析。

艾滋病是英文AIDS的译音，是“先天免疫缺乏综合征”的英文首字母缩写的译音。是一种严重的综合征，艾滋病病人易患其他多种罕见的疾病，这些都是医学常识。

医学问题：用医学可以治疗或预防的问题。从起源传播、治疗的角度看属于医学问题。

社会问题：多数人视为违背社会规范的严重行为。

是：属于的意思。

反方对辩题“艾滋病是社会问题，不是医学问题”的分析。

艾滋病：是获得性免疫能力综合征，由HIV病毒感染引起，无论从病因、性质和治疗途径看都是医学上的一种典型疾病。

医学问题：从产生、性质、根本解决途径看都属于医学问题。

社会问题：从产生、性质、根本解决途径看都属于社会学问题，在社会上达到一定广泛程度和影响。

是：属于的意思。

二、运用辩论知识，分析以“发展知识经济自然科学与社会科学谁更重要”为命题的辩论片段，说明正反双方所采用的辩论技巧。

正方：发展自然科学，是各国都在争着上的一班车，在激烈的竞争中，不是这班赶不上再搭下一班的问题，而是如何挤上这班车的问题。

反方：索罗斯利用经济制度的缺陷制造东南亚金融危机，如果说他是抓住了经济规律，那应放之四海而皆准，为什么在香港受阻了呢？没有社会科学的规范，一味发展自然科学，是不是人们要克隆多少人就克隆多少人呢？

正方：关于克隆早有法律规定，难道你要改变法律不成？

反方：这正是在自然科学与社会科学发生矛盾时，谁来规范谁了。

三、在“人性本善（恶）”的自由辩论片段中，反方对正方的反驳采用的是哪种技巧？取得了什么效果？

正方：我倒想问对方辩友，在人性本恶之下，我们为什么要法律，为什么要惩治的制度呢?

反方：对呀，这不正好论证了我方观点吗？如果人性都是善的，还要法律和规范干什么?

四、观摩现场或 VCD 辩论比赛。了解赛制，分析辩论技巧，模仿练习。

五、选择一种模式，举行一次辩论赛。赛前做好审题、立论、收集资料、制定战术、撰写辩词等工作，赛后做好点评，掌握辩论知识，提高辩论水平。

# 参 考 文 献


[1] 国家语言文字工作委员会普通话培训测试中心．普通话水平测试实施纲要[M]．北京：商务印书馆，2005.

[2] 普通话水平测试研究中心．普通话水平测试专用教材[M]．北京：中国和平音像出版社，2010.

[3] 陈中林．普通话测试培训教程[M]．北京：清华大学出版社，2010.

[4] 陆湘怀，王家伦．计算机辅助普通话水平测试教程[M]．南京：东南大学出版社，2010.

[5] 邢福义．普通话培训测试教程[M]．武汉：华中师范大学出版社，2008.

[6] 黄伯荣，廖序东．现代汉语(增订四版)[M]．北京：高等教育出版社，2007.

[7] 邓天杰．普通话教程[M]．北京：清华大学出版社，2007.

[8] 尹建国．普通话培训与测试[M]．北京：北京师范大学出版社，2010.

[9] 崔梅，周芸．普通话等级考试训练教程[M]．北京：北京师范大学出版社，2011.

[10] 广东省语言文字培训测试工作办公室．普通话水平测试教程[M]．合肥：中国科学技术大学出版社，2010.